청소년문제와 보호

권일남·전명순

창지사

머 리 말

'청소년문제와 보호'의 집필을 의뢰받고 마음속에 자리 잡고 있는 청소년과 문제의 관점을 새롭게 정립해야 한다는 평소의 생각을 정리할 기회라 여겨 무척 반가웠다. 보통 유명인이 청소년과 관련하여 연단(演壇)에 서면 쉽게 말하던 용어 중의 하나가 바로 청소년문제이다. 여기에는 청소년과 문제를 동등의 관점에서 바라보고 청소년은 문제를 일으키는 대상이기에 우리가 보호해야 한다는 생각을 당연시해 왔고 일반적 속성으로 자리 잡았음은 물론 학계에서조차도 이를 아무런 거리낌 없이 사용하여 왔다.

우리는 왜 이렇게 청소년을 문제의 시각에서 바라보고 이를 당연시 여기는 데 주저하지 않았을까? 아마도 학계나 사회적 상황에서조차 청소년의 성장과 성숙의 과정을 올바르게 이해하지 못하고 그들이 표출하는 형식과 현상을 결과에 초점을 맞추면서 잘못된 행위의 수정에 마치 자신이 전문가로서 역할을 행함이 당연하다고 여겨서 그렇게 되지 않았을까 생각해 본다. 또 성인은 이를 당연시해야만 청소년보다 우위에서 있음을 보여 주려는 태도가 강하지 않았을까?

이제는 우리가 당연시 여겼던 것이 당연하지 않을 수 있다는 것을 수용하지 못한 성인과 기성의 학자들에 대한 통렬한 반성이 필요하다. 청소년을 어떻게 규제할 것인가가 중요함이 아니라 청소년을 위해 우리가 무엇을 해야 할 것인가의 새로운 관점이 필요한 시기라는 점에서 청소년문제와 보호의 시각을 전혀 다르게 보았으면 한다.

우리는 여전히 청소년을 미성숙하고 성장의 과정에 놓여 있는 존재로 쉽게 말하곤 한다. 하지만 이들이 표출한 행동의 결과는 미성숙과 성장과정의 분기점에서 나타난 목소리임을 부정한 채 사회적으로 압력을 강하게 제시하게 되면 격리의 대상으로 자리 잡게 된다.

만약, 청소년의 문제행동을 사회적 격리라는 관점에서만 본다면 청소년의 행태와 마음에 대한 올바른 이해는 사실상 불가능하며, 먼 미래의 준비를 위해 청소년을 지원하고 협력해야 할 의무나 가치는 매우 취약해져 버린다. 그래서 『청소년문제와 보호』에서는 청소년의 문제를 바라보는 우리 성인들의 관점이 변해야 한다는 시각에 집중하여 제시하였다. 하나의 주제를 놓고 다른 관점으로 바라보는 것은 혁신이며, 그 혁신은 무엇보다 청소년을 바라보는 시각에서는 더욱 다양하게 나타나야 할 것이다.

물론, 청소년문제와 보호를 다른 시각으로 보는 관점이 다소 버겁거나 불편한 시각으로 여겨질 수도 있을 것이다. 하지만 진실로 청소년을 대하고 이들과 함께하는 '의미 있는 타자(他者)'로서의 청소년에게 다가가는 지도자가 되기 위해서는 바로 청소년을 바라보는 시각의 전향적 변화가 있어야 한다.

안타깝게도 청소년지도 현장에 나와 있는 수많은 청소년문제와 보호의 자료들은 정말 그들이 표출한 형식적 결과를 보고 이를 문제의 원인으로 치환하여 설명하는 책들이 대부분이다. 그래서 이러한 책을 읽고 전문지도자가 된 사람들은 그들의 사고에 자신이 우월적 시각을 가진 지도자이며, 청소년은 문제의 대상이고 그래서 적절한 통제와 규율이 필요하다고 강력히 믿는 오류를 범하게 된다.

이번 청소년문제와 보호의 새로운 관점을 제시한 교재를 통해서 청소년이 문제의 대상이 아닌 그들이 행동을 하는 이면에 숨어진 아픔과 고통이 그만큼 크다는 점을 직시하고 어떻게 하면 청소년의 행동을 이해할 수 있을지에 더 많은 생각을 전이하도록 했으면 한다. 무엇보다 1장에서부터 3장은 청소년의 문제를 새롭게 각인해 보아야 한다는 저자의 철학이 내재되어 있다는 점을 밝히면서 세심히 읽어 주길 바란다.

책을 발간함이 어렵다는 것을 이번『청소년문제와 보호』를 준비하면서 새삼 느꼈다. 바쁘고 어려운 상황에서 동력을 불러일으켜 채근하고 결과물을 만들도록 해 준 전명순 박사님께 진심으로 감사의 말을 전한다. 동시에 새롭고 혁신적인 실험을 하도록 지원을 해 주신 창지사 사장님께도 감사드리며, 날로 어려운 출판시장이지만 우수 서적을 만들어 희망을 열어가는 최고의 출판사가 되기를 진심으로 기원한다.

2020. 12.

남가좌동 연구실에서

대표저자 권일남

차　　례

PART 2. 청소년문제행동의 유형별 특성과 대응

PART 1

청소년문제의 이론적 접근

CHAPTER 1

청소년기 문제와 위기의 이해

1 청소년의 특성과 문제의 정의

청소년의 행동반경이 가족구성원 내의 한정된 시공간에서 움직이던 아동기에서 벗어나 다양한 사람들과 사회적 관계를 경험하게 되는 순간, 행동은 타인과의 관계를 조율하는 능력의 범주에 따라 큰 영향을 받게 된다. 이 과정에서 부모로부터 정서적으로 독립하고자 하는 마음이 강해지면서 부모의 간섭을 받지 않고 스스로 판단해서 행동하려는 청소년기 특유의 행동성향을 발현하게 된다. 그러나 청소년의 독립적 행동에 대한 욕구가 커질수록 이들을 둘러싼 시공간의 제약은 더욱 커진다. 벗어나려는 반발력이 커질수록 사회적 규약을 수렴하고 이를 바탕으로 자신의 행동을 조절해야 할 필요성이나 조건은 더 많아지지만, 여전히 인지 및 정서적 사고력은 도덕적 기준의 정립이 다소 늦추어진 미숙한 상태여서 자신의 행동을 확장하지 못하는 데 대한 불만과 요구의 다양성으로 인해 자연스럽게 여러 가지 문제적 상황에 봉착하게 된다.

그래서 이 시기의 청소년을 도덕적 공황상태(moral panic)[1]에 있다고 말하기도 한다.

청소년이 사회적 관계에 집중하게 되면 나와 타인과의 관계, 집단과 사회구조의 획일적 유지 등에 순응과 거부를 통해 자신의 세계를 구축해야 하는지에 대한 선택이 중요해지며, 그 과정에서 지금까지와 다른 행동지향적 특성을 보이기도 하는데 이것이 타인에게 다양한 관점으로 비추어지게 된다.

아마도 청소년이 사회에 집중하려는 태도와 관심의 증폭이 기존 어른의 사고에서는 여전히 갈등적 관점으로 정당화하는 것은 아닌가 여겨진다.[2] 이는 여러 곳을 기웃거리고 자신의 수준을 뛰어넘는 집단행동, 과격한 행동, 실험적 행동 등을 하는 청소년을 수용적 태도로 보려는 준비가 되지 않았기 때문이다. 따라서 청소년문제의 중핵을 이루는 시각의 다양성을 논리적으로 해석해 보는 시도가 필요하다.

많은 연구자나 일반인들이 청소년문제와 보호를 논하기에 앞서 청소년문제에 대한 어떠한 시각을 갖고 있는지를 점검하려는 가장 큰 이유는 알게 모르게 많은 사람들이 청소년이라는 존재에 대한 기능적 거부감, 행동적 거부감, 결과에 대한 거부감 등이 일반화되어 있기 때문이다. 이를 상식적 수준에서 당연시 여기고 있고 또 이러한 사고를 벗어나거나 넓게 해석하려는 시도를 잘 하지 않으려는 통념의 고착화가 이루어지고 있다는 점에서 자신이 해석하려는 의도가 청소년에 대해 어떠한 접근을 하고 있는지 알아야 한다.

---

1) 도덕적 공황(moral panic)은 스탠리 코헨(S. Cohen)에 의해 "마치 머리 없는 닭이 어디로 돌진할지 모른다."라는 식의 표현을 청소년기로 비유하여 설명한 것으로 어떤 악이 사회의 안녕을 위협한다는 두려움이 많은 사람들 사이에 퍼지는 느낌 또는 어떤 문제에 대한 사회적 우려를 불러일으키는 과정을 설명한 의미이다. 최근 몇 세기 동안 대중매체는 그들이 의식적으로 선정주의나 악덕에 종사하는 것처럼 보이지 않을 때에도 도덕적 분노의 전파에 중요한 참여자가 되었다. 스탠리 코헨은 "도덕적 공황은 사회적 가치와 이익에 대한 위협으로 정의되기 위해 조건, 에피소드, 사람 또는 사람 그룹이 나타날 때 발생한다."라고 말한다. 이러한 극단적 표현으로 청소년을 도덕적 공황으로 설명하는 것은 아마도 과거 청소년의 사회적 갈등과 격리적 사고가 지배하였던 시대에 청소년의 의미를 개념화한 결과로 표출된 용어가 아닌가 판단된다. 그렇지만 오늘날 여전히 청소년을 도덕적 공황의 대상으로 규정하는 사고는 성인주의적 시각에서 여전하다.

2) 문제라고 여기는 성인주의적 시각은 곧 청소년을 긍정적 관점으로 보기보다는 문제의 대상으로 격리를 당연시함으로써 청소년기의 실패를 당연시하고 실패가 새로운 가능성을 열 수 있다는 의미를 언어적으로만 표현할 뿐 진정한 실행에 대해서는 상당한 거부감을 가진 사람이 대부분인 것 같다.

청소년 시기는 대표적으로 사고능력이 변화되며, 의사결정이라는 자력적 판단능력과 새로운 사고의 전환과정에서 자신에 맞는 선택적 행동을 하려는 특성에 매몰되는 경향을 보이게 된다. 이를 프로이트(Freud)는 동일시(identification)의 변화라고도 하였다. 사람은 부모나 누구든 자신이 원하는 사람과의 동일시를 통해서 역할모델을 만들기도 하고 역으로 피하려는 태도를 보이기도 한다. 즉, 동일시라는 관념은 타인을 닮아가려는 과정으로 일종의 방어기제인데 그동안은 가정과 부모라는 최소한의 정보 범위에 있던 사람에게서 주로 나타나게 된다.

동일시에는 자신이 경험한 사고의 판단이나 경험의 순간이 미흡하므로 성숙된 타인의 행위나 모습이 자신이 바라는 이상과 결부되어 외부의 것을 안으로 가져오는 내재화(internalization) 현상이 강하게 나타난다. 그런데 성숙의 과정을 거치면 무의식에 내재되어 있던 본능의 발현은 물론 초자아를 형성해 나가는 일련의 과정을 경험하게 되는데, 이 과정에서 자신이 바라는 역할모델의 규정을 새로 만들기도 하고 규범과 양심, 이상적 자아상을 구성하게 함으로써 미래상을 만들어 가는 노력을 하게 된다.

청소년기에 동일시의 대상이 변화되는 것은 가정 내에서 부모가 중요한 역할모델이자 동일시의 대상으로 점철된 사고가 점차 타인으로 이동하거나 변화되기 때문이다. 그러므로 외부의 환경과 타인과의 관계는 청소년의 초자아를 형성해야 하는 과정에서 커다란 영향을 주거나 자신 스스로도 심리적 혼란을 경험할 수밖에 없다.

결국, 새로운 대상과 환경의 동일시라는 현상을 청소년기의 대표적 상황으로 설명하게 된다는 점은 곧 이들을 둘러싼 외적 환경과 상황이 직 · 간접으로 영향을 주게 되고 청소년 스스로도 많은 영향을 받을 수밖에 없다는 점을 여실히 보여 준다.

가정 내에서 부모로부터 허용적인 삶을 살다가 사회인으로 범위를 넓히면서 사회에서 지켜야 할 도덕적 요구나 기준, 기존의 가치의식 등에 충돌이 일어나면서 수용과 거부라는 상반된 결정을 해야 하는 상황이 자주 발생하는 것도 바로 이러한 특성 때문이다. 이 과정에서 마치 용수철이 외부의 압력이 커질수록 반발계수 역시 높아지는 법칙이 그대로 준용되어 주변 사람들과의 갈등이 생기기도 하는데, 청소년을 이해하고 의견을 수용하면서 협의가 이루어지는 과정이 자연스럽지 않으면 상대적 갈등과 일탈적 행동은 더욱더 거세진다.

또한, 청소년기의 사회적 관계를 규정하는 의미로 또래 친구와의 관계가 매우 중요해진다. 청소년은 자신과 비슷한 경험을 하는 또래 친구들로부터 정서적 위로와 지지를 받으면서 이 시기의 변화에 적응해 나간다. 청소년이 성숙한 사회구성원으로 성장하기 위해서는 서로 다른 개성을 가진 친구들을 존중하고 다양한 친구들과 원만한 관계를 맺으면서 사회성을 키워 나가야 한다. 그래서 어떤 다른 시기보다 사회적 관계 속에서 협의가 이루어지도록 하는 것은 청소년기의 특징적 삶의 의미로 작용한다.

청소년기의 변화를 나타내는 가장 중핵적 의미는 인지적 · 정서적 · 사회적 측면에서 확장된 변화능력이 주변의 다양한 요인과 얼마나 타당하고 적절하게 연동되는가에 따라서 적응과 부적응이라는 요소로 확장되고 있다는 점이다. 이러한 모습을 보면서 청소년의 행동특성을 마치 적응과 부적응으로 구분하는 것처럼 청소년문제와 문제가 아님을 양분하는 속성으로 구분하는 경향이 나타난다.

그렇다면 청소년의 문제행동의 범주를 어떠한 상태로 규정할 수 있고 이를 정의하는 내용이 정당한지에 대한 판단을 해 보는 것이 매우 중요해진다. 그 이유는 바로 청소년의 속성을 올바르게 이해하기 어려운 관점에서, 보이는 현상만으로 청소년을 판단할 경우 그만큼 청소년 이해의 오류가 커지기 때문이다.

일반적으로 청소년문제행동은 사회적으로 문제가 되는 청소년의 행동을 말하는 것으로 '바람직하지 않다고 생각되는 행동'을 의미하고 있다. 바람직하지 않다는 것은 비사회적 · 반사회적 속성을 보이는 것으로 어느 특정 대상이 규정한 규범으로서 오랜 기간 내려 온 사회적 규칙이나 범주를 말하며, 그들이 구성한(여기서는 주로 사회적 권력을 쥔 대상으로서 성인이나 기성세대, 오래된 가치기준을 말함) 판단기준을 준거로 합리적으로 이어 나가야 할 암묵적인 통제를 벗어나는 것을 의미한다. 여기에는 일정한 법률적 수준이 제시된 내용하에서 이를 벗어나는 행위를 반사회적 행동으로 규정하며, 법률적으로 규정되어 있지는 않지만 해서는 안 될 것을 행함으로써 나타나는 것을 문제요인으로 규정하고 이를 비사회적 행동으로 설명하기도 한다.

특히, 규범성을 결정짓는 핵심요소는 법률적 기준과 함께 도덕적 기준이라는 사회적 양식을 접목함으로써 청소년에게 가혹한 규제로 작용하면서 문제행동이라고 포괄적인 정의를 내리거나 판단하게 되는 경우가 많아진다.

사실, 사회적 관계를 구성하는 계층의 일탈적 행위를 판단함에 있어서 규범적 행위를 판단하는 것과 법률적 문제요인을 판단하는 것이 다를 수 있음에도 청소년의 문제행동은 이러한 규범적 문제행동으로 문제행동을 분류하는 경우가 더 큰 사회적 압력으로 작용하거나 때로는 중요한 판단으로 영향을 주게 된다. 문제행동의 과격한 범주로 중범죄행위를 하는 경우는 법률적 판단을 통해서 양형적 제재를 가하기가 쉽지만, 통상적으로 보면 청소년의 문제행동은 이러한 범주로까지 이어지는 경우보다는 이전 단계에서 멈추는 경우가 많으므로 행위적 기준을 명확하게 판정해서 규제하기가 쉽지 않다.

청소년기에 이루어지는 지위비행의 경우, 성인기에는 범죄행위라고 규정하지 않지만 청소년기이기 때문에 문제행동으로 지칭되는 것이 많다. 예컨대, 음주, 흡연, 가출, 무단결석, 출입금지구역 출입, 출입은 허용되나 고용이 금지된 구역에서의 금지행위 등과 같은 행동 등이 바로 그것이다. 또한, 폭력행위나 성비행, 학업비행, 반항행위 등은 모든 경우에도 문제행동으로 규정하면서도 특별하게 청소년에게만 과도한 압력으로 작용하게 되는 경우를 발견하게 된다. 이처럼 문제행동이나 문제행위에 대한 요소가 청소년에게 가중된 사회적 압력이나 인간의 존엄성을 훼손하게 되는 수준까지 과도하게 투입하여 평가하게 함으로써 성인의 관점과는 다른 시각적 차별성을 보이는 것이 더 큰 문제이다. 아마도 청소년의 문제행동이 기성세대의 머릿속에 각인된 관점은 이들의 외부적 상황에서 보이는 행태의 형상화가 그간의 문제적 요소를 자연스럽게 받아들이도록 하는 과정에서 고착화되지 않았나 하고 판단된다.

결국, 문제행동을 결정짓는 가장 중요한 핵심요소는 사회규범과 가치관, 양식 등을 순순히 따르고 이를 바탕으로 자신의 행동과 의식을 조율하는지의 여부와 밀접하게 관계가 있음을 알 수 있다. 즉, 성인은 청소년이 사회적 양식을 순순히 따르는 행동을 하면 문제라는 표현을 사용하지 않겠지만, 기본적인 행동특성이 일정한 범주와 영역을 벗어나려는 특성을 갖고 있다고 여긴다. 이는 곧 사회의 규범을 따르지 않으려는 점에서 반사회적 행동이나 반규범적 행동이 자연스럽게 나타나고 있다는 인식으로 보편화되었다. 이를 확인해 볼 수 있는 근거로 과거 청소년의 행동양식이나 문화적 속성 등이 기성세대나 기존의 가치관과 다른 경우 발생하는 현상을 그대로 준용하면서 청소년의 문제행동과 요인으로 여기게 되었다는 점을 다음과 같이 관점에서 추론해 볼 수 있다(권일남 · 임재호, 2020).

'청소년(youth)'이라는 용어는 스탠리 홀(Stanley Hall)에 의해서 최초로 명명되었는데 이는 영국에서 나타난 산업혁명 시기의 변화와도 밀접한 관계를 보인다. 그간 가내수공업으로 생존하였던 상황에서 증기기관의 개발로 인해 이전과 격이 다른 노동력이 필요한 분업화된 노동생산성을 원하게 되었고, 그 결과 공장과 집단노동이라는 새로운 변혁을 맞아들이게 된다. 당시의 사회적 변화를 유추해 보면 급격히 필요해진 노동력은 급기야 농업생산에 집중했던 사람들의 도시집중화 현상을 맞이하게 되고 이촌향도(離村向都)는 자연스러운 현상이 될 수밖에 없었다. 도시에 몰려든 사람들의 새로운 부를 얻기 위한 꿈은 과거나 지금이나 예외일 수는 없었을 것이다. 특히, 과거 산업혁명 당시의 주된 동력원은 증기기관이었고, 이를 발현하는 에너지원은 석탄에 의존하고 있었다. 수많은 에너지원을 충족시키기 위해서 필요한 노동력을 공급받아 탄광을 개발하고 석탄을 캐는 일은 매우 중요한 산업발전의 원동력으로 작용하였다. 자연 노동력을 제공하는 이들의 가정에서 자녀의 행동은 기존의 삶을 영위하는 사람들의 행태와는 다를 수밖에 없었다. 이들은 집단으로 군락을 이루고 석탄이 쌓여 있는 곳에서 놀면서 자신의 미래를 꿈꾸며 새로운 습관을 만들었고, 이 행태가 그들의 삶을 만들어 주는 아비투스(habitus)로 형성되었다. 그 결과, 이들을 바라보는 기존의 사회를 이끌어 가는 주류의 시각에서는 아이들의 행동과 놀이문화, 표현된 행위 등이 거북한 대상으로 치부된 새로운 세대관점으로서 명명될 필요가 있었고 이를 '청소년(youth)'이라고 하였다. 즉, 청소년을 사회 저항과 불만족스러운 대상, 기존의 사회질서를 만들어 가는 사람들과는 쉽게 어울리지 못하는 차별화된 대상으로 구분짓게 됨으로써 점차 청소년의 의미에는 여전히 미성숙하고 불만이 가득한 대상으로 인식을 보편화하는 틀이 형성되었다는 점을 들 수 있다.

결과적으로 청소년기의 관점을 어떻게 보는가에 따라 이들의 역량을 긍정적으로 바라볼 수 있는가 아닌가의 차이가 형성된다. 우리는 청소년을 미성숙의 대상이라고 바라보는 데 주저하지 않는다. 또한, 이들이 펼치는 다양한 문화적 관점 역시 미성숙한 문화로 치부하거나 기존의 문화와 다른 시각의 틀을 제시하는 데 익숙하다. 그렇기 때문에 어딘지 모르게 청소년은 어떠한 일을 해도 어른답지 못하다는 미덥지 못한 시각이 존재하며, 그 결과를 모든 청소년의 행동으로 재단하고 판단하려는 성향이 강하다.

이러한 문제를 경험한 사례는 여전히 많다. 예를 들면, 서구사회에서 인류의 변혁을 이루는 세대의 구분에 대해서도 ① 잃어버린 세대(1920~1930년대 활동), ② 가장 위대한 세대(1911~1924년생), ③ 비트세대(1950년대 활동), ④ 침묵세대(1920~1940년생), ⑤ 베이비붐 세대(1943~1960년생), ⑥ X세대(1961~1981년생), ⑦ Y세대(1982~2004년생), ⑧ Z세대(2004년생~현재)[3] 등과 같은 형식으로 구분하여 명명하기도 한다(위키백과사전). 청소년을 세대 구분의 시각으로 바라보는 이면에는 청소년은 기성세대와 다른 존재여야 함을 기본적으로 갖고 있다는 시각이 존재하며, 동시에 기성세대와 동일한 수준에서 평등의 원칙을 적용하기보다는 차별적 시각을 그대로 지각하고 이를 준용하려는 시각이 매우 크다는 점을 알 수 있다.

청소년의 행동특성을 바라보는 시각의 차별성이 존재한다는 점은 기본적으로 청소년에게는 문제적 의미가 내재화되어 있음을 알 수 있고, 문제를 바라보는 시각과 관점에 따라서 광의적 개념과 협의적 개념으로 구분되는 설명이 가능하다. 광의적 관점에서의 문제행동은 주로 사회적 규범이나 규칙을 어김으로써 범죄행동으로까지 이어지는 과격한 수준을 의미하며, 협의적 관점에서의 문제행동은 청소년이기에 갖게 되는 지위비행(음주, 흡연 등)이나 가벼운 일탈행위 등을 의미한다. 하지만 이러한 개념의 정의는 주로 청소년이 갖는 변화의 특성을 이해하기보다는 청소년이기에 행한 사회적 규범이나 범주의 부적응을 초래한 결과중심적 행동으로 바라본 시각이라고 할 수 있다.

일반적으로 청소년문제행동은 비행이라는 의미와 밀접한 관계가 있으며, 주로 범죄율을 줄이기 위한 전략에 초점을 두고 있다. 청소년의 행동을 범죄와 연결하여 바

3) 현재의 세대 구분은 여전히 진행 중이다. 특히, Z세대는 학교에서의 과거 두발 자율화, 교복 자율화 등의 인권과 권리 주장에 대한 요구가 폭발적으로 늘어나고 있어 H세대(Human Rights: 인권세대)로 불리기도 하고 밀레니엄세대로 구분되기도 한다.

라보는 시각이 주된 개념으로 자리 잡게 된 이유는 사회적 행동의 관점에서 바라보았기 때문이다. 특히, 교육학적 관점에서 규정하는 청소년의 문제행동은 반사회적 행동, 비사회적 행동 등의 사회부적응적 행동을 보이는 것이라고 설명한다. 여기서 반사회적 행동이란 법률, 규율, 도덕적 규범 등 질서를 파괴하여 남에게 해를 끼치는 일체의 행동을 지칭하며, 비사회적 행동이란 남과 어울리지 않고 공상하거나 불안해하며 자폐증, 등교거부 등을 나타내는 행동을 말하는 것이다(신의정, 1995). 그리고 아켄바흐와 에델브록(Achenbach & Edelbrock, 1983)은 문제행동을 부적응적인 면이 표출되는 방향에 따라 내면화 문제행동(internalizing problem behavior)과 외현화 문제행동(externalizing problem behavior)으로 정의하였다. 도노반과 제서(Donovan & Jessor, 1985)는 청소년기 문제행동 증후군으로 알코올 및 약물남용, 비행, 이른 성관계 등을 언급하면서 일탈행동의 관점에서 문제행동에 접근하였다. 이처럼 광의적 관점에서의 청소년문제행동이란 인간발달 단계인 청소년기에 놓인 청소년이 개별적 혹은 집단적 행위를 통해 사회적 규범과 가치에 위배된 반사회적 일탈 및 범죄행위를 포함하는 것으로 규정해 볼 수 있다.

협의적 관점에서 제시하는 문제행동의 개념은 청소년의 부적응요소가 성장과정에서 누구에게나 표면화된다고 할 수 있지만, 이러한 행동의 결과가 주로 청소년 자신의 부적응요소에 영향을 미치는 점에서 부각된다는 점이다. 즉, 타인보다는 자신에게 심각한 영향을 미치는 자살, 약물 오·남용, 유해미디어 중독, 유해시설 접촉 등과 같은 도피적·자해적 행동으로서 비사회적 행동을 포함하며, 청소년의 다양한 부적응 행위의 결과로 자신에 직접적인 위해를 나타내게 되는 행위를 말한다. 문제행동의 행위가 주로 자신의 내적인 부적응요소로 나타나거나 개인적인 관점으로 확산되는 결과를 보이는 관점에서 청소년의 다양한 정신건강 및 행동장애와 연관되거나 행동장애(conduct disorder), 조현병, 주의력결핍 과잉행동장애(attention deficit hyperactivity disorder), 반항장애(oppositional defiant disorder) 등과 같은 행위를 보이게 됨을 의미한다.

청소년의 문제행동을 규정하는 것은 매우 어려운 일이다. 사회에서 청소년의 문제행동 범주가 얼마나 위협적이고 문제요소가 큰지에 대한 점을 가시적으로 규정하기가 쉽지 않으며, 무엇보다 청소년의 문제행동이 자의적이고 주도적인 요소에 의해서 나타나기도 하지만 외적 환경과 특성에 따라 확산되는 경우가 더 많으므로 광의적 또는 협의적 개념이 무의미하게 여겨지는 경향이 많기 때문이다.

다양한 시각으로 규정되는 청소년문제행동을 범주화하여 규정한 내용은 **표 1-1**에서와같이 명목화할 수 있다.

〈표 1-1〉 청소년의 문제행동 유형

연구자	문제행동 유형
Sander(1981)	살인, 강간, 강도, 폭행 등 강력범죄와 주거침입, 절도 등을 중한 범죄로, 사소한 절도, 폭행을 형법 위반 행위로, 가출이나 무단결석, 음주, 흡연, 미성년자 출입금지구역의 출입 등을 지위비행으로 구분
최윤진(1990)	흡연, 음주, 약물남용, 가출, 폭력, 성폭행, 자살
남정자(1990)	폭력비행, 쾌락비행, 가출비행, 반항비행, 지위비행, 약물비행, 재산비행
노성호(1992)	비행을 문제행동과 범죄로 구분하였는데, 문제행동을 지위비행, 즉 음주, 흡연, 출입금지구역 출입, 가출, 무단결석 등과 같은 행동
송정부(1992)	폭력적 문제행동: 흉기 소지, 싸움 성적 문제행동: 불순이성교제, 남녀혼숙, 부녀희롱 풍속적 문제행동: 음주, 흡연, 불건전 오락, 유흥장 출입 퇴행적 문제행동: 가출, 불량교우, 불량집단 가입, 환각물질 소지 금전적 문제행동: 절도, 도박, 금품 탈취
김선남(1994)	폭력비행, 성비행, 반항적 비행, 학업비행, 지위비행
문용린(1994)	재산형 문제행동: 부모 속임, 절도, 강도, 노름 폭력형 문제행동: 전화 폭언, 폭행, 흉기 소지, 집단싸움, 공공기물 파손 은둔적 문제행동: 음주, 흡연, 약물 복용 성적 문제행동: 사창가 출입, 성관계, 음란물 소지 비밀한 문제행동: 커닝
고성혜 외(1997)	흡연, 음주, 유해업소 출입, 유해매체 노출, 약물남용, 가출, 폭력, 성비행
이미경(2002)	무단결석, 가출, 지위비행, 약물비행, 성비행, 폭력비행
안치환(2001)	청소년문제행동의 범위를 주로 행동상의 문제성에 한정하고 이것이 요인이 되어 사회적 물의를 일으키는 비행 또는 범법 행위 등의 반사회적 행동과 관련한 모든 행위를 포함
원호택(1997)	평균보다 극히 결핍된 혹은 과다하게 발생, 사회적 규범에 적응하지 못하고 일탈된 행동으로 나타나고 주관적 불편감을 수반하며, 가족, 학교, 사회생활에 지장을 초래하는 행동특성

출처: 이미애(2005).

표 1-1에 의하면 청소년의 문제행동은 다양한 원인으로 인해 파생된 결과, 즉 사회적 해악이나 부적응요소와 같은 현상적 관점이 결부되었을 때 문제라고 규정한다. 하지만 이러한 문제의 범주를 규정하는 단편적 시각도 변화되어야 한다. 예를 들면, 과거와 달리 청소년의 경제적 당위성에 대한 요구가 커지고 있고 경제적 부담을 해소하지 않는다면 생활의 통상적 과정이 어려울 정도의 사회가 변화된 점도 단순히 경제적 요인에 따라서 청소년의 문제행동으로 결부하는 것은 상당한 오류가 있어 보인다.

그럼에도 여전히 청소년의 문제행동을 규범화하는 데 가장 큰 인식적 도구로 활용되는 것은 법과 제도의 규정이라고 할 수 있다. 이는 관습적으로 보는 수준을 넘어 청소년의 문제행동을 사회규범과 밀접하게 연관한 것으로 판단하게 하는데, 주로 「소년법」(제1조, 목적)을 들 수 있다. 청소년을 반사회성(反社會性)이 있는 소년으로 규정하고 있는바, 여기에서 반사회성을 알 수 있는 부분으로 규정한 청소년의 특성에 대해서는 ① 죄를 범한 소년, ② 형벌 법령에 저촉되는 행위를 한 10세 이상 14세 미만인 소년, ③ 다음 각 목에 해당하는 사유가 있고 그의 성격이나 환경에 비추어 앞으로 형벌 법령에 저촉되는 행위를 할 우려가 있는 10세 이상인 소년(집단적으로 몰려다니며 주위 사람들에게 불안감을 조성하는 성벽(性癖)이 있는 청소년, 정당한 이유 없이 가출하는 청소년, 술을 마시고 소란을 피우거나 유해환경에 접하는 성벽이 있는 청소년 등)으로 규정하고 있다.

청소년의 문제행동이 내재화 및 외현화 문제행동으로 규정될 경우 내재화 문제행동 하위요소로 불안, 우울, 위축 등 자신의 심리적 상황으로 문제요인을 갈무리하지만 이를 통해서 정상적인 생활을 하는 데 지장을 초래하게 되는 요인으로 나타나기도 한다. 즉, 내재화 문제행동은 청소년 시기에 겪는 심리적 · 정서적 불안감이 자연스러운 행동임에도 불구하고 이를 과도하게 통제함으로써 외적인 문제를 일으키지는 않지만 극도의 위축행동, 불안, 우울, 공포, 두려움 등과 같은 정서적으로 부적응행태를 유발하게 하는 문제적 행동이라고 할 수 있다.

이에 반해 외현화 문제행동의 하위요소로는 내재화된 문제행동을 스스로 해결해 나가는 수준을 넘어서 공동생활을 해야 하는 규칙을 위반하거나 공격적인 행동을 표출하게 하는 행동이라고 할 수 있다. 외현화 문제행동은 과소 통제되어 외부로 드러난 행동을 포함하고 자신의 행동을 적절하게 통제하지 못하는 주의산만, 과잉행동,

공격성, 충동성, 거짓말, 도벽 등의 행동적 문제행동을 의미한다.

이처럼 문제행동을 유발하고 나타내는 요소는 매우 다양한데 외현화된 문제행동은 문제인식을 판단하는 준거가 명백하거나 쉽게 규정이 가능하지만 내재화된 문제행동은 판단과 정의 등이 매우 어려워 조절 시기를 놓치게 될 우려가 매우 크다.

청소년의 행동을 문제적 관점으로 보게 된 학문적 흐름을 보면, 1950년대 초기까지는 일반적으로 사회적 부적응(Socially Maladjusted)이라는 용어로 쓰이다가 50대 이후 프로이트(Freud)의 심리학적 영향을 받아 주로 정서장애(Emotionally Handicapped)라는 용어로 쓰였다(김경희, 1993). 그리고 1960년대 후기에는 행동문제, 문제행동, 이상행동, 행동장애의 여러 용어로 쓰여 관점의 다양함을 부여 주었다(김수주, 2002). 이처럼 문제행동에 대한 용어 역시 사회적 변화와 흐름에 따라 바뀌었음을 알 수 있다.

무엇보다 청소년의 문제행동을 규정하는 핵심지표로 많이 언급되는 것은 미국정신의학회에서 제시한 정신질환진단기준을 통해서 파악해 볼 수 있다. 1952년 초창기 참전군인의 정신건강과 장애진단에 대한 임상기준을 마련하고자 제시한 정신장애진단(Diagnostic and Statistical Manual) DSM-Ⅰ에서부터 2013년 DSM-5의 변화과정을 거치면서 인간의 수많은 부적응행동을 유발하는 인자가 나타나면서 인간이 스스로 조절하지 못하는 장애요소가 엄청난 수준으로 확장되었음을 명시하기도 하였다.

DSM-5의 부적응요소의 내용을 통해 정신의학이나 과학의 발달과 더불어 인간에게 나타날 수 있는 문제적 요소가 급증하면서 거의 전 영역에서 사람의 부적응 수준이 높아지는 것을 알 수 있다. 인간의 평균수명이 늘어난 만큼 부적응요소 또한 늘어날 것이라는 관점에서 보면 인간은 항상 사회에서 적응만을 위해서 살기는 어려운 존재임을 알 수 있다.

청소년의 문제행동은 청소년이 청소년 시기에 보이는 행위적 특성에 대해서 성인이나 기타 사회적 영향력이 강한 사람들이 규정한 도덕적이고 사회문화적인 기준으로 범주화한 옳지 못한 행위로 규정한 내용에 대해서 청소년이 규범적인 행동을 위반하는 행위이다. 청소년은 개인 위험요소를 상당 부분 갖고 있을 수 있다. 동년배에 비해서 낮은 인지적 능력이나 판단력, 사고력 등과 같은 문제적 요소는 동일한 수준의 학습을 지연하게 하는 장애요소로 작용하며, 이 경우 심한 주의력결핍과 과잉행동과 같은 점을 유발하게 된다.

청소년의 위기적 속성을 표현하고자 할 때 '위기청소년'이라는 용어를 사용한다. 위기청소년이란, "가정문제가 있거나 학업수행 또는 사회적응에 어려움을 겪는 등 조화롭고 건강한 성장과 생활에 필요한 여건을 갖추지 못한 청소년을 말한다."(「청소년복지 지원법」 제2조 4항)라고 규정하고 있는데 이러한 위기적 소양을 제기한 원인은 위기가 청소년이 아닌 다른 요인으로부터 발생하였다는 것을 이해하지 못하였기 때문이다. 예를 들어, 왕따를 당하거나 사회적 관계 형성의 어려움을 겪는 청소년에 대해서 이들의 근본적인 문제가 대처행동의 문제이거나 사회적 행동수정을 이루지 못한 원인을 개인적 특성으로 바라보고 사회성을 증진하면 될 것이라는 인식으로 대안을 마련하게 된다면 이는 본질적 대응을 하기 어렵게 만든다. 무엇보다 이러한 관점에서는 좋은 관계를 유지해야만 한다는 전제가 저변에 깔려 있으며, 개인마다의 특성을 충분히 고려하지 않은 사고가 존재하게 된다.

중간점검

청소년의 문제에 대한 보편적 인식으로 자리 잡고 있는 시각이 존재한다면 지금 우리는 청소년의 문제라는 시각에 대해 얼마나, 그리고 어떤 불편한 생각을 가진 적이 있는지를 알아봄이 필요하다. 특정의 청소년문제행동 사례(예: 청소년절도, 청소년폭력, 청소년사이버폭력, 청소년가출 등)를 통해서 진단해 보자.

2 청소년문제행동의 올바른 이해

1) 청소년기 발달속성에 따른 정서적 불안정

청소년의 문제행동을 이해하기 위해서는 청소년에 대한 올바른 관점의 전환이 필요하다. 일반적으로 사람들은 문제라는 단어를 쉽고 편리한 것으로 재해석하려는 경향이 있어서 자신의 판단기준과 사고의 합리성이라는 범주에 포함되지 않다고 여기면 문제라는 용어를 쉽게 사용한다.

청소년은 문제에 대해서 넓고 다원적 관점으로 해결되어야 할 존재이다. 대상을 문제로 시각화하는 순간 이들은 움직임이 제한되고 활동공간과 특성 역시 제약을 받게 된다. 그렇다면 이들은 어떠한 존재이어야 하며, 어떠한 특성을 가지고 있기에 문제라고 불리는 행동에 쉽게 빠져드는가의 이해가 우선시되어야 한다.

사람은 사회적 동물이라고 규정한다. 자신의 행위를 중심으로 독립적 행동을 하는 것이라기보다는 조직과 집단 속에서 서로의 관계를 재조망하는 방법을 습득하게 함으로써 집단 속에서 자신의 기능과 역할을 자연스럽게 조절하도록 해야 한다는 사명을 제시하고 있고 이를 문제나 아니냐의 범주로 구성하고 있기 때문이다. 결국, 자기중심적 태도가 강하기는 하지만 동시에 타인과의 관계에 대한 조망이 적절한 수준에서 이루어져야 함을 의미하기도 한다. 이는 곧 청소년의 가징과 사회를 벗어나려는 행동에는 자신의 특성을 찾으려는 색다른 고민이 내재화되어 있다는 점을 함께 주목해야 한다.

청소년기에는 **그림 1-1**에서와 같은 변화가 나타난다.

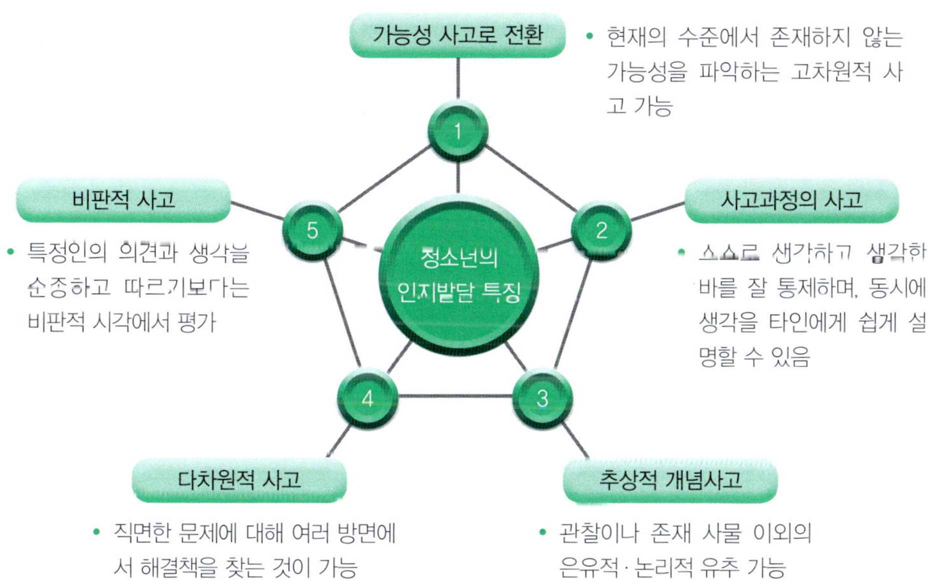

[그림 1-1] 청소년기의 인지적 변화

① 청소년기에는 아동기에서 행했던 사고력이 점차 가능성의 수준으로 전환된다.

② 청소년기는 생각의 확장이 점차 더 늘어나는 생각에 생각을 더하게 된다.

③ 형식적 조작기에서 추상적 사고와 행위가 가능한 시기로 전환된다.

④ 주어진 정보처리 형태와 능력이 확장되면서 점차 다양한 방식으로 문제를 해결하는 다차원적 사고, 즉 메타인지 역량이 확장된다.

⑤ 부모라는 절대권력의 입장을 순종하고 따르던 아동기의 입장에서 점차 벗어나고 독립적 판단과 생각을 하게 되는 주체로 바뀐다. 동시에 대상만 바뀔 뿐 또래집단 또는 특정인에 대한 사고력 집중이 더 거세질 가능성 또한 증대된다.

청소년의 존재성을 찾아가는 근본적 노력은 곧 자신의 존재감을 발견하려는 과정인데, 이 과정에서는 정서적 관점에서의 적응과 부적응의 조절능력이 필요하면서도 아직은 부족하다는 대전제가 수반되어야 한다. 정서적 측면은 감정의 균형성을 의미한다. 인간은 근본적으로 감정의 기복이 심한 특성을 가진다. 감정은 곧 뇌와 호르몬의 영향을 크게 받는다. 감정을 조절한다는 것은 지각적이고 인지적 관점에서 통제가 가능한 부분이 어느 정도 있기는 하지만 때로는 자신이 지각하지도 못한 상태에서 통제와 조절이 어려운 상황으로 이어지기도 한다. 청소년 시기에는 호르몬의 변화와 신체적 불균형이 나타나면서 자신도 모르는 충동성이 심화된다. 감정의 격동성이 심화될 때 조절과 통제로 순간을 모면할 수 있다고 쉽게 말하지만 이를 행동으로 감정을 조절하는 것은 매우 어렵다. 그만큼 감정은 자신의 생각과 조절을 통제하는 수단으로 나타나지 못하는 경우가 많다. 이러한 시기가 대부분 청소년 시기에 몰려 있다. 즉, 자신의 감정을 조절하기 어려운 상황이 바로 정서적 어려움 극복의 문제와 직결된다는 점에서 **그림 1-2**와 같은 영역에서 변화가 조망된다.

[그림 1-2] 청소년기의 정서적 특성과 문제

누구나가 쉽게 이해하는 청소년이란, 인간발달단계에 있어 아동기에서 성인기로 옮겨 가는 과도기라고 말하며, 이 시기에는 주변인으로 살아가는 상태에서 갈등과 격동의 폭발적 상태가 지속되기도 하고 질풍노도의 감정이 분출하기도 한다. 청소년기에는 몸은 급격한 신체적 변화로 인해 균형을 잃고 마음은 이상과 현실 사이의 괴리로 정신적 갈등과 좌절에 시달려 감정조절이 쉽게 이루어지기 어렵다는 점에서 많은 문제가 나타난다. 정서적 어려움을 이해하는 수준이 청소년이 문제를 극복하게 하는 출발점이 될 수 있다. 정서적 어려움을 토로하는 청소년은 최근 사회적 관점에서 많은 현상으로 표출되기도 하는데, 이들의 정신적 문제요인은 과거에 문제요인으로 언급하지 못했던 정서 및 심리적 부적응요소가 급속도로 늘어났다. 최근 청소년문제행동의 원인으로 지목되는 요인으로 '대인관계'가 24.8%(1,062,059건)로 가장 많이 나타났으며, 그다음으로 '학업 및 진로 문제'가 19.7%(846,273건), '정신건강' 12.2%(521,010건), '일탈 및 비행' 9.7%(414,885건), '컴퓨터/인터넷 사용' 8.3%(358,128건) 순으로 나타났다(여성가족부, 2017). 또한, 2015년과 마찬가지로 '대인관계(전년도 22.4%)', '정신건강(전년도 11.9%)'에서 청소년이 지속적으로 어려움을 호소하는 것으로 나타났다.

2018년 청소년상담복지센터 이용자의 문제유형별 상담실석에서 대인관계 문제를 호소하는 청소년의 경우, 또래와의 관계에서 겪는 어려움이 가장 크게 나타났다. '친구관계 고민'이 82.2%로 가장 많았고, '따돌림 및 왕따' 6.8%, '교사와의 관계' 1.6%, '이성교제' 1.7%, '어른과의 관계' 1.0% 순이었다. 청소년이 겪는 학업 및 진로의 세

부유형 빈도를 살펴보면, '진로 정보 탐색' 43.2%, '학업 흥미/학업 동기 부족' 15.5%, '학교생활 부적응' 12.9%, '학습능력 부족' 6.4%, '시험불안/학업 스트레스' 5.1%, '진로의식 부족' 5.7% 순이었다. 정신건강 문제의 세부유형 빈도를 살펴보면, '우울/위축 문제'가 34.8%로 가장 많았고, '자살 관련 문제' 15.0%, '강박/불안 문제'가 14.5%, '충동(분노) 문제' 7.5% 등 순으로 나타났다(여성가족부, 2019). 이는 또래나 집단 간의 조화로운 관계를 이루지 못하는 개인의 심리정서적 불안정과 부적응 행태가 상호 간 갈등을 초래하는 원인으로 작용하고 있으며, 적절한 관계 형성을 하지 못할 때 다양한 문제요인으로 확산될 수 있음을 의미한다.

청소년의 문제행동은 정서적 불안정과 관계조율의 불합리성에 기인한 개인의 부적응이 원인이 되어서 종국에는 반사회적 행동과 문제요인으로 확산된다. 지금까지 청소년의 문제행동을 규정하는 개념적 요소를 재정의하면 청소년의 문제행동에는 분명히 사회규범과 가치관을 저해하는 위법적 행동에서부터 출발하였으며, 이러한 문제요소가 문제행동으로 규정되는 것은 초기에 중요한 맥락으로 규정되었었다. 또한, 청소년 시기에 문제행동이나 문제요소를 겪게 되었을 때의 치명적 요소가 성인기까지 지속적으로 영향을 주게 된다는 점에서 청소년문제를 중대하게 여겨야 할 이유는 분명해 보인다.

다만, 청소년의 문제행동에 대한 올바른 이해는 청소년 시기의 변화를 얼마나 수용적으로 받아들이냐와 긴밀하게 연관된다. 지금까지의 청소년문제행동은 주로 비행의 발생적 관점에서 행위 중심으로 이해되어 왔다. 그 결과 청소년은 비행의 주 대상자이자 개인적이고 심리적 특성에 기인한 불안정한 대상이라는 관점을 수용하는 태도는 다소 미비하였다. 청소년기를 지속적인 성장과 변화를 수반하는 발달과정에 있는 시기로 본다면, 결국 미성숙한 이들의 발달의 연속선상에서 사회적 규범이나 가치의 부조화를 경험하고 혼란을 겪는 것은 일견 타당한 경향이 있다.

특히, 역기능적 가정환경이 청소년비행과 반사회적 행동의 형성요인이라는 가설은 그간 여러 연구에서 입증된 바 있다(Marquis, 1992). 코르테스와 가티(Cortes & Gatti, 1972)는 비행청소년이 일반 청소년보다 파탄 가정 출신자가 많았다고 보고하고 있으며, 에메리(Emery, 1982) 또한 부부문제(부부간 불화, 이혼 등)를 포함한 가정의 역동성과 자녀의 문제행동 간에는 유의한 관련성이 있다고 기술한 바 있다. 이처럼 청소년에게 주어진 환경의 영향으로 인한 부적응의 유인은 곧 이들이 환경의 영향력에서 자유롭지 못함을 잘 나타내고 있으며, 동시에 환경의 열악성을 스스로 규제하거나 개선할 여력보다는 오히려 부정적인 영향을 받게 되는 점이 부각되고 있다.

또한, 청소년기 비행행동의 원인 설명에 있어서 청소년 자신의 성격적 특성도 중요한 결정요인으로 작용하고 있다. 자신이 추구하려는 기대치의 욕구 좌절, 우울 성향, 정신신체 증상 호소 성향 등은 반사회적 성격으로 이어지며, 결과적으로 비행청소년이라는 현상적 특징이 관찰되는 경향을 나타내기도 한다.

이렇듯 청소년기의 불안전한 특성과 미성숙의 발달과정 진행이라는 점을 도외시한 채 개인적이고 심리적인 문제로서 부자연스러운 도덕적 사고관이 비행과 문제의 특성이라고 규정한 대부분의 문제행동 규정은 마치 청소년의 문제행동을 그들의 부정적 행태로 고착화하고 당연시하였다. 이를 수정해 나가는 태도가 반드시 필요하다.

인간이 가지는 사회인지(Social Cognition)는 자기와 타인의 생각과 의도 그리고 정서를 지각하고 해석하는 인간의 고유한 능력이며(Fonagy & Luyten, 2012), 표상을 형성하는 과정이다(Michael & Green, 2008). 사회인지는 자기 및 타인의 생각, 의도를 해석하는 인지적 측면과 정서적 정보를 지각하고 이해하는 정서적 측면으로 구분된다(Shamay-Tsoory, Harari, Aharon-Peretz, & Levkovitz, 2010). 그렇기 때문에 청소년문제에 대한 사회적 통념은 주로 청소년이라는 대상의 성장과 그 과정에서 발생하는 문제가 사회적 기준에 크게 위배되지 않는다면 대부분 교화나 교정에 초점을 두어야 한다는 시각으로 전개되어 왔다. 무엇보다 청소년은 온전한 인식체로서의 불가역적인 대상이 아니라는 점에 대부분이 동의하였고, 그렇기 때문에 청소년이 사회통념을 벗어나지 않는 선에서 보호에 대한 강력한 시각을 추동하기에 이르렀다.

이러한 시각에서 청소년이 문제행동을 일으키는 요인은 개인의 도덕성, 자아개념, 자존감, 정체감, 이미지상 등과 같은 사회적 특성과 연관된 심리적 요소가 중요한 요인으로 작용을 하게 된다.

또한, 청소년의 문제인식은 원인의 다원성에서 근본적 접근을 하지 못하는 점을 받아들여야 한다. 청소년의 문제행동을 일으키는 많은 부분은 일차적 보호요인의 장치가 상실될 경우이다. 가정의 문제, 부모의 문제가 자녀에게 그대로 전이되면서 행동의 균형적 양육에 이미 많은 흠집이 발생된 경우를 들 수 있다. 가정 내 청소년성장에 대한 균형성을 말하고자 할 때 매슬로우(Maslow)의 인간위계이론이 매우 적절하게 인용될 수 있다.

매슬로우(Maslow)는 인간의 성장기준에 대한 발달과업을 이행하면서 해당 시기 또는 동일 상황에서도 유사하게 충족되어야 할 과업을 단계적으로 제시하였다. 즉, 해당 시기에 충족되지 못한 결핍은 다음 단계에 대한 미흡을 야기하게 되고 그 결과 문제행동을 이루는 요인으로 작용하게 된다고 하였다.

사람이 살아갈 때 각 시기나 단계마다 반드시 채워져야 할 욕구가 존재한다. 어떠한 욕구가 중요하고 어떠한 욕구는 덜 중요하다는 것이 아니라 인간의 삶을 결정짓는 과정에서 모든 욕구위계는 반드시 충족되어야만 하고 이를 달성하는 자기결정성의 균형성이 보장되어야 한다. 이 중 청소년기까지의 욕구위계에 영향을 줄 수 있는 부분은 하위욕구의 보장을 들 수 있다. 욕구의 구성은 저변이 넓은 삼각형 모양으로 나타난다. 아랫부분이 튼튼한 구조를 보였을 때 이를 기반으로 한 자아실현의 구성이 견실하게 형성될 수 있다. 그런데 무엇보다 중요한 점은 청소년기에 이르기까지 충족되어야 할 기본욕구는 청소년 스스로 결정하기 힘든 변수라는 점이다. 기본욕구를 이루는 가정의 건실성, 부모의 적극적인 관심과 지원, 적절한 대응, 그리고 가족이라는 구성원이 만들어 가는 기본적 욕구를 채워 주게 된다면 적응이라는 요소에 더욱 가깝게 다가설 수 있다는 논리적 설명이 가능하다.

인간의 삶에 대한 동기를 이루게 하는 근원은 무엇보다 중요한 문제인식으로부터 시작될 수 있다. 자신이 살아가는 이유, 살아가면서 대처해야 할 역량의 필요성, 무엇을 목적으로 자신의 성과를 이루어 갈 것인가를 스스로 생각하게 하는 힘의 인식 등에 대한 자각이 필요하고 이를 느끼게 되었을 때 곧 무엇을(What?), 어떻게(How?), 그리고 어디서(Where?) 행할 것인지를 생각하게 하는 힘인 문제의식을 갖게 된다. 그런데 청소년의 문제와 자각의 문제는 상당히 다른 점이다. 청소년의 문제가 문제의식이 없는 점이 문제라든지, 문제에 대한 행동적 시각을 발현하는 힘의 과다에 대한 인식 부재가 문제라는 점도 곧 문제로 이어질 가능성이 크다.

이러한 시각으로 청소년이 문제행동을 나타내는 배경을 보면 발달과업상 해당 시기에 충족되어야 할 욕구의 균형성 미비에 달려 있다는 표현이 가능하다. 욕구미비가 나타내는 문제의 형태는 청소년이 보이는 다양한 문제행동의 원인이 가정과 가족을 이루는 부모세대의 역할 미비에 기인한다는 해석도 가능하다는 점에서 부모의 역할과 가족 및 가정의 구성원에 대한 지원이 보완되어야 할 필요성이 있다.

청소년의 문제행동에 대한 시각이 수정되어야 하는 가장 큰 이유는 청소년기의 발달과업이 특정 시기나 상황만으로 연계된 분절적 개념이 아니라는 점을 고려해야 하기 때문이다. 청소년의 문제에 대한 인식을 통념적 수준에서 기성세대가 규정하는 인식적 확고성에 가두어서 말하기보다는 청소년의 행동적 특성을 이루는 요인과 상황적 관점을 함께 고려하면서 이해하는 노력이 필요하다.

중간점검

청소년의 사회인지적 관점을 변화시키는 데 중요한 요인으로 가정의 안정성이 제시되어야 한다면 현재 우리나라에서 추진하고 있는 부모교육이나 가정의 안정성을 도모하고자 관련한 주요 시책과 사업, 정책 등을 찾아보는 시도가 반드시 필요하다. 이러한 점에서 각 부처에서 시행하는 부모교육이나 부모지원정책은 무엇이 있는지 알아보자.

2) 청소년기 자아정체감 확립을 위한 자구적 노력과 대응

청소년의 문제행동을 바라보는 극단적 시각에는 청소년은 위험한 행동을 해서는 안 된다는 이념적 규제의 틀이 확고하다. 그런데 이러한 문제행위를 했을 경우는 규범에 대한 사회적 불만을 타락시킬 대상으로 모든 상황을 일반화시켜 버린다. 그래서 청소년의 특성이나 발달적 논의는 문제의 관점에서 전혀 힘을 발휘하지 못한다.

청소년기의 특성을 설명하는 가장 대표적 용어 중 하나는 곧 다양한 행동의 발현을 주체적으로 할 수 있는 힘으로서 자아정체성 확립이라는 용어와도 밀접하게 관계가 있다. 각 개인의 정체성은 나를 둘러싼 사회적 관계 속에서 나의 지위와 그 지위에 결부된 역할에 관한 일련의 정의들로 구성된다. 정체성을 갖는다는 것은 그러한 일련의 정의를 자신의 것으로 인정하고 동일시하는 것을 뜻한다. 그것은 이중의 의미에서 동일성을 포함한다. 지위로 요약되는 사회적 관계가 '나'라는 주체가 서 있는 자리와 동일하며, 역할로 요약되는 규범의 집합이 내가 선택하는 혹은 당위를 간주하는 행동의 집합과 동일하다는 의미에서 동일성이다.

청소년기가 비록 미성숙한 발달과정에 있지만, 그 대상 역시 자기를 찾아가는 선에 있으므로 절대 자아개념이 흐트러지거나 낮아서는 안 된다는 의미를 담고 있다. 그래서 청소년의 문제 속성을 말할 때 자아정체성의 수준에 대한 논리적 접근이 반드시 뒤따라야 함을 설명한다.

우리는 일반적으로 막연하게 청소년기에 자아정체성을 가져야 한다고 말한다. 그러나 자아정체성은 말 그대로 한 개인과 집단의 속성을 설명해 주는 상징적인 의미이다. 그래서 자아정체성이 모호하다는 의미는 단지 자신의 의지 결함을 의미하는 것이 아니라 집단과 대상 속에서 자기의 주체적 행위를 이끌어 내는 힘이 미약하다는 점에서 접근이 필요하며, 단지 문제로 보기보다는 이 시기의 본질적 특성 차원에서 지속적으로 자아정체성을 찾아가는 과도기에 있기에 정체감의 수준과 문제행동의 관계를 중요시하는 것이다.

특히, 청소년이 문제행동을 하는 원인으로 지목된 자아정체성의 부재나 미흡은 자아개념의 손상이나 욕구좌절로 인해 비행행동을 야기한다고 하며(Gold et al., 1972), 의존적 욕구를 충족하지 못하였을 때 청소년이 공격적으로 된다는 보고도 있다(Kalogeriakis, 1972).

지난 수십 년 동안의 정상적인 청소년의 발달과 비행청소년의 행동개발에 관한 연구에 따르면 개인, 사회 및 지역사회의 조건과 그 상호작용이 비행행동에 영향을 미치는 것으로 나타났다. 반사회적 및 일탈행동을 포함한 문제행동은 개인의 생물학적 및 유전적 요인과 환경요인의 복잡한 상호작용으로 태아에서부터 전 발달과 삶 전체에 걸쳐 계속된다고 하였다(Bock & Goode, 1996). 청소년의 문제에 대한 단정적 시각보다는 오히려 청소년이 그 시기에 자신의 정체성을 찾아가는 색다른 노력의 일환으로 벌이는 행태를 고민해 본다면 청소년의 문제에 대한 관점이 다르게 나타날 수도 있을 것이다.

아동이나 청소년이 경험하는 위험요소가 많을수록 비행행동에 대한 위험이 높아진다는 사실이 널리 인식되고 있다. 따라서 최근 격화되는 청소년의 비행행동을 이들의 문제로 한정해서 바라보기보다는 사회적 규범 속에서 적응하지 못하는 원인을 제공한 성인 또는 지역사회환경의 문제에 대한 요인도 크다는 점을 깊이 고민해야 한다.

청소년의 위기요인이 무엇인가에 관한 문헌적 탐색의 어려움은 연구된 행동결과의 다양성이다. 일부 연구에서는 문제를 일으키는 행동장애 또는 기타 반사회적 행동장애 또는 장애를 유발하는 기준이 무엇인가를 진단하는 데 초점을 두지만, 다른 경우는 공격적 행동, 거짓말 또는 훔치는 행위에 초점을 두는 경우로 차이가 있다. 그래서 청소년 발달의 일부 단계에서 다른 위험요소나 다른 결과가 위험요소보다 더 두드러질 수 있다.

발달수의자들은 어린 시설 학습되는 사회적 행동을 크게 전 사회직 단계와 빈사회적 단계로 나누었다. 첫째로 전 사회적 단계는 행동을 유발하는 데 필요한 도움, 공유 및 협력이 어느 정도 영향을 주었는지에 대한 준거이다. 둘째로 반사회적 행동에는 다양한 형태의 공격적인 행동이 포함된다.

이러한 충동과 과잉행동으로 인한 반사회적 행동은 낮은 자아존중감과도 연계되며(Rutter et al., 1998), 감정이입 부재, 죄책감, 낮은 사회적 인식, 도덕적 추론의 개발혼란 등과 같은 요소에 직접 영향을 주는 낮은 자아존중감으로 인해 비행행동을 하게 되거나 그렇지 못하면 자신에 대한 신체적 학대와 반항성 같은 스스로의 학대와 같은 사회적 행동특성을 보인다고 예측된다(Lahey et al., 1999; Nagin & Tremblay, 1999).

대부분의 청소년은 성장과정에서 적절한 신체적 대응방안을 학습하고 폭력보다는 다른 수단을 사용하여 자신이 원하는 것을 얻고 갈등을 해결하는 법을 배운다. 이 과정에서 자기에게 맞는 올바른 태도와 가치인식 등을 수렴하게 되고 이는 긍정적 자기성장의 토대가 되며, 이를 바탕으로 제기될 문제행동을 억제하거나 조절하게 된다. 하지만 자아정체감의 혼란과 낮은 자아존중감은 반항성의 기제를 확대하게 되어 학업실패, 그리고 결국 심각한 비행에 연루될 위험이 높다(Farrington & Wikstrom, 1994, Huesmann et al., 1984; Miller & Eisenberg, 1988; Nagin & Tremblay, 1999).

결과적으로 이러한 사회적 문제요인의 촉발에 대해서는 청소년기의 대표적 심리발달요인인 자아정체감과 낮은 자아존중감의 수준과 의미가 문제를 촉발하는 요인으로 자리 잡고 있다는 점에서 문제를 바라보는 관점과 청소년기의 자아존중감 등의 의미를 잘 파악해 보아야 한다.

중간점검

청소년의 문제행동을 고민해 보면서 청소년기의 대표적 특성인 자아정체감이라는 의미를 문제와 연관하여 생각해 본 적이 있는지 판단해 보자. 또 진정으로 자신에 대한 정체감의 수준은 어떠한지 이번 기회를 통해서 깊이 있게 판단해 보자. 나는 어떤 사람이며, 내 이름에 함축된 의미를 알아보고, 그 이름에 대한 책임감은 어느 정도이며, 더 나아가 청소년에게 꿈을 가지라고 말할 정도의 꿈을 나는 가지고 있거나 찾으려 노력하고 있는가?

3) 지역사회조절기능 소거와 청소년행동조정 약화

청소년의 문제나 범죄를 예방하는 중요한 준거는 지역사회의 안정화 특성을 들 수 있다. 지역사회는 단순히 주거적 의미에서 기능함이 아니라 지역주민의 삶을 통제하고 조절하는 비형식적 요소가 매우 강한 속성을 보인다. 집단구성원 간의 결속력이 얼마나 강한가의 수준에 따라서 지역사회 내에서는 해당 지역에 거주하는 구성원 간에 비행과 문제행위를 규제하고 통제하는 보이지 않는 힘이 존재하게 된다.

전통적으로 사회는 공동사회적 관점과 이익사회적 관점으로 분류하면서 사회가 추구하는 목적상 이익을 대변하는 사람들의 공동체이지만 그 내면에는 이익이 공동체의 생태체계 유지보다 앞선다고 보지는 않는 이유도 지역사회의 거주과정에서 사람들의 안녕과 질서를 지켜주는 틀이 존재하기 때문이라고 말할 수 있다.

지역사회는 어떠한 이유에서든 변화되고 해체되는 과정을 겪는다. 전통적으로 구성된 씨족, 혈족의 수준을 넘어서는 것은 발전이라는 순환적 틀이 존재하게 되며, 이 과정에서 어떠한 형태로든 구조적 해체가 불가피하다. 또 전통적 모양새 속에서 이어져 온 구조가 해체되면 자연스럽게 지역사회의 가치나 기준을 수렴하지 못하는 새로운 관계가 만들어지는데 이 과정에서 청소년의 경우 비행에 다소 자유스러운 구조가 형성된다. 기성세대의 압박과 틀 속에서 숨 막혀 하는 청소년이 지역사회가 느슨한 상태에서는 사회의 이질적 요소로 인한 감시기능이 약화되어 자신의 일에 대한 통제력이 없어지고 자유로운 행위의 표출로 이어지게 된다. 지역사회가 얼마나 안정화되어 있고 사람 간의 네트워크 구조가 얼마나 유동적이고 유기적으로 맞물려 있느냐에 따라서 청소년비행의 수준과 질을 결정하게 된다.

허쉬(Hirschi, 1969)는 "한 개인이 전통적인 관습을 지닌 사람과의 유대가 강하다면 그는 범죄행위를 저지를 때 좀 더 생각을 하게 된다"라며 관습적 사회와의 결속이 크면 클수록 비행을 억제하는 효과가 크다고 보았다. 그 결과, "일 년에 한 번 이상 만나는 지역의 사람들은 빈집털이와 자동차 도둑, 그리고 강도를 줄이는 데 효과적인 영향을 준다"라며 사회적 상호작용이 범죄를 감소시키는 것을 밝혀냈다(Bellair, 1997). 샘슨 외(Sampson et al., 1997)는 사회통제와 신뢰, 상호부조 등을 묶어서 집합효능감(collective-efficacy)으로 명명했다. 이들은 사회통제를 "강압된 것과 반대인 집합적인 목표(collective goal)를 깨닫게 하기 위해서 원하는 원칙을 따라 구성원들을 통제하도록 하는 집단의 힘"으로 지칭하였다(Sampson et al., 1997).

개인이 나타내는 행동은 그 개인과 환경 간 상호작용의 산물이며, 정서적 · 사회적 자아형성기인 청소년기에는 이러한 상호작용이 특히 중요하다. 청소년의 행동 발달에 미치는 영향요인 중 환경적 측면은 매우 중요한 것으로 지역사회의 결속력, 중심성, 지역사회에서 통제력을 발휘하는 존재의 여부, 지역사회의 거미줄처럼 구성된 사람 간의 망상적 특성 등은 청소년비행을 가로막거나 제어하는 수단이므로 청소년문제와 결부하여 지역사회의 관심도 함께 고민해 보는 시도가 필요하다.

브론펜브레너(Bronfenbrenner, 1979)는 개인을 중심으로 한 생태학적 맥락으로 미시체계, 중간체계, 거시체계, 외체계와 시간체계로 나누어 이러한 체계들이 인간발달에 직 · 간접적으로 영향을 미친다고 설명하였다. 또한, 청소년이 생태학적 시스템의 중앙에 위치하고 있으며, 청소년을 중심으로 둘러싸고 있는 일련의 확대 시스템으로 생태학적 체계를 구분하였다(조주영 · 정삼철, 2007). 이는 청소년기의 행동 및 삶에 있어서 주변 환경적 요인이 영향력을 미치고 있다는 점을 말해 주고 있다고 본다면 청소년의 문제행동과 관련하여 지역사회의 결속력 수준을 파악해 볼 필요가 있다.

중간점검

청소년의 문제를 조정하고 지원하려는 지역사회의 유대관계 수준, 연계 수준, 그리고 지역사회 주민의 관심도는 어떠한가? 지역사회환경이 청소년을 지원하는 지지기능이 있다고 말할 수 있는가? 특히, 우리 지역사회에서 청소년을 위한 지킴이 역할을 하는 지역사회공간이나 사람이 존재하고 있으며, 그 역할은 무엇인지를 찾아보자.

4) 청소년의 행동교정화를 강조하는 사회압력 증대

청소년이 어떠한 외적 문제요소에 노출되어 있는가는 청소년의 문제를 결정하는 매우 중요한 요소이다. 최근 사회적으로 확장된 청소년의 문제요소에는 자신의 내면적 문제에 그치는 것이 아니라 관계성 부재로 인하여 나타나는 문제 또한 엄청나게 확대되었다.

사람은 누구나 자신의 생각을 밖으로 표출하는 정서적 행동을 하게 되는데 이 중 분노는 교감신경계가 높은 수준으로 활성화되면서 강한 불쾌감이 특징적으로 나타나는 정서적 반응이다. 이러한 분노는 누구나 갖고 있는 일반적인 정서적 특징으로서 일상생활에 적응하기 위한 자연스러운 반응일 수도 있다. 만일, 정서적 표현 가운데 개인 내부에서 나타나는 합리적 사고를 방해하는 어떠한 상태를 밖으로 표출하지 못할 경우 오히려 더 큰 개인적 문제를 넘어 사회적 문제로까지 이어질 것이다.

그런데 이러한 정서적 표출의 극성기에 달하는 청소년기는 신체적 · 심리적 · 사회적 변화가 급속하게 이루어지는 시기라는 점에서 분노와 연결된 정서적 반응은 심각한 수준으로 변화되는 모습을 보인다. 즉, 작은 반응이나 대처에도 불구하고 쉽게 흥분하거나 화를 내고 당황하는 등의 문제에 쉽게 봉착하게 된다. 특히, 청소년기는 개인적으로 정서적 반응에 대한 안정화 추구가 어렵다는 점에서 쉽게 분노행동을 보이는 경향을 나타내는데 이러한 개인적 속성과 외형적 특성이 분노를 일으키는 특징을 더하게 된다. 청소년기의 내부적 변화에 압력을 강하게 받는 시기가 더해져서 국가사회적으로 바뀌는 압력요소는 청소년을 더욱더 심한 사회적 공간에서 이탈시키는 기제로 작용한다.

무엇보다 강조되는 교육과 학습에 대한 불안요인은 적응과 부적응이라는 양분적인 절대 기준치를 제시하고 있으며, 학교 안과 학교 밖이라는 분리된 개념은 우리 사회의 오래된 고정관념으로 자리 잡으면서 마치 청소년의 경우 문제와 문제가 아님의 절대적 기준치를 제시하는 것으로 이해되는 경향이 대부분이었다. 이러한 학력 중심 사회적 인식 확대는 청소년의 행동반경을 축소하거나 또는 일정한 범주로 규격화하는 문제를 야기한다. 우리 사회의 통념상 대학 졸업이 상식화되어 있는 점에서 마치 행복이 성적순으로 되어 버린 줄 세우기식의 현실은 청소년이 자신 스스로의 미래를 개척하고 새로운 범주로서의 기능을 하도록 해야 할 가능성을 매우 취약하게 만들어 버리는 문제를 나타내게 된다.

또한, 진로와 직업에 대한 인식 역시 교육의 열풍과도 크게 다르지 않다. 남들보다 나은 직장을 선호하고 중소기업보다는 대기업을 가야만 성공이라는 등식을 자연스럽게 갖게 됨으로써 이러한 사회적 통념은 청소년이 새로운 세계를 만들어 갈 기회조차 상실하게 만드는 셈이다.

이러한 사고의 제한성은 마치 우리 사회가 공무원이나 안정된 직장과 직업을 선호하며, 모든 이들이 이러한 가치를 선택하고 바라보는 획일적 사고가 이들의 생각을 지배하게 만들어 버리는 문제에 봉착하게 한다. 이러한 한계점이 청소년의 상황에 대한 그들의 대처 잘못으로 국한할 수 없다는 점은 우리 사회에서 청소년의 행동양식을 제한하는 기성세대의 편협한 사고방식으로 인해 청소년이 더욱 우울한 시기를 보내게 한다는 점이다.

결과적으로 청소년의 다양한 사회적 거부행동의 본실적 의미에 대해서는 이들만의 문제가 아니라 청소년을 둘러싼 내 · 외적 조건의 불일치가 청소년의 문제 상황을 야기하는 환경으로 내몰고 있다는 점을 더 심각하게 고려해야 한다.

중간점검

청소년에게 특정 형식의 인간이 되어야 하는 방식의 행동교정을 강요하는 것은 쉽게 우리 주변에서 볼 수 있다. 청소년행동교정을 원하는 규범적 특성이나 제도적 요인(예를 들면, 인성교육법, 상급학교 진학 요구 등)은 어떻게 청소년에게 압력으로 작용하는지 찾아보자.

5) 청소년행동을 조율하는 제도적 허점

청소년의 문제행동을 유발하는 배경에는 청소년이 자체적 문제를 불러일으키는 미숙한 성장요인도 있지만, 외부로부터의 과도한 압력이나 성과지향적 태도에 대한 부조화로 인해 자신도 모르게 부적응이라는 행동을 선호하게 되는 경우도 적지 않다. 외적 압력의 극대화는 주관적 안녕감을 저해하는 낮은 만족수치를 보이게 되며, 이를 통해 가정이나 사회적 압력으로부터 탈피하려는 태도가 곧 문제요인으로 이어진다.

앞서의 논의처럼 많은 청소년의 부적응은 그들의 사회적 행동이 다변화되는 요인으로부터 출발하기도 하지만 때에 따라서는 이들의 행동을 제약하게 하는 법과 제도적 틀의 낡고 관습적 수준에 머물러 있다는 점에서도 많은 한계가 있다.

최근 청소년의 문제행동을 우려하는 대다수의 사람이 인식하는 제도적 틀은 사회를 유지하는 법과 제도의 고루성에 문제가 있다는 점은 중요하게 여기지 못하고 있다. 예를 들면, 범죄소년에 대한 기준으로 삼고 있는 「소년법」은 대부분의 사람이 청소년범죄행위의 판단준거로 여기지만 청소년이 벌이는 범죄행위에 대한 우려감은 「소년법」에서의 대처가 매우 미흡하다는 점을 많은 사람들이 언급하고 있다. 물론, 「소년법」이 50여 년 전에 제정되면서 형사미성년자의 연령 기준에 대한 당시의 발달특성과 현재의 관점이 매우 다르다는 점을 고려하지 못하고 있다는 각계의 비판은 현재 미성년자인 청소년의 범법행위를 통제하지 못하는 법적 한계가 분명하게 있음을 의미한다. 그러나 법적 한계가 명확하고 문제가 있더라도 무조건적으로 이들의 행위를 법적으로 처벌해야 한다는 논리는 청소년이라는 대상의 특수성을 충분히 고려하지 않는 내용일 수도 있다는 점에서 신중한 대응이 필요하다.

청소년의 범죄행위에 대한 연령의 축소만큼이나 중요한 점은 이들의 범죄행위를 예방하고 실제 범죄행위를 통한 격리를 했을 때 사회적 보호와 함께 재범률을 낮추기 위한 교육적 기준과 제도적 틀이 잘 갖추어져 있는지 함께 고려해야 한다는 것이다.

청소년의 발달특성이 현저하게 과거와 다르다는 점과 최근 심각화된 청소년의 범죄행위의 흉포화 등으로 미루어 청소년의 문제행위를 규제하고 법적으로 시대에 맞게 재규정해야 한다는 목소리가 높아지고 있는 것은 분명한 사실이다. 청소년이 청소년의 문제행동을 규제할 법적 요소에 대한 무감각이나 오히려 법과 제도가 청소년의 문제행동을 부추기는 듯한 상황이라는 점은 과거에 비해 청소년문제행위에서 달라진 모습이기도 하다.

중간점검

규범과 제도는 시대에 따라 달라지거나 변화가 필요함에도 과거의 관습을 추종하고 이를 규정하려는 시도는 일반화되어 있다. 작금의 「소년법」의 개정과 관련한 개정의 의견 또는 필요성, 정당성 등의 관점과 이러한 요구로 인한 청소년의 의견은 어떠한지 파악해 보자.

3 청소년의 내 · 외적 지지요인 변화와 문제행동 인식

청소년의 부적응행동을 심도 있게 바라보기 위해서는 우리 사회나 구조가 청소년에게 문제행위를 하게 하는 내 · 외적 요인이 분명하게 존재한다는 점을 살펴봐야 한다. 청소년문제행동에는 문제행동을 하도록 밀어내는 요인(push factors)과 끌어당기는 요인(pull factors)이 함께 통합적으로 운영되고 있기 때문이다. 무엇보다 청소년문제를 바라보는 시각의 다원성에서는 이러한 밀고 당기는 요인의 관점을 충분히 고려하여야 하며, 동시에 문제해결에도 이러한 관점을 함께 논의해야만 해결책을 얻을 수 있다. 청소년의 부적응행동의 특성에 대한 본질적 논의는 밀고 당기는 관점을 이해해야 한다. 이러한 기준을 제시하는 이유는 청소년기에 변화의 특징이 어른의 그것과는 매우 다르기 때문이다.

그럼에도 불구하고 어른은 자기의 관점이 곧 평가의 기준이요, 행위의 지평이라고 말한다. 청소년이 '왜 그러한 행동을 하는 거지?' 그리고 '그렇게밖에 못하나?'라고 말하는 것을 당연시하는 순간 청소년의 이해에 대한 폭은 매우 제한될 수밖에 없다.

오늘의 청소년이 문제요인에 근접하게 되어 있음은 이들을 위한 지원과 관심의 폭을 높여야 한다는 의미로 받아들여야 한다. 청소년이 벌이는 문제행동이라는 범주를 다시 생각해 보면 스스로 자생력을 갖추기 위한 자구적 행동의 범주를 표출하는 과정이라고 할 수 있다. 어느 정도의 수준을 문제로 볼 것인가와 이를 문제행동의 범주로 포함시킬 것인가의 수준 차이가 있기 때문에 이에 대한 범주를 구분하는 것은 쉬운 일이 아니다.

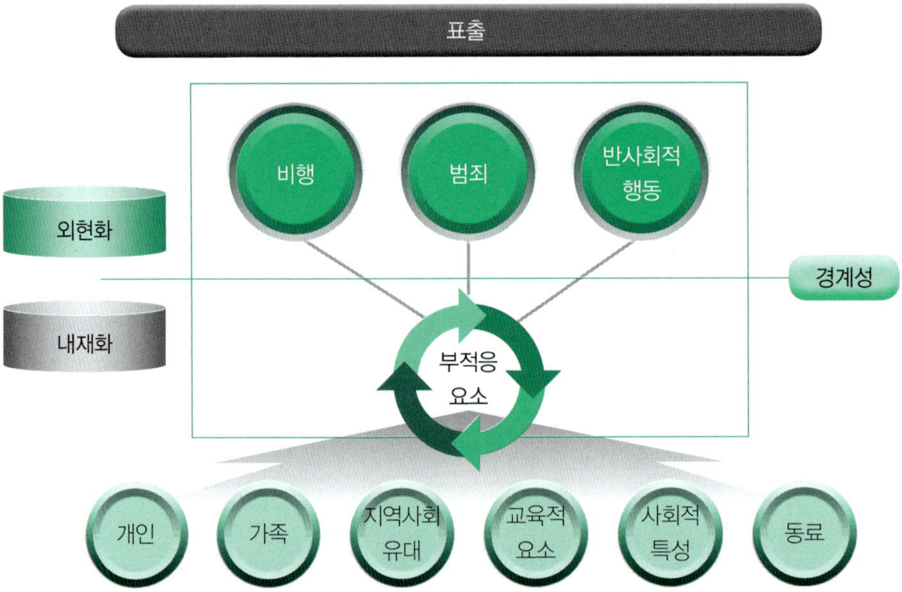

[그림 1-3] 청소년의 문제행동범주와 이해

그림 1-3에서와같이 누구나 다 문제나 부적응요소를 갖고 태어나는 것은 아닐 것이다. 그 저변에 깔려 있는 구조적 요소를 보면 개인과 가족이라는 구성원과 또래나 동료의 관계에서 적절한 대책을 찾지 못 하게 함으로써 이들을 밖으로 밀어내는 현상이 심각하게 대두되고 있다.

청소년의 문제행동이 큰 만큼 외부적으로 부각되는 가정의 혼란과 부모의 역할부재는 청소년의 삶이 얼마나 고단하고 문제적 환경에 노출되어 있지를 잘 보여 준다. 청소년의 안정적 기반으로 작용해야 할 가정 내에서의 생존과 보호의 적정성이 무너질 경우 단지 외부적 환경의 문제가 아니라 청소년의 정신적 관점에 대한 부적응요소가 함께 나타나면서 청소년의 문제행동을 결정짓는 내면적 요소가 확산된다. 따라서 이를 함께 고민하는 노력이 청소년의 문제행동을 폭넓게 이해하고 해결책을 찾는 데 중요한 관건이 될 수 있다. 또한, 문제요인의 결과만을 보고 모든 것을 판단하지 말아야 한다. 따라서 청소년의 문제행동을 결정짓는 다양한 요소가 있지만 청소년에게만 특별하게 밀어내고 끌어당기는 현상을 문제요인으로 볼 수 있기에 이를 종합적으로 판단해 보는 시각의 전환이 필요하다.

첫째, 청소년 자체에서부터 문제행동을 하도록 밀어내는 잠재요인이 있다는 점이다. 이는 단순히 개인의 본질적 속성의 영향을 다루는 점이기도 하지만 사회적 문제를 일으키는 청소년의 문제행위나 행동의 결과가 내면적인 관점을 지향하고 이들의 특징을 나타내고 있음이다. 모든 청소년의 문제행동에는 원인이 있고 그 원인의 결과에 따라 나타나는 행동의 일부라고 보는 시각에서 출발하지만 청소년이 자신의 자아를 찾아가는 독립적 행위의 출발점으로 보는 관점도 존재한다. 순응과 부적응의 기로에서 위험한 줄타기를 하는 시기가 바로 청소년기라면 이러한 문제행동의 본질적 DNA를 갖고 있다는 점에서 청소년기를 가볍게 바라보아서는 안 된다는 점을 직시해야 한다.

무엇보다 청소년의 문제행동을 바라보는 시각은 그들이 문제행동에 근접한 행동을 하게 되는 원인적 요소보다는 결과적 요인에 대한 판단과 결정론적 사고가 판단을 쉽게 할 수 있도록 한다. 청소년에게 나타나는 근본적인 문제행동의 원인을 이루는 요인을 판별하고 결정짓는 데 대한 이론적 토대의 발달이 바로 현상학적인 문제의 판단에 근거한 상황으로 보는 것이 더 쉽고 이해가 빠르고 타인에게 전수가 가능하기 때문이다. 그래서 사회학에서 규정하는 현상 중심의 이론은 판정하는 근거를 통해서 청소년의 특성을 규정하는 것이 일반화되어 있다. 이러한 관점은 일탈과 아노미적 관계의 특수성으로도 이해가 가능하다.

둘째, 가정과 부모라는 인위적 장벽의 안전성에 대한 우려가 청소년의 문제행동으로 내모는 요인이 됨은 자명하다. 사람은 태어나서부터 인생의 전 시기에 가장 안전한 곳을 찾아 헤매는 시도를 끝없이 하게 된다. 그리고 그러한 사고가 바로 행복이라는 가치와도 직결된다. 어떤 사람은 행복의 주관성에 대한 가치를 물질로 보기도 하지만 이러한 가치를 형성하는 내 · 외적 요인이 가정과 부모라는 것은 분명한 사실이다.

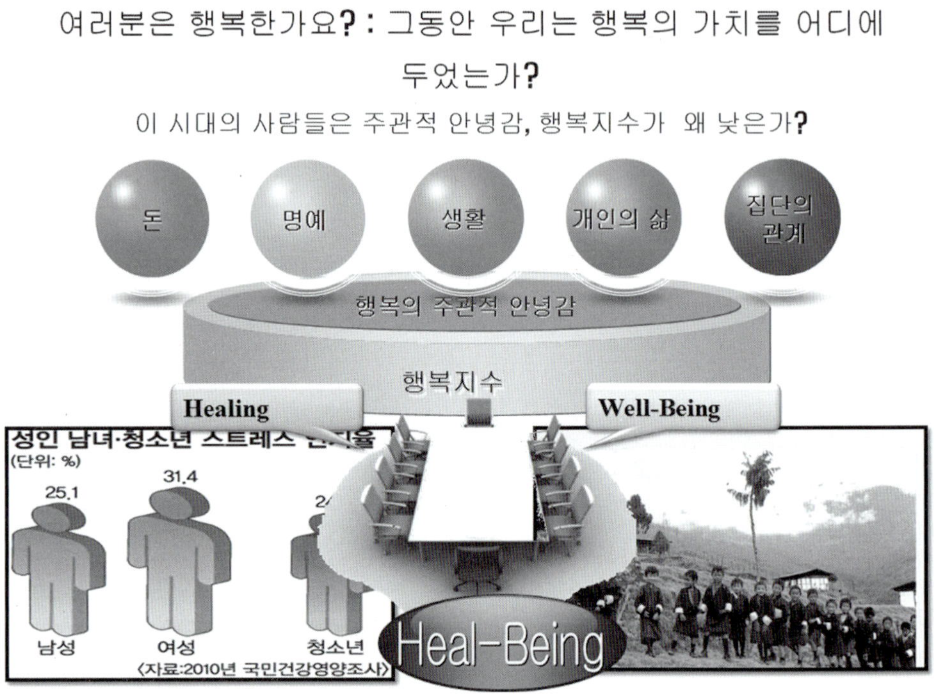

[그림 1-4] 주변 환경과 행복의 관계성

그림 1-4에서와같이 적응력을 높이는 데 도움을 줄 수 있는 주관적 안녕감이 행복으로부터 낮은 경우 곧 부정적 행위를 추동하는 원인이 된다. 이는 청소년뿐만 아니라 주변의 가족 등 성인의 적극적인 영향력에서 많은 문제를 나타내는데 미래의 삶에 대한 물질지향적 가치관을 과도하게 갖게 될 경우 개인의 생활과 삶의 지향점은 낮은 행복지수로 연계되어 결국 심한 심리적 스트레스로 이어져 사회적응과 다른 행동을 유발하게 된다. 그런데 가장 안전하고 신뢰할 수 있는 부모로부터 불신의 문제를 안게 된다면 이는 자신의 심리적 치료가 불가능해지고 더 나아가서는 행복의 주관적 안녕감은 사라지며, 이를 다른 요인으로 채우려는 시도를 하게 된다. 자신이 채우지 못하게 될 경우 외부로부터 채우거나 또는 부정한 방식과 방법으로 자신의 문제를 채움으로써 현재의 문제를 다른 방식으로 되돌리는 행위가 발생하게 된다. 이러한 문제가 곧 청소년의 범죄와 비행의 연결 고리로 작용하게 된다.

셋째, 사회심리적 관점에서 청소년에게 문제행동을 하도록 만드는 유인요인이 존재하고 있다는 점이다. 물질만능주의의 관념은 인간이 존재하는 사회구조상 자연스럽게 형성된 생존의 가치이자 다수의 사람이 만들어 놓은 형식으로서 이를 가치관이라고 한다.

사회심리학자들은 개인의 성격보다는 주어진 환경의 영향이 그 사람의 행동에 더 많은 영향을 준다고 말한다. 그래서 브루디외(Bourdieu)는 이를 '아비투스'로 규정하면서 그 사람이 어떠한 환경에서 생활하였고 살아왔는가에 따라 자연스럽게 몸에 밴 습성을 가지게 됨을 설명하였다. 주변의 동조자가 어떠한 문제를 자연스럽게 말하는가에 따라 자신도 잘못된 가치관이나 행동을 스스럼없이 받아들이게 되는 현상을 보이게 된다는 것이다. 마치 물질주의적 사고가 팽배한 환경에서 청소년은 물질을 버리고 고결하게 행동함으로써 도덕적 불문율을 지켜야 한다고 말한다는 것은 청소년에게 지키지 못할 규정을 정해 놓고 행동하라고 명령하는 바와 같다.

사회심리적 관점에서 청소년문제행동의 이해는 곧 기성세대나 사회환경에 영향을 주는 사람들이 얼마나 청소년에게 올바르고 정교한 가치의식을 갖도록 해 주는가에 따라서 청소년문제행동을 이끌어 내는 유인요인이 적어짐을 의미한다. 청소년의 문제행동을 사회심리적 요소에 따라서 보는 것은 청소년의 사회화 현상에 대해서 사회적 촉진과 저하, 집단사고와 집단극화, 편견과 고정관념, 매력, 이타주의 등과 같은 현상을 조정하거나 특징을 짓는 모습을 보이게 된다.

중간점검

청소년을 지역사회로 밀어내는 요인(push factors)과 끌어당기는 요인(pull factors)은 어떠한 것이 있는지를 찾아보자. 또한, 청소년의 행복지수는 어느 정도이며, 동시에 청소년의 행복지수에 영향을 미치는 요인으로 어떠한 것이 있는지 5가지로 우선순위를 정하고 이러한 지수를 나의 행복과 연계하여 규정해 보자.

4 청소년문제를 바라보는 새로운 시각의 접근 필요

오늘의 청소년을 상징하는 상징적 의미에 대한 관념이 어느 위치에 있는가에 따라서 동일 대상이 촉발한 행위결과에 대해서 기성세대가 바라보는 관점은 매우 다르게 표현되거나 규정되기도 한다. 기성세대는 청소년을 문제를 일으키는 대상, 문제청소년, 문제적 상황을 유발하는 원인제공자라는 불편한 인식의 대상으로 자리매김하는 경향이 강하다. 또한, 청소년의 문제행동을 바라보는 시각과 표현에 대해서 기성세대와 청소년은 동일한 용어로 수용하거나 동의하고 있는지에 대해서는 다소의 의문이 존재한다.

여기에는 동일 대상을 바라보는 시각의 격차가 크게 나타나기도 하며 비록 유사하더라도 동일한 대상이 추구해야 할 목적과 성취의 결과가 달라야 한다는 점이 덧씌워져 서로를 바라보는 간극이 매우 크게 형성되어 있다. 청소년은 행동을 표출하는 형태가 다소 과장되거나 다양하게 형상화되는 경향이 있지만 이를 바라보는 시각에서는 더욱 확대 해석되거나 과장되게 이해됨으로써 이들의 행동 궤적이 사회적 위협으로 받아들여지고 있는 점을 극대화하게 되고 이로 인해 상반된 판단에서 문제요인의 간극이 커진다.

인간의 발달과정을 생애 주기적으로 판단하는 관점에서 각 시기의 변화를 규정하는 대상의 변화를 의미할 때 모든 대상이 사회가 바라는 가치 수준에 맞는 행동을 하게 되리라는 보장을 할 수는 없다. 그럼에도 불구하고 청소년의 행위에 대한 사회적 기준이 엄격해지고 있음을 마치 성인은 이를 기준으로 판단하고 청소년이 행하는 원인과 과정에 대한 이해보다는 결과론적인 판단을 중시하게 됨으로써 문제의 개념이 점차 확대되고 있다.

문제를 지각하게 되는 과정에서 청소년의 특성상 부적응행동을 유발할 개연성이나 문제행동으로 규정하는 사회적 규범의 형식성을 개정하려는 움직임의 세부적 내용이나 이유 및 타당성은 중요하지 않고 범주화 속에서 벗어나려는 행동만 중요하게 여기는 모순을 발견하기도 한다.

그렇기 때문에 청소년의 문제행동을 바라보는 시각과 범주는 주로 청소년을 범죄나 문제적 요인으로부터 격리하거나 혹은 그럼에도 불구하고 가급적이면 청소년의 문제행동에 대한 개인적 잘못을 크게 묻지 않는 특성도 함께 연동되어 온 것이 사실이다. 하지만 여전히 대부분의 청소년문제행동을 바라보는 시각에서는 청소년기에 처한 이들이 개별적 혹은 집단적으로 사회적 규범과 가치에 위반되는 행위와 이에 준하는 비사회적 행동을 하는 것을 통합해서 문제행동으로 규정함으로써 청소년의 문제행동과 비행이 굉장한 사회적 비난으로 확장되는 경향을 보이기도 한다. 또한, 청소년의 문제요인 중 성적인 어려움으로 고통받는 이들에 대한 문제를 동일시하여 이성과의 만남 자체를 백안시하는 것도 과거에 매우 주관적으로 바라보았던 성인의 기득권적 사고라 할 수 있다.

성인의 입장에서는 청소년이 입는 옷, 말하는 언어적 표현, 하는 행동, 모여 있는 집단성, 표정, 눈빛 등 대부분의 시각에서 이들은 문제 덩어리이자 불편한 대상이다. 그래서인지 기성세대는 청소년에 대한 표현에서부터 청소년문제라는 말을 서슴지 않고 당연시하여 표출한다. 마치 청소년은 문제의 대상이므로 기성세대가 이들을 위하여 상당한 수준의 지원과 대책을 마련해 주고 있다는 인식을 나타낸다.

이처럼 기성세대는 주로 나타나는 행위적 관점을 일탈과 비행으로 명명하고 이를 청소년의 문제행동으로 범주화하고 있다. 이들이 문제행위를 왜 하게 되는지에 대한 이해보다는 주로 현상학적인 관점으로 문제행동을 판별한다. 무엇보다 기성세대가 청소년의 문제행동을 바라보는 것은 청소년의 발달적 특성을 고려한 수용적 태도라기보다는 행동표출을 통한 성과 중심적 관점을 일반화하여 바라보고 있는 고착화된 시각이 더 많다.

청소년은 본질적 특성에 따라서 다양한 사회적 조망력이 향상되고 있는 시기인 만큼 관심과 흥미가 고조되는 시기인 데 비해 행동범위의 자율적 영역이 낮은 규제적 특성, 경제력을 수반하지 못한 수동성, 학업성취라는 특정 목적을 위해 매진해야 하는 집중성 등은 청소년이 만든 범주의 한계가 아님에도 불구하고 청소년이기에 어쩔 수 없는 물리적 한계로 자리 잡게 된다. 이를 벗어나려는 움직임은 오히려 청소년이기에 벗어나지 못하게 만드는 불합리한 규제로 여기게 되어 청소년만의 문제로 이어지는 아쉬움이 있다. 이러한 관점과 시각은 과거부터 지금까지 지속적으로 그대로 이어져 온 시각으로 고정관념화되어 타당하게 여겨지고 있다.

따라서 청소년문제에 대한 인식 개선의 전환적 시각이 필요한데 이는 곧 청소년의 문제행동에 대한 문제적 이해 부족의 개선으로 이어진다. 청소년의 문제행동의 근본적인 원인에 대한 이해보다는 현상학적인 행동의 특징이 마치 본질인 것처럼 오해하여 규정하려는 관점이 강하다. 문제를 해결하기 위한 결과를 정해 놓고 그러한 결과를 맞히기 위한 경로가 자연스럽게 이루어져야 하는 것이 곧 청소년문제의 해결책이라는 잘못된 근거에 입각한 시각이다.

개인의 정체감과 적응의 문제해결을 위한 자아존중감의 확립과 대인관계의 개선을 긍정적으로 유지하기 위한 대책이 중요한 관건이라는 점에서 모든 이들의 특성을 획일화하려는 문제해결적 접근이 바로 통념화된 것이다. 청소년의 심리적 특성을 이해하지 못하는 문제인식과 대책의 수립이라는 관점이 강하게 깔려 있다는 점을 잘 인식하지 못하는 점도 문제이다.

그러므로 청소년문제행동은 사회적 기준에 의한 당연한 범주로 고정화하기보다는 어떠한 시각과 문제가 존재하고 문제를 규정함이 바른지에 대한 새로운 시각과 관점을 가져 보는 것이 필요하다. 청소년의 문제행동에 대한 고정관념을 그대로 수용하기보다는 청소년 입장에서 그들의 생각과 행위를 바르게 이해하는 것이 도움이 된다. 청소년문제행동의 개념 재정립이 필요한 이유가 여기에 있다.

무엇보다 지금까지 우리는 청소년의 행동을 규격화함으로써 특정의 범주에 고착화하는 일에 아무런 거리낌 없이 그 준거를 받아들이고 그대로 포용하는 태도를 취해왔다. 그 이면에는 과거 자신이 청소년기를 경험할 때는 모든 것이 장벽이고 거부적 태도를 보였던 행위가 청소년기를 겪고 난 이후에는 그러한 행동을 자연스럽게 하는 청소년이 오히려 거부감으로 받아들여지는 모습을 보이곤 한다. 여기에는 다른 심리적 이율배반적 태도가 자리 잡고 있다. 사람들은 좋은 기억은 남기고 나쁜 기억은 잊으려 한다는 무드셀라증후군(methuselah syndrome)을 자주 갖게 되는데 이러한 기억왜곡현상은 때론 편리한 심리적 적응을 보이기도 하지만 과도하게 자신에게 집중될 경우 오히려 타인을 비판하고 타인의 행동을 받아들이지 못하는 결과를 보이게 된다.

대부분의 사람이 갖고 있는 청소년의 문제행동과 행위에 대한 상관성을 보면 결과와 사회적 파장에 대해 큰 문제를 지니고 있어 보인다. 이러한 특정의 심리적 왜곡현상이 심화될수록 청소년을 바라보는 관점에서는 커다란 오류가 지속되는 모습을 보이기도 하는데, 최근에는 청소년의 사회적 파장이 큰 문제로 확대되면서 청소년의 문제행동을 극단적으로 해석하는 경향이 고조되고 있다. 무엇보다 심각한 것은 청소년과 세대 간 갈등의 한 편에서 청소년을 사회격리적 관점으로 보아야 한다는 대상이 늘고 있고, 이들의 관점은 청소년은 곧 보호받고 교육을 통해 성장해야 할 대상이 아닌 무조건적인 법적 규제의 대상으로 범주화하고 있다는 점이다. 물론, 청소년이 범하는 사회적 규범의 해체행동에 대해서는 일딜의 수준 이상으로 제재를 반드시 받아야 한다. 또한, 청소년이기에 사회적으로 미숙한 수준에서 모든 것을 면제받아야 한다는 시각도 잘못된 관점이며, 동시에 청소년이기에 범죄의 유형이 너욱 심각한 관점으로 이해되어 확대 해석되는 것 역시 피해야 할 부분이다.

그럼에도 불구하고 최근의 청소년문제를 바라보는 대부분의 시각에서는 문제의 경중을 논하지 않고 문제를 극대화시키는 차원으로 확대 해석하고 있다. 청소년의 문제행동을 발현시키는 여러 요인 중에서 단지 문제행동으로서의 수준에 그침이 아니라 이러한 행위를 유발시키는 요인의 관점을 바라보는 시각의 편협성이 있음에 먼저 사고의 출발점을 가동시켜야 한다.

결국, 청소년의 문제요인에 대한 접근을 바라보는 시각에서부터 혁신이 필요하며, 이를 토대로 **그림 1-5**에서와같이 통합적인 관점으로 대책이 부각되어야 하고, 지금의 청소년의 부적응행태를 개선하는 다양한 시각이 종합적이고 다양하게 이루어지고 있는지를 바라보는 시각의 전환이 필요하다.

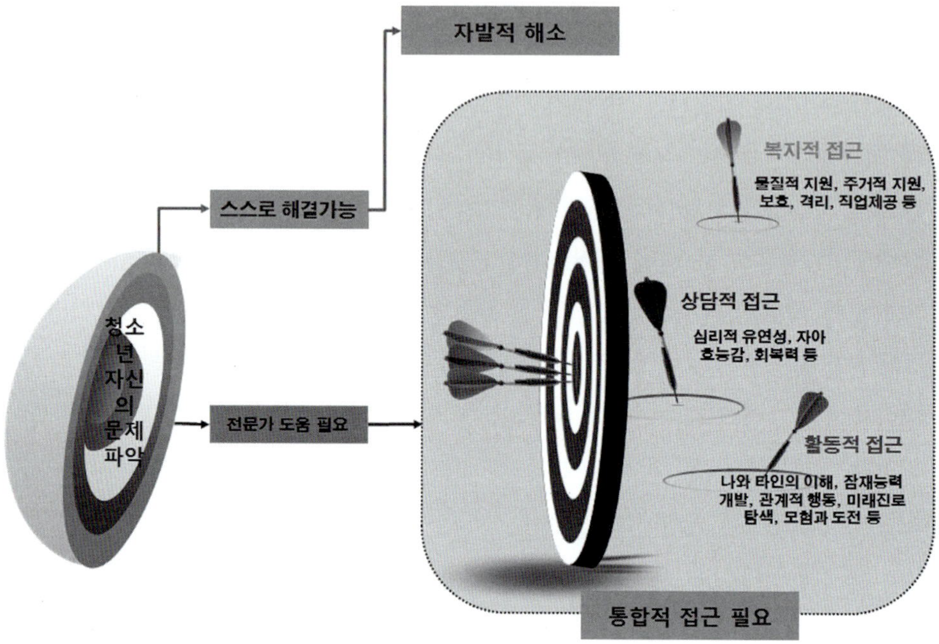

[그림 1-5] 청소년문제행동 해소의 종합적 접근

청소년은 문제를 일으키는 대상이 아니라 문제가 그들의 새로운 삶을 재규정하려는 발버둥일지도 모른다는 관점의 전환은 매우 중요하다. 지금까지의 청소년문제를 수동적으로 받아들인 사람이라면 아마도 청소년을 현장에서 만나고 이들의 잠재적 특성을 스스로 정진하도록 하여 사회적 역량을 발휘하는 건강한 객체로서 성장하도록 하는 데 많은 어려움을 나타내게 될 수도 있다.

청소년을 새롭게 바라보는 청소년지도자의 관점에서 본다면 지금까지 우리를 지배해 온 청소년의 문제, 청소년문제행동, 청소년의 부적응행동 등과 같은 사회적 통념에서 과격화되어 있는 의미를 다시 한번 새롭게 스스로 각인해 보고 청소년이 그러한 행동을 할 수밖에 없었던 이유를 고려해 봄으로써 청소년을 문제적 시각이 아닌 보편적 인간이라는 시각을 투영하는 새롭고 혁신적인 자세가 필요하다.

기성세대인 성인은 청소년에게는 가혹한 잣대를 규정하고 그러한 범주에서 벗어나지 않도록 해야 한다는 시각이 매우 강하다. 예를 들면, 학교는 그간 수많은 변화를 통해서 학생이자 청소년에게 독립적 행동을 하도록 선언하기도 하고 지향점을 변화시키기도 하였다. 인권이 그러하고 권리가 부여되어야 하며, 이를 위해 교복자율화, 두발자율화, 간단한 화장, 그리고 수업이나 학교의 단체생활에 크게 위배되지 않는 선에서 청소년의 자율성을 최대한 보장해야 한다는 의미를 수도 없이 논의해 왔다. 그러나 궁극적으로 청소년이 자신의 행동에 대한 자율성의 주장, 교복이나 두발자율화를 표방하는 적극적 시도를 행할 때 교사나 학부모는 마치 학교의 존재 하락, 교사나 학부모의 권위 추락 등의 강력한 거부 의사를 통해서 오히려 청소년의 더 큰 행동을 통제하려는 점을 당연시해 오기도 하였다. 마치 청소년의 권리를 주장하도록 격려하고 조장하는 시도를 한 행위가 무색하도록 한 이율배반적 행동을 보면서 청소년의 자율적 행동과 표현에는 권력의 배분이라는 요소가 매우 강력하게 투영되어 있다는 점을 지울 수 없다.

결국, 청소년을 동등한 주체로 바라보고 이들의 문제행동이 아닌 이들과 더불어 사는 행위를 발현하고 의미 있는 타자로서의 역할을 해내도록 하기 위해서는 문제행동이 아닌 청소년의 이해가 선행되는 새로운 시각의 청소년행동 이해가 반드시 수반되어야 한다.

중간점검

지금까지 청소년에 대한 문제적 시각을 바라보고 이의 관점을 다시 한번 생각해 보면서 평소 자신이 청소년을 문제로 보았는지 고려해 보자. 반면, 새롭고 혁신적인 시각에서 청소년의 행동을 문제적 시각이 아닌 새로운 관점으로 볼 수 있는 전환적 사고를 가지고 있는지, 준비가 되어 있는지와 그 가능성의 수준을 찾아보고 토론해 보자.

CHAPTER 2

청소년문제 규정의 주요 이론

청소년문제행동의 규정과 특징을 살펴보면 나름 일정의 틀로 범주화되어 있음을 알 수 있다. 청소년기가 되면 무조건적으로 비행과 일탈을 함이 아니라 일정한 상황에 도달하거나 임계점을 넘으면 반사회적 행동을 하게 된다는 일정의 틀이 존재하는데 이러한 점을 규정하는 일련의 가설이 존재한다. 이를 청소년문제행동을 유발하는 이론적 맥락이라고 한다. 청소년문제행동에 대한 맥락을 특정의 가설과 내용을 통해 인과관계를 파악하고 그러한 범주 내에서 자연발생적인 문제행동으로 연계되어 감을 밝히는 관점이 서로 다르게 포장되면서 이론의 맥락을 만들게 된다.

특별하게 청소년의 문제행동을 설명하는 시각은 매우 다양하다. 연구자나 학자의 주요 관심사나 전공 영역의 특성에 따라 무엇을 핵심으로 두고 청소년의 문제요인과 특징을 설명하는가에 따라서 청소년을 바라보는 관점은 매우 다르게 나타나기도 한다. 이러한 이론의 결과는 많은 사람에게 직 · 간접적인 영향을 주게 된다.

어느 사회든 이미 형성된 권력적 수단과 방식의 균형감은 사회생활을 하는 모든 사람들의 인식 속에서는 감히 바꾸기 어려운 규범이며, 동시에 안정감을 갖게 되는 형식적 틀이라고 할 수 있다. 여기에는 청소년의 문제행동으로 규정되는 보편적 관점의 이론이 연계되어 있다.

1 개인심리적 관점의 주요 이론

1) 청소년일탈과 아노미이론(Strain/Institutional Anomie Theory)

청소년의 비행이나 문제행동을 결정짓는 이론적 근간으로서는 사회학적 관점에서 청소년의 행동특성을 바라보고 일탈의 행동을 사회학적 관점에서 기준을 제시한 아노미이론이 토대를 이루고 있다.

아노미의 개념은 무법상태를 의미하는 그리스어로서 이 이론을 제시한 사람은 에밀 뒤르켐(Emil Durkheim)과 로버트 머튼(Robert Merton)이다. 이들은 문제의 원인에 대한 특성을 제시하였다.

사회 계급 또는 Mertonian Anomie 이론으로 알려져 있는데 주로 미국의 경제적 지위를 논쟁의 기반으로 사용했던 관점에서 출발하였다. 이론의 기반을 이루는 경제적 요소는 다분히 물질적 측면을 저변에 깔고 있다는 점에서 물질이 인간에게 미치는 영향력을 과대하게 설명하면서 이론의 출발점으로 삼고 있음을 알 수 있다. 로버트 머튼(Merton)은 이론을 바탕으로 청소년의 경제적 이익과 손실의 접근성향을 자세히 설명했다(Coleta et al., 2007). 미국인들은 '아메리칸드림'이라고 부르는 자유, 번영 및 기회에 대한 전망으로 가득 찬 문화를 발전시켜 왔지만 사람들의 생활수준이 기대하는 바는 곧 경제적 부를 바탕으로 이를 얼마나 충족하기 위한 노력을 하고 있으며, 이를 달성하지 못하였을 때 나타나는 심리적 · 물질적 갈등을 아노미와 같다는 의미를 제시하였다.

이 이론을 구성하는 신념은 불평등한 사회적 지위와 모든 사람들을 위한 기회의 불균형성과 같은 장애물이 발생했을 때 범죄행위를 하게 되는데 청소년 역시 예외는 아님을 강조한 것이다(Esbensen & Huizinga, 1993). 물질적 수용력에 취약한 청소년이 이를 달성하기 위한 행동으로 자신의 미래를 보장받기 위한 지속적 노력을 하는 대신 학교에서 이탈하여 문제행위를 통한 대안적 방법을 얻고자 하는 시도에 노출된다는 점을 설명한 것이다. 이 이론은 지금까지도 많은 청소년이 폭력, 강도 사건과 같은 범죄를 통해 사회적 지위를 얻을 수 있다는 시각에서 사회통념화되어 있는 모습이며, 결과적으로는 부랑자 또는 약물남용자로 알려진 범죄구성원으로 전락하게 되는 것과 깊은 관련성을 보인다.

한편, 뒤르켐(Durkheim)은 그의 주요 저서인 『사회분업론(*De La Division du Travail Social*)』과 『자살론(*Le Suicide*)』에서 사회가 개인의 자연발생적인 욕망을 통제할 수 없는 무규제(deregulation) 내지는 무규범(normlessness)의 상황을 설명하기 위해 아노미 개념을 이용하면서 청소년은 사회적 규제를 벗어나는 행동을 자연스럽게 습득하게 되고 그러한 충동으로부터 쉽게 일탈행동을 하게 된다고 보았다. 이처럼 아노미를 사회가 개인의 자연발생적인 욕망을 통제하는 능력을 상실한 무규범 상태, 즉 사회통합의 결여로 정의한다(김창군, 2002).

그리고 머튼(Merton)은 사회구조적 관점에서 아노미가 발생한다고 설명하고 있다. 개인의 사회부적응 현상이 심리적 요소나 특성에 기인한 경우도 많겠지만 이러한 특성보다는 주로 개인이 처한 사회구조적 관계가 얼마나 통합적이냐 그렇지 않느냐의 관계에 의하여 설명하고 있다. 따라서 사회적 관계에 의한 일탈을 이루게 하는 구조적 요소가 어떠한 현상으로 임계점을 보이는가에 따라서 일탈이 일어나는 현상에 초점을 두고 있기에 개인의 미묘한 심리적 요소에 대한 설명은 쉽지 않아 보인다. 하지만 적응과 부적응의 관계는 개인이 대응하는 능력과 힘의 원천의 차이에서부터 차별적으로 나타날 수도 있다는 점에서 일탈과 비행을 단순히 아노미적 관계나 구조적 요소로 설명하는 데에는 한계가 나타날 수 있을 것이다.

아노미에 대한 개념을 정의한 것으로 파슨스(Parsons, 1937)는 뒤르켐(Durkheim)의 아노미를 두 가지 근거에 의해 설명했다고 해석하였다. 하나는 행위의 목적과 수단 간의 균형이 결여된 상태이고, 다른 하나는 목표 자체가 불확실하게 정의된 상태가 아노미라는 것이다. 전자에서 아노미는 단순하게 목표와 관련된 수단의 비규제성으로서만 묘사되었지만, 후자에서 아노미는 행위의 특정화된 사회목표의 결여를 아노미의 결정요인으로 포함하였다는 것이다(성민경, 2008 재인용).

기본적으로 아노미적 상태를 설명하는 것은 사회를 바라보는 시각에서의 결합이 느슨하게 형성되어 나타나는 문제가 곧 범죄라는 요인과 직결된다는 관점이 대부분이다. 하지만 또 다른 관점에서 아노미에 대한 시각을 본다면 규범과 사회적 규범에 대한 보편적 테두리를 규정한 것은 사실상 특정의 집단이 지시한 범주를 활용한 경향이 두드러진다. 사회를 규정한 틀은 항상성을 유지하는 것이 아니라 변화무쌍한 규범으로 전환될 수 있다. 그래서 이러한 강력한 규범을 지지하기 위해서는 제도적 틀이 견고하게 이루어지도록 수많은 외피를 덧대는 노력을 하게 된다.

사람들의 인식 속에는 다양성과 변화를 추구하려는 원심력이 존재하지만 다른 관점에서는 기존의 사회질서를 유지하고 보존하려는 구심력이 공존한다. 따라서 사회의 일탈과 비행을 무규범과 아노미로 보려는 관점은 기존의 질서유지가 보편화된 사회적 관점을 타파하려는 시각을 설명하고 있다. 아마도 꽉 짜여진 사회구조나 틀은 기성세대나 사회를 안정되게 유지하려는 사람들의 고정관념이나 생각이고 기존 질서를 위배하고 벗어나고자 희망하는 청소년의 모습은 이들에게 사회적 이단아로서의 상징적 위치를 점하게 될 수밖에 없으며, 어떠한 상태로든 위험한 존재로 규정함으로써 일시적 또는 영원한 격리라는 틀을 제공하려는 당위성을 공식화하려는 의도가 강하지 않았을까 하는 생각도 가능하다.

무엇보다 머튼(Merton, 1968)의 아노미 이론이 가난한 사람은 아노미를 더 많이 느끼고 있으며, 그 결과 범죄에 빠질 가능성이 크다는 점을 부각하면서 경제적 소외와 같은 외적 환경요소가 갖는 차별성과 범죄를 유기적으로 설명하려 하였다는 점에서 사고의 편향성이 있어 보인다. 이러한 경제적 차이로 인한 일탈과 비행의 연관성은 청소년의 문제행동연구에 많은 영향을 주었다. 미국의 경우 저소득층의 자녀는 문제행동을 많이 일으킬 수 있는 조건을 갖추고 있고 실제 그러하다는 엘리엇과 메릴(Elliot & Merill, 1950)의 연구결과가 뒷받침하는 등 다수의 사례를 보이기도 하였고, 그 결과가 인식적 고착화를 이루는 요인으로 굳어지기도 하였다.

물론, 가정의 기능적 관점에서 본다면 경제적 관점에서 가정이 갖는 안정적 기능이 충분히 이루어져야 하지만 온전히 저소득의 관점이 문제행동을 유발한다고 보기는 어렵다. 예를 들면, 부모의 양육태도나 부모-자녀 관계, 가정의 분위기, 부모의 태도와 관심도, 훈육태도, 처벌과 일관성 등 수많은 요인이 영향을 줄 수 있음에도 저소득가정의 경우 이러한 부모의 양육에 부정적 영향을 주고, 그 결과는 곧 소득의 저위로 인해서 나타나고 있다는 식의 사고로 굳어진 점은 큰 문제라고 할 수 있다.

그래서 아노미의 사회적 현상만을 규정하는 한계를 벗어나고자 레오 스롤(Leo Srole)은 아노미를 심리학적 관점과 연계한 설명을 시도하였다. 스롤(Srole, 1956)은 개인의 주관적 심리상태를 나타내는 개념인 '아노미아(anomia)'로 사용하여 개인에 있어서의 아노미를 측정하는 척도구성을 통한 경험적 체계화를 촉진시켰다(김기오, 2001). 그의 이론은 아노미의 문화적 요인보다는 개인적 수준에서의 특성을 구별하는 데 더 많은 관심을 가진 것이다. 사회적 차원과 심리적 차원을 구별 짓기 위해 스롤(Srole, 1956)은 아노미아(anomia)라는 용어를 채용하여 일반적인 수준에서의 '타자에 대한 자기소외'의 심리적 조건이 일탈을 조장하는 원인으로 영향력이 있음을 말하였다. 그러나 아직도 보편적 관점에서는 아노미의 일탈적 개념에 대한 시각은 사회구조적 관점에서 영향을 받아 나타나는 청소년의 개인적 일탈과 비행의 관점이 더 우세해 보인다.

아노미의 개념을 정의하는 속성으로는 일탈행동의 개념적 특성에 기인한다. 일반적으로 일탈행동이라는 것은 사회적 규범으로부터 일탈된 행동이라고 규정한다. 동일한 사회적 병리현상을 바라보는 시각도 주체가 누구이고 무엇인가에 따라서 아노미의 규정이 다르게 정의되기도 한다. 하지만 공통적인 부분은 결국 무규범과 같이 급격한 사회적 변동과 같은 요소가 발생하게 되고, 이러한 행태가 개인적 특성이든 사회적 관계구조의 부조화와 같이 다양함에도 결과적으로 급격한 변동을 유발하게 된다는 점이다.

아노미 이론의 경우는 청소년의 부적응행태와 현상에 대한 원인으로 사회가 갖는 강한 결속력을 꼽고 있는데, 강한 결속력으로 만들어진 도덕적이고 가치지향적 규범을 벗어나는 중핵적 행동이 비행으로 이어진다는 점으로 해석하고 있다. 비행을 개선하고 적응을 지향하기 위해서는 더욱 강한 규범, 즉 법규와 도덕적 강화 등의 기준이 마련되어야 한다는 점으로 이해된다. 이러한 태도는 대부분의 사람들이 쉽게 청소년을 통제하고 규율로 규정하려는 시각에서 보편적인 정책을 이루어 온 배경이 되기도 하였다. 특히, 최근에 더욱 부각되는 소년범의 연령 제한으로 인해 사회적 지탄의 대상이 되었음에도 불구하고 미성년자이기에 적절한 제재를 가할 수 없다는 것을 문제라고 여기는 요인의 출발점이기도 하다.

특히, 아노미를 이루는 요인의 형태는 다양하지만, 사회적으로 용인되는 현상과 특성을 적절히 인지하지 못한 채 청소년 개인의 일탈이나 문제행위로 국한하여 행동 표상적으로 지적함으로써 문제의 특성을 청소년에게 특징지으려는 속성이 강하다.

2) 청소년의 자아손상이론(The Kaplan Theory on Self-esteem as Delinquent Factor)

대부분의 사람들은 자신의 생각이나 의견이 받아들여지는 곳에서 머물며 적응하기를 원한다. 그런데 이러한 요구가 수용되지 않을 경우 사람들은 자기 충족의 원래 상태를 회복시키기 위한 대안을 찾으려는 시도를 하게 된다. 사회 내에서 이미 확립된 문제행동을 하려는 시도는 자신의 행위가 정당성을 잃거나 많은 사람에 의해 거부당하는 순간 다른 방법으로 이익을 얻고자 하는 결정을 하게 된다(Benjamin & Lahey, 2003). 자신의 사고를 받아주는 사람이나 사회구조가 아닐 경우 오히려 더 많은 문제행동을 할 개연성이 높아지게 되는데 여기에는 의견 수렴을 결정짓게 하는 중요한 요소인 자아의 인정과 거부의 영향이 문제의 핵심에 놓이게 된다.

그런데 불행하게도 자아의 부정성과 비통제성은 청소년기에 가장 많이 경험되거나 더욱 취약하게 만드는 시기라는 점이다. 이 시기에 사회가 청소년을 인정하지 않거나 긍정적 신호를 제공하지 않을 경우 자기선호를 토대로 자신의 생각에 근거한 행동을 함으로써 수용과 거부의 갈림길에 서게 된다. 자기긍정성을 낮게 평가하는 자기비하이론은 청소년에게 낮은 자아존중감이 얼마나 큰 영향을 미치는지 잘 나타내고 있다.

청소년비행의 원인으로 개인의 심리학적 요인이 손상된 관점에서 문제의 원인이 나타나고 있음을 제시한 카플란(Kaplan, 1975, 1976, 1980)은 청소년기를 인간의 발달과정에서 가장 중요한 요소로 다루어져야 할 자아존중감, 자아정체감 등과 같은 자기인식이 회복과 향상이 적절하게 형성되고 이루어져야 할 시기임을 중시하고 있다. 그런데 외부의 충격이나 개인의 발달과정 문제로 인하여 심각한 손상을 얻고 이를 적절히 조절하지 못함으로써 적응에 어려움을 겪게 된다고 설명하였다. 특히, 이러한 자존감이나 정체감의 미형성으로 인한 자기분화의 적절성 부족으로 자기는 물론 사회적으로 대응력에 심각한 문제를 안게 되고 더 나아가서는 타인에게도 큰 관계적 훼손을 경험하게 된다는 점을 강조한 것이 바로 자아손상을 통한 비행의 관계성이다.

보편적으로 자아손상을 경험한 청소년은 자긍심이 낮고, 자아존중감이 낮은 청소년일수록 자아를 증진하기 위해 비행을 일으킨다는 점에서 자아손상이론을 제시하고 있다. 무엇보다 청소년은 심리적 격동성이 가장 크고 성인기에 중요하게 대두되어야 할 자아의 형성이 미진하다는 관점에서 지속적인 자기성장을 이루어야 하는데 이의 미비가 곧 통제와 조절의 문제에 대한 어려움을 겪게 되고, 비행과 일탈로 이어진다는 점에서 매우 중요하게 논의되는 이론이기도 하다.

자아존중감이 낮은 사람은 **그림 2-1**에서와같이 집단 내에서 열등감을 극복하거나 인정 또는 지지를 받지 못하면 부정적인 자아를 극복하기 위해 비행을 저지를 수 있다는 것이다. 무엇보다 자아가 손상되면 자기긍정성을 얻는 데 상당한 어려움을 겪게 되고, 그 결과 외부의 작은 충격과 자극에 대해서도 이전의 상처받은 경험과 문제가 겹쳐져서 문제를 확대해석하게 되는 문제를 안게 된다. 이는 청소년이 일으키는 문제 요인이 사회환경적 요인보다 개인심리적 특성에 영향이 있다는 이유로 본다.

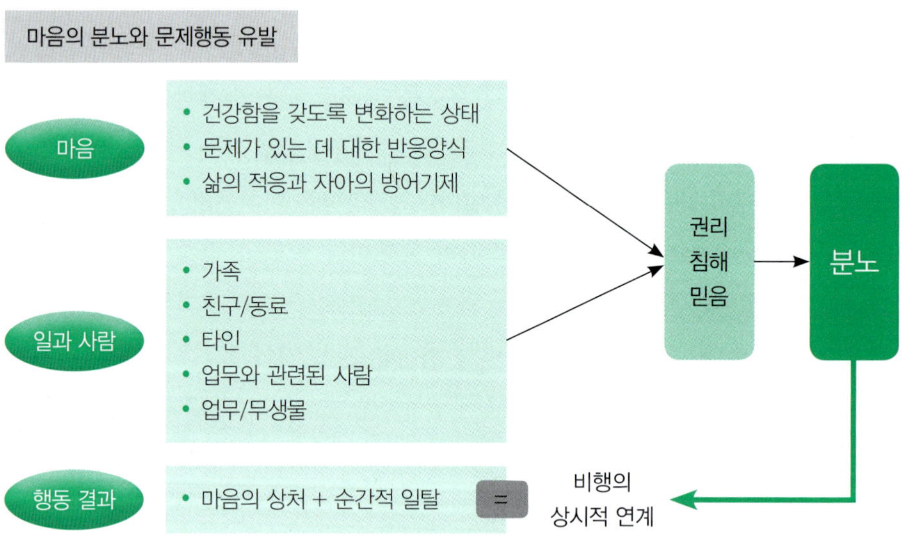

[그림 2-1] 자아손상과 분노촉발의 관계

그림 2-1에서와같이 자아가 손상되면 주변의 여러 요인이 분노를 일으키는 문제요인으로 자리 잡게 된다. 외부의 영향은 전혀 그렇지 않음에도 불구하고 마음속에서 분노가 치밀어 결국에는 모든 문제가 자신을 귀속시키는 데 있다고 믿고 그렇게 행동을 하게 된다는 점이다.

청소년문제행동의 이해를 위해서는 우선적으로 청소년기의 심리적 변화요인에 대한 올바른 이해가 우선시되어야 한다. 청소년기는 변화와 쇄신의 시기임을 부정하지는 않는다. 그만큼 변화무쌍하고 현재와 다른 관점의 행동을 자연스럽게 해야 한다.

그래서 수많은 학자들은 청소년기에 대한 다양한 정의를 내리면서도 나름 합일된 의미로 규정하는 것은 청소년기는 인생의 전체 시기 중에서 가장 큰 변동과 변화가 이루어지는 시기이며, 여기에는 단지 신체적 성장만을 의미함이 아니라 각종 변화의 균형성이 혼란을 일으키는 시기라는 점이다. 그럼에도 불구하고 여전히 자아성숙의

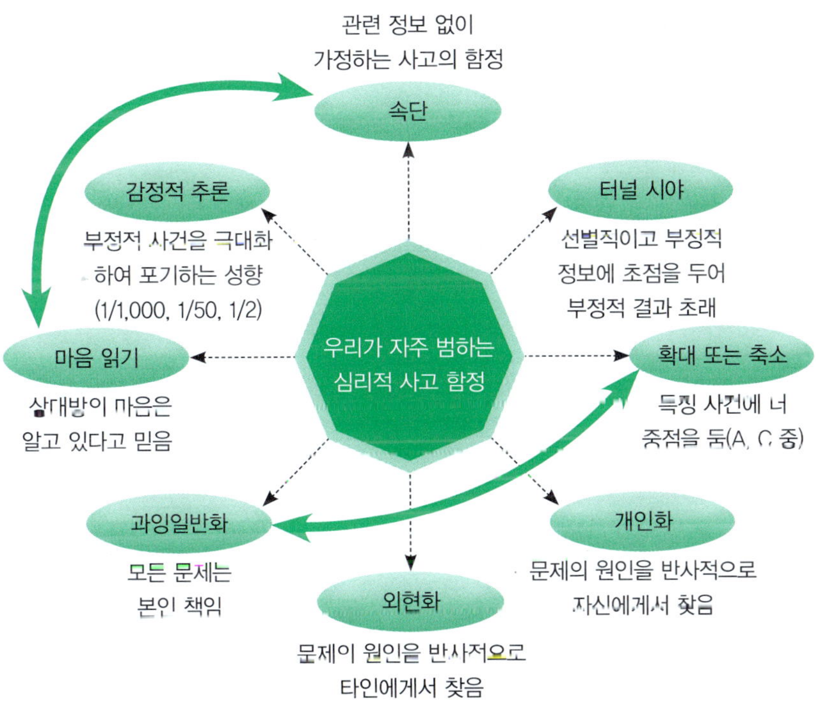

[그림 2-2] 자아손상과 심리적 사고의 함정

문제에서 자유롭지 못하다는 점이다. 자신이 가져야 할 긍정적 자아상이 회복되지 못한 결과, 마음의 분노와 상처에 대한 조절이 매우 어렵게 된다. 누구든 마음의 분노가 강하면 문제행동을 할 여지는 커진다. 건강한 자아로 인한 방어기제가 형성된다면 문제를 불러일으키는 찰나적 상황을 억제하고 조절하여 다음을 기약하게 됨으로써 심리적 위안을 얻을 수 있지만, 그 상황을 조절하는 역량과 능력의 부재는 곧 순간의 방식과 문제를 위한 극단적 행위로 나타나게 된다.

결국, 이러한 문제는 사람마다 가지고 있는 문제를 바라보는 현상학적 시각의 한계성과도 무관하지 않다. 일반적으로 자아손상을 가진 사람들은 심리적 사고함정에서 자주 문제를 범하게 된다. **그림 2-2**에서와같이 특정적 상황을 제한적으로 파악하고 받아들이는 문제를 타인에 비해 강하게 가짐으로써 일반적으로 수용 가능한 상황이나 특성을 이해하지 못하는 경향을 자주 발견하게 된다. 이러한 특성을 간단히 요약해 보면 다음과 같다.

첫째, 속단적 특성을 보인다. 사람이 어떠한 결과를 단정하는 점은 매우 위험한 사고특성이다. 이러한 문제를 줄이기 위해 다양한 정보를 받아들이고 해당 영역에서 문제가 없는지를 종합적으로 판단하고 분석하는 시도를 하게 된다. 그런데 만약 정보의 제한에도 불구하고 속단적 태도를 갖게 된다면 신중을 기하지 못하고 서둘러 판단하는 결과를 보이게 된다. 많은 사람이 겪는 심리적 부정확성의 요인이기도 하다.

둘째, 터널시야의 특성이다. 터널시야는 특정한 것만을 바라보고 나머지를 바라보지 못함으로써 주변의 대부분을 놓쳐 버리는 현상으로 마치 터널을 지나다 보면 주변시야가 좁아져서 주변의 다른 사물들이 시야에서 사라지는 '터널시야(tunnel vision)'의 함정에 더 쉽게 빠지게 되는 점을 말한다. 자신이 생각하는 특정 행위만이 옳다고 여기는 경향이 두드러질 때 다양한 정보를 수렴하는 태도는 사실상 거부된다. 그리고 해당 정보만을 선택적으로 받아들이는 좁은 시각을 갖게 되는데 이러한 관점이 바로 터널시야의 특징이다. 자아긍정적 태도가 낮고 독선적 경향이 강할수록 이러한 터널시야적 사고가 강하여 종국에는 타인과의 협력적 관계가 이루어지기 어려운 상황으로 이어진다.

셋째, 확대 또는 축소지향적 사고관으로 인한 일반화의 오류가 나타나게 된다. 정상적 판단을 내리기 위해서는 특정 사건이라 하더라도 일반화가 가능해야 한다. 여기서 일반화의 오류라는 것은 부분을 보고 전체가 무엇인지 단정하는 생각의 오류를 일컫는다. 마치 코끼리의 다리만 만져 보고 전체의 모습으로 판단함으로써 진정한 사물의 모습을 판단하기 어려운 상태에서도 부분을 믿고 적극적으로 주장하는 모습을 말한다. 나무를 보고는 있으나 숲을 보지 못하는 것을 말하는 것으로 자신이 경험한 작은 정보나 판단의 근거가 마치 전체를 아우를 수 있는 것으로 주장함으로써 명백한 인식의 오류를 보이게 되는 것이다. 무엇보다 자아상에 훼손을 경험하고 있는 사람의 경우 한두 가지의 정보가 마치 전체의 정보로 확대 해석된 인지적 왜곡을 경험하기 쉬운데, 이럴 경우 부적절하거나 부정확한 정보로 인해 과잉일반화 또는 축소일반화의 결과를 일으키게 된다.

넷째, 내재화 또는 외현화의 특성을 보인다. 자아존중감 등 자아인지이 부정확한 상태에서는 많은 문제의 원인을 자기 자신에게서 찾게 된다. 부적응의 원인도 자신에게 있고 문제를 일으킨 결과도 자신에게 있으므로 전적으로 모든 것은 자신이 책임을 져야 한다는 믿음이 강하게 나타난다. 사람들은 대부분 자신의 문제를 스스로 책임지려는 속성이 강하다. 하지만 개인의 문제를 갖는 대상은 이러한 특성이 너무도 강하여 모든 것을 자기가 해결해야 한다는 잘못된 신념이 강하거나 모든 정보와 해결책은 자기로부터 나오거나 들어와야 한다는 믿음이 형성되어 있는 경우이다. 내재화 장애는 아동이 경험하는 심리적 어려움이 자기 안으로 향하여 과도하게 통제된 형태로 흔히 불안/우울, 위축, 신체 증상, 과도한 수줍음과 공포감과 같은 증상을 보이고 공상활동에 자주 빠지는 등 자기지향적 행동을 보이기 쉽다(문미영, 2000). 이처럼 내재화된 특성과 함께 외현화의 현상도 과도하게 나타난다. 일반적으로 문제를 해결하는 데 때로는 유익한 방법이 외현화의 시각을 갖는 것이다. 도저히 자신이 문제를 해결하기 어려운 상황에서 원인을 외부로 돌림으로써 자신도 문제의 압박으로부터 자유롭게 되고 적정한 방안을 찾아가는 노력을 갖게 된다. 하지만 심각한 외현화의 문제는 정신장애를 일으키는 문제이기도 하다. 불안, 우울, 신체화와 같은 통제된 행동은 내재화 요인을 형성하였고 공격, 비행과 같은 통제된 행동은 외현화 요인으로 형성될 수 있다.

다섯째, 과잉일반화 현상을 보인다. 과잉일반화(overgeneralization)란 어떤 결과를 그와 유사한 상황에 적용함에 있어서 먼저 습득한 일반화의 원리나 법칙을 지나치게 고집스럽게 적용하려는 현상이다(국립특수교육원, 2009). 과잉일반화(overgeneralization)는 한 가지 경험을 일반적인 사실인 것처럼 단정 지을 때 나타나는 현상으로, 생각의 왜곡을 보이는 전형적인 방법이다. 대체로 사람들은 잘못된 한 가지 행동을 가지고 자기 자신의 가치 또는 타인의 가치를 평가하는데, 그 형태가 자기비하 또는 타인비하로 드러나는 경향을 드러내는 사례가 두드러진다.

과잉일반화와 같은 인지적 오류는 우울 증상과 유의미한 상관이 있고(배주미, 2000), 인지적 오류가 높은 아동은 인지적 오류가 낮은 아동에 비해 학교생활에서 학업에 관련된 부적응을 많이 경험한다고 하였다(김희영, 2003). 과잉일반화의 사고방식은 사람들의 삶을 제한시키고 행복해질 수 있는 기회를 빼앗아버린다. 그리고 이러한 잘못된 생각의 방식이 그들 안에 있는 수치심을 더욱 강화시킨다. 과잉일반화의 비합리적 신념은 개인뿐만 아니라 직장생활, 학교생활, 교회생활 등 사회생활 및 인간관계에 부정적 영향을 미치게 되어 여러 가지 문제를 초래한다.

여섯째, 마음 읽기의 특성을 보인다. 문제청소년이 보이는 경향 중 대부분의 특성으로 타인의 마음을 충분히 읽고 이해한다는 경향이 두드러진다. 곧 자기중심성이 과도하여 내가 너의 마음을 충분히 알고 있고 이해하며, 그렇기 때문에 이러한 일을 해도 된다는 사고가 매우 강하게 나타난다.

일곱째, 감정적 추론의 사고가 강하다. 감정적 추론능력이 강하면 특정 주제나 목표를 정한 과제에 대해서 점차 시간이 다가올 때마다 더 큰 불안과 혼란을 경험하며, 그 결과 적절한 사리판단과 분별력이 약해지는 모습을 보이게 된다. 예를 들면, 동일한 사안에 대해서도 시기에 따라 스스로 마음자세가 달라지게 되는데, 모험을 하고자 할 경우 시간이 많이 남아 있으면 큰 불안감을 느끼지 않지만, 점차 시간이 지나면서 그 불안의 강도가 커진다. 이처럼, 아무런 상황의 변화 없이 시간만 변화되었음에도 불안의 긴장감은 너무도 강하여 곧 심각한 오류에 빠지게 되는 현상을 말한다.

또한, 청소년이 소속된 규범 집단에서 긍정적인 평가를 받지 못하게 될 경우 자아 손상을 입게 되고, 이것이 거듭되면 자아존중감이 낮아져서 자아존중감을 회복하기 위해 비행으로 나아가게 된다고 볼 수 있다. 이처럼 자아의 손상을 통한 인지적 오류는 인간이 정서적 존재임에도 이러한 정서적 혼란으로부터 적응의 어려움을 갖게 되는 경향이 큰 청소년이 됨을 의미한다. 긍정과 함께 부정적 정서 또한 적응을 위해 필요한 수단이기는 하지만, 문제행동으로서의 한계는 매 순간마다 적절히 일어나는 부정 및 긍정적 정서의 한계를 잘 극복하고 조절해 내어야 함에도 불구하고 그 의미를 잘 파악하지 못하여 상황에 대응하지 못하거나 심각한 사회문제로 빠져들게 된다는 것이다.

2 청소년의 문제행동과 정신역동적 관점이론

프로이트(Freud)는 정신분석적 관점에서 청소년기를 정의하였을 때 가장 중요한 의식과 무의식의 균형을 나타내면서 본능적 에너지의 발현이 일어나는 핵심적 시기로 규정하였다. 인간이 지니고 있는 성적인 에너지가 삶과 존재의 근원이 되기도 하는데, 이러한 힘이 유아 및 아동기에는 자신의 성장을 위한 관점에서 사용되다가 청소년기에 들어서면 형태가 전향적으로 바뀐다고 하였다. 즉, 성적 에너지의 발현은 곧 청소년기를 대표하는 핵심요소가 되며, 청소년기를 말하는 상징적 의미로 받아들여진다.

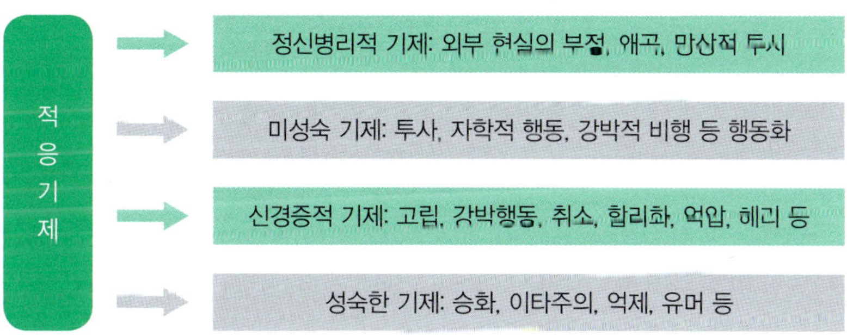

[그림 2-3] 문제행동과 방어기제

성적 에너지의 발현은 신체적 특징으로 성장하는 요소와 함께 에너지를 조절하는 정신적 소양의 발전이 균형을 이루지 못하는 관점에서 나타나는 불균형적 요소가 매우 강하다. 청소년의 심리적 특성을 조절하게 하는 사회적 규범으로부터의 압력은 더욱 거세어지면서 이와 상반된 행동을 자연스럽게 하게 되는 형태를 띤다. 청소년 스스로가 가정을 벗어나 또래와의 새로운 관계 정립을 해야 하는 시기에 이를 적절하게 반영하게 하는 자아정체감이라는 태도 중심의 자아의식의 발현은 곧 청소년 스스로 홀로서기를 해야 한다는 필요성과도 맥을 같이 한다. 이러한 내적인 변화의 행태는 청소년의 행동지향성이 외현적으로 크게 나타나는 행위로 보이게 된다.

인간의 단계적 성장과정에서 프로이트(Freud)는 자기방어기제를 매우 강조하였다. 사실, 프로이트(Freud)가 말한 사람의 성장기의 구분은 누구나 경험하는 과정인데, 청소년에게 중요하게 언급될 수 있는 부분은 각 단계를 이루는 과정에서 부모와 청소년 세대 간의 합리적 동의가 이루어지지 않을 개연성이 매우 크다는 점이다. 그 결과, 심각한 자기방어기제를 형성하게 된다. 자기방어기제는 개인을 보호하기 위한 도구이며, 크게 나타나는 무의식적·의식적 불안으로부터 개인의 보호기능은 물론 올바른 기능을 수행하도록 도와주는 역할을 한다. 세대 차가 크게 나타나는 이들에게 자기방어의 간극이 크고 이는 곧 사회적 일탈을 조장하는 돌출요인이 될 수 있음을 의미한다.

3 청소년의 문제행동과 사회관계 이론

청소년의 문제행동 발현을 바라보는 관점과 시각에 따라서 다양한 청소년문제 발생이론이 전개되고 있는바 이러한 이론의 관점을 통해서 청소년의 문제를 어떻게 규정하고 있는지를 확인해 볼 수 있다.

1) 사회부조화 이론(Social Disorganization Theory)

사회부조화 이론은 사회가 인간의 행동을 규제하고 규칙적으로 순응하게 하는 모든 현상이 있어야 하며, 이는 가족, 학교, 종교, 도덕, 친구, 국가 등의 사회적 통제성이 강한 요소가 청소년을 두르고 있어 사회적 규칙을 벗어나기 어렵게 하거나 관계를 나쁘게 하는 행동을 하지 못 하도록 하게 만드는 것을 의미한다.

사회유대이론의 핵심요소는 인간은 누구나 범죄나 비행을 저지를 수 있는 존재라는 시각에서 출발한다. 문제적 상황을 발생시킬 수 있는 대상으로서의 청소년이라는 정의를 내리고 있으며, 그러한 문제적 상황을 조절해 내는 가치기준이 내면에 존재하거나 아니면 외부의 요인에 의하여 통제가 가능한 수준으로 이루어지고 있음을 말하고 있다. 청소년이 문제행동을 하려는 구성체임에도 불구하고 범죄나 비행을 저지르지 않는 이유는 사회적 유대를 이루는 대인관계, 가족관계, 친구관계 등 많은 유대관계가 청소년의 행동을 통제해 주기 때문이라고 말한다. 여기서 말하는 유대관계는 매우 다양한 속성을 보이기도 하는데, 표면적이고 형식적인 유대를 이루는 구조로서 사회와 유대를 갖기 때문에 사람들이 규범을 준수해야 하는 결속력 있는 고리를 말한다. 그런데 이런 유대가 약해지거나 끊어져서 사회통제가 약해지면 규범을 어기고 비행을 저지른다고 보는 것이다(Hirschi, 1969, 심미영 · 정규석, 2007 재인용). 허쉬(Hirschi)는 범죄행위를 하는 사람은 사회와의 유대가 나약한 사람이며, 사회유대가 나약해졌기 때문에 나약한 유대가 개인의 통제를 약화시켜 범죄를 하게 된다고 하였다(허경미, 2006).

허쉬(Hirschi, 1969)의 사회유대이론은 사회화와 순응을 촉진시키기는 요소로 애착(attachment), 관여(commitmont), 참여(involvement), 신념(belief)의 네 가지 요소를 강조하였다. 그는 이런 사회적 유대가 강할수록 일탈을 저지를 확률이 낮아진다고 보았는데, 이 네 가지 사회유대요소는 사회유대이론을 구성하는 핵심요소이며, 유대관계를 이루는 대상과의 관계가 얼마나 밀착되어 있는가에 따라서 약할 경우 범죄나 일탈행위를 일으키게 된다고 보았다.

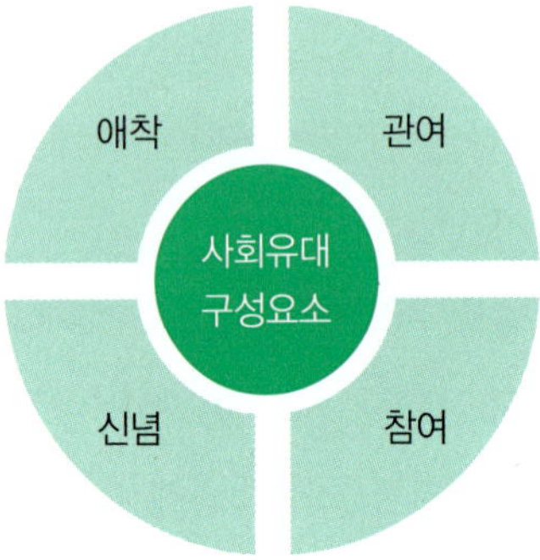

애착	나를 중심으로 타인과 형성한 관계가 애정적 결손감과 존경, 그리고 기대에 어긋나지 않고 노력하는 정도(부모, 교사, 또래 등 중요한 관계 영향자와의 긍정적 밀착, 대화 밀도, 관계 등의 정도)
관여	사회의 관습활동에 투자하거나 순응한 결과, 얻게 될 이해관계가 높아서 목표달성을 위해 관습적 행동에 노력하는 정도가 강함(학업성적이 높으면 미래 성공의 기대감이 높아서 더 열심히 학습함)
참여	청소년기 긍정적 요소를 찾아서 이를 달성하고 실천에 옮기고자 노력하는 정도를 의미함(학업의 중요성을 이해함과 동시에 이의 문제 해소를 위한 여가, 취미 등에 참여하여 무료함을 줄임)
신념	사회가치나 규범 등에 동의하고 규범을 준수하려는 마음의 정도(법의 공정성을 믿고 동의함으로써 사회 결속력을 강화하고 법을 어기는 행위를 하지 않을 가능성이 커짐)

[그림 2-4] 허쉬(Hirschi)의 사회유대이론 중 사회화와 순응의 촉진구성요소

출처: Hirschi(1969). Cause of delinquency.

그런데 이러한 사회유대 구성을 이루는 요소들의 관계를 보면 애착, 관여 또는 헌신, 참여, 신념 중 한 가지 요소를 가지고 있으면 다른 세 요소도 함께 구성되는 속성을 보이며, 역설적으로 네 요소 중 하나가 약하거나 결핍되면 다른 나머지 요소도 약하거나 결핍될 가능성이 커지게 된다.

비행이나 문제적 행동을 규정하는 다양한 관점의 이론은 그 배경에서 본다면 청소년이 사회적응이라는 과정을 충실히 수행해 주기를 바라는 근본적인 이해가 깔려 있다. 그럼에도 청소년의 문제행동을 규정하는 이론은 주로 비행과 관련된 이론이 주류를 이루고 있다. 건강한 사회적 기능을 수행하지 못하게 되는 근본적 원인이 어디에서 촉발되는가에 따라서 개인심리적 원인과 사회적 원인 또는 관계적 요인, 상황적 특성 등을 고려한 각기 다양한 요인으로 나타난다.

사실, 사회유대를 결정짓는 것은 수많은 요소로 구성되어 있다. 사회구조적 요소에서부터 상호 인과성을 높이는 물질적 또는 비물질적 요소 등이 합쳐져서 유대성을 결정짓기도 한다는 점에서 나를 중심으로 이루어지는 결합체의 연대성(bond)이 문제를 줄이거나 확대하는 요소로 작용한다고 하였는데, 이를 좀 더 구체적으로 보면 다음과 같다.

첫째, 애착의 유대성을 설명하고 있다. 애착은 인간의 본성적 요소이고, 출생 이후부터 분리불안을 경험하게 되므로 긍정적이고 성공적인 분리를 하게 해야 한다. 이 과정에서 수많은 합리적 관계를 설명하게 되는데, 이는 부모 및 가정에서의 애착적 관계를 갖게 되는가에 따라 성장과 비행의 관계성에 큰 영향을 미친다고 하였다. 이러한 애착의 대상은 구체적으로 부모나 학교, 친구 등으로 세분화된다. 부모에 대한 애착의 경우 자녀가 가지고 있는 부모에 대한 친밀도로 측정되며, 이는 부모에 의한 감독, 부모와의 의사소통, 부모에 대한 자녀의 동일시로 구성되어 있다(Hirschi, 1969).

부모와의 애착관계가 비행에 긍정적 또는 부정적 영향을 주는지에 대한 연구는 상당히 많이 이루어져 왔다. 그 이유는 청소년의 비행과 일탈에 있어서 부모와의 애착관계가 미치는 영향이 지대하다는 가설이 세워졌고, 이를 검정한 결과 충분히 타당하다는 보편적이고도 상식적인 관점에서의 결과가 명확하게 설명되었기 때문이다.

청소년에게 애착의 대상은 다양하다. 가깝게는 부모에서부터 학교에서의 교사, 청소년지도자, 일반인 등의 수많은 사람과 더 나아가서는 동물에 이르기까지 애착의 관계가 긍정성을 보장하는 수단이 된다는 연구결과도 있다. 청소년의 주요 애착 대상인 부모, 교사, 또래집단 중 가장 중요한 애착 대상은 부모이다. 다양한 경험적인 연구를 통해서 세 애착의 대상 중에서도 부모는 가장 강력한 통제효과를 가진다는 점뿐만 아니라 비행통제효과에 있어서도 폭넓은 지지를 받고 있다(Cernkovich & Giordano, 1987; Krohn & Massey, 1980).

교사나 또래집단의 경우는 애착을 이루는 청소년과 타자와의 관계성에 따라 긍정적 영향과 부정적 영향이 교차되기도 한다. 특히, 또래집단과 애착의 관계가 중요한 변수로 작용한다. 친구와의 애착이 비행이나 일탈을 조장하는 부정적인 경향을 보인다는 점에서 서덜랜드(Sutherland)는 비행의 원인을 차별접촉이론(differential association theory)으로 설명하였고, 범죄행동은 학습되고 학습의 주요한 부분은 친밀한 집단 내에서 일어난다고 주장하기도 하였다.

따라서 애착의 관계가 긍정적일 경우는 사회가 용인하는 범주나 대상으로서 청소년이 성장하는 데 도움이 되지만, 반대의 경우이거나 대상의 특이성이 존재할 경우에는 오히려 애착이 사회적으로 용인하지 못하는 결과를 보이게 된다.

둘째, 관여 또는 헌신의 정도이다. '관여나 헌신'은 사회의 관습적인 활동에 투자한 정도와 순응함으로써 얻게 될 이해관계를 통해 자기가 속한 사회와 얼마나 결속될 수 있는가의 정도를 말한다. 사회구조에 투자한 것들이 상실될 가능성이 크거나 순응함으로 인해 얻게 될 이해관계가 높을수록 범죄나 일탈행동은 큰 영향을 받는다(김상원, 2005).

여기에서의 관여는 사회적으로 용인되거나 청소년기에 반드시 해야 할 조건에 대한 참여적 행동을 말한다. 자신이 원하는 바를 적극적으로 행하기 위해서는 반드시 관여에 대한 주도성을 가져야 한다. 관여에 대한 주도성이라 함은 대상이 해당 시기에 반드시 수행해야 하는 업무의 적극성과도 맥락을 같이한다. 청소년에게 관습적으로 해야 할 행위인 교육에 대한 투자나 목표달성을 위한 시간과 에너지를 쏟는 일에 열중하고 직접적인 관여행위를 통해서 노력할 때 비행이나 일탈로부터 그만큼 거리감을 두게 된다는 것을 의미한다. 청소년 스스로가 해당 시기에 해야 할 일에 최선을 다하여 노력했을 경우 그 행위의 결과로 사회에서 받을 수 있는 보상의 정도가 높게 나타나면 사회에 대한 관여나 헌신이 중요한 역할을 하게 된다. 따라서 보상이 클 경우 비행행위를 하면, 자신이 투자를 통해서 얻게 될 것을 잃는 점에서 비행행동으로 인한 사회적 비용이 크다는 점을 지각하게 되는 것이다.

셋째, 참여(involvement)는 사회가 갖는 규범적 기준이 아무리 포괄적으로 제시된다고 하더라도 행동의 적극성을 보이는 것은 다르게 구성된다. 비행행위에 대한 행동을 하지 않는 것만으로도 관여의 책무성을 높일 수 있지만, 긍정적 행동을 더욱 이끌어내기 위한 행위에 참여하는 노력과 시간적 배분은 다른 문제가 될 수 있다. 따라서 미래에 대한 성공과 사회적 지위를 얻고자 하는 활동에 참여할수록 약속이나 다른 일상적 시간과정에 참여하게 되고 그 결과는 비행이나 문제행동에 빠지는 시간적 여유를 줄이는 긍정적 관계를 이끌어 낸다. 긍정적 행동을 위한 시간적 과정에 적극적으로 포함하는 것을 참여적 행동이라고 말한다.

넷째, 신념(belief)은 사회에서 일반적으로 인정되는 규범의 통칭을 의미한다. 청소년 스스로가 지켜야 할 사회적 규범에 대한 범주를 사회의 가치체계와 규범으로 인정하고 동의를 구함으로써 사회화의 과정을 수용하는 것을 말한다. 이러한 사회적 인간화의 과정에서 매우 중요한 것은 규범과 가치가 믿을 수 있고 건강한 사회를 유지하게 될 것이라는 믿음을 어느 정도로 수용하느냐의 여부와 관계된다. 청소년이 사회규범의 타당성을 부인하거나 받아들이지 않는다면 상대적으로 비행행동을 할 가능성이 더 커지기 때문에 이러한 믿음을 얼마나 강하게 갖는가의 정도가 중요한 요인이 되기도 한다.

허쉬(Hirschi)는 사회유대를 결정하는 요인을 네 가지로 설명하였지만, 핵심적으로 중요한 것은 사회규범을 이루는 요인의 범주가 매우 다양한 상황에서 이를 연결하는 고리의 강력한 지지가 얼마나 적절하게 형성되어 있는가에 따라 청소년이 비행이나 문제행동을 할 가능성이 작아진다고 하였다. 역설적으로 사회유대가 청소년이 문제행동을 방지하는 요소라고 본다면, 청소년은 비행적 행동을 할 개연성이 매우 강한 존재라는 설명이 가능하다. 사회유대이론을 설명하는 관점에서는 청소년이 문제행동을 많이 할 수 있는 가능성을 가진 존재라는 인식의 틀이 있다는 전제가 가능하다는 의미이기도 하다. 서구사회에서는 사회유대이론이 청소년의 비행과 일탈의 원인을 설명하는 이론으로 논의가 많이 되었으며, 청소년의 문제행동을 말하는 논리적 구조로 설득력 있게 받아들여지기도 하였다.

반면, 이 이론의 내용을 다른 시각에서 바라본 것이 바로 사회비조직화이론이다. 시카고 학교의 클리포드 쇼(Clifford Shaw)와 맥케이 헨리(McKay Henry)가 개발한 이 이론은 청소년범죄가 사회를 둘러싼 생태학적 측면에 의해 나타난 사회의 사회해체와 밀접하게 연관되어 있다고 하였다.

높은 인구 이질성은 사회가 함께 모여 비공식적인 사회구조를 수립하는 것을 어렵게 만든다. 이것은 좋은 도덕적 가치를 채택할 수 없게 만들며, 종국에는 사회 내에서의 통일성이 결여되어 있다는 것을 의미하게 된다. 이러한 환경에 처한 청소년은 언제고 범죄 활동에 쉽게 빠지므로 사회경제적 지위나 구조가 문제행동의 예방을 막는 데 거의 도움이 되지 않는다고 하였다. 또한, 또래의 영향력은 같은 연령대의 사람들이 상호작용하고 서로에게서 배우는 속도가 빠르고 더 쉽기 때문에 친구가 청소년비행을 쉽게 일으킨다고 믿게 만든다. 그러한 환경에 살고 있는 청소년은 오히려 바람직하지 않은 습관을 퍼뜨리는 주된 매개체로 작용하게 된다.

2) 교육장애이론(Theory of Educational Disabilities Theory)

사회에는 일반적으로 사회에 영향을 미치는 각별한 요인이 존재하고, 사회계층의 이동에 영향을 주는 핵심요소는 교육의 기능과 이에 대한 수용적 능력이다. 사람들은 사회구성원의 적응에 도움을 주는 기제로서 컬렌과 라이트(Cullen & Wright, 2002)가 밝힌 것처럼 학교수업에서 더 잘할 수 없다고 느끼게 되면 잠재적인 범죄자로 둔갑하거나 그러한 사람이 될 것이라는 판단을 내리는 경우가 많다. 여기에 속한 청소년은 정신적으로 도전받기 때문에 범죄를 저지르는 경향이 있으며, 결정을 내릴 때 자신의 논리를 잘 사용할 수 없다. 결국, 청소년 스스로뿐만 아니라 부모나 사회적 대상 전반에 걸쳐서 교육의 중요성은 매번 중시되기 때문에 자연스럽게 청소년이라는 대상의 교육적 기회 박탈과 수용은 순응과 부적응의 판단을 규정하는 중요한 척도로 자리 잡을 수밖에 없다고 보는 시각이다.

청소년이 교육적 기회를 박탈당하거나 순응하지 못할 경우 학교에서 이탈하게 되고 이러한 청소년을 정신적 능력과 관계없이 사회가 잠재적인 범죄자로 분류하면 자신이 발견한 심리적 부담을 더욱 강화하는 모습으로 전락하게 된다. 즉, 교육에서 멀어진 청소년은 스스로를 실패로 여기고 인생에서의 희망을 포기하거나 결국은 위안을 찾기 위해 범죄에 빠지게 된다. 그들을 포용하고 교육해야 할 사람들에 의한 사회적 거부 때문에 청소년의 문제행동은 더욱 크게 부각된다.

아이러니하게도 교육이 청소년의 문제행동을 예방하고 대책을 마련해 주는 핵심적 요소이면서도 또 다른 시각에서는 오히려 청소년의 문제행동을 조장하거나 강화시키는 두 가지 관점을 함께 지니고 있다. 그만큼 교육의 기능적 · 구조적 경화성은 청소년에게 심각한 사회적 일탈을 조장하는 문제로 자리 잡고 있다.

한 예로 학교 밖 청소년에 대한 사회적 인식의 격차를 바라보는 점은 이와 다를 바 없다. 이들은 여러 이유로 인해 학교를 벗어나거나 다른 대책을 스스로 찾았지만 여전히 사회에서는 이들을 바라보는 시각이 곱지 않다. 오히려 마치 문제를 일으킬 잠재적 범죄자로 여기는 성향이 여전하다. 검정고시를 통하여 자신의 새로운 길을 찾은 이들이기는 하지만 뭔가 문제가 있어서 정상적으로 학교생활을 하지 못하는 대상으로 규정하거나 또 그러한 행위를 나타낼 것으로 예측하는 등의 문제는 교육이 오히려 청소년의 문제를 조장하는 상당한 압력으로 작용한다는 점을 잘 보여 준다.

3) 가족영향이론(Family Influence Theory)

가족영향이론은 많은 연구자에 의해 인정된 주요 현대 이론 중 하나이다. 현대 심리학의 대부분은 청소년 개인과 부모의 기존 가족 가치에 대해 수용과 거부의 갈등적 특징에 따라 부정적 또는 긍정적으로 교육과 훈육방식에 영향을 받기 쉽다. 바이허(Weiher et al., 1991)는 부모-자녀 관계가 친근감, 수용, 교정, 거절과 같은 특성에 따라 청소년의 성장과 발달 가능성의 행동을 예측할 때 매우 중요한 역할을 한다고 하였다.

청소년의 경우 가족영향력이 동료집단의 영향력보다 더 큰 영향을 미친다는 것을 보여 주기도 하는데 강한 정서적 지원을 통한 더 나은 의사소통을 하는 경우 청소년 비행을 줄이는 데 대해 많은 영향력을 주게 된다고 볼 수 있다.

독신 부모 및 재구성된 가족과 같은 비전통적 가정에서 자란 자녀는 전통적인 가정의 자녀보다 더 많은 청소년범죄에 노출될 가능성이 크다는 보편적 사고는 우리의 통념으로 자리 잡고 있다. 전통적인 가정에서는 자녀의 멘토가 되고 역할모델이 되는 부모 모두와 친밀한 가족관계를 누리기 때문에 부모는 자녀에게 더 많은 에너지와 시간을 바칠 수 있고, 따라서 그들의 습관에 긍정적인 영향을 미친다. 건강한 가정에서 자라나는 청소년은 또한 더 많은 자원과 보다 합리적인 가족 체제를 갖기 때문에 올바른 가족규범을 수용하게 되고, 건강한 가치관을 확립함으로써 자신의 삶을 건강하게 유지할 힘을 얻는다. 하지만 이와 반대의 경우 가정이 자녀에게 건강성을 담보하지 못하면 아이들은 부족한 것을 보충하기 위해 다른 시도를 하게 되고, 그 결과는 상당한 수준의 범죄에 빠질 가능성으로 확장된다.

코클란(Coughlan, 2007)은 청소년비행은 현대세대의 삶의 선호에 의해 초래된 사회적 설정 때문에 더욱 만연하게 된다고 하였다. 좋은 육아는 도덕적으로 올바른 아이를 양육하는 데 유익한 효과를 가져오는 것처럼, 반대의 결과는 학교를 벗어나 범죄 활동에 연루되는 것과 같이 적응력이 취약한 청소년으로 성장하게 한다.

4) 사회학습이론(Social Learning Theory)

사회학습이론(Akers, 1998)은 차별접촉-강화이론이라고도 하는데, **그림 2-5**에서와 같이 '차별적 교제(differential association)', '정의(definition)', '차별적 강화(differential reinforcement)', '모방(imitation)'이라는 네 가지 과정을 통해 비행으로 이어진다.

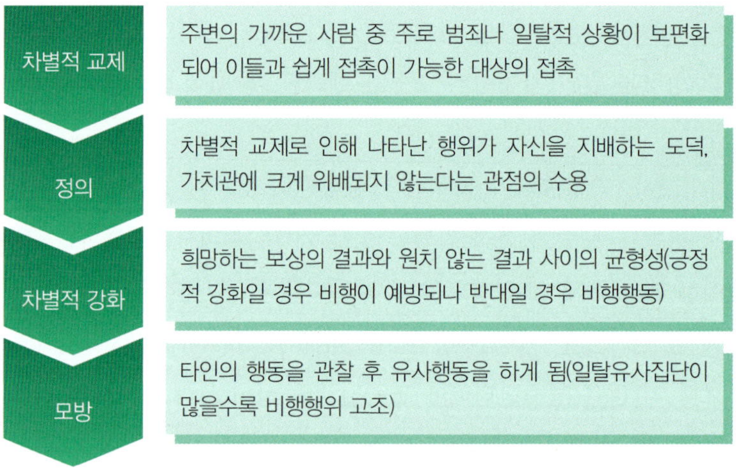

[그림 2-5] 비행과 예방의 사회학습 이론과정

첫째, '차별적 교제'는 한 개인이 범죄행위 혹은 준법행위를 선호하거나 선호하지 않는 정의에 노출되는 과정이며(Akers, 2011), 비행에 대해 긍정적인 태도나 가치, 규범 등을 가진 친구들과의 직접적인 접촉과 상호작용을 통해 발생한다(황성현 · 이강훈, 2013). 이러한 과정은 가족, 친구와 같은 가까운 준거집단과의 직접적인 상호작용을 포함하며, 비교적 먼 준거집단(이웃 등)과의 간접적인 상호작용을 통해서도 이루어진다

(Akers & Jensen, 2006). 물론, 가족 및 친구와 같이 가장 가까운 일차적 집단과의 직접적인 상호작용이 차별교제과정에서 가장 중요하지만, 가장 가까운 가족이나 동료집단의 긍정적 관계성이 모호하거나 깨어진 상태에서 접촉이 이루어지는 차별성은 부정적 사회학습의 형태로 전이되면서 심각한 사회문제를 야기하게 된다. 또한, 각종 미디어와 인터넷, 컴퓨터게임에서 만나는 집단, 즉 '가상의 동료집단(virtual peer group)'에서도 규범, 가치, 태도 등을 학습할 수 있는데(Warr, 2002), 이러한 비대면적 정보체계는 무수한 정보의 확산이 이루어지는 속성을 보인다. 그런데 청소년 스스로가 올바른 정보 선택의 역량과 분별력을 갖지 못할 경우 자신이 원하는 선택적 정보만을 취하는 경향이 두드러지게 되고 이를 조율해 주는 거름망이 없어져 오히려 차별적 접촉의 문제가 더 커질 수 있다. 추가적으로, 차별적 교제는 먼저(우선성), 오랫동안(지속성), 자주(빈도), 친밀한 관계(강도)를 지닐수록 그 영향력이 크다(Akers & Jensen, 2006; Akers & Sellers, 2008). 자신에게 주어진 정보의 특이성을 어떠한 형태로 분석하고 파악하는가의 수준과 함께 주어진 정보로 접하는 환경의 특성은 바로 비행이나 문제행동을 유인하는 요인이다.

둘째, '정의'는 차별적 접촉으로 인해 선택된 정보나 행위에 대해서 청소년 개인이 부여하는 의미와 태도라고 할 수 있다(Akers & Jensen, 2006). 사람은 자신의 행동을 결정하게 하는 행위의 정의는 옳거나 그르다, 선하거나 나쁘다, 바람직하거나 바람직하지 않다, 정당하거나 부당하다고 보는 등의 도덕적이고 평가적인 태도를 기반으로 행동하게 되는데, 사회학습이론에서는 이러한 정의가 사회에서 그 행동을 해야 할지 하지 말아야 할지를 결정하게 한다. 그런데 이러한 정의는 일반적 신념과 특수정의로 나누어진다. 일반적 신념은 순응적 행위를 옹호하고(Akers & Sellers, 2008), 일탈 혹은 범죄행위를 순응하지 않는 종교적 · 도덕적 그리고 다른 인습적인 가치들로부터 학습된 것이다(Akers & Jensen, 2006). 그리고 특수정의는 개인의 구체적 행위들에 대한 태도이다(Akers & Sellers, 2008). 예를 들어, 한 청소년이 물건을 훔치는 행위는 나쁘다고 생각하여, 절도와 관련된 법을 잘 지켜야 한다고 생각하지만, 동시에 술과 담배를 하는 행위는 나쁘지 않다고 생각하여 술과 담배를 금하는 학교의 규정 혹은 인습적 가치를 거부하는 것은 괜찮다고 생각할 수 있다. 에이커스(Akers, 2011)는 개인이 정의를 받아들이는 방법을 세 가지로 구분하였다. 부정적(negative) 정의는 일탈행위를 거부하는 태도로, 이 경우는 그 행위를 할 가능성은 작을 것이라고 설명한다. 반면에 긍정적(positive) 정의와 중화적(neutralizing) 정의는 일탈 혹은 범죄행위를 우호적으로 받아들이는 태도로, 일탈행위에 대해 긍정적이기 때문에 그 행위를 할 가능성이 클 것이라고 설명한다. 구체적으로, 긍정적 정의는 그 행위가 도덕적으로 바람직하거나 전적으로 허용될 수 있다는 태도나 신념이며, 중화적 정의는 범죄를 정당화하거나 변명을 통하여 범죄에 대해 우호적 태도를 가지는 것이다(Akers and Sellers, 2008). 사회학습이론에서의 범죄는 일탈에 대한 우호적 정의가 강하면 발생하는데, 앞서의 차별적 접촉으로 인해 자기 주변에서 만나는 집단과의 본질적 특성과 이에 따른 차별적 행동을 하게 하는 보편적 정의가 비행의 순응적 태도로 이어진다면, 결국 문제행동을 해도 죄의식에서 벗어나는 자신의 독특한 신념을 만들어 내게 된다. 이처럼 범죄나 문제행동으로 이어질 때 외부의 다양한 환경은 자신의 도덕적 신념을 결정하게 하는 중요한 배경요인으로 자리 잡는다. 결과적으로 도덕적 의식은 자연스럽게 내부에서만 형성되는 것이 아니라 어떠한 환경에서 보고 자랐으며, 그 주어진 관념을 수용할 수 있을 것인지 아닐 것인지의 판단을 스스로 내리게 하는 주관적 판단을 만드는 데 환경과 자신의 가치관이 영향을 주고받음을 알 수 있다.

셋째, '차별적 강화'는 어떤 행위에 대한 보상 혹은 원하는 결과와 부정적 혹은 바라지 않는 결과 사이의 균형이다(Hwang & Akers, 2003). 어떤 행위에 대한 결과가 긍정적일 경우(보상)에는 그 행위를 하고, 부정적일 경우(처벌)에는 그 행위를 하지 않는 것이다. 즉, 특별한 행위를 유지하거나 단절하게 하는 중요한 준거가 되는 데 행위 여부를 결정하는 결과의 범위는 현재의 결과뿐만 아니라 과거와 예상된 미래의 결과를 포함한다. 또한, 에이커스(Akers, 2011)는 행위를 강화하거나 약화시키는 결과인 보상과 처벌을 긍정적 강화(보상 제공: 적극적 강화), 부정적 강화(처벌의 제거: 소극적 강화), 긍정적 처벌(처벌 제공: 적극적 처벌), 부정적 처벌(보상 제거: 소극적 처벌)과 같은 형태로 분류하였다. 예를 들어, 행위가 저질러지고 반복될 가능성은 승인, 돈, 음식, 즐거운 감정 등의 보상이 있을 때(긍정적 강화)와 그 행위가 고통이나 불쾌한 사건 등을 피하게 해 줄 때(부정적 강화) 커진다(Akers & Sellers, 2008). 반면, 어떤 행위에 의해 고통스럽고 불쾌한 결과를 초래하거나(긍정적 처벌), 보상이나 유쾌한 결과가 제거될 경우(부정적 처벌)에는 행위가 저질러지고 반복될 가능성은 작아질 것이다(Akers & Sellers, 2008).

사회학습이론의 차별적 강화가 청소년에게 특별하게 더 큰 영향을 주는 것은 보상과 차별의 긍정적 강화보다는 부정적 강화라는 요인이 한층 높아질 가능성이 크다는 것이다. 보편적으로 중2에서 고2 정도(15~18세)가 문제행동에 가장 많이 빠지는 모습을 보이는데, 이들의 차별적 강화 모습을 보면 15~16세는 돈에 대한 욕심과 재미로 사고를 치고 그 돈으로 노느라 전혀 죄의식을 갖지 못함을 발견하게 된다. 17~18세 정도에는 돈에 대한 욕심과 그 돈으로 더 큰 돈을 벌고 싶은 욕심에 죄라는 것을 명확히 알지만 이미 자신을 지배하는 차별적 강화요소(물적 경험, 즐거움, 재미 등)가 순환되면서 의식적으로 죄를 없애버리는 시도를 하며, 죄를 알면서도 돈을 추구하여 문제행동에 자연스럽게 우선순위를 두는 모습을 발견하기도 한다. 이처럼 어떤 행위의 결과가 긍정적일 경우와 부정적일 경우에 따라 개인의 행위 여부에 영향을 준다는 점에서 합리적 선택이론(rational choice theories)과 매우 비슷해 보인다고 할 수 있다(Lowry et al., 2016). 그런데 청소년은 차별적 강화의 과정에서 현재의 자신이 처한 행동과 함께 문제행동을 일으킨 결과로 인해서 겪는 미래의 문제요인과의 균형감에서 상당한 문제를 보이게 된다. 여러 가지의 일탈적 행위를 통해서 사회적 해악으로 인한 비난이나 문제보다는 지금의 행동결과가 갖는 심리적 우월감, 경제적 이익 등이 더 크다는 관점으로 이해하면서 균형감을 상실하는 경우가 많다는 점에서 차별적 강화의 문제에서 자유롭지 못하는 경우가 많다.

넷째, '모방'은 다른 사람의 행동을 관찰한 후에 그것과 유사하게 행동하는 것을 의미하며(Akers & Jensen, 2006), 다른 사람의 행동을 모방할 것인가의 여부는 모방 대상의 특성, 관찰된 행동 및 결과에 의하여 영향을 받는다(Akers & Sellers, 2008; Bandura, 1977). 또한, 모방은 일탈행위를 하는 것뿐만 아니라 일탈행위를 지속하고 중단하게 하는 것도 설명 가능하다(Akers, 2011). 청소년이 일탈과 비행행동을 하게 만드는 여러 가지 요인 중에서 주변의 유사한 생각을 하는 집단이 한곳으로 몰리고 이들과 함께 공통의 생각을 추진할 동력을 얻으면 자연스럽게 범죄를 향한 행동을 하게 된다. 여기에 사회적으로 유사한 행동이 일어났다는 점을 경험하면 스스럼없이 행동으로 이어지는 모습을 쉽게 발견할 수 있다. 청소년의 경우 모방범죄를 통한 유사사건이 많아지는 것도 차별접촉의 결과로 인한 특징이다.

사회학습이론에 따르면, 서덜랜드(Sutherland, 1939)와 같이 일탈 및 범죄행위는 그 행위에 대해서 주변 사람이나 사회집단의 구성원의 우호적인 태도가 비우호적인 태도보다 높을 때 더 많이 발생하고, 일탈 및 범죄행위에 호의적인 집단과의 교제(차별적 교제)가 많을수록 범죄를 저지를 가능성이 크다는 견해가 성립된다. 이는 특히 청소년이 유사한 심리적 동기를 가진 집단끼리 학습을 통해 범죄에 우호적인 정의를 내리거나 긍정적으로 받아들일수록(정의), 그 행위의 결과 보상이 처벌보다 크거나, 크다고 예상될 때(차별적 강화), 타인의 행동을 관찰한 후에 그것과 유사하게 행동할 때(모방) 일탈 및 범죄행위를 저지르게 된다고 설명한다(Sigel, 2010, 2012).

5) 사회해체이론(Social Disorganization Theory)

사회해체이론의 관점에서 범죄나 비행의 발생원인은 특정 지역에 거주하는 사람들의 속성에서의 문제가 아니라 지역사회의 생태적 특성에 따른 영향을 많이 받는다는 관점을 제시한 이론이라고 할 수 있다. 사회해체란, 지역사회가 주민들의 공통된 가치를 실현하고 효과적인 사회적 통제를 유지하지 못하게 하는 무능력한 상태가 됨을 의미한다. 사회관계의 결속력이 약해지면 많은 문제를 야기하게 되는데, 특히 외부의 요인에 의한 사회해체, 즉 거주지역의 빈곤, 인구이질성, 거주 불안정성, 공장 이전 등으로 인한 급격한 도시해체와 노동자 계급의 소멸 등은 사회통제기능을 약화시키고 비행에 정적인 영향을 준다는 점을 제시하고 있다(Sampson & Groves, 1989; Sampson, Raudenbush, & Earls, 1997; 허경미, 2010).

하지만 사회해체가 비행을 유발하는지, 비행이 사회해체를 유발하는지의 인과성을 명확하게 설명하기는 어렵다. 그래서 초기의 사회해체이론을 수정하여 버식(Bursik, 1988)은 급격한 사회변화, 낮은 사회경제적 지위, 주거지의 불안정성과 같은 사회해체의 요소들이 지역사회의 비행을 설명하는 직접적인 요인이라고 말하기는 어려우며, 오히려 지역사회의 비공식적 사회통제(informal social control)능력이 더 큰 원인으로 작용할 것이라고 예측하였다. 사회통제를 이루는 사회화나 감시능력이 더 중요한 사회적 결속력을 유지하는 수단이라고 보았다. 이러한 사회적 결속력을 만드는 것은 지역사회의 공동체 규범이나 공통의 기반을 이루는 조직, 즉 가정, 학교, 교회, 공공기관의 역할 등의 결속력이 주민들의 공통된 가치를 실현하게 하고 효과적인 사회통제를 이루게 되면 사회해체를 예방하는 중요한 수단이 될 것으로 보았다.

또한, 사회해체이론을 관장하는 주된 논점은 주로 경제적 곤란이라는 요소와 밀접한 관계를 가진다. 지역사회의 불이익(Neighborhood Disadvantage)에 관한 논의가 나타나면서 경제적 수단에 대한 문제가 사회해체와 직 · 간접적인 영향을 주므로 청소년의 문제행동을 예방하기 위해서는 경제적 지원을 통한 지역사회의 발전을 도모해야 한다는 점도 이론적 함의를 이끄는 데 큰 역할을 하기도 하였다. 단지, 사회적 환경의 개선에만 의존해서는 청소년의 문제행동을 해소하기는 어렵다는 점에서 이들이 살아가도록 하는 경제적 지원이 필수적이어야 하며, 이는 곧 청소년보호정책에서 자립정책으로 전환되는 방편을 제공하기도 하였다.

지역사회의 불이익이란, 지역의 특징이 가난하고 거주지 내에서 교육을 받지 못한 사람이 많으며, 실업자가 많고 정부의 보조를 받는 가정이 많아서 저축이나 재산 증식이 어려워서 주로 임대자가 많은 지역을 일컫는다(Ross & Mirowsky, 2001).

이러한 관점은 지역사회에서 사람들의 핵심가치를 높일 수 있는 중요한 통제요소나 집중력 있는 사회통합요소가 결핍되어 있을 경우 사회해체가 급가속되며, 결국 슬럼화되어 문제와 비행의 근원이 될 수 있다는 점이다. 그러므로 사회는 좋은 학교, 좋은 여가시설, 좋은 공간을 위한 랜드마크를 적시하여 유휴의 공간을 최적의 공간으로 만들어 사회통합을 이루는 장소가 되도록 노력한다.

사회해체의 관점에서 본다면 지역사회는 주민들의 삶을 유지하는 물리적 공간이자 인적 교류를 수행하는 공간이므로 이러한 교류의 틀이 무너지면 청소년을 적절히 통제하지 못하여 비행과 일탈의 가능성이 그만큼 커지게 됨을 의미한다.

4 일반긴장이론(General Strain Theory)과 청소년문제행동

청소년의 문제행동의 원인을 단 하나의 요인으로 파악하기 어렵다는 관점에서 문제행동의 요인이 복합적으로 연계되어 있음을 파악해 보아야 한다. 일반적으로 청소년문제행동을 설명하는 대표적 이론으로 사회유대이론, 사회학습(차별적 접촉)이론, 자기통제이론이 주로 언급되는데, 이러한 이론으로 설명이 어려운 부분에서 청소년의 문제행동이 다원적으로 이루어지는 경향을 보이고 있기도 하다.

학교 및 가족 간 강한 유대가 있는 청소년의 경우, 비행동기를 통제함으로써 비행의 가능성이 작다고 본다. 사회학습이론은 차별적 접촉이론으로 언급되기도 하는데, 또래 및 주변인과 차별적 접촉을 통해 문제행동을 용인하고 정당화하는 태도를 학습하면서 비행을 저지르게 된다고 본다(Sutherland, 1947). 자기통제이론은 청소년의 문제행동과 범죄는 우발적 · 충동적으로 발생하며, 즉각적 만족과 충동을 조절하는 요소는 자기통제력이라고 주장한다.

이처럼 앞서 설명한 각각의 이론은 핵심요소가 명확하고 해당 내용을 통한 부적정성이 나타날 경우 청소년의 비행과 문제행동으로 연계된다는 의미를 강조한다. 하지만 좀 더 깊게 들어가 보면 이러한 문제요소가 적용되기도, 그렇지 않기도 하기 때문에 청소년은 그 시기가 갖는 특성 때문에 일반적 긴장상태에 처함을 중시하였고, 이를 에그뉴(Agnew, 1992)는 일반긴장이론으로 설명하였다.

일반긴장이론은 일상적인 긴장상태에 노출되면 그로 인한 부정적 감정의 발생으로 문제행동을 저지르게 되는데, 모든 청소년이 문제행동을 하는 것은 일정 조건에서만 나타남이 아니라 청소년기의 다양한 변수가 금전적 보상이나 경제적 요소보다는 청소년기에 반드시 이행해야 할 성취적 관점에서의 부적응요소로 작용하게 됨을 보여 준다. 해당 시기가 갖는 무언의 행동이 중요한 긴장성을 보이게 된다는 점에서 다른 어떠한 이론보다 더욱 신중하게 청소년 시기의 긴장성을 문제행동과 연계해서 바라보고 있다. 학업성취의 미달성, 학교 내에서 교사와의 관계 미비, 친구나 또래집단의 관계성 부재 등과 같은 일상적으로 쉽게 접하는 대상이나 해야 할 내용에 대한 미성취가 오히려 더 큰 문제행동을 유발하는 요소로 작용한다고 보는 시각이다.

물론, 청소년의 문제행동이라고 규정하는 통상적 범죄행동이 모든 사람에게서 공통적으로 나타나게 될 때에는 이를 특정의 범죄나 문제로 규정하기에는 다소 무리가 따른다. 그래서 청소년기에는 지위비행이라는 의미가 나타나는데, 이처럼 청소년의 행동특성과 관련된 요소가 부적절하게 영향을 줄 때 특별하게 긴장상태를 만들어 내는 것을 긴장이론의 핵심이라고 규정한다.

특히, 에그뉴(Agnew, 1922)는 일반긴장이론에서 청소년이 문제행동을 하는 원인을 **그림 2-6**과 같이 크게 세 가지로 구분하여 제시하고 있다.

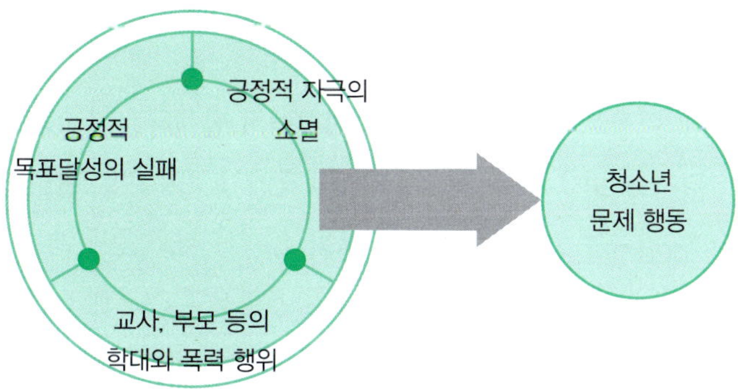

[그림 2-6] 청소년문제행동의 원인

출처: Agnew & White(1992).

첫째, '긍정적 목표달성의 실패(Failure to Achieve Positively Valued Goals)'이다. 긍정적 목표달성의 실패는 세 가지로 구분되는데 기대한 바와 가능성 사이의 괴리, 기대한 바와 실제 성취 간의 괴리, 정의롭고 공정한 결과와 실제 결과 간의 괴리를 말한다.

둘째, '긍정적 자극의 소멸(Removal of Positively Valued Stimuli)'이며, 부모의 사망과 친구의 상실과 같이 중요하게 여기는 사람과 사물의 소멸로 나타난다.

셋째, 교사의 체벌과 폭언, 부모의 학대와 폭력과 같은 '부정적 자극의 발생(Presentation of Noxious Stimuli)' 을 제시하며, 이는 청소년범죄행위와 문제행동을 가장 잘 설명하는 '긴장'이라는 연구결과가 존재한다. 위의 세 가지 원인으로 청소년은 부정적 감정을 느끼게 되며, 이를 해소하기 위해 문제행동이나 일탈, 범죄와 같은 문제행동을 일으키게 된다는 것이다. 하지만 중요한 것은 긴장을 겪는 모든 청소년이 문제행동을 일으키는 것이 아니라 자아존중감, 자기통제력, 사회적 지지, 부모의 통제와 같은 조건변인에 따라 긴장이 바로 문제행동으로 이어지지 않을 수 있다는 것을 강조하고 있다. 긴장이 문제행동으로 이어지는 청소년은 사회적 유대가 낮거나 충동적이고 문제행동에 허용적이며, 자긍심이 낮으면 비행을 포함한 문제행동의 가능성이 크지만, 그렇지 않은 청소년은 긴장을 경험하더라도 문제행동으로 이어지지 않는다는 것이다.

일반긴장이론은 긴장이 비행에 직접 영향을 미치기도 하지만, 다른 한편으로 긴장이 먼저 부정적 감정을 야기하고 이 부정적 감정을 통해 긴장이 비행에 간접적인 영향을 미치기도 한다는 점을 강조한다. 이 경우 부정적 감정은 긴장과 비행 사이에서 매개변수의 역할을 한다.

일반긴장이론의 핵심은 기대와 가능성의 괴리에서 발생하는 스트레스와 긴장의 다양한 현상을 설명하는 것으로 청소년이 일상생활에서 주로 경험하는 요인의 긴장이 문제행동으로 연계된다는 점을 다루었다. 그런 점에서 청소년이 일상에서 경험할 수 있는 부모와의 갈등, 친구와의 관계부조화로 인한 일상적 스트레스 등은 비행의 원인이 될 수 있으며, 학업부진이나 낮은 학업성적도 청소년비행의 주요 원인이 될 수 있다. 시대의 흐름에 따라서 변화되는 각종 도구로 인한 동료 간의 관계저하 등은 심각한 비행으로 이어지는 문제요인이 됨을 알 수 있고 동시에 이러한 긴장을 완화시키는 도구나 수단의 개선이 매우 중요함을 의미하고 있다.

지금까지 청소년의 사회적 문제에 대한 보편적 이론을 다양한 시각에서 검토해 보았다. 제각기 중시하는 범주와 특징에 따라서 문제요인을 청소년 개인에게 점철시키는 경향이 있는 이론도 있고, 반대로 문제의 원인과 결과를 사회 전반으로 보는 이론도 존재한다. 하지만 청소년문제행동이나 비행과 관련한 이론은 상당 부분이 우리 뇌리 속에 이들의 행동을 청소년에게 전가시키는 경우가 많다는 점에서 문제행동을 고착화시키는 오래된 전통으로 작용하였다.

청소년기의 비행 및 범죄행동에 대해서 샘슨과 라웁(Sampson & Laub, 1997)은 누적적 지속이라는 개념을 주장했다. 과거에 비행 및 범죄행동을 함으로써 사회적 자본이 약화되고, 약한 사회적 자본은 비행 및 범죄를 지속시킬 가능성이 크다는 것이다.

문제요인을 청소년에게 전가시키는 성향이 많은 일반적 현실에서 청소년의 특성과 문제요인을 외부로 돌리지 않고 이들과 함께 고민하고 풀어 나가야 한다는 점을 이론의 맥락으로 적시하고 새롭게 이해하는 고민이 더 많아져야 청소년문제의 관점이 전환될 수 있을 것으로 본다.

5 청소년의 문제행동과 생태체계이론(Ecological Systems Theory)

청소년의 행동에 영향을 주는 또 하나의 이론으로 브론펜브레너(Bronfenbrenner)가 제시한 생태체계이론(Ecological Systems Theory)을 언급할 수 있다. 생태체계이론은 청소년이라는 대상을 중심으로 둘러싼 개인과 주변 환경, 지역사회 그리고 이를 작동시키는 상황의 조절기능의 통합을 의미하며, 청소년의 긍정발달을 위한 관점에서 모든 개인적 속성에 영향을 미치는 주변 환경의 적절성을 의미 있게 설명하였다.

청소년에게 영향을 주는 관점은 어느 요소나 사람, 환경 등과 같은 개별적이고 분리적 측면이 아니라 청소년이 살아가는 사회 전체가 유기적으로 영향을 주는 것이라고 봐야 한다. 그래야만 청소년의 행동을 설명하고 조율하는 기능을 찾고 해결의 논리성을 만들어 가기도 쉽다.

무엇보다 생태체계이론을 청소년의 발달과 연계하여 규정하는 시각이 여러 관점이 있을 수 있는데, 개인발달, 주변 환경 그리고 지역사회와의 유대 등 복합적으로 규정하고 통합적·총합적 관점으로 설명한 이유는 바로 생태체계이론에서 설명하고 있는 것처럼 환경을 유기적으로 연결해 주는 조절자, 조력자, 기능자로서의 청소년지도의 역할과 방향성과 잘 맞기 때문이다. 아무리 환경이 청소년에게 맞게 구성되어 있다고 하더라도 이를 자기 수준에 맞게 조율하고 구성해 가도록 하기 위해서는 환경을 스스로 선택하는 역량이 부족한 상태에 처한 청소년을 옆에서 의미 있는 타자로서의 기능을 해 주는 사람과 이를 생태학적 관점에서 활용하는 점이 중요한 변수가 될 가능성이 크기 때문이다.

인간이 직·간접으로 영향을 받는 환경의 물리적 상태를 넘어 환경을 긍정적으로 조절하고 개선하는 것은 삶의 핵심이다. 청소년에게 환경의 조절능력을 키우도록 하는 여러 구성요소를 알고 이를 토대로 접근하여야 함을 설명한 이론이 바로 생태체계이론이라고 할 수 있다.

생태체계이론은 브론펜브레너(Bronfenbrenner)에 의해 **그림 2-7**과 같이 생태적 관점과 체계적 관점을 통합한 것으로 유기체들이 어떻게 상호 적응상태를 이루고, 어떻게 상호 적응해 가는지에 초점을 두고 있으며, 인간과 주변 환경 간의 상호 교류, 상호 의존성 또는 역동적 교류와 적응을 설명하는 통합적 관점으로 바라보아야 함을 제시한 것이다(Bronfenbrenner, 1979).

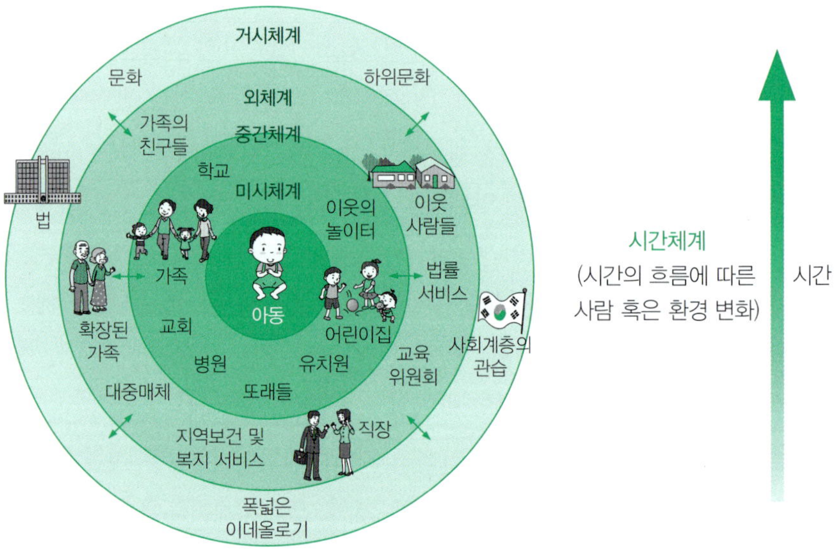

[그림 2-7] 브론펜브레너(Bronfenbrenner)의 생태체계이론

브론펜브레너(Bronfenbrenner)의 생태체계이론은 사회환경이 인간 발전에 미치는 영향에 대해 가장 잘 알려진 설명 중 하나이다. 이 이론은 개인이 성장한 환경이 자기 삶의 모든 면에 영향을 미친다고 주장하므로 한 유형만이 아닌 모든 조건의 복합성을 포용한다. 그는 다섯 개의 생태체계가 상호 연관되어 있기 때문에, 한 체계가 청소년

의 발달에 미치는 영향은 다른 체계와 어떠한 관계를 유지하는가에 적응의 속성이 달려 있다고 보았다. 환경을 바꾸면 사람은 변하게 되고 문화가 다른 나라로 이주하면 정체성은 확실히 달라진다. 한 체계 내에서 개인의 사회적 역할이 바뀌어도 같은 일이 일어날 수 있다.

브론펜브레너(Bronfenbrenner)는 인간과 환경의 복잡한 특성을 이해하기 위해서는 상호 보완성이 필수적이라고 하였으며, 이를 크게 세 가지 관점으로 설명하였다.

첫째, 사람이 살아가는 곳이 환경이며, 그 속에서 환경 간 상호 교류를 바라보는 시선이 얼마나 유기적인지를 설명해야 한다. 먼저, 환경 속에서 인간은 사고, 감정, 행동을 가진 생물학적 · 심리학적 · 영적 · 사회적 및 문화적 존재로서 매우 복잡한 존재이며, 환경에 의해 영향을 받는 상호 교환적인 위치에 있게 된다. 생태학적 관점에서의 인간관은 한마디로 환경 속의 인간이라는 전체적 인간관을 전제로 하는데 인간과 환경 간 상호 교류를 바라보는 시선은 환경과 인간을 하나의 총체로 본다는 것이다(Lazarus, 1980). 인간과 환경은 지속적인 상호작용과 상호교류를 통하여 서로에게 영향을 미치고, 서로를 형성하며, 상호작용하는 호혜적 관계를 유지한다고 본다. 그런데 모든 사람이 환경의 유기성을 기능적으로 잘 갖추고 있고 연결망을 자신의 입장과 타인의 상황을 고려한 틀을 연계한다고 보기는 어렵다. 따라서 보편적 수준에서의 연결망은 얼마나 잘 갖추고 있고 그 연결망에 대한 부담감이 적으며 조절 가능한지를 파악해야 한다는 점이다.

둘째, 행동 및 부적응에 대한 관점이다. 모든 인간행동은 내적인 욕구와 환경적인 욕구 사이의 조화를 찾기 위한 끊임없는 자기조절의 행위를 하고 있는데, 이 과정에서 사회적 규범에 다소 미치지 못한다고 하여 부정적으로 규정해 버린다면, 환경이나 상황의 역할을 수정해 나가기가 쉽지 않다. 따라서 청소년의 행동을 부적응행동으로 규정하기보다는 환경 안에서는 적응적인 것이며, 모든 행동은 그 상황 안에서는 의미가 있는 것으로 보려는 시도가 반드시 필요하다. 만약, 사람이 살아가는 행동범주가 청소년기에 국한되어 버린다면 이 시기에서 부적응이 발생할 경우 치명적이다. 하지만 청소년기는 일생의 생애주기적 관점에서 순간적이고 찰나적이기 때문에 이 경험이 실패든 성공이든 성인에 이르러서 좋은 경험으로 자라 잡을 개연성이 크다.

셋째, 변화에 대한 관점이다. 대상자의 내적 욕구와 환경자원 간의 불일치에서 비롯된다고 보고 있으므로 변화를 위한 다양한 가능성이 존재하는 것으로 본다(Bronfenbrenner, 1989). 즉, 변화는 자기성장의 한 과정이며, 이러한 성장의 틀이 존재하지 않으면 그 대상은 결국 자신의 미래나 목적을 이루기 불가능하다는 점을 깨달아야 한다. 이처럼 생태학적 환경은 한 가지 요인만 강조하는 것이 아니라 복합성을 지니고 있다는 점에서 청소년의 변화를 위한 행위를 매우 의미 있게 다루는 이론이라고 할 수 있다.

브론펜브레너(Bronfenbrenner)는 생태체계를 크게 미시체계, 중간체계, 외체계, 거시체계, 시간체계로 구분하여 각각의 생태환경이 청소년의 성장과 발달이라는 요소에 직·간접으로 영향을 준다고 하였다.

첫째, 미시체계는 청소년이 직접 생활하며 경험하는 물리적 환경을 의미하는 것으로 개인이 속한 가장 인접한 수준에서 경험을 얻을 수 있는 사회적·물리적 환경을 의미한다. 이곳은 청소년에게 친밀한 개인적·사회적 거리를 이루는 가족, 놀이터, 또래, 학교, 교사, 종교시설, 이웃 등을 말한다. 미시체계는 청소년이 직접 접촉하는 그룹으로 가족과 학교는 다른 많은 집단이 있을 수 있지만 가장 중요한 영향력을 주는 곳이며 이 체계와 청소년의 발달관계는 서로에게 양방향으로 영향을 줄 수 있다. 부모의 믿음은 청소년이 결국 도움이 되든지 아님 피해가 되든지 확실히 영향을 미친다. 하지만 청소년의 믿음이나 행위는 가족구성원의 믿음도 바꿀 수 있다. 학교에서도 동일한 역할이 일어날 수 있다.

둘째, 중간체계는 특정 삶의 시점에서 미시체계를 서로 연결하는 상호 관계의 구조를 말한다. 미시체계라는 물리적 환경이 유용하다고 하더라도 이들의 관계가 어떻게 적용되는가는 매우 중요한 성장의 영향요인이 된다. 다른 이론에 비해 생태학적 이론의 핵심이라고 할 수 있는 것은 바로 중간체계의 기능성이다. 아무리 환경이 근접하거나 유용하게 되어 있다고 해도 두 가지 이상의 체계를 연결하거나 유용하게 이용하도록 하는 상호작용성이 잘 이루어지도록 해야 한다. 바로 생태학적 이론의 활성화를 유기적으로 만들어 주는 역할의 중요성이 강조된다는 점이다.

셋째, 외체계는 청소년이 직접 참여하지는 않는 곳이지만 많은 영향을 줄 수 있는 곳으로서 친척, 지역사회, 대중매체 등이 여기에 포함된다. 개인이 직접 참여하지 않기 때문에 영향을 적게 받거나 받지 않을 수 있는 체계이다. 하지만 내가 아닌 타인으로 인해 영향을 받을 수 있는 조건이 형성되기도 하는데 바로 부모의 직장 등과 같은 환경이 청소년을 둘러싸고 있으며, 이로 인해 영향을 받을 수 있게 되기도 한다.

넷째, 거시체계는 청소년이 속한 사회나 문화적 속성과 같이 사회문화적 규범, 이념, 태도, 관습 등을 이루는 거대한 체계를 의미한다. 개인이 이 부분에서도 개입이 되지 않지만 간접적인 영향력은 매우 크다. 거시체계는 다른 체계에 자신을 표현할 수 있는 방법을 선택할 수 있으므로 영향을 받기는 하나 간접적인 영향력이 더 크다. 그럼에도 청소년에게 직접적으로 영향을 미치는 집단을 변화시킬 수 있어서 자신도 발달에 영향을 받을 수 있다.

다섯째, 시간체계는 청소년 개인의 성장발달의 관점을 특정 시점에서만 보는 게 아니라 시간의 연속적 관점으로 보면서 지금의 청소년의 진로에 대한 관심이나 욕구가 과거 10년 전과 다르다거나, 그들의 행동양식, 고민, 정서적 태도가 이전에 비해 어떻게 달라졌는지를 보여 주는 시계열적 측면을 말한다. 이 영역은 브론펜브레너(Bronfenbrenner)가 추후에 추가한 영역으로 사람마다 처한 단계나 상황이 다르다. 즉, 사람의 죽음에 대한 시각은 노인과 젊은 사람이 받아들이는 시각이 다름과 같은 것이다.

사회는 미시적 관점인 일차적 생활환경에서부터 지역사회, 이웃 등의 사회적 가치나 규범, 정부 등에서 제시되는 각종 정책 등에 직·간접적으로 청소년에게 영향을 준다. 이러한 환경은 말 그대로 청소년을 둘러싼 형성된 조건이지만 이러한 환경을 어떻게 활용하고 조절하는가의 자세와 능력에 따라서 적응과 부적응, 역량의 차별성은 크게 나타난다.

미시체계에서 거시체계 등과 같은 환경적 조건을 내 것으로 만들도록 조절하고 지원하는 중간체계의 역할은 모든 기능에서 더욱더 강조되어야 한다. 즉, 청소년이 자신의 성장을 위해 주어진 환경을 활용하고 사회적 가치에 맞는 사고를 계발하며, 이를 더 나은 방향으로 적용하도록 누군가의 조력이나 지원이 있을 때 이들의 성장동력이 더욱 활성화됨은 분명하다. 모든 체계가 청소년에게 직·간접으로 영향을 미치는 것으로 보아 총체적이고 통합적인 영향력을 발현하는 측면에서 중요하게 바라보아야 한다.

그럼에도 중간체계는 관계를 조율하고 상호 관계를 유발시키며 서로의 관계를 강하게 하거나 연관성을 높이게 하는 생태학적 전환(ecological transition)을 활성화하는 핵심기능이 있음을 발견하게 된다.

생태학적 관점에서 청소년에게 영향을 주는 요소는 무척이나 많다. 특히, 인터넷을 이용한 SNS, 페이스북, 인스타그램, 유튜브, 그리고 자신의 표현방식을 활성화한 브이로그(VLOG) 등 직접 대면을 통한 과거의 방식에서 이제는 비대면, 언택트(untact), 온택트(ontact)[1] 등 소통구조의 다변화는 청소년에게 이러한 생태체계의 연결고리나 구조가 무의미해질 개연성이 크다. 오히려 더 많은 혼란과 좌절감을 불러일으킬 소지가 다분하기에 중간체계의 기능을 하는 청소년지도자와 같은 조력자, 지원자, 협력자의 기능은 더 중시될 수밖에 없다.

여기서 다양한 환경을 전문가의 능력으로 분석하고 이를 청소년에게 맞춤식으로 안내하며, 가장 효율적인 방식을 스스로 선택하게 하는 방식으로 이끌어 주는 청소년지도사의 전문성은 바로 중간체계를 모든 체계에서 가장 효율적으로 활성화하는 측면에서 생태학적 이론의 중요성이 더욱 부각된다. 이처럼 청소년이 성장하는 데 필요한 각종 물리적 환경과 조건이 잘 갖추어져 있더라도 이를 유망하고 효과적으로 활용하는 조력자가 없다면, 청소년은 그들의 성숙과 발달특성상 긍정성을 발현하기가 쉽지 않다.

중간점검

청소년에게 영향을 주는 이론의 특성을 간단히 정리해 보고, 이론에 기초하여 청소년이 영향을 받을 수 있는 점은 각각 어떻게 다르게 나타날 것인지를 연계하여 설명해 보자.

---

1) 언택트(untact)가 비대면으로 개인 간 접촉이 이루어지지 않는 점을 설명한 용어라면, 온택트(ontact)는 주로 비대면 시대에 온라인을 활용한 플랫폼을 구성하고 활용하는 이용 측면을 강조한 용어라고 할 수 있다.

CHAPTER 3

청소년의 생활구조적 특성과 문제행동 연계

청소년의 생활과정에서 적응을 위한 다양한 시도는 보는 시각과 관점에 따라서 중요한 문제로 바라볼 수 있고, 또 다른 시각에서는 긍정적 판단의 준거로 작용할 수도 있다. 청소년의 행동 변화에 영향을 주는 요인이 과거보다 확대되고 있다는 것은 명백하며, 이를 기준으로 자신의 통제와 조절의 능력이 미비할 경우 상황에 휩쓸릴 대상으로 전락한다면 이는 곧 문제라는 행동의 영역으로 포함될 것이다.

청소년의 문제행동을 그들의 문제로 바라보지 말고 외부적 시각과 내현적 관점을 조절하여 통합적으로 고려하는 시각의 조율이 필요해지는데, 이러한 상황에 영향을 주는 청소년의 생활과 문제행동의 이해는 필수적이다. 또한, 작금의 사회적 영향력은 더욱 청소년에게 불리한 요소로 작용되기도 하는데, 이러한 시각에서 청소년의 생활상의 변화나 양태의 차별성을 고려해 보고 이러한 기준이 향후 어떻게 달라져야 할지를 생각해 보는 것도 청소년문제행동의 다원성을 이해하는 데 큰 도움이 될 것이다. 다만, 청소년의 생활구조의 변화는 특정 영역에서만 국한됨이 아닌 모든 사회적 요소와 결부되어 있다는 점을 재삼 지각하여 현상을 통념적으로 바라보는 시각을 넓히는 능력을 갖도록 해야 할 것이다.

1 청소년의 개인적 속성과 문제행동의 발현

청소년의 성장과 발달적 특성에 대한 급격한 변혁적 논의가 이루어지는 특성을 보이는 데에는 이견이 없다. 심리적 속성이든 인지적 관점이든, 신체적 발달특성의 논의과정 등 모든 부문에서 인생의 생애주기적 관점에서 가장 현란하고 급격한 변화를 수반한다. 그러므로 청소년의 행동특성을 바르게 이해하고 이를 바탕으로 문제행동의 요인이나 특징에 대한 논점을 올바르게 이해하는 것이 매우 중요하다. 따라서 근본적인 시각에서 청소년의 문제요인을 파악해 봐야 한다.

[그림 3-1] 청소년기의 발달적 특성과 문제요인의 이해

기본적으로 인지적 성장, 정서적 안정성, 그리고 사회적 관계의 구축이라는 관점에서 청소년과 성인이 추구하는 행동의 특성은 매우 다르다. 그렇기 때문에 문제점이라는 요소보다는 가능성의 측면에서 이해가 필요함에도 불구하고 서로의 격차는 문제로 지각된다. 청소년기의 문제요인은 청소년기의 출발점에서 찾아보아야 한다. 그 이유는 청소년은 변화의 대상이며, 적응의 과정을 거쳐 나가는 존재라는 점에서 각각의 영역에서 적절한 대응을 해야 한다는 조건의 수용이 불가피하기 때문이다.

그런데 청소년의 발달적 특성은 시대의 변화에 따라 다양하게 차이를 이루게 된다.

청소년기의 대표적 발달속성으로 인지적 특성을 거론하는데, 피아제(Piajet)나 엘카인드(Elkind) 등은 청소년이 되면 다양한 인지능력의 변화를 경험한다고 하였다. ① 가능성에 대한 사고, ② 추상적 개념에 대한 사고, ③ 사고과정에 대한 사고, ④ 다차원적 사고, ⑤ 상대적 사고 등과 같은 생각의 변화가 나타난다고 하였다. 또 개인적 우화나 상상적 청중이라는 시각으로 설명하기도 하였다. 이러한 변화는 지금까지 생각한 자신의 태도와 행위에 대한 혁신적이고 획기적인 변화를 수반한다는 의미로 단순히 교과서적인 내용의 수반이 아니라 적극적이고 능동적인 행동의 변화를 나타내는 의미로 받아들여야 한다.

인간의 인지적 발달에 대한 규정은 특정한 이론적 맥락으로 단정 짓기에는 수많은 변화가 나타나고 있기에 인지적 특성의 변화가 시대에 따라서 다르게 나타날 수 있다는 점을 지각해야 한다.

청소년의 문제행동이라는 점을 이해하기 위해서는 세대 간 인식의 격차를 유발하는 요인의 격차에 대한 시각이 있음을 지각해야 한다. 최근의 청소년은 인지적 영역의 고려에 대해서도 과거와 다른 신체적 · 정서적 발달속성에 따라서 친구와 주변 상황이 보이는 시각적 확대는 곧 인지적 능력의 변화가 커지고 있다는 점을 고민해 볼 필요가 있다. 청소년기의 인지적 능력의 확장은 곧 청소년기의 사고력 증진이라는 능력의 급증으로 이이지지만, 통제와 조절의 균형성은 이에 못 미친다. 청소년기의 변화는 인지적 능력의 변화에 따른 조절과 통제의 감각적 균형성의 한계가 커진다. 인지적 능력의 확대는 이전의 시기와는 전혀 다른 사람으로서의 가치를 스스로 발견하게 되고 또 적응을 해야 하는 새로운 환경에 노출된다. 그래서 청소년의 인지적 태도가 안정적이냐 그렇지 않느냐의 관점은 해당 수준에 적절한 도덕적 시각이 발달되어 있는지와 밀접하게 연계된다. 도덕적인 인간은 사회적 규범과 가치에 준한 시각을 갖게 되는가의 여부와 관계된다.

청소년기의 인지적 특성은 **그림 3-2**와 같다. 청소년기는 아동기에서 변화되는 시각이 밑바탕을 이루고 있는 만큼 아동기의 인지적 협소성과 이를 확대하여 벗어나고자 하는 인지의 확장성 사이의 불균형이 존재한다. 청소년기의 자아중심성이라는 폐쇄성을 유발하는 사고의 제한은 청소년이라는 대상을 잘 설명해 주는 것이기도 하지만, 다른 관점에서는 문제에 접하였을 때 적절한 대책을 수반하지 못하는 상황에 처하게 된다.

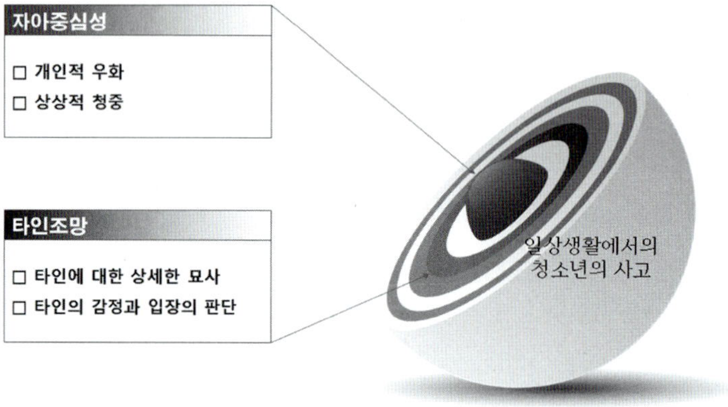

[그림 3-2] 청소년기의 인지적 대표 특성

청소년기의 인지적 협소성은 자아중심성을 근간으로 이해가 가능하다. 청소년이라는 대상의 본질을 이해한다는 것은 곧 이들의 시각이 얼마나 한계적으로 움직이는가의 여부와도 밀접하게 관련된다.

청소년기는 점차 커지는 자신의 존재와 자기에 대한 이해가 내면으로 확대되는 시기이다. 청소년기의 대표적 특성으로 표현되는 자기중심성은 긍정적인 관점에서 본다면 청소년의 존재를 강화하고 자신의 성장을 추동하는 동기유발요인이라고 할 수 있다. 청소년기에 자신의 존재를 찾아가는 자아정체성과 맞물려 자신의 내면에 대한 심도 있는 평가와 판단을 하게 되는 요인이 되기도 한다. 하지만 근본적인 관점에서 학술적이고 논리적으로 볼 때 보편적 관점에서 보는 청소년의 일반적 통념상 바라보는 관점과는 차이가 있어 문제를 일으킬 대상으로 보게 된다. 자아중심성은 인간의 존재에서 누구나 가지는 자신의 본질적 동인이자 삶의 목표를 구성하는 에너지원일 수 있다. 자기의 존재를 명확히 하고 구심점 역할을 하게 됨으로써 살아가는 동력이 됨은 틀림없다. 그러나 이러한 행위가 과도할 경우에는 시각의 편재화가 이루어진다는 문제가 발생한다.

인지적 사고의 변화는 곧 사회성 영역의 발달과도 밀접한 관계를 보인다. 청소년기는 생활의 범위가 좁게는 자신만의 공간을 탐닉하는 상태에서부터 넓게는 무한한 세계로의 가능성을 탐색하는 가능성이 커지며, 사회성이라는 특성을 발현하도록 해 주는 시기로 전환된다.

사회성이라는 것은 청소년의 생활범주가 확대되는 것을 의미한다. 안전과 생활을 위한 일차적 공간이었던 가정이 가장 중요한 터전으로서의 맥락이었다면 이러한 공간적 범주가 널리 확대되는 것을 의미한다. 그래서 사회적 관계를 유지하기 위한 대안적 탐색을 하게 되고, 새로운 환경을 위한 적응력을 보장하려는 시도를 하게 된다.

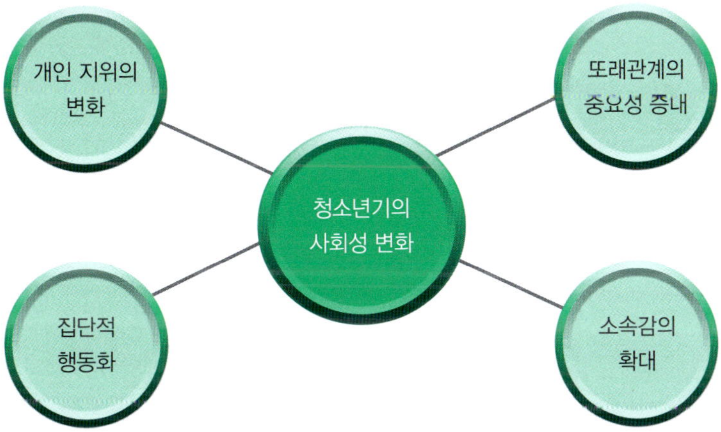

[그림 3-3] 청소년기의 사회성 증진과 변화

사회성이라는 의미는 '사람과 관계를 맺음', '사회의 구성원이 되기 위한 특징', '타인과 협력과 관계를 조율하려는 행위적 특성' 등으로 설명할 수 있다. 사회성이 있다는 의미는 집단구성원과의 관계를 적절히 유지하고 협력적 생활을 원활히 유지해 나가는 데 어려움을 느끼지 않는 힘을 가졌다는 것을 의미하며, 심리적으로도 동정, 친애, 협동 등의 사회적 경향을 내포함으로써 건강한 대인관계를 유지 · 발전시키게 하도록 유도하는 힘을 가졌다는 것을 의미한다. 사회성은 사회발달을 하려고 하는 인간의 근본 성질로서 사회성 발달은 사회적인 기대에 부합되도록 행동하는 능력을 획득하는 것을 말한다.

그런데 사회성을 획득하려는 시도에는 다양한 충돌이 나타난다. 청소년기의 사회성을 유발하기 위한 조건으로 청소년의 특성을 성인에 가깝게 표현하게 하는 지위의 변화가 요청된다. 아직 성인이 아님에도 성인처럼 보여야 하고 성인처럼 행동하려는 자세와 행위가 자연스럽게 형성된다. 그래서 청소년기의 지위변화는 행동의 다양성과 연결되어, 해서는 안 되는 행위로 연계되면서 지위비행으로 형상화된다. 음주, 흡연, 가출, 이성교제 등 마치 성인처럼 보여야 하는 행위가 사회적 행동으로 자연스럽게 연계되어 청소년의 사회성을 증진한다는 점에서 행동의 과격성과 자연스럽게 연결되기도 한다.

과거에는 이러한 지위비행이나 행위에 대해 상당히 통속적인 수준에서의 흡연, 음주의 비행이라는 단선형 사고가 지배적이었으나, 최근 이러한 등식은 청소년의 행동을 오직 문제로만 설명하는 데에 한계가 있다고 본다. 흡연과 음주가 청소년의 문제행동을 설명하는 지표적 요소로 대행되었던 과거와 달리 지금은 이러한 행위가 청소년의 문제행위 범주에 포함되지 않을 수도 있고, 오히려 이러한 행동을 유발하기 위한 과정이나 절차적 요소에 문제가 집중되는 경향을 보인다. 예를 들면, 담배와 술을 구입하는 방법론의 차별성, 특히 이러한 행동을 하기 위한 관점에서 불법적으로 이루어지는 행동(주민등록증 위조, 타인의 주민등록증 사용, 대리구매, 구매를 위한 불법적 폭력 자행 등)이 더 문제시되는 경향을 보이고 있다는 점에서 단순히 문제를 바라보는 사회적 행위를 판단하는 시각은 조정되어야 한다.

청소년의 특성을 설명할 때 가장 중요한 점은 과연 이들의 심리적 상태가 어떠한 수준에 처해 있는가의 정도이다. 오늘날 청소년의 삶은 가장 중요하다고 여기는 주관적 안녕감의 정도가 연령이 높아질수록 점차 낮아지는 경향을 보인다. 개인의 주관적 안녕감이 낮다는 것은 현재의 삶에 대한 긍정성이 미흡하다는 점을 개괄적으로 보여주는 것이며, 동시에 살아가는 희망의 긍정성이라는 탈출구가 잘 보이지 않게 된다는 점을 말한다.

청소년의 문제행동에 영향을 미치는 요인으로 상식적 수준에 대한 접근을 논의하는 경우가 많지만, 가장 큰 문제요인은 바로 청소년 개인의 성장과 문제행동 발현의 상관성에서 찾아보아야 한다. 변화의 양상이 다원적이라는 점은 유아 및 아동기의 변화를 수반하게 될 때와는 다른 점이 많다는 것이다. 행동범주의 차이점이 확장되면서 발현되는 변화는 이전과의 본질적 차이를 나타내게 되면서 가족이라는 한정된 영역을 탐구하는 사고의 혁신이 이루어진다.

인간의 삶에 대한 동기의 근원은 중요한 문제인식으로부터 시작될 수 있다. 자신이 살아가는 이유, 살아가면서 대처해야 할 역량의 필요성에 대한 수준, 무엇을 목적으로 자신의 성과를 이루어 갈 것인가를 스스로 생각하게 하는 힘의 인식 등에 대한 자각이 필요해지고 이를 느끼게 되었을 때 곧 무엇을(What?), 어떻게(How?), 어디서(Where?) 행할 것인지를 생각하게 하는 힘이 곧 문제의식이다. 그런데 청소년의 문제와 사각의 문세는 상당히 다르다. 청소년의 문제는 문제의식이 없는 점이 문제라든지, 문제에 대한 행동적 시각을 발현하는 힘의 과다에 대한 인식 부재가 문제라는 점도 문제이다.

개인의 발달적 특성을 문제로 여기는 사회적 특성은 시대의 흐름에 따른 사회적 가치관이 크게 변화되고 있다는 것이다. 과거의 가치관으로 청소년의 특성을 그대로 준용하기보다는 새로운 시각과 관점으로 이들의 행동을 다원적으로 바라보려는 시도를 하지 않게 될 경우 문제는 청소년이 아니라 우리 스스로가 만들어 놓은 틀에 갇혀 있을 수 있다.

2 가족구조, 부모역할의 재편과 부적응의 상관성

청소년의 문제행동에 영향을 미치는 가장 큰 변수로 가족의 안정화를 들 수 있다. 가족, 가정은 청소년에게 직접적인 영향을 미치는 핵심기능을 한다. 어떤 청소년이든 자신의 의지대로 가정을 만들고 그 구성원이 된 적은 없기 때문에 가족의 성원으로서 부모는 자녀에게 건강한 사회적 기능을 담당하도록 하는 안정된 조건을 제시해 주어야 한다.

만약, 생애주기(life-course)적 연령규범은 개개인의 삶을 세대적 '보편성' 안에 위치지음으로써 세대규범에 맞지 않는 다양한 개인을 '아웃사이더' 혹은 '사회부적응자'로 낙인찍는 일이 쉽게 이루어진다. 그러나 우리는 '정해진' 규범 안에서 '그렇게 되어야만 한다'는 것을 염두에 둘 뿐 생애주기 연령주의 사회는 '나이 듦'에 따른 적합한 사회적 태도와 행동을 규범화하는 모순을 지극히 당연하게 여긴다.

무엇보다 사회가 규정하는 일반적 지침인 경우 사회분리적 기준이 적용되지는 않으나 청소년 시기에 성적과 학교적응이라는 획일화된 기준이 보편적으로 활용될 경우 이에 미치지 못하는 청소년은 점차 사회적 기준으로부터 멀어져 비행과 일탈이라는 문제 상황으로 빠져들게 된다는 점에서 상당히 유사한 의미를 부여하게 된다.

개인의 성장과 발달에 안정적 기능을 해 주어야 할 일차적 시공간적 기능을 하는 곳은 가족구성체이다. 그런데 가족의 형식성은 날로 깊어지고 있다. 부모-자녀 간 대화 내용과 질의 다양성을 차치하더라도 절대적 양이 매우 부족하다. 청소년의 약 25%는 부모와의 대화를 통해 자기 고민에 대한 진솔한 이야기를 거의 하지 못하고 있다는 점에서 가족의 기능적 한계가 두드러져 보인다. 대화의 양도 문제이지만 질적인 의미의 전환 역시 이루어지지 못하고 있고 상호 통용되는 대부분의 주제내용도 학교생활이나 성적, 진학 등 성인의 주요 관심사에 집중되고 있다는 점은 그만큼 가족구조 내에서 부모와 자녀의 수직적 관계와 소통의 상하와 일방적 의미가 통용되고 있음을 잘 보여 주고 있다.

부모의 방임과 더불어 가정 내에서 청소년이 혼자 있는 날이 많으면 남는 시간에 학업이나 목적지향적인 일을 하기보다는 게임이나 주변부적인 행위에 많은 시간을 쓸 수밖에 없어 가정생활 만족도가 낮아진다. 또한, 스트레스를 경험하는 정도에서도 아버지 및 어머니와 함께하는 시간이 적어지면 스트레스는 높아지고 부정적인 영향을 나타내게 되면서 부모의 방임 정도에 따라 더 큰 스트레스를 경험하게 된다.

가정 내에서는 아버지보다 어머니와 주로 대화를 하고, 여가활동의 추진이 낮아 가족의 기능적 다양성이 부족한 형태를 보이는 점은 현재 우리 가족구조 내에서 청소년의 문제행동 예방을 위해 부모의 역할이 더욱 확대되어야 할 필요성이 있음을 잘 보여 준다. 지금의 부모는 가족의 중요성과 가족구성원으로서의 자녀에 대한 존재감을 매우 피상적으로 받아들이고 있는 한계를 보여 준다. 자신이 의도적이고 주체적으로 만들어가는 가정과 가족이라는 구성체는 부모의 존재감에 대한 이해를 바탕으로 자녀를 위해 헌신을 해야 할 필요성으로 귀결이 되어야 한다. 1970년대 이후부터 한국의 부모가 바라는 부모상과 가족구성원의 역할은 이러한 의미에 대한 충실도를 잘 지켜 왔다고 해도 과언이 아니다. 자녀를 위해 무엇이든 해야 한다는 과도한 기대와 자녀를 위한 헌신의 노력이 교육의 맹목성과 지향성으로 나타나기는 하였지만, 가정 내에서 자녀가 이탈하지 못하게 하는 유인가 높은 연결고리 역할을 하기도 하였다. 하지만 지금의 가족과 가정에서는 과거의 일방향적 지원이 청소년에게는 커다란 압력으로 작용하게 되어 올바른 가정과 부모의 역할을 해야 하는 새로운 관계 설정의 시도가 필요하다.

무엇보다 이제는 과거의 대가족제도에서 형성되었던 물리적 · 전통적 · 가치지향적 사고가 매몰되었고 핵가족의 수준을 넘어 가정이면서 가족이 아닌 모양새를 보이는 새로운 속성의 가족구조가 날로 증가하고 있다. 그렇기 때문에 가족구성원을 통해서 자녀양육의 내리교육이 가능했던 과거와 달리 지금은 부모가 되는 법과 부모의 역할, 부모로서 자녀에게 시기별로 제공해 주어야 할 발달의 관점과 이해 등이 준비되어야 한다. 가족을 구성하는 부모의 역할은 시대를 아우르면서 새롭고 혁신적인 정보와 미래의 가치를 함께 수반해야 하기 때문이다.

이러한 부모의 기능과 역할에 대한 변화는 더욱 획기적이다. 미래사회는 다양하지만 이러한 변화에 따른 직업과 진로선택의 폭이 줄어드는 경향에서 20세기의 교육을 받은 우리네 부모는 여전히 현상중심적인 진로와 직업 선택을 바랄 수밖에 없다는 점이 오히려 청소년의 사고와는 다른 시각에서 격차를 보이게 된다는 점이다. 부모세대는 직업을 군(群)으로 인식하고 좋은 직업과 진로의 가치기준이 금전과 보수, 명예와 사회적 가치라는 등식으로 받아들이면서, 자녀의 진로를 자신의 성공과 가치의 수준으로 결부시키는 자연스러운 태도를 보이고 있다는 점에서 청소년 그리고 자녀 중심으로 전환하는 사고의 혁신이 절대적으로 필요한 시기이다. 진로에 대해서 부모가 유연한 태도를 보이고 자녀의 진로선택에 대한 정보수용이 과거보다 더 다양하고 능동적이어야 하며, 남들이 찾지 못하는 영역을 통섭하고 융합하는 노력이 더 많이 요구되는 시점에서 부모의 역할은 무한하게 변할 수밖에 없을 것이다.

부모와의 긍정적인 시간과 관계를 유지하기 위한 노력과 대응이 부족할 경우나 진로의 경직된 사고를 지속적으로 요구하게 될 경우 자녀는 자신에 대한 존중감과 자신감은 낮아진다는 점을 깨달아 부모의 역할 증진에 대한 혁신적 사고를 제시하는 방안이 제기된다면 가족 내에서 상호적 기능은 더욱 향상될 것이다.

3 청소년 생활공간인 학교의 변화수용 약화와 부적응으로 전이

청소년 생활공간에 대한 안정적 기능을 해야 할 일차적 터전으로는 학교를 들 수 있다. 학교생활은 청소년의 생활양식을 아우르는 가장 중요한 생활 터전인 동시에 사회성과 집단성, 그리고 학습을 통한 자기계발 등 청소년의 거의 모든 영역을 충족시킬 수 있는 최적의 마당임은 분명하다. 그렇지만 학교가 청소년에게 가장 좋은 생활공간이자 최적의 삶을 만족시키는 곳이라고 말하기에는 다소 한계가 있다.

학생의 변화 욕구만큼 변화하지 못하는 학교는 1990년대식 학교에 20세기형 교사 및 교육행정가와 21세기형 학생의 공존이라는 등식으로 설명할 수 있다.

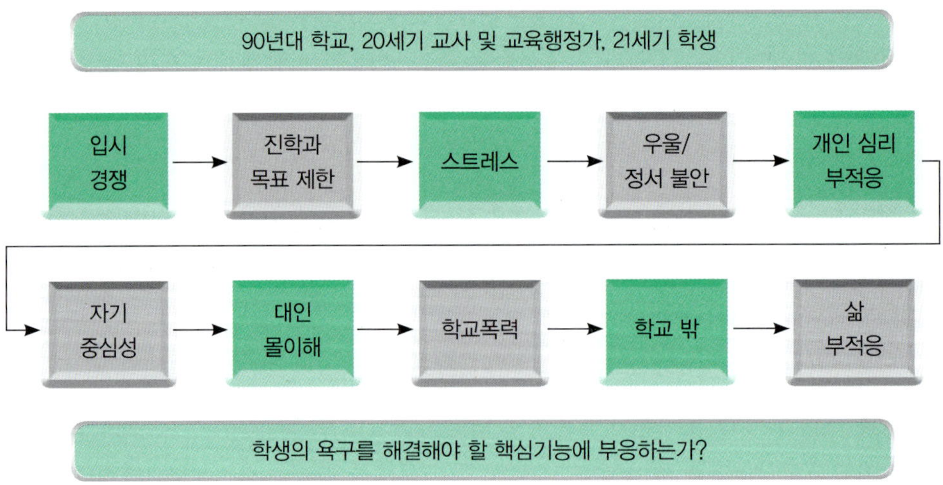

[그림 3-4] 학교로부터 파생되는 문제요인

이미 우리는 학교라는 거대한 존재에 대해서 개혁과 혁신의 이름을 부르짖어 왔다. 학교 내부에서도 시대의 변화를 추종하지 않고서는 미래사회의 주된 역할을 해야 할 청소년의 소명의식을 충족시키지 못할 것이라는 점은 정확하게 인지하고 있어 보인다. 그럼에도 불구하고 제도적 변화는 이를 뒤따르지 못하고 있다.

물론, 학교의 변화가 전무하다는 것은 아니다. 학교 역시 시대 변화의 흐름에 동참해야 한다는 점을 잘 알고 이를 제도적으로 보완하기 위해 노력하는 모습을 보여 주고 있다.

미래사회가 바라는 청소년의 능력배양을 위한 학교의 노력도 분명함

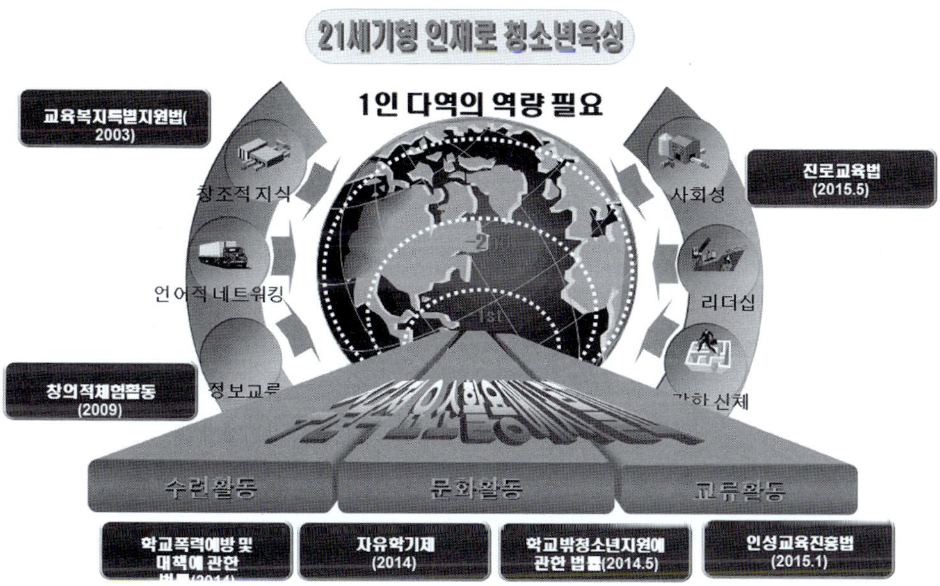

[그림 3-5] 학교적응력을 높이기 위한 교육영역의 변화 노력

그림 3-5에서와같이 학교는 2003년「교육복지법」을 필두로 학교폭력에 대한 대응과 같이 직접적 문제행동의 대책 마련과 함께 중장기적인 대응책으로서 창의적 체험활동, 자유학기제, 진로교육법 등 미래사회 대응에 필요한 노력을 하고 있다.

이러한 법제적 노력은 우리 사회나 학교가 그만큼 복지나 보호 그리고 문제요인인 학교폭력, 학교에 부적응하여 학교 밖 청소년이 되는 등의 문제가 심각하게 대두되고 있음을 반증한 사례이기도 하다. 학교 내에서 학생의 문제가 심각한데도 여전히 학교 변화가 수동적인 이유는 변화는 필요하지만 그 변화의 주체나 변화의 대상이 우리가 되어서는 안 된다는 생각이 지배적이기 때문이다. 청소년을 위한 학교의 혁신은 다른 영역의 변화 수준에 비하면 매우 제한적이고 낮은 수준에서 이루어지고 있다.

우리는 이러한 현상이 왜 일어나는지 심도 있게 고민해 보아야 한다. **그림 3-6**에서 와같이 학교는 변화의 대상이지만 변화가 학교에 집중되는 것을 달가워하지 않는다.

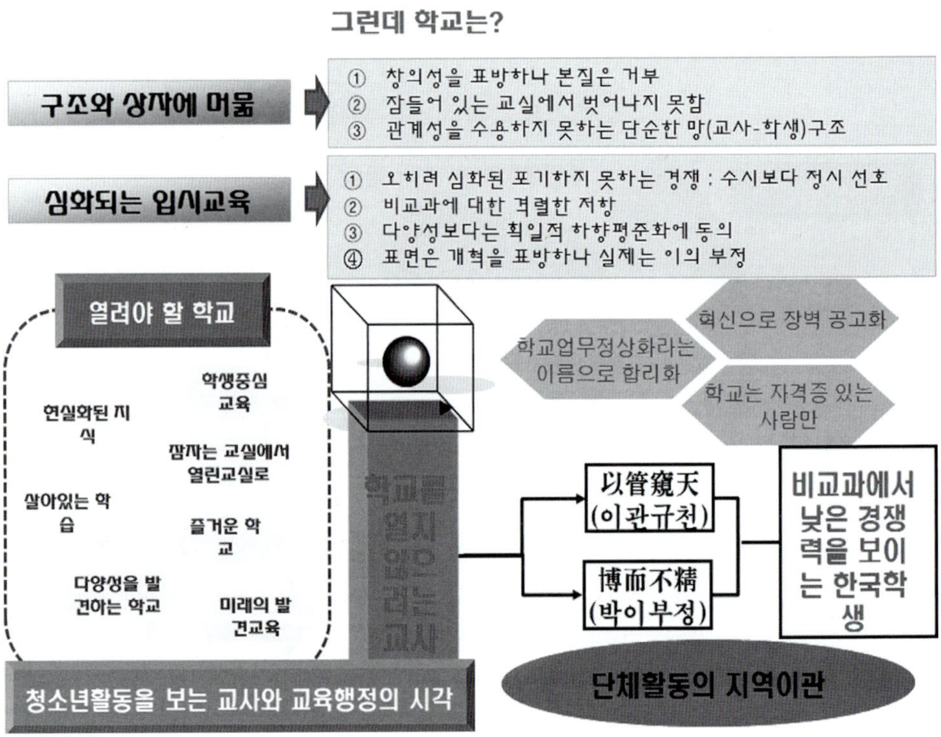

[그림 3-6] 학교 변화의 제한적 시각

예를 들면, 청소년에게 다양한 체험과 활동의 기회를 주어야 한다고 말은 하지만, 학교에서는 이를 짐으로 받아들이며 궁극적으로는 청소년에게 다양한 체험, 활동, 동아리, 문화적 다양성 등과 같은 점을 표방하기를 거부하는 경우를 보게 된다.

미래사회를 살아가기 위해 청소년은 무엇이든 해야 하고 경험의 장에서 자신의 다양성을 발견해야 한다. 이러한 경험의 다양성은 어떠한 방식으로 제한이 있어서는 안 된다. 이전의 교육과 학교가 특정한 전문성을 강조하였다면, 앞으로는 이러한 기준을 토대로 다원적 방향을 포개는 형식으로 무엇이든 수렴하는 태도가 절실하다.

하지만 현실은 어떠한가? 일반적으로 학교생활에 대한 긍정성과 부정성을 설명하는 대표적인 요소로 사교육 준비도를 들 수 있다. 청소년의 사교육 비율은 2011년에는 70.8%였으나 2017년도에는 82.9%로 증가하여 연일 사교육이 공교육을 압도한다. 일주일 동안의 사교육 시간은 2011년에 평균 9시간 46분에서 2017년에 9시간 30분으로 지속적으로 늘어나는 형태이다(여성가족부, 2017). 특히, 방과후 활동을 보면 청소년은 주로 학원, 공부, 자율학습 등 학습이 대부분을 차지하고 있어서 그들의 생활에 지대한 영향을 주는 학습이 방과후에도 계속 이이지고 있다. 이는 학교와 방과후 생활의 분리적 가치를 통해서 균형적 삶을 이어 나가도록 지원해 주어야 할 책무가 있는 성인의 노력이 실제로는 잘 지켜지지 않으며, 자녀나 청소년의 생존을 위한 어른들의 목표가 어디에 있는지를 실제적으로 보여 주는 내용이다. 또한, 청소년기에 학습은 단지 학교의 과정 속에서 균형적인 관계를 보완하는 기제가 아니라 생존이자 더 나은 직업, 진로 그리고 명예를 추구하기 위한 핵심도구로 자리 잡고 있는 수단으로 여겨지고 있음을 보여 준다. 청소년의 삶과 가치, 더 나아가서 행복추구권 등은 뒷전으로 밀리고 있다.

사회적으로 공교육의 강화를 위한 노력을 강조하며 사교육을 억제하는 대책을 연일 발표하고 있기는 하지만, 사교육의 압도적 지원은 결국 청소년의 학력 중심의 사회적 분위기 속에 신음하고 있음을 여실히 보여 준다.

상식적 수준에서 보는 학교는 이러할진대 청소년이 생활하는 학교생활 역시 방과후활동과 학업연계와 같은 틀 속에서 여전히 자유롭지 않은 모습이다. 이러한 형식성과 폐쇄성은 학교에서 생활하는 청소년에게 전근대적 생활상을 강요할 수밖에 없으며, 그 범주를 벗어난 청소년에게는 자신의 기준에 의한 가차 없는 제빌과 엄격성을 무기로 청소년에게 가혹한 잣대를 들이대는 것이다. 그 결과는 모두에게 불행한 폭력이나 문제행동의 범주로 내몰림으로써 학교 내에서 물과 기름의 존재로 떠다니는 존재가 된다.

건강한 학교생활이 되지 못한 이유를 학교폭력이나 따돌림, 사이버불링 등과 같은 현상에서 많이 찾아볼 수 있다. 이러한 현상이 심화될수록 학교 내에서 적응의 기제를 찾지 못하는 청소년이 많아진다.

학교폭력 현황을 보면 2012년 이후 꾸준히 감소하던 학교폭력 피해가 2018년에는 피해 응답률이 1.3%(5만 명)로, 2017년 대비 50% 증가하였고, 목격 응답률은 36% 증가, 가해 응답률은 33% 증가하였다(이은혜 · 성지은 · 황성환, 2019). 폭력의 형태도 과거는 직접적인 신체폭력이 주류를 이루었으나, 언어폭력, 집단따돌림, 스토킹, 사이버 괴롭힘, 신체폭력 순으로 변화하고 있다. 특히, 과거에는 언어폭력이나 집단따돌림이 큰 비중을 차지했으나 정보화 기기의 발달로 사이버불링, 즉 컴퓨터와 휴대전화, 기타 전자기기를 사용하여 문자폭탄을 지속적으로 날리는 등 지속적으로 피해를 주는 사이버 관련 폭력으로 변화하고 있다.

청소년이 다양한 형태의 폭력적 행위를 하는 특성은 첫째, 한 번 괴롭힘으로 끝내는 것이 아니라 특정인을 대상으로 계속적이고 반복적인 폭력적 행태를 보인다는 점이다.

둘째, 학교나 사회적 관계 속에서 폭력을 일으키는 원인이 되는 동기가 불분명하다는 점이다. 과거는 폭력행위가 분명한 목적을 토대로 이루어지는 경우가 많았다. 주로 물질적 욕구를 충족시키기 위한 수단으로 금품갈취 등을 목적으로 이루어졌으나 지금은 이러한 행태보다는 특별한 이유 없이 폭력적 행위를 즐긴다. 이런 점에서 문제가 큼을 알 수 있다.

셋째, 폭력행위를 하는 대상이 정해져 있지 않다는 점이다. 동기의 불분명과 연계가 되는 것으로, 폭력을 행하는 목적이 없다 보니 아무에게나 폭력이 이루어지는 성향을 보이며, 동시에 가해자와 피해자가 명확하게 나누어지지 않게 된다. 이는 청소년의 폭력적 행위를 예방하거나 방지하기 어려운 문제로 나타나게 됨을 의미한다.

넷째, 폭력의 대상도 점차 저연령화된다는 점이다. 과거에는 폭력적 행위나 대상의 주요 연령이 고등학생 또는 거의 성인기에 다다르면서 성인의 폭력행위를 닮아가는 형태였지만, 지금은 이러한 형태의 폭력은 의미가 적고 특별한 구분 없이 폭력을 함으로써 도덕적 발달과 가치관의 형성이 이루어지기 이전의 단계인 초기 청소년의 경우 폭력적 행위에 많이 노출되고 있다.

다섯째, 은밀하여 폭력인지 아닌지 모르지만 피해자는 오히려 더 큰 정신적 혼란에 힘들어한다는 점이다. 신체적 폭력에 비해 정신적 피해를 극심하게 하는 따돌림, 사이버테러, 사이버불링 등과 같은 폭력 형태는 원인과 과정도 명확하지 않아서 더욱더 대처가 어려워지는 요인으로 작용하고 있다.

이처럼 학교라는 곳에서 이루어지는 문제적 원인에 대한 많은 어려움과 한계는 대책의 포괄성으로 나타나기도 한다.

4 물리적 환경의 악화로 인한 참여재생산 제한

우리 사회는 1997년에 IMF, 2008년에 금융위기, 2014년에는 유럽발 금융위기 등을 겪으면서 이 시대를 살아가는 우리가 전 지구적으로 망상(網狀) 모양으로 연결되어 있는 사회 속에서 살아가고 있음을 실감하고 있다.

과거의 청소년이라면 금융위기, 경제위기는 남의 말로 표현되었을 것이다. 하지만 인터넷과 뉴스, 정보 등으로 전 세계가 하나로 구성된 사회 속에서 생활하는 이들은 정보가 곧 삶을 이어주는 가치가 되었음은 청소년에게도 예외는 아니다.

과거에는 게임이나 게임머니를 통해서 문제로 이어지는 행동이 제한적으로 발현하였지만, 스마트폰을 활용함으로써 도구를 어떻게 활용하는가에 따라서 유익한 기구가 될 수도 있고 아니면 한순간에 나락으로 밀어내는 엄청난 파장을 만들기도 한다. 수많은 연구에서 스마트폰 이용이 청소년에게 과사용으로 인한 우울과 의존적 태도의 문제점을 야기함을 언급하였다. 이러한 제한적이고 편향적 사고는 청소년이 스마트폰을 통해서 자신의 재능을 발현하기보다는 공격성을 표출하는 수단으로 사용하게 되며, 의식적이거나 무의식적으로 타인에게 가해행위를 하게 됨을 설명한다.

청소년기의 싸움이나 적대적 · 신체적 공격성은 13~15세에 절정에 이르다가 이후

서서히 감소하게 되는데, 이는 일반적 경향일 뿐 절대적이지는 않다. 하지만 외현적 공격성은 감소하나 일단 상대방에 대해 공격하기로 결심하면 오히려 무기를 사용한 폭력이나 범죄는 증가할 뿐만 아니라 사회적 따돌림, 약물남용, 절도 등 비행이 급증하게 된다. 청소년기에는 분노나 적대감이 반사회적 행동으로 표출되기 때문이다(이정우, 2001). 결과적으로 공격적 경향이 높으면 자신의 행동통제가 어려워 품행장애나 적대적 반항장애를 가질 개연성이 커진다.

청소년의 스마트폰 의존성은 중독적 이용(곽민주, 2004), 중독적 사용(고충숙, 2001), 과다사용(윤혜정, 2009), 과다몰입(이정화, 2010; 고영삼, 2008) 등의 다양한 용어가 혼용되어 사용되고 있다. 노충래와 김소연(2016)의 연구결과 애정적 · 합리적 설명과 같은 긍정적인 양육행동은 자녀의 스마트폰 의존에 부적인 영향을 미치는 것으로 나타났고, 비일관적이고 과잉간섭하는 부정적인 양육행동은 자녀의 스마트폰 의존 수준을 높이는 것으로 나타났다. 백소진과 오홍석(2017)의 연구에서도 부모의 거부적인 부정적 양육행동은 스마트폰 중독과 정적 상관이 있는 것으로 나타났다.

이처럼 많은 연구의 방향성은 기본적으로 청소년의 스마트폰 활용이 주는 해악과 부정성을 극히 강조하고 있다. 물론, 이러한 사고는 청소년의 관점이라기보다는 청소년의 행동의 문제성을 바라보는 지도자나 어른들의 안타까움의 발로이다. 그렇더라도 스마트폰이 청소년의 문제행동의 원인이 되고 있음은 분명하다. 우리 사회를 떠들썩하게 했던 디지털범죄나 n번방과 같은 랜덤채팅의 경우 주 이용자와 고객이 10대 청소년으로 나타나고 있다는 점은 청소년의 스마트폰을 활용한 문제행동으로의 전이가 큰 문제임을 보여 주는 것이다.

정부에서 규제범주로 포함되지 못하는 신종범죄로 악용되는 디지털범죄에서 우리는 청소년이 가해자이자 피해자가 되는 범죄의 수단으로 스마트폰, 인터넷 등의 정보도구의 해악을 분명히 경험하고 있다. 여성가족부 청소년보호위원회(2020)의 자료에서 청소년 조건만남, 성매매 알선 등 불법 · 유해행위 및 아동 · 청소년 성착취의 주요 경로로 불특정 이용자 간 대화서비스를 제공하는 랜덤채팅앱이 이용됨이 분명하게 나타났다. 2019년 성매매 실태조사에서도 청소년 조건만남의 경로로 랜덤채팅앱이 75.6%로 가장 높게 나타났다.

〈표 3-1〉 랜덤채팅을 통한 불법적 유해행위 현황

(단위: %)

구분 (1+2순위: 복수응답)		채팅 사이트	채팅앱[1]	랜덤채팅 앱[2]	아는 사람	모르는 사람	기타
2016년	1순위	14	37.4	23.4	20.6	3.7	0.9
	1+2순위	16.8	57.9	66.4	29.9	14	0.9
2019년	1순위	7.7	46.2	33.3	6.4	1.3	5.1
	1+2순위	9	65.4	75.6	19.2	2.6	9

1) 특정 가능한 상대와 일대일 채팅, 화상채팅 등
2) 불특정한 상대와 채팅, 쪽지 등

출처: 여성가족부(2020). 2019년 성매매실태조사

특히, 랜덤채팅앱 이용자의 76.4%가 성적인 목적으로 대화·접근하는 등 청소년의 성적 착취 발생 가능성이 크게 나타나고 있다는 점에서 문제의 소지가 매우 크다.

〈표 3-2〉 랜덤채팅앱 이용현황과 불순의도성

(단위: 명, %)

구분		대가 제공 성적 만남	성적 채팅	성적 만남	성적 역할 놀이	음란 사진·영상 공유	유도형 채팅[1]	단순 채팅	단순 만남	대화 중단	기타	합계
미성년	13세	101	86	48	13	36	133	49	20	55	4	545
	16세	126	48	138	13	74	83	37	29	89	7	644
	19세	116	63	94	4	3	53	42	40	1	–	416
	소계	343 (21.4)	197 (12.3)	280 (17.4)	30 (1.9)	113 (7)	269 (16.8)	131 (8.2)	86 (5.4)	145 (9)	11 (0.7)	1,605 (100)
성년	23세	169 (27)	116 (18.6)	99 (15.8)	13 (2.1)	15 (2.4)	60 (9.6)	72 (11.5)	71 (11.4)	1 (0.2)	9 (1.4)	625 (100)
합계		512 (23)	313 (14)	379 (17)	43 (1.9)	128 (5.7)	329 (14.8)	203 (9.1)	157 (7)	146 (6.5)	20 (0.9)	2,230[2] (100)

1) 유도형 채팅: 성적 언급을 직접적으로 하지 않고 유도하는 유형(온라인 그루밍 포함)
2) 평점이 높고 회원가입·본인인증이 없는 랜덤채팅앱 內에서 연구자가 13, 16, 19, 23세 여성으로 가장한 대화를 통해 2,230명의 조사대상자 사례 수집

출처: 여성가족부(2020). 2019년 성매매실태조사.

또한, 실제 아동·청소년 대상 성매수 범죄 판결문을 분석한 결과 91.4%가 메신저·SNS·스마트폰 애플리케이션을 범죄 수단으로 이용하고 있다고 분석되기도 하였다.

〈표 3-3〉 아동·청소년 대상 성매매 경로 중 메신저·SNS·애플리케이션 비율

구분	2013년	2014년	2015년	2016년	2017년	2018년
메신저·SNS·애플리케이션	26.7%	46.1%	68.6%	82.2%	85.5%	91.4%

출처: 여성가족부(각 년도). 아동·청소년 대상 성범죄 발생 추세와 동향분석.

메신저·SNS·스마트폰 애플리케이션을 통한 아동·청소년 성매매 알선 범죄 또한 급격히 증가하는 수준이다.

〈표 3-4〉 아동·청소년 대상 성매매 알선 경로 중 메신저·SNS·애플리케이션 비율

구분	2013년	2014년	2015년	2016년	2017년	2018년
메신저·SNS·애플리케이션	2.1%	36.4%	70.5%	77.0%	76.9%	89.5%

출처: 여성가족부(각 년도). 아동·청소년 대상 성범죄 발생 추세와 동향분석.

앞서 청소년의 공격성과 스마트폰의 관계성에 대한 논의가 집중된 학문적 접근과 함께 실제 청소년의 스마트폰 사용의 부정성에 대한 문제는 큰 사회적 해악으로 자리 잡고 있음이 분명하다. 하지만 이를 좀 더 다원적 관점에서 바라보며 해결책을 찾는 노력도 필요해 보인다. 랜덤채팅으로 인한 사회적 해악을 근절하기 위한 법적 노력은 지금보다 더욱 강화되어야 하고, 이를 감시하는 사회적 분위기나 지역사회 및 개인의 역동적인 노력은 정책적 지원보다 앞서 이루어져야 한다. 또한, 법적 지도에 따라 스마트폰을 이용한 청소년의 성범죄가 활개를 치지 않도록 하는 방안이 중요한 과제가 되어야 한다. 하지만 이 역시 청소년의 스마트폰 활용과 조절에 대한 능동성을 함께 고려하는 방안으로 제시되어야 한다. 무조건 사용하지 못하게 막는 대안의 관점이

아니라 이들이 스마트폰을 효과적으로 사용하고 절제하며 유용한 기기로 활용하도록 하는 내면적 조절능력의 방안을 만들어 가는 데 초점을 두는 대책 마련이 시급하다.

5 사회적 요구격차 수용의 어려움과 문제행동

청소년의 문제에 대한 가장 큰 어려움은 자신의 꿈과 미래에 대한 소망의 부재일 것이다. 누구나 미래에 대한 불확실성을 가지고 있지만 이러한 미래의 부정성을 긍정으로 승화하는 적극적이고 능동적 태도를 보일 때는 어려움이나 역경도 충분히 극복할 수 있다.

그래서 수많은 사람들은 청소년에게 꿈이라는 단어를 너무나 쉽게 설명하고 꿈을 미래의 소망으로 인생 설계를 하도록 때론 강요와 같은 수준으로 압력을 넣기도 한다. 꿈이 있다고 미래가 보장되는 것은 아닐 것임에도 꿈이 없다면 자신의 정체성이 혼란이나 유예적 상황이 된다는 점으로 지각시켜 더욱 암울한 상황을 만들어 가는 것은 아닌지 주의가 필요하다.

청소년에게 꿈의 의미를 강조하는 기성세대는 자신은 청소년기에 꿈을 생각해 보기 위해 고민하고 그러한 꿈을 오늘의 현실에서 형상화하려는 노력을 얼마나 했는지 되돌아볼 필요가 있다. 수많은 성인이나 현실을 살아가는 사람조차도 꿈은 먼 곳의 이야기일 수 있는 사람 역시 많을 것이기 때문이다.

미래의 보상과 꿈의 관계에 대한 역설을 청소년에게 어떻게 실행할 수 있는지의 구체성과 방향성을 담보하는 적극성이 매우 중요하다. 꿈이 원대하고 지나쳐서 실천하기 어렵고 현실감이 없다면 이는 공허함에 불과하고 이러한 꿈으로 인해 자신의 미래를 허공에 그리는 사람이 될 수도 있다는 점을 깨닫게 해야 한다. 그럼에도 불구하고 오늘의 청소년은 자신의 미래에 대한 생각이 더 복잡하고 관난의 준거를 쉽게 만들기가 어렵다는 점에서 이들의 마음을 공감하고 그들과 함께 꿈과 미래를 만들어 가도록 하는 준비와 자세가 절실하다.

우리는 최근 제4차 산업혁명이라는 사회혁신과 변화를 주제로 수많은 고민과 논의를 해 본 적이 있었다. 미래의 준비가 없는 사람은 낙오할 수밖에 없으며 그 결과는 자기 스스로 책임져야 하는 결과론으로까지 설명하는 데 주저하지 않았다. 미래의 불확실성 때문에 미래를 알기 위해 노력한다는 점만으로는 꿈의 현실화가 쉽지 않다.

꿈을 이루었다고 하더라도 현실에서 맞닥뜨리는 경제문제, 살림문제, 결혼문제 등의 현실적 한계는 학교를 마친 청년세대에게 주어진 개인적 짐에서 자신 역시 불안한 삶을 이어받을 수밖에 없다는 자조감을 발견하게 한다. 그러므로 청소년이 미래관을 확고하게 정립하고 그들이 현실을 포기하여 문제를 수용적으로 받아들이지 않도록 하는 공감의 노력이 더욱 절실해 보인다.

PART 2

청소년문제행동의 유형별 특성과 대응

CHAPTER 4

청소년의 일반적인 심리부적응 행동

1 심리적 과잉행동

청소년 시기는 다양한 변화를 경험하면서 여러 가지 특성을 보인다. 신체적 변화, 심리적 변화, 지적 변화, 사회적 변화로 인해 불안정한 상황에 있기 때문에 심리적 부적응을 나타내고 그것이 행동으로 나타난다.

청소년은 모두 사람의 주목 대상이라는 믿음을 가지고 자기도취적인 지나친 행동을 하기도 하고, 그와는 반대로 자기비하적인 사고에 빠지기도 한다. 청소년의 개인적 우화의 특성으로 인해 스스로를 불멸의 존재로 여겨 다치거나 죽지 않을 것이라 생각하기도 한다. 이런 생각은 청소년기 사고의 특성인 추상적 사고와 이상주의적 사고 경향과 결합하여 현실과 동떨어진 정신세계에 몰입하는 현상이라 볼 수 있다. 청소년은 죽음이란 자신에게는 일어나지 않을 것으로 생각하고 행동하므로 위험하고 과격한 행동을 쉽게 한다. 그래서 청소년 시기에 갑작스러운 사고가 발생하고 그로 인한 부상과 사망률이 높아지기도 한다.

여기에서는 심리적 부적응으로 나타나는 과잉행동의 여러 면을 살펴봄으로써 청소년의 심리적인 방황을 들여다보도록 한다.

1) 분노

(1) 분노의 의미

분노는 작은 짜증이나 곤혹감으로부터 강한 격분이나 격노에 이르기도 하는 불쾌한 정서상태이다. 분노는 모든 사람이 경험하는 정서이고 귀담을 들어야 하는 신호이다. 분노는 자신이 원하는 욕구가 저지당했을 때, 원하지 않지만 어떤 일을 강요받았을 때 저항하는 정서이며, 위협이나 해를 당했을 때 나타나는 지각적 반응이다. 분노는 출생 후 최초로 나타나는 핵심정서이므로 이 정서를 느끼고 표현하는 것은 일반적이고 정상적이고 자연스러운 반응이다.

청소년은 신체적 · 심리적으로 급격한 변화를 경험하는 과정에서 좌절이나 분노와 같은 스트레스를 경험하게 되는데, 적절하게 반응하고 대처하는 방법을 배우지 못했을 때 비행, 학교폭력, 가출 등의 여러 가지 부적응행동을 보일 수 있다. 부적응행동은 분노를 관리하지 못한 결과로 나타나는 경우가 많다. 청소년의 정신과 행동장애의 이면에는 억압되고 해결되지 않은 분노가 있다. 그러므로 분노는 아동이나 청소년기 정신장애에서 주목할 만한 가치가 있는 특징 중 하나로 기분장애, 적응장애, 인격장애, 충동조절장애, 행실장애, 반항적 적대장애 등의 기준에 분노와 공격적 행동의 정서경험이 영향을 주는 것으로 나타났다. 이런 분노는 성인기의 정서, 불안장애, 성격장애, 약물장애와도 연결되어 있다(Enright & Fitzgibbons, 2000).

분노는 성인과 청소년에게서 다른 증상으로 나타난다. 성인의 분노는 고혈압, 심혈관 반응, 신체화 증상, 우울, 불안 등 주로 건강과 관련되는 것으로 연구결과 나타났다. 반면, 청소년을 대상으로 한 분노는 학교적응, 공격적 행동, 학교폭력, 흡연, 음주와 같은 문제행동과 연관되어 연구되어 왔다. 청소년의 분노가 다른 문제행동에 영향을 준다는 것과 분노는 독자적으로 정의되어 설명되기보다는 공격성, 적대감과 혼용되어 사용되고 있음을 알 수 있다.

스필버거(Spielberger, 1983)는 공격성이나 적대감의 근본 원인을 분노로 보고, 각각 분노, 공격성, 적대감의 개념을 구분하였다. 분노는 정서나 태도와 관계되고, 공격성은 사람이나 대상을 향한 행동이고, 분노가 상황적이고 일시적인 정서라면 적대감은 보다 지속적이라고 보았다. 분노는 행동적인 부분이 반드시 수반되는 것은 아니다. 내적으로 일어나는 부적응 정서이고 이것이 행동으로 나타날 수도 아닐 수도 있다.

분노는 수준에 따라 상태분노(흥분을 수반하는 일시적인 정서적 상태)와 특성분노(상태분노를 일으키는 개인의 분노 경향성) 그리고 분노의 표출에 따라 분노억제, 분노표출, 분노통제의 세 가지 형태로 구분하였다(Spielberger, 1980).

분노억제는 화가 나 있지만 겉으로 드러내지 않는다. 자신의 분노를 내부로 돌리거나 억압하기도 하고, 분노유발 상황과 관련된 사고와 기억, 분노 자체의 감정을 억제하거나 부정하는 것 등이다. 분노표출은 이와 반대로 화가 나면 이를 겉으로 드러내는 것으로 신체적 행위나 비난, 욕설, 언어적 폭력, 극단적인 모욕으로 분노를 표현하는 방식이다. 또한, 분노통제는 화가 난 상태를 지각하고 감독하면서 화를 진정시키기 위해 다양한 전략을 표현하는 것으로, 냉정을 유지하려 하고 상대방을 이해하고자 노력한다.

(2) 분노 표현방식

구체적인 분노의 수준과 표현방식은 **표 4-1**과 같다.

〈표 4-1〉 분노의 수준과 표현방식

구분	형태	내용
분노수준	상태분노	자율신경체제의 활성화 혹은 흥분을 수반하는 일시적 정서상태
	특성분노	얼마나 자주 분노를 일으키는가 하는 개인의 분노 경향성
분노표현	분노억제	분노감정을 참거나 억압하는 것
	분노표출	주위의 다른 사람이나 물건에 분노를 표현하는 것
	분노통제	화가 난 상태를 자각하고 화를 진정시키기 위해 다양한 책략을 구사하는 것

출처: 양명희 · 김은진(2007).

이렇게 분노는 다양한 형태로 나타나지만, 분노를 억압했을 때 몸과 마음이 병든다고 보는 입장이 있고, 분노표현이 자유로웠을 때 자신의 감정을 잘 알고 정서적 스트레스와 신체적 스트레스를 해결할 수 있다고 보기도 한다. 분노억제와 표출은 역기능적 행동이고 분노통제는 기능적인 분노표현 행동이다(Bilodeau, 1992; Gottlieb, 1999). 이러한 분노표현 형식이 신체적 · 심리적 질환으로 나타나기도 한다. 분노억제가 강하게 이루어지면 심장혈관계 및 소화계 질환이 나타나고, 분노억압이 강하면 우울감과 절망감을 보이며, 자살위험성을 갖게 된다(김교헌, 2000). 우울감이 있는 사람은 더 높은 분노경험을 나타내고, 분노를 억압하기 위해 더 많이 노력한다(Riley, Treiber, & Woods, 1989).

상태분노는 시간이나 상황에 따라 그 강도가 달라지는 정서상태인데, 분노를 느끼는 것이 일시적이고, 특성분노는 시간이나 상황에 상관없이 지속적으로 나타나는 개인의 성격특질이다(Spielberger, Jacobs, Russell, & Crane, 1983). 특성분노는 분노를 얼마나 자주 일으키는지를 나타내는 분노경향성으로 개인이 갖는 특질이다. 그러므로 특성분노가 높은 사람은 낮은 사람에 비해 여러 상황을 분노유발 상황으로 생각하여 쉽게 분노를 나타내고, 분노가 나타날 때 더 심하게 반응하게 된다.

분노를 경험하는 것과 표현하는 것은 다르다. 분노경험은 정서적 상태로 느끼는 것이고, 분노표현은 행동적 상태로 분노에 대한 대응방식이다(송지은 · 황순택 · 전미주, 2009). 분노를 경험했을 때 사람마다 분노표현은 다르게 나타난다. 어떤 사람은 자신의 화난 것이 무엇 때문인지 설명을 통해 갈등을 해결해 나가기도 하고, 직접적인 공격을 가하기도 하고, 간접적인 공격으로 직접적인 분노 원인이 아닌 다른 곳에 화풀이로 해 대기도 하고, 뒤에서 욕을 하기도 하는 다양한 방식으로 적극적으로 또는 소극적으로 대처해 나간다.

분노표현에 있어서 분노억제와 분노표출, 분노통제가 각기 다른 방식으로 접근하는데, 각각의 방식에 따라 결과도 달라진다. 분노를 적절하게 표현하면 관계 증진에 도움이 될 뿐만 아니라 다른 사람이나 사물에 해를 가하지 않고 신체적 · 심리적 불균형 상태에서 안정을 얻고 원하는 바를 획득할 수 있다(Alschuler, 1984; Bonanno, Lalande, Westphal, & Cpifman, 2004). 그러나 적절하게 표현되지 못했을 때는 타인과의 관계에 부정적인 영향을 초래하여 대인관계 문제가 생길 수 있고 성격장애, 우울증 등의 정신장애를 일으킬 수 있으며, 스트레스 원인이 되어 건강상의 문제까지 유발할 수 있다(전겸규 · 김용주, 2004; Anderson & Bushman, 2002).

분노표현 양식은 학습과 사회적 상황에 따라 영향을 받아 발달한다. 유아와 아동, 청소년, 어른 모두 표현에 있어서 다른 양상으로 나타난다. 연령이 증가함에 따라 직접적이고 신체적인 분노표현은 줄어들고 소극적인 방법을 사용하는데, 언어를 통해 분노를 표출하거나 아예 말을 하지 않기도 한다. 과격한 표현이나 용납되지 않은 행동의 표현은 줄어들고 외부적인 환경과 부합되게 자신의 분노를 효과적으로 표현할 수 있는 방법을 터득하여 행동하게 되는 것이다(송지은 · 황순택 · 전미주, 2009).

청소년 시기는 인간관계와 생활내용이 확대되어 이에 따라 분노 또한 많이 경험하게 되는데, 분노를 적절하게 관리하는 방법을 익히지 않은 상태이기에 비행, 학교폭력, 가출 등과 연관되어 나타난다. 양명희와 김은진(2007)의 연구에서는 우리나라 고등학생은 특성분노가 높았고, 분노 표현방식에 있어서는 분노억제를 가장 많이 활용하고 있는 것으로 나타났다. 자아개념이 명확할수록 상태분노, 특성분노 모두 낮아지며, 분노표출 또한 감소했다. 자아개념이 명확하면 분노 관리가 잘 됨을 알 수 있다. 연령 집단별로 특성분노의 수준에 따라 분노표현 양식이 어떻게 다른지를 알아본 송지은 외(2009)의 연구에서는 분노억제와 분노통제에서 초등학생에서 대학생으로 갈수록 분노표현 양식 중에서 분노통제를 사용하는 사람의 빈도가 더 많이 나타났고, 중학생 집단보다 고등학생 집단에서 분노표출이 더 많이 나타났으며, 고등학생 집단보다 중학생 집단에서 더 많은 분노억제가 나타났다. 분노표현 양식은 연령이 증가함에 따라 점차 적응적인 방식으로 변화하게 되지만, 분노수준이 너무 높거나 낮은 경우에는 그것의 발달이 일반적인 경향을 따르지 않는 것으로 나타났다. 분노수준이 높을 때는 분노표출과 분노억제가 높게 나타나고, 분노수준이 낮을 때는 화를 잘 내지 않는 사람이 효과적으로 분노를 다룰 가능성이 크다. 분노수준이 중간일 때는 초등학생과 중학생 집단에서는 분노를 표출하는 사람이 더 많은 것으로, 고등학생 집단에서는 분노를 표출하는 사람과 통제하는 사람이 같은 비율로 나타났다. 또한, 대학생 집단에서는 분노를 통제하는 사람이 더 많은 것으로 나타나 분노수준이 중간인 대부분의 사람은 나이가 많을수록 분노를 표출하기보다는 통제하고 있음을 알 수 있다. 전체적으로 볼 때, 청소년 초기에는 분노표출이 강하게 나타나지만, 시간이 지날수록 분노표출이 적응적으로 나타나는 것을 볼 수 있다.

요즘 사회문제 중 하나는 분노조절이 안 되는 것이라고 한다. 분노조절장애가 폭력과 살인 등과 같은 사회문제를 일으킨다. 그러므로 청소년 시기에 나타나는 분노를 잘 다뤄주어야 성인이 되었을 때 분노를 해결하고 적응적인 표출이 가능하다.

〈표 4-2〉 분노의 형태

성향	공격적	수동적	수동공격적	투영공격적
유형	분출형, 격노형, 비난형, 통제형, 학대형	부인형, 회피형, 대체형, 자책형	몰래 화내기형, 탈출 전문가형, 삐침형, 가장형	복화술사형, 무고한 피해자형, 자석형
나타나는 모습	욕설을 하고 물건을 던짐	속으로 참거나 피해 버림	짜증, 신경질을 부림	상대방의 화를 돋게 함

출처: 강동경희대병원 화병 · 스트레스클리닉.

표 4-2에서 보는 바와 같이 분노의 네 가지 형태가 분노를 일으키는 상황에 따라 각각의 성향으로 나타난다. 수동적으로 분노를 표출할 때는 해결보다는 묻어 두게 되는 경우이고, 자기에게 풀어내기 때문에 우울증이나 자기학대 등의 다른 자기비하적 행동으로 나타날 수 있다. 청소년이 가장 빈번하게 사용하는 분노표출 형태는 수동공격적 형태로 짜증과 신경질을 낸다. 그런 형태로 나타낼 때 주위에서 관심을 가지고 상황을 점검해 준다면 분노를 올바르게 풀어낼 수 있을 것이다.

욕설을 하거나 상대방을 격노케 하는 행동은 또 다른 분노를 일으킬 수 있으므로 청소년에게 자신의 분노표출 형태를 점검하고 적응적으로 분노를 표출할 수 있는 방법을 찾아 사용할 수 있도록 해야 한다.

어머니의 분노지지반응이 청소년의 분노대처를 유발하고 분노대처는 내재화 문제행동과 외현화 문제행동을 감소시키고 분노억제를 감소시킨다. 또한, 어머니의 분노거부반응은 분노과잉표출을 유발하고 분노과잉표출은 내재화 문제행동과 외현화 문제행동을 유발한다. 분노억제는 청소년의 내재화 문제행동을 유발한다(김나현, 2017). 그러므로 어머니를 비롯한 청소년의 환경이 분노지지반응을 함으로 청소년의 문제행동을 감소시킬 수 있도록 도와야 한다.

2) 반항

(1) 반항의 의미

1951년 알베르 카뮈(Albert Camus)는 『반항하는 인간(*L'Homme revolte Gallimard*)』에서 다른 사람과의 관계 속에서 따라올 수밖에 없는 갈등과 이 갈등이 불러일으키는 고통스러운 결과를 주목하여 제시한다. 인간이 가지는 다른 사람과의 왜곡된 관계에서 만들어 내는 일탈적인 현상을 반항이라 보았다. 제1차 세계대전과 제2차 세계대전에서 행해졌던 인간에 대한 범죄행위가 정당한 것으로 여겨지고, 계속해서 나오는 이데올로기 속에서 자기 자신의 권리와 타인의 권리를 폭력적으로 파괴하는 행위를 비판 없이 용인되는 것을 간과할 수 없었던 카뮈(Camus)는 그 궁극적인 원인을 찾는다. 이러한 현상의 근거를 삶의 부조리로 보았다. 삶의 부조리가 사람을 힘들게 하고 부조리가 인간으로 하여금 새로운 존재의 삶을 살게 하는데, 인간은 부조리를 통해서 새로운 삶의 방식을 얻게 된다. 그것이 바로 반항하는 삶이다(이서규, 2014).

> "나는 아무것도 믿지 않으며 모든 것은 부조리하다고 외친다. 그러나 나는 내 외침만은 의심할 수 없고 적어도 나 스스로의 항변만은 믿지 않을 수 없다. 부조리의 경험의 테두리 내에서 이처럼 내게 주어진 최초이자 유일하게 자명한 사실은 다름 아닌 반항이다."
>
> – 『반항하는 인간』 中 –

카뮈(Camus)는 반항을 인간이 부조리한 세계를 견뎌 내는 운명적인 선택이고, 이러한 반항이 인간으로 하여금 다양한 행위를 가능하게 한다고 하였다. 반항은 참을 수 없다고 판단되는 침해에 대해 거부하고자 할 때, 어떤 당연한 권리에 대해 확신이 있을 때 나타난다. 내가 옳다고 생각하는 것에서 반항은 출발한다. 반항은 어떻게 나타날까? 카뮈에 따르면 모든 종류의 반항은 가치 판단을 전제로 한다. 타인과의 관계에서 억압받는 인간은 처음에는 대개 침묵으로 억압을 견뎌내려고 한다. 그러다가 더 이상 자신이 침범당해서는 안 된다고 판단할 때 자신의 가치를 침해하는 것에 반항한다. 이렇게 반항을 하면서 자신의 존재를 의식하게 되는 것이다.

이러한 반항의 개념은 청소년에게도 적용된다. 청소년은 자아의식이 강해지고 자기주장을 나타낸다. 또한, 사회생활에서 자신의 지위가 불명확하고 어른들이 그들을 잘 이해해 주지 않으며, 어떤 때는 어린 시절의 행동기준에 맞는 행동을 기대하고, 때로는 어른의 행동기준에 맞게 행동하기를 기대하므로 청소년이 적응하기를 복잡해한다. 이런 상황에서 반항은 자아의식에 기초를 둔 자기주장의 표현양식일 뿐만 아니라 명확한 행동규범을 찾기 어려운 상황에서 부적응적인 상황의 혼란을 나타내는 것이기도 하다. 반항은 자기준거와 현실을 비추어 보는 하나의 과정이며, 큰 성인기로 지향해 가기 위한 변증법적 도피의 과정이다(한국민족문학대백과, http://encykorea.aks.ac.kr).

반항은 행동으로 나타난다. 반항행동은 청소년의 발달과정에서 정상적으로 나타난다. 학교교육에서는 반항행동이 중요한 문제로 여겨지고 있는데, 반항행동은 가정이나 학교 교육현장에서 아동과 청소년에게 흔히 나타나는 행동이다. 반항행동은 불순종적 · 불복종적 · 도덕적 혹은 일반적인 거부행동으로 이해할 수 있다(고영수, 2015). 청소년기의 반항행동은 자율적 독립과 주체성을 형성하려는 욕구의 표현이다.

반항행동은 주로 가정의 문제에서 기인한다. 양육과정에서 부모와의 애착이 잘 이루어지지 않았을 때, 억누르거나 권위적이며 체벌이 심했을 때 나타난다. 이런 청소년은 학교에서의 적응 또한 쉽지 않다(서보윤, 2009).

(2) 반항행동 양식 및 반항장애

서보윤(2009)은 청소년의 교사에 대한 반항행동 유형을 간접적 반항, 언어적 반항, 순종의 세 가지 행동양식으로 분류하고, 초등학생을 대상으로 교사에 대한 반항행동의 발달, 성차, 자기의식의 발달과의 관련성을 검토하였다. 이 연구에서 학년의 증가에 따라 언어적 반항 및 간접적 반항행동은 증가하였지만 순종행동은 감소하였고, 고학년일수록 언어적 반항은 증가하고, 순종행동은 낮아지는 경향을 보였다. 또한, 반항행동에 있어서 남자는 여자보다 언어적 반항행동을 많이 하였고, 여자는 남자보다 순종행동을 더 많이 사용하였으며, 공적 자기의식이 높은 학생이 교사에 대한 간접적 반항을 많이 했고, 자기의식이 높은 집단이 낮은 집단보다 더 많은 반항행동을 나타냈다. 학교에서 보이는 반항은 언어적 반항이 큰 부분임을 알 수 있다.

반항행동에 관한 연구는 주로 아동을 대상으로 이루어지며, 임상적으로 반항행동장애라는 이름으로 많이 다루어지고 있다. 반항성 장애를 갖고 있는 아동은 까다로운 성격을 가졌고 또래보다 더 반항적이고 적대적 행동양식을 나타낸다. 또한, 권위에 순종하지 않고 도전적이며 공격적이다. 이러한 특성 때문에 사회적 기술이 서툴러 사회적 관계에서 많은 불편함을 겪게 된다. 다른 사람의 느낌과 생각을 이해하지 못하고 도발적이고 공격적인 반응을 하게 된다(고영수, 2015). 이를 적대적 반항장애라고 하는데, 괴롭힘, 공격성향, 논쟁, 불복종, 분노, 싸움, 거짓말, 언어적 · 신체적 공격 등의 행동을 보인다. 적대적 반항장애 청소년은 가정이나 학교에서 끊임없이 문제를 일으키고 여러 집단에서 소외되며, 그로 인해 우울적 기질을 가지고 있다. 자신이 요구한 것을 얻었을 때는 자신감이 넘치지만, 거절되었을 때는 분노와 더불어 우울 증상을 드러내기도 한다(김선희, 2017). 아동기에 이러한 행동특성이 나타났을 때 적절히 치료하지 못하면 청소년기와 성인기에 사회문제로 발전할 수 있으므로 적절히 해결해 나가야 한다.

반항성 장애는 심리적인 문제로 다루어지지만, 일반적으로 청소년에게 나타나는 반항은 자신의 성장을 표현하는 것이고, 그 변화를 주위에서 거부한다면 반항은 거듭된다. 케터만(Ketterman)은 부모는 10대 자녀가 스스로 결정하고 자신의 의견을 표현할 수 있는 자유와 어떤 주제라도 두려움 없이 대화를 나눌 수 있도록 개방해야 하는데, 그렇지 못하면 대체적으로 반항하게 된다고 보았다(홍인종, 2001). 이는 부모가 청소년기의 특성을 알고 그 변화에 맞추어 양육태도와 조율하는 법, 훈육방법 등을 바꾸어야 하는데, 청소년의 변화에 상관없이 본래의 자기방식만을 고집할 때 소통이 되지 않고 반항이 발생하고 더 증가됨을 나타내고 있다.

맥도웰과 호스테틀러(McDowell & Hostetler)는 청소년 반항의 원인을 다섯 가지로 설명한다. 부모와의 빈약한 관계 메시지를 전달하려는 시도, 지배욕, 경계선과 기대의 상실, 분노와 공격의 표현, 솔직하고 수용적인 모델의 결여이다. 친밀한 관계없이 부모가 자녀에게 엄격한 규칙을 통해 강압적으로 통제하려고 할 때 하는 반항, 청소년 스스로가 생각하고 느끼고 원하는 것이 무엇인지 알리고 싶은 욕구표현으로 하는 반항, 청소년이 부모처럼 지배하고 통제하려고 하는 반항, 너무 허용적인 분위기에서 자란 청소년이 자신의 소속감에 대해 의문을 나타내는 반항, 내면에 억압되어 있던 공격적인 충동을 특수한 상황에서 표출하는 반항, 부모가 살면서 자신에게 훌륭한 모델을 보여 주지 않을 때 부모 권위에 대항하며 반항하는 것 등으로 설명할 수 있다(홍인종, 2001). 부모와의 관계에서 주로 반항이 발생하지만, 위의 다섯 가지 원인이 다른 집단 안에서도 비슷하게 표출될 수 있다.

청소년기가 되면 부모와 자녀 사이에도 새로운 관계 형성이 이루어지고 경계선을 만들어야 하는데, 그것이 제대로 이루어지지 않을 때 반항행동으로 나타나게 된다. 부모는 청소년의 반항에 새로운 대처방식을 배워야 한다. 자녀는 독립된 인격체라는 사실을 인식하고 과도하게 통제하려는 욕망과 강압적인 태도를 바꾸어 본질적인 것과 비본질적인 것, 타협할 수 있는 것과 없는 것을 구분하여 대해야 하며, 청소년의 강점을 찾아 격려하면서 새로운 관계를 형성해 나가야 한다.

3) 공포

(1) 공포의 의미

공포는 심각하거나 개인적으로 관련이 있는 위험이 지각될 때 나타나는 내적 감정 반응으로 인간의 기본적인 감정이고 심리적 차원과 생리적 차원으로 구분된다(Witte, 1998). 공포는 외부나 내부의 사건에 의해 유발되는 걱정, 불확실성, 불안전, 지각된 위험의 상태로(Izard, 1977), 생리적 표현, 언어적 표현, 행동적 표현 등으로 표현된다(Lang, 1984). 공포는 개인이 가지는 평안함에 대해 심각한 위협이 있을 때 중추신경계가 보이는 생리적이고 정서적인 반응이다. 공포는 불안과 비슷한 속성을 갖는데, 불안이 위험과 위협이 있을 것 같은 모호한 느낌으로 불안을 일으키는 외적 자극이 더 위협적으로 여겨지면 공포로 느끼게 된다.

하이데거(Heidegger)는 공포와 불안에 대해 존재론적 접근을 하였으며, 존재에 대해 언급할 때 이성에 기초한 존재론을 거부하고 실존을 강조하여, 이성보다는 기분을 강조한다. 그의 존재론은 기분에 기초해 실존하는 존재론으로서 의미를 가진다. 하이데거(Heidegger)는 인간의 본질을 '현존재'라고 본다. 현존재는 '세계-내-존재'로 거기에 있음이다. 현존재는 존재물음인 존재의 의미에 대해 물음을 제기할 수 있는 유일한 존재이다. 현존재는 현존재가 살고 있는 세계로부터 자기 존재를 이해하는 데서 시작하여 실존론적 분석이 이루어진다. 현존재의 근원성은 본래성이다. 사람은 모두 일상적으로는 비본래적으로 산다. 비본래적으로 사는 것이 세상살이의 구체적인 모습이다. 비본래적인 삶에서 대부분은 자신을 잊어버리고 살아간다. 그러므로 본래적 삶을 살아가기 위해 현존재는 그들 속의 자기를 독자적 자신으로 만들어야 한다.

현존재의 자기성은 비본래적인 자기와 본래적인 자기로 구분된다. 비본래적인 자기는 공포의 기분에서 드러나고, 본래적인 자기는 불안에서 드러나게 된다. 공포는 자기상실의 의미가 있고, 불안은 자기확인으로서의 의미를 가진다(박근배, 2011).

하이데거(Heidegger)가 말하는 공포는 탈주관적 기분의 한 양태로, 특정한 존재자에 대한 두려움이다. 공포는 특정한 존재자에 대한 것으로 '무엇에 대하여' 혹은 '무엇 때문에' 두려워하는 그것이 한정되어 있다(Heidegger, 1994, 박근배, 2011 재인용).

공포는 무엇인가가 위협으로 다가올 때 느낄 수 있는 기분이다. 공포에 처해 있을 때 다급하기 때문에 이것저것 아무것이나 사용하기 위해 잡아당기게 되고, 자신이 지키고자 했던 자기 자신을 잊어버리게 된다. 공포로 인해 현존재가 현존재로서의 자기를 상실하게 된다.

공포는 정서적으로 먼저 오지만 신체적인 반응으로 나타난다. 공포를 뜻하는 영어의 'horror'는 라틴어 'horrere'에서 그 어원을 찾을 수 있으며, 두려움으로 유빈되는 떨림, 전율, 흔들림, 싫어함, 무서움, 머리털이 곤두서는 초조함을 의미한다(Bruce, 2012, 송준호, 2017 재인용). 그러므로 공포를 느끼는 사람은 오싹함, 매스꺼움, 전율 등을 느끼게 된다. 매스꺼움은 혐오와 불쾌함으로 연결된다. 너무 많은 공포는 역기능적인 감정과 불안감을 일으키고 긴장을 강화시킨다.

그러나 공포로 나타나는 정서적인 반응과 설득 사이에는 정적인 관계가 있고, 위협과 설득 사이의 관계 또한 긍정적임을 밝힌 연구가 있다(LaTour & Rotfeld, 1997; Rotfeld,

1988; Sutton, 1982). 또한, 위협적인 메시지의 사용이 설득에 있어 긍정적이라고 밝히고 있다(Bennett, 1996). 공포로 인한 두려움의 마음이 일 때 그 공포에서 벗어나기 위해 타인이 요구하는 것을 따르게 된다는 것이다.

(2) 공포의 양상

이러한 공포는 청소년에게 영향이 크다. 자기존재에 대해 확립해 나가는 시기에 자기를 상실하게 하고, 거부할 수 없는 두려움을 끊임없이 느끼게 해 두려워하지 않아도 될 상황에서 불필요한 감정을 소모하게 되므로 정상적인 역할을 방해받을 수 있다. 공포는 두려움의 대상이나 사건에 대한 선입견 때문에 발생하고, 단순한 두려움을 넘어서 중요한 활동에 포괄적으로 영향을 미칠 수 있다.

공포가 발생하는 가족적 영향으로는 무서워하고 불안해하는 부모로부터 사회적 학습을 통해 무서워하게 되고, 특정한 공포자극을 모든 가족이 동일하게 경험하지 않았어도 공유되는 경향이 있다. 환경적 요인으로 특정 사건이, 특히 어렸을 때 경험한 사건들—부모의 이혼, 신체적 폭행, 성적 학대, 따돌림 등—이 작용하고, 발달적 요인으로 공포의 대상에 대해 인지적 이해가 부적합했을 때 나타난다(유제민 · 김정휘, 2004). 청소년의 공포가 단순한 두려움인지, 단순한 공포증인지, 좌절적 환경에 대한 스트레스반응인지를 살펴보고 인지적 발달상태와 성향을 중시하여 두려움에 대해 지나치게 과소평가하거나 과장함 없이 두려워하는 대상에 대한 통제력을 증가시킬 수 있도록 해야 한다.

4) 불안

불안은 공포와 맞닿아 있다. 하이데거(Heidegger)는 불안을 현존재의 분명한 자기확인을 이끌어 내는 것으로 본다. 현존재가 존재 자체를 문제 삼도록 하는 불안의 기분이 인간을 인간답게 하는 기분인 것이다.

불안은 모든 사람이 느끼고 경험하는 정상적인 감정이다. 중요한 시험을 보거나 처음 어떤 일을 하게 될 때 불안을 느낀다. 약간의 불안은 자신을 보호해 주는 차원에서 접근한다면 긍정적인 부분도 있다. 불안한 마음이 있기 때문에 좀 더 신중하게 그 일에 접근하게 된다. 그러나 불안은 위험하지 않거나 위험이 아주 적고, 위험할 가능성이 전혀 없음에도 불구하고 대상이나 상황에 대한 위험을 말하게 한다.

불안한 마음은 돌고 돈다. 이를 '걱정의 수레바퀴'라고 한다. 걱정의 수레바퀴는 불안한 마음, 불안한 몸, 불안행동의 세 부분으로 되어 있다.

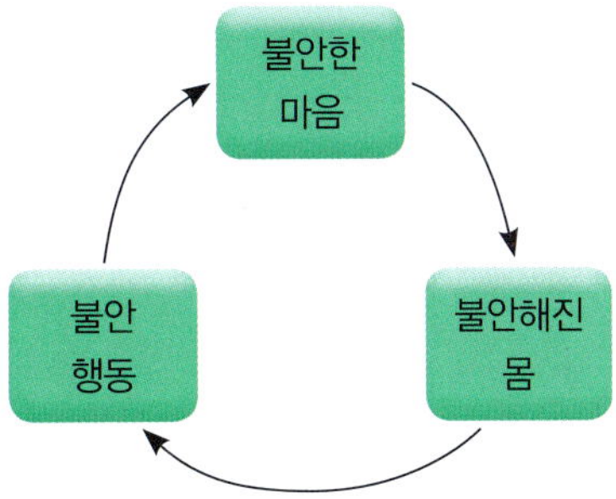

[그림 4-1] 걱정의 수레바퀴

출처: Tompkins & Martinez(2009),
이태선 역(2015).

불안한 마음은 불안한 생각을 포함한다. "내가 이 시험을 망치면 어떡하지?", "사람들이 나를 이상한 사람이라고 생각하면 어떡하지?"와 같은 불안한 생각을 동반하고, 불안한 마음일 때 나쁜 일이 생길 것에 대해 걱정하게 된다. 마음이 불안하면 다양한 신체적 감각을 느끼게 되는데, 심장이 빠르게 뛴다거나 숨이 가빠지거나 땀이 나거나 메슥거리면서 긴장하게 된다. 불안한 생각과 마음이 강해지면 신체적인 긴장도 더욱 강해진다.

이런 상황에서 불안행동이 작동하게 되는데, 불안행동은 불안한 마음과 불안한 몸을 보호하려고 하는 것이다. 앞으로 일어날 나쁜 일에 대해 미리 방어를 하려는 개인만의 방법이 불안행동이 되는 것이다. 불안행동이 다양하게 나타나지만 불안행동이 불안의 문제를 근본적으로 해결해 주지는 않는다.

어떤 이들은 걱정의 수레바퀴가 과도하게 돌아가기도 한다. 불안이 과도하다고 판단할 수 있는 것은 상황의 적절성, 기본 삶의 붕괴와 괴로움, 불안의 기간 등을 통해 판단할 수 있다. 불안수준은 사람마다 다르게 나타난다. 시험문제가 어려워하는 주제에서 나오거나 공부를 하지 않은 데서 나온다면 불안해진다. 그러나 쉬운 문제이고 친구와 오랫동안 공부를 한 곳에서 시험문제가 나온다면 불안 수준은 나아질 것이다.

다른 친구는 중간 정도의 걱정이 된다고 하는데 자신은 극도로 불안하다면 과도한 것이 된다. 또한, 친구를 사귀고 싶은데 걱정스러운 마음 때문에 다른 친구를 부르거나 학교 행사에 가지 못한다면, 엘리베이터를 탈 때, 시험을 칠 때, 선생님이 부를 때 매우 불안하고 불편하다면 이 또한 과도한 것이다. 일반적으로 대부분의 불안과 두려움은 6개월 이내에 잊히거나 사라지는데, 그 이상 길게 간다면 과도한 것이다.

청소년은 불안을 경험하고 그 불안한 마음을 가지고 있음에도 그럭저럭 자신의 삶을 잘 살아나간다. 그러나 불안은 조용하고 비겁하게도 과도한 것이라도 깨닫지 못한 채 오랫동안 남기도 한다. 청소년의 삶에서 느끼는 불안의 내용은 학교생활, 우정과 이성친구와의 데이트, 가족생활, 일, 건강 등이다.

학교생활에서는 과제, 시험, 선생님이나 친구들의 생각에 대해 지나치게 불안을 느낄 수 있고, 친구관계에서 불안하여 다른 친구에게 인사를 못한다거나 자신에 대해 친구들의 평판에 걱정이 되어 '싫다'라고 말하지 못한다거나 데이트를 하고 싶은데 불안 때문에 데이트 신청을 못한다거나 하는 등이다. 불안 때문에 실수를 할까 봐 모든 일에 안절부절못한다든지, 충분히 잠을 못 잔다거나 안 좋은 약물을 사용한다거나 위험한 성적 행동에 빠져들 수도 있다.

과도한 불안으로 나타나는 불안장애로는 사회불안장애(당황에 대한 두려움), 범불안장애(모든 것에 대한 걱정), 강박장애(마음의 함정에 빠짐), 외상 후 스트레스 장애(외상으로부터 회복되지 못함), 특정공포증 등이다. 청소년에게 가장 많이 나타나는 일반적인 불안장애로는 사회불안장애(사회공포증)가 있다. 사회불안은 사회적인 수행 상황인 운동경기 참여, 행사에서의 연주, 큰 시험 치르기 등에서 당황하게 되고, 다른 사람에게 부정적인 평가를 받게 되는 상황에서 느끼는 강하고 지속적인 두려움이다. 많은 청소년이 사회불안 때문에 스트레스를 받는다. 청소년 시기는 아동기에 비해 사회적인 일에 몰두하게 되면서 자신이 친구들에 비해 어떻게 평가되는지를 흔히 걱정하게 된다. 이때 자의식이 나타나고 정기적으로 극심하게 사회적 두려움을 경험한다. 아동기 후기나 사춘기 초기에 시작되는데, 당황스러운 사건을 경험한 후에 갑자기 나타나기도 한다. 또 어떤 경우에는 명백한 사건이 없이 점차적으로 시작되기도 한다. 정확한 숫자는 알려져 있지 않지만, 미국인의 3~13%가 특정 시기에 사회불안장애를 가지는 것으로 추정되고, 남자보다 여자가 약 2배 정도 더 많은 것으로 나타났다(Foa & Andrews, 2006; 최미례 · 연미영 역, 2010).

사회불안장애를 가진 청소년은 다른 또래에 비해 친구가 적고 외롭거나 우울하며, 자신을 사회적으로 무능하다고 생각한다. 또한, 학교에 결석하는 것을 허락해 달라고 부모를 설득한다. 그렇다고 학업을 그만두고 싶어 하지는 않는다. 이들은 학교에서의 사회적 요구를 피하고 싶어 하고, 문제 속으로 뛰어들기보다는 집에서 조용히 지내기를 원한다(Foa & Andrews, 2006; 최미례 · 연미영 역, 2010).

사회불안은 특정적일 수도 있고 일반적일 수도 있다. 특정한 사회불안은 한 가지의 사회불안을 가지고 있는 것으로 가장 보편적인 특정한 사회불안은 사람들 앞에서 이야기하는 것이다. 수업시간에 발표를 해야 할 때, 선생님이 질문을 해 대답해야 할 때 불안해지는 것이다. 또한, 공중화장실을 사용하는 것, 시험을 보는 것, 사람들 앞에서 얼굴이 빨개지는 것 등의 두려움이다. 사회불안의 일반적인 유형은 덜 특정화되어 있고 다른 사람들이 자신을 지켜보고 있다고 느끼거나 나쁘게 평가하고 있는 것처럼 느끼는 사회적 · 집단적 두려운 상황을 말한다.

여러 가지 불안한 마음과 몸을 진정시키기 위해서는 호흡과 이완법을 알고, 심상화 방식을 사용하는 것(모든 감각을 활용하여 평화로운 곳을 상상하는 등), 스마트하게 생각하여 불안한 마음을 진정시키는 것(불안한 것에 대해 반대되는 증거 찾기 등), 한 번에 한 단계씩 두려움과 불안에 직면하는 것을 통해 걱정의 수레바퀴에서 불안행동을 변화시켜 빠져나올 수 있다(Tompkins & Martinez, 2009, 이태선 역, 2015 재인용).

5) 과잉행동

교육현장에서 한 자리에 가만히 앉아 주어진 과제를 하지 못하고, 불필요하거나 사소한 일에 관심을 쏟아 주의집중을 못하는 충동성을 보이고 과다행동성을 보이는 매우 활동적인 청소년이 많이 있다. 이런 청소년을 과잉행동장애(ADHD)라고 보기는 어렵지만, 학교현장에서 많이 나타나는 현상이다. 과잉행동은 주로 과잉행동장애로 명명되며, 과잉행동과 충동성의 특성을 나타낸다. 과잉행동장애를 보이는 청소년은 산만하게 움직이며, 하나의 과제에 오래 집중할 수 없으며, 다른 사람의 말을 주의 있게 듣지 못하고 쉬지 않고 말하며, 마음에 있는 말을 확 내뱉어 버리는 행동을 한다. 과잉행동은 주의가 산만해져서 자신의 학업이나 주의 지속을 요하는 과제에 집중을 못하는 아동 중에서 주의력결핍, 충동성, 과잉행동을 나타내는 주의력결핍 과잉행동장애(Attention Deficit Hyperactivity Disorder)를 뜻하는 병리학적인 용어이다(Douglas, 1983).

ADHD는 병리학적인 접근을 하지만, 병적이지 않더라도 과잉행동은 아동과 청소년에게 많이 나타나는 현상이다. 이러한 현상은 청소년이 학교수업, 학원수업, 인터넷 심취 등으로 대인관계 기피 현상이 나타나고, 이로 인해 스트레스가 자신감 상실과 충동적이고 반사회적 사고로 이어지고 이것이 행동으로 나타난다(문경희, 2003).

2010년부터 2017년까지 ADHD 치료를 받은 각 연령별 환자 수 비율 변화를 보면, 2010년 대비 2017년에 5~9세는 17% 감소(40.6% → 33.7%)하였고, 10~14세 25% 감소(48.2% → 36.0%)하였다. 반면, 15~19세는 48% 증가(15.9% → 23.6%)하였고, 20대의 ADHD 비율도 2010년 대비 2017년에 약 10배(1.5% → 14.5%)의 증가율을 보여 아동기의 ADHD 비율은 줄어들고 청소년기와 성인기 ADHD 문제가 점차 대두되고 있는 것으로 나타났다(국민건강보험공단, 2018). ADHD가 청소년기에 증가하고 있다는 것은 과잉행동의 문제가 아동기에서 청소년기로 자연스럽게 이어지고 있음을 나타내는 것이다.

과잉행동에 관한 개념은 원인적 접근과 현상학적 접근의 두 가지로 나누어 설명할 수 있다.

〈표 4-3〉 과잉행동의 두 가지 접근

	원인적 접근	임상적 접근
증상	• 미세 뇌손상 증후군, 미세 뇌기능 장애, 발달성 과잉운동	• 과잉운동반응, 과잉운동 충동장애, 소아의 과잉운동증후군
원인	• 미세한 뇌손상 • 환경적인 요건의 장애	• 원인을 명확하게 밝힐 수 없음
해결 및 변화	• 환경적인 장애가 극복되고 정상적인 발달이 지속되면 극복 가능	• 아동기가 지나면서 행동특성이 다소 줄어들어 과잉행동의 수준이 낮아짐

원인적 접근은 미세한 뇌손상과 정상적인 환경적인 요건이 주어지지 않아 일시적으로 주의산만, 충동성, 과잉행동이 나타나는 것으로 환경적인 장애가 극복되고 정상적인 발달이 지속되면 극복 가능하다고 보았다. 이와 다르게 특별히 원인을 명확하게 밝힐 수 없기 때문에 임상적으로 나타나는 현상을 정확하게 기술하는 접근법을 따르는데, 임상적 접근에서의 특징은 과잉운동이 가장 큰 특징적인 증상으로 나타난다. 발달해 나가면서 과잉운동의 행동특성이 다소 줄어들어 과잉행동 수준은 낮아지지만, 주의집중을 하지 못하는 태도로 바뀌어 나간다고 보았다.

과잉행동성을 가진 청소년은 불안정하고 충동적이며 욕구불만을 잘 견디지 못한다. 끊임없이 말하고 안절부절못하고 여기저기 부산스럽게 돌아다니며 항상 무언가를 하고 있다. 특히, 사회적 규칙을 따라야 하고 집단에서 협동해야 하는 상황에서 더 대두되고 힘들어한다. 교실 상황에서 참지 못하고 가만히 앉아 있지 못하고 자리에서 일어나 앞뒤로 왔다 갔다 하고, 앉아 있을 때는 몸을 비비 꼬고, 다른 친구들을 괴롭히고, 팔다리를 끊임없이 움직이는 행동을 보인다. 과잉행동성을 보이는 학생은 통제력이 부족하여 학교생활에서도 원만한 관계를 갖지 못하므로 친구들로부터 소외되는 경향이 나타난다. 또한, 학교폭력에 영향을 미치는 위험요인 중 개인변인으로 과잉행동과 공격성을 언급하기도 한다(유희정, 2018). 청소년기에 이 과잉행동성을 알고 해결하지 못하면 사회부적응을 초래할 수 있다. 반사회적 성격장애, 범죄행위 등의 문제로 이어져 개인의 문제에 국한되지 않고 사회적 상호작용과 대인관계, 정서적 교감 불능의 사회적인 문제로 확대될 가능성이 크다(김성범, 2017). 부모, 교사, 또래와의 관계에서 낮은 자존감을 보이고, 품행장애, 분노조절장애, 공격성 등이 함께 나타나기도 한다(안동현 외, 2015; Wolraich et al., 2004).

이를 돕고 해결하기 위해서는 사회성 훈련과 부모교육이 무엇보다 중요하다. 청소년의 사회적 관계를 증진시키기 위한 다양한 방법을 찾아 훈련할 필요가 있다. 부모가 느끼는 양육 스트레스가 자녀의 부적응을 심화시키고 공격성과 적대성을 증가시키며, 사회적 능력 또한 낮아지게 만든다(김현미, 도현심, 2004). 그러므로 부모-자녀 관계의 긍정성 증가를 위한 프로그램, 양육 스트레스 감소와 양육기술 습득을 위한 부모교육을 통해 청소년의 과잉행동을 다루어 줄 필요가 있다.

6) 위험행동

청소년기가 되면 다양한 경험을 하게 되는데, 이때 다양한 위험행동이 증가하며, 스릴 추구, 무모한 행동 등을 하게 된다. 위험행동은 사회규범에 맞지 않는 행동으로 손실을 가져온다(한상철, 2008). 그 손실이 청소년 자신의 신체, 심리와 행동 발달뿐만 아니라 사회에도 해가 되는 경우가 있다. 그래서 위험행동은 문제행동, 일탈행동, 무모한 행동, 비행 등과 비슷하게 사용되기도 한다(박시현, 2015). 문제행동은 사회적으로 나쁜 영향을 주거나 사회적 관계를 불편하게 하는 반사회적 행동과 더불어 일탈, 비행, 범죄행위 등을 모두 포함하고, 일탈행동은 사회에서 정당화된 것으로 인식되고 공유되는 제도화된 것을 위반하는 것이다(최윤진, 1990). 문제행동은 포괄적인 의미로 일탈행동을 포함하는 것이다. 무모한 행동은 심각한 개인적 상처나 원하지 않은 임신 같은 장기적이고 심각한 부정적 결과가 나타나는 행동이고, 비행은 협의적으로는 반사회적 행위이지만 광의적으로는 반사회적 행위와 더불어 불량행위, 장래의 범죄 가능성, 사회가 정한 일상적인 행위규범을 어긴 행위를 포함한다(정유미, 1997; Arnett, 1996). 비행은 범죄의 가능성까지 넓게 보는 것이다. 유사한 개념과 위험행동이 다른 점은 온전히 부정적인 결과만이 위험행동에 내포되어 있는 것이 아니라, 잠정적으로 부정적인 결과를 가지고 있지만 그 행동이 긍정적인 면에 더 비중이 있으면 그 행동은 위험하지 않은 것으로 지각되기도 한다(Moore & Gullone, 1996). 그러므로 청소년기의 위험행동은 청소년기의 발달과정에서 나타날 수 있는 정상적인 것으로(Irwin & Charles, 1993), 그 자체가 문제행동이나 비행이 아니며, 그 안에 긍정적인 면과 긍정적인 면의 기능이 다 내포되어 있다.

청소년기의 위험행동은 위험행동 자체가 바람직하다거나 바람직하지 않다는 의미가 아니며, 단지 지금 위험하다는 것으로, 청소년의 반항적이고 모험적인 특성을 반영하고 있는 것이다(박시현, 2015). 물론, 위험행동이 가지고 있는 모험, 반항, 무모성, 반사회성 등이 문제행동으로 발전할 가능성은 있다. 그리고 자아정체감의 혼란이 가중될 때 위험행동이 문제행동으로 전환되고, 그 부정적인 결과는 소외감, 우울증, 정신장애, 은둔형, 죽음, 법정구속, 원하지 않는 임신 등으로 나타난다고 보았다(조주영, 2005; Dworkin, 2005).

청소년기의 위험행동은 건강관련 위험행동(자신의 건강을 위협하거나 손상을 입히는 것)과 지위관련 위험행동(사회경제적 지위를 위협하는 것)으로 나눈다(Levitt & Selman, 1996). 건강관련 위험행동에는 음주, 흡연, 난폭운전, 싸움, 약물남용, 무분별한 성행동, 위험한 자동차 운전, 자살행동, 섭식장애 등이 있고, 지위관련 위험행동에는 가출, 수업 빼먹기, 부정행위, 학교중퇴 등이 있다. 지위관련 위험행동은 청소년이라는 신분 때문에 위험행동이 되는 경우가 많다.

〈표 4-4〉 청소년기 위험행동 유형

구분	건강관련 위험행동	지위관련 위험행동
내용	음주, 흡연, 난폭운전, 싸움, 약물남용, 무분별한 성행동, 위험한 자동차 운전, 자살행동, 섭식장애 등	가출, 수업 빼먹기, 부정행위, 학교중퇴 등
특징 및 결과	건강 관련 질병 유발 및 한 개인의 평생 건강에 영향을 미침	대부분의 일반 청소년이 저지르는 사소하고 일회적이며, 충동적이고 우발적으로 발생하는 행동

청소년기에 위험행동을 반복해서 행하는 이유는 자신에 대한 시험과 자극추구성향의 자연스러운 현상이다. 사회에서 정한 규범과 법을 어기면서 또래관계에서의 지지를 통한 우정을 확대해 나가고자 하는 열망을 표현한다. 청소년은 또래를 통해 친밀감을 경험하므로 새로운 친구와의 접촉을 형성하거나 기존 결속을 강화하는 것이 매우 중요하다. 위험행동은 이러한 접촉과 결속을 강화시켜주기 때문에 청소년은 간단하고 무모한 위험행동을 하며, 또래관계와 이성관계를 긍정적으로 발전시켜 나가기도 한다. 그러므로 위험행동의 긍정성과 위험성을 동시에 인지하여 접근하는 것이 필요하다.

위험행동을 유발하는 요인은 감각추구성향, 개인 내적 요인으로 생물학적 요인과 심리학적 요인이 있다. 생물학적 요인으로는 유전적인 부분과 호르몬의 변화를 들 수 있으며, 심리학적 요인으로는 인지적 미성숙과 더불어 자아중심성의 성향도 영향을 미치는 것으로 볼 수 있다. 사회 · 환경적인 요인으로는 가장 가까운 미시체계의 영향을 들 수 있다. 부모의 감시 및 통제 결여, 부적절한 양육태도, 또래 친구로 인한 압박감, 경제적 빈곤 등 주변 환경의 부적절성 등이다.

이런 여러 가지 환경과 내적인 부정적 요소가 위험행동을 증가시키고 안정감을 감소시키므로 적응유연성을 길러 유능함을 길러 나갈 수 있도록 다양한 보호요인의 작용을 도와야 한다.

7) 공격성

공격성은 개인의 내 · 외적 요소의 상호작용으로 발달하는 심리적 특성이므로 내재적인 심리적 특성의 이해, 외부적인 요소의 영향을 고려해야 청소년의 공격성을 이해할 수 있다. 또한, 공격성이란 다른 사람이나 사물에 대한 파괴 또는 상해를 목적으로 하는 행동이다. 공격성은 의도적인 행동, 정서반응 및 성향 모두를 가리킨다. 공격성은 관찰 가능한 행동을 포함하여 지각된 의도, 행동결과, 공격자의 역할과 지위, 사회적 가치 등 사회적으로 공격적으로 판단되는 상해 행동이다(Bandura, 1978).

청소년의 공격성은 학교폭력 경험으로 영향을 받는데, 가해자와 피해자 모두에게 직접적인 영향을 끼친다. 공격성은 청소년기에 증가하여 성인기에 심각한 정도가 되면 약물 사용, 범죄, 만성적 폭력 등의 문제행동으로 연결된다. 물론, 청소년기의 공격성이 청소년 시기가 갖는 정상적인 발달일 수도 있으나 그 시기에 그치지 않고 발전되어 성인기까지 지속되어 만성화가 된다면 개인과 사회에 심각한 문제를 일으킬 수 있으므로 예방과 개입이 필요하다(장숙 · 안혜영, 2018).

다양한 공격성을 체계적으로 설명하기 위한 이론 중 아젠(Ajzen)의 계획된 행위 이론(theory of planned behavior)은 인간의 사회적 · 심리학적 행위를 예측할 수 있다고 가정하고 바람직한 행동 변화를 이끄는 요인을 설명할 수 있다고 했다. 계획된 행위 이론은 행위에 대한 태도, 주관적 규범, 지각된 행위 통제의 세 가지 변인인 의도에 영향을 주고, 행위에 변화를 준다고 하였다. 공격성에 대한 태도, 주관적 규범, 지각된 행위 통제는 공격 의도에 영향을 주고, 공격 의도는 공격성을 형성하게 된다. 공격 의도에 따라 공격성이 결정된다는 것이다(Ajzen, 2005).

공격성은 청소년의 심리사회적 부적응 요인 중에서 대표적인 외현화 증상이다. 공격성은 현실비행뿐만 아니라 사이버비행에서도 많은 영향을 미치는 주요 변인이다(Young and Rodgers, 1998; Smith et al., 2008).

사이버공간과 공격성에 관한 연구에서는 현실에서의 공격성이 사이버 언어폭력과 관련이 높고(Smith et al., 2008) 인터넷상에서의 공격성과 현실에서의 공격성이 일치한다고 보기도 하며(Young & Rodgers, 1998), 현실에서 폭언 및 욕을 하지 않는 사람이 사이버 공간에서 공격적으로 행동할 수도 있다고 하였다(김병석 · 정은희, 2004). 사이버공간은 익명성과 비대면적으로 커뮤니케이션이 이루어지는데, 이러한 특성이 공격성을 표출하기 쉽게 한다(전동일 외, 2008). 특히, 청소년의 공격성이 사이버상의 문제행동과 연관되는데, 공격성이 사이버비행 가해 경험과 인과관계가 있어 공격성이 강한 이용자일수록 가해 후 죄책감도 덜 느끼는 것으로 보고하였고, 공격성이 높은 청소년은 사이버 폭력과 같은 사이버비행의 가해자가 될 가능성이 커 더욱더 적대적인 온라인 커뮤니케이션에 참여할 가능성이 큰 것으로 보았다(Ybarra & Mitchell, 2007; Wolak et al., 2007).

공격성은 다른 사람의 괴롭힘을 예측하는 개인적 요인으로 공격성을 가진 청소년일수록 가해자가 될 가능성이 높아(Olweus, 1991), 사이버불링과 같은 사이버비행, 현실폭력과 같은 현실비행을 연결하는 매개요인이 된다(김경은 · 최은희, 2012).

공격성은 가족구조의 결손보다 기능상의 요인이 중요하게 작용하는 것으로 나타났다. 가족구조의 해체와 상관없이 양부모가족 또한 부모의 갈등 및 학교생활에서의 갈등 등 개인의 우울과 불안에 영향을 주는 심리적 변인이 공격성에 큰 영향을 미쳤고 친구지지가 교사지지보다 더 큰 영향력이 있었다(윤은경 · 신성희, 2013). 이러한 공격성을 줄이기 위해서는 청소년의 우울과 불안의 심리에 관심을 가지고 접근해야 하며, 가족 기능의 향상을 위한 프로그램과 친구관계 형성 프로그램을 활성화시켜야 한다.

8) 일상생활의 문제해결 곤란

청소년의 문제는 다양한 모습으로 나타나는데, 빠르게 변화하는 사회변화에 적응하는 문제와 본인 스스로의 발달심리학적인 문제에 직면하게 된다. 이런 맥락에서 청소년의 문제는 청소년 자신이 자신의 가치관 또는 인간적인 삶을 위협하고 있다고 규정하는 문제인 청소년만의 고민, 욕구좌절, 문제의식 등과 사회적인 현상으로 나타나는 사회문제인 청소년문제로 구분할 수 있다.

청소년은 일상생활에서 수많은 고민과 스트레스에 부딪힌다. 그러나 기성세대인 어른들은 책임성이 없는 그들에게 힘든 일이란 없다고 규정지어 버리는 경우도 많아 그들의 상태와 곤란함을 이해하지 않으려 한다. 청소년은 인생에서 가장 예민한 시기를 지나고 있고, 그 과정에서 생기는 감정과 행동이 문제로 나타나 일상생활에서의 어려움을 토로한다. 청소년 시기가 갖는 변화의 여러 양상이 일상생활의 곤란함을 만들어 내기도 한다.

첫째, 자아정체성에 관한 고민이 있다. 자아정체성은 자신에 대해 일관성을 지각하는 것으로, 다른 사람과 다른 나의 모습, 객체적 자아와 주체적 자아와의 조화, 과거와 현재, 미래에 나의 일관성, '나는 나다.' 하는 실존의식인 주체적 본질을 형성한다. 청소년기에는 개인적 정체감과 심리사회적 정체감이 분화된다. 그리고 이들은 재통합화와 구조화가 요구되는 시기에 있어서 정체감 위기를 경험하게 된다. 여러 상황 — 청소년이 하는 여러 가지 일에서의 실패, 변화되는 내적 충동의 변화, 경쟁적 분위기와 자기능력에 대한 문제 등 — 에서 이상적 자기개념과 실제적 자기개념 간의 갈등, 포부 수준과 현실적 상황 간의 갈등 등의 좌절을 맛보면서 정신세계와 현실세계와의 괴리로 혼란과 불안정이 노출된다.

둘째, 신체적 · 성적 변화에 대한 적응성의 혼란을 경험한다. 청소년기에 일어나는 신체적 변화 중 가장 두드러진 것이 성적인 성숙과 성의식의 변화현상이다. 신체적 · 성적 변화에 어떻게 적응해야 할지를 몰라서 당황하고 성적 발달에 수치심과 불안감을 느낀다. 또한, 신체 각 부분의 불균형적 발달로 인해 불안정한 상태에 놓이게 되는데 이것이 심리적 측면에 영향을 미친다. 이로 인해 자신감의 상실과 심각한 정서불안을 경험하기도 하고, 개인차가 존재하지만 극심한 감정 변화와 자극, 대상에 대한 과민반응을 나타내고 신경질적이며 불안감을 표출하기도 한다.

셋째, 독립성의 불수용으로 인한 고립현상이 나타난다. 청소년기가 되면 정신적 의존관계에 있던 부모로부터 벗어나 자기 자신의 판단과 책임에 따른 독립적인 개인으로 인정받기를 바라게 된다. 소속감의 바탕이 부모와 가정에서 동료와 이성 등의 사회집단으로 변화되어 간다. 자아의식의 발달과 독립성으로 자립적이고 독립적인 인간관계를 추구하여 자기 스스로 선택한 친구와 상호 대등한 수평적 입장에서 의견교환을 해 나간다. 이러한 독립적인 성장을 원하는 자아가 성인으로부터 수용받지 못하고 거부당하거나 그들의 가치가 인정되지 않고 어른들의 가치, 제도, 관습을 강요당하게 될 때 반항적 성향이 나타날 수 있다.

넷째, 사고의 변화로 인한 회의적이고 비판적인 시각, 자기주관적 척도에 의한 추정과 빈약하고 편협한 경험과 이론으로 현실 상황을 규정한다. 청소년기는 사고의 양적 · 질적 증가로 인해 보다 고차원적이고 지적인 세계를 희구하며, 풍부한 미래상을 그리게 된다. 이러한 특성이 시대와 사회의 변화에 매우 민감하게 반응하며 현실과 실제, 논리적 이성향과는 거리가 먼 추상성과 모호성에 영향을 받는 경향이 있다. 복잡한 현실을 바라보며 나름대로의 시각 안에서 기성세대의 가치기준에 반기를 들기도 한다. 종합적으로 다양한 상황을 고려하지 못한 채 편협한 시각으로 현실을 인식하므로 사회를 정확한 시각으로 인식하지 못하는 경향성이 나타난다.

다섯째, 인간관계의 변화와 공동체 해체의 모습을 보이는 지역사회 구조의 변화가 청소년에게 영향을 준다. 요즘 도시의 모습은 익명성과 비인간화로 통칭될 수 있다. 도시는 이웃과의 유대감이 사라지고 모르는 사람들이 모이는 거대한 집단의 모습을 가지고 있다. 그런 상황에서 친밀한 인간관계는 사라지고 특정 목적을 위한 단편적인 관계와 이익사회화 경향이 강하게 나타나 옆집에 누가 사는지 모르고, 이기주의가 확산됨에 따라 공동체에 의한 교육과 사회통제 기능이 쇠퇴하게 되었다. 청소년에게 공동체성을 기르치는 이웃 어른이 없어졌고, 조심스러워할 대상도 사라져 청소년이 가치혼란을 경험하고, 법과 규범에 대한 사회적 표준과 질서를 벗어나 절도, 폭력 등을 일삼는 비행과 범죄를 일으키게 되는 것이다. 여기에 더하여 소외와 좌절이 그들을 지배하여 우울, 자살, 약물중독의 증상으로까지 이어지기도 한다.

여섯째, 무기력증이 나타난다. 청소년기를 활기차게 보내면서 다양한 활동을 통해 미래를 준비하고 현재를 즐겁게 살아야 하는데, 사회적인 상황이 청소년으로 하여금 주체적으로 행동하지 못하게 하고 억압하는 것도 많다. 천편일률적으로 각자의 개성을 존중하지 않은 채 관심 없는 것들을 하도록 강요받게 되고, 입시 위주의 한국 상황에서 공부만 강조하면서 공부에서 뒤지면 마치 희망이 없는 것처럼 인식되는 상황에서 청소년은 무기력하게 하루하루를 보내는 경우가 많다. 어떤 것에도 흥미를 느끼지 못하고, 뭘 해야 할지, 무엇이 하고 싶은지, 자신이 원하는 바가 무엇인지를 모른 채 방황하는 시간을 보내게 된다. 이러한 무기력증이 청소년의 전반적인 삶에 영향을 미쳐 우울로 이어지기도 한다.

2 청소년의 심리적 부적응행동 예방을 위한 대응

청소년의 심리적 부적응행동은 따로 분리되어 있는 것이 아니라 서로 밀접한 관계로 연결되어 있으며, 영향을 주고받는다. 심리적인 부적응인 우울과 불안이 공격성과 분노, 반항 등으로 나타나게 된다.

청소년의 이러한 심리적 부적응행동에는 위험요인과 보호요인이 영향을 주는데, 보호요인은 위험요인의 영향력을 완화시켜서 결과적으로 위험행동 및 문제행동의 유발 확률을 낮추며, 위험요인과 위험행동 간의 관계를 중재 또는 조절해 주는 역할을 한다(한상철, 2008). 루터, 치게티와 베커(Luther, Cicchetti, & Becker, 2000)는 보호요인을 개인적 보호요인과 가족 관련 보호요인, 사회 · 환경적 보호요인으로 구분하고 있다. 청소년 개인과 청소년을 둘러싸고 있는 환경인 가족, 사회가 영향을 주므로 각각이 가지는 요인을 생각해 보는 것이 필요하다.

〈표 4-5〉 청소년 보호요인

구분	내용
개인적 보호요인	자기효능감, 적극적 대처전략, 사회적 유능감, 자기통제력 등
가족 관련 보호요인	부모의 감시 및 통제, 가정의 긍정적 기능, 부모와의 의사소통 등
사회 · 환경적 보호요인	중요한 타인으로부터 오는 사회적 지지, 또래와의 긍정적 관계, 단체 활동 참여 등

개인적 보호요인으로는 자기효능감, 적극적 대처전략, 사회적 유능감, 자기통제력 등이 있다. 자기효능감(self-efficacy)은 주어진 목표달성에 필요한 행동과정을 조정하고 실행하는 능력에 대한 개인의 신념 및 기대를 의미한다(Bandura, 1978). 자기효능감은 자신의 능력에 대한 확신으로 자아존중감(Dumont & Provost, 1999), 적응유연성(Block & Kremen, 1996), 자아통제(신현숙, 2004) 등을 포괄하는 개념으로 위험요인이 위험행동에 미치는 부정적인 영향력을 조절해 주는 변인이다. 자기효능감이 높을 때도 학습된 무기력이 줄어들고, 감각추구성향도 줄어든다(강영미, 2005; 김난연, 2012; 배정희, 2008; 정지현, 2013; Slanger, 1997). 스스로가 어떤 상황에 적극적으로 대처하려는 생각을 가지고 있으면 심리적으로 나타나는 부적응 상황의 극복방법을 고안해 낼 수 있다. 자신의 가치에 대한 스스로가 사회적으로 유능하다고 느낄 때, 자기 스스로 자신을 통제해 나가며 상황에 휘말리지 않고 적절한 관리를 해 나갈 수 있을 때 심리적 부적응행동을 감소시킬 수 있다.

가족 관련 보호요인으로는 부모의 감시 및 통제, 가정의 긍정적 기능, 부모와의 의사소통 등이 있다. 부모의 감시 및 통제는 일탈행동이나 유해한 물질 사용을 줄일 수 있을 뿐만 아니라 다양한 위험요인의 부정적 영향력을 완충시키는 역할을 한다. 부모의 감시 및 통제가 적절하게 청소년에게 가해질 때 청소년의 위험행동은 감소하고(정지현, 2013; 한상철, 2003; Donavan, 1991), 부모의 양육방식은 청소년의 학습된 무력감에 영향을 미친다(김보급, 2005; 한명순, 2005; 홍원표, 2013). 가정에서 부모뿐만 아니라 다른 가족구성원들이 긍정적인 영향을 줄 때 위험행동이나 일탈행동은 감소하게 되고, 가정 안에서 부모와 대화가 잘 이루어질 때 부모와 대화하는 것이 불편감이 아니라 즐거움이고 의미 있는 일이 되고 대화 안에서 공감받는다는 확신이 들 때 부적응행동이 줄어들게 된다.

사회 · 환경적 보호요인으로는 가족이나 친구, 중요 타인으로부터의 사회적 지지, 또래와의 긍정적 관계, 단체 활동에의 참여 등이 포함된다(한상철, 2008, Alvord & Grados, 2005). 사회적 지지는 위험 상황에 노출될 가능성을 감소시키고 타인과의 긍정적인 애착관계를 형성함으로써 다양한 위험상황에 보호요인으로 작용하며(한상철, 2008), 스트레스의 영향을 완충해 준다(이혜경, 2007; 이원희 외, 2007; Conge & Elder, 1994). 사회적 지지가 있을 때 삶을 활기차게 살아갈 수 있고, 사회적 지지가 높은 경우에는 감각추구성향 수준에 관계없이 위험행동 수준이 낮지만, 사회적 지지가 낮은 경우에는 감각추구성향이 높아질수록 위험행동 수준이 높아진다(정지현, 2013).

사회적 지지는 타인과의 관계를 통해 전 생애에 걸쳐 발달하며, 아동과 청소년의 심리발달에 중요한 영향을 미친다. 청소년기에 사회적 지지의 역할이 제대로 수행되어야 안정된 삶을 살아갈 수 있으나, 제대로 수행되지 못했을 경우 청소년 시기의 발달과업이 이행되지 않아 문제행동을 일으킬 수 있다. 사랑받는 느낌, 가치 있거나 존중받는 느낌, 사회적 네트워크에 소속되어 있는 느낌 등을 통해(Cobb, 1976) 정서적 지지와 물질적 · 정보적 · 평가적 지지가 이루어진다. 사회적 지지는 가족, 친구, 교사, 이웃, 지역사회 등 청소년을 둘러싸고 있는 사회관계망으로부터 정서적 · 물질적 · 정보적 · 평가적인 긍정적 자원들이다. 이러한 지지가 친구와의 긍정적 관계 안에서 더욱더 견고해지고, 여러 활동에 참여함으로써 소속과 연결을 경험하게 한다.

이렇듯 청소년을 둘러싼 환경 자원이 청소년이 심리적 부적응행동을 극복해 나가며 현재를 잘 살아갈 수 있도록 도와준다. 자신을 지지해 주고 인정해 주는 환경적 보호요인이 스스로 자신을 소중히 여기는 마음가짐이 긍정적 영향력으로 작용하게 된다.

CHAPTER 5

청소년의 정신의학적 질병

1 정서적 장애행동

1) 공황장애(Panic disorder)

(1) 공황장애의 정의

공황장애는 갑작스러운 생리적 변화와 정서적으로 느껴지는 격렬한 공포감이다. 공황발작은 강력하고 극심한 공포가 갑자기 밀려오는 것을 말하며, 심장이 빨리 뛰거나 가슴이 답답하고 호흡곤란 등의 신체 증상이 동반되어 죽음에 이를 것 같은 공포를 느끼는 불안 증상이다. 이러한 공황발작이 반복적으로 발생하면 공황장애라고 한다. 공황장애를 겪는 사람은 심장이 빠르게 뛰다가 이내 멎어 버리거나 터져 버릴지도 모른다는 두려움을 느끼고, 이전에 경험해 보지 못한 공포로 인해 미쳐 버리는 것은 아닌지 두려워한다. 백화점과 같은 공공장소에서 극심한 공포를 느끼는 광장공포증과 동반되는 경우도 있다. 이러한 공포와 불안감에 이어 신체활동과 환경 변화에 대해서도 두려움이 생기는데, 이는 신체활동의 상황이나 환경 변화에 스스로 공포를 느끼게 될까 염려하여 활동을 스스로 제한하게 된다. 여성이 남성에 비해 2~3배 정도 발병률이 더 높으며, 20~30대 사이의 연령층에서 가장 흔히 발생한다.

(2) 공황장애의 원인

공황이 일어나는 원인에는 당시의 심한 스트레스가 가장 크다. 생물학적 원인과 환경적인 원인에 의해 발생하는데, 야간 근무가 많아 심신이 지친 상태이거나 상사나 직장 동료, 혹은 가족과의 관계 갈등이 극도로 심해졌거나, 신체적 질병으로 몸과 마음이 많이 약해진 상황 등을 예로 들 수 있다. 또한, 어렸을 때의 경험과 인격의 발달 등의 여러 요인이 복합적으로 작용하여 발생한다. 가장 큰 이유인 스트레스는 개인차가 크다. 어떤 사람은 관계에서, 어떤 사람은 업무에서 스트레스를 경험하는데, 공황을 유발한 스트레스는 시간이 지나도 해결되지 않은 채 자신을 괴롭히는 경우가 많다. 자신이 겪는 스트레스는 개인적인 취약성(vulnerability)을 나타내는 지표이다. 잠깐 나타났다 사라지는 스트레스나 몸과 마음이 건강한 상황에서 겪는 스트레스는 위협적이지 않지만 지속적인 스트레스, 자신의 취약한 부분을 건드리는 스트레스는 공포감을 조성하게 된다.

(3) 공황장애의 증상 및 현상

스트레스로 인한 공포감이 신체의 생리적 반응과 동반되면서 일상적으로 또는 운동할 때의 숨이 가쁜 증세, 가슴 두근거림, 온몸의 경직, 손발 끝 저림, 머리가 어질어질한 느낌, 지하철 안에서의 갑갑함으로부터 시작하여 삶 전체를 흔들어 집어삼키는 단계로 접어들어 도망갈 생각조차 없어지기도 한다. 곧 죽을 것 같은 느낌을 받으며, 강한 공포를 느끼게 된다. 공황발작 증상은 순식간에 악화되며, 10~20분간 지속되다 소실된다. 숨쉬기가 힘들어지며, 맥박이 빨라지거나 심장박동이 심하게 느껴지며, 가슴에 통증, 불쾌감, 숨이 답답하여 질식할 것 같은 느낌을 받고, 현기증, 휘청거리는 느낌, 손발이 저리는 감각이상이나 몸의 떨림이 나타난다. 오한이 나거나 돌발적 열감이나 냉감, 땀흘림 등의 증상이 나타나고, 광장공포증, 건강염려증, 회피행동이 동반되기도 한다.

광장공포증이 있는 공황장애의 경우 탈출이 불가능하거나 도움을 청하기 어려운 장소를 두려워하고 불안해한다. 발작을 경험한 후 불안을 느끼는 상황을 피하거나 불안해하며 다시 공황발작이 오는 것에 대하여 두려워하게 된다.

공황장애는 7단계로 이루어진다. 제1기 증상 발현 단계, 제2기 공황 단계, 제3기 건강 염려 단계, 제4기 제한적 공포증 단계, 제5기 사회공포증 단계, 제6기 광장공포증 단계, 제7기 우울증 단계이다(송어진, 2018.3.26. 정신의학신문).

❶ 증상 발현 단계

별다른 이유 없이 갑자기 심장이 뛰는 심계항진, 가슴이 답답한 흉부 불편감, 어지러움 등의 자율신경계 항진과 관련된 비특이적인 신체 증상이 나타나는 단계이다. 다른 불안장애, 우울장애, 신체화 장애 등의 질병에서도 나타날 수 있다.

❷ 공황 단계(이러다 죽는 것 아닌가?)

비특이적이고 가벼운 증상들이 간헐적으로 나타나다가 공황발작 정도의 증상이 나타나는 단계이다. 통제력을 잃을지도 모른다, 정신을 잃을 것 같다, 죽을지도 모르겠다 정도의 공황발작이 일어난다. 죽음과 맞닿아 있는 정도의 두려움, 공포를 호소한다.

❸ 건강 염려 단계(내 병을 과연 정확히 진단하고 있는가? 의심스럽다.)

한두 차례 죽을지도 모르는 공포, 그리고 심장발작, 뇌졸중 등의 질병을 연상하게 하는 증상을 경험하는 단계이다. 여러 병원을 찾으며 컴퓨터 촬영, 내시경, 심전도, 뇌파검사 등 특수검사를 반복하기도 한다.

❹ 제한적 공포증 단계(이곳을 가면 저런 증상이 나타났어.)

처음에는 상황이나 장소와 연관 없이 갑자기 나타나다가 반복되면 공황발작이 일어났던 장소나 상황을 증상과 연관시키게 된다. 특이적인 증상인 숨을 못 쉬거나 통제력을 잃을 것 같거나 온도가 올라가 더워지거나 심장박동이 빨라지는 상황이 나타날 가능성이 큰 장소나 상황을 회피하게 되고 공포증이 나타나 그 장소를 일차적으로 두려워하게 된다.

❺ 사회공포증 단계(사람들이나 혼잡한 곳에 가면 불편해.)

시간이 지나면서 공황발작과 불안발작이 여러 장소, 여러 상황에서 거듭 일어나게 되고 점점 안전하다고 생각되는 곳이 적어진다. 집 밖으로 나가기가 꺼려지고 점점 일상적인 사회활동을 포기할 수밖에 없는 상태가 된다.

❻ 광장공포증 단계(통제를 못할 것 같아 아예 다니기가 힘들다.)

사회공포증 단계가 심해지면 아예 통제가 불가능할 것 같은 모든 상황, 장소를 회피하게 된다. 회피행동의 극단은 광장공포증이 된다.

❼ 우울증 단계

공포로 인한 스트레스, 그리고 점점 위축되고 사회적 · 직업적 활동이 불가능해지는 상황 때문에 우울해진다. 40~80% 정도는 우울장애를 동반한다.

이러한 공황장애는 만성적인 질병으로 자연적으로 회복되는 경우가 드물다. 하지만 적절한 치료를 했을 경우 30~40% 정도 증상 감소를 보이며, 절반 정도는 일상생활에 큰 영향을 받지 않는 정도로 호전을 보일 수 있다. 처음에는 공황발작이 일어나는 것 외에는 아무런 문제가 없다가 반복적인 신체 증상이 나타나면 건강염려증이 생기고, 이후에는 일상 활동도 두려워하게 되어 광범위하게 공포증을 갖게 된다. 공황장애가 지속될 경우에는 우울증, 알코올 의존이 동반될 수 있다. 그러므로 빠른 치료가 필요하다.

공황장애는 갑자기 나타나는 것이 아니라 점진적 과정을 거쳐 발전하게 된다(Perugi et al., 1998). 특히, 광장공포증을 가진 공황장애인 경우 가족에 대한 회피적이고 의존적인 특성이 있는 것으로 밝혀졌다. 의존성은 대인관계에서 나타나는 특징으로 의존성이 높은 경우 대인관계 자체를 중시하여 다른 사람을 기쁘게 하려고 애를 쓰며, 그 관계에서 친함을 유지하는 데 관심을 많이 갖는다(Roth, 1984). 이런 현상은 어린 시절 부모로부터 충분한 애착 형성이 되지 못하고 분리불안을 경험한 경우와 관련이 있다

(Boyce & Parker, 1989). 초기의 가족 환경에서 부족한 돌봄과 과잉보호를 받았을 경우 성인기의 불안 정도에 영향을 미치는 것으로 나타났다(Carter et al., 2001). 특히, 아동기에 경험한 분리불안은 성인 공황장애와 깊은 관련성이 있다(De Ruiter & Van Ijzendoorn, 1992; Manicavasagar et al., 2000). 또한, 청소년기에 불안장애와 기분장애를 경험한 경우 지속되어 성인기에도 불안장애나 우울증으로 진단되는 확률이 2~3배 정도 높은 것으로 나타났다(Pine et al., 1998).

공황장애에 영향을 미치는 심리요인의 경우 개인이 직면하는 스트레스와 연관성이 있는데, 스트레스를 유발하는 사건의 존재 여부보다 스트레스 상황에 어떤 방식으로 처하느냐가 질병 과성에 더 영향을 미친다(Lazarus & Folkman, 1984). 공황장애 환자는 문제해결능력과 성숙한 대처능력이 부족하며(Andrews et al., 1990), 일반인에 비해 익숙하지 않은 환경을 회피하고 불안민감도가 높다(Saviotti et al., 1991). 또한, 공황발작이 다시 발생할 것에 대해 예기불안을 느끼게 되므로 불안이 유발될 수 있는 상황과 장소를 의도적으로 피한다(정해원 외, 2007). 공황장애 환자는 대인관계에서 높은 의존성을 보이며, 열등감과 과민성이 있고 자아 강도가 낮으며, 실리성과 실제성, 자기감성에 대한 불안감을 가지고 있다(Sanz-Carrillo et al., 1993).

공황장애를 경험하는 사람은 어릴 때부터 무서움을 잘 느끼며, 심리적으로 취약하여 위험이 인식될 때 공황발작을 일으킨다(Klein, 1964). 그러므로 청소년기에 나타나는 불안증세와 공황발작을 잘 관찰하여 심리적인 취약성 극복을 위한 사회기술 습득의 기회 제공이 다양하고 적절하게 이루어져야 한다.

(4) 공황장애의 치료 및 극복방법

공황장애의 치료방법으로는 약물치료, 인지행동치료, 가족치료, 통찰치료 등이 있다. 약물치료는 선택적 세로토닌 차단제, 삼환계 항우울제, 벤조디아제핀 계통, 마오 차단제 등을 사용한다. 인지행동치료로는 사소한 신체감각을 죽을 것 같은 상황으로 인지하는 자신의 잘못된 생각과 태도를 바꾸고 공포를 느끼는 상황이 자신에게 위협이 되지 않음을 인지시켜 두려운 상황을 피하지 않도록 교정한다. 근육이완요법, 호흡법, 실제 상황에 노출시키는 방법을 사용한다. 초기에는 인지행동치료와 약물치료를 병행하는 것이 효과적이다. 통찰치료는 심층적인 상담치료를 통해 공황 증상의 무의식적 의미에 대해 통찰한다. 공황장애가 심리적인 압박감과 체력적인 압박감으로 인해 발생하기 때문에 생활습관의 변화로 개선될 수 있다. 스트레스, 피로, 음주, 카페인 섭취 등이 공황장애의 악화요인이 되므로 적절한 관리가 필요하다.

공황장애를 극복하는 방법 중 하나는 자신이 공황을 처음 겪었던 때가 언제인지, 어떤 상황에서 그런 증상이 처음 시작되었는지를 되돌아보는 것이다. 또한, 개인적 취약성을 찾는 것이 필요하다. 원인 없이 갑자기 나타나는 불안이 일어나는 경우도 있지만, 그럴지라도 증상에 관한 일지를 적어 보는 것이 도움이 된다. 자신이 겪은 증상과 당시의 상황을 적는 것을 반복하다 보면 특정 요인이 작용하고 있음을 발견하게 된다. 스트레스에 대한 자신의 취약성을 찾아보는 것은 스트레스가 공황장애로 변화하게 되는 과정을 이해하게 한다. 나아가 자기 자신을 이해하고 공감하는 기회가 되기도 한다.

2) 공포증

(1) 공포증의 의미

공포증은 불안장애의 일종으로, 공포의 감정이 강박적으로 특정 대상에 결부되어 행동을 저해하는 이상반응이다. 누구나 두려움을 느끼는 대상이 있다. 그 강도가 심각한 수준에 이르면 '포비아(Phobia)'가 된다. 단순히 특정 대상을 꺼리거나 싫어하는 단계만으로는 공포증으로 치부할 수 없으며, 이는 공황장애(panic disorder)와는 다르다. 일종의 강박관념, 신경질환의 하나로 볼 수 있으며, 특정 현상에 대한 포비아를 가진 사람은 그 현상과 마주하게 되었을 때 신체적인 고통을 수반하기도 한다(위키백과).

공포증은 기본적으로 가지는 발달상의 적절한 수준의 두려움에 비해 과도한 것으로, 설명해도 없어지지 않고 스스로 통제되지 않으며, 상황을 피하게 되고 일상생활이 방해받게 되는 것이다(Miller et al., 1974).

공포증 환자의 공포 대상에 대한 '거부반응'은 환자가 일상적인 생활을 영위하는 것을 방해할 정도로 심각하다. 단순히 "나 저거 싫어." 내지는 "나 저거 무서워." 정도로는 공포증이라고 할 수 없다. 이러한 착오가 일어나는 것은 크게 두 가지 이유가 있는데, 첫 번째는 공포증이라는 것을 잘 모르니 단순하게 공포가 일어나면 공포증이라고 생각하는 것, 두 번째는 각종 TV 프로그램(주로 예능)에서 실제 공포증이 아님에도 불구하고 방송의 재미를 위해서 공포증이 있다고 주장하면서 호들갑을 떠는 모습이 일반인들에게 공포증이 그러한 것이라고 잘못된 인식을 주게 되는 것이다.

(2) 공포증의 종류

공포증에는 크게 사회공포증(일반적 사회공포증, 특정적 사회공포증)과 특정공포증, 광장공포증으로 나눌 수 있다.

사회공포증은 낯선 사람과 이야기하거나 다른 사람들 앞에서 연설을 하는 등의 사회적 상황에 대한 두려움과 불안이 있어서 그런 상황을 가능한 한 피하려 하는 병이다. 이런 상황이 되면 불안하고 긴장되어 얼굴이 붉어지거나 가슴이 두근거리고 말을 제대로 하지 못한다. 남들 앞에서 발표를 할 때 남들이 자신을 관찰하고 평가하는 상황에서 남의 시선을 의식하게 되고 두려워하여 피하게 된다. 반복적으로 피하다 보면 더욱 두려움이 커져 더 회피하게 되는 상황이 될 수 있다. 사회공포증은 보통 아동기나 사춘기에 시작되어 발달과 성장에 안 좋은 영향을 미칠 수 있고, 학교생활이나 직장생활을 방해할 뿐만 아니라 우울증과 약물남용에 빠지기 쉽다. 18세 이하의 경우에는 사회공포증이 최소한 6개월 이상은 유지되어야 사회공포증이라고 진단을 내릴 수 있다(질환백과, 서울아산병원).

DSM-Ⅳ에서 사회공포증(불안장애)의 진단기준은 다음과 같다.

A. 한 가지 또는 그 이상의 사회적 상황이나 활동 상황에 대한 현저하고 지속적인 두려움

B. 두려운 사회적 상황에의 노출은 언제나 예외 없이 불안을 유발시키며 이는 상황과 관계가 있거나 상황이 소인이 되는 공황 발작으로 나타난다.

C. 공포가 너무 지나치거나 비합리적인 것으로 인식한다.

D. 공포스러운 사회적 상황이나 활동 상황을 회피하려 하고 그렇지 못할 경우 강한 불안과 고통을 경험하게 된다.
E. 공포스러운 사회적 상황 또는 활동 상황에 대한 회피, 예기 불안, 이로 인한 고통이 정상적인 일상생활, 직업(학업) 기능 또는 사회적 활동이나 관계 형성을 심각하게 저해하거나 공포로 인해 심하게 고통받는다.

사회공포증의 종류는 다양하다.

- 적면공포: 얼굴이 빨개지는 것을 두려워함
- 떨림공포: 자신의 손이나 눈꺼풀, 입술이 떨리는 것을 두려워함
- 연단공포: 대중 앞에서 발표하거나 노래 부르는 상황을 두려워함
- 낭독공포: 소리 내어 글 읽기를 두려워함
- 수행공포: 다른 사람 앞에서 일이나 어떠한 활동을 수행하는 것을 두려워함
- 쓰기공포: 다른 사람 앞에서 글을 쓰지 못함
- 공중변소공포: 다른 사람이 근처에 있으면 소변을 보지 못함
- 자기냄새공포: 자신의 몸에서 냄새가 나서 다른 사람들을 불쾌하게 만든다고 생각함
- 시선공포: 다른 사람들의 시선으로 불편해지고 불안을 느낌
- 자기시선공포: 자기 시선으로 인해 다른 사람들에게 피해를 준다고 생각함

특정공포증은 특정한 종류의 것에 갖는 공포증이다. 또한, 광장공포증은 공황발작이나 유사 증상이 생길 경우 도움을 받기 어려운 장소에 있으면 불안하다고 느끼는 증상이다. 단순공포증 또는 특수공포증이라고도 하는데, 대부분 동물이나 높은 곳, 천둥, 어둠, 비행, 폐쇄공간, 특정 음식물, 피나 상처, 주사 등을 두려워하여 피하게 된다. 개인에 따라 대상은 다르지만 그 상황과 대상을 접하게 되면 공황발작을 일으키게 된다.

특정공포증의 특징은 다음과 같다(Wicks-Nelson & Israel, 2014; 정명숙 외 역, 2016).

- 공포를 유발하는 자극에 노출되면 거의 예외 없이 즉각적인 불안반응이 발생한다.
- 특정공포증을 지닌 사람은 불안을 느끼게 하는 상황을 회피하려 하거나 혹은 불안이나 고통을 느끼면서 참아낸다.
- 두려움이나 불안이 실제 위험보다 매우 지나치다.
- 두려움이나 불안이 지속적이다(6개월 이상).

광장공포증은 공황발작이나 유사 증상이 생길 경우 도움을 받기 어려운 장소에 있으면 불안하다고 느끼는 증상이다(위키백과).

(3) 공포증의 원인 및 증상

공포증이 생기는 이유는 첫째, 유전이 영향을 미칠 가능성이 있다. 포비아 유전자를 타고나는 사람이 있다. 둘째, 학습과 훈련이다. 어렸을 때 가정이나 학교에서 거미는 무섭고 두려운 존재라는 것을 학습한 사람이 거미와 관련된 부정적인 경험을 하면 거미 포비아가 생길 수 있다.

청소년도 공포장애를 겪는 경우가 있다. 청소년의 공포증은 15~19세에 절정을 이룬다. 불안장애를 가지고 있는 청소년 10명 중 1명가량이 공포증을 경험하고 있다.

청소년은 특정공포증과 사회공포증을 경험하게 되는데, 특정공포증을 경험하는 청소년은 두려운 상황이나 대상을 회피하려고 한다. 개를 심하게 두려워하는 청소년은 큰 개와 맞닥뜨리면 그 자리에 얼어붙거나 부모나 다른 이에게 도움을 청한다. 두려운 상황에서는 긴장, 공황, 심한 혐오감 등을 포함해 생리적 증상으로 메스꺼움, 심장 박동 증진, 호흡곤란 등이 나타나는데, 두려운 상황이 닥칠 것이라는 예상만으로도 증상이 나타난다.

사회공포증을 경험하는 청소년은 사회적 활동과 상황인 다른 사람 앞에서 말하기, 대화를 시작하고 유지하기, 윗사람에게 말하기, 책 읽기, 쓰기, 수행하기, 비공식적인 상황에서 다른 사람들과 상호작용하기 등에서 어려움을 호소한다(Beidel, Turner, & Morris, 1999). 이런 청소년은 일상적이고 평범한 활동까지 회피하려 한다. 사회적 상황을 회피하기 위해서 학교에 가지 않거나 여가활동에 참여하지 않는 경향을 나타낸다. 친구의 생일파티에 가지 않으며 다양한 청소년활동에 참여하지 않는다. 동아리활동 등 학교행사에도 참여하지 않고, 이성교제 또한 하지 않으려 한다. 그래서 이들은 낮은 자존감과 슬픔, 외로움을 느끼기도 한다. 이러한 청소년의 공포는 그들 자신의 활동을 제한할 뿐만 아니라 가족 전체의 생활양식과 활동을 변화시킨다(Wicks-Nelson & Israel, 2014; 정명숙 외, 2016).

(4) 공포증의 극복방법

포비아를 극복하는 방법에는 노출치료가 있는데, 체계적 둔감법(systemic desensitization)과 홍수(flooding)가 있다. 공포증을 경험하는 사람은 공포의 대상을 자꾸 회피하려 하는데, 회피하는 것보다 두려움의 대상에 자신을 조금씩 노출시켜 둔감화하는 것이 좋다. 조류공포증이 있는 사람에게 처음에는 비둘기, 까마귀 등의 글자, 그다음은 새 사진을 보여 주고, 그다음은 환자가 있는 방 안에 새를 풀어놓는 것이 체계적 둔감화이고, 홍수는 처음부터 새를 풀어놓는 것이다. 체계적 둔감법이 더 좋은 치료법이나 시간적 · 비용적으로 여건이 되지 않을 경우 홍수의 방법을 사용한다.

3) 틱

(1) 틱의 의미

틱은 빠르고 목적 없고 반복적이나, 율동적인 무의식적인 움직임이 아니거나(근육 또는 운동틱), 무의식적이고 갑작스럽고 종종 반복적인 소리 및 또는 단어이다(음성 틱). 눈을 깜박이거나 얼굴을 찡그리거나 머리를 홱 돌리거나 다른 방향으로 움직이거나 소리를 내고자 하는 욕구를 억누를 수 없다. 감기에 걸리지 않았는데 코를 훌쩍이거나, 이유 없이 손 냄새를 자주 맡는 경우, 헛기침과 트림을 반복적으로 하는 것 등 일상생활에서 나타나는 행동과 비슷한 점이 많다. 이러한 행동은 자발적이지 않다. 틱은 잠시 의식적으로 노력할 경우에만 억제할 수 있다. 이처럼 틱장애 증상이 매우 많고 일상적이기 때문에 주의를 기울이지 않으면 알아차리기 어렵다.

(2) 틱의 종류 및 증상

틱장애는 크게 행동으로 나타나는 '운동틱(눈 깜빡임, 목 젖히기, 어깨 들썩이기, 얼굴 찡그리기 등 단순 운동틱과 자신을 치거나 갑자기 뛰기, 다른 사람을 만지기 등 복합 운동틱이 있음)'과 반복적인 음성으로 나타나는 '음성틱(킁킁거리기, 헛기침하기, 엉뚱한 단어나 구절을 반복하기, 컥컥거리기, 외설적인 단어를 반복하기 등)'으로 나뉜다.

〈표 5-1〉 틱장애의 유형

운동틱(motor tic)		음성틱(vocal tic)
단순 운동틱(simple motor tic)	복합 운동틱(complex motor tic)	
• 눈 깜빡거리기 • 머리 휘젓기 • 얼굴 찡그리기 • 어깨 움츠리기 • 입 벌리기 • 목을 경련하듯이 갑자기 움직이기	• 특이한 표정 짓기 • 뛰어오르기 • 발 구르기 • 손짓하는 행동	• 헛기침하기 • 컥컥거리기 • 킁킁거리기 • 외설스러운 단어를 반복하기 • 엉뚱한 단어나 구절 반복하기

출처: 박수현(2018).

틱장애는 한 가지 혹은 여러 가지 틱 증상이 매일 또는 간헐적으로 하루에 몇 차례 일어난다. 운동틱과 음성틱 증상이 모두 나타나고 18세 이전에 발병해 전체 유병기간이 1년 이상 지속되면 '뚜렛 증후군'이라 부른다. 틱장애는 보통 소아 때 발생하며, 성인이 되면서 대부분 증상이 호전되지만 10명 중 3명은 증상이 지속될 수 있다. 7~11세에 많이 나타나는 아동기 틱장애는 방치하면 심해지거나 성인틱으로까지 이어질 수 있기 때문에 주의해야 한다(헬스조선, 2016.2.2). 틱은 뇌에서 운동습관을 담당하는 기저핵과 대뇌피질의 도파민 회로 이상에서 오는 병이다. 또한, 뇌과학적으로 틱 증상은 아이의 긴장을 해소해 주는 효과가 있다. 그래서 새 학기처럼 긴장되는 상황에서 잘 생기고, 예민한 아이일수록 자주 나타난다. 아이가 스스로 '찜찜하다'는 느낌(전조감각충동)이 들면 이를 해소하기 위해 틱 증상을 보인다(헬스조선, 2019. 3. 25.). 틱장애 증상에 심리적 부담과 스트레스를 받기 시작하면 증상이 악화될 수 있다.

틱의 중증도는 매우 다양하다. 5명의 소아 중 1명이 일정 기간 일부 유형의 틱을 경험한다. 틱 중 다수가 경증이고 종종 부모와 의사가 이를 장애로 인식하지 않는다. 뚜렛 증후군은 가장 중증의 틱장애로, 100명의 소아 중 1명 미만에서 발생하며, 여아에서보다 남아에게 틱이 발생할 가능성이 3배나 크다.

틱은 18세 이전에 시작되고(일반적으로 4~6세), 중증도가 증가하여 약 10~12세에 절정에 도달한 후, 청소년기 동안 감소하다 대부분의 틱이 사라진다. 그러나 약 1%의 소아에서 틱이 성인기까지 지속된다. 2016년 통계로 19세 이하 소아청소년이 1만 4,598명으로 전체의 약 80%를 차지할 정도로 소아청소년기에 주로 나타난다(헬스조선, 2017. 6. 13.). 학령기에 처음 발병하여 보통 눈을 깜빡이거나 기침을 하는 등 일상적인 행동으로 나타나기 때문에 틱인 줄 모르고 지나가기도 한다. 틱 증상은 대부분 일시적이다. 증상이 완전히 사라지기 전까지는 악화와 완화가 반복되는 편이다.

(3) 틱의 원인

틱장애의 원인은 아직 명확하게 밝혀지지 않았으나 유전적 요인, 학습요인, 심리적 요인, 뇌구조 이상, 호르몬 분비 이상 등을 원인으로 추정하고 있다. 가벼운 틱장애는 주위의 관심이나 환경적 · 사회적 요인과 관련이 있을 수 있다. 크게 심리학적 요인과 신경학적 요인으로 나눌 수 있다.

첫째, 심리학적 요인을 들 수 있다. 틱장애의 가장 큰 발생요인은 욕구불만, 억압된 분노, 크게 놀란 경우, 갑작스러운 환경의 변화 등이다. 이러한 내적 갈등이 표현되는 것으로 봤다. 정신분석적 견해에서는 억압된 분노나 갈등이 신체적으로 표현되는 히스테리성 증상을 틱장애로 보았고, 적대적이거나 성적 충동의 욕구, 항문기에 생긴 갈등이 뚜렛장애로 나타나는 것으로 보았다(박수현, 2018). 청소년에게 일상생활의 변화는 심리적인 스트레스로 작용하고, 그 변화가 뚜렛장애 증상을 악화시키는 요인이 될 수 있다. 학교시험, 가정불화, 신학기 등과 긴장, 불안, 공부에 대한 강요, 부모로부터의 압박감, 분노, 적개심, 자존심 손상 등이 영향이 있다(김나리, 2011).

둘째, 신경학적 요인이다. 요즘의 연구에서는 틱장애는 도파민과 같은 뇌 신경전달물질이 전두엽 기저핵-시상을 연결하는 신경회로에서 이상 작용을 보임에 따라 발생하는 유전적인 질환으로 간주한다. 중추신경 각성제를 복용하면 틱 증상이 나타나 악화된다. 뇌의 여러 부위에 뇌 혈류와 대사율이 저하되어 있는 모습을 보이고 있는 것으로 보아 뇌의 구조적 · 기능적인 문제가 틱장애의 원인으로 작용한다(박수현, 2018).

기본적인 틱 증상은 불안이나 분노에 대한 억압과 과잉통제의 결과로 발생하지만, 복합적이고 만성적인 틱장애와 뚜렛장애는 일차적으로는 신경학적 요인이 작용되고 틱 증상의 유발과 유지, 악화에는 심리적 요인의 영향이 크다(김인자, 2012).

(4) 틱장애의 특징

틱장애는 여러 특징이 있는데, 첫째, 불수의적이다. 대부분이 자신의 의지와 상관없이 나타난다. 둘째, 틱 증상은 완화와 악화를 반복하는 경향이 있다. 셋째, 틱 증상은 오후에 더 심한 경향을 보인다. 넷째, 스트레스에 취약하다. 다섯째, 일시적으로 틱 증상이 억제되기도 한다(박수현, 2018).

이런 특성을 보이기 때문에 틱 증상의 변화에 민감하게 반응하여 치료의 방법을 쉽게 변경하지 말아야 하며, 스트레스를 줄이기 위해 노력해야 한다.

(5) 틱장애의 극복방법

틱은 아동이나 청소년이 불안해하는 원인을 찾아 제거하고 이해하는 태도로 기다리면 저절로 좋아지는 경우가 많다. 나무라거나 비난하기, 놀리기, 지적하기 등은 피한다. 가장 효과 좋은 방법은 부모가 증상을 무시하고 증상에 대해 관심을 주지 않는 것이다.

틱 증상과 반대되는 행동을 놀이나 훈련으로 연습해도 효과적이다. 예를 들어, 눈을 자주 깜박거리는 틱이 있다면 부모와 눈을 깜박거리지 않고 버티는 눈싸움을 하다 보면 틱 증상이 저절로 없어진다. 이러한 조치에도 증상이 좋아지지 않고 틱장애가 지속되거나 욕을 하거나 자신을 때리는 것처럼 일상적이지 않은 증상으로 나타나거나, 틱장애 때문에 학업이나 친구 관계 등에 어려움을 겪는다면 초기부터 치료를 받아야 한다. 틱으로 다른 불편함이 있을 때는 도파민 억제 약물을 복용하기도 하고(헬스조선, 2019.3.25.), 인지행동요법을 사용하여 치료를 돕는다. 약물은 주로 12~18개월간 복용한 뒤에 양을 서서히 줄여 나가는데, 대부분 호전된다. 인지행동치료를 통해 전조증상이 나타날 때를 알아차리고 틱 증상이 덜 표나게 하는 방법을 익힐 수도 있다. 틱장애 치료의 목표는 환자의 사회생활에 지장이 있을 경우 적응할 수 있도록 돕는 것에 중점을 둔다. 틱 증상이 있어도 사회생활에 지장이 없다면 치료하지 않는 것이 일반적이다.

4) 양극성 장애

(1) 양극성 장애의 정의

양극성 및 관련 장애(Bipolar and Related Disorder)의 범주는 우울 증상뿐만 아니라 조증도 포함하는 장애를 말한다. 조증은 대개 비정상적이고 지속적으로 들뜨거나 과민한 기분이 나타나고 에너지나 활동 증가가 지속적으로 나타난다. 조증기 동안 경험하는 들뜬 기분은 자아존중감이 과도하게 높고, 행동과 말과 사고를 많이 하며, 주의가 산만하고, 신체적 · 정신적 행복감이 과장된다는 특징이 있다.

(2) 양극성 장애의 진단 및 증상

조증 에피소드의 기준에 부합하기 위해서는 (1주 이상 지속되는) 조증 외에 다음의 추가 증상 가운데 적어도 세 가지(기분이 과민한 증상뿐이라면 네 가지)가 나타나야 한다.

1. 과장된 자기존중감
2. 수면의 필요성 강조
3. 평소보다 말이 많아짐
4. 질주하는 사고
5. 주의산만
6. 목표지향적 행동이나 정신운동성 흥분의 증가
7. 부정적인 결과를 가져올 수 있는 지나친 활동(예: 과도한 소비, 무분별한 성적 행동)

또한, 조증 에피소드가 사회적 · 학업적 기능에 분명한 손상을 초래하거나, 아동이 자신이나 다른 사람들에게 해를 입히지 않도록 하기 위해 입원할 필요가 있을 때 양극성 장애 진단을 내린다.

조증이 있는 아동은 정도가 지나치거나 상황 또는 발달 수준에 맞지 않게 기분이 좋아 보일 수 있다. 과장된 자기존중감과 과대망상이 자신의 능력을 과대평가하거나(예: "우리 학교에서 내가 제일 똑똑해.") 위험한 묘기를 시도하는 형태로 나타날 수 있다. 이러한 행복한 기준은 아동기의 전형적인 모습과는 차이가 있다(Wicks-Nelson &Israel, 2014; 정명숙 외 역, 2016).

〈표 5-2〉 아동조증 증상과 전형적 아동행동 표출의 예

증상	아동조증	정상 아동
의기양양한 기분	• 9세 소녀가 "난 산꼭대기에 있어."라고 말하면서 온 집안을 춤추며 돌아다닌다. • 7세 소년이 수업시간에 까불고 낄낄대는 바람에 계속 교장선생님께 불려 간다.	• 가족이 크리스마스 아침에 디즈니랜드에 갔을 때 아이가 무척 흥분하였다.
과장된 행동	• 8세 소녀가 교실에 종이꽃집을 설치하고 교사가 수업을 들으라고 해도 화를 내고 거부한다. • 7세 소년이 유모차를 훔쳤다. 그는 훔치는 것이 나쁘다는 것을 알고 있지만 그게 자신에게는 나쁘다고 생각하지 않는다. 그는 경찰이 와서 자기와 놀아 줄 것으로 생각하였다.	• 7세 소년이 자신이 소방수라고 가장하고 다른 사람들을 이끌고 사람들을 구출하는 시늉을 하였다. 그는 이 놀이를 할 때 소방서에 전화를 하지 않았다. 이 놀이는 연령에 적합하고 아무 피해도 없다.
성욕과잉 행동	• 8세 소년이 면담 때 힙을 돌리고 가랑이를 문지르며 록 스타를 흉내 낸다. • 9세 소년이 사람들에게 벗은 여자 사진을 내보이면서 미래의 아내라고 말했다.	• 7세 소년이 또래 친구와 의사놀이를 하였다.

출처: Geller et el., (2003); Wicks-Nelson & Israel, 2014; 정명숙 외 역(2016) 재인용.

청소년의 조증 에피소드는 아동에게서 나타나는 증상과 비슷한 부분도 있고, 다른 부분도 있는데, 청소년은 반사회적 행동, 학교 중퇴, 학업 실패 또는 물질 사용과 함께 나타날 가능성이 크다. 또 정신병적 특징을 보이는 경향이 있다.

코와치와 델벨로(Kowatch & DelBello, 2006)는 양극성 장애가 있는 청소년이 보일 수 있는 조증 증상을 다음과 같이 기술하였다.

❖ 양극성 장애가 있는 청소년이 보일 수 있는 조증 증상

- 들뜬 기분
- 기분 변동
- 유별난 에너지
- 목표지향적 활동의 증가
- 말의 속도 증가 또는 양의 증가
- 관념의 비행
- 판단력 저하
- 망상
- 과민한 기분
- 수면의 필요성 감소
- 과잉행동
- 과대망상
- 사고의 질주
- 산만성
- 환각

조증이 있는 청소년은 전혀 그렇지 않은 상황에서 너무 극단적으로 행복해하거나 어리석게 행동해서 주변 사람들의 신경을 거스를 수 있다. 비현실적으로 낙관적이고 과민한 기분이 자주 드러난다. 매우 반항적이거나 퉁명스럽고 적대적일 수 있다. 또, 평소보다 힘이 넘치므로 평소처럼 많이 잘 필요가 없다고 한다. 참을성이 없어 보이고 매우 조급해 보인다. 자신의 능력에 대해 과대망상을 가지고 있을 수 있다. 짧은 기간 동안 많은 일을 하곤 하는데, 처음에는 상당히 생산적이기도 하다. 그러나 조증이 진행되면서 점차 지리멸렬해지고 비생산적이 될 수 있다. 큰 소리로 말하고 남의 일에 간섭하며, 도중에 저지하기가 힘들다. 말이 빠르고 급하고 분명치 않거나 이해하기 어려우며, 생각이 뻗어 나가고 있음을 발견하게 된다. 이야기의 주제가 너무 빨리 바뀌어서 다른 사람들에게 혼란을 주는 생각이 비행의 현상으로 나타나기도 한다. 또한, 판단력이 떨어져서 충동적이거나 위험한 행동(잦은 싸움, 알코올 또는 물질 사용, 무모한 운전 등)에 빠지기도 한다. 양극성 장애가 있는 청소년 중에 환각과 망상을 경험하는 경우도 있다.

(3) 양극성 장애의 원인

양극성 장애가 나타나는 가장 큰 원인은 가족력이다. 양극성 장애가 있는 청소년의 부모, 형제는 양극성 장애 유병률이 예상보다 훨씬 높다. 양극성 장애가 있는 성인의 자녀는 양극성 장애 및 일반적인 기분장애를 앓을 위험이 높다.

또한, 유전적 요인과 환경요인이 영향을 준다. 스트레스가 많은 생활사건, 가족관계 및 양육방식, 사회적 지지 부족과 또래관계의 어려움 등이 생물학적 취약성과 상호작용하여 양극성 장애 및 관련 장애를 일으킬 수 있는 잠재적 환경요인이 된다.

또래관계, 스트레스, 자살생각, 사회불안, 비행 등이 양극성 장애와 관련성이 크다. 또래관계가 어려울 경우 불안이나 우울 등의 정신적 문제를 일으켜 우울장애나 양극성 장애를 초래할 수 있고, 스트레스는 양극성 장애에 걸릴 소인이 있는 사람에게 우울 증상이나 조증을 유발시키는 역할을 한다(조용래, 2000). 스트레스 사건, 특히 심리사회적 스트레스는 우울 증상과 조증의 발현, 양극성 장애의 재발 및 악화에 영향을 준다(황선영 · 이승희, 2011). 또한, 청소년기의 사회불안은 사회적 회피와 위축으로 인해 사회적 경험의 기회를 제한하여 장기적인 적응에 심각한 저해요인이 될 수 있는데(Chorpita, Albano, Heimberg, & Barlow, 1996), 사회불안이 높은 청소년은 정서적 과민경향을 보이며 사회적 고립으로 우울장애와 양극성 장애를 보일 가능성이 크다. 그리고 양극성 장애를 가진 청소년은 물질 사용, 법적 문제, 또는 적대적 반항장애나 품행장애와 같은 정신장애를 경험할 가능성도 크다(Kearney, 2010).

(4) 양극성 장애의 극복

양극성 장애의 치료를 위해서는 약물치료가 대표적이고 약물치료의 한계를 극복하기 위해 심리치료를 병행하는 것이 효과적이다. 가족집중치료, 인지행동치료, 대인관계 사회리듬치료, 정신건강교육 등을 통한 치료가 많이 알려져 있다. 인지행동적 치료기법을 포함하여 정보 제공, 치료 순응도, 질환관리기술에 초점을 맞춘 정신건강교육을 시행하는 것이 가장 효과적이라고 보고 있고(박원명 · 전덕인, 2010), 대인관계 사회리듬치료(Interpersonal and social rhythm therapy: IPSRT)는 수면-각성 리듬, 하루 활동 패턴,

하루의 사회적 자극의 정도 모니터링하기 등을 포괄한 프로그램으로 사용되고 있다.

양극성 장애를 경험하는 사람의 정신구조는 좋은 내적 대상의 부재로 대상에 대한 지각이 통합되어 있지 못하고 응집력이 결핍되어 있으며, 여전히 대상을 향한 적대감과 대상을 상실한 고통을 겪으며 살아갈 수밖에 없는 상태에 놓여 있다. 따라서 그들의 내면세계에 내재화되어 있는 초기 대상 상실의 두려움과 불안을 안전하게 재경험할 수 있는 기회를 제공하고 그 경험을 다시 조직해서 겪었던 외상과 아픔, 혼란스러움이 좀 더 고차원적이고 만족할 만한 수준에서 재구조화되도록 도와주어야 한다(박경란, 2020).

양극성 장애를 극복하기 위해서는 다른 이들의 안아주고 공감해 주는 환경의 제공이 무엇보다 우선되어야 한다. 지지해 주는 대상을 통해 제공되는 환경적 부분이 양극성 장애 극복에 도움이 된다.

또한, 스트레스에 대한 부정적인 인지스타일을 다루어 주어야 한다(Frederick & Kay, 2007). 조증이 진행되면 인지 스타일의 변화가 오므로 사건에 대한 해석을 현실적으로 하기 위한 인지적 재구성, 행동을 취하기 전에 계획을 평가하기와 같은 기법을 활용할 수 있다. 또한, 수면장애의 개선과 약물치료에 대한 순응을 높이기 위한 행동적인 개입도 이루어지고, 신용카드를 남에게 주는 것과 같은 위험한 행동이나 장기적으로 해가 될 수 있는 쾌락을 추구하는 행동 수준을 줄이는 개입도 이루어질 수 있도록 해야 한다(박재우, 2013).

청소년은 스스로 자신을 괴롭히는 문제를 보다 구체적으로 파악하고 문제와 걱정의 중요도에 따른 우선순위를 정하도록 함으로써 스트레스를 효과적으로 대처하고 의사결정을 분명히 하여 해결책을 효과적으로 평가하도록 돕는 것이 필요하다. 이렇게 할 때 슬픔, 기분 고조, 짜증, 과민함의 기분 변화로 인해 나타나는 공격적 행위가 감소될 수 있고, 걱정, 과대망상, 자기비난으로 인한 무기력하고 부정적인 사고에서 벗어나 가능한 해결책을 모색할 수 있게 된다. 또한, 수면, 식욕, 에너지, 활력으로 인한 과체중과 무계획적 생활 등이 향상될 수 있다(한미령, 2005).

5) 우울증

(1) 우울증의 의미 및 특징

일상적인 의미에서 우울증이라는 용어는 불행한 기분이 지속적으로 나타나는 경험이다. 주관적 불행감, 주관적 슬픔이 우울증에 많이 나타난다. 우울증인 청소년은 다른 여러 문제를 같이 겪는 경향이 있다. 과민성과 짜증(갑작스러운 폭발, 눈물, 고함치기, 물건 집어 던지기 등), 즐거운 경험의 상실, 사회적 위축, 자아존중감 저하, 집중력 결여, 학업 저조 등을 나타내기도 하고, 생물학적인 수면, 섭식, 배설의 변화와 더불어 신체 통증이 나타나기도 하며, 죽고 싶다는 생각을 하는 청소년도 있다.

일상적 우울증과 더불어 아동과 청소년에게 가장 많이 진단되는 기분장애는 주요 우울장애이다. 우울증은 기분장애의 단극성 장애로 하나 또는 그 이상의 주요우울증 에피소드가 나타나는 것이다. 우울증을 경험하는 대부분의 청소년은 과민한 기분을 보인다. 주요 우울증 에피소드는 다음의 아홉 가지로 대별해 볼 수 있다.

1. 우울한 또는 과민한 기분
2. 흥미나 즐거움의 상실
3. 체중이나 식욕의 변화
4. 수면장애
5. 운동성 흥분 또는 지체
6. 피로감 또는 활력 상실
7. 무가치한 느낌 또는 죄책감
8. 생각하거나 정신을 집중하거나 결정을 내리기가 어려움
9. 죽음에 대한 생각 또는 자살생각이나 행동

이 중 주요우울장애는 다섯 가지 또는 그 이상이 있어야 한다. 또한, 이 증상들이 2주 동안 지속되어야 하며, 임상적으로 의미 있는 고통을 일으키거나 사회나 학업 같은 청소년에게 중요한 기능 영역에 손상을 초래해야 한다.

(2) 우울증의 종류

DSM-5에서 우울장애는 주요우울장애(Major Depressive Disorder: MDD), 지속성 우울장애(Persistent Depressive Disorder, Dysthymia), 이중우울증(double depression), 파괴적 기분조절장애(Disruptive Mood Dysregulation Disorder)로 분류한다.

주요우울장애는 한 가지 또는 그 이상의 우울 에피소드들이 나타나는 특징이 있고, 지속성 우울장애는 더 만성적인 형태를 보인다.

지속성 우울장애는 기분부전장애로도 쓰이는데, 주요우울장애의 많은 증상이 덜 심각한 형태로 나타나지만 더 오랜 기간 만성적으로 나타난다. 우울한 또는 과민한 기분, 식욕부진 또는 과식, 수면장애, 활력 부족 또는 피로, 자아존중감 저하, 정신집중 또는 의사결정의 문제, 절망감 등이 두 가지 또는 그 이상이 적어도 일 년 동안 나타난다.

이중우울증은 주요우울장애와 지속적이고 만성적이고 덜 심각한 지속성 우울장애가 동시에 나타나는 경우가 있다. 두 가지 우울증이 같이 나타나는 것을 이중우울증이라고 한다.

파괴적 기분조절장애는 극단적 성질 폭발, 신체적 공격성과 같은 잦은 폭발과 지속적 과민성 등의 증상을 보이는 것으로 화나고 과민한 기분은 폭발이 없을 때에도 거의 매일 온종일 나타나는 것이다.

단극성 장애가 있는 청소년 중에는 80%가 주요 우울장애를 경험하고, 10%는 주요우울장애가 없는 기분부전증을 경험하며, 나머지 10%는 이중우울증을 경험한다고 보고하였다. 파괴성 기분조절장애는 6세 이전이나 18세 이후에는 진단을 내리지 않도록 되어 있고, 이는 양극성 장애의 증상과 비슷해서 구별하기 어렵기 때문에 사례가 보고되지 않은 것으로 보인다.

(3) 우울증의 현상

연령과 성별, 사회경제적 지위에 따라 우울증에 차이가 나타나는데, 11세에는 남자가 여자보다 우울증 비율이 더 높았고, 13세에는 성차가 없다가 15세, 18세, 21세에는 여자가 우울증에 빠지는 비율이 더 높아졌고(Hankin et al., 1998), 사회경제적 지위(소득, 낮은 부모 교육 수준, 만성적 스트레스, 가족붕괴, 불운한 환경, 인종/민족차별 등)가 낮을수록 우울증 비율이 높아졌다(Anderson & Mayes, 2010; Hammen & Rudolph, 2003; Wight, Sepulveda, & Aneshensel, 2004).

또한, 우울증을 겪으며 다른 심리적 장애를 같이 겪는 경우가 있는데, 특히 청소년에게는 우울증과 함께 분리불안장애와 같은 불안장애가 가장 흔하게 동반된다. 불안장애뿐만 아니라 품행장애와 반항성 장애, 알코올이나 물질남용의 문제도 함께 가지고 있는 경우가 많다.

아동기 때에는 우울증과 관련된 자기비하나 절망감을 말로 표현하지 않다가 청소년 초기부터 낮은 자아존중감을 말로 표현하기 시작한다. 성인의 우울증과 거의 비슷하게 나타나는 때는 청소년기라 볼 수 있다. 우울증이 일찍 시작될수록 지속시간이 더 길고, 우울증 발병 이후로 5년 이내에 양극성 장애로 발전할 가능성이 크다.

〈표 5-3〉 발달적으로 본 우울증의 증후

발달단계	정신적 증후	정신신체적 증후
아동	성냄, 불안, 놀이억압, 접촉추구, 학습억압, 가벼운 피로감, '조용한 아이', 과불안	유뇨증, 유분증(5세 이후), 성기 만지기, 야경증, 울음 및 소리치는 발작, 자기고립경향
청소년	숙고, 자살충동, 방관자, 열등감, 의기소침, 기분 변화, 불안, 사회화 장애	섭식장애, 두통, 정신신체적 질병(소화불량 등)

성인과 달리 아동과 청소년은 우울한 것보다는 흥분되거나 화내는 것이 특징이다(Ryan et al., 1987). 주요 우울에서는 아동과 청소년이 동일한 증상을 보이지만, 다른 증후들의 빈도에는 연령에 따라 다르다. 아동은 슬퍼 보이고 우울하며 두통과 복통과 같은 신체적 병이 나타나고 청소년은 슬픔과 절망감을 표현하고 수면과 활기, 식욕과 체중이 변화가 나타난다. 또한, 청소년은 정상적으로 즐길 수 있는 활동에 대한 흥미나 즐거움을 느끼지 못하는 무쾌감증을 경험한다(Ryan et al., 1987). 수면과다증, 불면증, 체중감소나 체중증가, 피로 등이 나타난다. 집중력이 떨어지기 때문에 학업을 게을리하게 되고 낮은 성적으로 고통을 겪는다. 기분이 변하다 보니 환경에 적절하게

반응할 수 없는 것도 특징이다. 이러한 여러 가지 문제를 해결하기 위한 나름의 시도로 술, 담배, 본드, 부탄가스 등 약물 오·남용이나 비행행동을 하기도 한다. 또한, 자신의 단점을 찾으려 하고, 죽음에 대한 언급을 많이 하며, 그로 인해 자살위협이나 시도를 하게 되는 특징이 나타난다. 청소년기의 우울증이 성인이 되어서도 지속되기도 하고 다른 정신장애로 이어질 수 있으며, 성격적인 문제가 동반되는 경향이 있다.

(4) 우울증의 원인

우울증은 생물학적 영향, 사회적·심리적 영향, 스트레스가 크게 작용한다.

❶ 생물학적 영향

생물학적 영향에는 유전적 영향, 뇌기능과 신경화학, 기질적인 부분이 영향을 주는데, 유전적 영향에서 유전은 사춘기 이전 아동보다는 청소년의 우울증에 더 크게 영향을 미친다고 보았다(Scourfeld et al., 2003). 뇌기능과 신경화학적 영향으로 시상하부, 뇌하수체, 부신, 갑상선을 포함하는 신경내분비계의 조절장애가 성인 우울증을 규정하는 특징인데, 청소년의 우울증에는 스트레스 호르몬 코르티솔과 뇌하수체가 생산하는 성장호르몬의 조절장애, 수면장애가 영향을 주는 것으로 보고 있다. 기질적인 측면에서 보았을 때 기질에는 부정적 정서 성향(Negative Affectivity: NA)과 긍정적 정서 성향(Positive Affectivity: PA)이 있는데, 각각이 갖는 특성이 우울에 영향을 준다는 것이다. 부정적 정서 성향은 부정적인 것에 민감하며 경계심이 많고 긴장을 통해 부정적 정서를 느끼는 성향이고, 긍정적 정서 성향은 사교성, 에너지 등의 특성을 갖는데, 높은 NA 수준은 불안과 우울에 관련이 있고, 낮은 PA 수준은 우울과 관련이 있다(Watson, 1991). 기질적 특성은 환경과 상호작용하여 영향을 미치는데, 부모의 양육환경이 그것이다. 따뜻한 양육을 하는 부모의 자녀보다는 엄격하고 일관성 없는 양육을 하는 자녀에게 우울이 더 나타날 수 있다.

❷ 사회적·심리적 영향

첫째, 분리와 상실이다. 우울증은 일반적으로 분리, 상실 또는 거부에서 온다는 것이다(Garber, 2010). 분리와 상실은 심리학자들의 주장에서 나타난다. 프로이트(Freud)는 대상상실이 우울증을 불러일으킨다고 보았다. 상실한 사랑의 대상에 대한 동일시와 그 대상을 향한 양면적 감정은 사랑하는 대상에 대한 적대적 감정을 자기 자신에게로 향하게 하여 자아존중감 상실과 절망감을 경험하게 된다. 행동주의 심리학에서도 부적절한 정적 강화가 우울증에 영향을 준다고 보았는데, 사랑하는 사람의 상실과 분리는 정적 강화의 원천을 감소시킨다는 것이다.

둘째, 인지행동적인 관점이다. 아론 벡(Aron Beck, 1999, 김경희, 2007 재인용)은 자기와 세계 그리고 미래에 대한 부정적인 자동적 사고에서 기인한다고 보았다. 그는 부정적 인지적 삼각대 모델을 제시하여 우울증에 걸리면 보는 모든 것을 부정적인 것으로 생각하는 경향을 나타낸다고 하였다.

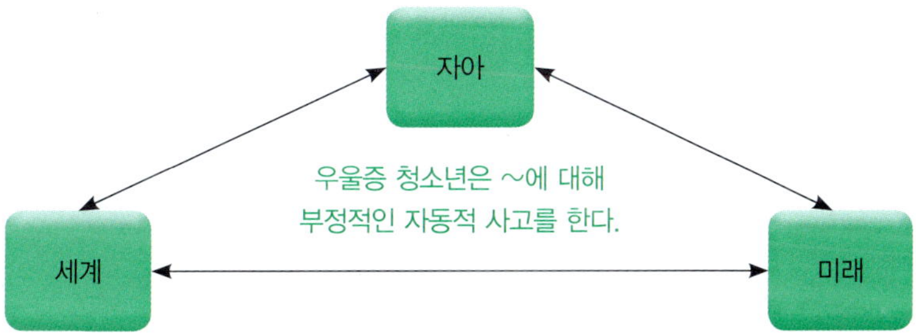

[그림 5-1] 벡의 부정적 인지적 삼각대 모델

출처: 김경희(2007).

정상 청소년은 시험을 잘 보면 행복해지고 자신을 자랑스럽게 여기며, 공부를 열심히 하면 좋을 결과가 나타난다는 것을 인지하고 있는데, 우울한 청소년은 시험에 좋은 성적을 얻었음에도 부정적 자동적 사고로 접근하여 시험을 잘 보면 운이 좋았다거나 시험문제가 쉬웠다고 하고, 시험을 못 보면 자기가 못났다고 생각한다. 이러한 사고가 감정과 행동에 영향을 미쳐서 전반적으로 무기력하며 우울함을 나타낸다.

셋째, 대인관계 관점이다. 활동 수준이 낮고 대인관계기술이 부적절할 때 이 둘이 결합하여 우울증을 발달시키고 유지하는 역할을 한다. 우울한 청소년은 문제적인 관계를 이끌어 내고 그런 관계에 반응한다. 다른 사람으로부터 긍정적인 반응을 이끌어 내지 못한다. 사회적 기능에 결함이 있고 대인관계에 대한 생각이 부정적이며, 다른 사람으로부터 호감을 얻지 못한다(Klein et al., 2008). 긍정적인 사회적 강화가 부족한 데서 우울증이 발생한다. 대인관계에 있어서 무시당하고 무가치하다고 여겨지며, 거절당하는 상황에서 위축되어 나타나는 경향이 크다. 우울증을 경험하는 청소년은 능동적 문제해결이나 문제 중심적인 대처 수준이 낮고, 수동적이고 회피적이며, 정서중심적이다(김경희, 2007).

넷째, 가족과 또래관계의 영향이다. 부모나 가족의 영향이 우울증을 유발한다고 보지만 장해를 받은 가족관계가 실제로 우울증의 원인이 될 수 있는지는 확실하지 않다. 그러나 우울증 부모를 가진 가족 안에서 자란 자녀는 우울증을 갖게 되는 상호작용 유형과 의사소통에 노출되어 있다(Jones, Forehand, & Neary, 2001). 의사소통에 있어서 비판적이고, 적개심이 강하고, 애정이 없고, 위축되고 거절되며, 정서적 지지가 매우 부족한 가족의 상황이 영향을 준다. 많은 청소년은 쉽게 상처받고 감정적이며, 부모와 자주 다투기 때문에 우울증의 여러 특징이 정상적인 청소년의 특징과 비슷하게 보여 간과하기 쉽다.

❸ 스트레스

다양한 환경 안에서 받는 스트레스적인 요소가 우울증을 일으킨다. 가정 안에서 겪는 부모의 이혼이나 죽음 같은 과도한 스트레스 상황에 놓일 때가 그런 경우이다. 청소년에게 가장 크고 일반적인 스트레스는 학업 스트레스이다. 결과만 중시하는 사회 분위기가 이들의 학업 스트레스를 과도하게 부추긴다. 공부 잘하는 아이들도 자신의 부족한 부분만 강요받는 환경이다 보니 이런 환경에 반복적으로 노출되면 완벽주의를 강요받아 스스로 지나치게 높은 기대치와 기준을 설정해 놓아 작은 실수에도 패배감과 우울감을 느끼게 된다. 또한, 소통의 부재가 스트레스로 작용한다.

(5) 우울증의 치료

청소년 우울증 치료는 주로 항우울제를 사용한 약물치료와 인지행동치료, 대인관계치료로 이루어진다.

첫째, 항우울제는 신경호르몬의 조절을 통해 우울 증상을 개선한다. 항우울제는 습관성이나 부작용도 거의 없다. 약물치료로 우울 증상의 호전을 보더라도 바로 끊지 않고 9개월~1년의 유지치료를 하는 것이 필요하다.

둘째, 인지행동치료를 사용할 수 있다. 이는 청소년의 부적응적 인지(귀인의 문제, 지나치게 높은 기준, 부정적 자기감찰 등)를 찾아내고 수정하며, 즐거운 경험을 증가시키고, 사회적 기술을 향상시키며, 의사소통, 갈등해소, 사회적 문제해결 및 대처기술 개선 등의 목표에 초점을 두고 이루어진다. 스타크 외(Stark et al., 2010)는 9~13세 소녀를 대상으로 학교에 기반을 둔 CBT 프로그램을 개발하였으며, 그 명칭은 ACTION 프로그램이다.

〈표 5-4〉 ACTION 치료 프로그램의 일차적 요소

회기	1차적 치료 요소
1	프로그램의 기본요소에 대한 소개와 논의
2	정의적 교육 및 대처의 도입
개별회기 1	개념 복습 및 치료목표 수립
3	정의적 교육 및 대처기술
4	집단응집성 확장, 목표 검토, 대처기술의 적용
5	대처기술 확장, 문제해결 도입
6	인지와 정서, 인지적 재구조화 개념의 도입
7~9	문제해결의 적용
개별회기 2	개념 복습 및 치료활동 개별화
10	인지적 재구조화를 위한 준비 및 연습
11	인지적 재구조화 계속
12~19	인지적 재구조화 연습 및 자기지도 작성(개인의 강점 확인)
20	마무리

출처: Wicks-Nelson & Israel (2014), 정명숙 외 역(2016).

ACTION 프로그램은 '기분이 나쁜데 그 이유를 알 수 없다면 대처기술을 사용하라.', '기분이 나쁜데 그 상황을 바꿀 수 있다면 문제해결을 사용하라.', '기분이 나쁜데 그것이 부정적 생각 때문이라면 그 생각을 바꿔라.'라는 세 가지 핵심기술을 다룬다. 그러면서 회기마다 행동 활성화(behavioral activation)를 지향하는 것을 목표로 한다.

행동 활성화는 참여자가 즐거운 일을 하고 적극적이기를 장려하는 활동이다. 또한, 부모는 치료기술 사용의 모델이 되고 강화시켜 주며, 감정 상태와 가족의 의사소통 스타일을 바꾸며, 소녀들에게 긍정적인 메시지를 전달하는 지지적 환경을 만들도록 도와주는 역할을 한다.

셋째, 대인관계치료이다. 우울증은 개인의 인간관계와 밀접한 관련이 있으므로 치료자는 다양한 능동적 전략을 통해 부모와의 분리, 역할전환, 낭만적 관계, 대인관계 결핍, 또래 압력, 슬픔, 한 부모 가족상태 등 청소년이 현재 당면한 인간관계의 문제를 이해할 수 있도록 도움을 준다. 대인관계 접촉, 강한 가족동일시와 가족애착을 치료에 통합하기도 한다. 청소년의 문화와 생활환경에서 예화, 속담, 이미지를 선정하고, 치료접근법의 대인관계적 성격을 강조하고 가족의존성과 독립성에 대해 논의하는 등 다양한 치료법을 응용하여 사용한다.

우울증에서 중요하게 다루어야 할 부분은 자살의 위험성이다. 청소년의 자살이 항상 우울증과만 연관되어 있는 것은 아니며, 우울하다고 해서 항상 자살사고를 보이는 것도 아니지만, 우울증 청소년은 자신에 대해 비관적이고 부정적인 사고로 죽음에 대해 생각할 가능성이 크므로 자살에 대한 이야기를 하거나 자살시도를 하면, 이야기를 잘 들어주고 24시간 내내 잘 관찰하고, 적절한 평가와 치료를 받도록 해야 한다.

도움이 필요할 정도로 증상이 심각한지를 알아보기 위해서는 무엇보다 먼저 청소년과의 대화가 필요하다. 그 과정에서 당신이 그의 슬픔을 이해하고 있음을 알게 해 주어야 한다. 관심을 나타내고 도움을 주려는 자세를 보여 주는 것만으로도 청소년에게 희망을 심어 줄 수 있다. 청소년의 말을 주의 깊게 듣고, 청소년의 입장에서 생각해 보는 것이 중요하다. 청소년에게 부담을 주지 말고, 즐길 수 있고 성공적으로 잘해낼 수 있는 활동을 가르쳐 준다. 작은 성취를 인식하게 해 주고 능력을 칭찬해 줌으로써 자존심을 높여 준다. 또한, 청소년 스스로 쉽게 접근할 수 있는 것으로는 건강에 좋은 음식 먹기, 충분히 자기, 규칙적인 운동하기, 믿을만한 사람에게 마음 털어놓기, 가까운 친구와 가족의 지원받기, 우울한 감정을 유발하는 요인과 그런 감정의 초기 징후를 알아내고 적절한 대책 세우기 등이 있다. 우울증의 핵심요소를 찾아내고 치료기간과 적절한 치료법을 선택하여 효율성을 높이기 위한 노력이 필요하다. 우울증은 80~90%가 치료될 수 있는 비교적 '잘 낫는' 질병이다.

6) 자살행동

자살은 기분장애와 연관성이 있다. 우울증이 자살의 위험요인으로 작용하기 때문에 관련지어 많이 얘기되지만, 우울한 청소년이 자살을 시도하는 경우가 있으나 실제로 자살하지 않으며, 자살하는 청소년 모두가 우울증이 있는 것이 아니기 때문에 분명한 차이가 있음을 알고 접근하는 것이 필요하다. 자살은 자살뿐 아니라 자살시도와 자살생각까지 포함한다. 자살행동은 다양한 측면에서 살펴보게 되는데, 이는 자살행동이 이루어졌을 때는 예방이 아무런 의미가 없으므로 자살시도와 자살생각에 접근하여 살펴봐야 한다.

(1) 자살의 현황

청소년 자살률은 성인에 비해 비교적 낮은 편이다. 그럼에도 불구하고 청소년 자살에 대한 사회적 관심은 높다. 1950년대 중반에서 1990년대 초반까지 청소년과 젊은 성인의 자살률이 급격히 증가하다가 1990년대 중반 이후로는 점차 하락세에 있으나, 사회적인 위기와 혼란이 가중되면서 젊은이, 청소년의 자살이 다시 증가 추세에 있다. 청소년은 여학생이, 스트레스가 높을수록, 가족 내에서의 갈등이 많을수록, 학교에서 괴롭힘을 당할수록, 우울할수록 자살생각을 많이 한다(김은정, 2010). 자살생각을 더 많이 할수록 앞으로 자살을 시도할 가능성이 크고, 가볍게 자살을 가끔씩 생각하는 자살생각도 자살시도 위험을 증가시킨다.

우리나라 10~19세 청소년의 사망원인 1위가 자살이며, 청소년 사망자 중 30%가 극단적 선택을 통해 세상을 떠났다. 국내 인구 10만 명당 청소년(9~24세) 자살사망률은 2009~2015년 감소하다 2016년부터 다시 증가세를 보이고 있고, 11년째 '자살'로 가장 많이 사망하고 있다.

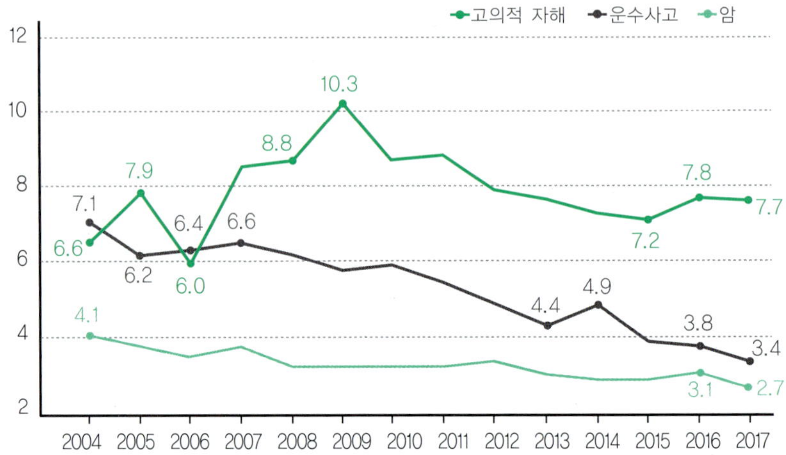

[그림 5-2] 인구 10만 명당 9~24세 청소년 사망원인

출처: 통계청.

(2) 자살의 특징 및 원인

청소년 자살의 특징은 실제적인 자살의도보다 자신의 고통을 외부에 표출하여 도움을 얻고자 하는 표현방법으로 사건이나 스트레스에 의한 충동적인 시도가 많다. 특히, 사건 발생 전에 극단적 선택을 한 67%가 스트레스를 드러내지 않는 경우가 많다. 여성의 자살시도에는 대부분 유해물질을 섭취하거나 칼로 베는 방법을 주로 사용하고, 남성의 자살시도에는 유해물질 섭취, 칼로 베기, 목매달기, 정맥에 공기를 주입하거나 달리는 차에 뛰어들기 등 다양한 방법을 사용한다. 자살시도를 한 청소년이 반복적으로 자살을 시도하기도 하는데, 자살시도 이후 3개월간은 자살시도가 재차 이루어질 위험이 높은 시기이다. 청소년이 자살위험에 취약한 이유는 문제해결 및 자기조절기술과 스트레스 대처능력이 아직 충분히 발달하지 못했기 때문이다. 자살하기 쉬운 전형적인 청소년의 유형이 있는 것은 아니지만 자살할 위험을 높이는 데 작용하는 요인은 다음과 같다.

첫째, 가족력이다. 자살행동을 한 가족력이 있으면 거기에 영향을 받는다. 또한, 가족 안에서의 학대, 부모의 감독 소홀, 의사소통 부족 등의 가족요인과 가족붕괴도 위험요인으로 작용한다. 자살을 시도하는 청소년은 문제가 많은 가정에서 성장했을 가능성이 크다(De Willde et al., 2001; Wagner, Silverman, & Martin, 2003).

둘째, 집단괴롭힘, 학교에서 받는 스트레스, 사회적 관계, 사회문화적 영향과 같은 스트레스 요인이 자살위험을 높이는 데 영향이 있다. 청소년의 스트레스가 자살생각에 영향을 준다. 고재홍 · 윤경란(2007)의 연구에서 청소년의 생활 스트레스 중 자기문제와 관련되는 스트레스가 자살생각에 가장 큰 영향을 주었고, 가족관계 스트레스, 학교생활 스트레스, 환경문제 스트레스, 교우관계 스트레스 순으로 영향을 주는 것으로 밝혀졌다. 자기 안에서 발생하는 스트레스, 외부적인 대인관계나 환경 안에서 발생하는 스트레스가 자살위험으로 청소년에게 다가가는 것이다.

셋째, 정신건강요인을 들 수 있다. 우울증, 불안장애, 주의력결핍 과잉행동장애, 알코올 및 약물 오 · 남용의 문제가 자살과 연관되어 있다. 자살로 사망한 청소년의 사후부검연구를 통해 자살사망군에서 우울증이 있는 경우가 48.4배, 충동조절장애가 13.6배 높았다. 우울증이 성인기뿐 아니라 청소년에게서도 자살 사망의 주요한 원인이다(전홍진 · 배주미 · 우종민, 2013).

넷째, 대중매체의 영향을 들 수 있다. 대중매체가 자살 사례를 내보낸 후의 전염이 발생하는 것이다. 청소년은 모방과 관찰을 통해 행동을 하는 경향이 크므로, 자신과 비슷한 또래뿐만 아니라 자신이 선망하고 따르던 누군가의 자살 사례가 그들에게 모방자살로 이어질 수 있다.

2018년 자살예방백서에 따르면 여학생 30.5%, 남학생 20.9%가 우울감을 경험했고, 전체 여학생 중 14.9%, 남학생 중 9.5%가 자살생각을 한 것으로 나타났다. 자살생각을 하게 되는 이유는 학교성적이 가장 높았고, 가족 간의 갈등, 선후배나 또래와의 갈등, 경제적인 어려움 순으로 생활에서 받는 스트레스가 가장 큰 원인임을 알 수 있다. 청소년은 가족이나 친구 간의 갈등 등 절망감에 빠질 때, 문제를 극복하기 어렵다고 느낄 때 자살을 생각한다.

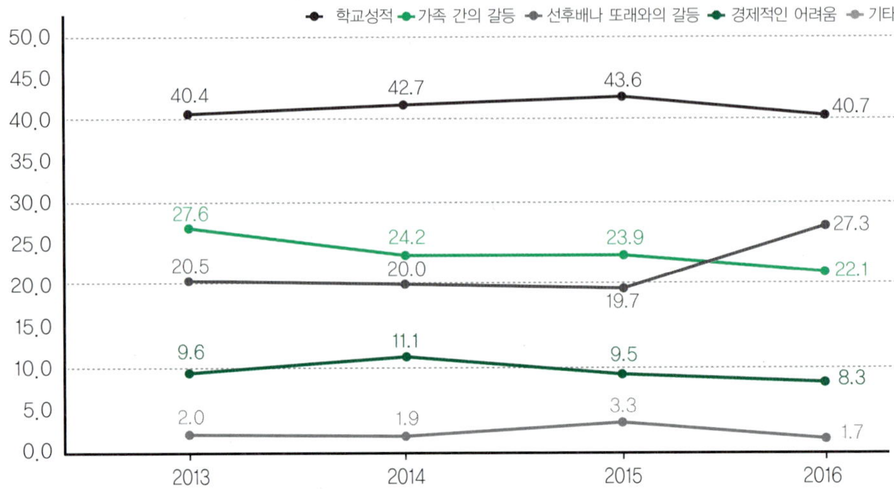

[그림 5-3] 2013~2016년 청소년이 죽고 싶은 이유 추이 백분율

출처: 중앙자살예방센터(2017). 2018 자살예방백서.

(3) 자살예방

자살은 개인적 · 사회적 · 문화적인 요인이 복합적으로 작용하는 사회적인 현상이다. 자살을 예방하기 위한 노력은 매우 촘촘하고 체계적인 정책이 필요할 뿐만 아니라 다양한 영역과의 동반 해결에 대한 생각과 실천이 협력될 때 예방할 수 있다.

2011년 대구의 한 학생이 학교폭력으로 고통받은 후 자살을 한 사건이 사회적인 관심이 되었고 우리나라 학교에 많은 영역의 책임을 요구함에 따라 2012년 이후 교육부는 적극적인 학생 자살예방정책들을 시행하였고, 특히 고위험군의 발견과 개입체계를 강화하였다. 이에 따라 교육부, 여성가족부, 보건복지부 등 정부부처에서 다양한 대책을 가지고 시행하고 있다. 교육부의 예방 대책은 학생이 핸드폰이나 SNS 등에 '자살'이라는 키워드를 검색하면 부모의 핸드폰으로 문자를 보내는 시스템, 투신자살을 막기 위해 학교나 아파트 옥상에 안전장치 설치, 자살 관련 사이트에 접속을 제한하는 프로그램 보급 등이다. 2018년 5월 정부는 자살예방 국가 행동계획을 발표하였으며, 학생 · 청소년 자살예방을 위해 ① 자살 위험군 선별 강화, 치료비 지원 확대, ② 위기 문자 상담체계 구축, ③ 정신건강 전문가 학교 방문 지원 확대, ④ 전 교원 정신건강 역량 강화 연수, ⑤ 예비 교원 양성 과정 관련 교과목 개설을 하겠다고 발표하였다. 여성가족부는 청소년정책토론회(2019)를 토대로 지역 자살예방 게이트키퍼 양성, 자살위기 청소년에게 알맞은 시기에 개입할 수 있는 청소년동반자 배치, 청소년 상담채널(1388)을 통한 상담서비스, 자살 · 자해 조장 음악 점검과 유해매체물 유통 차단 등 청소년 자살을 예방하기 위한 사업이나 정책을 보완해 적극 추진하고자 노력하고 있다. 대부분 행동으로 옮길 가능성이 있을 때를 대비한 해결책이다.

다양한 정부부처에서 실시하는 이러한 대책도 필요하겠지만 자살의 근본 원인에 대한 해결이 먼저 선행되어야 한다. 학생에 대한 지속적인 상담과 가족, 주변 친구들과의 관계 등에 대한 심층적인 분석이 필요하다. 또한, 자살 위기에 처한 아이들은 반드시 먼저 신호를 보내므로 주의 깊게 관찰하여 이를 놓치지 않아야 한다. 끊임없는 관심과 대화, 사랑이 아이들을 위기에서 구할 수 있다.

청소년 자살을 예방하기 위해서는 가정, 학교, 지역사회 모두가 공동으로 노력하여 청소년 자살예방 대책을 마련해야 한다. 청소년 자살은 주변에 자신을 도와줄 사람이 없다고 스스로 판단할 때 발생한다. 부모, 형제, 자매, 친구, 교사 등 어느 한 사람이라도 청소년과 친밀한 관계를 맺는다면 청소년 자살은 예방할 수 있다. 의미 관계의 형성이 청소년 자살을 예방할 수 있는 궁극적 처방이다.

가정에서는 자녀에 대한 세심한 주의와 관찰, 충분한 정서적 지원, 자존감 높여 주기, 대화시간 확보, 친밀한 관계 형성, 부모가 모델링 제시하기 등 노력을, 학교에서는 전문기관을 통한 자살예방 교사교육, 상담 프로그램 강화, 청소년 또래집단 교사 양성, 청소년 인성교육 강화 및 건전 여가문화 프로그램 제공, 성적 중압감 제거, 즐거운 학교생활 풍토 조성, 멘토링 프로그램 도입 등을, 지역사회에서는 대중매체를 활용하여 자살의 비윤리성, 생명의 존엄성, 인생의 의미를 제시해 주고, 자살충동을 이겨낸 성공 사례를 제시함으로써 자살예방에 대한 사회 분위기를 유도, 청소년 자살에 대한 오해와 편견을 수정하는 캠페인 실시, 청소년이 좋아하는 유명 연예인이나 운동선수를 활용한 자살에 대한 인식 전환, 자살 고위험 청소년을 발굴하여 도움을 제공할 수 있는 기관 네트워크 구축, 자살에 이용하는 도구(약물, 무기류 등)를 제도적으로 규제, 청소년 유해환경에 대한 단속 등의 노력을 기울여야 한다.

2 행동발달장애

1) 주의력결핍 과잉행동장애(ADHD)

주의력결핍 과잉행동장애는 지속적인 주의력결핍, 충동성, 과다행동을 특징으로 하는 발달성 장애이다. 부주의와 과잉행동, 충동성은 인지적인 측면, 행동적인 측면뿐만 아니라 정서적인 측면, 사회적 측면에서 부적응을 야기한다. 외현화된 문제는 공격적인 행동, 반항적인 행동, 비행 등이고, 내현화된 문제는 정서적 불안정, 우울, 불안 등이 나타난다(윤정자 · 김영희, 1999). 이 장애는 어렸을 때 끝나는 것이 아니라 청소년기, 성인기로 이행된다. 과다활동은 청소년기에 대부분 사라지지만, 일부의 소아 환자는 근본적 정신병리가 성인기까지 지속되어 다른 양상으로 진행되면서 학업, 직장의 업무수행, 일상생활 전반에 어려움을 겪고 대인관계에서의 장애를 나타낸다. 청소년의 행실장애, 성인기의 반사회적 인격장애, 약물남용 정신병리와 상당 부분 관계된다.

(1) ADHD의 증상

ADHD는 상대적으로 일찍 발병하는 질환이다. 3~4세 때 부모에게 처음 발견되는데, 어떤 ADHD 소아는 영아기부터 양육하기가 어렵고 날카롭고 변덕스러운 기질을 보인다. 또 어떤 아이는 유치원이나 초등학교에 다닐 때는 어려움을 나타내지 않다가 지속적인 집중과 통제를 요구받을 때 힘들어하면서 장애를 나타낸다. 아동기 때 ADHD로 진단받은 70% 이상이 청소년기까지 지속되며, 50~60%는 성인기까지 지속된다. ADHD 환자의 뇌는 전전두엽피질, 시상, 도파민중피질돌기 부위에서 이상이 발견된다.

어린이는 과잉행동이 우세하고, 청소년은 충동성, 성인은 주의력결핍이 두드러지게 나타난다. 그래서 청소년기가 되면 과다활동은 현저히 줄어들고 주의력과 충동조절능력이 향상되지만, ADHD의 70~80%는 또래에 비해 부적절한 증상이 나타난다. 청소년 시기는 또래관계, 이성관계, 신체적 변화에 대한 대처, 독립과 주체성 확립이라는 발달과제를 성취해야 하는데, 이것들을 적절히 해 나가지 못하므로 우울감, 자신감 결여, 성공에 대한 불안, 졸업에 대한 걱정들을 하게 된다. 25~35%의 ADHD 청소년은 반사회적 행동 또는 품행장애를 보이고, 58%는 한 번 정도씩 유급했다. 알코올, 담배 같은 물질을 과다복용하고, 더 높은 교통법규 위반율을 보이고, 학업성취가 낮아 진학실패, 퇴학 등을 경험하는 경우가 있었다(이영식 · 방양원, 1998).

ADHD 증상을 보이는 청소년은 행동, 정서, 학업상의 문제를 지속적으로 나타내며, 사회성이 부족하고 품행장애, 반항성 장애, 기분장애, 불안장애 등을 동반하는 경우가 많다(Biederman, Faraone, Taylor, Sienna, Williamson, & Fine, 1998). 청소년기에는 과잉행동보다는 부주의함과 충동성이 계속 나타난다(DuPaul, Guevremont, & Barkley, 1991). ADHD 청소년은 부주의로 인하여 실수를 많이 하고, 행동의 결과를 고려하지 못한 채 충동적인 행동을 하므로 파괴적이고 위험한 행동을 하는 경향이 높아 비행행동 등 사회적으로 문제가 되는 행동을 하게 된다.

ADHD를 진단받은 청소년일수록 자살을 생각하거나 자살시행 의도를 갖거나 구체적인 자살계획을 세우는 등 자살경험이 평균 3배 정도 높았다. 어렸을 때 ADHD로 인해 쌓아 온 분노와 고립감, 복수심 등이 청소년기에 접어들어 우울감과 만나면서 자살과 공격성이라는 극단적 행동을 보이는 것이다. 방치된 ADHD 환자는 성인이 돼 일상 및 사회생활에서 적응이 어렵고, 게임이나 약물, 알코올 중독 등 각종 중독장애로 이어질 수 있다(헬스조선, 2019. 4. 3.). 또한, ADHD로 진단받은 청소년은 일반 청소년보다 우울장애 2배, 불안장애 2배, 품행장애는 20배 이상 높다(삼성생명공익재단 사회정신건강연구소, 2003).

구체적인 ADHD 증상은 다음과 같다(신현균 · 김진숙, 2000). 주의력결핍의 증상은 세부적인 면에 주의를 기울이지 못하고, 실수가 많다. 일이나 공부, 놀이에 지속적인 주의를 기울이지 않아 마음이 다른 곳에 있는 것처럼 보인다. 주의력결핍 장애로 진단받은 사람은 한 가지 일을 시작하자마자 다른 일에 관심을 가지고 손을 대기 때문에 한 가지 일도 제대로 마치지 못한다. 그들은 흔히 다른 사람의 요청이나 지시에 따라 일을 하지 못하는데, 반항적인 성격 때문이 아니라 부주의하기 때문이다. 또 직접 관계가 없는 사소한 자극에도 쉽게 산만해지고, 다른 사람들은 신경 쓰지 않는 자동차 경적소리와 같은 사소한 소음이나 사건에 주의를 기울이기 때문에 하고 있던 일을 자주 중단하게 된다. 또한, 부주의한 경향 때문에 준비물이나 해야 할 일을 잊어버리는 경우가 많다. 과업을 수행할 때 필요한 물품을 정리하지 못하고, 정리정돈이 안 되어 자기 물건을 잘 분실하고 부주의하게 다루고 손상시킨다. 지우개나 연필, 우산뿐 아니라 중요한 것까지 잃어버리는 경향이 있다. 학교에 도시락을 가져가는 것을 잊어버리거나 약속을 이행하지 않는 등 일상적인 활동도 잘 잊어버린다. 사회적 상황에서도 대화 내용이 자주 바뀌고 다른 사람의 말에 귀를 기울이지 못하며, 대화에 전념하지 않아 다른 사람을 기분 나쁘게 만든다. 또 경기나 게임을 할 때도 규칙과 세부사항을 따르지 않고, 자기 차례를 기다리지 못한다.

과잉행동은 무언가를 계속 만지작거리거나 자리에서 옴지락거리고, 가만히 앉아 있어야 하는 상황에도 가만히 앉아 있지 못한다. 상황 판단을 못하고 지나치게 뛰어다니거나, 아무 데나 기어오르고, 일을 조용하고 차분하게 하지 못한다. 끊임없이 활동하거나 무언가에 쫓기는 것처럼 보이고 심하게 수다스럽고 계획과 목적 없이 정신없이 뭔가를 하는 것처럼 보인다. 청소년과 성인의 과잉행동 증상은 안절부절못하고, 조용히 앉아서 하는 활동을 잘하지 못하는 양상을 보이며, 아동기에 비해 다소 줄어든다.

충동성은 성급하게 말하거나 행동하는 것이다. 성급하게 대답하고, 자기 차례를 기다리지 못하고, 사회 · 학업 · 직업 장면에서 장해를 초래할 정도로 다른 사람의 활동을 방해하고 간섭한다. 조심성이 없고 주변 상황을 주의 깊게 살피지 않으며, 지금 당장 원하는 것을 하거나 손에 넣으려 한다. 충동성은 다른 사람에게 말할 기회를 주지 않고 남의 말을 중간에서 끊고 자기 얘기만 하여 대인관계를 나쁘게 만든다. 다른 사람의 활동을 간섭하고 자신과 관계없는 일에까지 끼어든다. 게다가 차례를 기다리지 못하고, 지시를 경청하지 못하고, 적합하지 않은 시기에 대화를 시작하기 때문에 다른 사람에게 미움을 받고 따돌림을 당하게 된다. 그러나 정작 자기 자신은 잘못한 게 없다고 생각하며, 왜 남들이 자기를 싫어하고 따돌리는지를 알지 못한다. 청소년기에는 사소한 일로 쉽게 남과 싸우거나 가출하고, 본드 같은 마약을 복용하기도 하며, 오토바이를 타고 폭주를 하거나 성적인 문제를 일으키기도 한다.

〈표 5-5〉 ADHD에서의 다른 정신과적 장애와의 공존율과 사회적 손상

정신과적 장애	비율	정신과적 장애	비율
반항성 장애	20~67%	주요우울장애	9~32%
품행장애	20~56%	조울증	6~20%
불안장애	10~40%	신체화장애	24~35%

출처: Barkley(1998), 삼성생명공익재단 사회정신건강연구소(2003) 재인용.

ADHD 청소년의 절반 이상이 반항적인 경향을 보이고, 약 25~30%는 품행문제를 보인다(신현균 · 김진숙, 2000). 25~35%의 ADHD 청소년은 반사회적 행동 또는 품행장애를 보이고, 58%는 적어도 한 번은 유급하였다(Barkley et al., 1991). ADHD 소아가 후기 청소년기가 되면, 그들의 50%는 알코올, 담배, 약물 같은 물질을 과다복용하게 되며, 30%는 물질남용으로 분류할 수 있다고 하였다(Biederman et al., 1998). 국내에서도 ADHD 청소년의 학업성취는 정상 청소년에 비해 심각한 문제를 보였고, 수학, 읽기, 쓰기에서 학업적 성취가 의미 있게 낮았다. 그리고 진학할 때 유급이나 퇴학을 당하는 경우가 많았고, 거의 35%의 ADHD 아동은 학업을 중도에 포기하였다(이영식 · 방양원, 1998).

(2) ADHD의 치료

ADHD 치료는 복합적이고 광범위한 프로그램 내용에서 약물치료, 부모교육, 행동수정, 자기통제력 키우기 등을 포함한다(신현균 · 김진숙, 2016).

매년 4월 5일을 ADHD의 날로 정하여 ADHD의 치료가 필요함을 나타내고 있다. ADHD를 경험하는 청소년에게 일차적으로 실행해야 하는 검사로는 지능검사, 문장완성검사, 컴퓨터를 통한 지속적 집중력검사(sustained attention test: ADS, TOVA, CPT) 등이다(이영식 · 김은영 · 나철, 2002).

첫째, 약물치료이다. 가장 일반적으로 쓰이는 것으로 약을 먹으면 청소년은 눈에 띄게 차분해졌다고 느낄 수 있다. 약물은 중추신경계를 자극하여 파괴적인 행동을 감소시키고 주의력결핍이나 과잉행동을 완화시켜 ADHD 청소년의 70~80% 정도가 효

과를 보인다. 약물은 암페타민, 메칠페니데이트, 페몰린 등의 중추신경자극제(각성제)가 사용되고, 이차적인 약물로 우울증 치료제도 사용된다(홍강의, 2014). 약물은 지나친 활동량을 감소시켜 소란을 피우는 행동이 감소되고, 지속적 주의력과 단기기억력을 향상시켜 학업성취도에도 영향을 준다. 그리고 사회적 상호작용의 질도 향상되어 친구들과의 다툼도 줄어들게 된다. 그러나 사람마다 약물에 대한 반응이 다르게 나타나고 약간의 부작용—식욕부진, 수면장애, 두통, 복통, 오심, 감정 변화, 과민성, 잘 우는 것, 빈맥, 혈압 변화 등—이 나타날 수 있으므로 부작용과 대처방법을 알고 사용할 필요가 있다.

둘째, 부모교육이다. ADHD 자녀를 둔 부모는 많은 스트레스를 겪는다. 그러므로 일차적으로 부모교육에서는 스트레스 관리가 우선되어야 하고, 자녀와 좋은 관계 맺기, 자존감 키워 주기, 주변 환경 개선하기, 효과적인 의사소통방식, 갈등해결 및 화와 분노 관리하기 등이 이루어져야 한다. 부모나 사회적 관계 안에 있는 이들이 ADHD 청소년을 꾸준히 일관성 있게 돕기 위한 훈련 등을 해 나간다면 그들의 정신건강의 향상뿐만 아니라 ADHD 청소년의 문제행동도 감소시킬 수 있다.

스트레스를 줄이기 위해서는 ADHD를 바라보는 부모의 태도를 바꾸어야 한다. ADHD를 못된 성품이나 개인적인 문제로 보지 말고, 자신이 나쁜 부모라는 생각으로 접근하지 말고, 그 문제로부터 떨어져 심리적 거리감을 둘 필요가 있다. 또한, 인내심을 갖고 용서하는 연습을 하고 부모로서 자신이 사용하는 대처방식에 대해 평가해 보고 변화해야 한다.

자녀와 좋은 관계 맺기를 위해서는 긍정적으로 관심을 기울이는 법(칭찬하기 등)을 익히고, 같이 놀이를 하면서 함께하는 시간을 많이 가져야 한다. 또 주변 환경을 차분하고 단순하게 만들어 주기 위해 노력해야 하며, 부모가 먼저 차분하고 계획성 있는 생활을 하면서 모방이 가능하도록 한다. 대화 시에 경청하고 나-전달법으로 자신의 생각을 전달하고, 명령이나 해결책보다는 정보를 제공하고 의논하는 방식으로 바꾸어 나간다. 화와 분노를 강하게 자녀에게 표출하지 말고 화난 감정을 유연하게 표현하여 자녀가 깨달을 수 있도록 해야 한다.

셋째, 행동수정기법이다. 행동수정이 효과적이기 위해서는 잘못된 행동이 나타날 때 즉각 반응하지 말고 잠시 생각할 시간을 갖고 행동수정 원칙과 일치하는 반응을 해야 한다(Martin & Pear, 2011/2012). 행동수정기법에서 가장 효과적인 것은 칭찬과 보상이다. ADHD 청소년은 재미없고 지루하고 보상이 없는 일을 해야 할 때 다른 일을 찾으려는 충동을 느끼므로 과제를 수행하고 나서 받을 보상을 미리 준비해서 칭찬하며 보상해 준다. 너무 당연하다고 생각하는 것이라도 아이 나름대로 노력하는 것이 있을 때 칭찬해 주는 것이다. 밤늦게 돌아다니지 않고 일찍 들어왔을 때, 밥을 편식하지 않고 먹었을 때 같은 경우이다. 보상을 줄 때는 자주, 강력하고 효과적인 보상을 다양하게 사용하는 것이 좋다. 또한, 교육적 처벌도 필요한데, 가혹한 처벌이나 감정에 따라 하면 안 되고, 잘못된 행동에 벌점을 부과하거나 타임아웃을 사용하는 것도 도움이 된다.

넷째, 자기통제력 키우기이다. ADHD 청소년은 깊이 생각하지 않고 충동적으로 행동하는 것이 하나의 특징이다. 자기행동의 결과에 대해 생각하지 못하여 쉬운 문제를 틀리고, 대인관계에서도 차분하게 대화하기보다는 불쑥 끼어들거나 화를 쉽게 낸다. 이걸 해결하기 위해서 단계적으로 생각하는 방법을 훈련시켜야 한다. 문제가 뭔지, 그 문제를 해결하기 위해 어떻게 해야 하는지 계획을 세워 보고, 계획대로 실천해 보고, 확인해 보는 단계를 밟아 실천할 수 있도록 연습시켜야 한다. 일일계획표를 세워 실천할 수 있도록 지킬 수 있는 계획을 세우도록 돕는다. 또한, 사회적 기술 훈련을 통해 자기통제력을 키울 수 있다. 여기에는 기본적인 대화기술—남의 말을 끝까지 들어 주기, 말을 천천히 또박또박하기, 화가 날 때 때리지 않고 대화하기 등—을 익히도록 한다. 감정처리기술 또한 사회적 기술에 매우 중요한 부분이므로 자기감정을 정확하게 알고 효과적으로 표현할 뿐만 아니라 다른 사람의 감정을 이해하고 다른 사람을 배려하며, 남에게 관심과 애정을 표현하는 것 등을 훈련하여 스스로의 통제력을 키울 수 있도록 해야 한다.

2) 반항성 장애

(1) 반항성 장애의 정의

반항성 장애를 지닌 아동과 청소년은 나이에 부적절하게 고집이 세고 적대적이며, 시비조의 행동을 반복적으로 나타내고, 취학 전이나 유치원에 다닐 정도의 나이에 이런 행동을 나타낸다(Mash & Wolfe, 2002). 반항성 행동은 부모-자녀 간, 교사-학생 간 관계를 부정적이게 만든다. 반항성 장애를 품행장애와 독립된 것으로 볼 것인지, 품행장애가 나타나기 전 전조증상으로 볼 것인지는 논란이 되고 있고, 일부의 품행장애 청소년은 반항성 장애가 전조증상으로 나타나기도 하기 때문에 영향이 있다고 볼 수 있다(Robert, 2010).

DSM-Ⅳ에서는 적대적 반항장애, 품행장애, 그리고 반사회적 성격장애를 위계적이고 발달적으로 편성해 동일한 기저에 있음을 나타내고 있다.

DSM-Ⅳ-TR(APA, 2000)의 반항성 장애의 진단기준은 다음과 같다.

〈표 5-6〉 반항성 장애의 진단기준

A. 거부성, 적대성, 시비조의 행동 양상이 적어도 6개월 이상, 다음 중 적어도 네 가지 (또는 그 이상)로 표출된다.
  (1) 자주 심하게 화를 낸다.
  (2) 자주 어른들과 논쟁한다.
  (3) 자주 적극적으로 어른의 요구나 규칙을 무시하거나 거절한다.
  (4) 자주 고의적으로 타인을 괴롭힌다.
  (5) 자주 자신의 실수나 잘못된 행동을 남의 탓으로 돌린다.
  (6) 자주 타인에 의해 기분이 상하거나 쉽게 신경질을 낸다.
  (7) 자주 화내고 원망한다.
  (8) 자주 악의에 차 있거나 앙심을 품는다.
  주의: 또래들에게서 전형적으로 관찰되는 것보다 반항적 행동이 더 빈번하게 발생될 경우에만 기준을 고려한다.

B. 행동장애가 사회, 학업 또는 직업기능에 임상적으로 심각한 손상을 초래한다.
C. 이 행동들이 정신증 또는 기분장애의 경과 중에만 나타나지 않는다.
D. 품행장애의 기준에 부합되지 않는다. 만 18세 이상인 경우 반사회성 성격장애의 기준에 부합되지 않는다.

권위자에 대해 거부적 · 불복종적 · 적대적 · 시비조의 행동이 6개월 이상 나타날 경우 반항성 장애로 진단한다.

(2) 반항성 장애의 유병률과 특징

아동과 청소년의 반항성 장애의 유병률은 2~16%로 나타난다. 반항성 장애는 보통 8세 이전에 분명하게 나타나기 시작하여 청소년 초기에 주로 나타난다. 지역사회 표본에서는 반항성 장애가 6~10%의 유병률을 나타냈다. 반항성 장애는 품행장애의 두 배의 유병률을 보이고, 가족의 소득이 낮을 경우 반항성 장애가 높게 나타났다(Robert, 2010). 일시적인 반항행동은 아동기와 청소년기에 매우 흔하다(Robert, 2010).

반항성 장애의 특징은 완고하고, 지시에 따르는 것을 거부하고, 어른이나 또래와 타협하거나 양보하려 하지 않는 거부성, 시비조의 행동이 지속적으로 나타난다. 자신이 행하는 비행이나 부정행위에 대해서는 비난받으려 하지 않으면서 규칙을 무시하고 논쟁하며 고의적으로 자신의 한계를 시험해 본다. 어른이나 또래에게 적대감을 표현한다(Robert, 2010). 분노/과민한 기분(자주 욱하고 화를 냄, 자주 과민하고 쉽게 짜증을 냄, 자주 화를 내고 크게 분개함), 논쟁적 · 반항적 행동(권위자와의 잦은 논쟁, 아동이나 청소년의 경우는 성인과 논쟁함, 자주 적극적으로 권위자의 요구나 규칙을 무시하거나 거절함, 자주 고의적으로 타인을 귀찮게 함, 자주 자신의 실수나 잘못된 행동을 남의 탓으로 돌림), 보복적 양상(지난 6개월 안에 적어도 두 차례 이상 악의에 차 있거나 앙심을 품음)이 나타난다. 그 심각성에 따라 경도, 중등도, 고도로 나누는데, 경도는 증상이 한 가지 상황(예: 집, 학교, 직장, 또래집단)에서만 나타나는 경우, 중등도는 증상이 적어도 두 가지 상황에서 나타나는 경우, 고도는 증상이 세 가지 이상의 상황에서 나타나는 경우이다(Donald et al., 2018).

반항성 장애는 남성에게 문제가 되는 기질이다. 자존감이 너무 낮거나 지나치게 높고, 술, 담배 및 약물을 일찍부터 사용하기도 하며, 좌절을 견뎌내는 힘이 약하다. 반항성 장애는 집에서 관찰되기는 쉽지만, 학교나 사회에서는 잘 안 나타나기도 한다. 잘 알고 있는 어른이나 또래와 상호작용할 때 빈번히 나타나게 된다. 반항성 장애는 파괴적 행동장애이므로 나타나는 행동이 청소년의 삶에 부정적인 영향을 미치기 때문에 어떤 요인이 작용하는지 면밀히 살펴볼 필요가 있다.

(3) 반항성 장애의 원인

반항성 장애의 원인에는 생물학적인 원인과 환경적인 원인이 존재한다.

첫째, 생물학적 원인에는 부모가 반항장애 또는 기분장애, 품행장애, ADHD, 반사회적 성격장애, 또는 물질 관련 장애를 겪었던 경험이 있었을 경우에 자녀들에게 반항성 장애가 나타나는 경우가 많다.

둘째, 환경적인 원인으로는 가정환경이 좋지 않았을 때 그 스트레스로 인해 발생할 확률이 높은데, 빈곤 및 가정불화가 있는 가정이었을 때 가족관계 안에서 받는 스트레스가 반항장애의 원인이 될 수 있다. 또한, 부모의 일관성 없는 양육태도가 영향으로 작용할 수 있고, 부적응적인 학교생활로 인한 학업 실패 및 사회적 고립이 반항장애를 야기할 수 있다(위키백과).

어떤 한 가지의 원인으로 장애가 발생한다기보다는 다양한 요인이 복합적으로 작용하여 장애가 발생하는데, 기분장애, 불안장애 등으로 인한 반항행동이 동반될 수 있다.

(4) 반항성 장애의 치료

반항성 장애는 다양한 방법으로 치료접근을 하게 되는데, 부모훈련, 다중체계적 치료, 인지적 문제해결기술 훈련, 분노대처 훈련, 약물치료가 그것이다.

첫째, 부모훈련은 부모가 자녀를 바라보는 시각을 바꾸고, 생활에서의 부모의 행동이 자녀에게 좋지 않은 작용을 일으킬 수 있음을 알려 주어 대처방식을 익히도록 한다. 지나치게 정리정돈을 신경 써서 자녀에게 지속적인 잔소리를 하면 자녀는 긴장하게 된다. 비교를 통해 자녀를 위축시키는 것, 자녀의 행동에 바로 화를 내는 것 등의 태도가 자녀로 하여금 더 반항적이게 만들 수 있다. 부모는 잔소리를 하지 않았는데 자녀는 부모가 하는 모든 말을 잔소리로 여겨 반항할 수 있다. 그러므로 부모로서 차분하고 엄격하게 훈육하는 훈련, 자신들의 행동을 점검하고 문제시되는 행동 수정하기 등의 부모훈련이 필요하다.

둘째, 다중체계적 치료이다. 이는 반사회적 행동의 결정인자를 개인, 가족, 지역사회 세 차원에서 밝혀 줄 수 있다. 개인의 기질 때문인지, 가족이나 지역사회의 환경 때문인지를 파악하여 그 원인을 찾아 변화를 꾀하는 것이다.

셋째, 인지적 문제해결기술 훈련이다. 자신의 문제가 무엇인지 직시하게 하여 문제해결을 어떻게 해 나가는 것이 효율적일지 스스로 찾아보도록 하고 실천해 나갈 수 있도록 한다. 이는 청소년이 자기를 통제하고, 보다 효율적인 문제해결전략을 사용할 수 있도록 돕는다.

넷째, 분노대처 훈련을 들 수 있다. 반항성 장애는 화를 참지 못하고 표출하는 양상을 보이므로 청소년이 분노에 효과적으로 대처하고 이를 조절할 수 있도록 돕는다.

다섯째, 약물치료이다. 반항성 장애는 약물치료가 많이 쓰이지는 않지만 ADHD, 불안장애 등과 같은 장애와 함께 나타날 때에는 사용할 수 있다. 동반되어 나타나는 반항성 장애일 때만 약물을 사용해야 한다.

3) 품행장애

(1) 품행장애의 정의

품행장애는 보다 심각한 공격적 · 반사회적 행동이다. 품행장애는 폭력과 기물파괴 특성을 나타낸다. 무단결석이나 도벽 같은 공격적이지 않은 품행장애도 있다. 공격적이든 공격적이지 않든 간에 모두 다 개인과 가정, 지역사회에 심각한 상해와 영향을 미친다. 품행장애는 연령에 적합한 사회적 규범을 잘 지키지 않을 뿐만 아니라 다른 사람의 기본권을 파괴하는 행동을 반복적이고 지속적으로 한다. 품행장애는 크게 네 가지 범주로 분류될 수 있다.

- 사람과 동물에 대한 공격성
- 사기 또는 절도
- 재산파괴
- 심각한 규칙위반

공격 범주에는 괴롭힘, 몸싸움, 무기 사용, 사람 또는 동물을 잔인하게 대함, 피해자가 보는 앞에서 물건을 훔침, 강제적 성행위 등이 포함되고, 비공격적인 재산파괴는 방화에 의한 재산파괴와 다른 방법에 의한 재산파괴가 포함된다.

사기 또는 절도 범주에는 다른 사람의 집이나 건물, 자동차를 망가뜨리는 것, 물건을 얻거나 환심을 사기 위해 또는 의무를 피하기 위해 거짓말을 자주 함, 귀중품을 훔치는 것이 포함된다.

심각한 규칙위반에는 부모의 제지에도 불구하고 자주 밤늦게까지 집에 들어오지 않음(13세 이전부터), 가출(2회 이상), 무단결석(13세 이전)이 해당된다.

품행장애는 이러한 행동 중 지난 12개월 동안 적어도 3개 이상 보여야 하고, 이 중 한 가지는 지난 6개월 동안 나타나야 한다(Donald et al., 2018).

(2) 품행장애의 증상 및 유병률

품행장애로 진단을 할 때에는 품행문제의 종류와 다른 사람에게 끼친 상해의 정도에 따라 경도, 중등도, 고도로 심각성을 명시해야 하고, 품행장애로 진단받은 청소년이 제한된 친사회적 정서 동반(후회나 죄책감 결여, 냉담-공감 결여, 수행에 대한 무관심, 피상적이거나 결여된 정서)을 보이는지도 명시해야 한다(Donald et al., 2018).

품행장애 청소년은 문제행동을 심각하면서도 다양하게 나타낸다. 부모, 교사, 또래 사이에서 발생하는 필수불가결한 갈등 때문에 스스로도 가족, 학교, 지역사회에 유의한 손상과 고통을 가져온다. 싸움으로 인한 신체적 부상이 흔하게 나타나고, 법적이고 재정적인 영향, 사고 등이 빈번히 발생한다. 과민성, 분노폭발, 무모성 등이 연관되어 나타나고, 품행장애 행동으로 인해 정학 또는 퇴학, 직장 적응 문제, 성적 전염병, 원치 않는 임신 등이 발생하기도 한다.

품행장애와 반사회적 성격장애는 연관성이 깊다. 품행장애가 있는 아동과 청소년의 40%가 반사회성 성격장애를 일으키게 된다.

품행장애는 외현화 문제로 보는데, 외현화는 경험적으로 도출된 증후군(공격적 · 반항적 · 파괴적 · 반사회적 행동을 포함)으로 설명할 수 있다. 외현화 증후군은 공격적 행동 증후군(말다툼, 물건 부수기, 불순종, 싸움)과 규칙위반행동 증후군(규칙위반, 거짓말, 도벽, 무단결석)으로 나눌 수 있다. 청소년은 한 가지 유형의 문제만 보일 수도 있고, 두 가지 유형의 문제를 다 보일 수도 있다. 또한, 공격성 증후군이 규칙위반 증후군보다 유전 가능성이 더 크고, 발달 수준에 따라 차이가 나타났다(Edelbrock et al., 1995).

〈표 5-7〉 공격성 행동 증후군과 규칙위반행동 증후군의 행동

공격적 행동	• 말다툼 • 자기 물건 파괴 • 싸움 • 쉽게 좌절 • 의심 • 시끄러움	• 허풍, 자랑 • 남의 물건 파괴 • 신체적 공격 • 고집, 시무룩함 • 남을 놀림	• 잔인함, 괴롭힘 • 집에서 반항 • 고함 • 기분 급변 • 성질	• 관심 요구 • 학교에서 반항 • 분노발작 • 부루퉁함 • 남을 위협
규칙위반 행동	• 음주 • 거짓말, 속이기 • 방화 • 성에 집착 • 약물 사용	• 가책 없음 • 나이 많은 친구와 어울림 • 성적 문제 • 지각 • 기물 파괴	• 규칙위반 • 집에서 도벽 • 흡연	• 나쁜 친구 • 가출 • 욕 • 무단결석

출처: Achenbach & Rescorla (2001); Wicks-Nelson & Israel (2014), 정명숙 외 역(2016).

품행장애는 여학생보다는 남학생에게 많이 나타나 보통 3대1, 4대1의 비율을 보인다. 연령 증가에 따라 품행장애가 증가하는 경향이 있다(Maughan et al., 2004). 또한, 품행장애가 있는 청소년은 적대적 반항장애의 진단기준도 만족시킨다. 품행장애는 적대적 반항장애와 유사한 증상들이 나타나나 좀 더 심각한 수준이다.

〈표 5-8〉 적대적 반항장애와 품행장애 비교

구분	적대적 반항장애	품행장애
행동 특징	거역, 불복종, 반항의 특징 → 부모, 형제, 교사, 또래와 문제를 일으킴	적대적 반항장애의 특징 + 타인의 기본 권리나 규범, 기준, 규칙에 대한 반복적 공격
심각성	대부분의 아동, 청소년이 발달과정에서 보이는 덜 심각한 정도의 행동	대다수의 아동, 청소년에게서 나타나지 않는 사회적이고 법적으로 규제된 행동(심한 발달상, 법적 문제를 가져옴)

(3) 품행장애의 원인

품행문제는 다양한 요인에 의해 발생한다. 사회경제적 맥락, 가족의 영향, 또래관계, 생물학적 영향 등이다.

첫째, 광범위한 사회적 맥락이 영향을 주며, 그중 빈곤이 영향을 주는 경우가 많다. 열악한 지역사회, 경제적 및 기타 자원의 부족, 사회적 무질서, 인종차별 및 긴장 등이 영향을 주는 것이다. 이러한 요인은 이웃의 폭력과 일탈된 또래집단과의 관계에 노출된 위험을 증가시키고 반사회적 행동을 유발할 가능성이 크다(Ingoldsby & Shaw, 2002).

둘째, 가족 환경은 청소년의 다양한 품행장애 행동 형성에 영향을 준다. 일탈행동 또는 범죄행위를 하는 가족 안에 있는 청소년에게서 비행과 품행문제가 발생하는 경우가 많다. 그런 의미에서 품행장애 청소년은 일탈된 가족체계로 인해 나타나는 것으로 볼 수 있다. 가족의 사회경제적 지위, 가족의 크기, 부부 불화, 낮은 양육의 질, 부모의 방치, 부모의 정신병리 같은 가족변인이 품행장애에 영향을 준다(Dishion & Patterson, 2006). 특히, 부모-자녀의 상호작용에 어려움이 있을 때인데, 부모의 명령과 금지가 명확하지 않고, 화를 내며 모욕을 주고, 잔소리를 하는 방식으로 할 때 부모에게 따르지 않아 관계가 흐트러지게 된다. 또, 부모의 부부갈등과 이혼도 영향이 있다. 부부갈등 안에서 나타나는 부정적인 요인들(불화, 적대감과 분노 등)이 청소년의 품행문제에 부정적 역할을 한다.

가정에서 일어나는 어린 시절의 학대, 특히 신체적 학대는 품행문제의 심각한 위험 요인이다(Lansford et al., 2002; Wekerle & Wolfe, 2003). 신체적 학대를 경험한 아동과 청소년은 적대감과 공격성이 매우 높으며, 분노폭발을 자주 일으킨다.

셋째, 품행장애의 복잡한 상호작용으로 또래관계의 영향을 들 수 있다. 어린 시절에 공격적인 또래와 어울리는 것을 시작으로 좀 더 커서 일탈된 또래와 사귀게 되고 그것이 품행장애로 이어진다. 품행장애가 있는 청소년은 대인관계에 어려움을 겪기 때문에 일반적인 또래와 어울리기가 쉽지 않다. 공격적이고 파괴적인 행동을 보이는 청소년을 거부하기 때문이다. 그래서 품행장애를 보이는 청소년은 비슷한 공격적이고 반사회적 행동을 보이는 친구들, 일탈을 하는 또래들과 어울리게 되면서 자연스럽게 반사회적 행동을 지속해 나간다.

넷째, 생물학적 영향을 들 수 있는데, 이는 유전적인 것이다. 가속의 세대에서 세대로 이어지는 공격적 · 반사회적 · 파괴적인 품행 관련 행동은 유전적 영향이 크다는 것이다. 그러나 그 유전이 직접적이라 보기보다는 환경적 영향과 더불어 복잡하게 상호작용한다. 유전과 더불어 사회적 조건이나 가족변인, 특정한 사회적 학습 조건 등의 환경적 영향이 작용하는 것이다(Rhee & Waldman, 2003; Weyandt et al., 2011).

또한, 생리심리적 변인이 반사회적 행동과 관련이 있는데, 뇌의 구조적 · 기능적 결함이 반사회적이고 파괴적인 행동과 연관이 있다. 반사회적 공격적 행동을 하는 청소년은 전두엽 피질 기능이 손상되어 억제와 통제가 잘 안 되고 과제 수행이 적절하게 이루어지지 못할 뿐만 아니라 인지능력도 떨어지게 된다(Cappadocia et al., 2009).

(4) 품행장애의 치료

품행장애는 자신뿐만 아니라 다른 사람에게까지 불편을 주는 것이므로 많은 관심을 가지고 개입이 시도되어 왔다. 대표적인 개입방법으로 부모훈련, 인지적 문제해결 기술 훈련, 다중체계치료를 들 수 있다(Rita & Allen, 2016 요약). 약물치료도 이루어져 리튬과 같은 기분안정제, 리스페리돈과 같은 비전형적 항정신병약이 있으나 품행장애 청소년에게 약물을 사용할 때는 다른 심리적 개입을 포함해야 하므로, 여기에서 약물치료는 제외하였다.

첫째, 부모가 자녀를 대하는 방식을 바꿔 주는 부모훈련을 들 수 있다. 반항적이고 적대적인 행동을 감소시키는 훈련, 관계증진에 초점을 두는 것, 명령을 잘하기 등의 훈련이 있다. 특히, 부모-자녀 상호작용치료는 자녀의 순종을 증진하고, 부적절한 행동을 감소시키기 위해 효과적인 명령을 사용하는 법을 알려 준다. 이 치료 프로그램은 부모와 자녀 간의 애착을 증진시키고, 부모의 부족한 행동관리기술을 향상시키고자 한다. 효과적인 명령을 위한 규칙으로 ① 간접적으로 하지 않고 직접적으로 명령한다. ② 긍정적으로 진술한다. ③ 한 번에 하나씩 명령한다. ④ 모호하지 않게 구체적으로 명령한다. ⑤ 연령에 맞게 명령한다. ⑥ 친절하게 명령한다. ⑦ 명령하기 전에 또는 순종한 후에 설명을 해 준다. ⑧ 필요하거나 적절한 때에만 명령을 사용한다. 등의 규칙을 사용한다.

둘째, 인지적 문제해결기술 훈련을 사용할 수 있다. 이 훈련에서는 품행장애 청소년이 부딪치는 대인관계의 어려움을 다루어 다양한 기법을 통해 대인관계 상황에 대처하는 방법을 배운다. 또한, 스트레스 상황을 알고 해결책과 대처기술을 고민하고 연습한다. 대표적으로 분노조절 프로그램을 들 수 있는데, 그 회기의 내용은 다음과 같다.

〈표 5-9〉 분노조절 프로그램 내용

회기	내용
1	도입 및 집단 규칙
2	목표를 이해하고 써 보기
3	분노 관리: 인형 자기-조절 과제
4	자기교수법 활용
5	조망 훈련
6	분노 살펴보기
7	분노는 어떻게 느껴지나?
8	선택과 결과
9	문제해결 단계
10	문제해결 활동
11	학생 비디오 제작(분노조절 부족과 공격성을 보여 주는 상황): 그동안 배운 개념과 기술을 사용하여 상황 검토하기

이처럼 프로그램을 통해 문제를 인식하고 해결해 나갈 수 있는 여건을 마련한다.

앞에서 언급한 부모훈련과 인지적 문제해결기술 훈련은 같이 병행하여 이루어지는 것이 효과적이므로 병합 실시할 필요가 있다.

셋째, 다중체계치료가 활용될 수 있다. 반사회적 청소년에 대한 개입은 다양한 서비스 기관 간의 협력이 필요하다. 다중체계치료는 가족과 지역사회 기반의 접근이다. 이는 청소년과 그들의 가족을 돕기 위해 가족의 강점 향상에 초점을 맞추며, 가족체계치료, 부모훈련, 인지행동치료 등을 사용한다. 가족체계뿐만 아니라 청소년이 가진 기술과 또래, 학교, 이웃과 같은 외적 영향도 같이 다룬다. 다중체계치료의 원리를 바탕으로 치료가 이루어질 수 있도록 해야 한다. 그 원리는 다음과 같다.

〈표 5-10〉 다중체계치료의 원리

- 호소 문제를 다중 관점에서 평가하고 정의한다.
- 다중 영역의 문제를 다루는 개입을 통합적인 방식으로 개발한다.
- 집중적으로 할 수 있도록(가족구성원의 매일 또는 매주 시도) 개입을 설계한다.
- 개입은 현재 중심, 행동 지향적이어야 한다.
- 모든 참가자들의 책임감 있는 행동을 증진하도록 개입을 설계한다.
- 처음부터 치료적 이득의 일반화와 유지를 증진할 수 있도록 개입을 설계한다.
- 개입은 다양한 생태적 맥락의 강점 변화를 위한 지렛대로 활용하며, 낙관주의적 관점을 전달한다.
- 개입의 효과를 다중 관점에서 지속적으로 평가하여 시스템에 반영하며, 필요할 경우 수정을 한다.

4) 학습장애

(1) 학습장애의 정의

학업을 따라가는 데 어려움이 있으면 일반적으로 머리가 나빠서 그런 것은 아닌지 생각하게 된다. 머리가 나쁘다는 것은 지능이 낮다는 것인데, 지능은 언어능력, 기억력, 사고력, 공간 능력, 추리능력, 집중력, 계획력 등 다양한 인지능력을 말하므로 지능이 낮다는 것은 여러 인지능력 발달이 전반적으로 늦다는 것을 의미한다. 지능이 낮으면 학습에 어려움을 나타낼 뿐만 아니라 또래와 어울리는 것, 정서발달, 운동발달 등에서도 어려워하여 문제가 발생하기도 하고, 다른 아이들에 비해 늦기도 한다.

학습장애는 DSM-5에서는 이렇게 정의하고 있다(APA, 2013).

① 학습장애는 신경발달적인 장애에 속하며, 읽기 · 산수 · 쓰기 표현 영역에서 생물학적 나이에 비해 학습기술을 습득하는 데 어려움이 있을 때 진단된다. 여기에는 (1) 읽기가 부정확하거나 느린 것, (2) 읽기 이해(독해력)가 어려운 것(즉, 읽는 것은 정확히 읽지만 읽은 내용의 순서, 관계성, 의미 추론, 깊은 의미 이해 등이 어려운 것), (3) 맞춤법이 틀리는 것, (4) 쓰기 표현이 부족한 것, (5) 숫자 정보를 잘 기억하지 못하는 것, (6) 산수 계산이 틀리거나 느린 것, (7) 부정확하거나 비효과적인 독서를 하는 것, (8) 읽기, 쓰기, 작문, 수학이 요구되는 활동을 피하는 것이 포함된다.
② 이런 학습기술 중 하나 또는 그 이상이 지능, 문화집단, 교육 수준, 성에서 기대되는 평균 수준에 비해 상당히 낮아야 한다. 학습장애로 진단하기 위해서는 일대일 검사를 통해서 학업 기술이나 학업성취도가 평균과 차이가 있다는 것을 확인해야 한다.
③ 지적장애, 전반적인 발달 지연, 교정되지 않는 시각이나 청각의 문제, 다른 신경학적 장애, 교육 기회의 부족 등으로 설명되지 않아야 한다.
④ 그리고 이런 학습기술의 어려움이 학업이나 학습기술을 필요로 하는 직업 생활을 방해할 때 학습장애로 진단한다.

학습장애는 지능에 비해 학업성적이 낮은 경우를 말하며, 아동기, 청소년기에 가장 흔하게 보이는 장애 가운데 하나이다. 학습과 관련된 인지기능 발달이 지연될 때 학습장애가 생긴다. 학습장애란 뇌에 손상이나 심각한 장애가 없고 감각기관에도 문제가 없고, 정상적인 교육을 받았는데도 머리에 들어온 정보를 처리하는 데 어려움을 겪으며 배우는 것이 어려운 경우를 말한다. 모든 인지능력에 문제를 보이는 것이 아니라 다양한 인지능력 중 한정된 영역에서 발달이 느리거나 결손이 생기는 경우이다.

학습장애가 있다고 해서 다른 면에서 재능이 없는 것은 아니다. 또한, 머리가 나쁜 아이들도 아니다. 그들이 가진 장점을 살리고 맞춰서 속도를 조절해 준다면 좋은 성과를 거둘 수 있는데, 모두가 같은 연령대에 학교에 가고 똑같은 학습내용을 가지고 똑같은 교과과정을 따라 이루어지는 의무교육에서는 개개인의 맞춤형 교육이 이루어질 수 없기 때문에 불리한 위치에 놓이게 된다. 그래서 지속적으로 격차를 경험하고, 그 격차가 사회생활에까지 영향을 준다. 어느 정도의 지적 능력은 있기 때문에 지능이 낮은 아이들보다 심리적으로 더 크게 상처를 받게 된다. 자존감이 낮아지고 대인관계에서 위축되기도 한다. 이렇듯 학습장애는 학습문제에서 시작해서 정서와 자존감에까지 부정적인 영향을 주는 파괴력을 가진다. 학습장애의 내용은 학습장애(송종용, 2019)의 이상심리학 시리즈의 내용을 요약하여 제시한다.

(2) 학습장애의 유형

학습장애의 유형에는 읽기 장애, 쓰기 장애, 산수 장애가 있다.

첫째, 읽기 장애는 글을 읽는 데 어려움이 있는 장애다. 발음은 잘 하는데, 글을 정확히 읽지 못한다거나 읽은 글을 이해하는 데 자신의 연령에 비해 성취도가 현저히 떨어지는 경우이다. 읽기 장애에는 단어재인 장애(글자를 정확히 발음하는 데 어려움이 있는 장애)와 독해 장애(글을 읽어도 그 의미를 정확하게 파악하지 못하는 장애)로 나눌 수 있다.

단어재인 장애의 특징은 다음과 같다.

① 글을 읽을 때 단어의 한 부분을 생략하고 읽는다.
② 쓰여 있지 않은 말을 쓰여 있는 것처럼 읽는다.
③ 읽어야 할 단어를 다른 단어로 바꾸어 읽는다.
④ 못 읽는 글자가 나오면 그 앞의 단어를 다시 반복하여 읽는다.
⑤ ‘ㅏ’를 ‘ㅓ’로 읽는 것과 같이 비슷한 형태의 다른 철자로 읽는다.
⑥ 글자를 발음하는 속도가 느리다.

단어재인 장애는 어릴 때 발생하는데, 특히 초등학교에 들어가면 읽기에 문제가 있다는 것을 발견하게 되는 경우가 많다.

독해 장애는 읽는 능력은 정상인데 이해력이 떨어질 경우를 말한다. 독해 장애의 특징은 다음과 같다.

① 국어 과목의 학업성취도가 현저히 떨어진다.
② 책을 읽고도 무슨 내용을 읽었는지 잘 모른다.
③ 글의 핵심을 잘 파악하지 못한다.
④ 때때로 부적절한 어휘를 사용한다.
⑤ 대명사가 지시하는 것이 무엇인지 잘 알지 못한다.
⑥ 글을 읽는 속도가 느리다.
⑦ 기억력이 부족하다.
⑧ 수학능력이 떨어진다.
⑨ 글씨를 쓸 때 많이 틀린다.
⑩ 학년이 올라가면서 국어나 수학 과목 외에도 다른 과목의 학업성취도가 점차 떨어진다.

독해 장애는 잘 발견되지 않지만 학습장애의 80% 정도에서 발견된다. 전체 아동 중에 약 5% 정도가 독해 장애로 높은 비율을 차지하고 산수 장애와 쓰기 장애는 독해 장애에 동반하여 나타난다.

둘째, 쓰기 장애는 맞춤법이 많이 틀리거나 생각을 글로 제대로 표현하지 못하는 장애이다. 쓰기 장애의 특징은 다음과 같다.

① 글씨를 쓸 때 철자법이 많이 틀린다.
② 글을 쓰는 속도가 매우 느리다.
③ 글씨를 알아볼 수 없을 정도로 엉망으로 쓴다.
④ 글을 쓸 때 나이에 비해 단순한 문장만을 사용한다.
⑤ 글을 쓸 때 사용하는 어휘가 제한되어 있다.
⑥ 받아쓰기를 못한다.

쓰기 장애에는 여러 가지 원인이 있다. 연필을 쥐는 손의 힘이 약하거나, 눈으로 본 것을 똑같이 그릴 수 없기 때문에 쓰기 장애를 겪을 수도 있다. 받아쓰기를 못하는 경우는 청각으로 들어온 정보를 쓰기까지 유지하기 어려워서 또는 철자와 소리 간의 대응 규칙을 몰라서이기도 한다. 문장 표현에 문제가 있는 경우로는 어휘력이나 지식이 부족한 경우, 생각을 정리하는 계획력이나 통합능력이 부족한 경우이다.

셋째, 산수 장애이다. 산수 장애는 다양한 영역에서의 장애 때문에 발생할 수 있다. 언어기능, 지각기능, 주의집중기능, 산수기능에 장애가 있을 때 발생한다. 산수 장애의 특징은 다음과 같다.

① 수학 과목의 학업성취도가 현저히 떨어진다.
② 블록 맞추기나 조립 같은 공간운동 과제의 수행능력이 많이 부족하다.
③ 기억력이 떨어진다.

여러 가지 이유에 따라 산수 능력이 떨어질 수 있으므로 어떤 문제 때문에 산수 장애가 발생하는지를 정확히 평가하는 것이 필요하다.

(3) 학습장애의 특징

학습장애에는 여러 유형이 있는데, 하나가 단독으로 나타나는 것이 아니라 독해 장애가 있고, 산수 장애나 쓰기 장애를 동반하는 경우가 많다. 여러 유형의 학습장애에서 공통으로 나타나는 특징은 첫째, 인지발달 패턴이 고르지 않고 불규칙하다는 것이다. 어떤 능력은 정상적인 발달에 맞춰서 이루어지는데, 다른 능력은 정상적인 발달에 지체되어 나타난다. 둘째, 학습에서의 어려움이 있다. 학습의 말하기, 읽기, 산수, 필기, 운동기술, 쓰기 표현, 사고 혹은 심리사회적 기술 습득에 어려움을 나타낸다. 셋째, 중추신경계의 기능발달이 지연되어 나타나는 경우가 많다. 특정 기능에 발달이 지연되거나 이상이 있어서 학습장애가 나타난다(Lerner, 1997).

이외에 학습장애를 가진 아동과 청소년마다 독특하게 보이는 특징이 있다. 첫째, 주의집중에 어려움이 있다. 많은 학습장애 아동과 청소년이 수업시간에 주의집중을 못한다. 집중시간이 짧고, 주변의 작은 소음이나 움직임에 쉽게 산만해지고, 상황에 어울리지 않는 부석설한 행동을 하기도 한다. 이는 전두엽의 주요 기능인 중앙관리 기능이 정상적으로 작동하지 않고, 학교수업을 따라가지 못하기 때문이다. 둘째, 운동능력이 부족하다. 일부에서 나타나기는 하지만 전체 운동능력과 세밀한 운동협응 능력에서 어려움을 보인다. 셋째, 지각과 정보처리능력이 떨어진다. 청력이나 시력에 문제가 없는 데도 듣거나 본 것을 뇌에서 처리하는 능력에 문제를 가지는 경우가 있다. 넷째, 학습방법과 전략을 사용하는 데 어려움이 있다. 중학교 이후 학습량이 많아지면서 기초학습기능 이외에 학습을 위한 효과적인 방법을 알아야 하는데, 공부에 필요한 기술을 모르는 경우가 있다. 또한, 조직화 기술이 부족하여 학습자료를 비슷한 것끼리 묶거나 서로 다른 것끼리 비교하는 기술이 없으며, 체계화해서 정리하지 못한다. 다섯째, 말하는 데 어려워한다. 학습장애를 가진 많은 아동과 청소년은 언어장애를 가지고 있다. 단어를 잘 모르기 때문에 정확한 어휘를 사용하지 못하고, 다른 말로 얘기하거나 대명사를 씀으로써 의사소통의 어려움을 초래한다. 여섯째, 부적절한 사회적 행동을 한다. 사회적 상황을 정확히 이해하지 못해서 특정 상황에서 어떻게 행동하고 말하는 것이 적절한지를 잘 모른다. 그래서 또래 친구를 만들고 유지하는 것이 어렵다. 일곱째, 자존감이 낮은 경우가 대부분이다. 학습장애 아동과 청소년은 학업성취도가 낮고 또래관계에 어려움을 겪기 때문에 대부분 자존감이 낮다. 이는 부모의 영향도 작용한다. 많은 부모가 자녀의 학업성취도가 떨어지는 것을 이해하지 못하고 잔소리를 하거나 다른 아이들과 비교하곤 한다. 비교의 말을 자주 듣는 아이는 자기 자신을 비하하게 된다. 여덟째, 동기가 없이 무기력한 모습을 보인다. 학업에서 반복적인 실패를 경험하고 수업을 따라가기 힘들어 학업에 재미를 느끼지 못한다. 거기에 부모의 강압적인 공부 압박이 더해진다면 삶 자체가 지겨워질 수도 있다. 아홉째, 비행을 하거나 사회적응에 실패하기가 쉽다. 학업과 삶의 전반적인 부분에 흥미를 잃어버린 청소년은 약물이나 오락이 주는 재미와 쾌락의 유혹에 쉽게 빠지게 되며 비행으로 연결된다. 비행청소년의 절반가량이 학습장애를 갖고 있다. 학업에서의 실패, 대인관계에서의 실패와 비행은 성인의 삶에까지 영향을 주게 된다.

(4) 학습장애의 원인

학습장애의 원인은 신경생물학적인 원인, 인지적 결함, 환경의 영향을 들 수 있다.

첫째, 신경생물학적인 원인에 있어서는 유전적인 소인과 태아의 뇌 발달에서의 이상으로 볼 수 있다. 가족 안에서 학습장애를 가진 아동과 청소년이 계속 나타난다면 유전의 영향이라 볼 수 있지만, 유전의 영향보다는 가정환경의 영향으로 보는 경향

또한 있는데, 언어표현 장애를 가진 부모는 자신이 거의 자녀와 대화를 안 하고 말을 하더라도 자신이 사용하는 잘못된 언어로 이야기하기 때문에 자녀는 언어 습득을 위한 모델이 없어 학습 결함을 보이게 된다는 것이다. 태아의 뇌 발달에서의 이상으로 보는 이유는 엄마 배 속에서 자라면서 세포분열을 하고 세포가 이동하면서 더 많은 분열을 하게 되는데, 이러한 과정에서 세포가 손상을 입을 수 있고, 손상이 뇌와 관련되어 있는 것일 때 학습장애가 발생할 수 있다는 것이다. 뇌세포의 손상이나 이상을 가져올 수 있는 것은 담배와 술이다. 태아의 뇌는 충분한 보호체계가 완성되어 있지 않은 상태이기 때문에 알코올과 니코틴이 뇌까지 침투해 들어가 치명적인 손상을 입힐 수 있다.

둘째, 인지적 결함이다. 태어날 때 뇌는 완전히 발달하지 않은 상태이고, 출생 후에도 뇌 속 신경세포 간의 연결은 복잡하게 형성된다. 이때 연결에 영향을 주는 것이 경험이다. 만 3세까지의 아이의 경험이 편협하게 치우친다면 자주 사용한 기능은 우수하게 발달하는 반면, 사용 빈도가 낮은 기능은 제대로 발달하지 않아 발달 수준의 불균형을 초래할 수 있다. 발달이 지연된 기능이 청각적 변별력, 규칙학습능력, 기억력, 반복과 조직화 같은 인지전략 사용능력일 때 학습장애가 발생하는 것이다.

셋째, 환경의 영향이다. 적절하고 좋은 교육이나 환경은 학습과정과 인지발달을 도울 수 있지만, 잘못된 교육방법이나 환경 및 경험은 학습과 인지발달을 방해한다. 가정환경의 영향이 크다. 부모가 아이와 놀아주고 이야기를 건네는 것은 아이에게 지적인 자극을 주고 아이의 정서적 성장을 도와준다. 나중에 발달하게 되는 자기개념, 자존감, 교육적 흥미 그리고 학습 호기심 발달 모두가 가정 안에서 부모가 제공하는 지지와 격려로 발달한다. 이처럼 가정환경은 매우 중요한데, 지지와 격려를 제공하지 못하는 역기능적인 가정환경은 학습문제를 일으킬 수 있다. 부모의 잦은 싸움, 자녀에 대한 학대, 방치 등은 자녀에게 사회적 맥락을 이해하지 못하게 할 뿐만 아니라 다양한 자극을 경험하지 못하기 때문에 인지기능 발달이 정상적이지 않을 수 있다. 학습장애는 부모의 지적 수준과도 연관이 있다. 특히, 어머니의 교육 수준이 낮을수록 학습장애가 나타날 확률이 높다. 잘못된 교육방법 또한 학습장애를 일으키는 원인이 될 수 있다. 연령과 지능수준, 흥미에 따라 적절한 교육방법이 제공되어 학습이 이루어져야 하는데, 변수들이 무시되고 교육방법을 획일적으로 적용하여 교육이 이루어진다면 흥미를 잃거나 무기력에 빠지거나 내용에 대한 이해가 안 된다거나 하는 등의 문제가 발생하여 학습장애로 이어질 수 있다.

(5) 학습장애의 치료

학습장애는 학습에 어려움이 있고, 다른 친구들과의 격차가 벌어지고, 배우는 것을 두려워할 수 있기 때문에 그러기 전에 조기에 치료접근을 할 필요가 있다. 조기에 발견하여 치료를 하기 위해서는 부모의 관심과 사랑이 기반이 되어야 한다. 학습장애 교정에는 많은 시간과 노력이 들기 때문에 부모의 끈기와 노력이 필요하다.

학습장애의 치료를 위해서는 심리적 접근과 더불어 효과적인 학습지도가 이루어져야 한다.

❶ 심리적 접근

심리적 접근은 학습을 위한 인지적 기능의 발달을 도와주고 학습기술을 가르치는 것과 심리적인 안정과 지지를 제공하는 것이다. 인지 및 학습기술훈련이 먼저 되어야 하는데, 인지적 기능 발달을 촉진하고 필요한 학습기술을 훈련할 때 고려해야 할 사항은 첫째, 맞춤형 개별화 프로그램을 고안해서 실시한다. 학습장애는 아동, 청소년마다 차이를 보이고, 연령대마다 요구되는 학습기술이 다르기 때문에 획일적으로 적용할 수는 없다. 그러므로 발달시기에 맞고 그 시기에 촉진해야 할 인지기능이 어떤 것이고 현재 수준은 어떠한지를 파악한 후 그에 맞춰 치료시간에 다룰 내용과 접근방법을 결정해야 한다. 여러 영역에서 발달이 지연되어 있다면 그중 핵심 역할을 할 수 있는 인지기능이 무엇인지 판단해서 한두 가지 기능에 집중하는 것이 좋다.

둘째, 연령과 학년을 고려한다. 초등학교 고학년은 기초학습기능에서 부족한 영역을 보완하고 작업기억력을 향상시키는 것이 초점이 될 것이며, 중학생 이상은 학습과 기억의 방법과 전략이 치료의 중심이 되어야 한다. 치료 시 유아는 놀이로, 초등학교 저학년은 놀이와 훈련을 섞어서, 초등학교 고학년 이상은 훈련을 집중해서, 중학생 이상은 개인보다 집단 프로그램을 사용하여 효과를 높일 수 있다.

셋째, 성공체험을 많이 할 수 있게 한다. 학습장애 청소년은 자신감과 자존감이 저하되어 있는 경우가 많기 때문에 성공 경험을 하면서 자신감과 자존감을 회복할 수 있도록 해야 한다. 그러기 위해서는 치료 프로그램을 청소년의 수준에 맞추어 고안해야 하는데, 그렇다고 너무 쉬운 것이 아니라 노력하고 집중하면 성공할 수 있을 정도의 수준으로 과제를 제공하여 어렵지만 해냈다는 생각을 갖게 하는 것이 자신감을 회복하는 데 도움이 된다. 성공체험을 여러 번 할 수 있도록 과제를 작은 단위로 쪼개어 단계별로 실시하는 것이 좋다.

넷째, 강점을 상화하는 데 주력한다. 학습장애 청소년은 자신감과 끈기가 부족하기 때문에 그런 경험을 많이 갖게 부정적인 것에만 초점을 맞추어서는 발전적 치료효과를 얻기가 어렵다. 그러므로 다른 영역에서 잘하는 것을 찾아 자신감과 더불어 치료동기를 유지하게 할 필요가 있다. 치료시간의 절반 정도에는 청소년이 잘하는 능력을 발휘하고 개발할 수 있는 내용을 프로그램에 넣어야 한다. 강점을 활용할 때 청소년은 도전을 즐기고 신나는 경험을 하게 되므로 치료효과를 높일 수 있다.

다섯째, 강점을 활용해서 지연된 기능의 발달을 도와준다. 잘하는 것을 통해 부족한 부분을 끌어올릴 수 있도록 한다. 시각정보의 추론능력이 뛰어나지만 언어이해력이 떨어진다면 그림이나 모래치료에서 사용하는 모형을 이용하여 이해력 향상을 도와줄 수 있다.

이와 더불어 정서적 개입이 필요한데, 정서적 개입에서 가장 관심 있게 해야 하는 것이 자존감과 자신감을 키워 주는 것이다. 그러기 위해서는 청소년이 쉽게 성취할 수 있는 과제에서 시작하는 것이 우선되어야 한다. 또한, 실패가 자신의 잘못이 아님을 알려 주고, 자신의 능력활동이 제대로 이루어지지 않아서임을 상기시켜 주어 배우는 것에 자신감을 가질 수 있도록 해야 한다. 배우려는 동기가 우선되도록 격려하는 것이 무엇보다 중요하다.

❷ 효과적인 학습 지도

학습장애가 있는 청소년도 적절한 방법을 사용한다면 배울 수 있고 학습동기를 높일 수 있다. 학습장애 아동과 청소년에게 가르치기 위해서 지켜야 할 원칙은 다음과 같다.

- 장점을 이용한다.
- 짧은 문장과 단순한 어휘를 사용한다.
- 자존감을 증진시키는 지지적인 분위기 속에서 성공 확률을 높일 수 있는 기회를 제공한다.

이러한 원칙을 염두에 두면서 다양한 방법을 적용할 수 있다.

첫째, 교육환경과 동기를 다루어 준다. 교육이 다양한 장소에서 이루어지므로 모든 장면에서 치료에 도움이 되는 환경을 조성해야 한다. 먼저, 아이의 수준에 맞는 책을 고르고, 흥미를 가질 수 있게 그림이 많은 책으로 시작하는 것이 좋다. 학습공간도 산만하지 않도록 조성하는 것이 중요하다. 시간에 있어서는 학습장애가 있는 청소년은 주의력이 결핍된 경우가 많으므로 짧은 시간에 끝낼 수 있도록 하나의 과제를 여러 개의 작은 부분으로 나누어 주고, 해야 할 활동의 종류를 다양하게 갖추어 자주 바꾸어 주어야 한다. 언어를 사용할 때는 위축되어 있는 경우가 많으므로 쉬운 단어의 사용, 요점만 표현, 눈을 맞추며 또박또박 이야기하기, 말하기 전이나 말을 하는 도중에 어깨를 가볍고 부드럽게 쓰다듬어 주기 등의 행동으로 다가간다.

동기를 형성하기 위해서는 라포 형성이 우선되어야 한다. 지나치게 개입하지 않는 연민, 방종을 허용하지 않는 이해심, 진실한 관심 등으로 라포를 표현할 수 있는데, 그들의 입장을 이해하고 어려움을 알아주어야 한다. 또한, 자신의 문제를 분석하고 수행을 평가하는 데 같이 참여시켜 책임을 공유해야 한다. 그러기 위해 치료과정을 구조적이고 체계적으로 만들어야 한다. 아동을 대할 때는 진실해야 하고, 성공 경험을 가질 수 있도록 수업내용과 자료를 선택하고 고안해야 한다. 이 모든 것들을 제공할 때 흥미를 갖고 참여할 수 있도록 청소년이 흥미 있어 하는 영역과 관련된 자료를 제공하는 것이 좋다.

둘째, 직접적 지시를 제공한다. 앞에서 언급한 여러 가지 것을 잘 수행했을 때나 잘 수행하지 못했을 때 즉각적인 피드백을 주어야 한다. 그리고 지시를 할 때는 낮은 수준의 인지적 기술이 필요한 일을 지시한다. 직접적 지시는 ① 칭찬과 관리(행동이 적절하게 이루어졌을 때 즉각적인 칭찬), ② 주의와 지지적인 분위기(교사나 부모의 따뜻한 관심과 사랑), ③ 대답할 시간을 충분히 주기(질문에 대답하거나 의견을 발표할 기회를 자주 주기), ④ 주도하는 활동과 고차 수준의 인지적 학습으로 제공되어야 한다.

셋째, 행동분석과 직접교육을 제공한다. 행동분석은 ① 청소년의 수행 수준에 근거해서 달성해야 할 목표와 학습해야 할 기술을 명시한다. ② 학습할 기술을 구체적인 과제로 분석한다. ③ 학습해야 할 과제들을 순서대로 열거한다. ④ 과제 중에서 아동이 할 수 있는 것과 할 수 없는 것을 결정한다. ⑤ 직접 교육을 통해 가르친다. ⑥ 한 번에 한 가지 과제를 가르친다. ⑦ 청소년이 해당 기술을 학습했는지의 여부를 근거로 교육의 효과를 평가한다. 또한, 직접교육은 다음과 같은 절차에 의해 행한다. ① 목적과 목표를 정한다. ② 자료를 순서대로 주의 깊게 제공한다. ③ 자세한 설명과 많은 예를 제공한다. ④ 질문을 많이 하게 하고 다양한 방법으로 새로운 기술을 연습할 수 있는 적극적인 기회를 제공한다. ⑤ 즉각적이고 교육적인 피드백을 하고 교정해 준다. ⑥ 학습이 제대로 이루어졌는지 평가하기 위해 청소년의 진전을 기록한다.

5) 자폐증

(1) 자폐증의 정의

자폐증은 흔하게 나타나는 것은 아니라 어린 시절에 나타나는 여러 가지 증상으로 이루어져 있다. 자폐 증상의 핵심은 사회적인 상호작용이나 소통을 잘 못하는 것이나, 주의에 전혀 관심을 보이지 않고 혼자 지내는 것을 좋아하는 것이다. 자폐를 보이는 아이는 부모, 형제, 동료들과 함께 놀고 싶다거나 애정을 받고 싶은 욕구가 없는 것처럼 보인다. 자폐 아동의 절반은 언어와 제스처를 사용하지 않고 단순한 행동(울거나 손을 잡아끈다거나 등)으로 의사를 표현하고, 나머지 절반은 언어를 구사할 수는 있으나 다른 사람의 언어를 이해하지 못하거나 같은 단어나 어구를 반복하기도 한다. 자폐증의 내용은 이용승(2017)을 요약 정리하여 제공한다.

자폐증은 DSM-5에서는 자폐 스펙트럼 장애라는 용어를 사용한다. 사회적 상호작용과 의사소통에서의 장애, 제한된 흥미와 관심을 지니며, 상동적인 행동을 반복적으로 나타내는 장애를 모두 포함한다. 자폐 스펙트럼 장애의 진단기준은 다음과 같다.

A. 다양한 맥락에 걸쳐 사회적 의사소통과 상호작용에 지속적인 결함이 나타난다.
   1. 사회적-정서적 상호작용의 결함을 나타낸다. 예컨대, 다른 사람에게 비정상적인 방식으로 사회적 접근을 시도하고, 정상적으로 번갈아 가며 대화하지 못하며, 다른 사람과 관심사나 감정을 공유하지 못하고, 심한 경우에는 사회적 상호작용을 시작하지 못하거나 그에 반응하지 못한다.
   2. 사회적 상호작용을 위해 사용되는 비언어적 의사소통 행동에 결함을 나타낸다. 예컨대, 언어적 · 비언어적 의사소통을 통합된 형태로 사용하지 못하고 눈 맞춤과 몸동작에서 비정상성을 나타내며, 심한 경우에는 표정이나 비언어적 의사소통을 전혀 사용하지 못한다.
   3. 대인관계를 발전시키고, 유지하며, 이해하는 데 결함이 나타난다. 예컨대, 다양한 사회적 맥락에 맞게 행동을 조율하지 못하고, 다른 사람과 상상적 놀이를 함께하거나 친구를 사귀는 데 어려움을 나타내며, 심한 경우에는 또래 친구에 대해서 전혀 관심을 나타내지 않는다.

B. 행동, 흥미 또는 활동에 있어서 제한적이고 반복적인 패턴이 다음 4가지 중 2개 이상의 증상으로 나타난다.
   1. 정형화된 혹은 반복적인 운동 동작, 물체 사용인 언어 사용(예: 단순한 운동 상동증, 장난감을 한 줄로 정렬하거나 물체를 뒤집는 행동, 반향언어, 기이한 어구의 사용).
   2. 동일한 것에 대한 고집, 일상적인 것에 대한 완고한 집착 또는 언어적 · 비언어적 행동의 의식화된 패턴을 나타낸다(예: 작은 변화에 대한 심한 불쾌감, 경직된 사고 패턴, 의식화된 인사법, 매일 동일한 일상 활동을 하거나 동일한 음식을 먹으려는 욕구).
   3. 매우 제한적이고 고정된 흥미를 지니는데, 그 강도나 초점이 비정상적이다(예: 특이한 물건에 대한 강한 애착 또는 집착, 과도하게 제한되어 있거나 고집스러운 흥미).
   4. 감각적 자극에 대한 과도한 혹은 과소한 반응성을 나타내거나 환경의 감각적 측면에 대해서 비정상적인 관심을 나타낸다(예: 고통이나 온도에 대한 현저한 무감각, 특정한 소리나 재질에 대한 혐오반응, 특정한 물건을 만지거나 냄새를 맡는 데 집착함, 빛이나 물건을 움직임에 매료됨).

C. 이러한 증상들은 초기의 발달 시기에 나타난다.

D. 이러한 증상들은 사회적 · 직업적 또는 다른 중요한 기능 영역에 심각한 손상을 초래한다.

E. 이러한 장애는 지적 장애나 전반적 발달 지연에 의해 더 잘 설명되지 않는다.

(2) 자폐증의 현황과 주요 증상

자폐증은 주로 30~36개월 사이에 여러 이상행동이 나타난다고 보고 있다. 자폐 스펙트럼 장애의 유병률은 아동과 성인을 포함한 전체 인구의 1% 정도인 것으로 알려져 있다. 자폐 스펙트럼 장애는 문화에 상관없이 상당히 일정한 빈도를 나타내는데, 우리나라 소아정신과를 방문한 아동의 12% 이상이 자폐증이라는 보고가 있다.

일반적으로 자폐증은 여아보다 남아에게서 더 많이 발생하고, 여아가 자폐 증상을 보이는 경우에는 남아보다 증상이 더 심각하고 지적 장애의 어려움을 겪고 있는 경우가 많다. 자폐증에 동반하는 장애는 지적장애, 간질, 시각과 청각의 손상, 취약X증후군(X염색체 형성 결함에 의해 발생하는 것) 등이다.

자폐증의 영향을 받는 주요 기능은 사회적 상호작용, 의사소통, 제한되고 반복적인 행동, 인지적 기능이다. 자폐 아동과 청소년은 다른 사람들과 사회적 상호작용을 잘하지 못하고, 개개인의 독특성을 이해하지 못한다. 다른 사람과 눈 맞춤을 못하는데, 이는 성인까지 지속될 수 있다. 사회적 고립이나 다른 사람들과 떨어져 있는 상황에서도 별다른 반응을 보이지 않고, 타인의 감정을 이해하지 못한다.

자폐 아동과 청소년은 언어적 의사소통과 비언어적 의사소통에서 장애를 보인다. 정상적인 언어발달이 이루어지지 않을 뿐만 아니라 몸짓, 표정 등의 사용을 통해 의사를 효과적으로 전달하는 데에도 어려움이 있다.

행동적 측면에서 이들의 특징은 경직성, 융통성 없음으로 표현할 수 있다. 특정 물체나 물체의 일부분에 과도하게 집착하는 경향이 있고, 유리, 목걸이, 귀걸이 같은 빛나는 물체를 매우 좋아하기도 한다. 자신이 집착하는 물건을 빼앗으려 하면 광폭한 상태가 되기도 한다. 행동이 일상생활에서 경직되게 나타나 사소한 변화(가구를 옮긴다거나 다른 옷을 입는다거나 책장 위의 책의 위치가 바뀐다거나 등)에도 과도하게 반응한다.

인지적 측면에서 이들은 지적장애를 동반하는 경우가 많다. 다소 차이는 있지만 자폐 아동의 60~85%가 지적장애를 보이는 것으로 나타났다. 자폐 아동과 청소년은 기계적인 기억력, 퍼즐 풀기 등의 시공간적 기술이나 예술 분야에서 뛰어난 재능을 발휘하는 경우가 종종 있다. 그러나 최근 사건에 대한 기억력은 저하되어 있고, 사물의 구체적인 특징을 이용하여 구분하는 능력이 우수할 수 있다. 우수한 지능 수준이 잠재되어 있을 수도 있으나 기본적으로 지능 수준이 비교적 낮고, 기계적 기억력이 우수할지라도 전반적인 지능 수준은 낮은 것으로 밝혀지고 있다.

자폐 아동과 청소년에게 흔하게 나타나는 증상 중 하나는 감각자극에 대한 반응의 독특성으로 소리에 대한 반응이 가장 대표적이다. 특정한 소리에 반응하는 것이다. 그 외에도 과잉행동, 파괴적 행동, 심한 떼쓰기 등의 행동이 이유 없이 종종 나타난다.

(3) 자폐증의 원인

자폐증의 원인은 크게 생물학적 원인, 심리학적 원인으로 나눌 수 있다. 생물학적인 원인에는 유전적 잠재요인이 병리학적 환경과 상호작용하여 발생한다는 것인데, 자폐증의 생물학적 이상에 대한 여러 연구 중 신경전달물질인 세로토닌의 이상이 일관되게 보고되고 있다. 자폐 아동 가운데 약 30~40%에서 세로토닌 수치가 정상 아동보다 높게 발견되고 있다. 이와 더불어 임신 기간 중 세균 감염으로 발달 중인 태아에게 심각한 손상을 주어 선천적 이상이 발생할 수 있다는 것이다. 구체적으로 임신 중의 풍진이 영향이 크다고 보고 있다.

심리학적 원인에는 양육태도와 행동의 조건 형성을 들 수 있다. 일반적으로 적용하기는 어렵지만, 자폐 아동의 부모는 정서적으로 따뜻함이 결여되어 있고, 심리적으로 거리를 두며, 강박적인 성격의 소유자일 확률이 높다. 부모의 양육은 자녀에게 영향이 크므로 정서문제와 가족 안에서의 긴장과 다른 문제가 자폐증에 영향이 있을 수 있다. 또한, 조건형성이 잘못되어 자폐증이 나타날 수 있다고 보았고, 스트레스 사건이 발생할 후에 자폐증이 발달할 수 있음도 지적하였다.

(4) 자폐증의 치료

자폐증의 치료는 주로 행동치료, 약물치료, 정신분석 심리치료가 주이다. 첫째, 행동치료는 행동수정요법이 주로 사용되는데, 가장 많이 사용되는 치료법이다. 행동수정을 효과적으로 사용하기 위해서는 이상행동의 형태와 사회적 결핍의 본질을 확실히 이해한 후 실시하여야 하고, 수정되지 않은 환경에 적응시키는 훈련보다는 환경을 그들에게 맞추어 적응시키는 훈련이 필요하다. 자폐 아동과 청소년은 자신의 행동을 다양한 환경에 일반화시키지 못하기 때문에 성공적인 치료를 위해서는 안정적인 환경을 유지하는 것이 매우 중요하다. 행동치료의 효과를 위해서는 발달 수준을 고려하여 발달 수준에 맞는 적절한 기법을 사용하여야 하고, 개개인의 특수한 증상을 이해하여 대응 방법을 설정해야 한다. 흔히 사용되는 것은 정적 강화와 벌이다. 정적 강화에는 구체적 보상(바람직한 행동을 할 때마다 즉시 강화물을 주는 것 등), 사회적 강화(쓰다듬기, 미소 짓기, 고개를 끄덕이기, 칭찬하기와 같은 형식으로 바람직한 행동을 계속하게 하는 사회적 상호작용의 일부 형식), 토큰 보상(요구한 행동을 할 때마다 토큰을 주고 정해진 수의 토큰을 가지고 되었을 때 미리 약속된 원하는 물건을 주거나 원하는 활동을 하게 하는 방법), 능력 강화(아동과 청소년이 이해하고 즐기는 과제를 하게 하여 유능한 사람임을 경험하게 하고, 이러한 경험으로 얻게 되는 기쁨을 얻도록 하는 것) 등이 있다.

벌은 행동을 제한하는 방법인데 여러 가지 형식이 있다. 고개를 흔들거나, 얼굴을 찡그리거나, '안 돼'라고 말하거나, 가볍게 꾸짖거나 하는 것들이다. 이들의 행동을 제한하는 절차로서 가벼운 것에는 소거(바람직하지 못한 행동을 하였을 때 이를 무시하거나 경시함으로써 이러한 행동을 줄어들게 하고 결국은 사라지게 하는 기법), 일시 격리(바람직하지 못한 행동에 따른 정적 강화를 받지 못하도록 일시적으로 격리시키는 것), 안 된다고 하기(청소년의 행동이 받아들여지지 않는다는 것을 알리는 것), 박탈(소유물에 손을 대지 못하게 하거나 정규적으로 하게 되어 있는 게임이나 놀이를 하지 못하도록 그 기회를 빼앗는 것), 과잉교정(특정 행동의 빈도를 감소시키는 절차), 신체적 접촉(볼기나 손을 찰싹 때리는 것) 등이 있다. 청소년의 행동이 위험하고 가벼운 행동 제재로 고쳐지지 않았다면 심한 제한 절차를 사용할 수 있는데, 이럴 때는 시간제한을 두고 절차의 사용 효과와 위험성을 고려해야 한다. 그때는 고립(청소년을 닫힌 곳이나 고립된 장소에 배치하는 것), 위험 소거(공격, 자기상해, 도망과 같은 위험성이 있는 행동에 사용되는 소거 기법), 혐오자극(바람직하지 못한 행동을 할 때마다 신체적 고통이나 불편을 느끼게 하는 자극을 주는 것) 등이 있다.

둘째, 약물치료인데, 자폐증 치료에 특정한 약물이 있는 것은 아니고 특정 증상에 대한 약물치료가 이루어질 뿐이다. 약물치료로 도움을 받는 증상들은 과잉행동, 충동성, 부주의, 공격성, 정동적인 변화무쌍함, 강박적 행동, 자해행동, 정신증 증상, 우울 증상 등이다. 약물을 사용할 때는 부작용이 나타날 수 있으므로 주의해야 한다. 향정신증 약물, 세로토닌 흡수 억제를 돕는 약물(클로미프라민) 등이 사용되어 불안, 공격성, 분노, 강박행동을 감소시키는 역할을 한다.

셋째, 정신분석 심리치료이다. 자폐적인 경험의 뿌리에는 첫 소통의 실패가 있다. 이런 실패에 기여하는 요인은 아동, 청소년의 다양한 종류의 감각적인 결함과 어머니의 심각한 우울이다. 이것이 아이의 투사를 수용하거나 감내하지 못하게 만들고 불안을 접촉하지 못하게 만든다. 어머니의 심리적인 부재 때문에 만남이 일어나지 않는다. 정신분석적 치료에서는 역전이를 활용한다. 치료세팅의 안정성을 갖추고 치료를 해 나가는데, 아이는 치료자의 역전이에 반응하여 점차 전이가 일어나며, 지속적이고 일관된 치료 후에 좀 더 건강한 발달과 안정감으로 이끄는 안정된 대상을 내사하게 된다. 역전이 작업은 내담자의 성격이 충분히 통합되지 않았을 때 자기의 부분들이 담을 곳을 찾으려 할 때나 상징형성이 발달되어 있지 않거나 불완전할 때 특히 필요하다.

3 정신의학적 질병예방과 대책

우리는 매일 많은 사람을 만나고 살아가며, 모든 사람은 독특한 개성을 지니고 있다. 이러한 개성의 차이가 호감과 호기심을 불러일으키기도 하지만, 이질감과 거부감을 유발하기도 한다. 상식적으로 도저히 이해가 되지 않는 독특한 행동을 개성으로 인정하기에 너무 부적절한 행동을 하는 사람을 만나기도 한다. 청소년 또한 부적절한 행동을 하며 도저히 이해되지 않는 '이상한 아이들'로 보이는 경우가 있다. 특히, 오늘을 사는 청소년은 변화되는 사회에 적응해 나가면서 여러 가지 혼란을 경험하여 내재된 어려움이 있다. 때때로 재미가 없고, 삶이 무의미하게 느껴지고 기분이 침울해지고 의욕이 떨어져 자꾸만 자신을 무가치하고 열등한 사람으로 치부해 버릴 때가 있다. 어렵고 힘든 좌절을 경험한 후에 이런 상태를 나타내는 것은 정상적이고 자연스러운 반응이라고 할 수 있다. 그러나 이런 상태가 몇 달 이상 계속되고 심해지면 그들의 삶에 심각한 영향을 줄 수 있다. 이런 기분 상태에서는 침울하고 슬픈 감정이 자주 느껴지며, 불행감, 공허감, 좌절감, 무기력감, 죄책감, 절망감을 느끼게 된다. 주의집중력, 사고력, 판단력 등의 인지기능이 저하되어 공부나 과제 수행도 잘 안 된다. 자기 자신과 주변 상황에 대한 부정적이고 비관적인 생각이 맴돌며 자살을 생각하기도 한다.

정상적이고 건강한 사람은 첫째, 자신이 처한 주변 현실을 정확히 파악하고 인식할 수 있고, 둘째, 자신의 능력과 심리적 상태를 자각하고 인식할 수 있고, 셋째, 자신의 행동을 스스로 조절하고 통제할 수 있고, 넷째, 있는 그대로의 자기 자신을 수용하여 존중하고, 다섯째, 다른 사람과 원만한 인간관계를 이룰 수 있고, 여섯째, 자신의 능력을 생산적이고 효율적으로 발휘할 수 있다. 그런데 앞에서 언급한 특성을 나타내는 청소년은 이상행동을 나타내며, 정신질환을 겪게 된다. 이상성은 적응 기능의 저하와 손상, 주관적 불편감과 고통, 문화적 규범의 위배, 통계적 평균에서의 일탈을 나타낼 때 이상함을 표현할 수 있다(권석만, 2013). 이상행동을 보이는 청소년은 이로 인해 심한 심리적 고통을 경험하거나 부적응 상태로 자신의 능력을 발휘하지 못하게 되고, 성인 시기까지 이어져 부정적인 영향을 줄 수 있으므로 치료가 시급하고 중요하다.

이상행동의 치료는 다양한 방법이 적용되는데, 이상행동을 유발하거나 지속시키는 요인을 제거하거나 변화시킴으로써 치료할 수 있다. 정신분석적 치료에서는 개인의 무의식적 갈등을 사각하고 자아기능을 강화함으로써 부적응행동에서 벗어나게 하고, 행동치료에서는 학습의 원리를 이용하여 부적응행동을 제거하거나 적응행동을 습득시킨다. 또, 인지치료에서는 이상행동을 유발하는 역기능적인 사고과정과 신념체계의 수정에 초점을 맞추고, 약물치료에서는 향정신성 약물을 투여함으로써 뇌의 화학적 변화를 통해 정신장애의 증상을 완화시킨다. 이는 치료적 접근이고, 예방 차원에서는 그 원인으로 밝혀진 요인을 사전에 차단하는 것이 필요하다. 정신질환은 심리적 원인과 신체적 원인이 주를 이룬다. 심리적 원인론은 개인이 환경과의 상호작용에서 경험하는 비정상적인 체험으로 인해 나타나는 감정, 기억, 행동상의 심리적 문제로 정신질환을 보고 있고, 신체적 원인론은 정신장애가 유전, 뇌구조 및 기능의 이상, 내분비계통의 이상 등에 의해서 생긴다는 입장이다. 이런 의미에서 청소년의 정신질환은 보호적인 환경을 제공해 주는 것이 무엇보다 중요하다. 특히, 부모를 비롯한 가정환경은 청소년의 삶에 밀접한 영향으로 작용하기 때문에 그 경험이 정상적인 체험이 되도록 부모의 노력과 사회적인 노력이 동시에 이루어져야 한다. 또한, 각각의 이상행동에 대한 적절한 치료 개입이 이루어질 수 있도록 질환에 대한 정확한 진단이 이루어져야 한다(권석만, 2019).

대부분의 심리적 문제와 증상은 개인의 변화와 성장을 요구한다. 심리적 고통과 증상은 심리적 성장을 위한 것이고 전문적인 심리치료를 통해 심리적 변화와 성장을 돕게 된다.

정신적인 문제를 호소하는 청소년에게 치료적 접근과 더불어 사회적 지지가 무엇보다 중요하다. 사회적 지지는 사랑받는 느낌, 가치 있거나 존중받는 느낌, 그리고 사회적 네트워크에 소속되어 있는 느낌의 세 가지 구성요소로 이루어져 있다(Cobb, 1976). 사회적 지지는 가족, 친구, 교사, 이웃, 지역사회 등 청소년을 둘러싸고 있는 환경인 사회관계망으로부터 받는 정서적 · 물질적 지지의 긍정적 자원을 말한다. 청소년의 주위 환경이 청소년을 공격적으로 만들고 불안하게 하며, 우울하게 한다. 일차적으로 가정환경의 영향이 작용하고, 이차적으로 학교환경의 영향이 크다. 입시 위주의 학교, 학벌 중심과 경쟁 중심의 학교문화가 청소년의 정신질환에 상당한 영향을 미치고 있으므로 사회적 지지를 긍정적으로 바꿔 주어 청소년이 사회관계망 안에서 안정적 관계를 유지할 수 있는 지지체계를 강화할 필요가 있다.

CHAPTER 6

청소년의 비만과 신체적 부조화

1 청소년의 비만과 신체부조화(생리, 여드름, 신체상과 신체학대, 성형 등)의 원인과 실태

청소년 시기는 자신의 급격한 신체변화에 관심이 많아 신경과민이 되기 쉽고, 자아정체감이라는 중요한 발달과업을 수행해야 하기 때문에 신체를 통해 자아정체감에 영향을 받기 쉽다. 신체상은 자아상에 영향을 미치므로 신체를 어떻게 인식하느냐가 청소년에게는 중요한 문제이고, 신체로 인한 스트레스가 자아존중감에 부정적인 영향으로 작용하기도 한다. 이러한 신체적인 변화인 비만과 그 외의 신체부조화를 살펴봄으로 대책을 강구해 보도록 한다.

1) 청소년 비만

(1) 청소년 비만의 실태 및 원인

청소년의 비만율이 갈수록 증가하고 있다. 청소년 비만은 성인 비만으로 이어져

만성질환(당뇨, 심혈관 질환, 고지혈증, 암 등)을 유발할 뿐만 아니라 삶의 질 저하를 가져올 수 있으므로 잘 관리해야 한다(조진경 외, 2014). 학생 비만율은 매년 22.9%(2016), 23.9%(2017), 25.0%(2018)로 계속 증가 추세이고, 특히, 남자 아동 · 청소년 비만율(26%, 과체중 포함)은 OECD 평균(25.6%) 수준보다 높으며, 고도비만율도 매년 증가(2009년 1.1% → 2013년 1.5% → 2017년 2.0%)하고 있다(관계부처 합동, 2018).

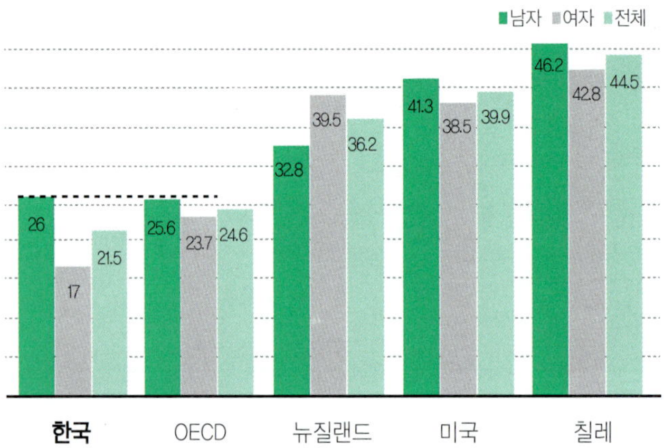

국가명	남자 청소년 비만율(%)
칠레	46.2
미국	41.3
뉴질랜드	32.8
한국	**26.0**
OECD	25.6

출처: OECD Health at a Glance 2017, OECD(2017)

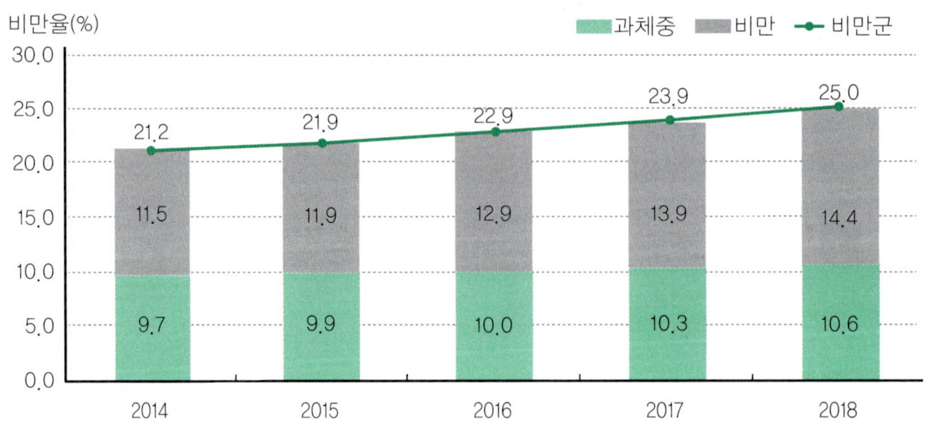

[그림 6-1] 초 · 중 · 고 학생 비만율

출처: 교육부(2019). 2018년 학생 건강검사 표본통계.

청소년 비만은 지방세포 수를 증가시켜 체중을 감량하더라도 지방세포 크기만 일시 감소되어 쉽게 재발하며, 약 80%가 성인 비만으로 이행되기 때문에 대책 마련이 중요하다. 미국이나 영국 등 주요 선진국은 국가 차원의 비만대책과 캠페인을 적극적으로 추진 중이다. 주요 정책으로는 건강한 음식섭취 및 식품접근성 강화, 신체활동 활성화 및 환경구축, 취약계층 맞춤형 비만관리, 범정부 캠페인 등을 추진하고 있다. 우리나라도 급격한 인구구조 변화 및 아동·청소년층 중심으로 서구식 식생활이 만연되고 있는 상황에서 선제적인 대책이 필요하다(관계부처 합동, 2018).

청소년 비만이 증가하는 원인은 첫째, 신체활동 부족이다. 신체활동에 있어서 초등학생은 지속적으로 증가 추세이나, 중고등학생은 2015년 이후 조금씩 감소 추세이다.

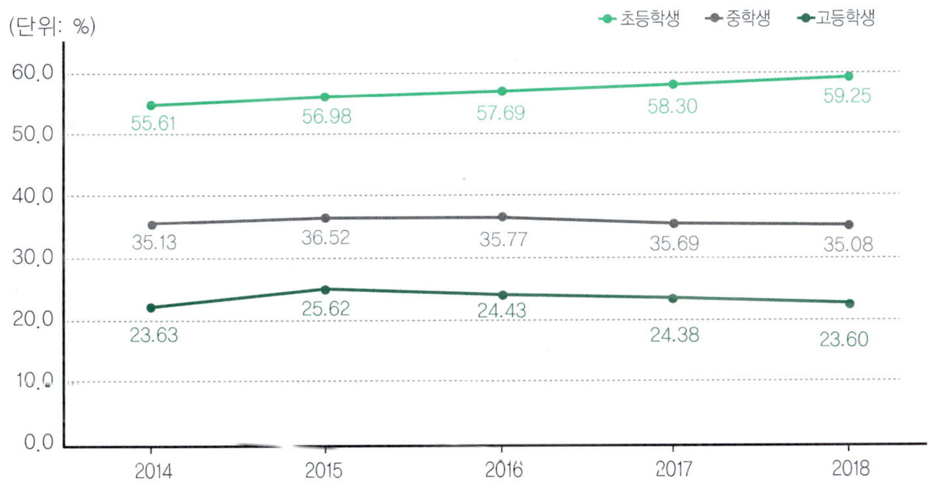

[그림 6-2] 초중고 학생의 주 3일 이상 격렬한 신체활동량

출처: 교육부(2019). 2018년 학생건강검사 표본 조사 결과.

또한, 주 3일 이상 격렬한 신체활동 비율이 초등학생 59.25% → 중학생 35.08% → 고등학생 23.60%로 고학년으로 갈수록 줄어들고 있다. 이는 고학년으로 갈수록 학업시간이 길어져 책상에서 보내는 시간이 많고, 사교육 등으로 다른 신체활동의 기회가 부족하기 때문이다. 또한, 인터넷과 스마트폰의 보급으로 활동량이 줄어들어 에너지 섭취량과 소비량의 불균형으로 인해 비만의 위험이 높아지고 있다.

둘째, 고열량·고지방 음식 섭취율 증가와 과일, 채소 섭취율 감소 등 부적절한 식습관 증가이다. 주 1회 패스트푸드 섭취율이 고학년으로 갈수록 높고(초 65.98%, 중 77.66%, 고 80.54%), 유제품 및 과일, 채소의 섭취는 줄고 있다. 패스트푸드 섭취가 해마다 늘어나고 있어 청소년 건강을 위협하고 있다. 사교육이 증가하면서 가정에서의 식사보다는 간편하게 끼니를 해결할 수 있는 패스트푸드를 비롯한 라면을 이용하는 청소년이 많아지고, 업체에서도 다양한 종류의 음식을 제조하여 판매하므로 청소년의 관심을 끌고 있다. 패스트푸드는 열량이 높아 체중을 증가시킬 뿐만 아니라 포화지방, 트랜스 지방, 콜레스테롤 등 우리 몸에 유해한 지방의 함량이 높아 패스트푸드를 자주 섭취할수록 각종 질환에 걸릴 확률이 높아 청소년 비만을 증가시키고 건강에 좋지 않다.

셋째, 자기 전 간식 먹기 및 아침식사 거르기이다. 아침식사는 지난 밤부터 공복 상태인 신체에 열량을 공급해 하루의 활동을 시작할 수 있게 한다. 그런데 청소년은 학업과 전자기기의 사용 증가로 늦게 자고 늦게 일어나는 습관을 갖게 되고, 이로 인해 아침에 잠을 선택하고 아침식사를 포기하게 된다. 또한, 저녁에 늦게 자는 것이 간식을 부르게 되어 밤늦게, 자기 전에 간식을 먹기도 한다. 자기 전에 간식을 먹으면 몸에 지방을 축적하여 비만을 유발하기 쉬우며, 다음 날 아침에 더부룩한 느낌 또는 포만감으로 아침식사를 결식하기 쉽다. 이렇게 아침을 굶으면 다음 식사 때 과식하게 되어 비만이 될 가능성이 커진다.

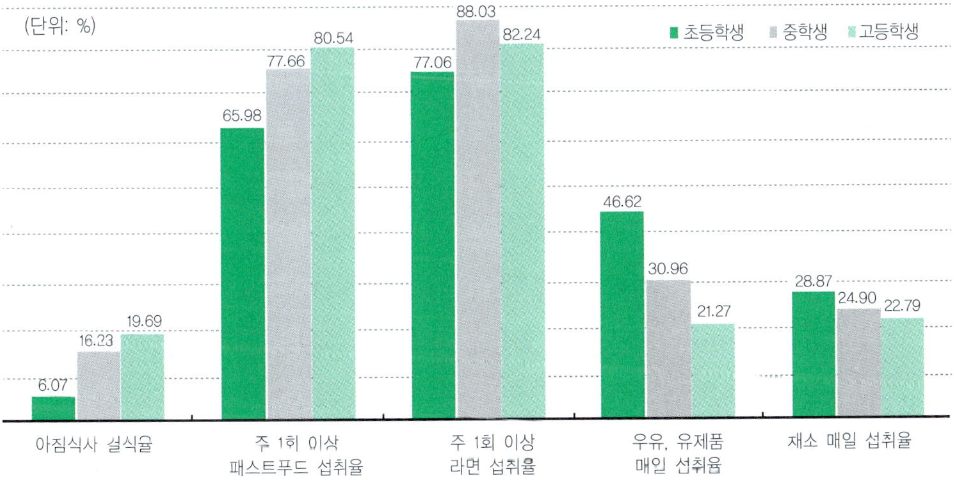

[그림 6-3] 초 · 중 · 고 학생의 식습관

출처: 교육부(2019). 2018년 학생건강검사 표본 조사 결과.

〈표 6-1〉 초 · 중 · 고 학생의 식습관 연도별 추이

(단위: %)

지표	2018년			2017년			2016년			2015년			2014년		
	초	중	고	초	중	고	초	중	고	초	중	고	초	중	고
아침식사 결식률	6.07	16.23	19.69	4.65	13.49	18.11	4.17	12.60	16.81	3.93	12.08	15.12	4.16	12.04	14.50
주 1회 이상 패스트푸드 섭취율	65.98	77.66	80.54	68.00	78.50	80.47	64.64	76.08	77.93	62.89	74.90	76.61	61.37	72.05	74.28
주 1회 이상 라면 섭취율	77.06	88.03	82.24	76.39	87.69	81.37	74.52	86.62	80.48	73.15	84.98	77.59	74.85	85.73	77.99
우유, 유제품 매일 섭취율	46.62	30.96	21.27	48.20	30.73	19.47	48.43	30.77	20.07	50.98	31.01	21.72	53.88	32.19	23.84
채소 매일 섭취율	28.87	24.90	22.79	31.27	26.20	22.82	30.73	28.03	22.62	31.91	27.92	23.99	31.80	27.79	23.79

출처: 교육부(2019). 2018년 학생건강검사 표본 조사 결과.

넷째, 유전적 요인이다. 부모님 중에 비만한 사람이 있으면 자녀도 비만이 될 가능성이 크다. 왜냐하면, 부모의 식습관을 자연스럽게 따라가게 되고 그 식습관이 비만과 연결되어 있기 때문이다. 아버지가 비만인 경우 자녀가 비만일 위험은 2.1배, 어머니가 비만인 경우는 2.4배 높다. 부모가 모두 비만일 경우 자녀가 비만일 위험은 2.8배 상승했다. 또한, 어머니의 하루 에너지 섭취량이 100kcal 증가할 때 자녀의 하루 에너지 섭취량은 20kcal, 아버지의 하루 에너지 섭취량이 100kcal 증가할 경우에는 자녀가 10kcal 더 섭취하는 것으로 나타났다(대한비만학회, 2015). 부모가 비만할 경우 자녀의 비만 유병률이 4배 이상 증가하였고, 부모와 자녀 모두 비만일 경우 성인 비만으로 이행될 위험도가 15.3배에 이른다(조진경 외, 2014).

다섯째, 부모의 잘못된 인식이다. 청소년 비만이 별문제 아니라고 생각하는 것이다. 비만은 질병인데, 살이 다 키로 간다거나 어른이 되면 자연스럽게 체중조절이 된다는 등의 생각으로 안일하게 대처하는 것이 영향을 미쳐 비만으로 남게 되는 것이다. 청소년 비만은 부모의 관심이 무엇보다 중요한데, 성장발육 시기와 민감한 청소년기에 치료를 하는 것도 받아들이지 않을뿐더러, 건강보다 학업을 더 우선시하는 것도 청소년의 비만 위험도를 높이는 주요한 원인이다.

여섯째, 음식으로 스트레스를 푸는 것이다. 성적, 시험에 대한 스트레스뿐만 아니라 각종 스트레스를 풀기 위해 단 음식, 기름진 음식을 먹는 경우이다. 이 방법이 지속적으로 스트레스 받을 때마다 선택된다면 나중에는 체중 증가로 인한 스트레스가 하나 더 추가될 수도 있다. 청소년에게는 학업, 가정, 친구, 학교생활 등 다양한 스트레스가 있는데, 그 스트레스가 있을 때마다 단순당, 지방이 들어 있는 음식을 먹는다면 금세 비만이 될 확률이 높다.

(2) 청소년 비만 치료

청소년 비만 치료의 핵심은 생활습관 개선이다. 이를 위해서는 부모 등의 보호자의 관심이 우선되어야 한다. 청소년 비만의 치료도 성인과 같이 식사치료, 운동치료, 행동치료, 약물치료 순으로 진행된다. 성인 비만 치료와 다른 점은 조력자가 필요하다는 것이다. 비만학회에서 소개한 비만 치료의 내용을 정리하면 다음과 같다.

첫째, 식사치료이다. 식사치료는 에너지 섭취량을 줄이면서 필수 영양소는 충분히 섭취하며, 목표 체중으로의 감량을 목표로 한다. 개인의 특성에 따라 체중 감량을 위한 에너지 제한 정도를 정해야 하고, 체중은 일주일에 0.5kg 정도씩 줄여 나가도록 하며, 세 끼 식사는 규칙적으로 하면서 식사량과 간식을 줄여 목표 체중에 도달하도록 해야 한다. 식사를 할 때 음식을 천천히 먹고, 기름진 음식, 달거나 짠 음식을 피하고, 채소나 과일을 충분히 먹으며, 골고루, 알맞게 제때에 하도록 해야 한다. 식사치료의 핵심은 규칙적인 식사 습관이므로 그것을 잘 지킬 수 있도록 해야 한다.

둘째, 운동치료는 개인의 생활습관, 체력능력, 흥미도에 따라 결정해야 한다. 운동은 최소한 주 3~5회 이상, 한 번에 30~60분간 지속적인 유산소 운동을 규칙적으로 하는 것이 바람직하다. 초기 단계에서는 가벼운 운동을 20~30분 정도 실시하고 점점 시간을 늘려 4~6주가 지나서 30~60분 정도 운동을 지속할 수 있게 되면 강도를 점차 증가한다. 그래서 중등도 운동은 20~30분, 강도 높은 운동은 15~20분 정도로 구성하는 것도 흥미를 유발하는 데 좋다. 운동치료에서도 중요한 것은 체력 수준과 운동능력에 맞게 적절히 구성해 적용되어야 한다는 것이다.

셋째, 행동치료이다. 행동치료는 다른 여타의 치료와 같이 이루어지며, 생활습관의 관리와 연결되어 있다. 청소년 스스로 체중 감량을 원하는지, 치료에 요구되는 사항을 이해하고 스스로 이행할 자신이 있는지, 목표 체중은 얼마인지 등에 대한 자신의 행동을 기록해 그 변화를 매일 주석 관찰하는 것이다. 행동치료에 실제 사용할 수 있는 기법은 자극조절기법, 식사행동 조설, 보상, 자기관찰기법, 영양교육, 신체활동 늘리기, 대체행동기법, 인지재구조화 등이 있다. 자극조절기법은 적절한 자극에서만 적절한 행동이 일어날 수 있도록 만느는 것으로 빵이나 과자 등을 눈에 보이지 않는 곳에 두는 것이 이에 해당한다. 식사행동 조절은 건강한 식사행동을 만들어 나가는 것으로 구체적인 행동으로 옮길 수 있도록 돕는다. 보상은 조작적 조건화를 이용하는 방법으로 식사행동에 긍정적인 영향을 주는 행동을 늘려 가는 강화기법을 사용하는 것이다. 자기관찰기법은 문제행동을 관찰하고 정의하는 것으로 식사행동일기나 운동일기 등을 작성하는 것, 체중을 정기적으로 체크하는 것 등이 해당된다. 영양교육은 건강한 영양지식 및 음식섭취에 대한 정보의 제공과 함께 이루어진다. 신체적 활동 늘리기 기법은 운동을 시작하고 운동을 지속할 수 있는 데 도움이 되는 전략과 운동 참여율을 높이는 기법이다. 대체행동기법은 자극에 대하여 다른 반응을 하는 것으로, 자극을 변화시키는 것이 아니라 자극은 그대로 두고 자극에 대한 기존의 행동을 미리 준비된 대체행동으로 바꾸어 반응할 수 있도록 하는 기법이다. 인지재구조화는 행동의 변화에는 그 행동을 만들어 내는 왜곡된 인지과정의 변화가 필수적이라는 인지치료적 개념에 근거를 둔 기법이다. 합리적인 목표 설정, 스트레스 관리, 문제해결전략 등을 사용할 수 있다.

넷째, 약물치료인데, 이는 생활습관 개선과 교정을 시행하면서 보조적으로 시행해야 한다. 약물치료는 중학생 이후부터 가능하고, 청소년에게는 많이 사용되지 않는다. 비만에서의 약물치료는 비만으로 인한 심혈관 질환 및 건강상의 문제로 체중 감량이 필요한 경우에만 사용된다. 장기적으로 안정성과 유효성이 확립된 것으로 시작해야 하고, 의학적 감시하에서 이루어져야 한다.

무엇보다 청소년 비만 개선을 위해서는 비만을 유발하는 환경을 개선하고, 잘하면 스스로에게 보상을 줌으로써 목표를 이룰 수 있게 유도하거나 식사일기를 쓰고 스트레스를 관리하는 방법을 찾는 것이 먼저 이루어져야 한다. 실질적인 도움을 받기 위해서는 체중 조절에 성공한 사람을 멘토로 두는 것도 한 방법이다.

2) 신체부조화

(1) 월경

청소년기의 변화 중 월경은 여성으로서의 성정체감 형성과 여성 건강지표의 하나이다. 20~95%의 여성이 경험하는 월경에 관한 증상(신체적 · 정신적 · 행동적 증상)은 청소년 여학생의 월경에 대한 태도 형성에 영향을 주는 요인이다. 월경 증상을 경험하는 청소년은 경험하지 않은 청소년에 비해 월경 경험에 대해 부정적으로 인지하는 경향이 있는데, 성미혜와 주경숙(2011)의 연구에서는 80% 정도가 월경과 관련된 통증을 경험하는 것으로 나타났으나, 중학생보다 고등학생이 월경을 자연스러운 현상이나 시작을 예측할 수 있는 사건으로 받아들였다. 또한, 월경에 대한 대처행위로는 건강한 정신과 태도를 갖기 위한 명상, 이완요법, 적절한 운동, 좋은 자세, 온수목욕, 균형 있는 식사 등이 중요함을 나타냈다.

청소년 여학생은 월경 디스트레스(여성의 월경과 관련되어 경험하는 불편감을 느끼는 좋지 않은 감각으로 월경곤란증, 월경전증후군, 월경전후기 불편감 등으로 불리는 증상. 월경 주기에 따라 신체적 · 정신적 · 행동적 변화가 반복적 · 주기적으로 나타나는 현상)로 학습능률이 저하되고 갈등과 스트레스를 초래하는 등의 일상생활에 어려움을 겪게 된다. 월경 디스트레스의 요인은 개인 관련 요인, 가족 관련 요인, 학교 관련 요인으로 나누어 볼 수 있는데, 개인 관련 요인에서는 일상생활 습관에서 음주와 흡연하는 청소년일수록, 지각된 건강상태나 신체 증상이 부정적일 때, 가족 관련 요인에서는 가족이 화목하지 않고, 월경 디스트레스 가족력이 있고, 부모의 음주와 부의 질환과 흡연이 영향을 주었고, 학교 관련 요인에서는 음주와 흡연하는 친구, 월경 디스트레스가 있는 친구가 있을 때, 학교생활 만족도가 낮고 학교 스트레스가 높을 때 월경 디스트레스에 영향을 주는 것으로 나타났다(백경아, 2013).

월경 디스트레스 중 가장 흔하게 나타나는 것(63.0~80.7%)이 월경전증후군이다(김형옥 외, 2008). 주요 증상으로는 하복부 신체적 변화, 심리적 변화, 행동 증상 등이 나타나는데, 나타나는 증상과 증상의 정도는 개인마다 다르게 나타난다. 신체적 변화는 하복부 팽만, 두통, 요통, 유방통증, 식욕변화, 몸이 붓는 느낌 등으로 나타나고, 심리적 변화로는 흥분, 우울, 기분의 변동, 신경과민, 불안 등이 나타난다. 또한, 집중력 저하, 수면장애, 흥미 감소, 섬세한 동작수행의 둔화 등의 행동 증상을 보인다(Rapkin & Milacich, 2006). 청소년기 여학생의 월경전증후군이 성인보다 더 심한 경우가 많아 수면장애, 식욕저하, 휴식시간 증가, 학교 결석뿐만 아니라 가족관계 유지에도 어려움을 보였다(Sharma, Malhotra, Taneja, & Saha, 2008).

월경전증후군은 생리적으로는 에스트로겐과 프로게스테론 농도의 변화, 저혈당증, 비타민과 무기질의 결핍 등으로 나타나고, 특히 비만일 때 위험이 3배 높게 나타났다(Masho et al., 2005). 이보다 더 심리적이고 상황적인 요인이 더 많이 작용한다. 월경태도가 부정적일 때, 전통적인 여성성에 사회화될수록(장혜경, 2007), 일상적인 스트레스와 학업 스트레스를 비롯한 시험불안이 높고 사회적 지지가 약할 때 월경전증후군이 강하게 나타난다(장화연, 2010; 장형주, 2012).

청소년기 여학생의 월경전증후군에 미치는 것이 일상 스트레스, 시험불안, 월경양, 사회적 지지, 초경 연령, 월경 태도, 여성성, 체질량 지수로 나타나 조절 가능하고 영향력이 큰 요인을 중재할 수 있는 프로그램을 개발하여 시행하는 것이 필요하고(전정희, 2013), 청소년 여학생은 월경이 귀찮은 사건이면서 신체 및 심리적으로 약화시키는 사건으로 인식하는 경향이 있고, 이러한 인식이 월경 증상과 대처행위에 영향을 미치므로 월경에 대한 긍정적인 태도를 형성하고 효과적인 대처행위를 사용하도록 도와야 한다. 그러기 위해서는 정확한 정보의 제공 및 월경관리 프로그램의 개발 및 적용이 필요하다(성미혜 · 주경숙, 2011).

(2) 여드름

여드름은 모낭피지선의 만성 염증성 질환으로 면포, 구진, 농포, 낭종 및 결절형성의 특징을 가지며, 심상성 여드름, 심상성 좌창이라고 한다(안영희 · 임미혜, 2003). 여드름은 사춘기 청소년에게 많이 발생하는 청소년기 피부특징 중 하나로 중 · 고등학생(64.6%)의 여드름 유병률은 성인(33.6%)보다 높다(김양자, 2003). 특히, 16~17세 청소년의 85%~100%가 여드름을 경험한다. 호르몬의 영향으로 사춘기에 생겼다가 없어지기도 하나 염증으로 발전해 성인까지 남아 있을 수도 있다.

여드름은 겉으로 보기에 문제 될 뿐만 아니라 낭종성 여드름은 통증을 수반하고, 심하면 출혈과 고름을 수반할 수도 있어서 신체적 문제를 일으키기도 하고, 여드름이 심한 경우에는 염증과 여드름 반흔을 생성하고 그 흔적을 해결하기 위해 다른 치료를 해야 하며, 여드름으로 인해 심리적으로 부정적 영향을 끼쳐 대인관계에 영향을 주어 위축되기도 한다. 사춘기에 있는 청소년은 깨끗한 피부를 유지하고 관리하는 데 많은 시간과 신경을 쓰고 있고, 이성 간의 관계에 호기심과 관심이 많은 시기이므로 외모에 대한 관심을 많이 가지고 있다. 여드름의 유무 정도가 청소년기의 학업과 대인관계, 자아존중감에 영향을 미친다. 여드름은 남성보다 여성이, 유병기간이 길수록, 많은 종류의 병변이 있을수록 정신적 영향을 많이 받고, 정신적인 스트레스가 여드름을 일으킬 뿐만 아니라 더 악화시킬 수 있으며, 분노, 불안감 등의 심리적 상태가 여드름에 작용한다고 하였다(이태숙, 2006).

여드름은 피지 분비의 증가, 모낭벽의 각화, 세균증식, 염증 유발로 인해 발생한다(백혜연, 2009). 세균과 피지 등의 여러 가지 물질이 모낭 주변의 피부세포로 퍼지고, 염증 및 유해산소가 발생하여 블랙헤드, 화이트헤드가 생성된다. 비염증성 블랙헤드, 화이트헤드와 병변이 심해져 붉어지거나 노란 고름이 생기게 된다. 표피 부위에 염증이 생겨서 붉게 튀어나온 것을 '구진', 노란 고름이 있는 것을 '농포', 염증이 더 깊숙한 진피 하단에 생겨서 만졌을 때 단단하고 아픈 것을 '결절'이라고 한다(김성실, 2016).

여드름 발생 원인은 유전적 요인, 호르몬, 만성적인 스트레스, 화장품, 여드름 원인균의 항생제 내성 등 여러 가지 가능성이 있으나 여드름을 발생시키고 악화시키는 원인은 내적인 요인과 외적인 요인으로 나눌 수 있다. 내적인 요인에는 유전적으로 여드름 성향을 가진 경우(여드름의 유전 정도는 83%), 혈액 불순에 의한 것(면역기능 약화), 소화기관 장애로 인한 경우가 있다. 외적인 요인으로는 스트레스가 있다. 스트레스는 뇌하수체를 자극하여 부신피질자극 호르몬을 증가시키는데, 피지 생산이 급격히 증가되어 여드름이 생긴다(주은화, 2009).

여드름은 사춘기에 발생률이 가장 높은데, 이는 피지 분비를 자극하는 안드로겐의 영향 때문이다. 안드로겐은 에스트로겐과 테스토스테론의 전구물질로 피지선의 피지 분비를 조절하는 기능을 하고 사춘기에 가장 많이 분비된다.

여드름 발생 시 원인과 관리방법을 알고 적절히 대응하는 것은 심각한 여드름의 악화 진행을 방지할 수 있다. 또한, 여드름 화장품 사용 방법과 여드름 관리에 대한 사전 교육은 청소년에게 2차 병변이나 후유증으로 발전되는 것을 막아 준다. 이런 것들이 여드름 예방에 도움이 될 것이라는 심리적 안정감과 신뢰감을 주어 청소년의 자아존중감에 긍정적 영향을 미친다(장옥선 · 박안나, 2018).

여드름은 초등학교 고학년에서부터 발생하므로 초기에 적절히 대처함으로써 악화를 방지하고 흉터를 예방할 수 있도록 피부미용 교육 프로그램을 개발하여 적용할 필요가 있다. 여드름을 단순한 피부질환의 하나로 볼 것이 아니라 스트레스와 우울증과 같은 정신건강과도 밀접한 관계가 있음을 인지하고 여드름 피부 관리의 표면적 관리가 아니라 정신건강을 관리하는 것 또한 중요하다(신동화 · 김신희, 2019). 청소년기의 여드름은 청소년의 삶의 질에 미치는 영향이 크다. 그러므로 청소년기 여드름의 적절한 관리가 필요하며, 여드름으로 인한 삶의 질의 문제를 일으킬 수 있는 영향을 최소화할 수 있도록 정서적인 면에서도 관심과 노력이 필요하다(노혜란 · 정소명, 2014).

(3) 신체상과 신체학대

신체상은 개인이 자신의 신체구조, 기능, 외모에 대하여 가지는 신념, 지각, 기대, 느낌이나 태도로 마음속에 자신의 신체에 대해 가지고 있는 상(image)이다. 또한, 과거와 현재의 감각을 표현하는 상이다(Stuart, 1983). 모든 사람은 신체상을 가지고 있다.

신체상은 환상지 경험(phantom experience)을 설명하기 위해 신경학에서 이용하기 시작했는데, 현재는 여러 학문 분야에서 사용하고 있다. 여러 학자들이 신체상에 대해 정의 내렸는데, 그것을 정리하면 **표 6-2**와 같다.

〈표 6-2〉 신체상의 정의

학자	신체상의 정의
Freud (1962)	• 자아발달의 핵심 • 신체자아: 촉각, 동통감각, 위치감각, 시각적 경험 등의 감각을 통해 형성되는 인간의 가장 기초적이고 본질적인 자아 • 자아는 신체의 지각과 개념, 그리고 신체와 관련 있는 감정을 포함하여 신체상을 형성
Horowitz (1966)	• 신체와 주위 환경에 대한 정보의 특수화된 내적 자료 중추로서 역할을 하며, 내적 · 외적 지각, 기억, 정서, 인식 및 활동들과 계속적인 상호 관계성을 가지고 있음
Schilder (Shontz, 1974)	• 신체 모습에 대한 정신적인 현상 • 감각을 통해 형성되는 개인의 생리적인 것을 근본으로 하고 있지만 개인의 정신적 경험에 의해 형성됨 • 신체상을 통해 호기심, 감정, 사회와의 관계성뿐만 아니라 의무감 및 윤리감까지 표현
McCloskey (1976)	• 단순하게 외모에 대한 것으로만 이루어진 것이 아닌 신체기능, 지각능력, 운동성을 포함한 신체에 대한 의식적 · 무의식적인 정보 및 감정과 지각의 끊임없는 변화로 이루어지는 사회적 산물

학자	신체상의 정의
Merge Taggart (1977)	• 자신의 마음속에 형성한 자신의 신체에 대한 모습 • 전체적 자아 개념을 형성하는 데 도움을 줌
Norris (1978)	• 타인과는 다르고 구별되는 개인의 신체에 대한 끊임없이 변화하는 무의식적이고 의식적인 정보, 지각, 느낌의 총체이며 사회적 산물 • 자아정체감의 기초를 제공
장효순 (1982)	• 단순한 외모뿐만 아니라 기능, 지각능력, 가동성 등을 포함하는 신체적 특성에 대하여 보고, 느끼고, 인식하여 사회 속의 자신, 자신의 이념, 가치, 목표 및 타인이 자신을 보는 견해 등에 영향을 받아 이루어지는 인간 내부에 있는 경험 • 자아정체성의 기본이 되며, 존재의 의미를 제공해 줌
Stuart(1983), Bob Price(1990)	• 개인이 자신의 신체에 대하여 가지는 무의식적 · 의식적 태도 • 신체의 크기, 외모, 기능 및 잠재력에 대한 느낌과 과거와 현재의 감각을 표현
정금희 (1988)	• 자신의 육체에 대한 사고, 모습, 태도, 인식 등을 포함한 신체 외모를 인지한 혼합체 • 신체의 겉모습, 내부, 형태뿐만 아니라 개인의 감정, 태도, 성격의 반응
황호선 (1995)	• 개인이 지각하는 자신에 대한 정신적인 현상 • 항상 의식적이고 무의식적인 면을 포함하고 있고 일생을 통하여 역동적인 특성을 지니면서 자존감의 형성에 많은 영향을 미침

자신에 대한 모습인 신체상의 정립이 성공적이면 신체기능이나 조절에 전념하지 않고도 자신의 신체를 수용하게 되며, 신체자아보다 내적 자아를 더 강조하여 성숙한 자기수용이 가능하고 삶에 대한 충분한 잠재력을 개발하게 된다. 반면에 신체상이 변화되는 것은 정서적인 긴장과 성격의 변화를 일으키고, 자존심과 자아 상실의 위기를 초래하기도 한다(Rubin, 1968).

정상적인 신체상을 형성하고 발달시키는 요소는 부모의 태도, 또래집단, 사회, 가정의 분위기이다.

2 청소년 비만과 신체부조화 예방을 위한 대책

청소년 비만과 신체부조화를 줄이기 위한 가장 좋은 방법은 예방이다. 이를 위해 정부가 비만예방사업 주체를 정해 소아 청소년 교육기관에서 비만 예방 가이드라인을 개발하고 교육 프로그램을 제공할 필요가 있다.

이를 위해 국가 정부부처(교육부, 복지부, 식약처, 농림부 등)에서 아동 · 청소년에 대한 비만예방교육 및 다양한 사업을 진행하고 있다.

아동 · 청소년에 대한 비만예방교육 강화(교육부, 복지부, 식약처, 농림부)

- 대근육 활동 등 바깥놀이 중심의 신체활동과 바른 식생활 교육을 강화하는 방향으로 유치원 · 어린이집 표준교육과정 개편(2020년)
- 영유아 · 교사 · 학부모용 비만예방교육 교재 · 동영상을 개발하여 전체 어린이집(4만 개소), 유치원(9천 개소)에 보급(2020년)
- 어린이 시설 급식안전과 영양관리를 지원하는 '어린이급식관리지원센터'를 활용하여 비만예방교육 강화(2018년 32,093개소 → 2022년 54,469개소)
- 아동 · 청소년에 대한 비만예방교육 강화
  - 농업 · 농촌 및 전통식문화 체험 학습공간(2018년 1개소 → 2022년 20개소) 및 우수 식생활 체험공간 지정 확대(2017년 232개소 → 2022년 300개소)
  - 다양한 형태의 체험교육(텃밭활동, 현장체험 등)을 도입하여 아동 · 청소년의 건강한 식습관 형성 교육 강화(복지부, 농림부)
- 초등돌봄교실에서 신체활동 및 건강한 식생활을 위해 운영 중인 '건강한 돌봄놀이터 사업*' 확대(2018년 300개교, 1만 명 → 2022년 3천 개교, 10만 명)

  * 초등돌봄교실에 지역사회 협력체계(지역생활체육회, 어린이급식지원센터 등)를 통해 비만도 검사, 영양 · 식생활 교육 및 놀이형 신체활동 프로그램 운영
- 저소득층 아동이 이용하는 지역아동센터(42백 개소, 10.8만 명)에도 '건강한 돌봄놀이터 사업' 운영 및 확대(2019년 시범운영 → 2022년 전국 확대)
- 초등돌봄교실 아동에만 제공하던 과일간식지원사업*을 지역아동센터 등으로 확대 지원(2018년 24만 명 → 2019년 35만 명)

＊ 2018년부터 학생 1인당 주 1회(1회당 과일 공급량 100~150g), 어린이 비만 유발 식품 광고 및 판매 제한 모니터링 강화(식약처)

○ 高열량 · 低영양 식품* 및 高카페인 함유식품 광고 제한** 위반 여부에 대해 정기적 모니터링 실시(월 2회)

＊ 열량이 높고, 영양가가 낮아 비만을 초래할 우려가 있는 어린이 기호식품으로, 과자류, 빵류, 초콜릿류, 아이스크림류, 탄산음료 등이 포함

＊＊ TV 제한: 매일 오후 5~7시, 어린이 주 시청 프로그램의 중간광고 TV · 라디오 · 인터넷 금지: 어린이 대상 구매 부추김 상품 광고

○ 전담관리원*을 배치하여 학교 주변 어린이 기호식품 조리 · 판매업체 및 학교 구내매점에 대한 지도 · 점검 강화(연 12회)

＊ 소비자식품위생감시원(「식품위생법상」의 자격을 갖춘 자) 중에서 선정(약 3천 명)하고, 학교 10~20개교당 2인 이상 배치하여 시도 · 점검 실시

– 高열량 · 低영양 식품 및 위해식품 등의 판매 여부 점검, 식품안전 및 영양 등에 관한 교육 · 홍보 실시

– 위반 · 지적 사항이 개선될 때까지 이력관리 및 반복 점검

○ 어린이 기호식품 품질인증제도*의 관리 강화 및 품질인증표시 개선(2019년)

＊ 안전 및 영양기준에 적합한 어린이 기호식품에 대해 품질인증하고, 식품의 용기 · 포장 등에 인증로고 표시(3년)

– 품질인증식품 수거 · 검사 및 인증표시 위반 여부 점검(연 2회) 강화, 품질인증 만료 후에도 인증표시 온라인 홍보 등의 위반 여부 점검(2018년)

– 품질인증제도 활성화를 위해 식품의 용기 · 포장 디자인에 따라 인증표시 색상 선택 자율화 및 품질인증 광고 허용 검토**

＊＊ (현행) 인증표시 마크 색상 선택 불가능 → (개선) 인증표시 마크

'학교' 기반의 아동 · 청소년 체육활동 강화

① 학교스포츠클럽 활성화(교육부, 문체부)

○ 학생 주도의 교내 학교스포츠클럽* 활성화를 위해 우수학교에 대한 스포츠 활동 지원 확대(2018년 6,018개교 → 2019년 6,500개교)

＊ 여학생 운동 수준, 흥미를 고려한 스포츠클럽 포함(2018년 1,700개교 → 2019년 1,800개교)

○ 스포츠클럽 활동으로 다양한 종목을 실시할 수 있도록 지역체육시설* 활용을 확대하고, 학교체육지역협의체 등을 구성하여 지역의 물적 · 인적 자원을 적극 활용

＊ 수영, 스케이트, 볼링, 클라이밍, 야구 등 학교 밖 체육시설을 활용

② 학교 기반 건강증진 우수 프로그램 발굴 · 확산(교육부, 복지부)

○ 건강증진학교*(2018년 32개)의 운영사례를 분석하여 학생비만 예방에 효과적인 프로그램을 발굴하고, 전체 학교에 보급(2022년)

- 학교 – 학부모 – 지역사회(보건소, 공공기관, 민간단체) 네트워크를 구축하여 학교 특성에 맞는 건강증진 프로그램(사업) 운영 지원**

* 학교 스스로 총체적인 건강 수준을 진단하고 교직원 · 학부모 · 지역사회가 협력하여 학교의 건강문제를 스스로 해결해 나갈 수 있는 환경 조성 및 역량 강화 목적

** 학교 내 프로그램 다양화, 학교 내 지역사회 건강증진 활동 참여 · 외부 프로그램 연계

③ 소외계층 유 · 청소년 '스포츠강좌 이용권' 지원 강화(문체부)

○ 저소득층 스포츠 복지 강화를 위해 스포츠강좌 이용권 지원대상자를 확대(2018년 4.7만 명 → 2022년 9.4만 명)하고, 다문화 · 장애인 가정 등 소외계층 가정의 유 · 청소년으로 지원 확대 추진(2019년)

지역사회 기반 아동 · 청소년 비만예방관리

① 학교–지역사회 연계 청소년 비만예방 · 관리사업 추진(복지부, 교육부)

○ 건강보험공단(6개 본부)과 중학교(1~2학년, 30교)가 협력하여 ICT 기반의 비만예방 · 관리 프로그램 시범사업 추진*(2018년~)

* 참가자 분류(비만, 정신건강)에 따른 맞춤형 관리(운동처방, 식생활, 심리 완화), 웨어러블 · APP 활용 사업진행 및 효과분석, 인센티브(쿠폰) 제공

- 시범사업 효과분석을 실시하고, 비만 학생 중심으로 건강보험공단 전체 지사(178개), 보건소로 확대 실시(2020년)

② 비만 청소년 건강체험캠프 확대(복지부, 산림청)

○ 건강보험공단 – 국립산림치유원 협력사업으로 추진 중인 '체험형 건강 체험캠프(1개소, 연간 2백 명)*'를 전국 국 · 공립 치유의 숲과 협력사업**(25개소, 연간 50백 명)으로 확대 · 운영(2019년~)

* 비만 청소년 등을 대상으로 건강 및 영양, 수중운동 등 신체활동 프로그램과 체험학습 등을 통해 건강생활습관 실천 및 의지 향상을 목적으로 운영

** 산림치유 전문 인프라(규모 약 50ha)로 2018년 52개소 조성 · 운영 중, 전문인력(산림치유지도사) 배치 및 대상별 특화 프로그램 운영(3박4일형, 1박2일형, 당일형 등 다양한 프로그램 개발)

③ 비만 청소년의 자발적 체력 증진 역량 강화(문체부, 복지부)

○ 국민체력100 체력인증센터* 및 건강생활지원센터, 건강증진센터 등을 확충(2018년 128개 → 2022년 317개)하고, 비만청소년에게 운동 관리 프로그램(주 3회, 8주 운동처방) 제공(2019년)

* 체력인증센터에서 개인별 체력 상태를 평가하고, 체력 수준에 따라 개인별 맞춤형 운동처방 및 저체력자 대상 체력증진교실 운영

\- 운동관리 및 운동처방을 제공하여 비만청소년 스스로 건강한 신체를 만들 수 있도록 자기관리 역량 지원

출처: 관계부처 합동(2018). 국가 비만관리 종합대책.

이처럼 학교 안 또는 지역사회기관에서는 청소년의 건강증진을 통한 다양한 비만 예방 프로그램이 실시되고 있다.

국가 정책적인 접근으로 성장기 때 비만율이 높아지지 않도록 국가가 프로그램을 만들어 예방적 치료를 적극 지원하는 것과 더불어 비만과 신체부조화를 예방하기 위해서는 무엇보다 청소년의 스트레스 관리와 자아존중감 향상이 이루어져야 한다.

스트레스란, 외부의 변화나 압력으로부터 느끼고 경험하는 신체적이고 심리적인 긴장상태로, 스트레스가 많을 때 스트레스를 해소하기 위한 신체의 반응이 폭식과 자신에 대한 학대 등으로 나타날 수 있으므로 스트레스 관리 및 해소법을 익히고 실천해 나가도록 한다. 특히, 자신이 언제 스트레스를 경험하게 되는지, 언제, 어떤 상황에서 편안함과 행복감을 느끼는지를 찾는 것이 우선되어야 한다. 그러기 위해서는 자신에 대해 잘 알아야 한다.

자신에 대한 부정적인 평가는 자아존중감을 낮게 형성하여 비만과 신체부조화를 일으키므로 자기 스스로에 대해 긍정적인 평가를 하는 태도를 길러야 한다. 자아존중감이 높은 청소년은 어렵고 힘든 환경을 잘 극복해 나갈 수 있을 뿐만 아니라 원하는 것이 좌절된 경험 속에서도 자신에 대한 가치를 존중하고 자기를 비난하지 않는다. 자기비난으로 자기를 내팽개치지 않도록 자신의 가치와 장점을 찾는 연습과 훈련을 통해 낮은 자존감을 회복하도록 한다. 그럴 때 자신의 신체 안에서 나타나는 여러 변화와 상황을 힘들게 여기지 않고 자아상을 바르게 정립해 나갈 수 있다.

CHAPTER 7

청소년가출과 문제행동의 발현

1 청소년가출의 유형

일반적으로 가출청소년은 보호자의 동의 없이 집을 나와 24시간 이상 집이 아닌 곳에서 지내는 18세 미만의 청소년을 말한다(Robert, 1987). 청소년가출은 지위비행으로 가출 이후에 발생하는 건강 악화, 절도, 폭행, 성매매 등의 다른 문제를 야기하기 때문에 심각하다. 청소년은 다양한 이유로 가출을 한다. 호기심 때문에, 친구의 권유로, 집이 싫어서, 부모님의 불화 등의 이유로 가출을 선택하지만, 가출 이후에 닥칠 위험과 어려움에 대해서는 예측하지 못하고 있어 무방비 상태라 할 수 있다.

미국의 '가출 및 노숙청소년법(Runaway and Homeless Youth Act: RHYA)'에서의 가출청소년이란, 충분히 지원받지 못해서 건강, 행동, 감정의 심각한 문제에 처한 상태로 노숙자가 되거나 부모의 허락 없이 가정을 떠난 청소년으로 규정하고 있다. 이처럼 가출을 하여 노숙 상태로 되었을 때는 심각한 문제 안에 있음을 나타낸다(DHHS, 2012).

국가인권위원회(2017)에서는 가출청소년을 가정 밖 청소년으로 명칭을 바꾸고 이들의 인권 개선에 관심과 노력을 기울여야 함을 주장하였다. 「청소년복지 지원법」과 「소년법」에 가출과 가출청소년에 대한 규정을 가정 밖과 가정 밖 청소년으로 바꾸어 가출의 행위보다는 원인을 예방하는 접근이 필요함과 가정 밖이라는 상황에 초점을 두고 실질적 보호와 지원 대책을 마련해야 함을 권고하였다.

가출청소년을 보는 사회적 시각은 사춘기 방황으로 스스로 가정을 나온 비행 · 일탈 청소년이므로 무조건적인 가정 복귀의 목표로 교화와 선도의 차원에서 개입하게 되지만, 가정 밖 청소년의 개념으로는 폭력/방임 등 여러 문제를 가정 내에서 해결하지 못해 가정에서 벗어나게 된 청소년으로 보기 때문에 가정 복귀 또는 자립의 목표로 보호 · 지원의 개입을 하게 된다(김희진 · 백혜정 김은정, 2010). 그러므로 어떤 용어로 사용하느냐에 따라 보는 시각과 개입과 지도의 방법 또한 달라진다. 그러나 아직은 가출청소년으로 합의하여 사용하고 있다.

가출청소년은 **표 7-1**과 같이 다양하게 정의되고 있다.

〈표 7-1〉 가출청소년의 정의

학자	가출청소년의 정의
Garbarino et al. (1986)	부모 허락 없이 집을 나간 청소년으로, 하룻밤 이상 부모의 인식이나 통제로부터 벗어나고자 행동을 한 청소년
Welsh (1995)	부모 허락 없이 집을 떠난 지 48시간 이상이 되어 가족에 의해 신고된 18세 미만의 청소년
김향초 (1998)	부모나 보호자의 동의 없이 집을 떠나서 24시간 이상 귀가하지 않은 19세 미만의 청소년
홍봉선 · 남미애 (2007)	자신과 자신을 둘러싼 환경의 문제를 해결하기 위해 의도적이거나 비의도적으로 가정에서 나온 후 24시간 이상 집에 들어가지 않아 도움이 필요한 청소년
여성가족부 (2017)	자신과 자신을 둘러싼 환경의 문제를 해결하기 위해 의도적 · 비의도적으로 가정이나 보호시설에서 나온 후 24시간 이상 귀가하지 않아 도움이 필요한 9~24세의 청소년

이전에는 가출청소년을 문제의 소지가 있는 비행의 관점으로 보았다면 지금은 문제의 해결을 위한 도움의 관점으로 보는 것으로 변화하고 있음을 정의에서 확인할 수 있다. 가출청소년은 자신과 가정, 사회의 문제로 인해 집에서 나와 돌아가지 못해 도

움이 필요한 청소년이라고 할 수 있다.

가출청소년의 유형은 갈등형, 거리형(서울시립신림청소년쉼터, 2003), 노숙형, 거부형, 탐색형, 전환형, 안정형, 치료형(이용교 외, 2005), 노숙형, 가출형, 치료형(윤현영 등, 2006), 배회청소년, 노숙청소년, 갈등가정청소년, 해체가정청소년(김지혜 등, 2006), 시위성 가출, 유희성 가출, 방랑성 가출, 추방성 가출, 생존형 가출(홍봉선 · 남미애, 2007) 등으로 다양하게 제시하고 있다.

〈표 7-2〉 가출청소년 유형

출처	분류	특성
Homer(1973)/ Sellow et al.(1967)	탈출형 가출	가정폭력이나 부모의 학대, 부모와의 갈등 등의 상황을 벗어나기 위해서 가출을 선택하는 경우
	추구형 가출	이전에 하지 못했던 다양한 경험을 하기 위해 가출을 선택하는 경우
Greene & Esselstyn (1972)	이유 없는 가출	딱히 가출의 이유가 없이 순간적인 충동적으로 하는 가출
	불안한 가출	주로 복잡한 가족문제로 인하여 선택하는 가출
	겁에 질린 가출	가정이 청소년에게 치명적인 해를 입힐 경우 발생하는 가출
Zide & Cherry (1992)	추구형	흥미와 모험을 추구하기 위해 가출하는 경우
	탈출형	가정폭력, 알코올 중독, 방임 등 가족 내의 심각한 문제와 갈등 상황으로부터 모면하기 위해 도망쳐 나온 경우
	추방형	가족 내 · 외적인 다양한 문제와 갈등이 원인이 되어 부모가 자녀의 양육을 포기함으로써 가출에 노출되어 떠밀려 나온 경우
	유기형	가족의 무관심과 방임 등 가족의 사랑과 지지가 없어서 가출하는 경우
Springer (2001)	허클베리 핀형 가출	견디기 힘든 위기 상황에 처한 청소년이 불안, 흥분, 공격성, 충동성, 우울감, 무력감, 극도의 스트레스 등을 경험하면서 위기를 벗어나고자 하는 경우
	톰 소여형 가출	스릴을 추구하여 가출한 청소년
서울시립 신림청소년쉼터 (2003)	갈등형	청소년의 대표적인 생활공간인 학교에 적을 두고 있는 거리청소년
	거리형(전환형)	집과 약간 교류하고 학교에서 나와서 지내고 있는 청소년
	거리형(방임형)	집과 완전히 단절되고 버려진 청소년
이용교 외 (2005)	노숙형	가족과의 연결이 끊어진 경우가 많고, 거리생활에 익숙해져 있어 보호시설을 이용하지 않으려 함

<table>
<tr><th>출처</th><th>분류</th><th>특성</th></tr>
<tr><td rowspan="5">이용교 외
(2005)</td><td>거부형</td><td>구속을 싫어하여 보호시설을 이용하지 않으려 함</td></tr>
<tr><td>탐색형</td><td>자신의 능력과 의지를 어느 정도 신뢰하지만 귀가하기 어렵고 쉼터에 입소할 동기가 있음</td></tr>
<tr><td>전환형</td><td>집에 돌아가서 지내는 것과 가출해서 지내는 것을 반복하고 보호시설을 필요로 하지 않음</td></tr>
<tr><td>안정형</td><td>안정적으로 자라다가 갑자기 가정해체를 겪어 집을 떠나게 되거나 보호시설에서 돌봄을 잘 받아 안정됨</td></tr>
<tr><td>치료형</td><td>정신질환이나 약물중독 등 전문적인 치료가 필요하여 일반쉼터의 서비스 대상으로는 적합하지 않음</td></tr>
<tr><td rowspan="3">윤현영 외
(2006)</td><td>노숙형</td><td>거리에서 생존방식을 터득하고 거리생활이 일상적인 생활양식으로 굳어짐</td></tr>
<tr><td>가출형</td><td>가족과 학교와 관계 유지, 주류사회의 가치와 생활습관을 알고 변화의 경계에 있음</td></tr>
<tr><td>치료형</td><td>방치되거나 혼자 있는 경우가 많고 특수 쉼터나 부랑아 보호시설에 의뢰되는 경우가 많으며, 서비스 이용 동기가 낮은 편인 청소년</td></tr>
<tr><td rowspan="4">김지혜 외
(2006)</td><td>배회청소년</td><td>가족과의 관계가 약하지만 그 정도가 경미한 수준으로 가출과 사회 부적응의 위험이 있지만 거리에서의 생존방식에 익숙해져 있고, 보호시설을 비롯한 사회서비스에 대해 거부적인 태도를 보이는 청소년</td></tr>
<tr><td>노숙청소년</td><td>가족과 사회와의 관계가 심각하게 단절되어 이미 가출하여 오랜 시간을 보내며 거리에서의 생존방식에 익숙해져 있고, 보호시설을 비롯한 사회서비스에 대해 거부적인 태도를 보이는 청소년</td></tr>
<tr><td>갈등가정 청소년</td><td>가족과의 갈등으로 일시적으로 집을 나온 청소년</td></tr>
<tr><td>해체가정 청소년</td><td>가족이 해체되었거나 부모가 청소년에 대한 양육능력을 상실한 가정의 청소년</td></tr>
<tr><td rowspan="5">홍봉선 · 남미애
(2007))</td><td>시위성 가출</td><td>가정에서 원하는 것을 얻거나 관심을 얻기 위한 가출</td></tr>
<tr><td>유희성 가출</td><td>또래와 단순히 어울리고 싶은 충동에서의 가출</td></tr>
<tr><td>방랑성 가출</td><td>밖에서 생활하는 것을 익숙하게 여겨 이미 습관화된 가출</td></tr>
<tr><td>추방성 가출</td><td>가정에서의 무관심과 방임 등으로 가정에서 떠밀려 나온 상태의 가출</td></tr>
<tr><td>생존형 가출</td><td>가정에서의 신체적 · 정신적 학대를 받고 생존을 위해 어쩔 수 없이 선택한 가출</td></tr>
</table>

청소년가출의 유형은 원인과 동기, 과정, 결과에 따라 다르게 나타날 수 있으나 가장 일반적으로는 탈출형 가출과 추구형 가출로 나눌 수 있다. 추구형 가출을 한 청소년이 바로 전환하여 정상적인 생활을 해 나가면 가출의 문제가 조금 나아질 것이지만, 일시적 추구형 가출이 상습적이고 장기 가출로 이어질 수 있기 때문에 안정적인 생활을 할 수 있도록 환경적인 변화가 필요하다.

청소년가출에 개입하여 어떤 도움을 줄 수 있을지를 정하기 위해서는 어떤 유형의 가출청소년인지를 파악하여 맞춤형 개입과 서비스를 제공해야 한다. 가출의 일차적인 것은 가정에서의 벗어남이기에 가정과 부모의 변화가 우선되어야 하고, 가출청소년 스스로 문제를 해결해 나갈 수 있도록 도움을 제공해야 한다.

2 청소년가출의 원인

청소년가출은 유형에서 나타났듯이 다양한 요인에서 비롯된다. 가장 큰 요인은 가정의 요인이라 할 수 있고, 개인과 환경적인 요인들이 상호작용하여 발생한다.

1) 개인적인 요인

청소년가출의 개인적 요인은 자아에 대한 부정적 인식, 우울감, 불안감, 충동적인 성향, 자기통제력 부족, 의지와 인내력뿐 아니라 근면성 부족의 성격적 특성이 해당한다(오윤선 · 최아람, 2019; 이민수, 2013). 낮은 사회지향, 반사회적 성격, 심리적 부적응, 정서적 스트레스, 일탈경험 등이 청소년가출에 영향을 줄 뿐만 아니라 성별 또한 영향이 있는데, 여자 청소년이 위험한 성적 행동에 빠지면 다시 그곳에 있게 되어 가출과 연관성이 발생한다(정경은 · 김신영, 2012).

개인적인 요인에서 자아존중감, 반사회성, 충동성의 영향이 크다. 자아존중감은 자기존경의 정도와 자신을 가치 있는 사람으로 생각하는 정도로, 가출청소년은 자아존중감이 낮고 자신감이 부족하고, 대인관계가 원만하지 못하고 자기의심이 많다. 부모나 주위 어른들, 사회에 대한 불만(반사회성)으로 가출을 하게 되고, 적절한 통제가 안 되는 상황에서 충동적으로 가출을 감행하는 경우가 있다.

2) 가족적인 요인

가족적인 요인으로는 부모의 학대와 폭행, 부모의 이혼과 별거, 가족 간의 갈등 등이다(이민수, 2013; 최순종 · 박은경, 2015). 가출을 하는 주된 이유는 '가족과의 갈등'이 74.8%로 가장 높게 나타났다. 또한, 반복가출 집단은 비양친 가정에서 성장한 비율이 높았고, 가정경제 수준은 낮게 인식하고 부모의 갈등 정도는 높았다(김지연 · 정소연, 2015).

가족구조와 부모의 양육태도도 영향이 크다. 이는 구조적인 것과 기능적인 것으로, 구조적 요인은 가족구성원의 물리적 결함이고, 기능적 요인은 가족 내의 분위기, 가족구성원 간의 갈등 정도이다. 가족구조가 변화되면서 적절한 양육환경이 만들어지지 않기 때문에 가족 안에서 벗어나게 되고, 부모의 양육태도가 너무 권위적이고 상호 갈등적이고, 가족이 비협동적이고 긴장도가 강하다고 지각하는 청소년의 가출 위험이 높았다(양승희 · 이혜영, 2015). 부모와 가족들의 학대와 부정적 관계와 역기능적 양육 태도가 가출의 직접적인 원인이다. 가족관계가 첫 가출의 시기와 상습적 가출에도 영향을 준다(최해경 · 김선숙, 2009).

3) 학교와 또래요인

가출청소년은 학교부적응, 비행, 가출한 친구와의 만남(이민수, 2013) 등으로 낮은 학업성취도를 보이고 무단결석과 지각을 자주 한다. 학교와 학업에 대한 흥미가 없고 이로 인한 교사와의 불화(최순종 · 박은경, 2015)가 나타난다.

또래 친구들이 가출을 권유하여 하는 집단가출이 많이 발생하고, 학업과 진로에 대한 고민, 학교의 엄격한 통제, 학교의 부정적인 분위기 등이 청소년가출을 증가시킨다. 가족과 교사의 지지는 가출을 낮추지만, 또래의 지지는 가출을 유발한다(문재우, 2012). 비행친구들과 어울리면서 문제행동을 일으키고(Simon et al., 1996), 부정적인 또래 압력이 작용하고, 부정적인 또래들과 접촉을 하면서 그들과 형성한 유대관계와 결속력으로 일탈을 하거나 가출을 하게 된다(김경희 외, 2007; 차명호 외, 2010; 박민선, 2008).

4) 사회 요인

청소년가출의 사회적 요인에는 지역사회의 유해환경, 대중매체 등을 들 수 있다. 거주지가 상업지역이나 빈민가일 때 청소년가출의 수가 많고, 유의미한 사회적 통제가 상실된 상태일 때 유흥을 찾아 더 많은 비행을 저지르게 된다. 청소년이 쉽게 접할 수 있는 주변의 환경이 선정적이고 향락적인 유해업소가 많을수록 청소년에게 부정적인 영향을 미친다. 요즘에는 SNS, 1인 미디어 등의 영향도 크다. 인터넷상의 유해환경이 청소년의 가출을 조장하고 지속시키고 있다. 특히, 인터넷을 통해 가출에 대한 정보를 얻고 행동을 하며, 가출한 후에 같은 처지의 또래들과 만나 집단을 이루고 혼자서 해결할 수 없는 주거 및 다양한 문제를 함께 해결해 나가는 가출청소년 공동체인 가출팸을 만들어 생활하게 된다.

3 청소년가출의 실태

2018년 청소년 매체 이용 및 유해환경 실태조사에 따르면 최근 1년간 가출을 경험한 학생은 2.6%로 나타났고, 2년 전보다는 0.1% 감소하였다. 성별로는 남학생(2.7%)이 여학생(2.5%)에 비해 높게 나타났으며, 학교급별로는 중학생이 3.4%로 가장 높았고, 고등학생 3.1%, 초등학생 1.3% 순으로 나타났다. 가출의 원인은 '부모님 등 가족과의 갈등(70.0%)'이 가장 많고, '기타(11.1%)', '자유롭게 살고 싶어서(7.1%)', '공부에 대한 부담감(3.9%)' 순이었다. 가출의 가장 큰 원인은 부모님과 가족 안에서의 관계로 가정 안에서 가족관계의 개선이 필요함을 보여 주고 있다.

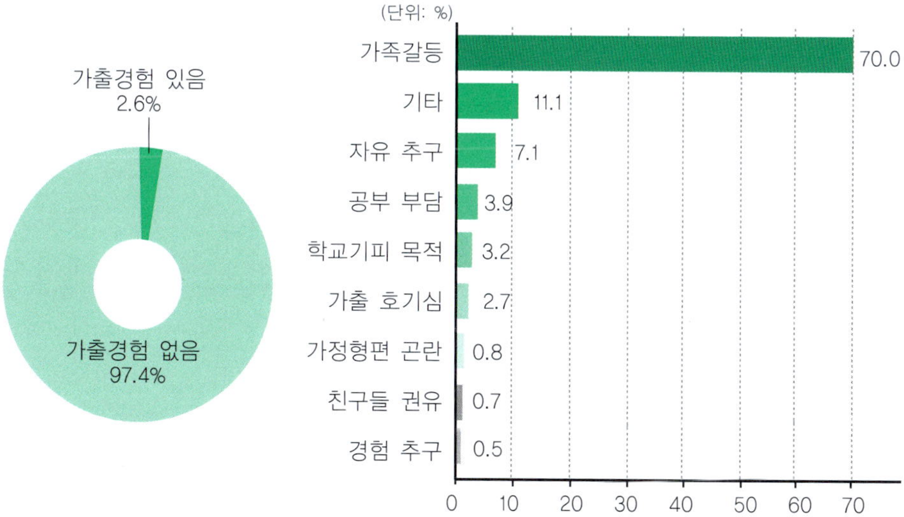

[그림 7-1] 청소년가출 경험 및 원인

출처: 여성가족부(2018). 청소년 매체 이용 및 유해환경 실태조사.

〈표 7-3〉 청소년가출 경험 및 원인

(단위: %)

	가출 경험[1]	가출 원인								
		가출에 대한 호기심	가족과의 갈등	어려운 가정 형편	학교 다니기 싫어서	공부에 대한 부담감	친구나 선후배 권유	자유롭게 살고 싶어서	사회 경험을 쌓고 싶어서	기타
2016년	2.7	1.8	74.8	1.2	4.7	6.1	1.2	8.0	0.3	1.9
2018년	2.6	2.7	70.0	0.0	3.2	3.9	0.7	7.1	0.5	11.1
남자	2.7	3.9	69.1	0.9	4.2	3.9	0.7	7.0	0.9	9.3
여자	2.5	1.3	71.1	0.7	2.0	3.9	0.8	7.2	0.0	13.1
초등학교	1.3	1.4	66.8	0.0	4.6	7.4	1.7	10.9	0.0	7.2
중학교	3.4	3.8	66.1	1.2	2.8	3.5	0.9	6.3	0.0	15.4
고등학교	3.1	2.1	74.7	0.7	3.1	3.2	0.3	6.5	1.0	8.4

1) 최근 1년간 가출 경험임

출처: 여성가족부(2018). 청소년 매체 이용 및 유해환경 실태조사.

청소년의 연령에 따라 가출의 원인에 차이가 나타났는데, 초기 청소년(초등학생)의 경우 우울과 불안, 부모의 학대, 비행친구와의 접촉 정도가 가출의 예측요인으로 나타났고, 중기(중학생)와 후기(고등학생) 청소년의 경우, 학업성적과 가족유형(한부모 가정), 가족과의 관계가 가출에 영향을 미치는 것으로 나타나 차이를 보였다(배정환 외, 2013).

2018년 조사에서 최근 1년간의 가출 횟수로 1회 가출했다는 청소년이 1.6%로 가장 많았고, 2회 0.5%, 3~4회 0.3%, 5회 이상 0.2%로 나타났다. 2016년 조사 결과와 비교해 보면, 최근 1년간 가출 경험률은 2016년 2.7%, 2018년 2.6%로 유사하였고, 남자 청소년의 경우 2016년 3.3%에서 2018년 2.7%로 감소하였고, 여자 청소년의 경우 2016년 2.1%에서 2018년 2.5%로 증가하였다. 학교급별로는 초등학생과 중학생은 2016년 대비 감소하였으나 고등학생의 경우 증가한 것으로 나타났다.

〈표 7-4〉 가출 경험률 및 가출 횟수

(단위: 명, %)

구분			사례 수	가출 경험률	가출 횟수			
					1회	2회	3~4회	5회 이상
전체		2016년	14,973	2.7	1.6	0.6	0.3	0.3
		2018년	15,452	2.6	1.6	0.5	0.3	0.2
성별	남자	2016년	7,823	3.3	1.9	0.7	0.4	0.3
		2018년	8,010	2.7	1.5	0.6	0.4	0.2
	여자	2016년	7,145	2.1	1.2	0.4	0.3	0.2
		2018년	7,442	2.5	1.7	0.4	0.3	0.2
학교급	초등학교	2016년	4,303	1.6	1.0	0.4	0.2	0.0
		2018년	4,695	1.3	0.9	0.1	0.1	0.0
	중·고등학교	2016년	10,670	3.2	1.8	0.6	0.4	0.3
		2018년	10,757	3.2	1.9	0.6	0.4	0.3
	└ 중학교	2016년	5,017	3.6	2.0	0.6	0.6	0.4
		2018년	4,841	3.4	2.0	0.6	0.5	0.3
	└ 고등학교	2016년	5,653	2.8	1.7	0.6	0.2	0.3
		2018년	5,916	3.1	1.8	0.7	0.4	0.2

1) 무응답을 제외하고 분석한 결과임

4 청소년가출 후 경험

1) 사회적 배제로 인한 우울, 불안

청소년가출은 사회적인 문제이고, 가출 이후 적응에 부정적인 영향을 미치고 있어 정신적인 문제를 야기한다. 육혜련(2013)은 청소년쉼터에 입소하여 지내는 가출청소년을 대상으로 그들의 사회적 배제(사회구성원들이 자신의 삶에 있어 기본적인 욕구 충족을 위해 필요한 재화, 사회적 보장과 사회적 서비스의 부재 등 다양한 영역에서 차단과 고립의 결과로 자신의 삶에 부정적인 영향을 받는 상태)와 우울 · 불안과의 관계 연구에서 가출청소년의 사회적 배제와 우울 · 불안 수준이 매우 심각한 수준은 아니지만, 사회적 배제로 인한 우울과 불안을 경험하고 있음을 나타냈다. 가출기간이 길어질수록, 현 쉼터 이용 기간이 짧을수록 사회적 배제 수준이 높았고, 여자 청소년일수록, 나이가 많고, 현 쉼터 이용 기간이 짧을수록 우울과 불안 수준이 높았다. 사회적 배제가 높을수록 우울 · 불안 수준이 높았다. 특히, 경제영역, 사회제도영역, 노동영역에서 사회적 배제를 경험할수록 우울과 불안 수준이 높았다.

가출 상태이지만 사회 안에서 고립되었다는 생각이 가출청소년을 심리적으로 어렵게 만드므로 가출청소년의 사회적 배제를 완화할 수 있는 제도 개선과 그들의 권리 보장이 이루어져야 한다.

2) 기본적인 삶 위협

가출청소년은 가출을 한 후 가족문제로부터 벗어나 일시적으로 재미와 즐거움을 느끼지만, 가출 기간이 길어질수록 재미와 즐거움은 사라지고 또 다른 문제 상황에 부딪친다. 가장 먼저 다가오는 심각함은 의식주에 대한 욕구를 스스로 해결해야 한다는 것이다. 가출청소년은 식사를 규칙적으로 못하거나 계절에 맞지 않는 옷을 입거나 잘 곳이 없어서 밖에서 자는 등 의식주 및 건강과 관련된 기본적인 생존 욕구와 안전의 욕구를 충족하지 못한 채 지내는 경우가 많다(이시연, 2018). 의료문제도 힘든 문제 중 하나이다.

3) 비행 및 범죄 가능성

의식주와 질병 등 생존을 위한 기본적인 삶이 위협받다 보니 이를 충족시키기 위한 불가피성 범죄의 피해자, 가해자로 연루되는 경우가 많다(최순종 · 박은경, 2015). 범죄가 무섭지만 살아남기 위한 어쩔 수 없는 선택이 되기도 한다. 생활비 조달을 위한 생계형 범죄를 비롯하여 술이나 약물의 취급 및 오 · 남용, 폭행, 절도, 성매매 등의 범죄에 빠질 가능성이 크다. 남자 청소년은 생활을 위해 절도나 폭행으로 금품을 얻고, 여자 청소년은 범죄의 피해자로 성매매와 조건만남 같은 쉽게 돈을 벌 수 있는 불법적 범죄행위에 연루될 가능성이 크다.

가출청소년이 일으키는 범죄는 생존을 위한 생계형 범죄가 많고 자신의 힘을 과시하기 위해 과격해지고, 범죄가 일상화되고 상습화 · 집단화 · 조직화될 뿐만 아니라 여러 범죄가 복합적으로 나타나는 중복성을 나타낸다(최순종 · 박은경, 2015).

4) 가출팸

가출팸은 가출과 family의 약자인 fam의 합성어로 인터넷의 발달과 함께 2000년대부터 생겨났다. 가출팸은 청소년이 가출을 하기 전이나 후에 가족(팸)을 구성한 후 원룸, 모텔 등과 같은 주거시설에서 생활하는 것으로, 가출청소년이 모형 하위집단을 형성한 후 자신을 '가출팸'으로 명명한 것이 고유명사화된 것이다(이시연, 2018; 한국청소년쉼터협의회, 2015).

가출팸은 거리생활이 힘들고 외롭다고 느낄 때 형성된다(강선주, 2014). 이뿐 아니라 여럿이 생활하면 생활비를 줄일 수 있고, 친구를 사귈 수 있다는 기대감으로 가출팸을 형성한다. 이러한 가출팸은 친구와 선배를 통해서, 인터넷상 채팅사이트 등의 경로를 통해 형성한다(이시연, 2018).

가출팸은 다양한 청소년의 문제를 야기하는데, 가출팸을 통해 비행행동을 학습하여 사회의 복귀를 어렵게 만든다(오세연, 2013; 서보람 · 김윤나, 2013). 가출청소년이 가출팸을 만드는 것은 가출팸을 통해 정서적 욕구를 충족하고자 함이므로 어른들의 관심과 보호로 욕구 충족을 할 수 있게 하여 가정과 사회로의 복귀를 도와야 한다.

또한, 가출팸을 형성한 청소년에게는 주거와 일자리, 의료에 대한 지원과 생활자금의 지원이 무엇보다 필요하므로 가출팸의 특성에 맞는 의식주, 근로, 학습지원 등의 통합된 지원 정책이 필요하다. 특히, 경제적 욕구를 해결할 수 있는 자립을 위한 지원방안을 마련하는 것이 필요하다.

5) 학업단절

가출청소년은 가출로 인해 학업과의 단절을 경험하는 경우가 많다. 가출이 일시적이고 단기적으로 끝날 때는 학업중단이 계속되지 않지만, 가출이 장기화될 때는 학업단절이 장기간 이어지므로 다시 학업으로 돌아가기가 쉽지 않다. 그러므로 학업에 대한 문제는 가출 기간과 연관성이 있다. 가출 기간이 길어질 때 학업의 단절이 이루어진다. 이러한 단절이 학업에 흥미를 잃게 하며, 절망감을 안겨 주어 적응이 어려울 뿐만 아니라 가출로 인한 잦은 결석으로 교사와의 갈등이 심화된다(오윤선 · 최아람, 2019). 교육의 어려움이 취업능력에도 부정적 영향을 주어 진로선택에 영향을 주어 정상적인 사회인으로 살아가는 데 방해로 작용하기도 한다.

5 가출의 대응방안

가출에 대응하기 위해서는 가출생활에서 벗어날 수 있는 전환요인을 찾고 사회적인 안전망이 무엇인지 찾는 것이다.

1) 청소년 가출생활의 전환 관련 이론과 요인

청소년 가출생활 전환 관련 이론은 강점관점, 생태체계적 이론, 탄력성 이론, 사회화 이론, 심리사회발달 이론 등이 있다(이선자, 2010).

첫째, 강점관점은 청소년은 여러 환경과 학습을 통해 성장, 변화, 발전해 간다고 보는 관점이다. 가출청소년의 강점에 초점을 두고, 그들에게 개인적이고 독특한 능력이 있기 때문에 그들의 잠재력과 능력, 역량, 바람, 포부 등을 깊이 있게 파악하고 존중해야 한다는 것이다.

둘째, 생태체계이론은 문제의 발생이 개인과 사회의 병리적 현상이라기보다는 체계들 간의 상호작용 안에서 일어나는 대처능력의 불균형이나 부적응이라고 보는 것이다. 이런 의미에서 청소년가출은 개인적 특성보다는 사회환경적 특성이 중요한 영향으로 작용하며, 생태체계에 속한 요인들(개인체계와 가족체계, 학교체계, 사회체계 등)이 복합적으로 작용하여 나타난다고 본다.

셋째, 탄력성이란, 어려운 상황과 스트레스 상황에서 어려움을 극복하고 성공적으로 적응해 나가는 과정에서 발휘할 수 있는 보편적인 적응기제(Masten & Read, 2002)로 개인적 탄력성(우수한 지적능력, 언어능력, 기질, 또래의 우정, 긍정적 사회성향, 자기효능감, 자아존중감, 신념체계, 신앙, 자기신뢰, 자기수용 등)과 사회적 탄력성(주장성, 리더십, 사회성 등)이 있다. 탄력성 이론은 가출청소년이 어려움에 처하고 힘든 상황에 있지만, 그 상황을 극복해 내고 적응해 나갈 수 있다고 보고 가출생활에서 전환할 수 있도록 돕는 것이다.

넷째, 사회화는 삶을 살아가는 데 필요한 신념과 가치, 행동의 역할을 배워 가는 것이다. 사회화 이론은 청소년의 성장을 이해하고 설명하는 이론으로 청소년은 그들의 환경을 통해 모든 사회적 행동을 학습한다고 본다. 사회화 이론은 가출청소년의 보호요인과 위험요인을 다 포함하지만, 가출청소년에게 보호요인으로 그들의 부모와 또래집단, 사회체계가 긍정적인 유대관계로 작용한다면 가출에서 전환할 수 있다는 것이다.

다섯째, 심리사회발달 이론에서 청소년기의 발달과업은 정체성 확립 대 역할 혼미이다. 이 시기의 발달과업이 자아정체감을 형성하지 못하면 정체감 혼미가 일어나서 부정적인 정체감을 형성하게 된다. 가출청소년이 자신의 역할을 깨닫고 자아발견하기가 이루어지면 가출생활에서 전환을 이룰 수 있다고 본다.

가출청소년이 가출생활을 정리하고 가정에 돌아가거나 사회에 복귀할 수 있도록 촉진시키는 요인들은 개인의 내적인 변화와 더불어 외부의 지지요인들이다. 구체적인 내용은 **표 7-5**와 같다.

〈표 7-5〉 가출청소년의 거리생활 전환에 영향을 미치는 요인

구분	내부 요인	외부 요인
Lindsey et al. (2000)	• 개인의 특성(강점)과 자원 • 새로운 태도와 행동의 학습: 자신에 대한 학습, 다른 사람과의 관계 형성에 대한 학습 • 개인의 태도: 독립심, 책임감, 성숙 • 영성: 신에 대한 믿음 * 핵심: 희망	• 다른 이들로부터 받은 도움 • 기관의 도움 • 교육적 기회
Kurtz et al. (2000)		• 도와주는 사람: 가족, 친구, 전문가, 기관 • 도움의 유형: 인식한 도움–보호, 신뢰, 청소년에게 책임과 한계 설정, 구체적 원조, 상담
Raleigh–Duroff (2004)	• 개인의 강점(능력): 본인의 의지, 자기신뢰, 믿음, 결단 • 희망 • 거리청소년의 꿈	• 가족 • 친구 • 전문가: 상담, 자원을 제공 • 기관의 도움: 상담, 교육을 통해 거리청소년의 잠재능력을 발견 · 제공, 생활기술, 일할 수 있는 기회 제공
Wingert et al. (2005)		• 특별한 사건(친구의 죽음, 체포, 다른 사람으로부터의 위협 등) 이후 • 안정적인 거주지나 재정적 지원을 확보받을 수 있도록 도울 수 있는 사람과의 관계(기관의 멘토, 직원 등) • 자원이 확보되면 청소년은 교육적인 훈련이나 고용의 기회를 찾으려고 노력함으로써 사회 속으로 재통합을 실시
정운숙(2002)	• 자아발견	• 사회적 지지
방은령(2003)	• 성숙(10대 후반이 되면 귀가 결심)	• 부모의 적극적인 개입과 가족 기능의 회복
정경은(2008)	• 외부 자극을 통한 자기발견 • 자기 삶에 대한 긍정적 태도	• 사회적 지원 • 긍정적 사회경험
이선자(2010)	• 개인 내적 변화 • 독립지향 • 미래지향	• 가족지지 • 독립지향 • 외부위험 경험 • 또래지지
이민수(2013)	• 변화에의 도모	• 쉼터의 도움 • 부모와의 연락

출처: 이자영 외(2018)의 내용에 추가하여 정리.

다양한 외부적인 지지체계들이 가출생활을 벗어나게 하는 요인이 되지만, 가장 영향력이 큰 것은 스스로의 변화에 대한 생각이다. 자신의 삶에 대한 태도의 변화가 가출에서 벗어나 새로운 삶을 지향하고자 하는 열망으로 나타나는 것이다. 내적인 태도 변화를 가져오게 하는 데는 외부적인 지지요인들이 작용한다. 그러므로 외부적인 지지체계가 잘 작동하도록 하여 가출 전환을 이루도록 해야 한다.

2) 실질적인 정책 지원

사회적 배제를 경험하는 가출청소년은 정신건강에도 부정적인 영향이 있으므로 이들에게 실질적인 지원을 하는 것이 필요하다. 그러기 위해서 첫째, 가출청소년의 권리 보장이 우선되어야 한다. 가출청소년의 주거, 교육, 생활문제 등 기본적인 사회적 지원을 통해 이들의 성장을 지원해야 한다. 특히, 가출청소년의 노동에 대한 고려가 필요하다. 경제적인 문제를 해결해야 하는 상황에 있는 청소년이 범죄에 유입되는 것을 막는 하나의 장치가 노동에 대한 권리 보장이라 할 수 있다.

둘째, 청소년쉼터가 가출청소년에게 가정의 역할을 대신해 주고 심리사회적 부적응의 문제 완화에 긍정적인 역할을 하므로 청소년쉼터에서의 만족도를 높이기 위한 제도적·정책적 접근이 필요하다. 그러므로 쉼터 시설의 확충과 내실화가 지속하여 이루어져야 한다. 또한, 가출청소년이 받을 수 있는 사회적 서비스에 대한 안내와 홍보가 제대로 이루어지도록 해야 한다. 가출청소년을 지원하는 보호/상담기관(청소년쉼터, 청소년상담복지센터, 청소년전화 1388)의 인지 여부 및 이용 여부의 조사에서(여성가족부, 2018) '청소년쉼터'를 알고 있다는 응답은 전체의 38.2%, '청소년상담복지센터'를 알고 있다는 응답은 전체의 45.0%, '청소년전화 1388'을 알고 있는 청소년은 전체의 54.5%로 나타났다. 전반적으로 가출청소년 지원 기관에 대한 인지율이 낮으며, 이용률도 그리 높지 않은 것으로 나타났다. 가출청소년이 청소년 전화 1388, CYS-Net, 청소년상담복지센터, 쉼터의 지원이 있음을 인지하고 다른 문제에 빠지지 않고 보호를 받을 수 있도록 적극적인 안내와 홍보가 필요하다.

셋째, 적극적인 예방 대책을 마련해야 한다. 청소년에게 가출은 기본적인 욕구의 위협이 발생하고, 각종 유해환경에 노출되어 범죄 유입 가능성이 크기 때문에 예방이 무엇보다 중요하다. 예방 대책에 대한 내용을 현실에 맞게 개선하고, 예방책을 마련하기 위한 실질적인 방안으로 가출청소년의 욕구와 실태조사를 실시해야 한다. 욕구와 실태조사를 통해 예방에 관한 정책과 프로그램을 마련할 수 있기 때문이다. 또한, 가출이 개인적인 심리적 문제뿐만 아니라 부모와 가족 간의 갈등이 가장 큰 원인으로 작용하기 때문에 개인상담과 가족상담을 통한 도움을 제공해야 한다. 개인상담을 통해 청소년의 자아상, 대인관계 등의 향상을 도모하고, 그들이 당면한 환경적 문제 등을 해결할 수 있도록 해야 하며, 가족상담을 통해 부모교육과 가족의 결속력 강화를 위한 노력을 하여 문제해결 탐색을 해 나가야 한다.

3) 청소년쉼터

청소년쉼터는 1992년 처음 설치되어 2004년 「청소년복지 지원법」에 청소년쉼터에 대한 법적 근거 마련 및 일시쉼터(드롭인센터)가 설치되었고, 2005년부터 중장기쉼터를 설치하여 운영하기 시작하였다.

〈표 7-6〉 청소년쉼터의 발전단계

구분	내용
도입기	• 1991년 「청소년기본법」 제정(1993. 1. 1. 시행) • 1992년 최초의 청소년쉼터 설치 · 운영 • 1998년 5개 광역시별 청소년쉼터 설치 · 운영
확대기	• 2004년 「청소년복지 지원법」 제정(2005. 2. 10. 시행) • 2004년 일시쉼터(드롭인센터) 설치 · 운영 • 2005년 중장기쉼터 설치 · 운영
성숙기	• 2006년부터 정체성, 전문성 제고를 위한 정책 및 프로그램 개발 · 시행 • 2012년 청소년쉼터 신고제 도입 • 2012년 「청소년복지 지원법」 전부 개정(2012. 8. 2. 시행) • 2012년 청소년복지시설에 관한 조항 정비

출처: 여성가족부(2019).

청소년쉼터는 가출청소년의 생활보호, 상담, 자립역량 강화, 고충 처리, 문화활동 프로그램 기회제공 등을 통해 가출청소년의 가정 및 사회 복귀 지원을 돕고 있다. 전문화 및 차별화된 서비스를 제공하기 위해 일시, 단기 및 중장기 쉼터로 설치되어 운영되고 있다. 2019년 134개소(일시쉼터: 31개소, 단기쉼터: 63개소, 중장기쉼터: 40개소)가 운영되고 있다.

〈표 7-7〉 연도별 청소년쉼터 운영 현황

구분		2010년	2011년	2012년	2013년	2014년	2015년	2016년	2017년	2018년	2019년
일시		10	10	13	21	22	26	28	30	30	31
	고정형	8	8	8	15	16	18	18	20	19	18
	이동형	2	2	5	6	6	8	10	10	11	13
단기		49	48	49	50	50	52	51	53	62	63
	남	24	24	25	26	26	26	26	27	30	30
	여	25	24	24	24	24	26	25	26	32	33
중장기		24	25	30	32	37	41	40	40	38	40
	남	10	10	11	11	16	17	18	18	18	19
	여	14	15	19	21	21	24	22	22	20	21
계		83	83	92	103	109	119	119	123	130	134

출처: 여성가족부(2019).

청소년쉼터의 유형별 기능은 다음과 같다.

〈표 7-8〉 쉼터의 종류 및 기능

구분	일시쉼터(31개소)	단기쉼터(63개소)	중장기쉼터(40개소)
기간	• 24시간 이내 일시보호 (최장 7일까지 연장 가능)	• 3개월 이내 단기보호 (최장 9개월까지 연장 가능)	• 3년 이내 중장기보호 (필요시 1년 연장 가능)
이용대상	• 가출 · 거리 배회 · 노숙청소년	• 가출청소년	• 가출청소년
주요 기능	• 가출청소년 조기 구조 · 발견, 단기 · 중장기 청소년 쉼터와 연결 • 위기 개입 상담, 진로 지도, 적성검사 등 상담 서비스 제공 • 먹거리, 음료수 등 기본적인 서비스 제공 등	• 가출청소년 문제해결을 위한 상담 · 치료 서비스 및 예방 활동 • 의식주 및 의료 등 보호 서비스 제공 • 가정 및 사회복귀 대상 청소년 분류, 전문기관 연계 · 의뢰 서비스 제공	• 가정복귀가 어렵거나 특별히 보호가 필요한 위기 청소년을 대상으로 장기간 안정적인 보호 서비스 제공
위치	• 이동형(차량), 고정형(청소년 유동지역)	• 주요 도심별	• 주택가
지향점	• 가출 예방, 조기 발견, 초기 개입	• 보호, 가정 및 사회 복귀	• 자립지원

출처: 여성가족부(2019).

청소년쉼터가 사회안전망으로 가출청소년에게 실질적인 지원을 하기 위해 전문 인력을 배치하고 가출청소년 조기 발굴 및 개입과 위기대처기술, 대인관계기술, 스트레스 관리, 갈등관리기술, 가족 응집력 향상을 위한 프로그램 제공이 이루어져야 한다. 또한, 가출의 형태와 가출의 현상 및 가출청소년이 처한 상황에 맞춘 개입과 지원이 절실히 필요하다.

CHAPTER 8

청소년의 학교부적응과 문제행동의 전이

청소년의 학교부적응은 학업중단의 사유가 되고, 개인적인 문제 또는 교육 소외 문제로만 국한하기에는 복잡한 문제이다. 학교부적응은 낮은 학업성취를 비롯한 다양한 문제를 수반하는데, 소외감과 고립감의 경험이 학업중단, 비행을 일으키고 나아가 성인사회의 삶을 준비하지 못한 채 노동시장에 진입하게 되다 보니 일자리 질에도 부정적인 영향을 미친다(Magnuson et al., 2016; 박정주, 2011). 특히, 성적을 중요하게 여기는 입시경쟁이 치열한 우리나라의 교육환경은 학교부적응 청소년을 많이 양산하게 된다.

학교부적응은 질적으로 구분되는 특징이라고 보기보다는 이상적인 적응과 극단적인 부적응 사이에 다양한 스펙트럼으로 나타나는 현상으로, 어떤 입장에서 보느냐에 따라 달라지기도 한다. 어떤 입장에서는 학교부적응으로 여겨졌던 것이 다른 입장에서는 학교부적응이 아닌 것으로 보여 주관적인 가치 판단에 의해 달라지기도 한다. 학교부적응은 주로 심리학적인 접근으로 정의되어 있어 학교라는 환경에 제대로 적응하지 못하고 자신의 문제를 이상적으로 해결해 나가지 못하는 상태를 말한다(이병환 · 우원재, 2019).

1 학교부적응 청소년의 특성

학교부적응은 학교 내의 다양한 환경과 갈등과 부조화를 말한다(이병환 · 강대구, 2014). 학생의 욕구, 감정, 사상 등이 학교의 규범에 수용되지 못하는 상태이고, 학교생활 부적응인 공부나 학교생활에 흥미가 없고, 교사나 친구들과의 관계에서 소원하며, 교칙에 위반된 행동을 반복적으로 행하는 것과 유사하다(김미선, 2015). 학교부적응은 여러 가지 부적응행동 특성이 학교라는 생활영역에서 나타나는 것이다. 개인의 욕구가 학교 내의 관계에서 수용되지 못해 갈등과 부적절한 행동을 보이는 것이다(송명자, 2008).

학교부적응 청소년은 현실도피적 행동과 방어적 행동을 하게 되는데, 일반적인 청소년에 비해 스트레스와 심리적 갈등이 많고, 상황 변화에 적응해 나가는 것을 힘들어하며, 감정조절, 욕구조절에 어려움을 호소한다. 자신의 욕구가 좌절될 때 자기조절능력이 부족해 감정을 그대로 드러내거나 과격한 행동을 한다. 자존감이 낮아 자기비하적인 태도와 행동을 보이고, 무기력하고 수동적이며, 다른 친구들에게 열등감을 느낀다(장정은, 2015). 또한, 학교생활에 적응해 나가는 과정에서 다양한 문제가 발생하여 긴장과 갈등이 심해지고, 이를 해소하기 위한 방편으로 학생생활을 기피하다 보니 관계의 악화로 이어진다. 불안, 우울, 성적저하, 자아존중감 부족, 자살생각 등을 갖게 되고, 개인의 내적 문제, 사회적 장애를 경험하며, 교우관계와 가족관계를 비롯한 대인관계의 문제를 경험하게 된다.

학교부적응 청소년은 학교의 요구와 기대 등과 갈등과 부조화를 경험하면서 학교에서 주변화되는 학생이다(류방란 외, 2007). 개인적인 욕구의 표출이 학교환경에 부합하지 않아 갈등이 나타나고 그로 인해 부적절한 행동을 하게 되고, 교사와 또래 안에서 건강한 관계를 형성하지 못하므로 삶의 만족도가 낮을 뿐만 아니라 불안과 억압의 감정을 경험하여 매사에 자신감이 결여된 상태를 나타낸다.

2 학교부적응의 원인

학교부적응은 생물학적 요인, 심리학적 요인, 사회환경적 요인(부모와 친구관계, 가정환경, 학교환경)과 개인적 요인(낮은 자아존중감, 내적 긴장감, 지적인 대인관계 형성 결여, 충동성, 공격성 등)이 영향을 미쳐 나타난다(심의보, 2015). 학생들이 학교부적응의 이유를 교사에게 표현할 때 '방치되어서 또는 금수저라서'라고 하는 것으로 학교 밖 가정환경의 문제가 크게 작용함을 확인하였다. 부모의 양육태도나 가정교육 문제가 가장 큰 이유였고, 그 외에도 학생의 교우관계 문제, 교권의 위축과 과도한 업무, 교육현실의 비현실성과 문제점이 발견되었다(이자형, 2017). 다양한 원인이 복합적으로 작용하여 학교부적응을 일으키고, 그 학교부적응이 학업중단의 결과로 나타나 학교 밖 청소년을 만든다. 여기에서는 개인 및 심리적 요인, 가정적 요인, 학교적 요인, 사회적 요인으로 나누어 살펴본다(신성철 외, 2017).

1) 개인 및 심리적 요인

개인적이고 심리적인 요인은 신체적인 발달 및 인지적이고 정서적인 문제와 사회화의 문제라 할 수 있다. 신체적인 발달 안에서 청소년은 급격한 변화를 경험하는데, 신체의 변화가 개인에게 새로운 경험이기에 당황과 불안감, 긴장감을 느끼게 된다. 이러한 경험이 자신의 신체에 대한 평가로 이어지고 평가에 따라 학교생활에 적응하기도 하고 부적응을 나타내기도 한다.

또한, 청소년기의 변화 중 인지적이고 정서적인 변화가 감정과 행동에 영향을 미치게 되는데, 감수성이 예민하고 쉽게 흥분하고 동요하며, 일시적인 기분에 따라 행동하게 된다. 감정적이고 자기중심적이며, 일관성이 없다. 이러한 변화가 인지적인 부분에 있어서 청소년은 인지부조화와 왜곡, 비합리적이고 부정적인 생각, 자신감 결여 등의 사고체계를 나타내기도 하고, 정서적인 면에서 불안, 우울, 열등감, 두려움, 좌절감, 무기력감 등으로 나타나기도 한다. 이런 인지적이고 정서적인 불안정이 혼란을 야기하여 자아의 손상을 가져와 적응에 어려움을 겪게 되고, 어려움에서 벗어나기 위해 반사회적이고 일탈적인 부적응행동을 하게 된다.

더불어 개인의 낮은 자아존중감이 불안을 느끼게 하고, 또래관계를 원만하게 이끌지 못해 자신과 타인에 대한 왜곡된 지각을 갖게 되므로(Rosenberg, 1965) 학교생활 내 대인관계가 불안정하여 학교생활에 어려움을 경험하게 된다.

2) 가정적 요인

학교부적응의 가정적인 요인은 가정환경, 가족의 구조와 기능, 부모의 양육태도 등을 들 수 있다. 가정은 일차적이고 가장 친밀한 환경으로 청소년의 정체감 형성에 영향을 미칠 뿐만 아니라 성인기 준비에 직접적인 장소로 작용한다. 가정에서의 영향이 학교생활의 적응에 영향을 주고, 어떤 부모 밑에서 어떤 사회화를 경험했는지가 학교부적응에 직접적인 요인이 된다.

첫째, 가족의 구조와 기능의 변화이다. 산업사회로의 변화 안에서 일자리를 찾아 이주함으로써 예전에 자연스러웠던 대가족제도가 핵가족화되면서 가족관계가 단조로워지자, 대가족제도 안에서 배울 수 있었던 다양한 인간관계를 형성하기가 어려워졌다. 또한, 부모가 집에 있는 시간이 줄어들면서 자녀와 대화할 수 있는 시간이 부족해지다 보니 부모의 통제가 어렵게 되었다. 이에 더하여 부모의 과잉보호로 인한 의존성, 비타협, 지나친 기대가 탈선과 비행을 가져온다(천정웅 외, 2019).

둘째, 결손가정에서 나타나는 구조적 결손으로 인한 모성과 부성의 부재가 청소년의 정서와 태도, 사회성 발달에 영향을 미치게 된다. 또한, 심리적 결손이라 할 수 있는 가족 간의 갈등은 가족 간의 유대 단절 및 역할 부재를 나타내 학교부적응으로 연결된다.

셋째, 부적절한 양육태도이다. 부모가 어떠한 태도로 양육하느냐가 인격 형성과 적응, 부적응을 결정짓게 된다. 부모가 민주적인 방식으로 사랑과 관심을 가지고 대하지 않는다면, 청소년은 가정과 학교 밖의 다른 것에 관심을 갖게 되어 탈선을 하게 될 소지가 높다.

3) 학교적 요인

학교부적응의 학교적 요인은 외면적인 요인으로 보이는 것으로 교사와 또래와의 관계, 교육제도와 교육과정의 부적절성 등이라 할 수 있다.

첫째, 학교 안에서의 관계 문제이다. 학교 안에서의 관계는 교사관계, 또래관계가 대표적이고, 다른 학교구성원들과의 관계도 있다. 일반적으로 청소년에게 직접적인 스트레스원이 되는 관계는 교사, 또래이다. 교사와의 갈등을 경험하는 청소년은 학교와 교사에 대한 부정적인 태도를 보이게 되고, 이러한 태도가 학업성취도를 낮추고 좋지 않은 수업태도를 갖게 한다. 청소년기의 또래관계는 모방과 모델링, 준거가 되므로 매우 중요하다. 교우관계가 원만하고 긍정적일 때 소속감과 동질감을 느끼게 되고, 학교생활만족도, 적응력을 향상시킨다. 그러나 이와 반대로 교우관계가 부정적일 때 소외감, 고립감을 경험하게 되어 학교에 안정적으로 안착할 수 없게 되어 다양한 부적응행동을 야기하게 된다.

둘째, 부적절한 교육제도와 교육과정의 문제이다. 이는 학교교육이 지속적으로 유지하고 있는 총체적인 문제라 볼 수 있는 것으로, 다양하고 실천적이고 자주적인 교육을 통해 인성과 창의성을 이루어나가야 하는데, 학교교육이 획일적인 지식 중심의 집단적 교육으로 이루어지고, 경쟁을 통한 출세 위주의 입시교육제도에 초점이 맞춰져 있어 교육을 통한 인성교육의 실현을 해 나가지 못하고 있는 실정이다. 그러다 보니 여러 가지 반사회적이고 일탈적인 부적응 문제를 더욱 심화시키는 결과를 초래한다. 또한, 현재의 교육과정이 개인의 적성을 고려하지 않은 채 획일적인 교육과정을 추구하고 있다. 획일적인 학습속도를 강요하다 보니 개인의 학업능력 수준에 맞지 않아 따라가지 못하는 부진학생들은 자신감을 잃게 되고, 학업지속에 대한 불안과 불만, 갈등, 부정적인 자기 평가, 미래에 대한 두려움으로 힘들어한다. 비민주적인 학교 분위기와 개성과 적성을 무시한 획일적인 교육과정의 강요는 청소년이 학교생활에서 부적응을 경험하게 되는 요인으로 작용한다.

4) 사회적 요인

학교부적응의 사회적 요인으로는 청소년이 생활하고 있고 매일 접하는 지역사회에 유해환경이 많이 존재하는 것과 대중매체를 통해 유해한 내용을 청소년이 쉽게 접할 수 있게 된 점, 사회계층 간의 갈등 등이다.

첫째, 지역사회의 유해환경을 들 수 있다. 지역사회는 공동생활의 장으로 청소년이 여러 가지 생활양식을 얻어 사회적인 존재로 성장할 수 있도록 돕는다. 학교와 더불어 연계를 통한 청소년의 교육적인 부분에 관심을 가지고 책임 있는 역할을 해 나가야 하는데, 그 지역사회가 향락적이고 퇴폐적인 문화가 많아 청소년이 쉽게 접할 수 있게 되어 유해한 영향으로 작용하고 있다. 청소년은 호기심에 따라 행동을 하게 되는 경향이 높으므로 지역사회의 유해하고 비교육적인 환경이 호기심을 자극하여 학업과 멀어지게 하고, 일탈기회를 제공하며, 부적절한 행동을 하도록 자극한다.

둘째, 유해한 대중매체이다. 대중매체는 많은 사람에게 빠르게 정보를 제공하기 위해 만들어져 다양한 볼거리, 활발한 의사소통의 장을 제공한다. 특히, 청소년은 매체를 잘 사용하는 세대로 대중매체와 인터넷을 통해 유익한 정보를 제공받기도 하지만, 폭력물과 음란물을 비롯한 다양한 유해한 사이트(특히, 자살사이트, 성매매사이트, 도박사이트 등)에 쉽게 접촉함으로써 비행을 저지르기 쉽다. 돈을 벌기 위해 가치와 윤리는 뒤로 한 채 왜곡된 가치와 정보를 제공하는 유해한 매체는 가치관과 정체성을 형성해 나가는 시기의 청소년에게 각종 범죄에 노출될 가능성을 열어 두어 부적응을 야기한다.

셋째, 사회계층 간의 갈등이다. 사회구조적으로 다양한 이유에서 계층이 나누어지는데, 기본적으로 중류층의 도덕적 기준이 모든 계층의 사람들에게 적용된다. 그러나 하류층 청소년은 어렸을 때부터 중류층과는 다른 사회화 과정을 거쳐 왔기 때문에 일률적으로 적용되는 사회에 적응하기 힘들어한다. 사회계층의 격차에서 상대적 박탈감을 경험하므로 이로 인해 집단적인 비행 하위문화를 형성할 가능성이 크다.

3 학교부적응 유형과 실태

1) 학교부적응 유형

학교부적응 청소년은 다양한 형태를 보인다. 학교부적응 청소년은 학습부진, 무단결석, 학업 분위기 저해 등의 수업태도 불량, 잦은 지각의 모습을 보이고, 그들의 모습은 대놓고 자는 아이, 방해하는 아이, 멍 때리는 아이로 묘사되었다(이자형, 2017).

학교부적응의 유형은 학교에 오고 싶어 하지 않는 아이들, 관계에 실패한 아이들, 학업이 안 되어서 못 따라가는 아이들로 분류하기도 하고(이자형, 2017), 일상적인 학교생활 부적응 학생, 무단결석 등 학교이탈 경험을 하는 학교부적응 학생, 학업중단청소년(단지 학교에 재학하고 있지 않은 청소년, 자발적인 학교중단자가 아니라 학교를 그만두면서 실제 학업을 지속하지 않는 청소년)으로, 또 학업과 관련된 유형, 교우관계와 관련된 유형, 학습활동과 관련된 유형, 성과 관련된 유형으로 나누기도 한다(천정웅 외, 2019). 또한, 학교부적응의 요인과 관련하여 학업 관련 유형, 정서 관련 유형, 대인관계 관련 유형, 비행 및 일탈 관련 유형으로 나눈다(오윤선 · 최아람, 2019).

학업 관련 유형에는 무단결석, 장기결석, 등교거부, 난독증, 집중력 저하, 학업 분위기 저해, 불량한 수업태도, 잦은 지각 및 조퇴, 기초학습능력 부족, 학업부진 등의 학업을 하고 있는 상황에서 나타나는 것과 이러한 상황에서 벗어나 있는 학업중단이 있다. 학업 관련 유형은 학업을 지속하기 어려울 정도의 적응장애로 결국에는 학업중단으로 이어지게 된다. 기초학력이 부족하거나 난독증이 있는 경우에는 교과과정을 수행하고 싶으나 이해가 안 되어 어려움을 겪고 있고, 학업 분위기를 저해하는 청소년은 학습 자체에 흥미를 가지고 있지 않기 때문에 다시 학습을 해 보려 하지만 좌절감을 경험하면서 학습에 점점 더 멀어지게 되고, 학업 분위기를 흐리기 때문에 교사와의 갈등 상황이 발생하게 된다. 학업 관련의 부적응이 개인적인 상황, 심리적인 것들과 연관되어 더욱 부적응을 심화시키게 된다.

학교부적응의 정서 관련 유형으로는 과도한 열등감, 우울감, 불안감, 좌절, 분노, 불만, 무기력감, 낮은 자아존중감, 낮은 자아개념, 지나친 내향성, 강박관념, 과도한 스트레스, 자살사고 등이 있다. 이러한 정서 관련의 내용은 부모, 양육환경, 양육태도에서 오는 경우가 많고, 학교에서 다른 문제들로 인해 오는 경우도 있다. 학교폭력이나 따돌림, 괴롭힘 등의 경험과 우리나라의 입시환경에서 오는 스트레스가 그것이다. 이러한 어려움이 학교부적응을 초래하게 된다.

대인관계 관련 유형에는 청소년과 다른 집단과 대상과의 관계에서의 어려움이 있는 것이다. 또래, 이성친구, 부모, 교사와 관계에서의 어려움과 관계 맺는 방식에 있어서 소극적인 태도, 폭력성, 충동성 등을 말할 수 있다. 가장 큰 부분은 또래집단과의 관계이다. 또래집단은 청소년에게 중요한 사회관계인데, 그 안에서의 부적응, 외로움, 대인불안과 대인기피증이 있을 때 두려움과 불안감, 우울감을 경험하게 된다. 또래와의 관계맺음은 청소년 시기뿐만 아니라 성인의 삶에까지 중요한 영향으로 작용하기 때문에 사회성 발달과 대인관계 형성에 부정성을 잘 다루어 줄 필요가 있다.

비행 및 일탈 관련 유형으로 가장 작게는 교칙위반이 있고, 학교에서의 비행이 발전하여 다양한 지위비행과 행위비행을 일으키게 되는 것이다. 지위비행은 청소년기에 있을 때 비행으로 보는 것이고, 행위비행은 형법에서 범죄로 규정하는 것을 말한다. 지위비행에는 음주, 흡연, 가출, 무단결석, 늦은 귀가 등이고, 행위비행은 폭력, 금품갈취, 절도, 폭행, 강도 등이다. 이러한 비행과 일탈행동은 타인들과 유대관계가 낮을 때 발생하고, 비행과 일탈행동으로 인해 타인과의 유대관계가 낮아져 신뢰감을 상실하게 된다.

다양한 유형으로 나타나는 학교부적응은 서로 연관선상에 있다. 학업에 어려움을 경험하고 비행과 일탈행동을 하게 되었을 때 관계와 정서에서 어려움을 겪게 된다. 어느 하나의 문제가 실마리가 되어 커져 갈 때 다양한 문제와 연관되어 나타남을 볼 수 있다.

2) 학교부적응의 실태

학교부적응으로 나타나는 현상은 학업중단을 통해 학교 밖 청소년이 된다는 것이다. 2018년의 청소년 학업중단율은 고등학교는 1.6%, 중학교와 초등학교는 모두

0.7% 수준으로 나타났다. 의무교육단계인 초등학교와 중학교는 유예 및 면제자를 학업중단자로 정의하고, 고등학교의 경우에는 자퇴와 퇴학한 자를 학업중단자로 보고 있다. 학업중단율은 2000학년도 이후 초등학교는 소폭 상승하여 최근 0.5~0.6%를 유지하고 있고, 중학교는 0.8~1.0% 내·외로 일정한 수준을 유지하다가 2015학년도에 0.6% 수준으로 감소하였다가 2018년에는 0.7% 수준으로 증가한 것으로 나타난다. 고등학교는 증감을 반복하다 2007학년도 이후 1.8% 수준을 유지, 2010학년도에는 2.0%까지 높아졌다. 이후부터 2018학년도까지는 소폭 증감을 반복하여 1.6% 수준으로 떨어졌다. 이와 같은 학업중단율의 감소는 학업중단숙려제 등과 같은 학업중단 예방을 위한 교육정책을 적극적으로 추진한 정부 차원의 노력이 반영된 결과로 볼 수 있다(여성가족부, 2019).

〈표 8-1〉 학교급별 학업중단율

(단위: %)

연도	초등학교	중학교	고등학교	연도	초등학교	중학교	고등학교
1980	0.1	1.2	2.5	2010	0.6	1.0	2.0
1985	0.0	1.1	3.0	2011	0.6	0.9	1.9
1990	0.0	1.0	1.9	2012	0.6	0.9	1.8
1995	0.0	1.0	2.5	2013	0.6	0.8	1.6
2000	0.4	1.0	2.5	2014	0.6	0.7	1.4
2005	0.5	0.8	1.3	2015	0.5	0.6	1.3
2006	0.6	0.9	1.6	2016	0.6	0.6	1.4
2007	0.5	1.0	1.8	2017	0.6	0.7	1.5
2008	0.5	1.0	1.8	2018	0.7	0.7	1.6
2009	0.3	0.8	1.8	–	–	–	–

1) 연도는 학년도임

2) 학업중단율(%) = 학업중단자 수 / 전년도 재적 학생 수 × 100

3) 학업중단자란 질병, 가사, 품행, 부적응 및 기타 사유에 의하여 자퇴, 퇴학한 자를 말하며, 초등학교와 중학교의 학업중단자는 유예 및 면제자로 정의함

4) 2010학년도부터 인정유학, 해외이주, 파견동행이 학업중단자에 포함됨

출처: 교육부 · 한국교육개발원(각 년도). 교육통계연보.

또한, 학업중단의 원인은 초등학교는 해외 출국으로 인한 중단, 미인정 유학으로 인한 유예가 많았고, 중학교는 미인정 유학으로 인한 유예와 장기결석이 많았다. 고등학생의 학업중단은 자퇴를 통한 학업중단이 가장 많았다. 교육기본통계를 통해 2013년과 2016년 고등학교 학업중단 현황을 원인유형별로 살펴보면, 2013년 대도시의 경우 질병으로 인한 자퇴 비율이 높은 반면, 읍·면지역은 가정환경에 의한 자퇴의 비율이 다소 높았다. 그러나 2016년에는 이러한 지역 간 차이가 감소하는 것으로 나타났다. 또한, 2013년에 학업 관련 부적응으로 인한 자퇴가 전체 학업중단 학생 중 30% 이상이었던 것에 비해 2016년에는 20%로 감소하였다. 그러나 기타 사유, 즉 조기신학, 종교 등의 이유로 학업을 중단하는 학생이 증가하는 경향을 보인다. 한편, 2013년에 비해 2016년에 대도시의 퇴학자는 감소한 반면 중소도시지역과 읍·면지역에서는 감소하지 않았다.

학교유형별로 살펴보면, 특성화고에서는 질병보다 가정환경에 의한 자퇴가 더 많고, 다른 유형의 학교보다 학업 관련 부적응으로 인한 자퇴 비율이 가장 높으며, 퇴학생의 비율도 다소 높게 나타났다. 이러한 경향성은 2013년과 2016년에 동일하게 나타났으며, 단, 학업 관련 부적응의 수치가 떨어진 반면 기타 부적응 사유로 인한 자퇴는 증가하였다.

〈표 8-2〉 고등학교 학업중단 원인 유형별 현황

연도	지역규모/학교유형		자퇴							퇴학			합계
			질병	가사	부적응				기타	1)	2)	제적	
					학업 관련	대인 관계	학교 규칙	기타					
2013	대도시	명	762	1,027	3,897	170	454	2,237	3,524	48	376	–	12,495
		(%)	(6.10)	(8.22)	(31.19)	(1.36)	(3.63)	(17.90)	(28.20)	(0.38)	(3.01)	(0.00)	(100)
	중소도시	명	498	632	3,751	217	346	2,451	3,071	41	344	–	11,351
		(%)	(4.39)	(5.57)	(33.05)	(1.91)	(3.05)	(21.59)	(27.05)	(0.36)	(3.03)	(0.00)	(100)
	읍 · 면지역	명	169	668	2,239	99	219	1,374	1,372	38	198	–	6,376
		(%)	(2.65)	(10.48)	(35.12)	(1.55)	(3.43)	(21.55)	(21.52)	(0.60)	(3.11)	(0.00)	(100)
2016	대도시	명	416	189	1,684	85	121	1,192	3,490	19	283	109	7,588
		(%)	(5.48)	(2.49)	(22.19)	(1.12)	(1.59)	(15.71)	(45.99)	(0.25)	(3.73)	(1.44)	(100)
	중소도시	명	341	166	1,453	76	67	1,456	3,452	36	226	56	7,329
		(%)	(4.65)	(2.26)	(19.83)	(1.04)	(0.91)	(19.87)	(47.10)	(0.49)	(3.08)	(0.76)	(100)
	읍 · 면지역	명	125	148	910	61	37	821	1,444	43	183	43	3,815
		(%)	(3.28)	(3.88)	(23.85)	(1.60)	(0.97)	(21.52)	(37.85)	(1.13)	(4.80)	(1.13)	(100)
2013	일반고	명	1,063	1,172	5,079	289	631	3,122	5,252	54	405	–	17,067
		(%)	(6.23)	(6.87)	(29.76)	(1.69)	(3.70)	(18.29)	(30.77)	(0.32)	(2.37)	(0.00)	(100)
	특목고	명	38	50	209	5	17	211	318	3	20	–	871
		(%)	(4.36)	(5.74)	(24.00)	(0.57)	(1.95)	(24.23)	(36.51)	(0.34)	(2.30)	(0.00)	(100)
	특성화고	명	227	1,012	4,332	168	332	2,413	1,914	67	470	–	10,935
		(%)	(2.08)	(9.25)	(39.62)	(1.54)	(3.04)	(22.07)	(17.50)	(0.61)	(4.30)	(0.00)	(100)
	자율고	명	101	93	267	24	39	316	548	3	23	–	1,414
		(%)	(7.14)	(6.58)	(18.88)	(1.70)	(2.76)	(22.35)	(38.76)	(0.21)	(1.63)	(0.00)	(100)
2016	일반고	명	647	259	1,973	113	104	1,950	5,433	52	251	153	10,935
		(%)	(5.92)	(2.37)	(18.04)	(1.03)	(0.95)	(17.83)	(49.68)	(0.48)	(2.30)	(1.40)	(100)
	특목고	명	31	10	84	5	–	100	315	1	5	3	554
		(%)	(5.60)	(1.81)	(15.16)	(0.90)	(0.00)	(18.05)	(56.86)	(0.18)	(0.90)	(0.54)	(100)
	특성화고	명	134	218	1,843	98	117	1,286	2,199	40	414	48	6,397
		(%)	(2.09)	(3.41)	(28.81)	(1.53)	(1.83)	(20.10)	(34.38)	(0.63)	(6.47)	(0.75)	(100)
	자율고	명	70	16	147	6	4	133	439	5	22	4	846
		(%)	(8.27)	(1.89)	(17.38)	(0.71)	(0.47)	(15.72)	(51.89)	(0.59)	(2.60)	(0.47)	(100)

1) 학교폭력 자치위원회 요청.

2) 학칙위반에 따른 징계

3) 읍 · 면지역에 도서벽지 포함

출처: 교육부(2013, 2016). 교육기본통계.

4 학교 밖 청소년의 특성 및 행동

학교부적응을 경험하는 청소년은 결국 학업중단을 하게 되고, 이들은 학교 밖 청소년이 된다. 학교 밖 청소년은 입학 후 3개월 이상 결석하거나 취학의무를 유예한 청소년, 제적, 퇴학처분을 받거나 자퇴한 청소년, 상급학교(중/고)에 진학하지 아니한 청소년을 말한다(「학교 밖 청소년 지원에 관한 법률」 제2조). 학교 밖 청소년과 비슷한 용어로 중도탈락 청소년, 학교중퇴생, 학교중단 또는 등교중단 청소년, 부등교 청소년, 탈학교 청소년 등이 있다. 이들 용어는 낙오나 탈선의 의미, 학교를 그만둔 상태를 나타내기도 하고, 학교를 그만둔 청소년이 학교라는 물리적 공간만 벗어났을 뿐 배움을 그만둔 것은 아니라는 긍정적 시각에서 탈학교 청소년, 학교 밖 청소년이라는 개념으로 사용하고 있다. 그런 의미에서 학교 밖 청소년은 학업을 중단한 청소년과 학교 울타리를 벗어난 모든 청소년으로 근로청소년, 무직청소년, 비진학청소년을 포함하고 있다(한국청소년상담원, 2004).

학교 밖 청소년의 유형은 기준에 따라 다양한 형태로 구분할 수 있다. 적응형, 부적응형, 요치료형, 자유방임형(허철수, 2004)으로, 학교를 그만두는 동기와 자발성에 따라 능동형, 도피형, 불가피형(홍봉선 · 남미애, 2009)으로, 정착형, 비정착형(최동선 · 이상준, 2009)으로, 현재 하고 있는 일에 따라 학습형, 취업 및 알바형, 니트형(윤철경 외, 2010)으로, 학업중단 이후의 계획 여부에 따라 미결정 중심형과 미래준비형, 진학준비형(김범구 · 조아미, 2010)으로 나누었다.

〈표 8-3〉 학교 밖 청소년의 유형

학자	유형	내용
허철수 (2004)	적응형	진학형, 건전직장 취업형, 취업준비형
	부적응형	법에 저촉되는 행위를 하여 보호와 관리체제에 소속된 청소년과 보호와 관리기관에 소속되어 있지는 않지만 가출, 유흥업소 취업, 방치된 청소년
	요치료형	치료나 요양 중인 청소년
	자유방임형	무목적으로 배회하거나 진학, 취업에 관심이 없는 청소년
홍봉선 · 남미애 (2009)	능동형	학생 스스로가 처한 상황에 제기되는 문제를 적극적으로 해결하기 위한 것으로 경제적 독립을 위해 취업하려고 중퇴하는 경우
	도피형	뚜렷한 대안 없이 막연히 회피하기 위해 학교를 빠져나가 흥미로운 생활을 하고 싶어 하며, 무단결석을 하여 수업시수를 채우지 못한 상태에서 제적을 당하느니 차라리 자퇴를 함으로써 다시 입학할 기회를 가지려는 경우
홍봉선 · 남미애 (2009)	불가피형	학교를 이탈할 수밖에 없는 상황에서 중퇴한 경우로 심각한 비행으로 학교에서 제적을 당한 경우 또는 집안 형편상 계속 학업에 전념할 수 없는 경우
최동선 · 이상준 (2009)	정착형	진학 및 진학준비형, 취업형, 직업훈련 및 취업준비형
	비정착형	시설수용형, 방치 비행형, 취업형, 직업훈련 및 취업준비형
윤철경 · 류방란 · 김선아(2010)	학습형	학습을 하고 있는 상황에 있는 청소년
	취업 및 알바형	학업과 상관없이 취업이나 알바를 하고 있는 청소년
	니트(NEET)형	은둔형, 배회형, 소일형
김범구 · 조아미 (2013)	미결정 중심형	현재 특별한 계획이 없거나 앞으로 무엇을 해야 할지에 대한 생각이 아직 정해지지 않은 유형
	미래준비형	학력 취득과 함께 취업 및 직업훈련 준비에 대한 특정한 계획을 세우고 이를 위해 노력하는 유형
	진학준비형	학업지속에 대한 욕구가 강해 복학을 준비하는 유형

학교 밖 청소년은 충동성이나 우울 혹은 낮은 자아존중감이나 자아효능감과 같은 개인의 심리적 특성이나 가족구조나 부모직업 및 교육 정도, 소득 등과 같은 가족요인 그리고 학교규율 등으로 학교생활적응이 어렵거나 학교폭력 등에 의한 학교요인 등 다양한 요인이 영향을 미친다(장민규, 2002; 정효정, 2016).

다양한 유형을 보이는 학교 밖 청소년은 학교라는 정상 궤도를 벗어날 때 심리적으로 두려움을 느끼고 진로의 막막함을 느낀다(조아미 · 이진숙, 2014). 학교를 벗어나면서 중도 탈락자라는 낙인과 부정적인 사회적 인식으로 비행에 노출되고 진로탐색의 기회가 줄어들고(김지수, 2013), 자퇴 당시의 각오나 생각과는 다른 생활을 하게 되고 소외감을 심하게 느낌으로써 갈등을 겪는 경우가 많다(김영희, 2015).

학업중단 청소년을 대상으로 학교를 떠나서 가장 하고 싶은 것을 확인한 결과(안현의 외, 2002), 원하는 직업이나 진로선택(33.5%), 경제적 자립(12.3%), 원하는 학교의 진학(10.4%) 순으로 나타났고, 학교를 그만두고 가장 필요했던 도움은 대안학교(25.9%), 진로상담(20.5%), 심리상담(20.5%) 순으로 나타났다. 이들의 진로성숙 중 독립성이 상대적으로 높고 진로행동은 낮았다(노지혜 · 문성호, 2019). 학교 밖 청소년은 진로에 대한 관심을 가지고 준비하고 있으며, 새로운 교육과 상담을 통해 진로를 찾아가고자 하는 욕구가 있으나 그것을 찾기 위해 실제 행동으로 옮기는 것은 부족함을 알 수 있다. 학교 밖 청소년은 건강이나 학교생활 부적응 등의 분명한 이유나 어려움으로 학교를 떠나고 있지만, 학교 밖 청소년에 대한 낮은 사회적 인식과 높은 편견 등으로 불이익을 받거나 열악한 상황에 놓이는 경우가 많다(정효정, 2016). 준비 없이 학업을 중단하게 된 청소년은 1년 이내에 비행이나 사회부적응 행동이 증가하게 된다(최연수, 2015). 무엇보다 청소년기는 우연한 기회에 사소한 일차적 일탈로 인해 낙인이 찍히게 되면 보다 심각한 일탈로 이어지고, 낙인으로 인해 부정적 자아가 형성되고 부정적 자아가 비행에 이른다(Lemert, 1967; 김준호 외, 2015).

그래서 학교 밖 청소년은 비행에 노출될 위험도 큰데, 특히 성비행에 빠질 위험성이 크다. 이는 개인적인 특성인 개방적인 성태도와 충동적인 성향의 자극추구성향, 이들을 둘러싸고 있는 환경적 부분들인 맞벌이 부부의 증가, 개인 중심의 가족 구조 변화로 소통이 원활하지 않고 가족응집성이 낮은 환경이 성비행에 노출되기 쉽게 만든다(고현 · 차금안, 2016). 또한, 도박에 빠지는 경우도 발생한다. 청소년기 도박행동은 도박의 유형과 참여 방식, 환경적 특성 등 성인의 도박문제와는 다른 특성을 보여 청소년의 인성 및 건강한 발달을 저해할 수 있고, 일상생활이나 학교생활 부적응과 법적인 문제까지 야기될 수 있어 심각하다(한은경, 2016). 청소년기의 충동성과 흥미추구성 등이 비행을 야기하게 한다.

학교 밖 청소년이 비행에 빠지지 않고, 자신의 진로를 찾고 나름의 삶을 잘 살아갈 수 있도록 학교 밖 청소년을 위한 사회적 지원체계를 공고히 구축할 필요가 있다. 이들이 학교 밖에서 적응하고 새로운 진로탐색 등 자신의 미래에 대해 고민하고 경험할 수 있는 기회를 제공함으로써 이들의 비행을 예방하는 것 또한 사회적 책임이다.

5 학교부적응 및 학교 밖 청소년을 위한 대책

청소년의 학교부적응은 청소년의 사회적 환경, 심리적인 원인, 부모와의 관계, 교사와의 관계, 친구들과의 관계와 관련되어 있지만, 그중에서도 가장 큰 원인은 자아존중감의 부족이다. 심리치료적 시도의 접근방법은 위니캇(Winnicott)의 이론으로(Winnicott, 1971, 이재훈 역, 1997 재인용), 학교 밖 청소년을 위한 대책을 알아본다.

1) 심리치료적 시도의 접근

첫째, 자기형성을 통한 학교생활 부적응의 해소

건강한 자기를 만들어가는 것은 적응력을 키우는 데 중요한 요소다. 주변의 환경이 좋다고 하더라도 개인이 적응하지 못하면 좋은 환경으로 작용하지 못한다. 건강하지 못한 자기(self)는 독립적으로 행동하거나 단체에 적응하는 것이 불가능하다. 그러므로 청소년이 올바른 자기형성, 자기체계의 정립, 참자기의 발견을 통해 부적응과 거짓자기를 해소하고, 청소년의 욕구불만이 무엇인지 찾고 해소해 나가야 한다(김영숙, 2016).

둘째, 대상 경험을 통한 학교성적의 향상

대상 경험은 청소년에게 중요하다. 청소년이 흥분상태에 있을 때, 대상이 청소년의 욕구를 채워 주지 못할 때, 불안을 야기하여 청소년은 자신의 존재의 연속성을 방해하는 공포스러운 경험을 하게 된다. 불안감을 줄이면 학교생활 만족을 통해 학교성적 향상을 꾀할 수 있으며, 안아 주기와 모성적 돌봄을 통해 학교성적의 향상을 도모할 수 있다. 안아 주기는 어머니로부터 독립해 나가는 과정에서 생기는 불안에 대해, 부모의 충분한 안아 줌은 자아를 형성하는 데 필요한 환경으로 전체적인 환경 제공이다. 청소년에게 특별한 형태인 안아 주기는 신체적 안아 줌을 넘어 청소년의 말에 대한 수용, 이해, 인정의 의미가 들어 있다. 이것으로 사랑이 표현된다. 모성적 돌봄은 일정한 정신적 에너지를 축적하는 행위이다. 이를 통해 자신감이 향상되고 그것이 성적에 영향을 미칠 수 있다.

셋째, 또래관계의 개선을 통한 학교 적응력 개선

청소년기는 넓은 사회적 접촉이 시작되는 시기로 또래집단 안에 소속되어 있다. 또래집단은 행동의 기준과 모델이 되고, 사회적 압력으로 작용하여 사회 및 성격발달에 영향을 미치게 된다. 그러기에 또래관계에 잘 적응해 나갈 때 학교적응력을 키울 수 있다. 또래관계는 청소년이 서로에게 중요한 역할유형으로 작용하고, 중요한 강화자가 된다. 또래 친구의 비난과 칭찬으로 자신의 행동을 바꾸어 나가며, 또래 친구가 평가기준이 되기도 한다. 또래는 서로 사회적 안정감과 지지를 제공해 준다.

넷째, 성격강점 활용하기

성격강점은 개인의 심리적 안정감 제공뿐만 아니라 학교적응에 긍정적인 영향을 미친다(하미연, 2015). 성격강점의 덕목 중에서 지혜와 지식, 용기, 인간애, 정의, 절제, 초월성 등은 학교적응에 영향을 미친다(정은희, 2013). 청소년 자신이 어떤 강점을 가지고 있는지 확인하고 그 강점을 학교생활에 적용할 수 있도록 안내하는 것이 필요하다. 이를 잘 활용하는 청소년은 자신의 강점과 관련된 중요한 일을 만들어 내고 자기실현적인 삶을 살아갈 수 있게 된다(권석만, 2008). 이를 통해 성숙되고 긍정적인 삶, 학업성취, 학교생활적응 및 대인관계에 만족감을 얻을 수 있다(정은희, 2013).

다섯째, 스트레스 다루기

청소년기는 신체변화를 비롯하여 여러 부분에 변화가 일어나므로 신체적 · 정서적 · 심리적 · 사회적 · 도덕적 · 영적인 측면에서 도전을 받게 되고, 입시제도로 인한 경쟁, 학업성취에 대한 부담 등이 스트레스로 작용한다(박은혜, 2014). 스트레스가 적당히 작용할 때는 발전적 영향을 주지만, 지나친 스트레스는 청소년을 힘들게 하고 불안과 긴장감을 유발하며, 적절한 대처행동을 발견하지 못해 부적응행동을 나타낸다(홍은미, 2015). 스트레스가 학업성적과 진로문제 등과 연관되어 심리적 부담(분노, 충동 등)이 가중될 때 학교부적응이 심각하게 발생할 수 있고, 학교환경에서 받는 스트레스에 능동적으로 대처하지 못할 때 학교생활 적응에 어려움을 토로한다(이규영, 2013). 다양한 스트레스 대처방식은 스트레스를 받는 환경에 적응하는 데 매우 중요한 역할을 한다. 그러므로 자신이 경험하는 스트레스를 다룰 수 있도록 대처력을 키우고 스트레스에 대한 대처방식을 적극적으로 교육할 필요가 있다(장재영 · 박미경 · 문정희 · 천성문, 2017).

2) 학교 밖 청소년에 대한 대책

학교 밖 청소년은 스스로 진로를 찾고 직업을 구하는 과정에서 많은 어려움을 겪으며, 다양한 사회적 기회를 얻지 못하고 있다. 이에 따라 학업이 중단된 청소년에게 학업을 지속할 수 있는 여건을 마련하고 자립에 어려움을 겪는 청소년에게 체계적인 자립 준비가 이루어질 수 있도록 지원이 필요하다(여성가족부, 2019).

특히, 진로를 준비하고 있는 학교 밖 청소년에게는 맞춤형 진로지도가 필요하다. 이들에게 진로장벽은 재정적 제약이 존재하고 있으므로 재정지원의 범위와 연계를 강화하고, 일부 취약계층에만 치중되어 있는 지원을 확대할 필요가 있다. 또한, 현재 학교 밖 청소년을 대상으로 운영되는 진로 프로그램의 목표와 방향은 검정고시나 취업으로 획일적인 경향이 있어(김정숙 · 연보라, 2018), 이와는 다른 목표를 가진 청소년도 참여하여 진로를 결정할 수 있도록 다양한 진로, 직업을 반영한 폭넓은 프로그램이 운영되어야 한다. 청소년은 현장직업체험이나 진로동아리활동을 통해 많은 도움을 받고 있으므로(노지혜 · 문성호, 2019), 체험형 진로활동에 참여할 수 있는 여건을 마련할 뿐만 아니라 각자의 진로 특성을 파악하여 맞춤형 지원이 이루어질 수 있도록 해야 한다.

이를 위해 2007년부터 취약청소년을 대상으로 자립동기 강화, 기초적인 자립기술 습득 등을 목적으로 하는 자립지원 프로그램(두드림)이 운영되었고, 특히, 검정고시 지원 및 학습클리닉 프로그램 등을 통해 학업을 지속할 수 있도록 지원하는 프로그램(해밀)을 2009년부터 운영하였다. 또한, 2014년 5월 28일에는 「학교 밖 청소년 지원에 관한 법률」이 제정되어 학교 밖 청소년 지원에 대한 법적 근거가 마련되었으며, 2015년 5월 29일 법률 시행에 따라 전국에 214개의 '학교 밖 청소년 지원센터(청소년지원센터 꿈드림, 꿈드림센터)'가 지정 · 설치되어 운영되고 있다.

〈표 8-4〉 학교 밖 청소년 지원 사업 연혁

연도	추진 내용
2007	• 학업중단 청소년 지원 프로그램 운영
2012	• 청소년상담복지센터에 학업중단숙려제 연계, 숙려제 상담 및 자퇴 후 학업 복귀 서비스 지원
2013	• '학업중단 예방 및 학교 밖 청소년 지원 방안' 마련(교육부 공동, 2013. 11.)
2014	• 「학교 밖 청소년 지원에 관한 법률」 제정(2014. 5. 28.)
2015	• 「학교 밖 청소년 지원에 관한 법률」 시행(2015. 5. 29.) • '학교 밖 청소년 지원 대책' 마련(2015. 5. 12.) • 전국 199개 '학교 밖 청소년 지원센터' 지정 · 설치 • '2015 학교 밖 청소년 실태조사' 실시
2016	• 전국 202개 '학교 밖 청소년 지원센터' 지정 · 설치 • '학교 밖 청소년 발굴 · 지원 강화 대책' 마련(2016. 6. 14.)
2017	• 학교 밖 청소년 전문 직업훈련 기관 '내일이룸학교' 운영(구 취업사관학교)
2018	• 전국 206개 '학교 밖 청소년 지원센터' 지정 · 설치 • 학교 밖 청소년 지원센터 내 자유공간 9개소 추가 설치(전체 52개소 설치) • '2018 학교 밖 청소년 실태조사' 실시
2019	• 전국 214개 '학교 밖 청소년 지원센터' 지정 · 설치

출처: 여성가족부(2019).

2019년 꿈드림센터는 전국 214개소(시 · 도 센터 16개소, 시 · 군 · 구 센터 198개소)에서 운영되고 있으며, 전담인력은 시 · 도 센터에 5명씩, 시 · 군 · 구 센터에 2~4명씩 배치되어 활동하고 있다.

〈표 8-5〉 학교 밖 청소년 운영 센터(꿈드림센터) 운영 현황

(단위: 개소)

구분	소계	서울	부산	대구	인천	광주	대전	울산	세종	경기	강원	충북	충남	전북	전남	경북	경남	제주
총계	214	26	16	9	9	6	3	5	1	31	11	13	16	10	19	15	21	3
시 · 도	16	1	1	1	1	1	1	1	–	1	1	1	1	1	1	1	1	1
시·군·구	198	25	15	8	8	5	2	4	1	30	10	12	15	9	18	14	20	2

출처: 여성가족부(2019).

꿈드림센터에서는 관계부처 합동으로 '학교 밖 청소년 발굴 · 지원 강화 대책'(2015. 8. 27)을 토대로 학교, 경찰서, 지역사회청소년통합지원체계(CYS-Net)의 연계기관 등 다양한 채널을 통해 학교 밖 청소년을 발굴 · 연계하고 있다.

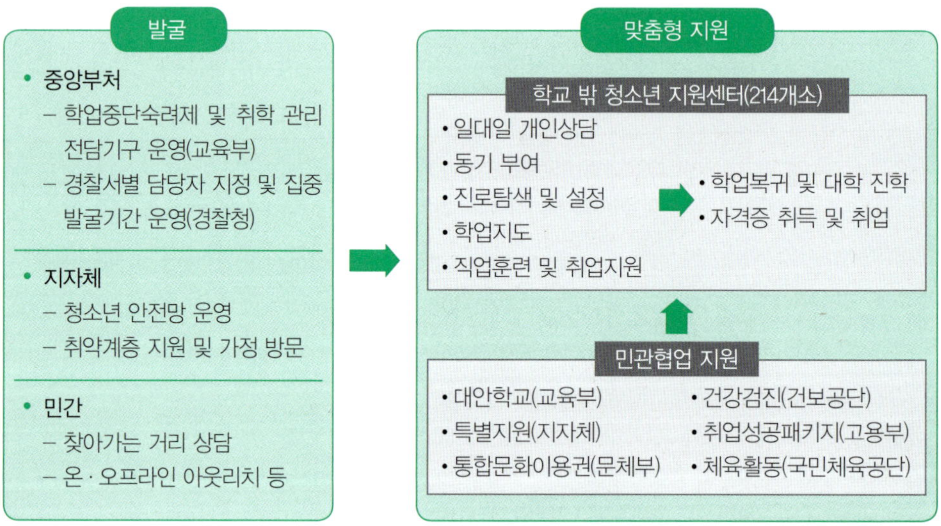

[그림 8-1] 학교 밖 청소년 발굴 · 연계 체계

출처: 여성가족부(2019).

이렇게 연계된 인원은 2014년 14,953명, 2015년 36,468명, 2016년 55,909명, 2017년 68,459명, 2018년 70,684명으로 지속적으로 그 수가 확대되고 있다. 연계된 청소년을 대상으로 그 특성과 요구에 따라 꿈드림센터에서 맞춤형 서비스를 제공하고 있으며, 서비스 내용은 상담지원, 교육지원, 직업체험 및 취업지원, 자립지원 등이 있다.

서비스는 대상별로 이루어지는데, 학업형 청소년 대상으로는 '학습동아리', '멘토링', '검정고시', '대학입시설명회' 등 학력취득 및 상급학교 진학지원 등의 서비스를 제공한다. 직업형 청소년에게는 '직업역량강화사업'이나 '진로교육활동' 또는 '직장 체험' 등을 통해 진로를 설정할 수 있도록 지원하고, 이후 학교 밖 청소년 전문직업훈련기관인 '내일이룸학교'에 연계하거나 고용노동부 직업훈련 프로그램에 연계하여 직업훈련 및 취업을 지원한다. 내일이룸학교에서는 전문직업훈련과 함께 상담, 검정고시 등 학력취득, 자격증 준비, 인성 · 교양 등 다양한 프로그램 운영을 통하여 학교 밖 청소년의 사회적 자립을 지원하고 있다. 또한, '자유공간 지원', '문화활동 지원', '봉사 기회 제공' 등 자립 준비에 필요한 서비스를 지원하며, 꿈드림센터 프로그램에 참여하는 청소년에게는 개별적으로 자신의 목표를 성취할 때까지 사례관리 서비스를 제공한다. 또한, 2016년부터 학교 밖 청소년 건강검진 제도를 도입하여 학교 밖 청소년이 건강하게 성장할 수 있도록 지원하고 있다. 다양한 서비스를 통해 학교 밖 청소년이 사회의 건강한 성인으로 성장할 수 있도록 정책적인 차원에서 노력하고 있다.

3) 예방적인 차원의 접근

무엇보다 학교부적응을 해결하고 청소년이 학교 밖으로 내몰리지 않도록 예방적 차원의 접근이 필요하다. 그러기 위해서는 청소년이 오고 싶은 학교를 만들어야 한다. 오고 싶은 학교를 만드는 방법은 학생과 교사 간의 신뢰 회복, 학생의 참여와 즐거움이 있는 수업, 학생들이 정하고 합의하는 교육환경 등을 제공해야 한다. 학교 안에서의 관계가 안정적이어야 하므로 학생과 교사의 관계를 친밀하게 하기 위한 다양한 방법에 대한 강구가 있어야 하고, 학생의 참여를 이끌어 내는 수업과 학교의 규칙과 규율을 학생들과 함께 정하여 실행할 수 있는 여건을 마련해야 한다.

또한, 내안학급 운영, 생활지도 연구학교 운영, 상담교사 배치, 교사학생 관계 개선을 위한 프로그램 제공, 학생 자치활동이나 동아리활동의 활성화 등이다(이지형, 2017). 특히, 학생들이 즐거움을 얻기 위해서는 학교가 놀이공간으로 작용할 수 있도록 청소년의 자치활동을 강화할 필요가 있다. 스스로 만들어 가는 동아리, 하고 싶은 활동으로 자신의 자기주도성을 향상할 수 있는 다양한 장을 마련해야 한다.

CHAPTER 9

청소년의 성일탈

1 성일탈의 유형과 문제

일탈행위란 중요한 사회규범의 위반행위로서 많은 사람들이 부정적으로 평가하는 행위를 말한다. 일탈행위 중에서 성적 일탈이란 특정한 성적인 사고나 행동양식이 사회가 전형적이거나 전통적으로 인정하는 행동양식과는 달라 많은 사람들이 부정적으로 평가하는 행위를 의미한다. 성이 개방화되는 사회 상황에서 청소년의 성일탈이 다양한 양상으로 나타나고 증가 추세에 있으며, 그것이 청소년의 삶에 큰 영향으로 작용해 청소년기 이후의 삶에까지 불안하고 힘든 요인으로 작용하기도 한다. 사회문제시되는 성일탈의 유형은 성폭력, 성매매, 청소년 한부모, 디지털 성범죄 등이다.

1) 성폭력

성폭력(sexual violence)은 성폭력을 당한 사람의 입장에서는 신체적 · 심리적 · 정서적 상처를 남겨 정상적인 삶을 회복하는 것이 어려울 뿐만 아니라 지속한 고통으로 트라

우마로 작용한다. 특히, 청소년에 의한 성폭력 문제가 다른 연령대에 비해 빠른 증가 속도를 나타내 큰 사회문제가 되고 있다.

「성폭력방지 및 피해자보호 등에 관한 법률」에서 성폭력은 성풍속에 관한 죄로 음행매개(영리의 목적으로 사람을 매개하여 간음하게 하는 것), 음화반포 등(음란한 문서, 도화, 필름 기타 물건을 반포, 판매 또는 임대하거나 공연히 전시 또는 상영하는 것), 음화제조 등(음화반포 등의 행위에 공할 목적으로 음란한 물건을 제조, 소지, 수입 또는 수출하는 것), 공연음란(공연히 음란한 행위를 하는 것)의 죄로 정하고 있다(법제처). 성폭력은 성을 매개로 가해지는 신체적 · 언어적 · 심리적 폭력이다. 성을 매개로 상대방의 의사에 반해 이루어지는 가해행위이고, 여기에는 성희롱, 성추행, 성폭행 등이 해당한다.

청소년 성폭력자는 다양한 특성을 보인다.

첫째, 분노조절에 어려움이 있고, 충동성이 높을 뿐만 아니라 감정조절에 실패했으며, 타인에 대한 구타 경험이 높았다(Olweus, 2003). 또한, 자기주장기술이나 사회적 기술이 부족하여 또래집단과 어울리지 못하고 고립된 상태에 있으며, 부적절한 성적 행동을 한다. 헤렌콜 외(Herrenkohl et al., 2000)외의 연구에서도 청소년 성범죄자가 일반 청소년에 비해 우울, 불안, 낮은 자아개념 그리고 자살 관련 사고가 유의하게 더 높았다. 일반적으로 심리적인 여러 부적응의 특성이 나타난다.

둘째, 부모의 폭력을 목격함으로 인해 관계맺음의 실패를 보인다. 부부간 폭력은 남녀의 불평등한 성의식 때문인 경우가 많다. 여성이 남성에 종속되었다고 보는 시각과 사회적 분위기가 가정폭력을 야기하고, 미성숙 · 반사회적 · 폭력적인 사람은 분노조절과 대화기술이 부족하여 폭력의 가해자가 되기 쉽다. 폭력남편의 많은 수가 폭력가정이나 결손가정에서 자랐으며, 폭력적인 아버지와 매 맞는 어머니 밑에서 자란 청소년의 경우 성장하여 폭력남편이 될 확률이 높아, 가정폭력은 세대 간에 전수될 위험성이 크다. 자신에게 가해지는 직접적인 폭력 못지않게 폭력의 목격도 유사한 영향을 줄 수 있다. 아버지가 어머니에게 행하는 폭력을 목격하면서 성장한 자녀는 성역할 고정관념을 가지고 있어 가부장적이고 성차별적인 성역할태도를 형성한다(김은경, 2010).

셋째, 성폭력 통념이다. 성폭력 통념이란 여성에 대한 남성의 성적인 공격을 정당화하거나 부인하는 데 사용되어 온 오래된 태도와 신념을 의미한다(Check & Malamuth, 1983). 이러한 성폭력 통념이 청소년 성폭력자에게 나타난다. 남학생이 여학생에 비해 강간통념을 더 많이 수용하고(이송이, 2015), 음란물 접촉을 많이 할수록 강간통념 수용도가 높고 성지식이 낮았다(이지연 · 이은설, 2005). 이런 통념들이 비대칭적 성사회화, 여성에 대한 폭력의 합리화, 이중적인 성 규범으로 나타나게 된다(김동옥, 2018).

넷째, 성역할 고정관념을 가지고 있다. 전통적 태도에 따라 거칠고 공격적인 것이 남자답다는 생각이 성적 상황에서 여성의 의견을 무시하고 잘못 받아들이게 된다.

다섯째, 공감능력이 낮다. 공감능력의 부족으로 가해자는 분노를 혐오로, 두려움을 놀라움으로 잘못 인식하고 있었다. 또한, 여성의 감정을 잘못 해석했는데, 여성이 자기주장을 하면 적대적으로 여겼고, 다정한 것은 유혹하는 것으로 여성의 감정을 잘못 해석했다(Dohnt & Tiggemann, 2006). 이러한 가해자는 피해자 역시 성을 원하고 즐거워한다고 편향되게 인식하고 있었다(Lo & Wei, 2005).

여섯째, 자존감이 낮음을 확인할 수 있다. 자존감은 자신의 존재를 귀하게 여기는 것으로, 높은 자존감을 가진 청소년은 자기 자신을 긍정적이고 가치 있다고 생각하기 때문에 능동적이고 자신감 있게 행동하는 데 반해 자존감이 낮은 청소년은 적응에 어려움을 나타내는 경향이 있다. 그래서 약물남용, 식이장애, 우울증, 자살과 비행 등과의 관련성이 높다.

자존감은 성적 태도에도 영향을 끼치는데, 자존감이 강한 사람은 자신의 삶과 미래에 의욕과 목표의식이 있으므로 성적 욕구 또한 잘 조절한다. 반면, 자존감이 낮은 청소년은 반항의 표시와 상대에 대한 통제로 성적 행동을 빈번하게 할 가능성이 크다(이혁진, 2013).

성폭력 피해 청소년은 개인, 가족, 환경적인 면에서 여러 어려움을 나타낸다(강석영 외, 2016).

첫째, 개인특성으로는 불안과 피해인식의 문제로 나타났다. 가해자가 나타나는 것, 도덕성에 대한 고민, 자기파괴적인 행동 등으로 불안함을 느끼고, 자신이 피해자라는 것을 받아들이지 않고, 피해 상황 자체를 받아들이기 힘들어하면서 자기책임감을 느껴 피해 사실을 호소하는 것에도 어려움을 갖고 있다.

둘째, 가족특성으로는 부모의 부적절한 대처를 들 수 있다. 피해자와 보호자 간 고소에 대한 불일치, 피해자의 의사와 상관없이 가해자와 합의를 하거나 피해자에 대한 비난의 모습을 나타냈다.

셋째, 환경특성으로는 또래요인과 법적 문제이다. 또래들이 성폭력 피해 청소년을 더러운 아이로 취급하고, 또래관계 유지를 위해서 증언을 거부하는 것, 법적인 문제로는 증거 확보의 어려움, 길어지는 재판과정으로 인한 피해자 및 가족의 고통이 지속되는 것이다.

성폭력 피해의 30~40%가 아동 · 청소년 시기에 처음 발생하며, 피해가 지속적이고 반복적인 경향을 나타내 강간의 경우도 2회 이상이 45.3%를 차지하고 있어 아동 · 청소년의 성폭력 피해가 심각하다(여성가족부, 2014). 해가 갈수록 증가하고 있고(2016년 2.4%, 2018년 2.8%), 말이나 눈짓, 몸짓으로 성적 모욕감을 주거나 괴롭힘을 당한 경우가 가장 많았고, 여자 청소년의 피해율이 3.1%로 남자 청소년(2.4%)보다 높았다. 교급별로는 중학생(3.2%)이 초등학생(2.7%), 고등학생(2.5%)보다 성폭력 피해율이 높았고, 학교 교실 안(38.5%)에서 같은 학교에 다니는 사람(73.5%)에게 당하는 경우가 많았다(여성가족부, 2018). SNS와 스마트폰의 폭넓은 사용으로 자신이 모르는 사이에 성폭력의 가해자가 되기도, 피해자가 되기도 한다.

성폭력 피해의 후유증을 해결하기 위해 국가에서는 해바라기센터, 원스톱지원센터 등을 통해 지원하고 있으나 도움 요청 시 사건화되고 공개될 우려로 인해 자발적 노출을 꺼릴 수 있으므로 성폭력 피해를 입은 청소년이 안심하고 지원을 받을 수 있는 사회적 분위기 조성과 함께 적절한 개입과 조력체계가 필요하다.

2) 성매매

성매매는 금품을 받고 성을 사고파는 것이다. 성을 팔고 그 대가로 돈이나 금품을 받는 행위를 윤락(淪落)이나 매춘(賣春)이라는 용어를 사용했는데, 이 용어는 성을 사는 사람보다는 성을 파는 사람에게 책임이 있음을 나타내고 성을 사는 존재를 은폐시킨다는 비판이 일었다. 그래서 현재는 성을 사고파는 행위 모두를 포함하는 성매매라는 용어를 사용하여 어느 한쪽에만 책임을 전가하지 않기 위한 노력을 하고 있다. 이는 대가성 성행위에 대한 주체와 책임 소재를 제공자와 이용자 모두에게 부과하는 균형을 이루고자 한 것이다(김혜원, 2011).

청소년 성매매는 80년대 일본에서 유행했던 원조교제가 1990년대에 우리나라에 들어와 사회문제가 되었다(홍현정, 2007). 원조교제가 일회성 성행위만을 목적으로 이루어지고, 성을 사고파는 사람들이 자신의 성행동을 정당화시키는 의도가 숨어 있어 서울경찰청에서 2001년 4월 원조교제를 대체할 용어를 공모하여 청소년 성매매라는 용어를 사용하게 되었다(박이숙, 2006; 홍현정, 2007).

「아동 · 청소년 성보호에 관한 법률」에서는 청소년 성매매(아동 · 청소년의 성을 사는 행위)를 금품 기타 재산상 이익이나 직무 · 편의 제공 등 대가를 제공하거나 이를 약속하고 청소년과의 성교행위 또는 구강, 항문, 신체의 일부 또는 도구를 이용한 유사 성교행위, 신체의 전부 또는 일부를 접촉 · 노출하는 행위로서 일반인의 성적 수치심이나 혐오감을 일으키는 행위, 자위행위를 말한다. 이 법에서는 아동 · 청소년 성범죄자에 대해서는 처벌하고 신상정보를 공개하지만, 대상 아동 · 청소년은 보호와 재활을 위해 처벌하지 않는 것을 원칙으로 하고 있다.

우리 사회에 성개방 풍조가 만연해지면서 청소년의 성행동도 개방적인 형태로 변해가고 있고, 이와 더불어 물질만능주의 문화가 청소년에게 경제적인 필요성을 느끼게 한다. 이러한 물질만능주의와 매스미디어를 통한 향락적 문화가 청소년으로 하여금 원하는 것을 얻기 위해 성을 상품화하려는 유혹에 쉽게 빠지게 한다.

청소년 성매매에 나타나는 특징은 적극적 행위성과 탈규범적 행위성이다(민가영, 2009).

첫째, 적극적 행위로 성매매를 선택하게 된다. 이는 성매매 청소년이 처해 있는 현실에서 학력이 계급 이동을 상실해 가고 있기 때문에 그들이 학업을 지속하는 것과 그렇지 않은 것의 결과의 차이가 크지 않다는 것으로 이해하고, 비공식적 자원의 교환과 소비를 통해 계급 이동을 하기 위한 방식으로 성매매를 선택하게 된다는 것이다. 성매매를 통해 보다 많은 자원을 얻으려고 적극성을 보인다.

둘째, 탈규범적 행위로 성매매를 하게 된다. 이들은 기존의 지배적 가치와 규범의 원리인 유예와 훈육을 거부한다. 현재를 유예해서 별로 얻을 것이 없다는 것과 훈육을 하지 않아도 별로 잃을 것이 없다는 생각을 가지고 사회적 지배적 규범을 쉽게 넘을 수 있는 배경을 형성하면서 성매매 성격을 더욱 비규범적으로 형성하고 있다.

〈표 9-1〉 성매매 성격과 맥락

성격	맥락
적극성 (고가의 교환을 위한 노력)	• 학력이 계급 이동의 기능을 상실해 가고 있는 현실에 대한 간파 • 미래에 대한 전망 상실 • 비공식적 자원의 교환과 소비 행위를 통해 자신의 계급이 이동했음을 일시적으로 느끼는 '계급 이동 모방'
탈규범성 (원조교제 시기, 선불금 사기, 또래 원조교제 중개 등)	• 불안정성과 전망상실이 평준화된 삶에 대한 간파 • 유예, 훈육에 대한 동기 상실: 사회의 지배적 가치와 규범을 작동시키는 두 가지 원리인 유예와 훈육에 대한 동기 상실

출처: 민가영(2009).

이러한 성매매 특징에서 보여 주는 것처럼 성매매의 원인을 학력자본의 기능 약화, 계급 이동 모방 하위문화로 볼 수 있다. 고용불안정과 계급 양극화, 학력-직업-소득 사이의 상관관계가 불안정한 사회가 되면서 학업으로 시간을 보내면서 그 이후 안정된 직업을 가져 소득을 얻으므로 그 이후의 삶을 계획하는 것이 무의미해진 것이다. 미래가 불확실한 10대가 현실을 잊을 수 있도록 해 주는 것으로 자기 삶의 조건을 상향 이동시킨 것처럼 느낄 수 있게 해 주는 것을 모방하는 것으로 소비 수준을 만드는 것을 선택하게 되는데, 그 소비를 통해 자신의 정체성을 구매하는 것이다. 소비를 위해 비공식적 자원에 의존하게 되고 이것이 성매매에 적극성을 갖게 만드는 것이다.

성매매 청소년은 성매매 과정에서 각종 폭행과 납치, 협박, 사기, 다른 성매매의 강요 등 신체적인 문제와 정신적 · 심리적인 상처와 대인관계 문제, 부정적인 자기 개념, 불안, 자살시도 등 전인적으로 병들게 하고 치유가 힘들다(정현미, 2016). 점점 더 인터넷 발달과 스마트폰 사용의 증가로 청소년이 성매매 환경에 쉽게 노출되고 있다. 기존의 성산업에 끊임없는 공급원 제공을 인터넷이 하고 있고, 스마트폰 채팅 애플리케이션과 SNS는 성매매 알선의 장이 되고 있어, 이렇게 성매매에 유입된 청소년은 더 전문적이고 진화된 형태의 유흥업소로 쉽게 유입되어 지속적으로 성매매 피해를 입게 된다(정현미, 2016).

또한, 청소년 성매매가 점차 사적인 형태로 변화되고 있다. 개인적 성매매는 은밀성과 익명성이 보장되어 때와 장소를 가리지 않고 확산되고, 인터넷 채팅을 통해 이루어지고 있어서 잘 나타나지 않는다는 것이다. 그리고 성매매를 하는 동기와 첫 성매매 시작이 가출 상태에서 갈 곳이 없고, 배가 고파서의 생계비 마련이었다면 점차 성에 대한 호기심과 욕구 충족, 유흥비 마련의 아르바이트로 인식해서 하는 경우가 많다는 것은 심각하다.

이런 가운데, 청소년 성매매에 대해 논란이 되는 부분이 있다. 이는 성매매 청소년을 피해자로 볼 것인가, 자발적인 행위자로 볼 것인가의 논쟁이다. 한편에서는 성매매 청소년을 피해자로 간주하여 보호처분 외에 어떤 조치도 하지 않아 면죄부를 주게 되니 성매매를 조장하는 결과가 야기된다고 보고 있고, 다른 한편에서는 성매매 청소년의 자발성은 그들의 진정한 자발성이 아니라 사회구조적 요인에 의해 강제되는 것이며, 사회문화가 이를 조장하고 있다고 보고 있다(배기석, 2005; 홍봉선, 2007). 그런 의미에서 성매매 청소년에 대한 보호가 적극 필요하다.

10대 여성 청소년을 대상으로 심층인터뷰와 참여관찰을 통해 성매매 청소년의 사회적 배제에 대한 연구에서 성매매에 유입된 10대 여성은 경제적 궁핍뿐만 아니라 가정, 학교, 지역사회에서 사회적 배제를 경험하면서 사회적 자본의 상실에 있게 되므로 더 고립되고 성매매에 유입되고, 지속하며, 재유입되는 경향을 보였다(김연주, 2011). 성매매는 청소년의 삶에 총체적으로 끼치는 영향력이 크기 때문에 청소년 성매매를 둘러싼 현실, 문화, 생활 세계가 삶의 전반에 미치는 영향과 효과의 연관성 속에서 분석, 대책 마련을 통해 미래의 잠재적 시민으로 성장할 청소년에게 적절한 개입이 이루어져야 한다. 또한, 지속적이고 통합적으로 청소년기 이후까지의 연속적 지원이 필요하고, 탈성매매를 위한 사회적 관계망을 만들어 주어야 하며, 자활에 필요한 경제적 지원을 비롯하여 이들을 이해하고 지지해 주는 인간관계의 구축이 매우 중요하다.

학교에서는 성매매 예방교육이 연 1회 1시간 이상으로 의무화되어 있다. 그러나 이러한 일회적인 성매매 예방교육은 성매매 문제가 발생하는 사회문화적 맥락이나 젠더구조를 설명하는 데 시간적으로 부족하다. 예방교육의 본래 목적을 달성하기 위해서는 이슈 중심의 단발성 교육이 아닌 성매매 예방을 위한 전반의 맥락 안에서 이루어지는 통합교육이 되어야 한다. 법적 · 윤리적으로 옳지 못한 일이니 하면 안 된다는 내용으로만 전달되면 성매매를 개인의 문제로 국한시켜 버릴 뿐 아니라, 성매매 경험 청소년을 또래집단 내에서 비난과 소외의 대상으로 만들어 버리고, 성매매로 재유입시키는 역효과를 낳을 수도 있다. 그러므로 성매매 예방교육은 다양한 층위의 내용으로 구성되어야 하며, 한정된 시간동안 청소년이 쉽게 이해하고 감성적으로 공감하도록 하기 위해서는 여러 가지 접근방법을 개발하고 활용해야 한다(배화정 · 최자은, 2014).

3) 청소년 한부모

한부모는 혼자 아이를 키우는 부모를 말하고, 미혼모는 결혼을 하지 않은 상태로 아이를 낳은 여자, 미혼부는 결혼을 하지 않은 상태로 아이가 있는 남자를 말한다. 우리나라에서 미혼모라는 말은 1960년대 중반부터 사용되어 왔는데, 최근에는 미혼모보다 한부모(single parent)라는 말을 사용하여 포괄성을 나타낸다. 한부모는 혼인 여부와 관계없이 배우자와의 별거, 이혼, 사별이나 입양 등으로 부모 중 한 사람이 아이를 양육하거나 책임지는 경우를 말한다(위키백과). 한부모 가정은 이혼, 별거, 사별, 유기, 미혼모의 발생 등을 이유로 부모 중 한 사람과 18세 미만의 미혼 자녀로 구성된 가정을 말하는데, 청소년이 부모가 되어 부 또는 모가 자녀를 양육하는 경우를 청소년 한부모라고 한다.

우리 사회가 저출산의 상황에 놓여 있고, 성에 대해서는 많이 개방적이고 허용적인 태도를 지니고 있지만, 여전히 청소년의 출산과 양육은 비난의 대상이다. 출산은 법적인 테두리 안에서 이루어져야 한다는 법률혼주의가 지배적이다(김지연 · 백혜정, 2014). 청소년의 임신과 출산이 퇴학 사유가 되는 경우가 있어 국가인권위원회에서는 청소년의 임신과 출산이 학업중단의 사유가 될 수 없다는 판결을 내린 바 있다(국가인권위원회, 2010).

청소년 한부모는 충족되지 못한 현재의 가정과 학교로부터 벗어나 이성관계 안에서 충족을 해 나가고자 하는 욕구로 뜻하지 않게 임신을 하고 출산을 경험하면서 부모가 되는 경우가 많다. 폭력과 불안정한 부모, 결손가정, 빈곤한 가정환경, 학업에 대한 강압적인 집안 환경 등의 기능적이지 못한 가정과 학업에 대한 흥미 상실, 교사의 편애, 차별, 무시 등의 학교 상황이 외로움, 공허함을 느끼게 하여 그것을 이성관계로 대처하게 한다. 성행동도 친구, 가족 같은 배우자와의 친밀감에 대한 욕구의 표현으로 나타나는 경우가 많다(이경란 · 최정숙, 2017).

청소년 한부모는 여러 어려움을 경험하게 된다. 임신, 출산으로 인해 학업을 중단하는 경우가 많아 이로 인해 저학력, 미래에 대한 불안과 스트레스, 사회적 편견과 차별 지각이 높다. 특히, 시설 거주자에 비해 재가(在家) 청소년 한부모는 심리 · 정서적으로 더욱 취약하고 지원제도에 대한 인지율도 낮다. 또한, 상당수가 산전관리에 소홀하고 지원체계가 미흡하여 위기 상황에서 출산을 하게 되어 산후조리를 하지 못하거나 신체적 · 정신적 후유증에 시달리는 것으로 나타났다(김은지 외 2011; 김현경, 2010; 이현주, 2011).

일반적으로 한부모는 양부모에 비해 우울감이 높고(홍순혜, 2004; Rodger & Rose, 2002), 자아존중감과 자기효능감이 낮다(Bolland, 2003, Jackson & Scheines, 2005). 이러한 현상이 청소년 한부모에게도 동일하게 나타날 뿐만 아니라 학업지속 여부, 사회적 지지, 자존감이 스트레스, 부모효능감에 영향을 주게 된다(Budd et al., 2006; Umana-Taylor, Guimond, Updegraff, & Jahromi, 2013). 준비되지 않은 임신과 출산으로 그들의 생활환경은 열악할 수밖에 없으며, 사회적 고립과 경제적 빈곤은 자녀양육에도 부정적인 영향을 미친다. 특히, 청소년 미혼모는 임신과 출산으로 인한 산후우울증의 신체적인 변화와 심리적인 격동을 겪게 되고, 자신의 미래에 대한 걱정, 미혼부와의 해결되지 못한 갈등, 가족과의 갈등 등이 스트레스로 작용한다. 이러한 어려움 때문에 상당 부분 자녀를 입양 보내는 것을 선택하기도 하고, 시설에서 자녀를 돌보는 경우가 대부분이다.

정부지원 및 가족지원으로 생계를 유지하는 한부모가 70% 이상이며, 근로소득 발생은 16.6%로 자립 수준이 낮고, 학업지속은 22.0%, 임신 · 출산 이후에 정규학교 이외에서 직업교육을 받지 않은 경우가 3/4에 이른다(김지연 외, 2013). 또한, 학업중단을 하게 되는 경우가 많은데 그 이유로는 임신이 알려질까 봐 스스로 두려워 그만두는 경우가 가장 높았다(35.7%).

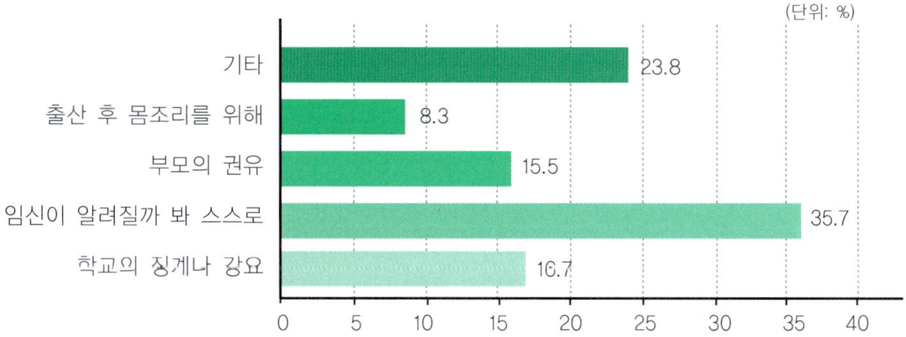

[그림 9-1] 청소년 한부모 학업중단 사유(임신 · 출산 이후 학업중단자)

출처: 김은지 외(2011).

사회적인 상황에서 지속하여 가족 다양성에 대한 태도가 수용적인 경향을 보이고 있으나 청소년의 출산과 비혼 출산에 대해서는 가장 낮은 수용도를 보여 청소년 한부모에 대한 사회의 시각이 부정적임을 알 수 있다.

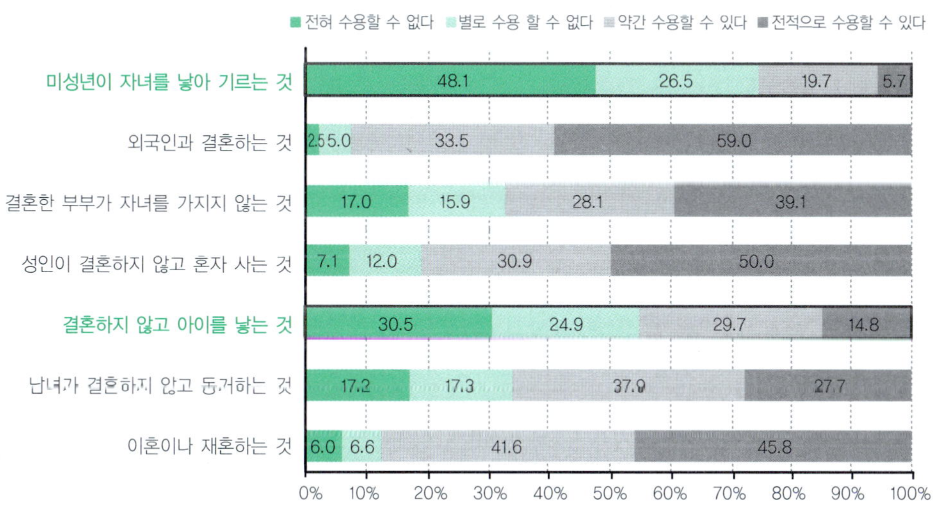

[그림 9-2] 청소년 한부모 및 미혼모/부 관련 사회적 수용도

출처: 여성가족부(2019). 가족다양성에 대한 국민 여론조사.

청소년 한부모는 일탈적 존재로 부정적으로 인식되어 사회에 쉽게 드러나지 않아서 정책대상자로 발굴되지 못하였으나 이들에게는 일반적으로 한부모가 경험하는 어려움(생계유지를 위한 경제활동과 돌봄을 혼자 해결해야 하는 부담, 시간 · 금전 · 관계 자본의 부족, 편견과 배제로 인한 어려움 등)과 더불어 학업과 진로선택, 경제적 자립 준비 등 청소년 시기가 갖는 특성을 고려하여 이들에 대한 대책이 필요하다.

정책적 지원대상으로서 청소년 한부모는 24세 이하의 청소년으로 정의되지만, 19세 미만의 경우 「민법」상 미성년자이기 때문에 양육과 관련한 법적 권한 행사에 제한이 있고, 18세 이하의 청소년은 「아동복지법」을 근거로 아동에 해당하여 당사자가 요보호아동이다(김지연 · 백혜정, 2014). 여러 상황이 다르므로 다양한 관점에서 지원이 이루어져야 하지만, 그 부분까지 다 담아내지는 못하고 있는 실정이다. 그러나 한부모가족은 높은 빈곤율과 만성 빈곤 상황에 처하게 되고 우울, 불안 등 심리적 · 정서적 어려움을 경험하며, 다면적인 가족지원이 필요한 정책대상이라는 점에서(김혜영, 윤홍식, 2005; 송다영, 2006) 청소년 한부모 또한 한부모가족의 어려움과 청소년이라는 취약성을 동시에 지니고 있어 사회가 더 관심을 가지고 다양한 지원정책의 접근을 시도할 필요가 있다.

「한부모가족지원법」에 청소년 한부모에 대한 지원 근거가 마련되어 2010년부터 여성가족부가 결혼 지위가 아닌 연령을 기준으로 저소득 청소년 한부모를 지원하고 있다. 그뿐만 아니라 몇몇 법률에서 한부모를 위한 지원을 마련하고 있는데, 성인 한부모, 청소년 한부모가 포함되어 있고, 몇몇 조항은 청소년 한부모를 지원대상으로 명시하거나 성인 한부모에 비해 더 많은 지원을 하는 방식으로 이루어져 있다.

〈표 9-2〉 청소년 한부모 관련 법제도

구분	법률	주요내용
생계 및 양육	「한부모가족 지원법」	• 저소득 한부모가족(기준 중위소득 50% 이하)에 대한 아동양육비(월 10만 원), 추가아동양육비(월 5만 원), 학용품비(연 5만 원 이내), 생활보조금 등 지원 및 전화 상담 〈제12조(복지급여의 내용)〉
생계 및 양육	「한부모가족 지원법」	• 복지급여(생계비, 아동교육지원비, 아동양육비 등) 지원, 아동양육비 지급 시 5세 이사 아동 양육 미혼모/부에게 추가 지급 〈제12조(복지급여의 내용)〉 • 한부모가족의 생활안정과 자립 촉진을 위해 사업에 필요한 자금, 아동교육비, 의료비, 주택자금 등 국가나 지방자치단체로부터 대여 가능 〈제13조(복지 자금의 대여)〉 • 청소년 한부모의 주거 마련 등 자립에 필요한 자산 형성을 위해 재정적 지원 〈제17조의4(청소년 한부모의 자립지원)〉 • 청소년 한부모의 건강증진을 위한 건강진단 〈제17조의5(청소년 한부모의 건강진단)〉 • 청소년 한부모 양육비(2017년 월 20만 원, 2019년 월 25만 원), 자립촉진수당(월 10만 원), 검정고시 학습비(연 154만 원 이내) 제공 〈제17조의4(청소년 한부모의 자립지원)〉 • 기초생활지원: 미혼 여성의 안전 분만 및 심신의 건강회복과 아동의 양육지원을 위해 일정기간 동안 주거와 생계 지원, 공동생활지원: 미혼모자가족에게 일정기간 동안 공동생활을 통해 자립은 준비할 수 있도록 주거 등 지원 〈제19조 제1항 제3호(한부모가족복지시설)〉 • 한부모가족복지시설에 청소년 한부모 우선 입소 〈제20조 제2항(한부모가족복지시설의 설치)〉
	「양육비 이행 확보 및 지원에 관한 법률」	• 미성년 자녀의 최적 양육 환경을 위한 양육부·모 지원 〈제4조(국가 등의 책무)〉 • 자녀양육비 산정을 위한 양육비 가이드라인 마련 후 법원의 판결, 심판 등에 적극 활용 〈제5조(양육비 가이드라인의 마련)〉 • 양육부·모의 양육비 이행확보 지원을 위한 전담기구 설치·운영, 필요 행정적·재정적 지원방안 마련(양육부·모와 비양육부·모에게 자녀양육비 이행 관련 교육과 홍보 실시, 한시적 양육비 긴급지원, 합의 또는 법원의 판결에 의해 확정된 양육비 채권 추심지원 및 양육부·모에게 양육비 이전, 양육비 채무 불이행자에 대한 제재조치, 양육비 이행 실효성 확보를 위한 제도 연구 〈제7조(양육비이행관리원)〉
	「공공주택 특별법」	• 매입임대 주택의 일부를 공동생활가정(그룹홈) 형태로 저렴하게 공급 〈제20조(기존주택매입임대주택의 입주자 선정 등)〉
	「국민기초생활 보장법」	• 한부모가족 복지 시설 제공 〈제32조(보장시설)〉

구분	법률	주요내용
교육	「한부모가족 지원법」	• 청소년 한부모에게 학적 유지를 위한 지원 및 교육비 지원 또는 검정고시 지원, 학력인정 평생교육시설 교육비 지원, 청소년 한부모의 학업과 양육 병행을 위한 직장어린이집 이용 지원, 여성가족부장관은 청소년 한부모가 학업을 계속할 수 있도록 교육부장관에게 협조 요청 〈제17조의2(청소년 한부모에 대한 교육지원〉
	「학교 밖 청소년 지원에 관한 법률」	• 학교 밖 청소년에 대한 심리상담, 진로상담, 가족상담 제공〈제8조(상담지원)〉 • 직업적성검사 및 진로상담 프로그램, 직업체험 및 훈련 프로그램, 직업소개 지원 〈제10조(직업체험 및 취업지원)〉 • 취업 및 직무수행에 필요한 지식 습득을 위한 직업교육 훈련 〈제10조(직업체험 및 취업지원)〉
	「초·중등 교육법」	• 학업중단 또는 개인 특성에 맞는 교육을 받으려는 학생을 위한 대안학교 〈제60조의3(대안학교)〉
돌봄	「아이돌봄 지원법」	• 아이돌봄 서비스 이용 우선권 제공 〈제13조의2(아이돌봄서비스의 우선 제공)〉 • 가구의 소득수준과 거주 지역 및 부 또는 모의 취업 등을 고려 후 아이돌봄 서비스 비용 차등 지원 〈제20조(비용의 지원 등)〉
	「남녀고용평등과 일·가정 양립 지원에 관한 법률」	• 사업주의 만 8세 이하 또는 초등학교 2학년 이하의 자녀(입양 자녀 포함) 양육을 위한 육아휴직 제공(기간: 1년 이내) 의무 〈제19조(육아휴직)〉 • 사업주의 육아휴직 대신 근로시간 단축 허용(주당 15시간 이상 30시간 미만) 의무 〈제19조의2(육아기 근로시간 단축)〉
	「영유아보육법」	• 어린이집의 이용 우선권 제공 〈제28조(보육의 우선 제공)〉 • 아이돌보미제도, 방과후 학교, 지역아동센터 이용 가능(12세 미만 자녀) 〈제26조의2(일시보육서비스)〉
취업 및 노동	「고용정책 기본법」	• 한부모의 자립지원을 위한 방문상담, 개별 맞춤형 직업교육 및 취업알선(동행면접) 제공 〈제26조(취업취약계층의 고용 촉진 지원)〉
	「한부모가족 지원법」	• 한부모가족의 모 또는 부와 아동의 취업기회를 확대하기 위해 한부모가족 관련 시설 및 기관과 직업안정기관 간 효율적 연계 도모〈제41조의2(고용지원연계)〉

출처: 김영정 · 구화진(2019).

법제도와 더불어 여성가족부에서는 청소년 한부모가족 지원정책을 펴고 있다. 24세 이하 청소년 한부모에게 아동양육비, 검정고시학습비, 자립촉진수당 등을 지원하여 조기 자립할 수 있도록 지원하고 있다.

〈표 9-3〉 청소년 한부모 복지급여 지급기준(2020년)

지원종류	지원대상	지원금액
아동양육비	소득인정액이 기준 중위소득 60% 이하인 가족의 자녀	월 35만 원
아동교육지원비(학용품비)	소득인정액이 기준 중위소득 52% 이하인 가족의 중학생 · 고등학생 자녀	자녀 1인당 연 5.41만 원
생활보조금	한부모가족복지시설에 입소한 가족 중 소득인정액이 기준 중위소득 52% 이하인 가족	가구당 월 5만 원
검정고시학습비	소득인정액이 기준 중위소득 60% 이하인 가족으로서, '부' 또는 '모'가 검정고시를 준비하는 경우	가구당 연 154만 원 이내
고등학생교육비	소득인정액이 기준 중위소득 60% 이하인 가족으로서, '부' 또는 '모'가 고등학교에 재학하는 경우	수업료, 입학금 실비
자립촉진수당	소득인정액이 기준 중위소득 60% 이하인 가족으로서 '부' 또는 '모'가 학업이나 취업활동을 하는 경우	가구당 월 10만 원

출처: 여성가족부 홈페이지(www.mogef.go.kr).

그간 정책 사각지대에 있었던 '청소년 부모' 지원정책(청소년부모 돌봄 · 교육 · 상담 등 지원방안 모색, 지역자원 서비스 연계 등)을 적극 개발하고, 자립 의지가 강한 청소년 한부모를 위한 일대일 사례관리로 자립 준비부터 안정적인 생활 유지까지 지원을 강화하고 있다. 특히, 청소년상담복지센터와 건강가정 · 다문화가족지원센터의 서비스 연계로 청소년 한부모의 전(全) 생애주기별 심리 · 정서 지원을 국가가 책임지고 수행하고 있다.

이러한 지원정책이 청소년 한부모가 사회에 적응해 나가는 데 많은 도움이 될 것이다. 이와 더불어 청소년이 기능적이지 못한 가정과 학교환경 적응의 어려움으로 인한 외로움과 공허감을 해소하기 위해 성행동을 통해 친밀감의 욕구를 충족하고자 하는 것에 집중하여, 이러한 청소년 한부모가 양산되지 않도록 소통이 잘 이루어질 수 있도록 해야 한다. 가정과 학교에서 충분한 정을 느낄 수 있게 하고 결핍을 경험하지 않도록 관심을 기울이고, 청소년이 부모 됨을 스스로 계획하고 양육이 가능한 시기를 선택할 수 있도록 적절한 성교육이 가정, 학교, 사회에서 이루어져야 한다. 또한, 청소년 성행동의 배경을 알고 대처하기 위해 청소년 내면의 욕구를 토로할 수 있는 가족 내의 소통, 학교의 개개인에 대한 각별한 주의와 관심이 우선되어야 한다(이경란 · 최경숙, 2017).

4) 디지털 성범죄

디지털 성범죄(Digital Sexual Crime)는 카메라 등의 매체를 이용하여 상대의 동의 없이 신체를 촬영하여 유포 · 유포 협박 · 저장 · 전시하거나 사이버공간 · 미디어 · SNS 등에서 자행하는 성적 괴롭힘을 의미한다(네이버 시사상식사전). 디지털 성범죄는 학문적 의미의 개념보다는 사회적 개념의 성격이 강하다. 디지털 성범죄라는 용어는 지난 2015년 국내 최대의 음란물 사이트인 '소라넷(1999년 등장)'에 대한 폐쇄운동을 위해 구성된 민간단체 '소라넷 아웃 프로젝트'에 의해 등장했다. 그리고 2017년부터 정부가 당시 급증하는 몰래카메라 범죄에 대응하기 위한 종합대책을 발표하면서 본격적으로 사용하였다(장다혜 · 김수아, 2018). 그러면서 디지털 성범죄에 대한 연구도 시작되었고, 디지털 성범죄에 대한 개념 정의를 하게 되었다. 국외에서는 리벤지 포르노라는 용어를 통해 정의하고 있다. 학자들의 정의는 **표 9-4**와 같다.

〈표 9-4〉 디지털 성범죄의 개념 정의

학자	정의
Franklin (2014)	합의나 동의 없이 이루어지는 사진이나 비디오 등 성적 이미지 유포
허경미 (2017)	섹스팅과 리벤지 포르노
장다혜 · 김수아 (2018)	상대방의 동의 없이 이루어지는 촬영과 유포뿐만 아니라 디지털 기기를 이용하여 여성의 인격권과 성적 자기결정권을 침해하는 모든 행위
권미경 (2019)	사이버공간에서 남녀를 대상으로 저질러지는 성적 욕망과 성적 수치심을 유발하는 포괄적 행위
변혜정 (2019)	진화된 디지털 기기 및 정보통신기술을 매개로 이루어지는 젠더 기반 폭력행위, 상대방의 동의 없이 이루어지는 영상물의 촬영, 유포, 협박, 저장, 전시 및 성적 자율권과 인격권을 침해하는 행위
윤김지영 (2019)	기존에 온라인 공간에서 이루어지는 성매매와 강간 관련 행위와 더불어 최근 발생한 약물 강간, 집단 강간, 유포 협박, 성적 영상 합성 등
남재성 (2019)	사이버공간에서 특정, 불특정 남녀를 대상으로 대상자의 의사에 반해 이루어지는 불법적 영상물이나 이미지의 촬영, 유포, 재유포 행위, 그리고 이를 매개로 이루어지는 협박, 원치 않는 성적인 모욕이나 괴롭힘, 기타 성적 수치심을 유발하는 모든 행위

2018년에는 웹하드 업체들이 음란물이나 성범죄 동영상 등의 불법 영상물 업체들과 유착 관계를 맺어 부당 이득을 취한 웹하드 카르텔이 드러나면서 논란이 일기도 했다. 그럼에도 디지털 성범죄는 다크웹이나 텔레그램처럼 보안성이 더 강화된 곳으로 이동하여 2020년에는 '텔레그램 n번방, 박사방 사건'이 세상에 드러났다. 텔레그램 n번방 사건의 경우 시청이나 파일 공유를 넘어 아동과 청소년에 대한 성 착취를 직접 시행했다는 점에서 그 심각성이 더욱 컸고, 이에 이들에 대한 신상 공개와 강력 처벌을 요구하는 청와대 국민청원이 등장하기도 했다(네이버 시사상식사전).

디지털 성범죄 유형으로는 불법촬영, 유포, 소비, 디지털 그루밍, 리벤지 포르노 등이 있다. 이러한 디지털 성범죄에 청소년이 가해자가 되기도 하고 피해자가 되기도 하여 디지털에 익숙한 청소년에게 상당한 영향이 있다.

〈표 9-5〉 디지털 성범죄의 유형

유형	내용
불법촬영	카메라나 그 밖에 이와 유사한 기능을 갖춘 기계장치를 이용하여 타인의 동의 없이 그 사람이 신체를 촬영하는 행위
유포	타인의 성적 촬영물을 동의 없이 인터넷 등 정보통신망을 통해 유포하는 행위
소비	동의 없이 유포된 촬영물을 다운받거나 공유하고 시청하는 행위
디지털 그루밍	온라인 채팅 · 모바일 메신저 · SNS를 통해 아동 · 청소년에게 접근하여 피해자를 유인하고 길들여, 성 착취 행위를 용이하게 하고 피해 폭로를 막는 행위
리벤지 포르노	헤어진 연인에게 보복하기 위해 유포하는 성적인 사진이나 영상 콘텐츠

특히, 디지털 그루밍은 청소년에게 영향이 크다. 디지털 그루밍 가해자는 우선 피해자를 물색하고 접근하여 대화를 나누면서 친밀한 관계를 형성한 뒤 얼굴 사진과 같은 사소한 것부터 시작하여 점차 오프라인 만남을 통해 성적 촬영물 등을 요구하기 시작한다. 이후 함께 나눴던 대화 내용과 전송했던 파일 등의 유포를 빌미로 자신의 말에 순응할 것을 요구하는 협박을 가하고, 이를 통해 추가적인 피해 촬영물을 얻어 내거나 성관계 등을 요구하기도 하여 청소년 피해 양상이 더 크다.

디지털 성범죄의 특징(남재성, 2019)으로는 첫째, 익명성과 비대면성으로 인해 범죄행위가 확장된다. 디지털 성범죄가 사이버공간에서 이루어지다 보니 대면이 안 되어 피해결과를 알 수 없으므로 그 행위를 가볍게 인식하는 경우가 있다. 범죄행위가 쉽게 이루어지고 죄의식도 없고 책임의식도 없어 지속적으로 일어난다.

둘째, 왜곡된 성의식과 성문화로 인해 발생한다. 디지털 성범죄의 피해자는 주로 여성이고 가해자는 남성인 경우가 대부분이다. 피해자의 동의 없이 불법으로 촬영된 영상이나 이미지가 음란물로 둔갑하여 상업적으로 유포 및 거래되고 SNS 등을 통해 공유되는 경우가 많은데, 이러한 전파성과 확장성은 피해자를 피해자로 인식하지 못하는 왜곡된 성의식을 반영한다(최경진, 2018). 또한, 카메라 등을 이용한 촬영 범죄를 '몰카'라는 용어를 사용함으로써 장난이나 재미로 인식되는 것도 왜곡된 성의식이다.

셋째, 피해 사실 인지의 어려움과 낮은 처벌 수위이다. 디지털 성범죄는 피해자가 피해 사실을 알기가 어렵다. 그래서 적발, 단속, 처벌이 어렵다. 무음 카메라 앱을 이용하여 스마트폰을 통한 불법촬영 사실을 인지하지 못하는 경우, 불법촬영한 것이 음란사이트, 파일공유사이트, SNS를 주요 매개로 유포되므로 피해자가 인지하기 어렵다. 또한, 적발된 이후의 처벌 수위가 낮다. 소라넷 사태 당시 운영진 6명 중 검거된 이는 3명에 불과했으며, 주범 역시 징역 4년형을 받는 데 그쳤다. 2013년에는 에이브이스누프(AVSNOOP)라는 소라넷 유사 사이트가 생겨 아동 · 청소년 음란물 등 46만여 건이 유통됐으나, 운영자가 받은 형량은 징역 1년 6개월에 그쳤다. 대검찰청 검찰연감(2018)에 따르면 2017년도에 발생한 「성폭력범죄의 처벌 등에 관한 특례법」상 '카메라 등 이용 촬영 범죄'에 대한 기소 비율이 4.4%에 그치고 있다. 2017년도까지의 '카메라 등 이용 촬영 범죄'에 대한 1심 결과는 벌금형이 71.97%, 집행유예 14.67%, 선고유예 7.46%, 징역형 5.32%로 실형을 선고받는 비율이 매우 낮게 나타나고 있다. 또한, '통신매체이용음란죄'에 대한 처벌 역시 벌금형 64.41%, 집행유예 16.22%, 선고유예 6.76%, 징역형 5.86%로 피해결과의 중대함에 비해 매우 낮은 처벌 수위를 보이고 있다(김현아 외, 2018).

넷째, 피해의 확장성과 반영구성이다. 디지털 성범죄는 생산 · 유통 · 소비의 과정이 사이버공간에서 매우 신속하고 지속적으로 확장된다. 디지털 장의사가 있어 영상물이나 이미지를 삭제해 주는 역할을 하기도 하나 완벽한 삭제가 불가능하므로 피해자 사망 이후에도 남아 반영구적인 피해의 도구로 남아 있게 된다.

디지털 성범죄자의 특성을 알아보기 위해 디지털 성범죄자 1,981명을 대상으로 이나현 · 조윤오(2020)는 호런과 보우리가드(Horan & Beauregard, 2017)의 프로파일링 모델을 이론적 분석틀(가해자의 발달적 요인, 범죄 경력 요인, 범죄 상황 요인, 범죄 수법 요인)로 삼아 분석하였다. 그 결과, 전통적 성범죄자와 비교했을 때 디지털 성범죄자 집단은 상대적으로 평균 나이가 더 어린 디지털 성범죄 가해자가 20대 여성을 집중적으로 피해 대상으로 삼아 1명 이상의 피해자를 반복적으로 만들어 내는 상황이라는 것과 디지털 성범죄 가해자의 전과 기록이 더 적고, 범행 이전에 안정적인 직장을 유지하고 있는 경우가 더 많은 것으로 나타났다. 디지털 성범죄자가 전통 성범죄자보다 양적으로 더 많은 피해자를 만들어 내고 있지만, 이들의 직업이 안정적이고 전과가 상대적으로 적다는 이유로 형사사법 시스템 안에서 쉽게 빠져나갈 수 있고 지속적으로 범죄를 저지르는 경우가 많다.

n번방을 계기로 디지털 성범죄에 대한 수사가 활발하게 진행되면서 다크웹과 해외 메신저를 이용해 아동 · 청소년 성착취물을 판매하는 사람들이 적발되고 있다. 여기에는 10대, 20대 초반의 청소년도 해당되어 문제가 심각하다. 디지털 플랫폼 이용이나 콘텐츠 제작능력이 뛰어난 10대를 성인 범죄자가 적극적으로 이용하고 있는 것이다. 이러한 심각성 때문에 정부에서는 디지털 성범죄 형량을 강화하기 위한 대책을 내놓았다(중앙일보, 2020. 4. 24). '몰카' 대응 중심의 대책으로는 n번방, 박사방 등 수위가 높아지는 디지털 성범죄를 근절하기 어렵다고 보고, 11개 부처가 머리를 맞대 대책을 내놓았다.

〈표 9-6〉 디지털 성범죄 근절대책 주요 내용

구분	기존	개선
처벌기준 (법정형)	• 범죄의 중대성에 비해 상대적으로 낮은 형량 • 아동·청소년 이용 음란물 소지죄(미국 10년 이하, 한국 1년 이하 징역)	• 법정형 대폭 강화 – 제작행위 공소시효 폐지 – 판매행위 형량 확대 등
형집행 (수사 및 처벌)	• 법정형에 비해 현저히 낮은 형량 구형·선고 • 폐쇄적 매체(텔레그램 등) 활용으로 사전적발 곤란	• 검찰 구형기준, 법원의 양형기준 마련으로 법정형 수준으로 처벌 가능 – 신고포상금제, 잠입수사 도입
아동·청소년 보호	• 아동·청소년을 피의자 취급, 구제의 공백 발생(특히 13세 이상 청소년 보호 공백)	• 아동·청소년을 '피해자'로 명시 – 보호 대상임을 명확화 • 미성년자 의제강간 연령 상향 – 13세 미만 → 16세 미만
처벌 사각지대	• 디지털 기술의 발전과 맞물려 새로운 범죄수법 출현으로 처벌 공백 발생	• 디지털 성범죄물 소지·구매행위 처벌 – 온라인 그루밍 처벌 신설 → 사각지대 해소

출처: 중앙일보(2020. 4. 24.).

디지털 성범죄는 법률적으로 「성폭력범죄의 처벌 등에 관한 특례법」에 적용을 받는다. 이 법 제13조에서는 "자기 또는 다른 사람의 성적 욕망을 유발하거나 만족시킬 목적으로 전화, 우편, 컴퓨터, 그 밖의 통신매체를 통하여 성적 수치심이나 혐오감을 일으키는 말, 음향, 글, 그림, 영상 또는 물건을 상대방에게 도달하게 한 사람은 2년 이하의 징역 또는 500만 원 이하의 벌금에 처한다."라고 명시하고 있다. 제14조에서는 카메라 등을 이용한 촬영, 허위영상물 들의 반포 등 촬영물 등을 이용한 협박·강요에 관한 처벌에 관해 규정하고 있다. 또한, 2017년에 '디지털 성범죄 피해방지 종합대책'을 마련하여 디지털 성범죄로 인한 피해를 줄이기 위해 노력하고 있으나 그보다 인식 개선이 우선되어야 한다. 10대 소년이 인터넷 커뮤니티 등을 통해 여성을 거래해도 되고, 성적 도구로 삼아도 된다는 성의식을 전수받고, 여성혐오를 내재화하여 범죄로 이어지는 경우가 많기 때문이다. 그러므로 성문화 전반의 개선 및 교육이 이루어져야 한다. 피해 예방만 가르치지 말고 평등과 인권, 시민교육의 일환으로 인권과 평등, 건강과 복지에 기반한 포괄적 성교육이 이루어지도록 해야 한다. 일반인을 상대로 한 전반적인 여성인권 존중의식 향상 및 섹슈얼리티 기반 범죄 예방 모델을 활용해야 한다. 이와 더불어 첫째, 주로 최초 제작자와 유포자를 대상으로 이루어지고 있는 경찰의 단속과 처벌을 정보통신 사업자에게도 확대하여 제재를 강화하고 인터넷 공간에 대한 지속적 감시와 모니터링을 실시해야 한다. 2019년 4월 15일 개정된 「범죄수익은닉의 규제 및 처벌 등에 관한 법률」에서는 아동 · 청소년 이용 음란물 제작 및 배포 행위와 카메라 이용 촬영 및 배포 행위를 중대 범죄로 추가하여 범죄수익을 환수할 수 있도록 하고 있다. 그러나 여타의 법률에서는 여전히 처벌이 낮고 특별한 제재수단이 마련되지 않고 있다. 둘째, 최초 촬영자와 유포자는 물론 재유포자에 대한 처벌 강화가 이루어져야 한다. 셋째, 피해자가 자신의 피해를 발견한 후 신속한 삭제를 통한 지속적 유포, 재유포를 억제하기 위해 인공지능(AI: Artificial Intelligence) 등 정보통신기술(Information and Comm unications Technologies: ICT) 기술을 접목한 새로운 디지털 성범죄의 확산 방지 프로그램의 구축과 적용이 확대되어야 한다. 넷째, 디지털 성범죄 피해자에 대한 지원체계 확대와 경찰의 신뢰 확보, 디지털 성범죄 피해자를 지원하는 공공서비스에 대한 홍보 활성화가 필요하다(남재성, 2019).

2 청소년 성일탈 예방을 위한 대응

청소년에 의한 성범죄는 증가 추세에 있어 사회문제가 되고 있다. 미국의 청소년 성범죄 통계와 관련하여 가장 공신력 있는 보고인 NAPA(National Adolescent Perpetrator Network)에 따르면 약 90%의 청소년 성범죄자가 자신이 아는 사람을 상대로 성범죄를 저지르는데, 피해자 중 약 39%는 가족이나 친지, 10%는 또래 친구들에 의해 성범죄의 피해를 당하며, 단 6%만이 낯선 이에 의하여 성범죄 피해를 입는다고 한다. 성범죄를 저지르는 청소년은 사회 · 경제적으로는 중 · 하류층에 속하고(Graves, Openshaw, Ascione, & Ericksen, 1996), 12세 이전에 비행을 저질러 일반 범죄소년보다 일찍 비행경로를 밟게 된다(Burton, 2000). 재범률 또한 무시할 수 없는 수준인데, 나이가 어린 청소년일수록(Miner, 2002) 피해자의 연령이 어리고 성에 대한 인지왜곡이 심하며, 사회적 기술이 취약할수록(Kahn & Chambers, 1991) 이전에 성범죄 전력이 있었던 것으로 나타났다.

또한, 인터넷 음란물 접촉 정도가 높을수록 성폭력과 성매매 가해 경험이 더 많았다. 특히, 위기청소년의 경우 인터넷상에서의 성폭행은 물론 인터넷 청소년 성매매에 관여되는 경우가 높다(홍봉선 · 남미애, 2012). 상대적으로 불리한 신분과 위치에 있는 위기청소년에게 인터넷 성매매는 외부의 노출 위험이나 업소의 착취나 구속 등의 위험이 적으면서 자신이 필요할 때 자신에게 맞는 대상과 시간, 장소를 선택한다는 점, 조건만 맞으면 즉각적으로 현장에서 거래가 이루어지고 순식간에 종료될 수 있다는 점 등이 유리하게 작용할 수 있다(홍봉선 · 남미애, 2010).

청소년 성범죄자는 아동 피학대 경험, 사회 및 대인관계 기술에서의 문제, 성적 지식과 경험, 학습기능과 인지기능, 학업수행, 지적 장애 및 인지장애, 정신건강문제, 약물남용 등에 특이성이 존재한다. 성인지 왜곡, 사회적 기술력의 부족, 애착능력의 결핍, 부정적인 가족력, 아동기 때의 신체적 정서적 성적 학대를 경험하였고(Kobayashi, Sales, Becker, & Figueredo, 1995; Marshall, 1993), 사회적 관계의 손상, 인지적 기능의 결핍, 정신병리 등과도 관련되어(Aljazireh, 1993) 사회적으로 고립된 은둔형 외톨이인 경우도 있다(Gal & Hoge, 1999). 또, 청소년 성범죄자가 일반 비행집단에 비하여 보다 많은 신체적인 학대, 즉 도구를 이용한 가정폭력의 피해경험을 지니고 있었다(Caputo, Frick, & Brodsky, 1999). 음란물에 노출된 청소년은 성적인 공격행동을 모방할 가능성이 큰데, 마셜(Marshall, 1993)은 강간이 성적으로 자극적이라 묘사하는 음란물을 친사회적 관계를 지니지 못하는 청소년이 보았을 때 더욱 그렇다고 보았고, 아주 어릴 때부터 음란물에 노출되는 현상은 차후 성적 공격성과 가학적인 성일탈과 관련이 된다고 하였다(Caputo et al., 1999).

이러한 일련의 특성을 바탕으로 보았을 때 청소년의 성일탈 행동의 요인은 개인적인 자기통제력 약화, 가족의 구조적인 문제, 음란 매체 등이다.

첫째, 개인적 요인으로 자기통제력 부족과 공격성을 들 수 있다. 자기통제력을 조절할 수 있으면 외부적인 자극에 대해서 행동을 제어할 수 있으나 자기통제력 조절이 어려워질 때는 반사회적인 행동을 충동적으로 하게 되는 경우가 있다. 자신의 행동으로 인해 어떤 결과가 발생하게 될지를 생각하지 않고 성일탈 행동과 같은 문제행동을 보이게 된다.

둘째, 가족요인으로 가족의 구조적 요인을 들 수 있다. 가족불안정(이혼, 사별, 재혼 등)이 발생할 때 청소년을 보살필 수 없는 상황이 되어 방임상태에 있게 되고, 이러한 상황이 부적절한 성적 관심을 상승시키고 성행동에 노출될 가능성이 커진다. 가족관계가 약화될 때는 애착관계가 낮아지고, 방임과 무관심이 증가된다. 또한, 가족 안에서 발생하는 학대나 가정폭력이 바람직하지 않은 성 발달을 이루게 되고 문제행동 가능성을 증대시킨다.

셋째, 유해매체를 들 수 있다. 청소년은 자극추구성향과 성적 호기심이 커서 유해매체를 통한 자극추구를 충족시키고자 하는 경향이 있다. 매체유형별로는 성인용 게임 이용 시기가 가장 빨랐고(초5 말), 성인용 영상물과 지상파 및 케이블 TV를 통한 성인용 프로그램, 온라인 사행성 게임은 초등학교 6학년 말에, 성인용 간행물의 경우 중학교 1학년에 처음 접하는 것으로 나타났다(여성가족부, 2014). 청소년의 매체 이용 경험률은 성인용 영상물이 가장 높았고, 휴대폰 성인물, 성인용 간행물, 성인용 게임, 컴퓨터 성인물, 이성만남 전화번호 경험률의 순으로 나타났다(여성가족부, 2014). 성인용 영상물의 경우 초등학교의 이용률이 높아지고 있음을 알 수 있다(여성가족부, 2018).

〈표 9-7〉 학교급별 성인용 영상물 및 간행물 이용률

(단위: %)

연도	성인용 영상물 이용률				성인용 간행물 이용률			
	전체	초등학교	중학교	고등학교	전체	초등학교	중학교	고등학교
2016	41.5	18.6 (5~6학년 16.1)	42.4	58.0	22.0	11.0 (5~6학년 9.3)	22.5	29.1
2018	39.4	19.6 (5~6학년 17.7)	41.6	53.3	23.3	13.2 (5~6학년 10.6)	25.0	29.8

출처: 여성가족부(2018). 2018년 청소년 매체이용 및 유해환경 실태조사.

성매매 조건만남이 휴대폰을 통한 채팅/문자메시지(25.9%), 친구나 선후배의 소개(26.0%)로 비슷한 수준이고, 길거리/공원(16.6%), 채팅/이성교제 사이트(15.6%), 식당/술집/나이트클럽 등 업소(12.0%), 조건만남 전화서비스(2.1%)인 것을 보면(여성가족부, 2012), 휴대폰과 컴퓨터와 같은 매체를 이용하여 일탈행동을 하게 됨을 알 수 있다.

이러한 성일탈을 해결하기 위한 방안으로는 첫째, 우리 사회에서 성이 통용되고 있는 신념과 문화에 대한 이해를 바탕으로 하는 가치교육이 필요하고, 왜곡된 성의식과 성인지 감수성, 평등과 인권교육이 우선되어야 한다. 학교에서 하는 성교육이 실효성 있게 이루어지기 위해 교급별로 원하는 성교육이 무엇인지 요구를 파악하여 제공하는 것이 필요하며, 성적자기결정권을 가지고 성에 대한 사고를 분명히 하여 행동할 수 있도록 해야 할 것이다. 결국, 성교육의 개선이 필요하다. 기본적으로 청소년 눈높이에 맞춘 교육이 이루어져야 한다. 교급별, 성별에 따라 성교육 내용의 중요도가 달라질 수 있으므로 사춘기의 신체변화보다는 이성교제나 이성 간 성행위, 임신과 피임 그리고 성태도 및 성가치관 등의 교육으로 접근할 필요가 있다. 또한, 청소년이 가지고 있는 성지식에 대한 점검을 통해 올바른 성지식을 가질 수 있도록 도와야 한다. 양성평등 및 인권 교육, 주체성과 책임의식 고취가 성교육에서 매우 중요하게 다루어져야 한다. 여자 청소년은 수동적인 요인(상대방이 원해서), 정서적인 요인(상대를 사랑하기 때문에)으로 성관계를 하지만, 남자 청소년은 성충동과 호기심으로 인한 경우가 많기 때문에 육체적이고 충동적인 원인을 넘어서 정신적 교류와 주체적인 개입으로 성관계를 인식하게 하는 것이 필요하다. 그리고 그로 인한 책임감을 키우는 것이 중요하다.

그 일환으로 손병덕(2014)은 성비행행동 및 청소년의 성행동 인식 개선과 책임감 회복을 위하여 책임 민감화 프로그램(Vicarious Sensitization: VS)을 제안하였다. 책임 민감화 프로그램은 아동 대상 성범죄의 심각성을 일깨우는 오디오/비디오/DVD 프로그램을 시청하도록 하여 자신의 행동에 대한 책임 민감성을 유발하도록 하였는데, 참여 성문제행동 청소년의 3개월 후 성행동 망상 수순이 현저하게 저하된 것으로 분석되었다. 피해 아동·청소년에게 발생한 외상 후 충격과 연계된 스트레스와 부적응행동을 개선하기를 목적하는 외상 후 충격과정분석모델(Trauma Outcome Process Assessment Model:

TOPA)은 예술 · 놀이 · 모래치료, 역할극, 드라마 등의 증거력 있는 경험적 방법을 사용하여 성학대적 행동에 대한 인식 수준과 문제행동 빈도가 감소하고, 피해 아동 · 청소년의 생활적응 수준 향상에도 기여한 것으로 나타났다. '가족교육 및 개입 프로그램(Family Education and Treatment Program: SAFE-T)'은 성학대 경험 아동 · 청소년에게 임상적 사정 · 치료 · 지원서비스를 개별적으로 제공하고 가족이 가진 강점과 자원을 활용하여 성학대에 대한 인식과 이해를 증진시키는 데 특성이 있다. 청소년의 성행동문제에 대한 연구와 조사를 기반으로 청소년의 성행동문제의 원인이 되는 다중적 요인을 개선하기 위한 '성행동무제 청소년 다차원적 치료(Mutisystemic Therapy for Youth with Problem Sexual Behaviors: MST-PSB)' 프로그램은 다면적 접근이라는 특성이 있다. 이러한 프로그램은 재범률이 낮아지는 데 효과가 있고, 또래관계, 학업 개선에 효과가 있었음이 입증되었다. 우리나라 청소년의 성범죄 빈도와 유형이 심각해지는 상황에서 직접적인 개입과 인식 개선, 가족 참여를 통한 변화, 지역사회의 협조 등 다양한 노력이 이루어져야 함을 보여 주는 프로그램으로 청소년 성문제 행동을 개선하는 데 도움이 될 수 있을 것이다. 이처럼 다양한 프로그램의 접근이 청소년 성행동을 개선하는 데 도움을 줄 수 있다.

둘째, 인터넷 발달과 스마트폰의 보편화로 인해 청소년이 각종 SNS 이용을 통해 성인물을 접하게 되는 경우가 많다. 청소년이 호기심과 단순한 재미로 유해매체에 접촉하게 되고 그 안에서 성인물을 여과 없이 경험하게 된다. 그때 성적 수치심, 불쾌감, 혐오감을 경험하는 경우도 있고, 성적 흥분감, 모방 욕구를 느끼는 청소년도 있어 중독이 될 가능성이 나타난다. 그러므로 청소년 매체 이용에 대해 어른이 관심을 가짐으로써 매체를 통한 음란물에 유입되지 않도록 소통의 창구를 열어놓아야 한다. 또한, 정부와 지역사회 등의 적극적인 개입으로 성인물 유통에 대한 규제가 강화되어야 할 것이다.

셋째, 청소년 성폭력 피해 예방을 위해서는 스스로 건전한 성 가치관을 가지고 성폭력에 대한 충분한 지식과 대처방식을 숙지하고 있어야 한다. 자신이 아니라고 생각하는 것에 명확히 의사 표시를 해야 하고, 특히 이성교제 안에서 나타날 수 있는 데이트 성폭력에 대한 인식을 가지고 범죄행위임을 알고 접근해야 한다. 또한, 교사와 부모도 성폭력으로 인한 피해 사실에 대해 적극적인 대처를 해 나가야 하는데, 교사는 학교에서 발생하는 성폭력에 대한 신고의무자로서의 역할과 예방교육을 적극적으로 실시해야 한다. 부모는 청소년 자녀의 성에 대한 질문에 회피하지 말고 정확한 정보와 신체의 소중함과 배려에 대해, 그리고 거절에 대한 태도를 알려 주어야 한다. 피해 발생 시 청소년 입장에서 해결해 나가고 청소년이 안정을 찾고 사건을 올바로 해결할 수 있도록 전문가의 도움을 받아야 한다.

넷째, 상담적 접근으로 개입할 수 있는데, 청소년 성상담의 목적은 청소년이 바람직한 성가치관과 성윤리를 확립하여 건전한 인격으로 성장할 수 있도록 하는 데 있다. 평소에 청소년이 가지고 있는 성에 대한 개인적 관심과 성 관련 문제행동을 선택하는 이유를 명료화해 주고, 타인의 부당한 압력과 요구에 대처할 수 있도록 해 주며, 자신도 다른 사람들에게 부당한 요구나 압력을 가하지 않도록 상담 안에서 해 나간다면 성으로 인한 청소년의 성일탈과 피해는 줄고, 성으로 인한 상처를 치유받고 건강한 삶을 살아갈 수 있을 것이다(오윤선 · 최아람, 2019).

CHAPTER 10

집단괴롭힘 행동

1 집단괴롭힘의 발생원인과 문제

집단괴롭힘은 한 개인을 집단적으로 괴롭히는 행위이다. 이는 오랫동안 집단생활을 유지하고 결속시키는 방편으로 인간생활과 동물의 세계에 존재해 왔다(김혜원 외, 2013). 집단괴롭힘은 집단이 발생하고 집단 안에서의 관계맺음이 될 때 불가피하게 발생하는 행동양상이라 할 수 있는데, 이것이 청소년에게도 예외는 아니다. 특히, 청소년기는 소속감의 욕구가 중요한 시기이므로 집단 안에서 다양한 행동이 나타날 수 있어 발달시기에 나타나는 당연한 양상이라고 이해하고 넘어가기에는 그 괴롭힘이 잔혹하게 일상적으로 지속된다.

집단괴롭힘은 일본의 이지메, 유럽과 미국의 집단괴롭힘(Bullying), 우리나라에서는 집단따돌림이라는 단어로도 쓰인다. 집단괴롭힘은 청소년기에 누구나 겪는 흔한 일로 여겨졌다가 1990년대 중반 이후 집단괴롭힘을 당한 청소년이 자살하는 사건을 계기로 학교폭력과 다른 사회문제로 제기되었고, 2003년 집단괴롭힘으로 국립국어원

신어 자료집에 수록되어 통용되었다(임준태 · 강소영, 2009). 집단괴롭힘은 폭력의 한 범주로 자신보다 약한 청소년에게 일방적으로 신체적 · 심리적인 공격을 계속적으로 가하여 상대가 심각한 고통을 느끼고 있는 것, 특정 청소년이 반복적으로 장기간에 걸쳐 한 사람 또는 여러 명의 청소년에 의해 거부행동을 당하고 있는 상태이다. 거부행동은 다양한 방법으로 나타나는데, 언어로 위협과 조롱하는 것, 신체적으로 물리적 공격을 가하는 것, 따돌림이나 거절 등의 사회적인 소외를 포함하여 나타난다. 같은 집단에 있으면서 한 명이나 여러 명의 집단원이 반복적이고 지속적으로 약하고 거슬리는 집단원에게 언어적 · 신체적 · 심리적인 고통을 가하는 행위를 집단괴롭힘이라 할 수 있다(박진, 2003).

집단괴롭힘은 고의성, 지속성, 불균형이라는 세 가지 특징을 포함하고 있다. 상대방에게 고통을 주고자 하는 목적을 가지고 부정적 행동을 하는 고의성을 갖고 있고, 그런 행동이 일회성으로 끝나는 것이 아니라 반복적으로 발생하는 지속성을 가져야 하며, 가해자와 피해자는 물리적으로나 정신적으로 대등하지 않고 힘의 불균형 관계에 놓여 있다(Olweus, 1994).

청소년기에 발생하는 집단괴롭힘이 가해, 피해, 목격한 청소년이든지 간에 심리사회적인 측면에서 부정적 영향을 발생시킨다. 가해 청소년은 또래관계에서 신체적 · 언어적 · 정신적 괴롭힘을 통해 자신이 얻고자 하는 것을 얻고자 하여 건강한 또래관계를 형성하기 어렵고, 목격한 청소년은 가해 청소년의 행동을 모방할 뿐 아니라 피해 청소년의 상황을 보고 두려움과 위축을 경험하여 성격발달, 사회적 발달에 부정적 영향을 받을 수 있다(김혜원 외, 2013). 또한, 피해 청소년은 괴롭힘으로 인해 삶의 의미를 잃고 신체적 고통과 정신적 스트레스로 삶을 지속해 나가는 것과 관계맺음에서 어려움을 보일 수 있다. 집단괴롭힘은 비행청소년뿐만 아니라 일반학생들 사이에서도 죄의식 없이 반복적으로 저질러지고 있고, 피해 청소년의 신고기피로 확산되고 있어 심각하다.

1) 집단괴롭힘의 원인

집단괴롭힘은 같이 어울리기를 원하는 또래가 적고, 같이 어울리고 싶지 않은 또래들이 많아 배제하고, 마음이 맞는 몇몇이 함께 집단의 문화를 형성하며 자신과 맞지 않는 또래 친구를 괴롭히는 행위이다. 집단괴롭힘이 발생하는 원인은 개인적 요인, 가정적 요인, 사회문화적 요인, 교육적 요인으로 나누어 볼 수 있다(박진, 2003).

첫째, 개인적 요인으로는 낮은 자아존중감과 더불어 부정적인 자기 이미지, 환경에 영향력을 행시하고자 하는 인간의 본성에 따른 청소년의 공격적 행동을 들 수 있다. 이 공격적 행동으로 영향력을 행사하고자 하여 좌절이나 분노를 타인을 배척하는 방식으로 표현하세 되는 것이다. 스트레스를 주는 직접적인 대상을 찾아 직접 해결하고 극복해 나가기보다는 주변에서 쉬운 상대를 찾아 분노를 표출함으로써 일시적인 만족감을 얻는 경우가 많다. 가해 청소년은 자기주장이 강하고 지도력이 있어 보이지만 자아의 왜곡이 나타나고 사고가 단순하여 다양한 시각에서의 판단능력이 부족하여 다른 사람의 입장에서 생각하는 공감능력이 결여되어 있다. 이러한 성향이 공격적 행동과 결합하여 집단괴롭힘으로 발생한다.

둘째, 가정적 요인으로는 가정의 결손, 부모의 양육태도를 들 수 있다. 결손가정이 따돌림을 야기하고 비뚤어지게 만들기도 한다. 가정에서 관심을 받지 못함으로써 공격적 행동이 증가하여 집단괴롭힘에 가담하기도 한다. 가정의 구성원 수가 적은 가정에서 자란 청소년이 가족구성원으로서 가져야 하는 책임과 의무, 배려, 이해심 등의 교육적인 부분을 익히지 못한 채 지나친 개인주의 사고에 익숙하므로 자신만을 중요한 존재로 인식하기 때문에 친구들에 대한 이해가 부족하여 괴롭힘 행동으로 나오기도 한다. 또한, 부모의 양육태도는 아동과 청소년의 정서행동 문제에 영향을 많이 주는데, 그 양육태도가 역기능적이고 부정적일 때 집단괴롭힘을 포함한 다양한 문제를 야기하게 된다.

거부적인 양육태도는 태연함, 둔함, 적대감 등의 내용으로 설명할 수 있다. 자녀의 성장발달과는 관계없는 분위기 조성을 하다 보니 그들의 안정감과 자신감을 손상시키고 무력감, 좌절감을 경험하게 하여 반사회적 행동을 나타나게 한다. 차별대우, 학대, 벌, 잔소리 등 부모가 무의식적으로 하는 태도로 불안을 얻게 되어 주목을 받으려는 행동, 이상행동, 소극적 태도를 보인다.

지배적인 양육태도는 부모의 압력이 지나쳐 금지, 비판, 지배, 권위를 가지고 자녀를 대하는 태도이다. 이런 태도로 양육되는 자녀는 내면에 반항을 키우고, 성격장애를 일으키거나 열등감을 가지고 반항적인 될 가능성이 크다.

보호적인 양육태도는 부모가 불안하여 걱정이 너무 지나친 모습을 보인다. 그래서 자녀를 제한하기 때문에 자녀는 신경질적이고 의존적이고 열등감을 내재하게 된다.

복종적 · 모순 불일치적 양육태도는 일관성이 없는 양육으로 거부와 지나친 애정, 과보호와 기대 등이 뒤섞여 있어 자녀는 정서적으로 불안해지고 신경증적 성격이 되기 쉽고, 갈등과 좌절, 욕구불만, 사회적 부적응을 야기한다. 불일치한 부모의 양육을 받은 청소년은 감정적으로 행동하기 쉽고, 자기통제가 어려워 사회적 적응에 결함과 열등감을 가지게 되고, 부친이 거부적이고 모친이 과보호적일 때 반항적인 사람이 되기 쉽다.

이러한 다양한 양육태도가 청소년의 성장에 영향을 미쳐 이들의 사회적인 관계에 부적응적인 요소로 작용해 반항적이고 다른 사람들에게 거부적으로 나타날 수 있다.

셋째, 사회문화적 요인으로는 사회에 만연한 집단주의, 폭력성, 대중매체의 영향을 들 수 있다. 우리나라 사회는 집단문화가 강하고, 자신이 속한 집단에 대해서는 관대하며 잘못에 대해서도 눈감아 버리지만, 아무런 관련 없는 사람이나 집단에 대해서는 매우 냉혹하다. 그래서 비슷한 배경과 성격을 가진 사람들이 집단을 만들어 결속을 다지려는 경향이 강하다. 청소년도 자신이 속한 집단과 맞지 않는 행동을 하는 것을 꺼려 자신이 속한 집단에 맞지 않는 개성 있는 행동을 하는 누군가에게 눈총을 주고 괴롭힘을 행사하는 경우가 있다. 또, 집단으로 모이고 그 안에서 사회에 만연해 있는 폭력성을 발휘해 우월감과 쾌락을 경험하고자 한다.

더불어 청소년에게 영향이 큰 대중매체가 시청률을 위해 폭력성과 선정성에 기반한 내용을 내보내므로 그것을 답습하는 청소년이 있고, 집단괴롭힘이나 따돌림 현상에 대한 보도로 사회의 관심을 이끌어 냄과 동시에 역기능으로 모방행동이 나타나기도 한다.

넷째, 교육적 요인으로는 우리나라의 교육환경, 집단괴롭힘에 대한 잘못된 대처방식 등이다. 우리나라의 학교교육은 입시가 중요한 화두이고, 성적이 중요한 평가도구로 작용하다 보니 전인교육을 표방하고는 있으나 성적이 낮은 청소년은 좌절감과 열등감을 느끼게 되고 이것이 공격성으로 표출되기도 하여 집단괴롭힘 현상에 직접적인 영향으로 작용한다. 교육환경에서 부딪치는 스트레스를 다른 사람을 괴롭히면서 해소하고자 하는 것이다.

학교 안에서 집단으로 생활하면서 괴롭힘 현상이 자주 발생하게 되는데, 학교에서의 대처가 합리적으로 이루어지지 못하는 상황이 지속적 집단괴롭힘을 야기하게 된다. 단기적인 징계나 처방으로 문제의 해결에만 초점을 두다 보니 제대로 된 해결책이 없는 실정이다. 폭력방지를 위한 체계적인 인성교육과 실효성 있는 집단괴롭힘 예방교육이 필요하다.

2) 집단괴롭힘의 구성인

집단괴롭힘에는 가해자와 피해자 그리고 이외 나머지 역할이 있음을 밝히고 있다(Salmivalli et al., 1996). 그 역할을 6가지로 나누었는데, 가해자(Bully), 가해자의 강화자(Reinforcer), 가해자의 조력자(Assistant), 피해자의 방어자(Defender), 방관자(Outsider), 피해자(Victim)가 그것이다. 각각의 역할은 **표 10-1**과 같다.

〈표 10-1〉 구성원들의 집단괴롭힘의 역할

역할명	역할의 내용
가해자(bully)	• 직·간접적으로 불링을 시작하고 주도 • 무리를 이끄는 역할
가해자의 강화자(reinforcer)	• 불링 상황에서 가해자를 위해 구경꾼이 됨 • 가해자를 자극
가해자의 조력자(assistant)	• 적극적으로 가해행동에 참여하여 가해자를 도움 • 가해자보다는 덜 주도적
피해자의 방어자(defender)	• 불링을 막으려고 적극적인 노력을 함 • 피해자를 지지
방관자(outsider)	• 불링 상황에 대해 잘 모르는 척함
피해자(victim)	• 불링 상황의 대상이 됨

청소년은 집단괴롭힘 참여자 역할이 유동적이어서 시간이 지남에 따라 가해자가 되기도 하고, 피해자가 되기도 한다. 크게 집단괴롭힘의 구성인을 가해자, 피해자, 방관자로 나누어 그 특징을 살펴보고자 한다.

첫째, 가해자는 특정한 또래에게 부정적인 행동을 주도적으로 시작하여 적극적으로 참여하는 사람과 집단이다. 가해자와 가해집단은 공격성과 충동성이 강하다. 가해행위에 내재되어 있는 공격성은 힘과 지배에 대한 강한 욕구와 자기보호의식, 경쟁심 등과 분노, 욕구좌절, 반항심, 적개심, 자신의 스트레스와 불만의 표출의 대상을 찾아 가해를 하게 된다. 가해자는 부모의 공격성, 처벌을 그대로 따라 하거나 타인의 고통에 무감각한 낮은 공감력을 보일 뿐만 아니라 폭력 모방, 강화, 폭력에 대한 잘못된 가치, 왜곡된 사고를 가지고 있다(박진, 2003). 특히, 이들은 낮은 공감성, 높은 지배욕이 있다(윤보나 · 유형근 · 권순영, 2009). 합리적인 문제해결능력도 부족하다. 이런 부정적인 부분이 존재함에도 가해자는 높은 자존감과 행동적응성, 심리사회적 발달에서 자기개념 수준을 유지하고 있다(도현심 · 김선미, 2006). 그래서 자신의 행동에 대해 죄책감을 느끼지 않는다. 또한, 타인을 통제할 수 있는 것에 즐거움을 느끼고 공감능력도 부족하여 자신이 야기하고 자신에 의해 발생한 피해를 별로 인식하지 못한다(김연화, 2009).

둘째, 피해자는 또래들로부터 부정적인 행동을 당하는 청소년이다. 피해자, 피해 집단은 심리적으로 내성적, 부정적 자기개념, 낮은 자존감, 피해의식을 가지고 있다. 정서적으로는 불안, 무력감, 분노, 외로움, 우울 등으로 대인관계에서 어려움을 나타내고, 상황에 맞지 않는 행동을 하기도 하고 자신을 잘 표현하지 못하고 어떠한 상황에 회피적인 태도를 보인다. 괴롭힘을 당하면서도 또래관계를 유지하려는 경향이 있고, 복종적 태도를 보이므로 가해자에게 보상으로 작용하여 가해 행동을 지속하게 함으로써 만성적인 피해를 당하게 된다(오환희, 2011). 피해자는 유약하고 수동적인 태도를 보이는 경우와 잘난 척하고 타인을 무시하는 경우가 있다.

셋째, 방관자는 집단괴롭힘을 목격하였으나 아무런 행동을 취하지 않은 사람을 일컫는다. 방관자는 피해학생과 어울리는 것이 자신에게 피해가 될 것을 우려해 또래 간의 폭력을 방관하고 묵인하는 경우가 많다. 피해자에게도 원인이 있고 가해자도 잘못했다고 생각하는 이중적인 생각을 한다. 방관자 집단은 개입하기를 꺼리고, 무관심의 태도를 보이거나 쌍방과오의 입장을 취하는 유형(김현주, 2003)으로 나누기도 하고, 지지적 방관자와 죄의식 방관자로 분류하기도 한다(서미정, 2008). 각 유형의 특징은 **표 10-2**와 같다.

〈표 10-2〉 또래괴롭힘의 방관자 집단의 유형

학자	유형	특징
김현주 (2003)	자기방어형	집단괴롭힘을 당하는 아이를 도와주면 자신도 괴롭힘 당할 수 있다는 또래규범 의식, 가해자의 요구가 거세질 경우 동조의 가능성이 큼
	무관심형	자기가 나서도 상황이 변화되지 않으리라는 생각이 잠재해 있어서 자기와 관계없는 일이라 생각함, 관심을 보이지 않고 평소대로 행동함
	쌍방과오형	가해자 피해자 모두의 잘못이라 여김, 어느 편도 들지 않음
서미정 (2008)	지지적 방관자	가해자의 괴롭힘 동조, 피해자는 당연히 그런 취급을 받아야 한다고 여김
	죄의식 방관자	자신이 고통받는 피해자를 돕지 못하는 현실에 대한 죄책감을 가짐

방관자는 다양한 생각을 가지고 행동을 한다. 이들은 가해자의 통제와 지배에 대해 암묵적으로 동조하고, 사회적인 장면에서 피해자에 대한 작은 협력성을 보이고,

무관심과 공감능력이 결여되어 있으며, 이타성과 죄의식이 부족하다.

방관자는 피해자가 되기도 하고 가해자가 되기도 한다. 이를 도발적 피해자(Olweus, 1997)라고 하는데, 이들은 공격을 받았을 때 반격을 하여 앙갚음을 하고 다른 피해자를 발생시킨다. 또한, 방관자는 사회성과 이타성이 부족하였다(김동욱 · 유제민 · 김청송, 2017).

3) 집단괴롭힘의 현황 및 문제

집단괴롭힘은 보편적이고 빈번하게 일어나는 문제행동으로 모든 학교나 학급에서 나타나는데, 정도의 차이만 있을 뿐이다(Berger, 2007). 주로 또래 안에서 발생하는데, 초등학교 고학년부터 시작하여 청소년 초기에 정점에 도달하고 청소년 후기로 갈수록 줄어드는 경향을 보인다(Olweus, 2010). 청소년의 집단괴롭힘은 신체형, 언어형, 관계형, 사이버 괴롭힘 등으로 나누어 볼 수 있다(Crick, Casas, & Mosher, 1997).

〈표 10-3〉 집단괴롭힘의 유형

유형	내용
신체형 괴롭힘 (physical bullying)	신체 일부분을 때리거나 손상시키는 행위
언어형 괴롭힘 (verbal bullying)	욕설 및 심한 놀림
관계형 괴롭힘 (relational or indirect bullying)	전체집단 또는 소집단에서 제외하고 고립시키는 괴롭힘
사이버 괴롭힘 (cyber bullying)	인터넷 온라인 환경과 전자매체를 이용하는 괴롭힘

특히, 사이버 괴롭힘은 관계형 괴롭힘이 사이버상에서 나타나는 것으로 볼 수 있는데, 온라인상에서 불특정 다수 가해자에게 심리 · 정서적 폭력을 겪는 것이다. 최근 더욱 심각해지고 있는 상황이고 사이버상에서 익명으로 이루어지다 보니 가해자가 양심의 가책을 덜 받을 뿐만 아니라 가해에 주도적이지 않았던 청소년도 쉽게 글이나

영상을 통해 가해에 동조할 수 있어서 심각한 부분이다(오윤선 · 최아람, 2019).

집단괴롭힘의 현황은 학교폭력의 실태로 파악해 볼 수 있다. 교육부에서는 매년 2차에 걸쳐 학교폭력 실태 조사를 통해 초4부터 고2까지 학생들의 학교폭력 전체 실태를 파악하고 있다. 이 결과로 괴롭힘의 현황을 살펴보면, 2019년 2차 조사에서는 언어폭력(39.0%), 집단따돌림(19.5%), 스토킹(10.6%), 사이버 괴롭힘(8.2%), 신체폭행(7.7%), 성추행 · 성폭행(5.7%), 강제심부름(4.8%), 금품갈취(4.5%) 순이었다[2019년 1차 조사 결과는 언어폭력(35.6%), 집단따돌림(23.2%), 사이버 괴롭힘(8.9%), 스토킹(8.7%), 신체폭행(8.6%), 금품갈취(6.3%), 강제심부름(4.9%), 성추행 · 성폭행(3.9%) 순].

〈표 10-4〉 학교급별 학교폭력 피해유형(2019년 2차 조사)

피해 유형	언어 폭력	집단 따돌림	스토킹	사이버 괴롭힘	신체 폭행	강제 심부름	성추행 · 성폭행	금품 갈취
전체(%)	39.0	19.5	10.6	8.2	7.7	4.8	5.7	4.5
초	39.5	20.3	10.3	7.7	7.7	4.9	5.2	4.3
중	38.3	17.0	11.6	9.7	8.4	4.2	5.7	5.1
고	35.0	19.7	9.7	8.2	3.9	7.3	12.5	3.7

출처: 교육부 보도자료(2020. 1. 15.).

2019년 1차 조사의 피해유형별로 차지하는 비중은 언어폭력(35.6%), 집단따돌림(23.2%), 사이버 괴롭힘(8.9%) 등의 순이었으며, 2018년과 비교하여 사이버 괴롭힘의 비중이 스토킹(8.7%)보다 높아지는 한편, 신체폭행의 비중은 2017년부터 지속적으로 낮아지는 추세이다. 세부적으로는 집단따돌림 경험 학생의 41.4%가 언어폭력을, 14.7%가 사이버 괴롭힘을 경험하였고, 언어폭력 경험 학생의 27.0%가 집단따돌림을, 12.8%가 사이버 괴롭힘을 경험한 것으로 응답했다(교육부, 2019.8.26).

〈표 10-5〉 학교폭력 피해유형별 비중

구분	2013년 1차	2014년 1차	2015년 1차	2016년 1차	2017년 1차	2018년 1차	2019년 1차	증감 (%p)
언어폭력	34.0	34.6	33.3	34.0	34.1	34.7	35.6	0.9
집단따돌림	16.6	17.0	17.3	18.3	16.6	17.2	23.2	6.0
사이버 괴롭힘	9.1	9.3	9.2	9.1	9.8	10.8	8.9	−1.9
스토킹	9.2	11.1	12.7	10.9	12.3	11.8	8.7	−3.1
신체폭행	11.7	11.5	11.9	12.1	11.7	10.0	8.6	−1.4
금품갈취	10.0	8.0	7.2	6.8	6.4	6.4	6.3	−0.1
강제심부름	6.1	4.7	4.2	4.3	4.0	3.9	4.9	1.0
성추행 · 성폭행	3.3	3.8	4.2	4.5	5.1	5.2	3.9	−1.3

출처: 교육부 보도자료(2019. 8. 26.).

이러한 결과로 집단괴롭힘이 언어적 괴롭힘과 사이버 괴롭힘으로 많이 발생함을 알 수 있고, 집단괴롭힘과 같이 사용되는 집단따돌림이 증가되는 것으로 보아 청소년 또래 간 집단괴롭힘이 학교현장에서 여전히 지속되고 있음을 알 수 있다.

집단괴롭힘은 학교부적응을 야기하고 신체적 · 정서적 · 심리적으로 심각한 문제를 초래할 수 있다. 집단괴롭힘의 피해가 장기적이고 지속적으로 이루어지기 때문에 우울장애나 자살위험과 관련성이 높고, 자존감이 저하되어 삶의 의욕을 상실하게 된다. 청소년기에 겪는 집단괴롭힘이 성인기의 문제행동으로 이어지고, 심리적 부적응에 영향을 줄 수 있다.

청소년 시기는 또래집단이 중요한 사회화의 요인으로 작용하기 때문에 그 집단 안에서 자신의 위치가 명확하고 인정받으면서 수용될 때는 조화를 이루어 나가지만 그렇지 못할 경우에는 집단 내에서 소외당하게 되고, 따돌림을 경험하게 된다. 따돌림으로 시작하여 괴롭힘의 강도가 심해져 피해자가 될 때 자아개념과 정체성 발달에 부정적인 영향으로 작용하게 된다.

2 집단괴롭힘 예방을 위한 제도적 접근

1) 교육부에서의 대책

교육부에서는 「학교폭력예방 및 대책에 관한 법률」에 따라 5년마다 학교폭력 예방 및 대책 기본계획에 수립해야 함에 따라 2020년 제4차 학교폭력 예방 및 대책 기본계획을 발표하였다. 이 기본계획은 크게 학교폭력을 예방하기 위해 학교장 자체해결제 활성화와 학교폭력에 대한 학교의 교육적 역할 강화, 피해학생 보호 · 치유 확대와 가해학생 교육 · 선도 조치 내실화, 우범소년 송치제도, 촉법소년 연령 하향 등 중대 학교폭력 엄정 대처의 내용을 담아 마련하였다.

첫째, 학교폭력 예방 및 대응을 위한 학교의 교육적 역할이 강화될 수 있게 했다. 교과수업을 통해 자연스럽게 예방교육을 실시할 수 있도록, 학생활동지 등의 형태로 개발한 학교폭력 예방교육 프로그램(교과연계 어울림)을 확대해 나간다(20년에는 기술, 가정/22년에는 영어, 체육, 24년에는 진로, 한문 등). 또한, 학교장 자체해결제 활성화, 피해학생 동의를 전제로 한 관계회복 프로그램을 개발 보급한다.

둘째, 피해학생 보호 · 치유를 위한 지원을 강화하도록 했다. 피해학생 지원기관(통학형 · 기숙형 피해학생 보호기관 및 가정형 Wee센터 등)을 확대 · 내실화하여 피해상황별 맞춤형 지원을 강화한다. 또한, 기관 이용만족도 조사를 통한 기관 운영 평가로 피해학생 요구를 토대로 보호 및 치유 체계를 보완한다.

셋째, 중대한 학교폭력에 엄정대처하고 가해학생의 재발 방지를 위해 가해학생 교육을 강화한다. 「소년법」 적용사건 수준의 중대한 학교폭력에 대해서는 엄정하게 대처한다는 정부 기조에 따라, 우범소년 송치제도(법원 소년부 심리대상이 되는 학교폭력의 경우 경찰서장이 해당 사안을 직접 관할법원에 소년보호 사건으로 접수시키는 제도로서 이를 통해 신속한 가해학생 선도 및 피해학생과의 분리 조치)를 적극 활용하고, 촉법소년 연령 하향(만 14세 미만 → 만 13세 미만)도 추진한다. 또한, '가해학생 특별교육' 프로그램을 보완하고 특별교육기관의 질 관리를 강화하여 학교폭력 재발 방지 효과를 높인다.

비전	• 모두가 함께 만드는 행복한 학교
목표	• 존중과 배려가 가득한 학교문화 • 적극적 보호와 교육으로 신뢰받는 학교 • 민주시민의 성장을 돕는 가정과 사회

5대 정책영역		14개 추진과제
1	학교공동체 역량 제고를 통한 학교폭력 예방 강화	1. 학교 · 학급 단위의 학교폭력 예방교육 내실화 2. 학생 참여 · 체험 중심의 학교폭력 예방활동 확대 3. 학교폭력 유형 · 추세 대응 예방활동 강화 4. 전사회적 협력을 통한 학교폭력 예방문화 조성
2	학교폭력에 대한 공정하고 교육적인 대응 강화	5. 학교폭력 조기 감지 및 대응체계 강화 6. 학교의 교육적 해결역량 제고 7. 사안처리의 공정성 · 전문성 확보
3	피해학생 보호 및 치유 시스템 강화	8. 피해학생 맞춤형 보호 · 지원체계 강화 9. 사후지원 강화 및 학교 안팎 협력체계 구축
4	가해학생 교육 및 선도 강화	10. 가해학생 교육 · 선도 내실화 11. 중대한 학교폭력 가해학생에 대한 엄정대처
5	전사회적 학교폭력 예방 및 대응 생태계 구축	12. 가정의 교육적 역할 강화 13. 지역사회의 역할 및 책무성 강화 14. 전사회적 대응체계 강화 및 대국민 인식제고

– 주요 신규 정책과제 –

- 일회성이 아닌 교과수업 시간에 실시할 수 있는 예방교육('교과연계 어울림') 확대
- 초등 학년군별(초1~2/초3~4/초5~6) 맞춤형 예방교육 프로그램('어울림') 및 '사이버 어울림' 확산
- 학교급 · 폭력유형별 맞춤형 '관계회복 프로그램' 보급 및 프로그램 활용 전문가 양성
- 피해학생 전담지원기관 이용만족도 조사 등 피해학생 의견수렴 · 환류체계 구축추진
- 가해행위 재발 방지를 위한 '특별교육 프로그램' 보급 등 가해학생 조치 내실화
- 부모교육 참여 활성화를 위한 인센티브 제공

[그림 10-1] 제 4차 학교폭력 예방 및 대책 기본계획 추진방향

출처: 교육부 보도자료.

2) 여성가족부 예방 및 방지 대책

정서 · 행동에 어려움을 겪는 청소년을 위한 통합적인 치유 프로그램을 통해 학교와 사회에서 안정적으로 성장할 수 있도록 지원하는 국립중앙청소년디딤센터가 있다. 디딤센터는 전국 17개 시 · 도 교육청으로부터 대안교육 위탁기관으로 지정받아 치유과정 참여기간 동안 수업일수가 인정된다. 디딤센터에서는 정신의학적 상담, 다양한 특수치료, 학습 및 진로지원, 생활 · 보호 등의 서비스가 제공된다.

〈표 10-6〉 디딤센터의 서비스 내용

정신의학적 상담	정신건강의학과전문의, 심리치료사, 상담사 등이 참여하는 종합적 · 전문적 상담 · 치료 서비스
다양한 특수치료	음악, 미술, 보래놀이, 통합예술, 동작, 원예, 요가명상, 동물매개 치료 등
학습 및 진로지원	초 · 중 · 고 과정의 대안교육 및 검정고시 지원, 사회적응 · 자립을 위한 직업, 체험활동 등
생활 · 보호	생활습관 및 사회적응 행동, 대인관계 기술 습득 지원

또한, 가족구성원 간 정서적 유대감 형성을 통해 치유효과를 높일 수 있도록 양육과 소통에 어려움이 있는 가정에 패밀리멘토가 정기적으로 방문하여 가족 간의 의사소통 방식과 양육태도에 대해 조언한다.

이뿐만 아니라 상담복지센터를 통한 다양한 프로그램을 제공하고 있는데, 또래관계 증진, 학교폭력 예방, 찾아가는 집단상담교육, 진로상담 등을 통해 청소년의 고민 해결에 실질적 도움을 주고 있다. 신학기에는 새로운 학기 부적응, 친소(親疏) 관계 재형성 등 교우관계, 따돌림 및 왕따 등에 대한 상담 내용을 가지고 접근한다.

3) 생태학적 환경에서의 대책

청소년에게 집단괴롭힘은 하나의 문화처럼 여겨지고 있다. 그러나 괴롭힘은 어떤 이유에서든 문화가 될 수 없고 정당화될 수 없음을 알려 주어 청소년이 정확한 인식을 갖도록 해야 한다. 치명적인 집단괴롭힘이 발생하지 않도록 예방하는 것이 무엇보다 중요하며, 괴롭힘을 당하는 청소년은 이유도 모른 채 무기력하게 당하고, 가해 청소년은 더 공격적으로 괴롭히는 경우가 있다. 무엇보다 진실 되게 친구를 대할 수 있는 자세를 가져야 한다.

가해자의 가해행동에 가족갈등 노출 정도, 부모의 거부 · 제재적 양육행동, 대중매체 폭력접촉, 친구지지가 영향을 미쳤다. 역으로 피해자나 가해자에게 가족, 친구가 긍정적인 지지체계가 되면 문제를 해결하는 데 도움이 될 것이다.

첫째, 가정은 중요한 요인으로 작용하므로 가정에서의 대처가 무엇보다 중요하다. 부모가 양육 시 타인을 괴롭히는 행동은 잘못된 행동이고, 타인을 배려하고 존중해야 함을 끊임없이 알려 주어야 한다. 그리고 무엇보다 기본적인 애정을 주어야 한다. 가해 청소년은 주위의 사랑을 갈망하고 관심을 받기 원하기 때문에 가해행동을 했을 수도 있다. 피해 청소년에게는 위로와 공감이 필요하다. 부모는 자녀와 충분한 대화로 의사소통기술과 대인관계기술을 자녀가 습득할 수 있도록 도와야 하고, 존중의 태도를 보여 자녀도 존중하고 배려하는 사람으로 성장해 적응할 수 있도록 해야 한다.

둘째, 친구로부터 지원을 많이 받고 있다고 지각할수록 집단괴롭힘 가해행동을 많이 하게 되는 경향이 있다. 또한, 가해자는 유사한 가해 성향을 지닌 친구들을 선호하고 이러한 친구로부터 가해 행위에 대한 지원과 인정을 받으며, 이를 통하여 가해행동이 더욱 강화된다(신유림, 2007). 친구가 긍정적 지지체계로 작용해 잘못된 가해행동에 대해 변화를 요구한다면 새로운 행동체계를 형성할 수 있을 것이다.

셋째, 대중매체는 다양한 정보를 얻는 데 유용한 방편인 동시에 폭력을 학습하는 중요한 경로가 될 수도 있다. 그러므로 지역사회 차원에서 대중매체를 통한 선정적이거나 자극적인 폭력에 대한 보도를 제한하고, 가족 및 학교에서의 지도와 교육이 필요하다.

넷째, 지역사회 환경도 영향이 크다. 지역사회 환경은 피해방어자의 피해방어행동에 영향을 미친다. 청소년을 위한 지역사회 차원의 애정적 배려와 관심, 다양한 문화시설 및 보호시설 마련 등은 집단괴롭힘 상황에서 청소년이 피해방어행동과 같은 긍정적인 역할을 하는 데 중요한 영향으로 작용할 수 있다. 청소년의 집단괴롭힘을 예방하고 감소시키기 위해서는 거시적인 차원에서 지역사회의 노력이 이루어질 필요가 있다(오환희, 2011).

무엇보다 정확한 현황 파악을 통해 효과적인 대처방법을 강구해야 한다. 학교에서는 학교폭력 예방 및 대처방법 교육, 학교 안과 밖에 CCTV 설치, 스포츠 · 문화예술 활동 등 체험활동 등과 다양한 예방교육이 필요하다. 효과적인 예방교육으로는 공감, 의사소통, 감정조절 등의 교육 프로그램이나 활동, 수업내용에 포함한 예방교육, 학생참여활동(캠페인, 동아리 등) 등을 들 수 있다. 실질적인 예방교육의 내용은 집단괴롭힘을 당했을 때 대처방법, 피해학생을 도와주는 방법, 공감 · 의사소통을 잘하는 방법 등으로 피해, 방관, 가해의 상황이 발생하지 않도록 가해 청소년의 심리적인 좌절과 억압을 정화시켜 주고, 피해 청소년의 적절한 대응능력을 길러 주기 위한 다양한 접근을 시도해야 한다.

CHAPTER 11

인터넷 · 게임 · 스마트폰 중독

1 인터넷 · 게임 · 스마트폰의 유인적 요소

21세기가 되면서 인터넷은 삶의 필수요소가 되고, 인터넷 및 관련 산업의 성장과 정보화에 대한 지속적인 관심으로 사회 전반에 걸쳐 급속한 성장이 이루어지고 있다. 생활의 변화와 전염병의 영향으로 대면의 삶이 위축되면서 인터넷을 통한 연결과 소통이 이루어지는 등 인터넷의 발전이 더욱 가속화되고 있다. 인터넷과 스마트폰의 보급은 많은 변화를 가져왔으며, 이는 성인뿐만 아니라 청소년에게도 해당한다. 청소년에게 인터넷 사용으로 인한 문제점이 발생하면서 예방을 위한 여러 노력이 이루어지고 있다. 청소년의 과도한 인터넷 및 스마트폰의 사용은 지나친 의존성이나 학교성취 및 사회부적응, 우울 등 다양한 문제점을 낳을 수 있고(구현영 2010; 구현영 · 박현숙, 2010; 장성화, 2011), 우울 등의 부정적 정서 발생의 회피로 인터넷을 과다 사용하게 된다(정동진 외, 2016; Young, 1996).

1) 인터넷 · 게임 · 스마트폰 중독의 의미

인터넷은 기존의 컴퓨터와 더불어 노트북, 스마트폰, 태블릿 PC 등으로 확대되고 있고, 스마트폰 보급률이 높아짐에 따라 스마트폰을 통한 인터넷 사용의 접근성이 확대되고 있다(조명희 외, 2017). 특히, 청소년은 스마트폰의 다양한 애플리케이션을 통해 인터넷 검색 및 SNS, 게임, 음악 청취 등 편리하게 이용하고 있다. 스마트폰이라는 매체를 통해 인터넷을 이용하고 게임을 하면서, 인터넷 · 게임 · 스마트폰은 하나의 고리처럼 연결되어 있다. 스마트폰은 컴퓨터에 비해 시간과 공간의 제약 없이 언제든지 빠르게 인터넷을 접할 수 있으며, 다양한 콘텐츠가 제공되기 때문에 편리하고 재미있다(배주미 외, 2013). 인터넷이나 스마트폰은 연결을 통해 관계맺음과 소통을 도와주는 매체이지만, 스마트폰이라는 매체 사용이 증가함에 따라 실제 오프라인을 통한 사회적 관계는 감소하고 있으며, 사회적 지지망도 줄어들고 있는 추세이다(Nie & Erbring, 2000). 스마트폰을 통한 SNS, 게임 등의 다양한 콘텐츠의 과도한 사용은 중독에 취약한 청소년에게 영향을 준다. 정보추구동기가 높을수록 중독 정도는 낮아지는 반면에, 오락이나 상호작용에 대한 동기가 높을수록 중독정도가 높아진다(신광우 외, 2012; 조한익, 2011). 오락적인 추구를 통해 중독에 빠지게 되는 것이다. 인터넷 · 게임 · 스마트폰은 언택트(unntact) 시대에 하나의 중요한 컨택트(contact) 역할을 하지만, 그것의 사용이 부정적으로 이어질 때는 문제를 야기한다.

청소년은 인터넷 · 게임 · 스마트폰에 과몰입하여 중독에 이르는 경향이 나타나는데, 중독은 습관적으로 열중하거나 몰두하는 것이다. 중독의 어원은 'addicene'인데, 이는 동의하는 것, 양도하는 것, 굴복하는 것이라는 뜻이 담겨 있다(천정웅 외, 2019). 어원에서 알 수 있듯이 중독은 다른 것에 나의 주도권을 내주는 것, 다른 것에 굴복하고, 그 다른 무엇이 이끄는 대로 동의하고 따라가는 것이라 볼 수 있다. 고대에 중독이라는 말은 잡혀서 감금되거나 전쟁에서 패한 뒤에 노예가 된 사람을 가리켰다고 하니 자신의 의지 없이 행동하게 되는 것이 중독임을 알 수 있다.

중독은 자극(흥분)시키는 중독, 진정시키는 중독, 심리적 욕구를 만족시키는 중독, 독특한 식욕을 만족시키는 중독으로 분류된다. 중독은 여러 요인(숨은 동기, 발병 속도, 신체적 · 정서적 손상 정도, 사회에서 수용되는 정도 등)에 따라 차이가 있지만 공통적인 특징이 있다. 중독은 진실한 감정을 느끼지 못하게 하고, 중독자를 완전히 통제하고 언제나 쾌감을 동반하며, 장기적으로는 파괴적이고, 건강에도 해를 끼치며, 중독자는 스스로를 중독자로 인정하지 않는다. 일반적으로 모든 중독은 심리적인 의존이 나타나며, 모든 중독은 물질중독이다(Archibald, 1990).

인터넷 · 게임 · 스마트폰은 행위중독으로, 조절되지 않는 인터넷 · 게임 · 스마트폰 이용이나 지나친 인터넷 · 게임 · 스마트폰 이용 때문에 일상생활에서 행동, 심리적 문제가 발생하는 것이다. 인터넷 · 게임 · 스마트폰의 과다한 사용으로 더 많이 해야 만족을 느끼게 되는 내성이 생기고, 인터넷 · 게임 · 스마트폰의 이용을 중단하거나 감소하면 초조나 불안을 경험하게 되고, 강박적 사고나 환상과 같은 증상이 일어나는 금단이 나타나며, 인터넷 · 게임 · 스마트폰 이용을 위해 자신이 해야 할 사회적인 활동을 포기하는 경우도 있다.

2) 인터넷 · 게임 · 스마트폰의 유인적 요소

인터넷 · 게임 · 스마트폰에 몰입하고 중독까지 이르게 하는 데는 여러 요인이 있다. 인터넷 · 게임 · 스마트폰의 속성 자체에는 과몰입하게 하는 요소가 존재한다. 흥미를 끌 만한 요소가 많이 내재되어 있어 재미있다 보니 지속해서 그 안에 있고 싶은 마음이 생기는 것이다.

청소년 인터넷 중독의 경로를 인과적 관계 모형으로 봤을 때 자아존중감, 가족지지, 친구지지가 충동성을 매개로 하여 인터넷 중독으로 가는 경로이고, 자아존중감, 스트레스, 가족지지, 친구지지가 외로움을 매개로 인터넷 중독으로 가는 경로, 자아존중감, 자기효능감, 가족지지, 친구지지가 충동성을 매개로 한 후 외로움을 매개로 하여 인터넷 중독으로 가는 과정이며, 성별, 자아존중감, 스트레스, 친구지지가 인터넷중독으로 가는 경로이다(조영란, 2003). 조영란(2003)의 연구에서 인터넷 중독에 영향을 주는 변수는 성별, 가족지지, 외로움, 자아존중감, 친구지지 순이었고, 충동성과 외로움이 인터넷 중독으로 가는 심리적 매개변인이었다.

이는 게임과 스마트폰 중독에도 비슷한 과정으로 나타난다. 온라인 게임을 즐기는 청소년은 자신의 특정한 욕구를 충족시키기 위해서 게임을 즐기게 되는데, 사회적 지지, 부모의 양육태도, 개인적 성향, 게임 메커니즘, 게임환경 및 욕구와 동기가 게임 유형 선호도에 영향을 미친다(성윤숙, 2008). 게임 중독을 보이는 대만 청소년의 게임 이용 동기는 게임을 즐기려는 욕구나 금전적 · 심리적 보상을 받으려는 동기가 영향이 있었고(Wan & Chiou, 2007), 현실로부터의 도피 동기, 온라인 게임 이용시간, 빨리 지존이 되고 대박을 터뜨리고 싶은 동기가 게임 중독의 문제에 유입되도록 한다. 또한, 부모가 허용적이거나 민주적인 양육태도를 가진 청소년보다 방임적이고 권위주의적 양육태도를 보이는 청소년에게서 게임의존이 나타난다(성윤숙, 2004).

또한, 스마트폰 과몰입 및 중독은 인터넷 · 게임 중독에서 보이는 현실도피, 가상공간에서의 관계뿐만 아니라 자기과시의 측면, 현실세계의 사람들과 스마트폰을 매개로 가상적 네트워크에서 이어가는 대인관계를 더 편하게 느끼고 추구하는 가상적 대인관계 지향성을 가지기도 한다(김병년 외, 2013). 스마트폰 중독으로 가는 요인은 사용시간과 같은 미디어 이용 관련 요인, 스트레스, 우울감, 충동감, 자아존중감, 자기통제력 수준, 공포불안, 적대감, 사회성, 부모양육태도, 학교만족도, 대인관계지지 등이다(김병년 외, 2013; 황승일, 2013). 또한, 스마트폰 중독 현상은 소통의 욕구와 연결되어 있다. 미디어 매개 커뮤니케이션이나 SNS에 집착하는 것은 타인과의 소통을 원하는 것에서 비롯된다(권상희 · 최윤정, 2016). 다양한 연구에서 스마트폰 중독은 개인적 차원과 사회환경적 요인이 작용함을 알 수 있다. 스마트 기기는 미디어 이용자의 능동적이고 참여적인 이용 행태를 포함하고 있으나 자기통제력을 잃은 미디어 이용자는 미디어의 객체가 되는 현상이 나타난다. 전자파 노출, 뇌 발달에 부정적 영향 등이 그것이다.

이러한 일련의 인터넷 · 게임 · 스마트폰에 몰입하게 하는 유인적 요인들을 통해 개인적이고 사회환경적 요인이 인터넷 · 게임 · 스마트폰 안에 매몰되게 만듦을 알 수 있다. 구체적으로 정리하면 다음과 같다(오윤선 · 최아람, 2019).

첫째, 개인적 요인으로 심리 정서적 문제, 낮은 자아존중감 및 자아개념, 또래관계나 학업 스트레스, 개인의 욕구 충족 등이 있다. 중독을 보이는 청소년은 일상생활에 적응이 어려울 때 현실에서 이루지 못한 욕구를 인터넷상에서 충족시키고자 하고, 대인관계에 어려움을 경험하는 청소년은 인터넷상에서, 게임 안에서 주도적인 관계를 형성해 나가고자 한다. 자존감이 높고 사회적으로 고립되어 있는 청소년이 게임 중독에 빠지게 되고, 새로운 자극을 선호할 때도 게임 중독에 취약하다.

또한, 개인의 욕구 충족 측면에서 온라인상에서 성적 희롱, 성별 전환, 익명성에 의해 생리적 욕구와 안전 욕구를 충족하고, 게임이나 인터넷, 스마트폰의 커뮤니티 등 자신이 관심 갖는 컨텐츠에서 소속과 애정 욕구를 충족하게 된다. 그리고 자존의 욕구는 즉각적인 피드백을 받음으로써 자신의 행동이 타인에게 미치는 영향력을 즉각적으로 확인하면서 얻게 되고, 게임을 하면서 인터넷, 스마트폰을 통해 다양한 활동을 하며 자신의 관심과 태도, 자신의 성격을 알게 되면서 자아실현의 욕구를 충족할 수 있게 된다(Suler, 2000).

둘째, 사회환경적 요인을 들 수 있는데, 접근 가능성, 익명성, 실시간 상호작용성, 정보화 사회로의 변화 등이다. 인터넷 · 게임 · 스마트폰은 시공간의 제약을 넘어서 어디서나 연결 가능하다. 인터넷 연결이 되면, 스마트폰을 통해 게임을 할 수 있어 몰입의 한 덩어리로 작용하게 된다. 접근이 쉽기 때문에 청소년이 자유롭고 편하게 인터넷 · 게임 · 스마트폰을 이용하게 된다. 특히, MMORPG(massively multiplayer online role-playing game: 다중접속 역할수행게임) 형태의 게임은 상대 캐릭터를 이유 없이 죽이는 등의 행위를 하므로 공격성과 충동성을 자극할 수 있다. 지속할 때는 폭력적인 장면에 점점 익숙해지는 부정적 결과를 초래하게 된다.

익명성은 가상공간이 갖는 가장 큰 특징으로 억압해제 효과(disinhibiting effect)와 정서적 투사 효과(emotionally-laden projection effect)의 파급효과를 나타낸다. 시공간, 연령, 성별을 초월하여 사람을 쉽게 사귈 수 있고, 자신을 드러내지 않고 아이디나 캐릭터로 자신을 나타내기 때문에 다른 나를 만들어 내게 되고 그 안에 자신을 투사하게 된다. 익명성이라는 특성에는 사회적 맥락 단서 결핍론(lack of social context cues)(Kiesler et al., 1984)이 작용한다. 인터넷 환경에서는 사회적 지지 및 배경, 조건 등 서로를 이해할 수 있는 사회적인 맥락 단서가 결핍되어 있어 생각을 더욱 자유롭게 표현하고 의견을 교환할 수 있다. 그러다 보니 금기시되고 탈규범적인 행동도 시도해 보고, 다양한 캐릭터를 만들고 여러 개의 아이디를 가지고 현실과는 다른 새로운 자아를 가진 새로운 인물(허구의 정체성)을 만들어 내기도 한다. 그러면서 가상환경에 완전히 몰입되어 현실과 분리되어 행동하게 되는 경향이 나타난다.

또한, 인터넷상에서, 스마트폰의 SNS를 통해서, 게임을 하면서 실시간 상호작용을 하게 되는데, 특히 게임에서의 대화는 가상 역할을 나누고 그 임무 완성을 위해 다른 사람들과 전략을 구상하는 과정에서 즐거움, 흥미, 친밀감을 경험하게 된다. 인터넷 · 게임 · 스마트폰에서의 관계맺음은 거절과 노력을 제외하고 편하게 할 수 있으며, 원하면 언제든지 관계를 중단하고 새로운 관계를 맺을 수 있기 때문에 왜곡이 가능하고 중독 가능성이 커진다.

우리 사회의 정보화 사회로의 변화 또한 과몰입과 중독 가능성을 열어 놓고 있다. IT산업의 발전으로 많은 장점이 있지만, 인터넷을 통해 많은 정보를 얻고자 다양한 콘텐츠를 접하게 되면서 청소년, 특히 자기조절능력과 통제력이 부족한 청소년은 유해한 콘텐츠에 매몰되기 십상이다.

2 인터넷 · 게임 · 스마트폰 과몰입 · 중독의 현상학적 특성

1) 인터넷 · 스마트폰 과몰입 · 중독 현상

인터넷과 스마트폰은 많은 정보를 전달하고 소비할 수 있는 매체로 우리 삶의 중요한 일부이다. 2018년에는 우리나라 전체 가구의 72.5%가 유선 인터넷 서비스에 가입해 있고, 만 6세 이상 국민의 90.9%가 스마트폰을 보유하고 있었다(정보통신정책연구원, 2018). 2009년부터 매년 실시되는 여성가족부의 '청소년 인터넷 · 스마트폰 이용습관 진단조사'에서는 초등학교 4학년, 중학교 1학년, 고등학교 1학년 전원을 대상으로 과의존 위험군은 상대적으로 위험도가 덜한 '주의사용자군'과 더 심각한 수준의 '위험사용자군'으로 분류하여 제시한다.

〈표 11-1〉 인터넷 중독 현황(2015~2019)

(단위: 명)

연도	구분	재학생 수	인터넷 과의존 현황			
			조사인원	위험사용자군	주의사용자군	소계
2015	초4	420,490	408,680	3,068	20,415	23,483
	중1	465,239	451,582	3,736	36,852	40,588
	고1	590,698	563,004	2,648	39,210	41,858
	합계	1,476,427	1,423,266	9,452	96,477	105,929
2016	초4	429,994	425,482	3,606	25,132	28,738
	중1	468,720	463,869	3,985	41,015	45,000
	고1	582,673	567,402	2,638	38,867	41,505
	합계	1,481,387	1,456,753	10,229	105,014	115,243
2017	초4	474,501	467,742	4,960	33,142	38,102
	중1	452,282	444,597	4,985	47,601	52,586
	고1	521,034	501,386	2,701	36,577	39,278
	합계	1,447,817	1,413,725	12,646	117,320	129,966
2018	초4	447,294	441,819	5,537	37,701	43,238
	중1	415,153	410,279	4,818	49,743	54,561
	고1	454,115	439,448	3,085	39,537	42,622
	합계	1,316,562	1,291,546	13,440	126,981	140,421
2019	초4	427,116	420,563	5,665	38,914	44,579
	중1	428,355	422,788	5,503	54,811	60,314
	고1	455,944	443,216	3,622	45,892	49,514
	합계	1,311,415	1,286,567	14,790	139,617	154,407

출처: 여성가족부 보도자료(2015~2019). 청소년 인터넷 · 스마트폰 이용습관 진단조사.

〈표 11-2〉 스마트폰 중독 현황(2015~2019)

(단위: 명)

연도	구분	재학생 수	스마트폰 과의존 현황			
			조사인원	위험사용자군	주의사용자군	소계
2015	초4	420,490	352,534	2,531	14,204	16,735
	중1	465,239	432,691	7,231	44,379	51,610
	고1	590,698	537,875	8,958	74,612	83,570
	합계	1,476,427	1,323,100	18,720	133,195	151,915
2016	초4	429,994	376,027	3,136	17,686	20,822
	중1	468,720	449,066	5,875	40,666	46,541
	고1	582,673	546,554	6,720	64,302	71,022
	합계	1,481,387	1,371,647	15,731	122,654	138,385
2017	초4	474,501	423,771	4,137	22,734	26,871
	중1	452,282	434,721	6,214	43,259	49,473
	고1	521,034	487,352	5,814	53,023	58,837
	합계	1,447,817	1,345,844	16,165	119,016	135,181
2018	초4	447,294	406,736	4,265	24,672	28,937
	중1	415,153	403,526	5,071	37,387	42,458
	고1	454,115	430,307	4,988	44,457	49,445
	합계	1,316,562	1,240,569	14,324	106,516	120,840
2019	초4	427,116	393,611	4,154	24,544	28,698
	중1	428,355	417,248	5,297	38,886	44,183
	고1	455,944	435,722	5,005	45,721	50,726
	합계	1,311,415	1,246,581	14,456	109,151	123,607

출처: 여성가족부 보도자료(2015~2019). 청소년 인터넷 · 스마트폰 이용습관 진단조사.

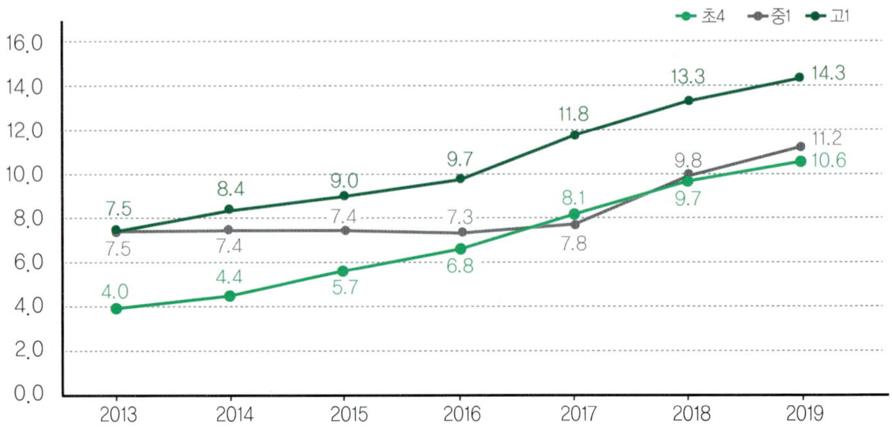

[그림 11-1] 학년별 인터넷 과의존 위험군 비율(2013-2019)

출처: 여성가족부 보도자료(2013~2019).

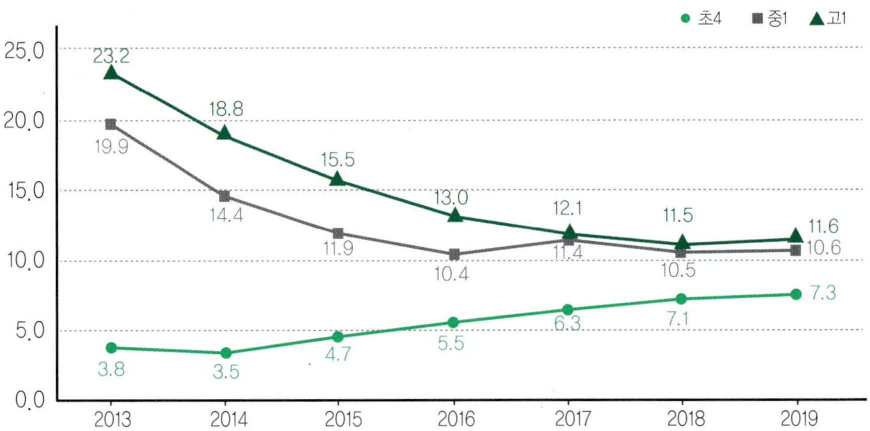

[그림 11-2] 학년별 스마트폰 과의존 위험군 비율(2013-2019)

출처: 여성가족부 보도자료(2013~2019).

인터넷의 경우는 전 학년에 걸쳐 과의존 학생이 증가하고 있는데, 특히 고등학교 1학년에 비해 초등학교 4학년의 과의존 위험군 비율이 증가하고 있다. 이에 반해 스마트폰의 경우 중·고등학생의 과의존 위험군 비율이 최근 들어 완화되었으나 초등학생의 과의존 위험군 비율이 지속적으로 증가하고 있는 것으로 나타났다.

2019년 과학기술정보통신부가 한국정보화진흥원과 실시한 스마트폰 과의존 실태 조사에서 전체 과의존 위험군 현황은 20.0%로 전년(19.1%) 대비 0.9%p 증가하였으며, 유 · 아동은 전 연령대 중 가장 가파른 증가를 나타내었고, 청소년은 2017년 이후 감소세에서 2019년에는 증가로, 성인 및 60대도 지속적으로 증가 추세를 보였다.

〈표 11-3〉 연령별 스마트폰 과의존 위험군 현황(2017~2019)

(단위:%, %p)

구분	2017년		2018년		2019년	
	과의존 위험군	증감	과의존 위험군	증감	과의존 위험군	증감
전체	18.6	0.8	19.1	0.5	20.0	0.9
유 · 아동	19.1	1.2	20.7	1.6	22.9	2.2
청소년	30.3	-0.3	29.3	-1.0	30.2	0.9
성인	17.4	1.3	18.1	0.7	18.8	0.7
60대	12.9	1.2	14.2	1.3	14.9	0.7

출처: 과학기술정보통신부 · 한국정보화진흥원(2020).

청소년은 감소하다가 다시 증가 추세를 보이고 있다. 고위험군은 3.6%(2017, 2018), 3.8%이고, 잠재적 위험군은 26.7%(2017), 25.7%(2018) 조금 감소하다 2019년(26.4%)로 증가하고 있다.

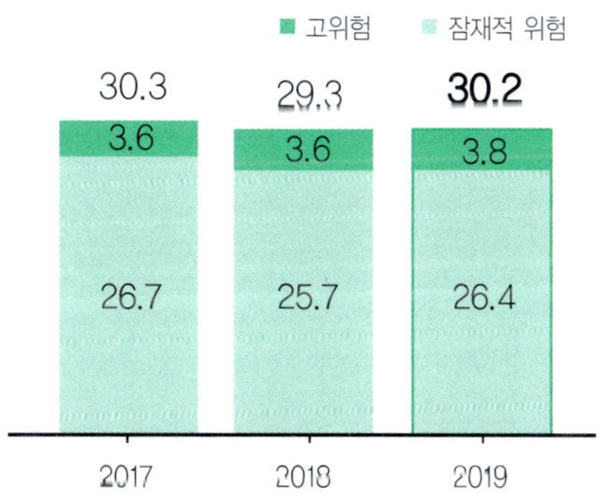

[그림 11-3] 청소년 연도별 스마트폰 과의존 위험군(고위험, 잠재적 위험)

출처: 과학기술정보통신부 · 한국정보화진흥원(2020).

청소년(10~19세) 스마트폰 과의존 고위험군은 3.8%로 전년 대비 0.2%p 증가하였고, 잠재적 위험군은 26.4%로 전년 대비 0.7%p 증가하였다. 성별로는 고위험군 · 잠재적 위험군 모두 여성(고위험 4.0%, 잠재적 위험 27.4%)이 남성(고위험 3.7%, 잠재적 위험 25.5%)보다 높게 나타났다. 학령별로는 중학생(고위험 4.6%, 잠재적 위험 30.1%)이 가장 높았고, 고등학생-초등학생 순으로 높게 나타났다. 부모의 맞벌이 여부에 따라서는 맞벌이 가정의 청소년(3.3%)이 외벌이 가정의 청소년(26.7%)보다 과의존 위험률이 더 높은 것으로 나타났다(과학기술정보통신부 · 한국정보화진흥원, 2020).

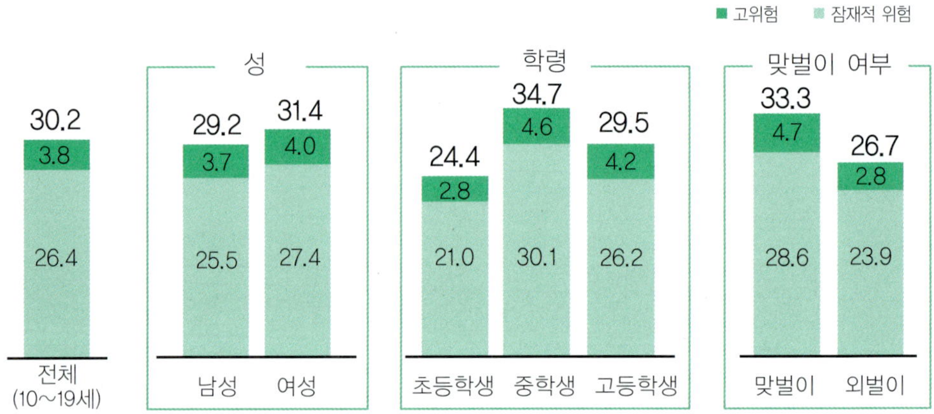

[그림 11-4] 청소년의 스마트폰 과의존 현황(성별, 학령, 맞벌이 여부)

출처: 과학기술정보통신부 · 한국정보화진흥원(2020).

스마트폰 과의존은 스마트폰 사용이 일상에서 가장 우선시되는 중요활동이 되고(현저성), 스마트폰 이용 정도를 스스로 조절하기 어려워짐에 따라(조절실패), 주변 사람과 갈등, 신체적 불편, 가정 · 학교 · 직장 생활 등에 어려움(문제적 결과)이 있는 상태다. 이러한 정의에 따라 청소년 스마트폰 과의존 요인을 살펴본 결과 조절실패, 현저성, 문제적 결과 순으로 경험하는 것으로 나타났다(과학기술정보통신부 · 한국정보화진흥원, 2020).

김지현 · 신혜영(2013)의 연구에서 인터넷 및 인터넷 게임 모두 초등학교 1학년 시기에 가장 많이 시작하는 것으로 나타났고, 인터넷 및 인터넷 게임 이용 빈도의 경우 일주일에 1~2회 하는 경우가 가장 많았으며, 주로 혼자서 인터넷 및 인터넷 게임을 하는 것으로 나타났다. 스마트폰 이용에 있어서 성별에 따른 차이에서는 여아가 남아보다 문자메시지를 더 많이 사용하는 것으로 나타났고, 남아가 여아보다 스마트폰을 통해 인터넷을 더 이용하는 것으로 나타났다. 학년에 따른 차이에서는 고학년이 저학년보다 스마트폰 이용으로 인한 일생생활의 변화 중 '특별한 이유가 없어도 스마트폰을 자주 확인한다', '궁금한 점이 생기면 다른 사람에게 물어보기보다 스마트폰으로 검색한다' 그리고 스마트폰 이용 과몰입 관련 행동 중 '자기 전 또는 잠에서 깨자마자 스마트폰을 이용한다'와 같은 행동을 더 많이 보이는 것으로 나타났다.

스마트폰 중독은 자신이 이루어야 하는 목표가 있음에도 불구하고 스마트폰 사용을 중지하지 못하여 일상생활에도 지장을 받는 것이다. 스마트폰 중독에서는 게임 집단이 SNS 집단보다 스마트폰 중독에 대한 평균이 유의한 수준으로 높게 나타나 스마트폰의 과다 사용자 중 게임 콘텐츠를 주로 이용하는 사용자가 중독으로 갈 가능성이 더 크다는 것을 알 수 있다(조명희 외, 2017).

청소년의 인터넷 · 스마트폰은 일상적으로 많이 사용하여 과몰입 현상을 보이고, 그것이 자신을 통제해 나가게 되는 데까지 이르면 중독으로 이어져 잠재적 위험군에서 고위험군으로 옮겨가게 된다.

2) 게임 과몰입 · 중독 현상

세계보건기구(WHO)는 게임 이용 장애(게임 중독)를 2022년부터 치료받아야 할 질병으로 분류하였다. 게임 중독이란, 다른 일상생활보다 게임을 우선시하여 부정적인 결과가 발생하더라도 게임을 지속하거나 확대하는 게임 행위의 패턴을 말한다. 게임에 대한 통제기능 손상, 삶의 다른 관심사 및 일상생활보다 게임을 우선시, 부정적인 결과가 발생해도 게임을 중단하지 못하는 것으로 이런 현상이 12개월 이상 지속이 진단기준이다. 특히, 청소년이 게임 중독이 되면 전두엽 성숙이 지연되어 계속 충동적인 성향을 보이므로, 게임 중독에 대한 정확한 내용을 중심으로 대책 마련이 필요하다.

2019 게임 과몰입 종합 실태조사에서는 게임행동유형을 과몰입군, 과몰입위험군, 게임선용군, 일반사용자군으로 나누어 조사하였다. 각 유형별 특성은 다음과 같다.

〈표 11-4〉 게임행동 유형별 주요 특성

구분	주요 특성
과몰입군	• 게임의 긍정적 결과는 거의 없고, 게임 이용에 문제가 많이 발견되는 고위험 집단 • 게임 과몰입 해소 및 생활 적응을 위한 전문 상담 서비스 필요
과몰입위험군	• 게임의 긍정적 결과가 있기는 하지만, 동시에 게임 이용에서 문제가 많이 발견되는 집단 • 게임 이용에서 발견되는 문제를 해결하기 위한 전문 상담 서비스 필요
게임선용군	• 게임 이용에 특별한 문제가 없고 게임을 건전하게 사용하는 집단 • 계속 건전한 게임 이용 습관을 유지하도록 노력 필요
일반사용자군	• 게임 이용에 특별한 문제도 없고, 게임의 긍정적 결과도 나타나지 않는 집단 • 건전한 게임 이용 습관을 기르기 위해서 꾸준한 노력 필요

출처: 한국콘텐츠진흥원(2020).

실태조사에서는 중학교의 과몰입군, 과몰입위험군, 게임선용군의 비율이 초등학교와 고등학교에 비해 다소 높게 나타났다. 반면, 비사용자군 비율은 고등학교, 중학교, 초등학교 순으로 높게 나타나, 초등학생의 게임 이용 비율이 가장 높은 것으로 확인되었다. 모든 학교급에서 남학생이 여학생에 비해 과몰입군, 과몰입위험군, 게임선용군의 비율이 높았으며, 여학생은 남학생에 비해 비사용자군의 비율이 높게 나타났다.

〈표 11-5〉 청소년의 게임 이용 여부

구분	빈도	%
게임사용자	121,371	77.1%
비사용자	36,092	22.9%
합계	157,463	100.0%

출처: 한국콘텐츠진흥원(2020).

〈표 11-6〉 청소년의 게임행동 유형

구분	빈도	%
과몰입군	731	0.5
과몰입위험군	3,761	2.4
게임선용군	32,279	20.5
일반사용자군	84,600	53.7
비사용자군	36,092	22.9
합계	157,463	100.0

출처: 한국콘텐츠진흥원(2020).

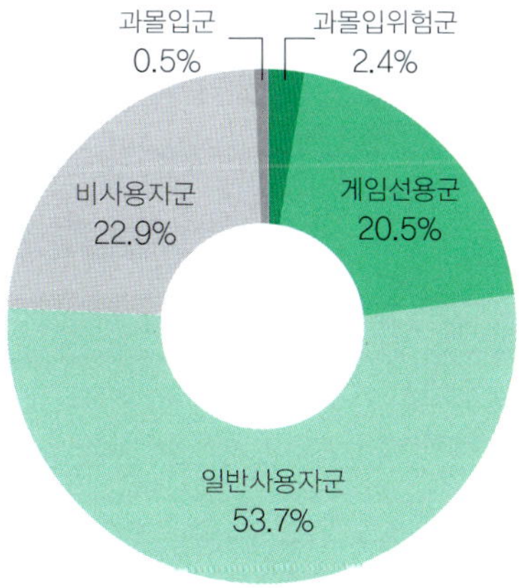

[그림 11-5] 청소년의 게임행동유형

(출처: 한국콘텐츠진흥원, 2020)

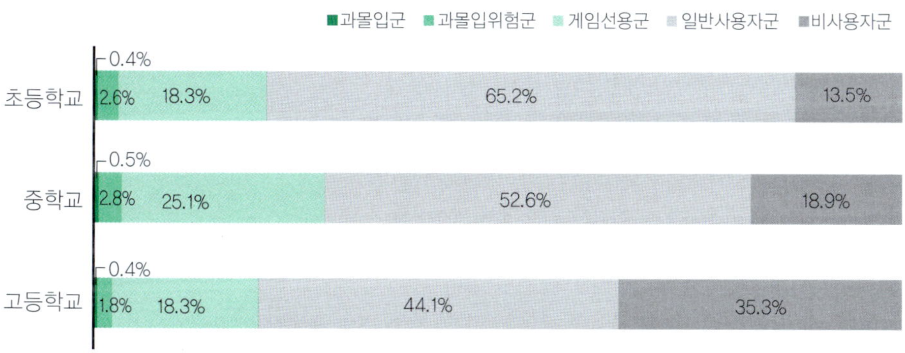

[그림 11-6] 청소년의 게임행동유형: 학교급별

출처: 한국콘텐츠진흥원(2020).

청소년의 주 이용 게임 종류별 게임행동유형 연도별 추이는 온라인 게임 이용자 중에서 과몰입군은 감소 추세를 보였고, 과몰입위험군은 증가 후 감소 추세를 보였다. 모바일게임 이용자 중에서 과몰입군은 증가 추세를 보이다가 2017년에 약간 감소하는 경향을 보였으며, 과몰입위험군은 증가 추세를 보였다. 비디오게임 이용자 중에서 과몰입군은 증가 추세를 보이다가 2017년에 1.1%로 약간 감소하는 경향을 보였고, 과몰입위험군은 증가 추세를 보이다가 2017년 3.0%로 약간 감소하는 경향을 보였다.

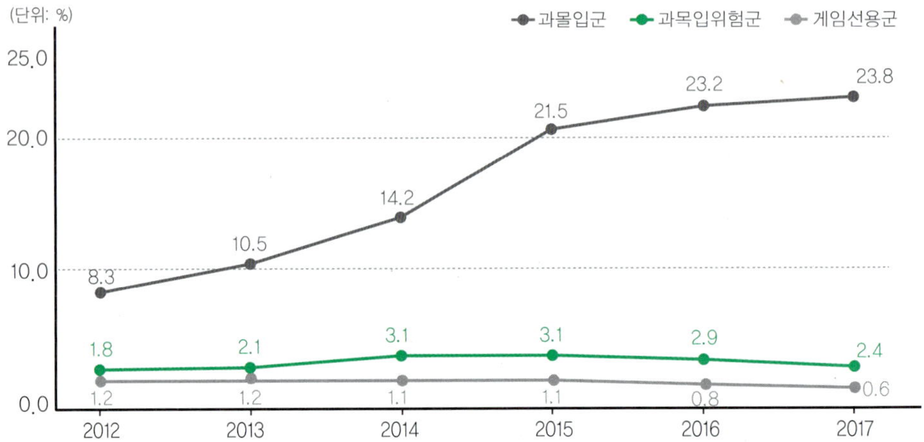

[그림 11-7] 연도별 게임행동유형(온라인 게임 이용자)

출처: 한국콘텐츠진흥원(2020).

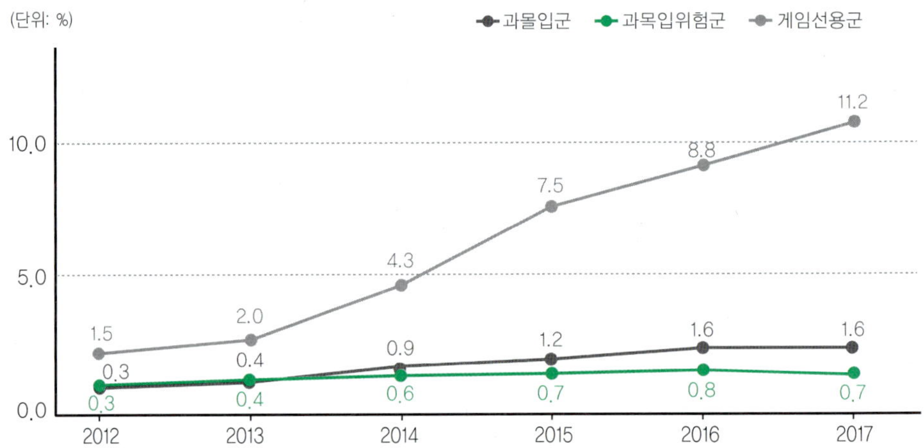

[그림 11-8] 연도별 게임행동유형(모바일 게임 이용자)

출처: 한국콘텐츠진흥원(2020).

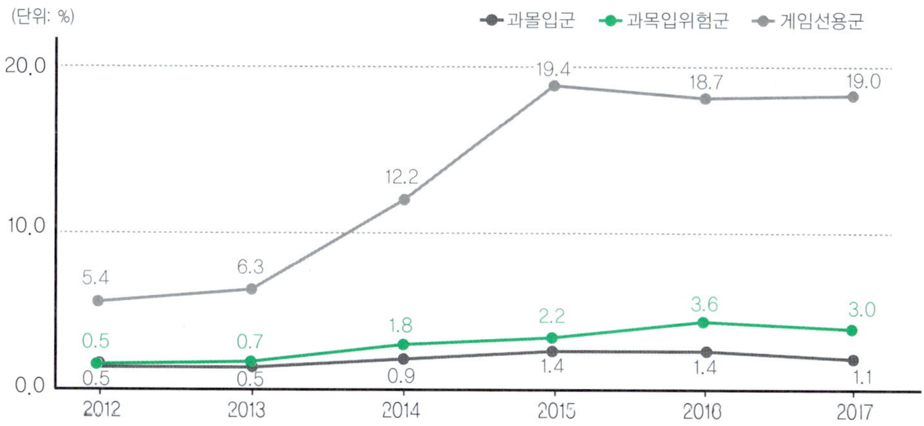

[그림 11-9] 연도별 게임행동유형(비디오 게임 이용자)

출처: 한국콘텐츠진흥원(2020).

지역규모별 게임행동유형을 확인한 결과, 과몰입군과 과몰입위험군의 비율은 읍·면지역이 다른 지역에 비해 다소 높게 나타난 반면, 게임선용군의 비율은 특별시가 가장 높게 나타났다.

청소년이 게임을 하는 가장 큰 이유로는 '게임 자체가 재미있어서(42.6%)', '남는 시간을 보내기 위해서(16.5%)', '스트레스를 풀기 위해서(16.5%)', '게임에서 이기거나 레벨업 할 때의 기분이 좋아서(8.6%)' 순으로 높게 나타났다. 게임행동유형별로 게임하는 이유를 살펴본 결과, '게임 자체가 재미있어서'라고 응답한 비율은 과몰입위험군(50.8%)과 게임선용군(48.4%)에서 특히 높게 나타났다. 한편, '게임에서 이기거나 레벨업할 때의 기분이 좋아서'라고 응답한 비율은 과몰입군(14.1%)과 과몰입위험군(12.1%)에서 상대적으로 높게 나타났다.

게임 시작 시기가 지속적으로 저연령화되고 있고, 남학생이 여학생보다 게임을 오래하는 것으로 나타났으며, 읍·면지역의 청소년이 다른 지역보다 평균적으로 게임을 오래 하는 것으로 나타났다.

과몰입군과 과몰입위험군 부모(보호자)의 게임 이용 빈도가 게임선용군과 일반사용자군에 비해 높게 나타났다. 반면, 학생의 게임 이용에 대한 부모(보호자)의 인지 정도에 있어서는 게임선용군과 일반사용자군의 부모(보호자)가 과몰입군과 과몰입위험군 부모(보호자)에 비해 더 높은 비율로 자녀의 게임 이용을 인지하고 있는 것으로 나타났다.

청소년이 게임을 할 때 가장 많이 사용하는 기기는 스마트폰(56.2%)으로 확인되었으며, 컴퓨터/노트북(37.0%)이 그 뒤를 이었다.

청소년의 게임행동유형별로 삶의 만족도, 우울, 충동성, 부주의, 자존감, 부모의 감독, 부모의 정서적 지원, 또래 애착 및 신뢰, 학업 스트레스 정도를 비교한 결과 게임선용군의 경우 '삶의 만족도'와 '자존감'이 모든 게임행동유형 중에서 가장 높게 나타난 반면, 과몰입위험군의 경우, 부정적인 지표에 해당하는 '우울', '충동성', '학업 스트레스'에서 가장 높은 수치를 기록하였다. 과몰입군 또한 다른 유형에 비해 부정적인 특성이 두드러지게 나타났는데, 구체적으로 '삶의 만족도', '자존감'의 평균이 다른 유형에 비해 가장 낮았고, '부모의 감독', '부모의 정서적 지원'을 가장 덜 받고 있다고 응답하였으며, '또래와의 애착-신뢰' 정도도 가장 낮은 수준으로 지각하였다. 한편, 게임을 이용하지 않는 비사용자군은 '부모의 감독'과 '부모의 정서적 지원'을 가장 높은 수준으로 지각하는 것으로 나타났다(한국콘텐츠진흥원, 2020).

미국 브리검영 대학(Brigham Young University) 연구팀은 15세 남녀 385명을 6년간 과도한 게임시간, 게임을 (스스로) 멈추지 못하는 증상, 게임으로 인해 건강에 미친 악영향 등 3개 항목을 통해 게임 중독이 발생했는지 추적 조사했다. 게임 중독이 확인된 실험 참여자의 경우 우울증 증상, 공격성 증가, 내향성 악화, 휴대폰 사용과다, 성인이 된 후 겪는 높은 불안 증세를 보였으며, 조사 시작 전 시점에 모든 변수가 동일한 케이스에서 게임 경험으로 인해 우울증 증상과 공격성 증가 현상이 나타났다. 또한, 게임 중독을 일으키는 주요 예측 인자는 남성과 낮은 수준의 친사회적 행동임을 제시했는데, 친사회적 행동은 다른 사람을 도우려는 자발적 행동을 의미한다. 타인을 돕기 위한 이타적 행동을 하는 사람은 게임 중독이 되기 어려운 경향을 보인다고 보았다(데일리포스트, 2020.5.19.).

2015년 경기도 광주시에서 누나를 흉기로 수차례 찌른 청소년이 자기가 찌른 것은 맞는데 왜 찔렀는지는 모르겠다고 진술했는데, 범행 직전 컴퓨터로 내용이 잔인한 인터넷 게임과 관련된 동영상을 3시간 동안 시청했고, 게임 중독으로 입원했던 청소년이 병원에 불을 내고 달아났는데, 도망가서 집 부근 PC방에서 게임을 하고 있었다. 가정에서는 자녀가 하루 10시간 동안 게임을 하고 있어 야단을 치고 여러 방법을 사용해 보았지만 방 안에서 나오지 않아 어찌해야 할지 몰라 어려움을 토로하고 있다.

우리나라 청소년의 게임 중독 증상이 증가하고 있는데, 게임에 빠져들면 하루에 두세 시간씩 온라인 게임을 하게 되고, 게임에 빠져들면 약속을 잊기도 하고 해야 할 일을 다 뒤로 미루기도 한다. 한 판만 더 하면 레벨업을 할 수 있고, 한 판만 더 하면 실력이 늘 것 같아서 못 끊는 경우가 많다. 서울시 보라매병원 연구진이 게임 중독자의 뇌 영상과 정상인을 비교했을 때 기억을 담당하는 뇌의 해마 크기가 정상인의 것보다 14%, 판단력이나 기분 조절과 연관된 두정엽 일부도 용적이 17% 컸다. 이 부위는 중독 증상이 심할수록 더 많이 커지는데, 게임 중독이 기억과 감정을 담당하는 뇌 부위에 과부하를 줘서 뇌가 부은 것이다. 뇌구조가 바뀌면 중독에서 벗어나기 쉽지 않은데, 기억력이 떨어지고 감정이나 충동조절이 더 어려워져 중독에서 헤어나기 힘든 악순환이 지속되는 것이다(KBS뉴스, 2019.3.10.)

청소년 게임 중독은 게임 안에서 제공되는 선정적이고 폭력적인 캐릭터와 내용이 지속적으로 청소년에게 노출될 때 게임의 세계와 현실을 구분하지 못하게 하고, 공격성이 일상생활 안에서 나타나 부정적 영향을 주기 때문에 문제가 심각하다. 신체적 문제뿐만 아니라 학교생활 부적응, 사회성 저하, 불안, 우울 증상, 낮은 정체성의 정서적 · 정신적인 문제까지 야기할 수 있다.

인터넷 게임 중독에 영향을 미치는 주요 위험요인은 스트레스, 우울, 불안, 충동성, 공격성, 경제 수준 등이고, 보호요인으로는 학교성적, 부모관계, 통제력, 자아존중감, 자기효능감, 교사지지, 친구관계 등이 작용할 수 있다. 청소년의 스트레스가 인터넷 게임 중독에 미치는 영향을 살펴보고, 이들의 관계에서 가족관계, 친구관계, 교사관계의 매개효과를 통합적으로 검증한 연구에서 가족관계, 친구관계, 교사관계가 좋아질수록 게임 중독 수준이 낮아짐을 확인했다(박병선 · 박수지, 2016).

3 인터넷 · 게임 · 스마트폰 과의존 및 중독의 대응과 리터러시

여성가족부에서는 청소년의 올바른 매체 사용과 인터넷 · 스마트폰 과의존으로 나타나는 문제들을 해결해 나가기 위해 다양한 노력을 하고 있다. 그 내용을 정리하면 다음과 같다(청소년백서, 2019).

1) 청소년 인터넷 · 스마트폰 과의존 대응체계

여성가족부에서는 청소년이 건전한 인격체로 성장할 수 있도록 건강한 매체환경 조성을 위한 정책을 제시하고 있다.

첫째, 잠재적인 인터넷 · 스마트폰 과의존 청소년에 대한 예방적 상담 활성화를 위해 한국청소년상담복지개발원을 중심으로 전국 220여 개 청소년상담복지센터와 연계하여 인터넷 · 스마트폰 과의존 상담체계를 구축, 선제적 예방을 하고자 한다.

둘째, 심각한 인터넷 · 스마트폰 과의존 청소년의 치유를 돕기 위해 전국 정신건강증진센터 및 155개 치료협력병원 연계를 통한 치료 서비스를 지원하는 등 치료 기반을 확대해 나가고 있다. 이와 더불어 17개 시 · 도 청소년상담복지센터를 허브로 하는 인터넷 · 스마트폰 과의존 대응 지역협력망을 구축하여 지자체, 교육청, 정신건강증진센터, 건강가정지원센터, 청소년단체, 학부모단체 등 지역의 다양한 관계기관과 협력하고 있다. 지역협력망을 통하여 지역 내의 인터넷 · 스마트폰 과의존 대응기관 간 연계 · 협력할 뿐만 아니라 지역 내 인터넷 · 스마트폰 과의존 청소년을 대상으로 진단조사를 실시하여 조기발굴 및 상담 · 치료 등 신속한 지원이 이루어지도록 하고 있다. 또한, 청소년 인터넷 · 스마트폰 과의존 관련 교육 및 상담 실적은 청소년안전망 종합정보망과 연계하여 지역별 과의존 해소 서비스지원 실태를 파악할 수 있도록 관리하고 있다.

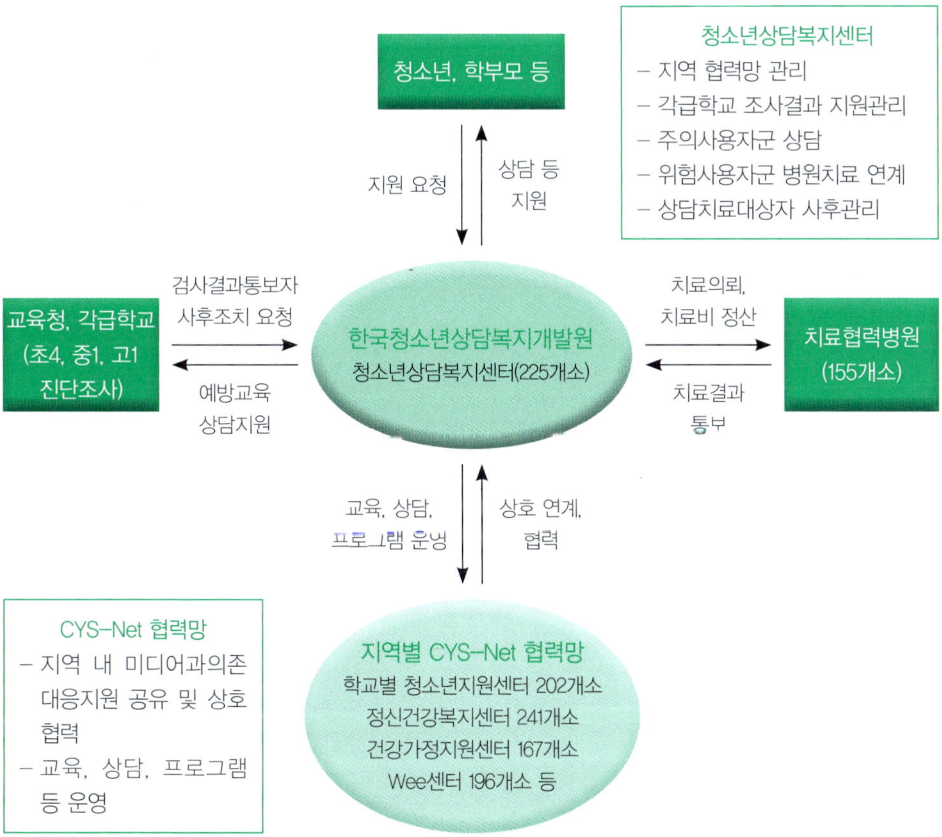

[그림 11-10] 여성가족부 인터넷 · 스마트폰 과의존 예방 및 해소 정책 추진 체계도

출처: 여성가족부(2019).

2) 인터넷 · 스마트폰 과의존 위험단계별 상담 · 치료 지원

'청소년 인터넷 · 스마트폰 이용습관 진단조사' 결과에 따라 위험단계별(주의사용자군과 위험사용자군)로 상담 및 치료 등을 지원하고 있다. '청소년 인터넷 · 스마트폰 이용습관 진단조사'를 통한 1차 선별결과를 근기로 지역 상담복지센터에서 위험군에 대한 공존질환 등 추가 심리검사 등을 실시하여 위험사용자군에게는 개인상담 및 병원치료 연계(저소득계층 50만 원 이내 치료비 지원, 일반계층 30만 원 이내) 등을 지원하며, 주의사용자군에게는 인터넷 및 스마트폰 사용 조절능력 향상을 위한 개인 및 집단 상담을 실시하고 있다.

또한, 인터넷 인터넷 · 스마트폰 과의존 고위험군 청소년을 대상으로 11박 12일의 기숙형 치유캠프(인터넷치유캠프)를 운영하고 있다. 인터넷치유캠프에서는 인터넷 · 스마트폰 과의존 문제를 해소하고자, 인터넷 · 스마트폰과 단절된 환경에서 상담지원(개인상담, 집단상담, 가족/부모교육, 심리검사), 활동지원(체험, 대안활동, 자치활동, 봉사활동, 가족캠프), 생활지원(멘토링, 숙식 제공) 등 다양한 프로그램을 운영하며, 캠프 종료 후에도 청소년 동반자, 멘토 연계를 통한 사후관리, 사후모임을 실시하여 참여 청소년 치유 효과가 지속되도록 돕는다. 인터넷치유캠프 프로그램은 평균 70%를 넘는 치유효과를 보이고 있으며, 이에 따라 일선현장 및 학부모들의 지지와 인지도도 점차 높아지고 있다.

2007년 시범운영을 시작으로 실시된 인터넷치유캠프는 참가자 및 보호자들의 높은 호응과 지지를 받아 2009년에는 전국 4개 권역, 2011년에는 총 8회, 2012년에는 전국 16개 시 · 도 센터에서 총 24회로 확대 운영되었고, 2013년은 전국 17개 시 · 도에서 캠프를 운영하였다. 2014년부터는 '국립청소년인터넷드림마을' 설립 · 운영에 따라 연 17회(시 · 도당 1회)로 조정하여 운영하였고, 2015년부터는 여자 청소년을 대상으로 한 '스마트폰치유캠프(3회)'를 신설하여 운영하였으며, 2016년 5회, 2017년 6회, 2018년 7회, 2019년 8회로 여자 청소년 대상 치유캠프를 점차 확대 운영 중이다.

이 외에도 인터넷과 스마트폰 사용문제로 어려움을 겪고 있는 4~6학년 초등학생과 그 보호자를 대상으로 2박 3일 동안 '청소년 인터넷 · 스마트폰 과의존 가족치유캠프'를 운영하고 있다. 가족치유캠프에서는 가족 간 소통 · 친밀감 향상과 올바른 인터넷 및 스마트폰 사용지도를 위한 상담지원(집단상담, 가족/부모교육, 심리검사), 활동지원(체험활동, 대안활동), 생활지원(멘토링, 숙식 제공), 사후관리지원(사후모임) 등의 다양한 프로그램을 진행한다. 2011년에 시작한 가족치유캠프는 2014년에는 10회, 2015년에는 15회 운영하였으며, 2016년 32회, 2017년 33회, 2018년에는 35회 확대하여 운영하였다. 2019년에는 총 20회, 452가족을 대상으로 실시하였다.

3) 청소년 인터넷 · 스마트폰 과의존 상설치유기관 '국립청소년인터넷드림마을' 설립 · 운영

인터넷 · 스마트폰 과의존 청소년에 대해 전문적 · 효과적 치유 프로그램을 상시 제공하기 위하여 인터넷 · 스마트폰 과의존 상설치유기관인 '국립청소년인터넷드림마을'(이하, 드림마을)을 2014년 8월 전라북도 무주군 소재의 폐교를 리모델링하여 설립 · 운영하고 있으며, 2018년까지 총 69회 프로그램을 운영해 총 1,779명의 청소년을 지원하였다. 드림마을은 과의존 정도에 따라 1주 · 2주 · 3주 · 4주 과정의 치유 프로그램을 연중 운영하고 있으며, 개인 · 집단상담, 가족상담 및 대안활동, 관계증진활동 등을 통해 참가 청소년의 인터넷 · 스마트폰 과의존을 해소하고 올바른 이용습관을 길러 주기 위한 다양한 프로그램을 진행하고 있다. 프로그램 종료 후에도 3~6개월간 참가 청소년에 대해 '청소년 동반자'와 '멘토' 등을 통한 사후관리로 치유효과가 지속되도록 지원하고 있으며, 2019년에는 총 22회 276명의 청소년을 대상으로 치유 서비스를 제공하였다.

4) 청소년 인터넷 게임 건전이용제도 실시

청소년의 과도한 인터넷 게임 중독을 예방하고 건강하게 성장할 수 있는 환경을 조성하기 위하여 '청소년 인터넷 게임 건전이용제도(일명 '셧다운제')'를 도입하였다. 이는 UN아동권리협약에서 권장하는 청소년의 기본적 권리(수면권, 건강권)를 실현하고, 청소년의 건강한 성장과 밝은 미래를 보장하기 위한 조치로 게임으로 인한 중독문제를 사전에 예방하고 건전한 게임이용문화를 형성하는 데 효과가 있을 것으로 기대하고 있다.

여성가족부는 '청소년 인터넷 게임 건전이용제도' 실시와 관련하여 법(「청소년 보호법」)제도 이행 여부 점검 및 청소년 보호를 위한 제도 취지에 따라 셧다운제를 보다 안정적이고 효과적으로 운영해 나가기 위하여 '청소년매체환경보호센터'를 통해 모니터링 업무를 수행하고 있다.

5) 스마트폰 · 인터넷 과의존 예방 및 해소 종합계획(2019~2021)

관계부처 통합으로 '제4차 인터넷중독 예방 및 해소 종합계획'을 발표하였는데, '함께 성장하는 디지털 사회 구현'이라는 비전으로 '주체적이고 참여적인 디지털 시민으로 성장'을 목표로 전략을 제시하고 있다.

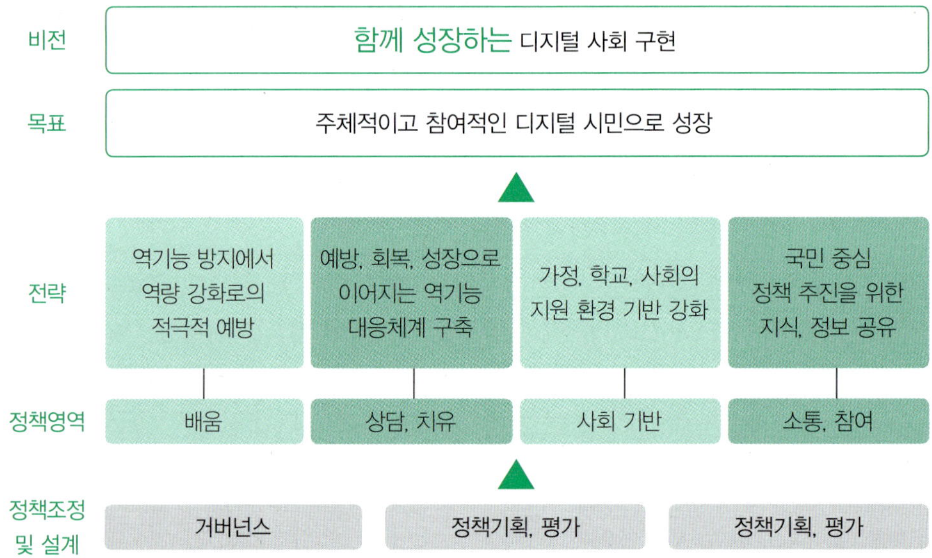

[그림 11-11] 제4차 인터넷중독 예방 및 해소 종합계획 비전

출처: 관계부처 합동(2018).

청소년에 해당하는 내용은 청소년 과의존 예방교육 토론 · 실천형으로 전면 전환, 위기 · 비행청소년 대상 사이버범죄 및 과의존 예방 교육, 학령전환기(초4, 중1, 고1) 스마트폰 · 인터넷 이용 습관 조사, 과의존 위험군 청소년 상담 및 기숙 치유 프로그램 운영으로 집중 치유 지원, 스마트폰 바른 사용 교육, 상담, 교사 역량강화, 스마트쉼 학교 환경 디자인 등 종합 서비스 기획 및 모델 보급, 청소년 전문 상담인력 대상 미디어 과의존 직무교육, 청소년의 건강한 게임 이용을 위한 이용시간 제한제도 운영 등이다.

이러한 정부 차원의 제도적 노력과 더불어 일반적인 접근으로는 청소년의 인터넷 게임 중독의 문제를 예방하고 치료를 위해 청소년이 경험하는 스트레스의 차원을 감소시켜 주는 것이 일차적으로 필요하며, 문제를 경험하는 청소년만을 대상으로 하는 개입보다는 청소년을 둘러싼 가족 및 친구, 교사를 포함하는 개입과 더불어 청소년이 가족 및 친구, 교사와의 긍정적인 관계를 형성하도록 도울 수 있는 개입이 이루어짐으로써 청소년의 인터넷 게임 중독의 문제를 해결해 나갈 수 있을 것이다(박병선 · 박수지, 2016).

스마트폰 과의존 문제에 대한 원인은 절반 이상(50.4%)이 개인에게 있다고 보았고, 사회문화적 특성(25.8%), 기업(18.4%), 정부(5.1%) 순이었다(과학기술정보통신부 · 한국정보화진흥원, 2020). 이러한 결과에 따라 개인 스스로 스마트폰 과의존 · 과몰입에서 벗어나기 위해 자기조절능력 강화가 우선되어야 한다. 또한, 가족과 함께하는 시간을 확대함으로써 스마트폰에서 떨어져 있을 수 있는 시간을 확보하는 것도 필요하다. 기업과 정부에서는 시간관리 등 사용조절앱을 편리하게 사용할 수 있도록 개발하고 홍보하여 스스로의 관리체계를 높이도록 도와야 한다.

무엇보다 인터넷 사용이 게임으로만 이루어지지 않기 위해서는 매체교육이 이루어져야 한다. 매체(인터넷과 스마트폰)를 통해 무엇을 할 수 있는지, 그 안에서 접하는 콘텐츠가 가치 있는 것인지 정보와 콘텐츠를 비판적으로 이해하며 자신의 생각을 미디어로 책임 있게 표현하고 소통할 수 있는 능력을 키우는 '미디어 리터러시'가 무엇보다 중요하다. 인터넷 · 게임 · 스마트폰 안에서 청소년은 다양한 소통을 하기 때문에 그 소통에서 비판적 사고, 창의성, 의사소통 역량, 협업 역량을 기르기 위해 그 도구들을 잘 사용할 수 있도록 도와주어야 한다.

CHAPTER 12

청소년의 약물 오·남용

1 청소년유해약물 특성과 오 · 남용 원인

1) 청소년의 유해약물과 약물 오 · 남용 특성

청소년에게 영향을 미치는 유해약물은 담배, 술 등을 시작으로 마약 등 다양하게 이어진다. 청소년유해약물에 대해서는 「청소년 보호법」에 명시되어 있다. 청소년유해약물은 청소년에게 유해한 것으로 인정되는 것으로 주류, 담배, 마약물, 환각물질 등이다(「청소년 보호법」 제2조). 이러한 유해약물을 잘못 사용하거나 과다 사용하는 것을 약물 오 · 남용이라 할 수 있다.

이뿐만 아니라 일반적인 의미에서 세계보건기구(WHO)는 약물 사용으로 나타난 결과와는 상관없이 비의학적 또는 허용되는 의료와 일치하지 않게 약물을 사용하는 것을 약물 오 · 남용이라 하고, 미국 약물남용연구소(National Institute on Drug Abuse: NIDA)에서는 처방의약품을 처방한 용도와 다르게 사용하거나 어떤 기분이나 경험을 위해 처방 없이 사용하는 것을 약물 오 · 남용이라 한다(채수미, 2015). 또한, 미국정신의학회 진단기준인 DSM-5에 의하면 ① 약물 사용으로 인해 직장, 학교, 가정 내에서 자신의 임무를 수행하지 못함, ② 신체적으로 위험한 상황임을 알면서도 약물을 사용, ③ 약물 사용으로 인한 법적 문제 발생, ④ 약물 사용으로 인해 발생한 사회적 또는 대인관계상의 문제에도 불구하고 계속해서 약물 사용 등 위 네 가지 기준 중 한 가지 이상을 1년 이상 지속시켜 임상적으로 의미 있는 장애나 고통을 초래하는 경우를 약물남용이라 정의하고 있다. 약물남용은 약물오용, 약물중독, 약물의존, 내성, 금단현상 등과 유사하게 사용하고 있다. 약물오용은 약물을 의학적인 목적으로 사용하긴 하지만 의사의 처방에 따르지 않고 임의로 사용하거나 처방된 약물을 제대로 또는 지시대로 사용하지 않는 것이고, 약물중독은 약물 사용에 대한 강박적 집착상태나 일단 사용하기 시작하면 끝을 보고야 마는 조절불능 상태, 혹은 해로운 결과가 있을 것이라는 것을 알면서도 계속해서 약물을 사용하는 상태이며, 약물의존은 마약류 및 약물을 주기적으로 사용한 결과 사용자에게 정신적 · 신체적 변화를 일으켜 사용자가 마약류 및 약물 사용을 중단하거나 조절하는 것을 어렵게 하는 상태를 말한다. 또한, 내성은 동일한 효과를 얻기 위해 사용할 때마다 약물의 양과 횟수가 늘어나는 것이고, 금단현상은 불안, 두려움, 안절부절, 불면증 등의 여러 신체적 · 심리적 이상현상을 말한다(신성철 외, 2017). 이러한 유사 용어들의 내용까지 다 포함되어 있는 것이 약물남용이라 할 수 있다.

정당한 의료행위대로 약물을 사용하지 않고, 다른 용도로 사용하거나 과다하게 사용하는 것을 약물남용이라 할 수 있는데, 청소년에게 약물 오 · 남용은 처방의약품의 남용뿐만 아니라 술, 담배, 마약류 등의 남용을 들 수 있다. 술과 담배는 알코올 및 니코틴 중독으로 이어질 수 있어 청소년에게 금지되는 약물이고, 마약류는 중독성이 매우 강하므로 의학적인 용도 외에는 엄격히 사용을 금지하고 있다.

약물 복용은 도구적 사용과 향락적 사용으로 나눌 수 있다. 도구적 사용은 질병으로부터 회복하기 위해서나 통증의 감소를 위해서 약물을 사용하는 것이고, 향락적 사용은 유희적으로 기분전환용으로 사용하는 것으로 사회적으로 인정되고 용인된 수단으로 사용하는 것이 아니라 약물 그 자체의 효과를 얻기 위해 복용하는 것이다(신성철 외, 2017).

〈표 12-1〉 약물 오 · 남용 복용행동의 범주

구분	합법적 사용(허용)	불법적 사용(금지)
도구적 사용	• 불안감소를 위해 처방된 발륨 복용 • 긴 여행 중 깨어 있기 위해 각성제 복용	• 시험 전날 밤을 새우기 위해 처방전 없이 암페타민을 복용 • 통증 완화를 위해 처방전 없이 모르핀을 주사
향락적 사용	• 퇴근 후 동료들과 술을 마심 • 식후 여가시간에 담배 · 시가를 피움	• 절정감을 느끼기 위해 마리화나를 흡연 • 환각 효과를 느끼기 위해 LSD를 복용

출처: 신성철 외(2017).

청소년은 자아정체성을 형성해 나가는 시기여서 자신에 대해 고민하는 시기인데, 이때의 약물 오 · 남용은 신체적 · 정신적 건강에 치명적인 손상을 입힐 뿐만 아니라 제2의 범죄와 일탈로 이어지는 관문 역할을 하기 때문에 주요 사회문제로 제기되고 있다.

약물 오 · 남용은 약물중독으로 이어지는데, 약성 약물에서 강성 약물로 전이되고, 한 번 사용하면 습관성, 의존성, 중독성, 내성이 강하여 중단하기 어려워 청소년기에 사용된 약물 사용이 성인기까지 악영향을 미치게 된다.

이러한 다양한 영향을 미치는 청소년의 약물 오 · 남용의 특성을 알고 대처해 나가야 하고, 예방책을 찾는 것이 무엇보다 중요하다. 청소년의 약물 오 · 남용 특성은 첫째, 담배, 술과 같은 것으로 시작하여 점차 강한 강도를 지닌 약물로 전이된다. 둘째, 약물남용이 다른 범죄행위의 노출로 이어진다. 청소년은 현실적인 판단능력과 충동 통제력이 부족하기 때문에 약물남용이 비행과 범죄행동과 연관되어 이어질 때 통제력을 상실하여 그 행동을 지속하게 되는 경향이 있다. 셋째, 신체적 성숙이 이루어지는 시기이기 때문에 성인병을 비롯하여 각종 정신질환 등의 질병을 초래할 수 있다. 넷째, 정서적인 문제나 심리사회적인 갈등이 있었을 때 자신의 의지로 극복하고 해결해 나가기보다는 약물에 의존하도록 만든다. 다섯째, 인지능력 저하가 나타나 학습부진, 합리적인 사고의 부족, 또래관계에서의 문제에 부딪힐 수 있다. 여섯째, 자신을 비하하고 절망하며, 삶의 의미를 발견하지 못하고, 호흡, 소화, 두통, 공격적 적의, 분노 등 정서적 갈등이나 심리적 혼란을 겪고 있는 경향이 높다(박성수, 2017).

2) 청소년 약물 오 · 남용의 원인

청소년의 약물 오 · 남용은 신체적인 부작용뿐만 아니라 심리적 상태와도 관련이 있어 자아존중감, 자기주장성, 사회적 통제감, 친구들의 압박에 대한 취약성, 스트레스, 사회적 기술과 연관된다. 낮은 자아존중감과 우울, 지루함, 피곤함 등과 같은 것에서 벗어나기 위해 약물을 사용하거나 절망감의 방어기제로 약물을 사용하기도 한다(박성수, 2017).

여러 환경적 요인이 영향을 미치는바 개인적 요인, 가정환경적 요인, 사회환경적 요인, 학교환경적인 요인이 그것이다.

첫째, 개인적인 요인으로는 자신의 대리적인 만족감의 요소로 약물을 선택하게 된다. 급격한 신체변화에 긍정적으로 대처해 나가기도 하고 열등감에 휩싸여 낮은 자존감을 형성하기도 한다. 입시 위주의 우리나라 환경에서는 자신에 대해 만족하지 못하고 그로 인해 자존감이 낮아질 뿐만 아니라 스스로 무엇을 할 수 있다는 생각보다는 무엇에 의존하고자 하는 경향이 강하다. 이러한 청소년의 태도가 대리만족을 얻을 것을 찾게 되고, 그것이 약물의존 경향으로 나타나기도 한다. 약물을 통해 환각상태에 빠져 억눌린 자신을 분출해 나갈 수 있다.

둘째, 가정환경적인 요인은 알코올이나 약물의존에 대한 가족력, 부모의 비기능적인 양육방식, 지나친 허용이나 권위주의, 가족 간의 갈등 등이다. 가정은 청소년이 도덕적 사회규범을 익히고 적합한 행동유형을 습득하도록 영향을 주는 중요하고 결정적인 곳이다. 가정에서 가족 간 갈등이 자주 일어나고 부모의 지속적인 알코올이나 약물 사용 정도가 컸을 때, 다른 형제들의 약물 사용 여부에 따라서도 청소년의 약물 오 · 남용에 노출 정도가 달라질 수 있다. 부모의 지나친 간섭이나 허용 등도 통제력을 상실하여 부정적인 행동에 빠지게 될 확률이 높아진다. 청소년의 약물유입의 시작점, 그리고 지속적 행동의 영향이 가정으로부터 시작되는 경우가 많다.

셋째, 사회환경적 요인으로는 사회적 역할모델 또는 준거집단의 역할, 사회적 관계에서의 보상과 처벌, 대중매체의 영향, 해당 물질을 얼마나 쉽게 구할 수 있는가, 물질에 대한 허용적인 태도, 와해된 도덕규범 등이 있다. 역할모델이나 준거집단이 평소에 어떤 모습을 보여 주느냐가 영향이 있는데, 주변으로부터 흡연, 음주 등에 자주 노출될 때 청소년이 거리낌 없이 약물에 접근할 수 있다. 사회적 관계에서 보상과 처벌이 적절하고 온당하게 이루어지지 않았을 때 공격적이고 반항적인 성향이 반영되어 약물에 관심을 갖게 되는 경우도 있다. 사회에서 약물에 대한 노출이 빈번하고, 대중매체를 통해 약물에 대한 허용적인 사회적인 분위기가 형성되고 약물 사용에 대한 규범이 모호할 때, 이러한 사회적 분위기에서 약물 구입이 쉽게 이루어질 때 약물 오·남용의 길을 열어 줄 수 있다.

넷째, 학교환경적인 요인으로는 학업실패, 무단결석, 과제물의 불완전한 수행, 부모의 학교에 대한 강조 결여, 약물을 사용하는 동료와의 어울림 등이다. 청소년이 학교에서 보내는 시간이 많고, 그 안에서 형성되는 또래관계가 이들에게 큰 영향으로 다가가기 때문에 학교생활은 청소년의 약물남용에 중요한 영향을 미친다. 학교에서의 학업실패, 과제물의 불완전한 수행은 청소년의 스트레스와 불안감을 가중시키고, 자신의 능력에 대한 한계를 경험하면서 열등감과 좌절감을 느끼게 된다. 이런 스트레스 해소의 한 방안으로 약물을 선택하게 된다. 또한, 학교생활에 대한 부모의 무관심과 더불어 약물 사용하는 친구와 어울리게 됨으로 인해 약물남용에 이르는 경우가 많은데, 친구들과의 소속감과 친밀감을 유지하기 위한 수단적 도구로 사용하게 된다. 친구들의 영향과 압력으로 시작했다가 지속적으로 사용하게 되어 약물남용의 결과를 초래하게 된다.

2 청소년 약물 오·남용의 현상

1) 청소년 약물 오·남용의 현상

술을 비롯한 약물은 청소년에게 해로운데, 그 이유는 기억력을 포함한 인지능력, 사물에 대한 인식능력, 정보처리 능력에 장해를 초래하고 자신의 충동을 통제하는 능력을 감퇴시키기 때문이다. 이로 인해 문제행동이 나타나고, 학업활동을 제대로 해 나가지 못하고, 가족 친구관계에 부정적 영향을 미치며, 가치관이나 삶의 목적이 파괴되기도 한다.

청소년은 약물을 사용하는 친구들과 같은 집단에 속하기 위해, 수줍음이나 자신감의 결핍을 숨기기 위해, 스트레스를 피하기 위해 약물을 남용하는 경우가 많고, 한 가지 약물보다는 여러 약물을 복합적으로 사용하는 경우가 흔하다. 청소년기의 특성이 기분과 감정 기복이 심하고, 우울반응이 많을 뿐만 아니라 사회적 민감도가 매우 높고, 독립성을 찾고 주체성을 확립하기 위해 투쟁하며 동시에 외로움과 고달픔을 많이 느끼기 때문에 약물에 취약하다.

청소년이 약물남용으로 가기까지는 여러 단계를 거치게 된다. 첫 번째 단계는 실험 단계(Experimentation/Learning the mood swing)로 동료 그룹과 함께 시도해 보는 시기다. 이 단계에서는 정상적인 모습으로 즉각 돌아오며 특별한 문제행동은 보이지 않는다. 약물이 기분에 영향을 미치는 것을 배우는 시기이다. 두 번째 단계는 규칙적 사용 단계(Regular use/Seeking the mood swing)이다. 스트레스 등에 대처하기 위해 많은 양을 좀 더 규칙적으로 사용하기 시작해서 내성이 생기는 단계이다. 학교를 빠지는 정도의 문제가 생기기 시작하며, 물질을 사용하지 않는 친구들과는 소원해진다. 약물 사용을 위해 많은 돈이 필요해서 가정에서 훔치기도 하고 약물 사용을 숨기기 위해 거짓말을 한다. 기분은 좀 더 빠르게 변화하고, 이유 없이 안절부절, 흥분, 우울해지거나 행복해한다. 세 번째 단계는 물질 남용단계(Substance abuse/harmful consequences with repeated use)로 여러 영역에서 문제점이 나타나는데, 약이 점점 생활의 중심이 되어 가고, 집, 학교, 일자리에서 주요한 의무를 수행하지 못하게 된다. 물질과 연관된 법적인 문제가 발생하며, 약물의 금단이나 갈구(craving)로 인한 기분과 행동의 변화가 일어난다. 네 번째 단계는 물질 의존 단계(Substance dependence/Compulsive use)로 내성이 생겨서 더 많은 양이 필요하고 위험한 약물을 투여하게 된다. 약물에 집착하게 되며, 중요한 사회적 · 직업적 · 창조적인 활동은 감소되거나 포기한다. 물질을 끊기 위한 시도를 하는 경우도 있지만 실패한다. 스스로 죄책감, 창피함, 자기 혐오감이 있으면 자살시도를 하는 경우도 있다(강영주, 2014).

청소년의 물질사용과 약물 오 · 남용은 개인의 공격성을 높이고 쾌락을 추구하는 기질을 증가시키므로 비행 및 범죄로 이어질 가능성이 크다(Rohsenow, 1983). 생애과정이론 중 등급-연령이론은 인생의 전환점이 될 수 있는 인생사건이 변화를 줄 수 있음을 설명하는데, 청소년기의 약물 오·남용이 행동과 태도를 변화시키는 사건이 될 수 있는 것이다(Laub & Sampson, 1993). 이런 근거하에 청소년 물질사용의 시작 연령이 범죄에 영향을 미치고, 음주요인이 재범에 영향을 주는 변수로 작용한다(김지선·정슬기, 2015).

[그림 12-1] 청소년 약물 사용 단계

출처: 조재성(2018).

그림 12-1에서 보듯이 약물 사용의 첫 단계는 흡연이며, 그다음 단계가 음주이다. 약물 오·남용이 나타나는 데는 흡연 및 음주행동이 입문 역할을 하고, 음주와 흡연이 청소년 약물 오·남용에서 중요한 요인이 됨을 알 수 있다.

청소년의 알코올 의존율이 높아지고 청소년에게 많은 영향을 주고 있는 약물인 흡연, 음주, 마약류의 사용 실태를 통해 청소년 약물 오·남용의 현상을 파악해 보고자 한다.

2) 청소년 흡연 실태

청소년의 흡연은 성인 흡연으로 이행될 확률이 높고, 청소년 초기에 흡연을 시작한 청소년은 조기 흡연 폐암 발생 위험성을 증가시킨다. 흡연 시작 연령이 낮을수록 수명 단축 효과가 커서 25세 이후에 흡연을 시작한 경우에는 수명이 4년 단축되지만, 15세에 시작한 경우는 8년이 단축된다고 보고 있다(Fielding, et al., 1998). 청소년기의 흡연은 신체적 건강을 위협하여 성인기에 각종 질환을 유발하는데, 혈압, 총콜레스테롤, 중성지방, 체질량지수 상승에 영향을 준다(Byeon & Shoon, 2007). 또한, 정신건강에도 좋지 않은 영향이 있다. 흡연 청소년은 비흡연 청소년에 비해 주요우울, 자살 충동, 스트레스와 밀접한 관계가 있고(Bonaguro & Bonaguro, 1987), 불안장애, 주의력결핍 과잉행동장애, 품행장애와도 밀접한 관련을 가지고 있다(Upadhyaya, Brady & Wang, 2004). 흡연 후에 친구들과의 싸움, 가족과 마찰을 일으키기도 하고, 여러 가지 사고를 일으키는 등 부정적인 행동을 보이는 비율도 높아져(Laird, Pettit, Doge, & Bates, 1999) 청소년기의 흡연은 음주와 함께 약물남용과 일탈의 관문 역할을 한다. 흡연 청소년의 대부분이 학교부적응, 학교폭력 가담, 학교활동 불참, 범죄 등 다양한 문제행동에 관여되고, 장기적으로 신체적 · 정신적 건강에 부정적인 영향을 미치기 때문에 관심을 가지고 접근해야 한다.

비행청소년건강행태 온라인조사에서 청소년의 2019 현재 흡연율은 남학생 9.3%, 여학생 3.8%로 남학생은 감소 추세를 보이고 있으나 여학생은 증가 추세를 보이고 있다(여성가족부, 2019).

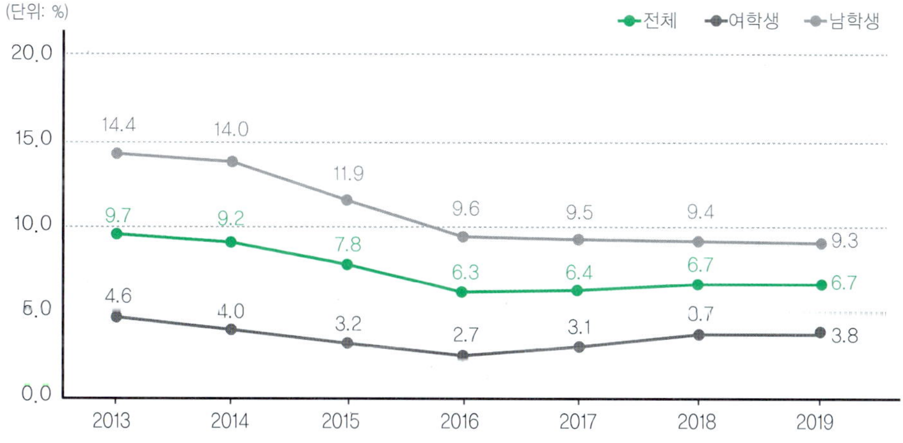

주: 청소년 현재 흡연율은 최근 30일 동안 1일 이상 흡연한 사람의 분율임
자료: 보건복지부 · 질병관리본부 · 교육부(각 년도). 청소년건강행태온라인조사

[그림 12-2] 청소년(중고생)현재 흡연율 추이

출처: 여성가족부(2019).

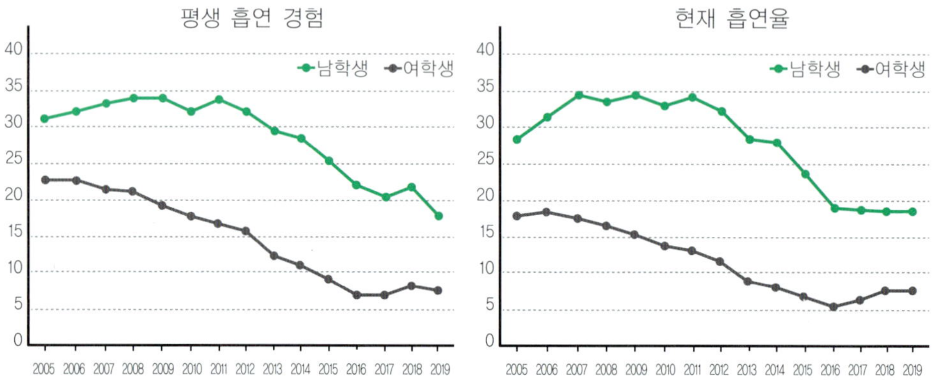

	평생 흡연(사용) 경험	현재 흡연(사용)
일반담배	지금까지 일반담배(궐련)를 한두 모금이라도 피워 본 적이 '있다'고 답한 경우	최근 30일 동안 일반담배(궐련)를 한 개비라도 피운 날이 월 1일 이상인 경우
전자담배	지금까지 니코틴이 포함된 액상형 전자담배를 사용한 적이 '있다'고 답한 경우	최근 30일 동안 니코틴이 포함된 액상형 전자담배를 사용한 날이 월 1일 이상인 경우
가열담배	지금까지 궐련형 전자담배(가열담배: 아이코스, 글로, 릴 등)를 사용한 적이 '있다'고 답한 경우 ※ 일반담배, 전자담배는 제외	최근 30일 동안 궐련형 전자담배(가열담배: 아이코스, 글로, 릴 등)를 사용한 날이 월 1일 이상인 경우

[그림 12-3] 청소년 평생 흡연 경험 및 현재 흡연율(남녀)

출처: 교육부 · 보건복지부 · 질병관리본부(2019).

〈표 12-2〉 흡연 관련 지표

구분	2016년			2017년			2018년		
	전체	남학생	여학생	전체	남학생	여학생	전체	남학생	여학생
처음 흡연 경험 연령(세)[1]	12.7	12.7	12.9	12.9	12.8	31.1	13.0	12.8	13.5
매일 흡연 시작 연령(세)[2]	13.7	13.7	13.4	13.8	13.8	13.7	13.9	13.9	14.0
주 1일 이상 가정 내 간접 흡연 노출률(%)[3]	29.1	28.4	29.9	27.9	27.3	28.4	32.9	31.1	23.0

1) 평생 흡연 경험자 중에서 처음으로 담배를 한두 모금 피워 본 연령의 평균

2) 최근 30일 동안 매일 흡연자 중에서 담배를 매일 피우기 시작한 연령의 평균

3) 최근 7일 동안 학생의 집안에서 다른 사람(가족이나 손님 등)이 담배를 피울 때 그 근처에 같이 있었던 적이 있는 사람의 분율

출처: 교육부 · 보건복지부 · 질병관리본부(2018).

청소년의 처음 흡연 연령은 2018년 기준 13세이고, 매일 흡연 연령은 13.9세로 처음 흡연 연령과 매일 흡연 연령이 전년 대비 상승하였다. 가정 내 간접흡연 노출률은 증가 추세에 있다.

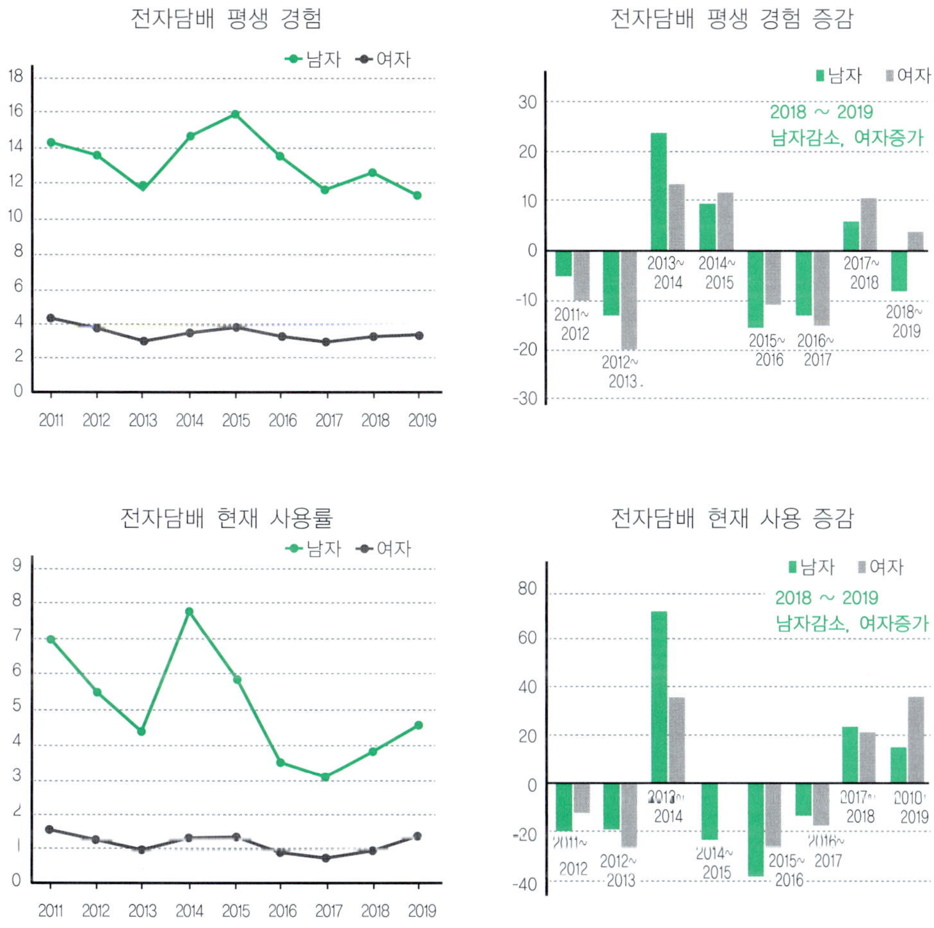

[그림 12-4] 청소년 전자담배 평생 경험과 현재 사용률(남녀)

출처: 교육부 · 보건복지부 · 질병관리본부(2019).

또한, 전자담배의 현재 사용률은 전년 대비 증가 추세에 있다. 목 넘김과 향이 좋은 전자담배의 여러 제품이 출시되고 있어 청소년의 호기심을 자극해 사용을 부추기고 있기 때문인 것으로 보인다.

이러한 흡연 실태로 청소년이 신종 담배에 쉽게 빠질 수 있으므로 신종담배 제품, 광고, 가격, 전자기기의 현황조사를 통한 대응 정책을 마련해야 한다. 모니터링을 강화하고 전자기기를 담배로 규제하는 방안을 추진할 필요가 있다. 청소년 흡연 경험자가 현재 흡연자로 이행되는 경우가 많으므로 이행 차단 전략을 개발하여 접근해야 하는데, 금연 광고 시 흡연 경험 청소년을 대상으로 하는 메시지를 포함하여 개발할 필요가 있다. 또한, 학교 내에서 신종 담배에 대해 알고 규제할 수 있어야 하고, 여학생의 흡연 증가율이 높기 때문에 여학생을 위한 흡연예방사업 및 프로그램을 개발하고 제공할 필요가 있다.

3) 청소년 음주 실태

청소년건강행태 온라인조사에서 우리나라 청소년 음주율은 감소세를 보이고 있으나, 처음 음주 경험 연령은 13세 정도로 어린 나이에 음주를 경험하고 있다. 조기 음주는 건강문제, 범죄행위 연루, 성적인 문제 등을 경험할 가능성이 크고(Hingson, Heeren & Winter, 2006), 14세 이전 음주 시작은 성인기에 고위험 음주에 빠질 위험성이 3배 증가할 뿐만 아니라 고등학생 때 고위험 음주를 경험한 청소년은 대학생 때 고위험 음주자가 될 위험이 높아지는 것으로 나타났다(장동균 외, 2015). 청소년기는 신체적 · 정신적 성장의 시기이므로 음주는 알코올에 대한 취약성을 증가시키고 건강한 성장을 방해하여 심장, 간, 장에 장애를 발생시킬 수 있고, 폭음에 노출될 때 떨림, 초조, 발작, 뇌의 조기 노화, 남성의 성기능 저하, 여성 불임 등의 원인으로 작용할 수 있다(최은진, 2008). 비음주 청소년에 비해 음주 청소년은 적대감, 신체화, 대인예민증, 불안, 편집증, 자살생각 등의 정신건강 문제를 야기할 가능성이 크다(Schilling, Aseltine, Glanovsky, James, & Jacobs, 2009). 청소년의 음주는 청소년의 비행행동에 영향을 미치고, 금품갈취, 기물파손, 외박 또는 가출 경험 등의 문제행동과 연관되어 부정적인 영향을 주고 사회문제로 이어져 심각성이 크다.

청소년 음주율은 2019년 남학생 16.9%, 여학생 13.0%로 지속적인 감소 추세를 보이고 있다(여성가족부, 2019).

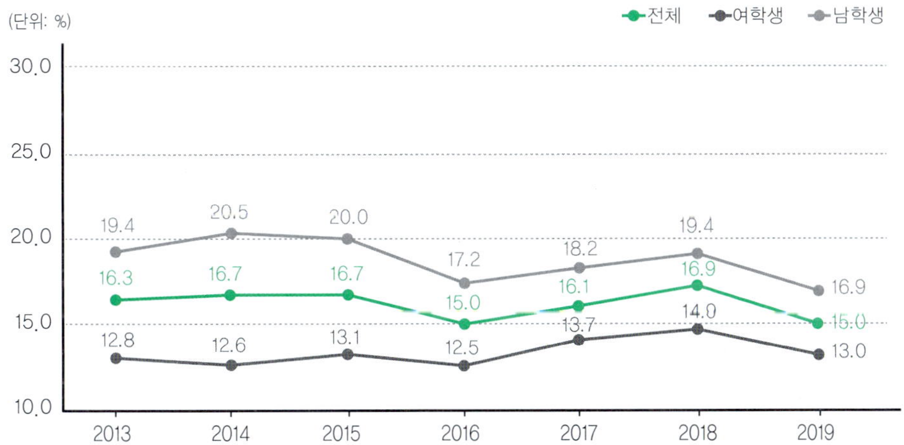

주: 청소년 현재 음주율은 최근 30일 동안 1잔 이상 술을 마신 적이 있는 사람의 분율임
자료: 보건복지부 · 질병관리본부 · 교육부(각 년도). 청소년건강행태온라인조사.

[그림 12-5] 청소년(중고생) 현재음주율 추이

출처: 여성가족부(2019).

청소년 음주율 추세 변화에서 평생음주경험률, 현재음주율, 위험음주율, 현재음주자의 위험음주율을 살펴본 결과 전반적 감소 추세이나 현재음주자의 위험음주율은 2014년 이후 증가 추세이다. 또한, 2017~2018년에 평생음주경험률, 현재음주율, 위험음주율 모두 일시적으로 증가하였다.

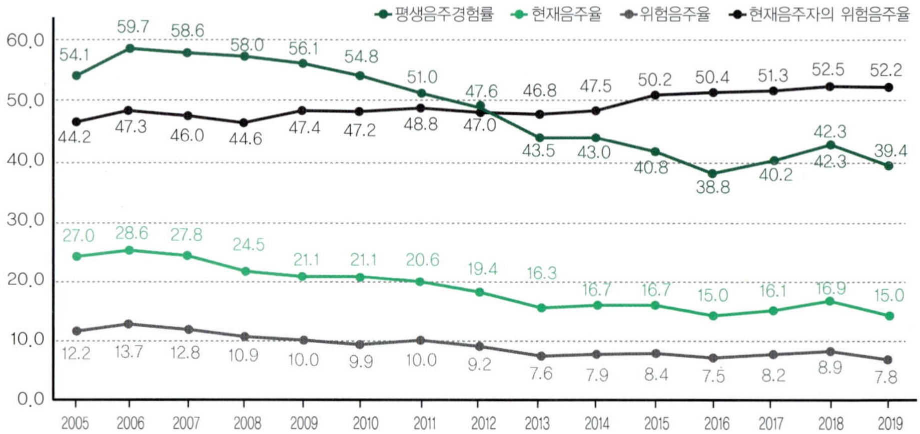

* 평생음주경험율: 평생 동안 1잔 이상 술을 마셔 본 적이 있는 사람의 분율

* 현재음주율: 최근 30일 동안 1잔 이상 술을 마신 적이 있는 사람의 분율

* 위험음주율: 최근 30일 동안 1회 평균 음주량이 중등도 이상(남자: 소주 5잔 이상, 여자: 소주 3잔 이상)인 사람의 분율

[그림 12-6] 청소년 음주율 추세 변화

출처: 교육부 · 보건복지부 · 질병관리본부(2019).

특히 중2, 중3의 평생음주경험률이 2017년과 2018년 급격히 증가하였고, 학년이 올라갈수록 평생음주경험률이 증가되는 것을 볼 수 있다.

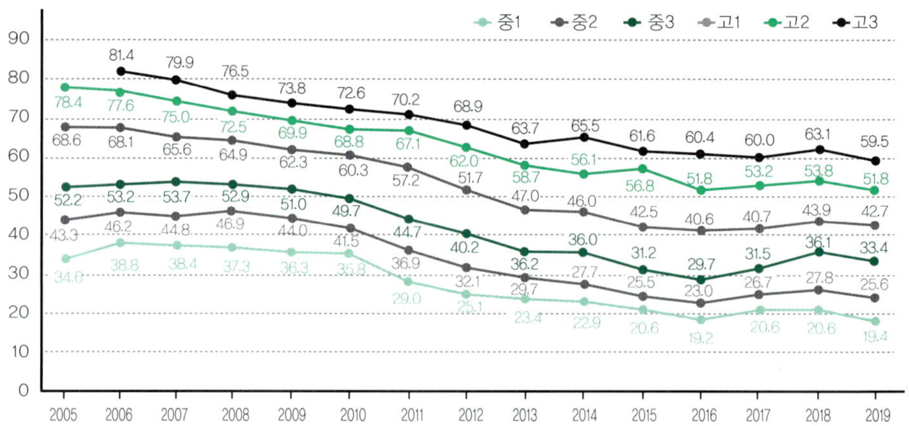

[그림 12-7] 평생음주경험률(학년별)

출처: 교육부 · 보건복지부 · 질병관리본부(2019).

만취경험률은 여학생에 비해 남학생의 만취경험률 감소 추세가 뚜렷하게 나타나고 있고, 남녀 모두 중1~중2 시기에 만취경험률이 큰 폭으로 증가된 것으로 나타났다.

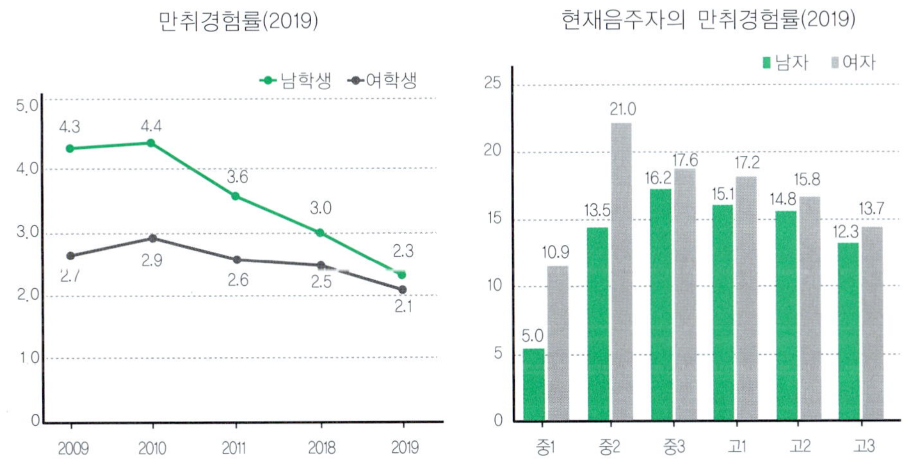

* 만취경험율: 최근 30일 동안 1일 이상 정신을 잃거나 기억을 못할 정도로 술을 마신 적이 있는 사람의 분율

[그림 12-8] 만취경험률

출처: 교육부 · 보건복지부 · 질병관리본부(2019).

청소년의 처음 음주 경험 연령은 2019년 13.5세로 전년 대비(2018년 13.7세)로 낮아졌으나 2005년부터는 상향 추세를 보이고 있다. 남학생은 2019년 12.9세로 전년 대비(13.0%)로 2005년 이래로 변화가 적게 나타났다.

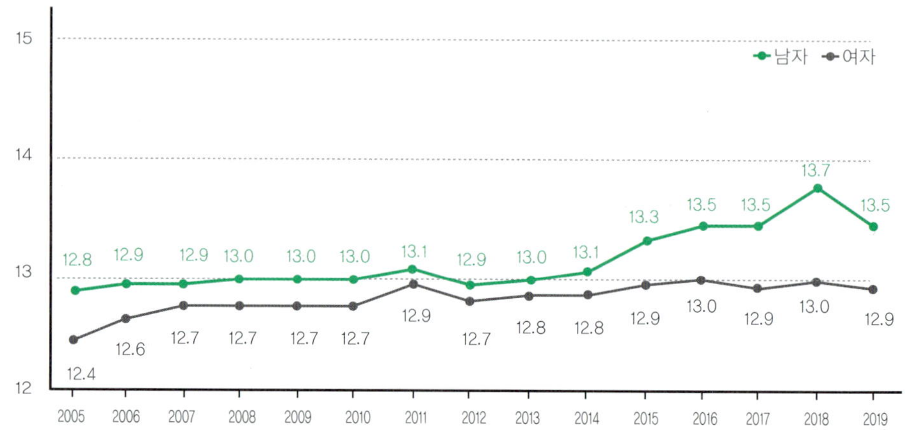

* 처음 음주 경험 연령: 평생 음주 경험자 중에서 처음으로 1잔 이상 술을 마신 연령의 평균

[그림 12-9] 처음 음주 경험 연령 추이

출처: 교육부 · 보건복지부 · 질병관리본부(2019).

현재음주자의 음주 장소는 집, 친구 집 〉 놀이터, 공터 등 〉 식당 등의 순서로 나타났다.

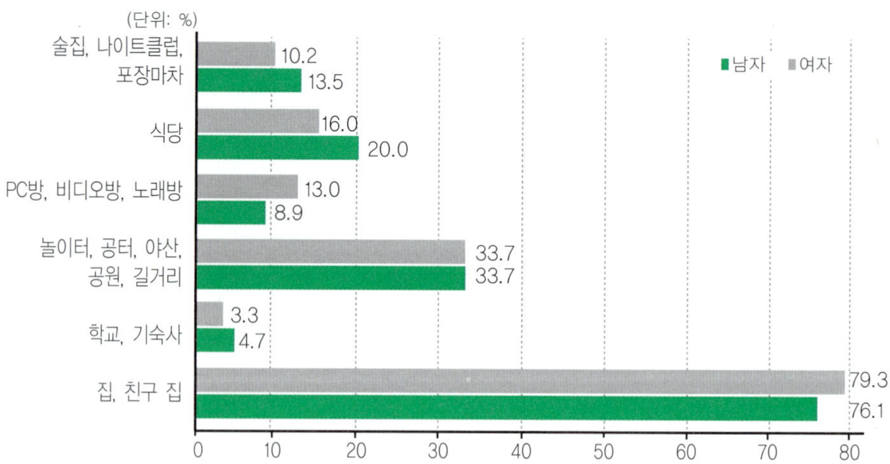

* 현재 음주자의 최근 30일 동안 술을 마신 장소

[그림 12-10] 현재음주자의 술을 마신 장소

출처: 교육부 · 보건복지부 · 질병관리본부(2019).

음주로 인한 간접폐해 경험률은 '공공장소가 안전하지 않다는 생각을 함'이 남학생에 비해 여학생이 2.3배 높고, 음주자로 인한 두려움에 대해서도 여학생이 3.7배 높은 수준을 보였다. 음주가 다른 사람에게 위협이 될 수 있음을 보여 주고 있다.

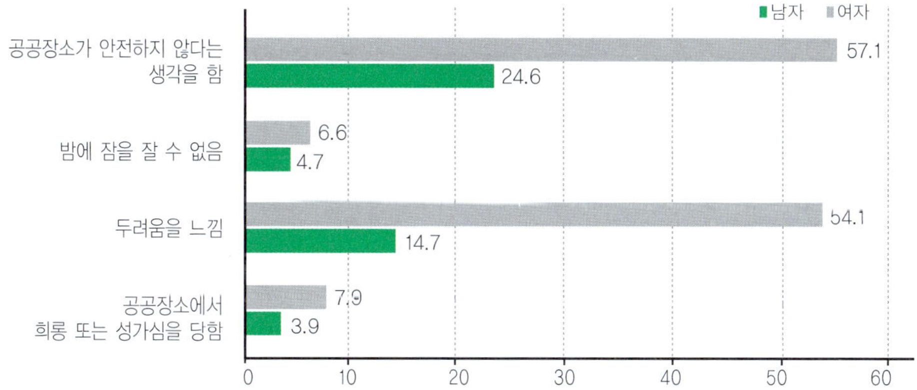

* 타인의 음주로 인한 간접폐해 경험률: 최근 12개월 동안 다람 사람의 음주로 인한 폐해(길거리를 가거나 공공장소에서 술을 마신 사람으로부터 희롱을 당하거나 성가심을 당함, 거리에서 술 마신 사람을 만났을 때 두려움을 느낌, 술 마신 사람들 때문에 밤에 잠을 잘 수 없음, 술 마신 사람들 때문에 공공장소가 안전하지 않다는 생각을 한 적 있음)를 한 가지 이상 경험한 적이 있는 사람의 분율

[그림 12-11] 타인의 음주로 인한 간접폐해 경험률

출처: 교육부 · 보건복지부 · 질병관리본부(2019).

전반적으로 청소년의 평생음주경험률, 현재음주율, 위험음주율은 전반적으로 감소 추세이나 현재음주자의 위험음주율은 2014년 이후 증가 추세이고, 여학생이 높고 학년이 증가할수록 증가하고 있음을 알 수 있다. 편의점 등에서 주류 구입 시 성인 인증 확인율이 감소하고 있으며, 위험음주와 흡연, 전자담배, 가열담배 사용, 자살시도 경험, 구매 용이성이 관련 요인으로 작용하고 있음이 나타났다.

이런 상황에서 청소년의 음주에 대한 개선을 위해서는 주류 접근성이 용이해진 환경적 변화에 대한 대응이 필요하다. 주류 구매 접근성 차단을 강화하기 위해 신분 확인을 철저히 할 필요가 있고, 가정 내 주류 접근 차단을 위한 부모교육이 필요하다.

주류 광고와 주류 소비 행태에 대한 모니터링, 미디어 감시, 시장 및 판매 시스템

감시를 통해 청소년에게 과장되게 전달되지 않도록 하고, 더불어 청소년 음주 예방 정책을 강화하여 청소년 음주 예방교육을 체계화하고 인프라를 확보하여 실효성 있는 예방교육이 이루어질 수 있도록 노력해야 한다.

4) 청소년 마약사범류 실태

마약류란 인간의 중추신경계에 영향을 미쳐 중추신경의 작용을 과도하게 하거나 억제하는 물질 중 신체적 · 정신적 의존성이 있는 것으로서 관련 법규에 따라 규제 대상으로 지정되어 관리되고 있는 물질을 말한다. 일반적으로 약리작용에 따라 흥분제(각성제)와 억제제(진정제) 등으로 분류되고, 마약은 일반적으로 마약원료인 생약에서 추출한 천연마약과 추출 알카로이드, 화학적으로 합성한 합성마약으로 분류된다.

〈표 12-3〉 마약의 종류

분류	품명	지정 성분 수	비고
천연마약	양귀비, 아편, 코카 잎(엽)	3	
추출 알카로이드	모르핀, 코데인, 헤로인, 코카인 등	35	일부 의료용 사용
합성마약	페티딘, 메타돈, 펜타닐 등	912	일부 의료용 사용

청소년 마약범죄는 위험성이 상대적으로 크고, 마약범죄에 한정되어 있지 않고 살인, 폭행, 성범죄 등 2차 범행으로 이행되는 위험성이 있으므로 장기적이고 철저한 대책이 필요하다(이정혁 · 강동욱, 2018). 마약을 사용하는 것은 현행법상 범죄로 간주되고 있고, 처벌 조항이 마련되어 있다.

〈표 12-4〉 현행법상 단속규정

구분	법규	행위	처벌 조항	형량
마약류	「마약류 관리에 관한 법률」	제3조 일반 행위의 금지 등	제8장 벌칙 제58~69조	무기 또는 5년 이상 징역 등
	「마약류 불법거래 방지에 관한 특례법」	업으로서 한 불법수익, 불법수익의 은닉 · 가장, 불법수익의 수수, 마약류 물품의 수입, 선동 등	제3장 벌칙 제6~18조	사형, 무기 또는 10년 이상 징역 등 (벌금 병과)
	「형법」	아편 등의 제조, 아편흡식기의 제조, 세관공무원의 아편 등의 수입, 아편 흡식 및 동 장소 제공 등	제17장 아편에 관한 죄 제198~206조	10년 이하 징역 등
	「특정범죄 가중처벌 등에 관한 법률」	「마약류 불법거래 방지에 관한 특례법」 제58조 제1항 제1호~제4호, 제6호, 제7호에 규정된 죄 또는 그 미수죄, 제59조 제1항~제3항, 제60조에 규정된 죄	제11조 마약사범 등의 가중 처벌	무기 또는 10년 이상 징역 등
환각물질	「화학물질관리법」	「화학물질관리법」 제22조 위반 환각물질 섭취 · 흡입 · 소지 또는 판매 · 제공	제59조 6호, 제22조	3년 이사 징역 또는 5천만 원 이하 벌금 등

출처: 대검찰청(2019).

마약의 거래가 다크넷을 통해 이루어지고 있다. 다크넷(Darknet)이란 접속정보(IP 주소, 데이터 흐름 등)를 소프트웨어(Tor 또는 I2P 등)를 통해 암호화해야만 접속 가능한 웹사이트로서, 1990년 중반 미군당국(Naval Research Laboratory)이 정보보안을 목적으로 한 'Tor'(the Onion Router) 프로그램 개발이 시초였다. 인권운동 및 언론자유에 기여하기도 하였으나 마약, 총기, 음란물 밀매, 사기 등 각종 범죄에 악용되는 사례가 증가하는 추세이며, 주요 다크넷(Darknet Market)으로 Tochka, OW Market, The Majestic Gargen, Berlusconi Market, Cannazon, Rapture Market, Empire Market, Apollon, Serpent Market, Nightmare Market 등이 있다. 유사한 개념인 딥웹(Deepwob)은 비밀번호 보호 기능이 있어 일반 검색엔진을 통해서는 검색이 불가능한 웹사이트이며, SNS, Email 서버 등이 포함된다(대검찰청, 2019).

2019년 전체 마약류사범 중 20~30대가 47.6%를 차지하여 젊은 층의 마약류범죄가 심각한 것으로 나타났으며, 특히 2019년에는 19세 이하 적발 인원이 239명으로 전년(143명) 대비 67.1% 증가하여 청소년의 마약류 범죄가 날로 증가하고 있음을 알 수 있다.

〈표 12-5〉 마약류별 연령별 현황(2019년)

(단위: 명)

연령별 / 마약류	19세 이하	20~29	30~39	40~49	50~59	60세 이상	연령 미상	합계
합계	239 (1.5)	3,521 (21.9)	4,126 (25.7)	3,487 (21.7)	2,554 (15.9)	1,598 (10.0)	519 (3.2)	16,044 (100)
마약	3 (0.2)	99 (5.5)	139 (7.7)	107 (5.9)	237 (13.1)	1,098 (60.9)	121 (6.7)	1,804 (100)
향정	167 (1.4)	2,255 (19.4)	3,239 (27.9)	3,123 (26.9)	2,092 (18.0)	403 (3.5)	332 (2.9)	11,611 (100)
대마	69 (2.6)	1,167 (44.4)	748 (28.5)	257 (9.8)	225 (8.6)	97 (3.7)	66 (2.5)	2,629 (100)

※ ( )는 구성비 %

출처: 대검찰청(2019).

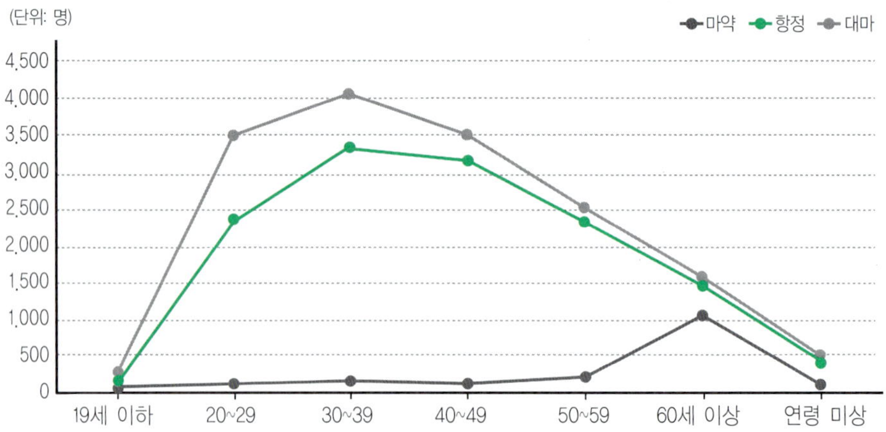

[그림 12-12] 마약류별 연령별 현황(2019년)

출처: 대검찰청(2019).

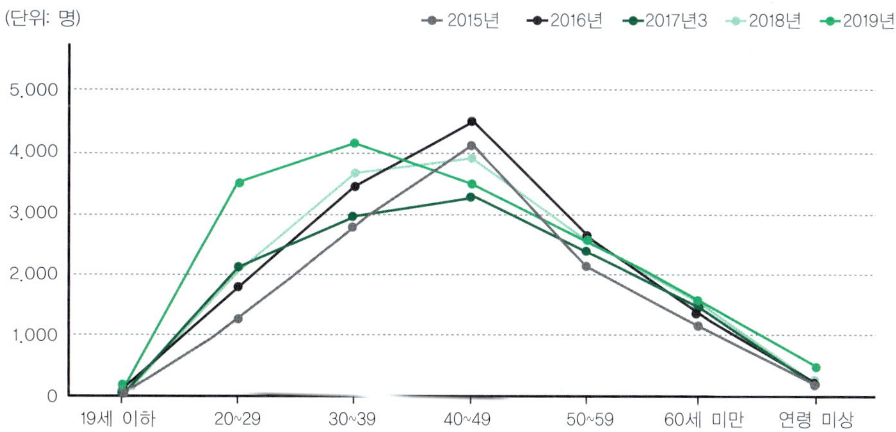

[그림 12-13] 연도별 연령별 현황

출처: 대검찰청(2019).

마약류 범죄는 마약류 투약 후 환각상태에서 살인, 강도, 절도, 인질극, 난동, 수사관 상해 등 2차 강력범죄를 저지르거나, 마약 구입 자금 마련을 위해 강도 등 흉악범죄를 일삼고, 심지어는 검거하려는 수사관에게 위해를 가하는 등 흉포화되고 있다.

〈표 12-6〉 최근 5년간 마약류 투약 환각상태 2차 강력범죄 발생 현황

유형별 / 연도별	살인		과다투약 사망 · 자살		강 · 절도		인질극, 난동		수사관 보복 살해 · 상해		기타		계	
	건	명	건	명	건	명	건	명	건	명	건	명	건	명
2015	1	1	3	3	0	0	1	1	2	2	11	13	18	20
2016	2	2	1	1	2	3	1	1	0	0	7	7	13	14
2017	1	1	2	2	1	1	0	0	1	1	7	7	10	10
2018	0	0	1	1	0	0	4	4	0	0	5	5	10	10
2019	0	0	2	2	0	0	2	2	1	1	4	6	9	11
합계	4	4	9	9	3	4	8	8	4	4	34	38	60	65

출처: 대검찰청(2019).

마약류 범죄와 더불어 청소년에게 문제가 되는 것은 환각물질 흡입인데, 환각물질 흡입사범 등이 향후 마약류사범으로 발전할 가능성 등에 대비하여 범죄동향 분석이 필요하다. 환각물질 흡입 및 섭취행위 등의 범죄는 아래의 물질들을 흡입하거나 섭취하는 것이다.

❖ 대상 환각물질

「화학물질관리법」 제22조 제1항, 동법 시행령 제11조에 해당하는 물질로,
① 톨루엔, 초산에틸 또는 메틸알코올
② 동 물질이 들어 있는 시너, 접착제, 풍선류 또는 도료
③ 부탄가스
④ 아산화질소
를 말함

환각물질 흡입사범은 2017년 430명 이래로 2019년 309명에 이르기까지 꾸준히 감소 추세로 나타났고, 청소년도 꾸준히 감소 추세를 보이고 있다. 그 원인은 최근 대부분의 본드 제조업체가 소매용 본드 생산 시 환각물질이 아닌 대체 물질로 제조하기 때문인 것으로 보인다.

〈표 12-7〉 환각물질 흡입사범 연도별 연령별 현황

(단위: 명)

연령별 / 연도	15세 미만	15~19	20~29	30~39	40~49	50세 이상	미상	합계
2017	25 (5.8)	183 (42.6)	65 (15.1)	64 (14.9)	79 (18.4)	13 (3.0)	1 (0.2)	430 (100)
2018	20 (5.2)	93 (24.1)	147 (38.1)	66 (17.1)	43 (11.1)	17 (4.4)	0 (0.0)	386 (100)
2019	5 (1.6)	50 (16.2)	143 (46.3)	43 (13.9)	54 (17.5)	9 (2.9)	5 (1.6)	309 (100)

※ ( )는 구성비 %

출처: 대검찰청(2019).

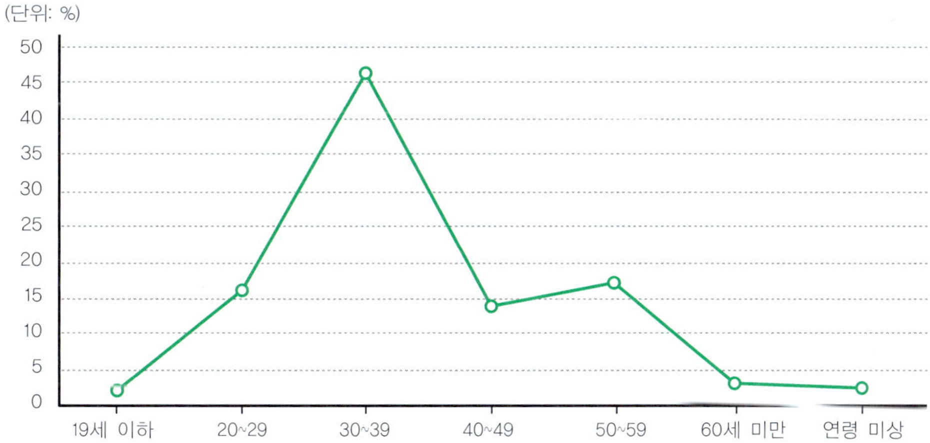

[그림 12-14] 환각물질 흡입사범 연령별 현황(2019)

출처: 대검찰청(2019).

2019년 전체 환각물질 흡입사범 309명 중 20~30대 환각물질 흡입사범이 186명으로 60.2%를 점유하였다. 이는 최근 동 연령대를 중심으로, '해피벌룬(아산화질소 가스)' 확산 추세에 따른 것으로 분석된다. 아산화질소 가스를 흡입할 경우 약 10~30초 정도 쾌감을 주는 환각 현상이 발생하는데, 이를 지속적으로 유지하기 위하여 하루 몇백 개씩 흡입하다가 다리 부위에 마비증상 및 통증이 발생하는 사례도 발생하였다.

환각물질 흡입은 폐해가 크므로 이에 대한 홍보 및 예방활동의 강화가 필요하다. 한국마약퇴치운동본부 등과 협의하여 교육, 홍보 등 언론매체를 통한 홍보와 다양한 예방활동을 전개하고, 환각물질 판매 업소에 대한 지도와 단속을 통해 환각물질이 청소년에게 판매되지 않도록 각별한 점검이 필요하다. 중소형 마트, 철물점, 페인트가게, 문구점 등을 대상으로 본드, 니스, 부탄가스 등을 판매할 때 신분증 확인할 수 있도록 지도를 지속해야 한다.

아산화질소(캡슐형)는 인터넷, SNS 등에서 저렴한 가격으로 쉽게 구매가 가능하기에, 1980~1990년대 청소년 본드 · 부탄가스 흡입 유행과 같이 심각한 사회문제화 가능성이 있으므로 집중 단속 및 확산 방지에 지속적인 노력을 기울여 신종 환각물질의 유통 및 확산 방지를 막을 필요가 있다.

3 청소년 약물 오·남용 예방과 방지를 위한 대응책

약물 오·남용에 대한 대책으로(박성수, 2017) 첫째, 유해약물 신규 유통경로에 대한 모니터링 및 단속 강화가 필요하다. 사회에 마약류, 주류, 담배 등이 무방비적으로 노출되고 있고, 특히 편의점에서 눈에 가장 잘 띄는 곳에 눈에 띄는 광고로 담배가 전시되어 있어 청소년의 시야에 자주 강하게 각인되는 경우가 흔하다. 또한, 인터넷 환경에서는 콘텐츠 제작과 유통이 실시간으로 이루어지기 때문에 제한하는 것이 쉽지 않다. 특히, 스마트폰 메신저 등을 통해 유통되는 콘텐츠는 관리가 거의 불가능하고, SNS에서는 구독자에게 콘텐츠를 자동으로 보여 주기 때문에 유해한 광고에 노출될 수밖에 없다. 자동으로 유해한 콘텐츠를 걸러 주는 콘텐츠 필터의 역할도 중요하고, 유해약물 판매 업소에 대한 모니터링이 강화되어야 한다. 청소년이 주류나 담배 등을 구매할 때 업소에서 나이 확인 절차를 거치는 등의 판매 절차를 준수하도록 엄격하게 모니터링하고 적발 시 후속 조치를 강하게 해야 한다.

둘째, 청소년 맞춤형 교육 및 치료가 필요하다. 학교에서의 교육뿐만 아니라 학교 밖에 있는 위기청소년에게 맞는 교육 및 치료 접근이 필요하다. 학교에서 담배의 폐해 등에 관한 흡연예방교육이 이루어지고 있으나 실효성은 학교급이 올라갈수록 떨어지고 있는 실정이다. 학교급별에 맞는 유해약물 예방 프로그램을 개발하여 제공할 필요가 있다. 또한, 학교에서 실시하는 교육방법에 대한 고민도 필요하다. 일반적으로 일방적인 전달 방식의 교육보다는 각 교급별로 다양한 방식을 사용하되 약물에 접촉하는 것이 또래의 영향이 크므로 또래압력에 의해 나타나는 약물 오·남용 방지에 관한 내용을 바탕으로 소그룹 모둠활동의 형태로 청소년이 능동적으로 참여할 수 있는 방법을 활용할 필요가 있다.

위기청소년의 주류, 담배, 환각성 물질 이용률이 일반 청소년에 비해 높기 때문에 이들을 대상으로 하는 약물 오·남용 교육이 이루어져야 한다. 소년원, 보호관찰소, 쉼터 등 청소년보호시설의 청소년 대상으로 맞춤형 교육을 제공해야 한다. 치료에 있어서도 청소년에게 효과적인 방법이 마련되어야 한다. 법무부에서 2018년부터 실시하고 있는 알코올 중독 보호관찰 대상자를 대상으로 VR치료가 한 예가 될 수 있다.

셋째, 인터넷 및 해외 SNS 청소년 인증 강화를 통한 공급 차단이 필요하다. 국내에 유통되는 마약은 해외에서 들여온 것이 많고, 마약 거래가 인터넷과 SNS, 해외 메신저를 통해 이루어지며, 결제 또한 비트코인으로 이루어지다 보니 쉽게 파악되지 않는다. 이런 상황이 청소년으로 하여금 마약을 비롯한 환각물질 접근을 용이하게 만드므로 인터넷이나 SNS의 불법 정보의 모니터링을 강화해야 할 필요가 있다.

특히, 학교 밖 청소년의 음주 및 흡연이 직접적인 비행 및 범죄행동과 연관성이 있고, 신분증 위조 및 도용으로 이루어지는 경우가 많으므로 판매업체의 효과적인 신원 확인을 위한 정책이 필요하며, 스마트폰 신원 확인 애플리케이션 개발 같은 기술적인 정책을 실시해야 한다. 이와 더불어 학교 밖 청소년을 위한 학업지원, 취업지원 프로그램과 함께 치료, 상담, 예방적인 접근을 위한 프로그램을 제공하여 이들이 범죄 가해자나 피해자가 되지 않도록 적극적인 개입을 해야 한다(조재성, 2018).

CHAPTER 13

청소년 도박중독

1 청소년 도박의 의미

도박은 요행수를 바라고 위험한 일이나 가능성이 없는 일에 손을 대는 일이다. 금품을 걸고 승부를 다투는 일을 말하며, 내기 · 노름 · 박희(博戲)라고도 한다. 도박은 우연성이 큰 비중을 차지하며, 여기에 약간의 기량을 발휘할 여지가 있다. 스릴이 있고 인간 고유의 사행심을 자극해서, 예로부터 세계 각처에서 행하여졌다. 도박은 유희성이 있기 때문에 어디까지가 놀이이고 어디부터가 범죄에 해당하는 도박인지 판별하는 것은 어려운 문제이며, 이는 경우에 따라 다르다. 한국의 「형법」 제246조에는 도박에 관한 처벌규정이 있는데, 단서에 "일시오락 정도에 불과한 경우에는 예외로 한다."라고 하였다. 이 규정에 의한 위법성의 한계는 법원이 도박 자체의 흥미성, 도박의 장소, 도박자의 사회적 지위 · 재산 정도, 도물의 다과 등 제반 사정을 참작하여 구체적으로 판단해야 한다(네이버 지식백과).

도박은 우연에 의한 미래의 불확실한 사건에 결과를 기대하면서 금전과 가치 있는 어떤 것을 자발적으로 이전하는 행위, 우연에 의해 결정되거나 결과가 불확실한 각종 게임이나 놀이에 돈이나 돈으로 환산할 수 있는 것(물건 등)을 거는 행동을 말한다. 여가의 맥락에서 자신에게 가치가 있는 무엇을 그보다 더 큰 가치가 있는 무엇과 교환될 것으로 기대하며 결과가 불확실한 게임에 내기를 거는 것을 말한다(한국도박문제관리센터, 2015). 특히, 청소년에게는 돈내기 게임으로 표현되는 것으로 청소년 도박이란 청소년이 자신이 원하는 것을 얻기 위해 돈이나 물건을 걸고 게임행동을 하는 것을 말한다(김현주, 2009).

우리나라는 경마(1922년), 복권(1947년), 경륜(1994년)과 내국인 전용 카지노인 강원랜드(2000년), 체육진흥투표권(2001년), 경정(2002년), 로또(2002년), 소싸움(2011년)을 합법적으로 허용해 도박에 대한 접근성이 높아졌다(이슬핵 · 이성규 · 나지훈, 2020). 그리고 최근 인터넷과 스마트폰의 발달과 확산으로 인해 청소년이 사행성 게임 사이트 및 모바일 앱에 쉽게 접근할 수 있는 환경이 조성되면서 게임과 비슷하게 만들어진 불법 온라인 도박, SNS를 통한 불법도박 광고 등으로 인해 청소년 도박문제가 심각한 사회문제가 되고 있다(사행산업통합감독위원회, 2018). 청소년 도박에서는 온라인 도박이 신종도박으로 나타나고 있고, 이는 청소년이 온라인 사이트에 성인인증 절차가 없어 쉽게 접근 가능하다(박은경 · 정원미 · 전종설, 2019).

2 청소년의 도박행동형태

도박을 처음 시작하는 시기가 청소년기이고, 시작 시기가 점차 빨라지고 있다. 도박문제를 경험한 청소년은 경험하지 않은 청소년보다 낮은 자존감과 높은 우울 · 불안 수준을 보였고, 자살사고와 자살시도율도 더 높은 것으로 나타났다(한영옥 외, 2013; Rossen et al., 2016, Blinn-Pike, Worthy and Jokman, 2010; Hardoon & Derevensky, 2002). 청소년기의 도박으로 학교생활의 부적응뿐만 아니라 도박 비용을 마련하기 위하여 비행을 저지르거나 범죄를 저지를 가능성도 크다(홍영오, 2015).

도박의 종류는 다양하지만 청소년 도박의 종류는 오프라인과 온라인 도박으로 다음의 **표 13-1**과 같이 나눌 수 있다.

〈표 13-1〉 청소년 도박의 종류

구분	유형		
오프라인	• 카드/화투 • 스포츠 경기 내기 • 체육진흥투표권 구입	• 뽑기 게임 • 내기 게임 • 투표권 구입	• 판 게임 • 복권 구입
온라인	• 복권 구입	• 스포츠 베팅	• PC 및 모바일 게임

출처: 한국도박문제관리센터(2017).

한국도박문제관리센터에서 진행된 '2018년 청소년 도박문제 실태조사'에서는 재학 중인 청소년과 학교 밖 청소년을 구분하여 도박 문제 수준에 대한 내용을 제시하고 있다.

1) 재학 중인 청소년의 도박문제 수준

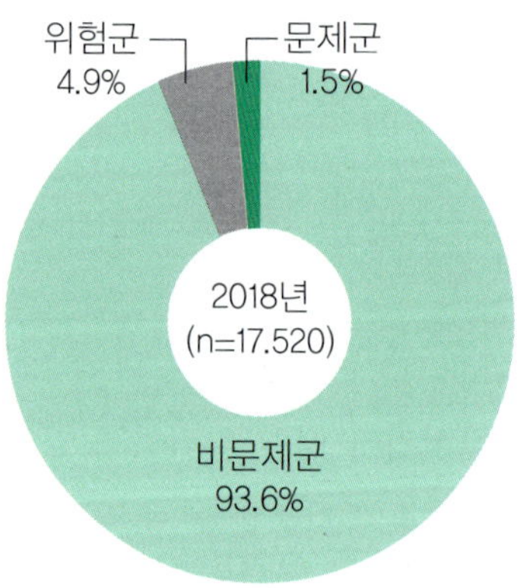

* 재학 중 청소년 데이터는 교육통계서비스의 '유초중등통계'를 모집단으로 하여 가중치를 부여한 값임(2018년 4월 기준)

[그림 13-1] 재학 중 청소년의 도박문제 수준

출처: 한국도박문제관리센터(2018).

재학 중인 청소년 중 1.5%가 문제군으로 분류되었다. 문제군 비율은 여학생(0.8%)보다 남학생(2.2%)이, 만 12~15세(1.0%)보다 만 16~18세(2.3%)가 높게 나타났고, 지역별로는 충북(4.1%), 충남(3.1%), 경남(3.0%), 제주(3.0%) 등에 거주하는 청소년의 문제군 비율이 상대적으로 높았고, 강원(0.3%), 울산(0.6%) 등에 거주하는 청소년의 문제군 비율은 상대적으로 낮았다.

〈표 13-2〉 재학 중 청소년의 도박 특성별 분석

구분		비문제군	위험군	문제군
전체		93.6	4.9	1.5
성별	남성	92.5	5.3	2.2
	여성	94.7	4.5	0.8
연령별	만 12세~만 15세	94.4	4.6	1.0
	만 16세~만 18세	92.3	5.4	2.3
지역별	서울	95.4	3.7	1.0
	부산	95.4	2.9	1.6
	대구	95.4	3.3	1.3
	광주	92.1	5.9	2.0
	인천	96.1	3.2	0.8
	대전	94.4	4.7	0.9
	울산	94.0	5.4	0.6
	세종	94.3	4.5	1.2
	경기	94.2	4.7	1.1
	강원	93.7	6.0	0.3
	충북	89.3	6.7	4.1
	충남	89.8	7.1	3.1
	전북	89.4	8.2	2.4
	전남	90.8	8.1	1.1
	경북	93.2	4.7	2.0
	경남	91.7	5.2	3.0
	제주	85.9	11.1	3.0

출처: 한국도박문제관리센터(2018).

2015년과 2018년을 비교했을 때 문제군 비율은 2015년도 1.1%, 2018년도 1.5%로, 위험군 비율은 2015년도 4.0%, 2018년도 4.9%로 비슷한 수준이었으나, 위험군+문제군은 통계적으로 상승하였다.

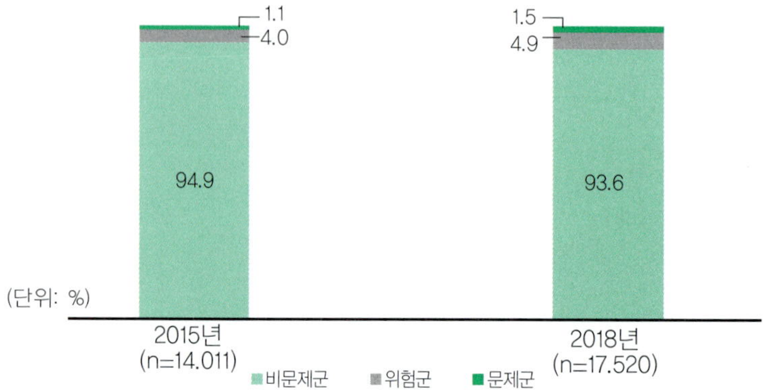

[그림 13-2] 재학 중 청소년의 연도별 도박문제 수준

출처: 한국도박문제관리센터(2018).

돈내기 게임 경험률은 뽑기 게임(23.0%)이 가장 높았고, 15년 조사보다 4.9%p 상승했다. 그 뒤를 이어 그 외 내기 게임(10.6%), 스포츠 경기 내기(10.2%)의 순으로 나타났다. 지난 3개월 동안 돈내기 게임을 한 가지라도 해 봤다는 청소년은 28.4%, 평생 기준으로는 47.8%로, 15년 조사보다 상승했다.

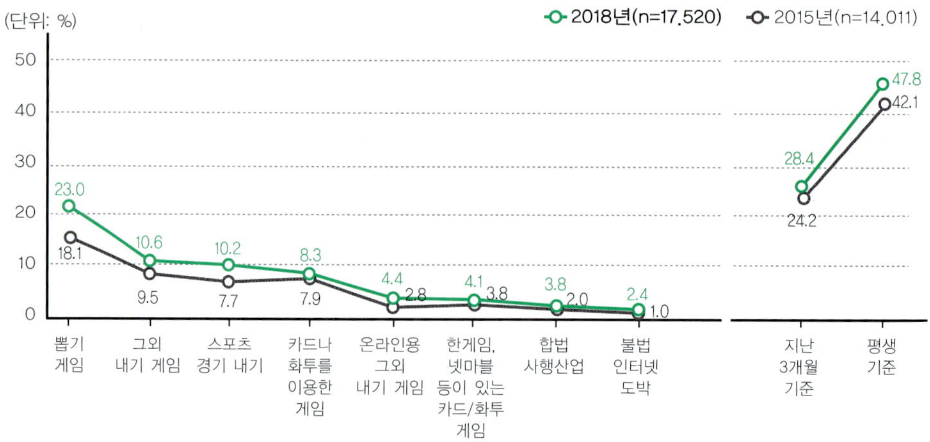

* '합법 사행산업'은 '복권 구입', '체육진흥투표권 구입', '경주류 투표권 구입', '인터넷 복권 구입', "베트맨" 이용 인터넷 스포츠 베팅'을 그룹화한 것이며, '불법 인터넷 도박'은 "베트맨"이 아닌 인터넷 스포츠 베팅', '인터넷 카지노 게임'을 그룹화한 것임

[그림 13-3] 재학 중 청소년의 돈내기 게임 경험률

출처: 한국도박문제관리센터(2018).

일반적으로 청소년의 도박은 놀이로 인식되고, 경제적 능력이 없는 청소년은 성인과 같은 도박 수준을 보이지 않을 것이라는 편견이 있으나(권선중 외, 2007), 2018년 청소년 도박문제 실태조사에 따르면 지난 3개월간 돈내기 게임에 사용한 금액은 평균 34,086원으로 나타났고, 도박문제 수준별로 보면 비문제군(Green) 13,329원, 위험군(Yellow) 56,758원, 문제군(Red) 265,999원으로 나타났다.

지난 3개월 기준 가장 자주 한 돈내기 게임 참여 이유로는 일시적인 재미가 38.5%로 가장 많았고, 호기심(20.4%), 스릴과 짜릿한 흥분을 느끼기 위해서(11.8%)의 순이었다. 2015년도 일시적인 재미와 호기심이 가장 높게 나타났다.

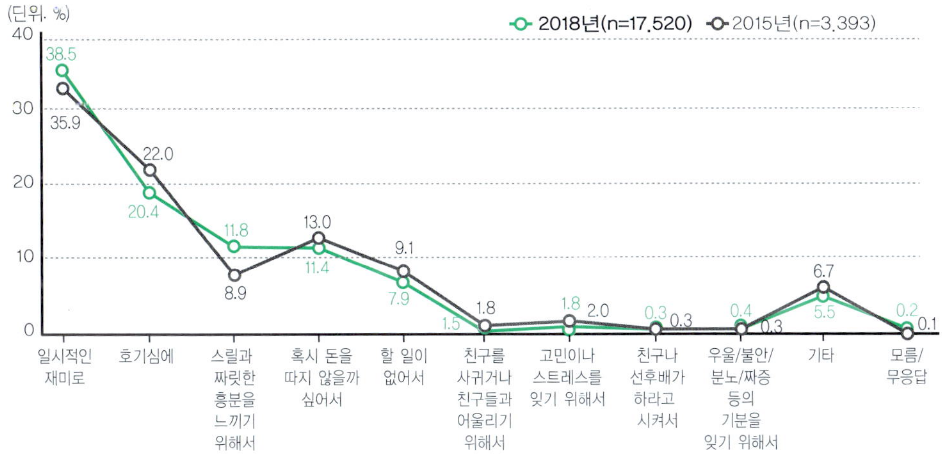

* Base: 지난 3개월 기준 돈내기 게임 경험 청소년

[그림 13-4] 지난 3개월 기준 가장 자주 한 돈내기 게임에 참여한 이유

출처: 한국도박문제관리센터(2018).

2) 학교 밖 청소년의 도박 문제 수준

학교 밖 청소년은 문제군 비율이 8.5%로, 남자 청소년이(13.1%) 여자 청소년(4.0%)보다 높았으며, 만 16세~만 18세에서 문제군 비율이 높게 나타났다. 소속기관별로는 청소년 쉼터 청소년이 14.7%로 가장 높게 나타났고, 비인가 대안학교 청소년의 문제군 비율이 2.5%로 상대적으로 낮게 나타났다.

도박문제 수준 (단위: %)

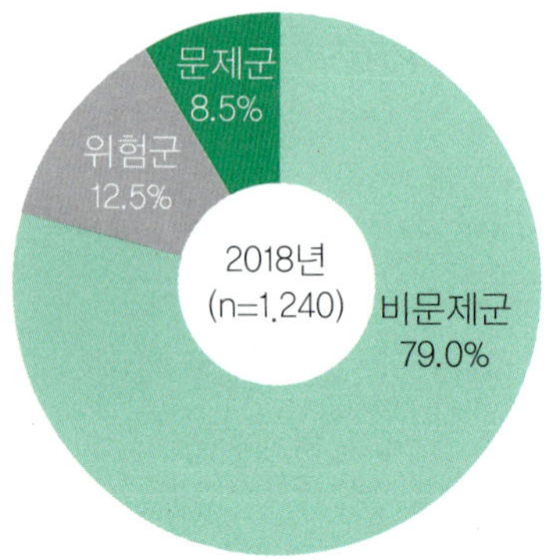

* '학교 밖 청소년' 데이터는 집계표 그대로의 값임 (가중치 부여 ×)

특성별 분석 (단위: %)

구분		비문제군	위험군	문제군
전체		79.0	12.5	8.5
성별	남성	71.0	15.9	13.1
	여성	86.8	9.2	4.0
연령별	만 12~15세	85.8	10.6	3.7
	만 16~18세	77.2	13.1	9.8
기관 유형	학교 밖 청소년 지원센터	80.7	11.1	8.2
	청소년쉼터	69.4	16.9	14.7
	비인가 대안학교	83.4	14.1	2.5

[그림 13-5] 학교 밖 청소년 도박문제 수준 & 특성별 분석

출처: 한국도박문제관리센터(2018).

돈내기 게임 경험률은 뽑기 게임(33.5%)이 가장 높았고, 그 외 내기 게임(22.0%), 스포츠 경기 내기(17.2%) 순으로 나타났다. 지난 3개월 동안 돈내기 게임을 한 가지라도 해봤다는 청소년은 41.8%로 나타났으며, 평생 기준으로는 58.4%로 나타났다.

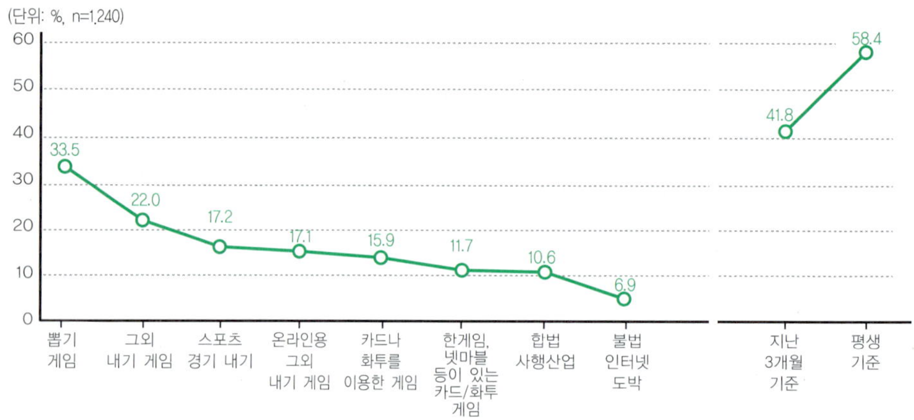

* '합법 사행산업'은 '복권 구입', '체육진흥투표권 구입', '경주류 투표권 구입', '인터넷 복권 구입', "베트맨" 이용 인터넷 스포츠 베팅'을 그룹화한 것이며, '불법 인터넷 도박'은 "베트맨'이 아닌 인터넷 스포츠 베팅', '인터넷 카지노 게임'을 그룹화한 것임

[그림 13-6] 학교 밖 청소년의 돈내기 게임 경험률

출처: 한국도박문제관리센터(2018).

최초로 경험한 돈내기 게임으로 뽑기 게임(43.9%)이 가장 많았으며, 그 외 내기 게임(20.2%), 카드나 화투를 이용한 게임(14.6%) 순으로 나타났다. 최초 참여 평균연령은 만 13.3세였다.

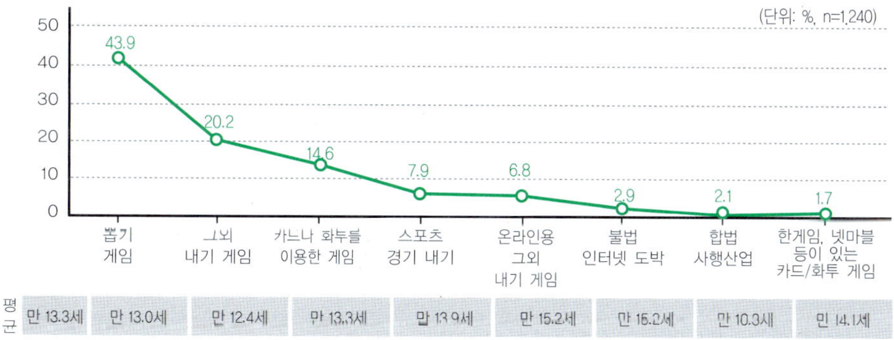

* '합법 사행산업'은 '복권 구입', '체육진흥투표권 구입', '경주류 투표권 구입', '인터넷 복권 구입', "베트맨' 이용 인터넷 스포츠 베팅'을 그룹화한 것이며, '불법 인터넷 도박'은 "베트맨'이 아닌 인터넷 스포츠 베팅', '인터넷 카지노 게임'을 그룹화한 것임

[그림 13-7] 학교 밖 청소년의 평생기준 최초 경험 돈내기 게임 및 참여 연령

출처: 한국도박문제관리센터(2018).

지난 3개월 기준으로 가장 자주 한 돈내기 게임에 대해 돈내기 게임으로 딴 금액을 다시 투자한 경우까지 포함한 누적 기준 총 사용 금액은 16만 원 수준이었고, 가장 자주 한 돈내기 게임별 사용금액은 스포츠 경기 내기와 온라인용 그 외 내기 게임에서 평균 24만 원 수준으로 사용하여 다른 돈내기 게임에 비해 상대적으로 많은 금액을 사용하는 것으로 나타났다.

지난 3개월 동안 돈내기 게임을 한 가장 큰 이유로 일시적인 재미가 30.7%(1+2순위 57.1%)로 가장 많았고, 혹시 돈을 따지 않을까 싶어서, 호기심이 그 뒤를 이었다.

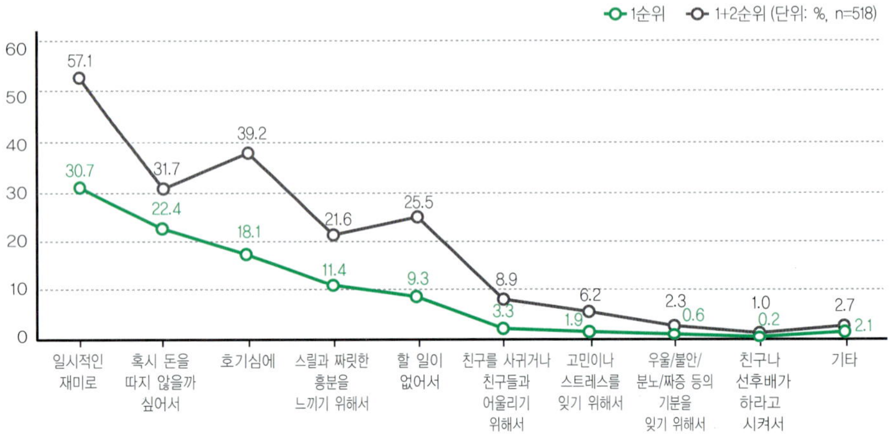

* Base: 지난 3개월 기준 돈내기 게임 경험 청소년

[그림 13-8] 학교 밖 청소년의 지난 3개월 기준 가장 자주 한 돈내기 게임에 참여한 이유

출처: 한국도박문제관리센터(2018).

3) 도박행동 발생 시점 및 생태체계요인의 영향

조혜정 · 박근우(2017)의 연구에서 도박행동이 급증하는 연령은 중2부터 고2까지의 시기로 나타났다. 중학교 입학 후 청소년 도박행동 비율이 높아지고 있으므로 초등학교 시기부터 도박에 대한 예방정책이 이루어져야 한다. 하지만 청소년의 도박문제에 대한 교육계의 인식 부족으로 적극적인 개입이 이루어지지 않고 있다.

또한, 연령 집단별 도박행동 발생 시점에 영향을 미치는 요인으로는 중학생 집단의 경우 남학생이고 용돈이 많을수록, 음주하는 경우, 부모로부터 방임 및 학대를 경험할수록, 도박 친구가 있는 경우, 휴대폰 의존이 높을수록 도박행동 발생위험이 증가하였다. 고등학생 집단의 경우 남학생, 흡연하는 경우, 도박 친구가 있는 경우, 학교 규칙을 잘 따르지 않을수록 도박행동 발생위험이 증가하였다. 이는 청소년의 음주와 흡연의 약물 사용이 도박행동과 밀접한 관련이 있음을 보여 주고 있다.

3 도박과 청소년의 심리적 연관성

도박은 대부분의 사람들에게 유희와 즐거운 사회적 교제 수단으로 그치는 경우가 있는데, 어떤 이들에게는 중독의 단계까지 이르러 자신의 삶을 망가뜨릴 뿐만 아니라 주위의 가족이나 사회에 피해를 주기도 한다. 그래서 도박은 아무런 문제가 없는 사고성 혹은 오락성 도박에서부터 위험성 도박과 문제성 도박을 거쳐 병적 도박에 이르는 연속선상의 문제로 중독으로 가게 된다(Dickerson, 1993).

도박중독은 자신의 신체적 · 정신적 건강은 물론 가정과 직업, 대인관계, 사회의 도덕성 등을 파괴시킬 정도로 도박에 몰입하고 자신의 의지로는 조절할 수 없는 상태이다(박상규 외, 2011). 주기적으로 도박에 대한 자기통제력을 상실하고, 도박과 도박으로 딸 돈에 대한 집착이 있고, 도박에 대한 비합리적인 생각을 가지고 있으며, 부정적인 결과에도 불구하고 계속되는 도박행동을 하게 되는 것이다(이홍표 외, 2013).

청소년 도박중독도 지나친 도박행동으로 여러 가지 문제를 야기하고, 그 문제가 자신과 주위 사람들에게 지장을 주거나 금전적 폐해를 야기한다. 청소년은 책상에 앉아 스마트폰을 통해 인터넷과 SNS로 도박을 하는 경우가 있어 잘 살펴보지 않으면 그 상황의 심각성을 모르고 빠져드는 경우가 많다. 청소년기의 도박행동이 청소년기로 끝나는 것이 아니라 성인기의 도박문제로 이행될 가능성이 매우 크고, 사행사업 참여 가능성이 커지기 때문에 더 취약하다(Lynch, Maciejewski, & Potenza, 2004). 청소년은 자제력을 쉽게 상실하고, 도박경험은 낮지만 중독률이 높기 때문에 더 심각할 뿐만 아니라 청소년의 충동성이 도박을 야기하고(Petry, 2001), 도박중독에 빠질 경우 무단결석, 약물남용, 비행행동, 폭력 등의 반사회적 행동을 할 가능성이 크고, 문제성 도박으로 발전할 가능성이 크다(이홍표, 2003).

1) 도박행동과 우울, 충동성, 감각추구성향

청소년의 도박은 우울, 충동성과 연관성이 있다. 청소년 병적 도박자는 또래집단에 비해 낮은 자아존중감을 가지며, 정상군이나 사회적 수준의 도박경험 청소년보다 높은 우울감을 나타내고 있었다(Gupta & Derevensky, 1998; Marget, Derevensky, & Gupta, 1999). 14~17세에 심각한 도박문제를 경험한 청소년은 자살사고와 자살시도 측면에서 일반 청소년보다 높게 나타났다(Gupta & Derevensky, 1998). 이는 우울이 자살사고와 시도로 이어짐을 확인할 수 있는 것이다. 또한, 도박에 중독된 집단은 정상적인 집단에 비해 충동성이 높았으며, 충동성이 높을수록 도박의 심각성도 증가하였고(이인혜, 2004), 도박의 심각성과 관련 있는 성격요인은 충동성, 신경증적 경향성, 정신병적 경향성이었다(김민경, 2006).

청소년의 특징인 감각추구성향은 새로움, 복잡한 감각과 경험, 의지에 대한 욕구이고, 신기하고 강한 경험을 추구하려는 성향이다. 감각추구성향이 높으면 신기한 감각과 강도가 높은 경험에서 즐거움을 느끼며, 위험한 행동에 참여하는 경향이 있다. 이러한 감각추구성향은 새로움과 강렬한 감각추구 때문에 도박행동과 밀접한 관련성이 있다(이래혁 · 장혜림 · 이재경, 2020).

2) 도박행동과 비합리적 도박신념

사람들은 인지적인 기대를 갖는다. 인지적인 기대는 주어진 상황에서 일어날 수 있는 결과에 대해 갖게 되는 생각으로, 인지적인 기대가 잘못된 방향으로 가게 될 때 인지적 오류가 발생한다. 인지적 오류는 비합리적 언어화 또는 사고이다(Griffth, 1994). 도박행동에 비합리적 도박신념인 인지적 오류가 영향을 주게 되는데, 도박결과에 대한 통제력의 착각, 특정한 행동이 승리 기회를 증가시킬 수 있다는 미신적 신념, 도박자의 오류, 기술에 대한 과대평가 등이 그것이다. 이러한 비합리적 도박신념이 위험도가 높은 게임을 선호하게 하고, 실제 가능한 확률 이상의 성공 가능성을 크게 평가한다(Anderson & Brown, 1984). 이러한 낙관적인 기대가 도박을 지속하게 한다. 청소년 도박에 있어서도 언젠가는 돈을 딸 수 있다는 기대감으로 도박기술이 중요하게 작용할 수 있음을 가지고 도박에 접근하게 되고, 비합리적 도박신념이 높은 사람이 더 문제성 도박이나 병적 도박에 빠질 위험성이 크다. 충동성이 높으면 비합리적 도박신념도 높게 나타나 도박행동에 영향을 미치고, 가족이 전반적으로 건강할수록 비합리적인 도박신념이 낮다(양정남 외, 2011).

4 청소년 도박행동 예방과 치료적 접근

도박문제 예방 · 치유 중장기 계획(2016~2020년)에서는 '도박폐해 안전망을 구축하여 국민 삶의 질 향상에 기여'라는 미션을 가지고 도박문제 예방 · 홍보체계 다각화, 단계적 · 연속적 치유 재활 서비스 강화, 인력양성 및 연구 활성화 전략으로 접근하고 있다.

청소년을 위한 전략으로 청소년 접근성을 고려한 모바일 등 뉴미디어 홍보 강화(청소년 유명인 및 또래집단을 활용한 홍보 프로그램 제작), 청소년 학교 중심 예방 교육 강화(2017년~) 및 소그룹 체험형 교육 확대(2018년~), 청소년 관련 기관 연계를 통한 교육수요 발굴 및 활성화(2016년), 학교 교사, 학부모 등 게이트키퍼 교육 확대(2017년), 학교 내 자체교육 운영관리 및 지원 확대(2018년~), 청소년 도박문제 예방을 위한 학부모 및 교사 예방가이드 제작, 대상 맞춤형 도박문제 예방교육 프로그램을 개발(2018년~)하여 제공하고, 고위험군 청소년을 위해서는 고위험군 청소년 조기발견 및 연계서비스 강화(2017년~), 도박문제 없는 학교 만들기 시범사업 전개(2018년~), 청소년 치유 서비스 기관과 연계체계 구축(2017년), 청소년 등 관련 분야 전문인력 활용 강화(2017년~) 등으로 접근하고 있다.

무엇보다 교육에 있어서 청소년기는 인터넷 게임 중독과 또래 영향이 크므로 흥미 있고 참여 중심의 교육교재 및 교수법을 개발하여 가족관계, 또래관계 등 청소년 개인 전반에 대한 탐색을 통한 가치인식 프로그램을 제공하는 것이 필요함을 보여 주고 있다.

청소년의 도박문제는 법적으로 허용되지 않는 행위인 도박행위가 위법인지 모르고 참여하는 경우가 많고, 도박문제 발생 시 사채 이용이나 자살 시도 등의 위험행동과 절도, 갈취 등의 범죄행위와 연결될 수 있다. 또한, 심각한 상태에 이른 청소년 도박문제는 오랜 기간 지속되어 왔고, 온라인 불법도박시장의 확산으로 그 영향이 청소년에게 고스란히 위험요인으로 작용하여 부정적 결과를 야기한다.

이러한 문제를 해결하기 위해서는 첫째, 도박문제의 발생을 예방해야 한다. 도박행동행태 조사에서 재학 중 청소년 30.1%는 돈내기 게임의 위험성을 알리는 예방교육을 받아 본 경험이 있고, 도박문제 예방을 위해 청소년 대상 예방교육(38.2%)과 돈내기 게임 접근 차단(32.6%)이 필요하다고 하였다.

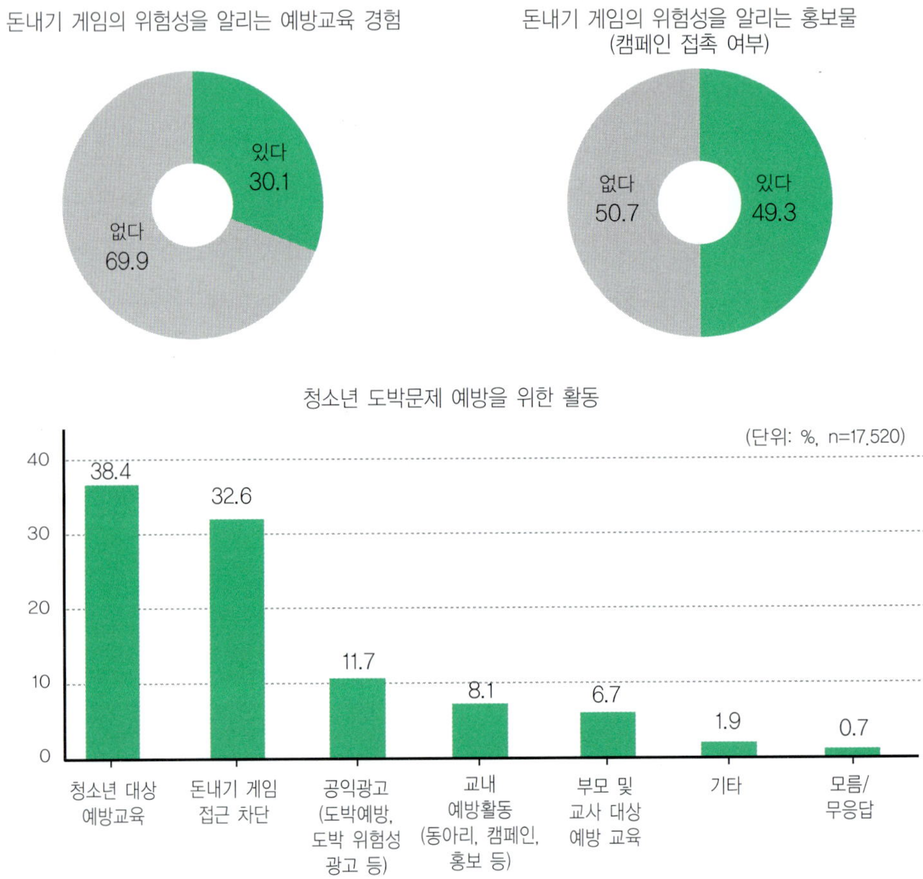

[그림 13-9] 재학 중 청소년의 도박문제 교육 경험 및 예방

출처: 한국도박문제관리센터(2018).

또한, 학교 밖 청소년은 23.4%가 돈내기 게임의 위험성을 알리는 예방교육을 받아 본 경험이 있는 것으로 나타났고, 도박문제 예방을 위해 청소년 대상 예방교육(42.7%)이 가장 필요하다고 보았다.

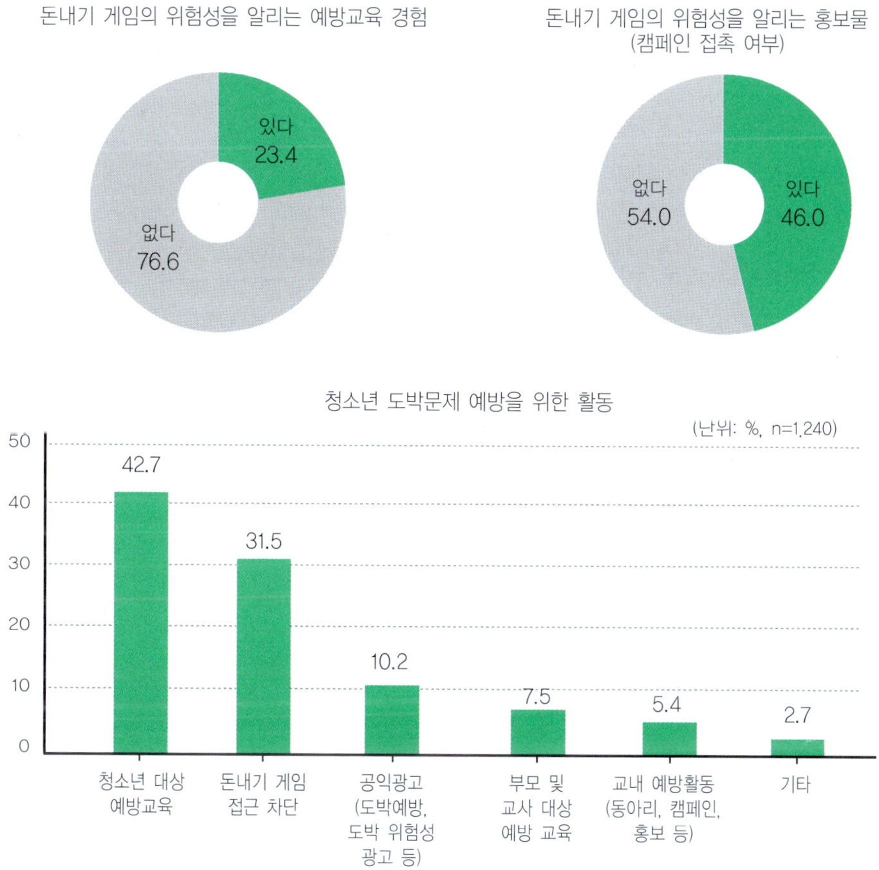

[그림 13-10] 학교 밖 청소년의 도박문제 교육 경험 및 예방

출처: 한국도박문제관리센터(2018).

재학 중 청소년이나 학교 밖 청소년 모두 청소년 대상 예방교육이 중요함을 나타내고 있으므로 예방적인 차원의 접근이 무엇보다 필요하다.

위험집단을 분류하여 선별적 예방 서비스를 제공하여 문제집단으로 이행되지 않도록 하는 것이 효율적이다. 평균 12세경에 오프라인 사행성 게임인 뽑기 게임, 내기 게임, 카드나 화투 등을 통해 유사도박을 경험하게 되고, 온라인 게임 중 사행행동에 해당하는 확률 아이템 구입이나 아이템 조합 등을 통해 도박에 대한 수용성이나 흥미가 높아지게 될 뿐만 아니라 주 생활영역 근처에 도박장이 있거나 주변에 불법 온라인 도박을 하는 친구나 선후배가 있는 경우에 도박문제의 위험성이 있으므로 예방을 위해서 어릴 때에 유사도박을 접하고 온라인 게임에 허용적이지 않아야 하며, 주변의 유해한 환경을 개선해 나가야 한다. 도박에 재미나 호기심을 갖지 않도록 불법임을 정확히 알려 주는 것이 필요하고, 어떤 문제점이 있는지 알 수 있는 다양한 창구를 통해 청소년을 교육해야 한다.

또한, 도박문제 수준에서 남학생의 도박 수준이 여학생보다 높게 나타났으므로(정한누리, 2020) 청소년 도박문제 예방 프로그램이나 상담에서 성별의 차이점을 고려하여 개입할 필요가 있다.

둘째, 성인을 대상으로 하는 합법 사행산업에 청소년이 참여하는 경우가 있으므로 관리를 철저히 해 나가야 한다. 청소년에게 성인을 대상으로 하는 사행산업이 노출되지 않도록 각별히 주의를 기울이고, 참여할 수 있는 경로를 차단해야 한다. 사행산업 영업장에서 철저히 본인 확인과 성년 여부 확인 의무화와 위반 시 판매자에 대한 제제를 가함으로 청소년이 접하지 못하도록 하고, 청소년 스스로가 자기절제를 할 수 있도록 유도해야 한다.

청소년기는 또래의 영향을 많이 받는 시기이므로 정확한 위험정보를 제공하여 도박에 대한 수용성을 낮추는 또래문화 형성을 촉진하고, 부모나 교사가 청소년 도박문제에 대한 위험인식을 가지고 바른 규범 형성의 길잡이 역할을 하며, 관계부처는 사회안전망을 형성하여 책임 있는 역할을 해 나가야 한다.

셋째, 청소년 도박문제에 보호요인과 위험요인이 존재하는 바 위험요인을 제거하고 보호요인을 제공하여 청소년이 도박문제에 유입되지 않고, 유입되었더라도 해결해 낼 수 있도록 도와야 한다. 특히, 청소년기는 환경의 영향이 큰 시기이므로 또래지지나 친사회적 학교 분위기를 조성하여 청소년이 도박문제에 유입되지 않도록 관심을 가져야 한다.

〈표 13-3〉 청소년 도박문제 보호-위험요인

영역	주요내용	
	위험요인	보호요인
개인 수준	• 도박에 대한 비합리적 신념 • 감각 추구 • 우울	• 도덕성 • 진로 정체감
관계 수준	• 부정적 또래 영향 • 문제행동에 대한 부모의 방임	• 부모 애착 • 또래지지
학교 수준		• 친사회적 학교 분위기
지역 수준	• 도박 접근성	• 친사회적 지역사회 환경

출처: 한국도박문제관리센터(2017).

넷째, 도박문제 수준은 비합리적인 도박신념의 영향을 받기 때문에 비합리적 도박신념인 잘못된 지각, 통제력 착각, 도박에 대한 해석편향 등에 대한 정보를 영상을 통해 제공하거나 경험적으로 검증하는 체험적 활동을 통해 스스로 비합리적인 도박신념에 빠지지 않도록 다양한 접근을 시도할 필요가 있다(정한누리, 2020). 비합리적인 도박신념은 가족의 전반적 건강성이 높을 때 낮아지므로 가족교육, 상담 및 치료를 통해 가족의 지지 기반을 강화시킬 필요가 있다.

PART 3

청소년문제행동 보호를 위한 발전적 대안 탐색

CHAPTER 14

청소년문제행동 보호를 위한 법/제도적 특성 및 대안

1 우리나라 청소년문제행동 대책의 변화과정과 특성

청소년문제행동에 대한 예방 및 실질적 대응책으로는 청소년보호를 중심으로 이루어졌다. 그동안 청소년문제대책을 보면 내무부를 중심으로 총리실, 주무부처의 지정 등을 통한 청소년보호종합대책이 개별 부서가 아닌 전체 정부부처가 상호 밀접하게 연계되어 추진되었다. 무엇보다 청소년문제종합대책, 청소년보호종합대책, 청소년문제해결을 위한 사회관계장관회의 등 정부 주도의 주요 시책의 명칭에서 알 수 있듯이 한 개의 부처가 담당할 수 없는 복합적 특성과 속성을 보인다는 점에서 청소년문제대책을 어느 곳에서 얼마나 주도적으로 할 수 있는가는 여전히 논란의 대상이 되고 있다. 그럼에도 현재에는 청소년성장과 보호에 대한 대책은 주무부서인 여성가족부를 필두로 이루어지고 있지만 어떠한 대응으로 바라보는가에 따라서 여러 부처가 통합적으로 관계를 할 수밖에 없는 구조이다.

청소년정책이 대상중심정책이라는 점에서 청소년이 관여하는 정책의 대상범주가 다양한 관계법령에 의존한 부처와 직·간접적으로 연계되어 있기 때문에 모든 부처의 자원을 최대로 결집한 보호역량이 집중되어질 필요가 있어 보임은 분명하다. 이를 다문화청소년을 위한 정책과 연계해서 보면 **표 14-1**과 같이 부처 간 통합적으로 청소년정책이 전개되어야 할 이유는 분명해 보인다.

〈표 14-1〉 2018, 2019년 중앙부처 및 지자체별 다문화정책 과제수 및 소요예산

(단위: 개, 백만 원)

구분		과제수		예산	
		2018	2019	2018	2019
중앙부처	계	117	127	311,586	389,272
	교육부	14	17	17,269	19,566
	외교부	2	7	10,232	8,576
	법무부	9	8	620	714
	국방부	1	1	6	6
	행정안전부	2	2	비예산	비예산
	문화체육관광부	7	7	4,498	3,702
	농림축산식품부	1	2	1,666	1,666
	산업통상부(KOTRA)	1	1	50	50
	보건복지부	2	4	2,737	2,837
	고용노동부	4	4	10,534	8,857
	여성가족부	60	61	248,778	334,602
	국토교통부	1	1	비예산	비예산
	중소벤처기업부	1	1	6,587	4,957
	방송통신위원회 (방송통신심사위원회)	2	3	7,473	2,387
	경찰청	3	3	320	321
	국세청	1	1	비예산	비예산
	농촌진흥청	4	2	200	140
	소방청	2	2	525	891

구분		과제수		예산	
		2018	2019	2018	2019
지방자치단체	서울특별시	59	49	8,276	7,008
	부산광역시	62	63	9,673	8,097
	대구광역시	63	64	2,426	2,603
	인천광역시	54	77	2,462	4,802
	광주광역시	56	59	3,226	5,604
	대전광역시	53	57	1,669	1,887
	울산광역시	46	45	954	961
	세종특별자	14	18	272	295
	경기도	100	99	8,158	9,931
	강원도	39	156	2,385	5,153
	충청북도	65	85	3,196	3,973
	충청남도	62	78	3,958	1,754
	전라북도	51	50	6,273	6,432
	전라남도	34	51	3,956	6,322
	경상북도	31	37	9,049	7,530
	경상남도	46	66	5,194	6,246
	제주특별자치도	32	33	1,065	992

출처: 여성가족부(2019).

무엇보다 청소년을 문제행동의 관점에서 벗어나게 하고 균형성장으로 이끌게 하는 관점은 크게 긍정적 성장과 보호와 복지의 관점, 예방적 관점 등의 시각으로 나누어 볼 수 있다. 하지만 이러한 구분 역시 경계선상의 구분이 명확하지는 않다는 점에서 보호나 복지 및 성장지원을 위한 각종 활동을 통한 예방의 통합성은 밀접한 관계가 있을 것이다.

청소년의 문제행동예방과 보호의 핵심적인 내용은 청소년보호대책의 추진에서 살펴볼 수 있는데, 2013년부터 추진된 청소년보호종합대책은 2021년까지 제3차의 기본계획을 통해서 오늘에 이르고 있다.

그동안 우리는 청소년의 인명을 앗아간 여러 유형의 문제를 경험한 바가 있으며, 이러한 안타까운 현실은 청소년보호가 제대로 이루어지지 않을 때 국가나 국민 모두에게 큰 짐으로 남게 된다는 것이다. 1999년 인천 호프집 화재사건 발생을 계기로 관계부처 합동의 청소년보호특별책을 수립(1999. 12. 7.)한 바가 있으며, 이후 지속적으로 청소년을 대상으로 신종 범죄나 문제가 유발되는 등 더 이상 좌시할 수 없는 문제가 지속적으로 확대되었다. 따라서 국가적 차원에서 청소년보호특별대책을 수립하고 이행상황을 점검하도록 임시조직인 청소년보호중앙점검단을 발족(2000. 1.)하여 청소년 유해환경 점검 · 단속을 하도록 하였고, 이후 개별적으로 시행되던 청소년보호특별책과 청소년성매매방지책을 '청소년보호종합책'으로 통합 · 추진(2003. 6. 2.)하게 함으로써 본격적인 청소년보호대책의 수립방안을 마련하였다.

정부 중심의 청소년보호종합대책은 법적인 대책의 강화를 통해서 적극 시행되어 왔으나 시대변화가 빠르고 신 · 변종 유해매체, 유해업소 등 새로운 유해환경의 확산으로 청소년이 이를 활용하는 악용성과 피해의 양면성에서 어려움을 겪고 있는 문제의 심각화가 대두되면서 새로운 매체를 통한 유해환경과 신 · 변종 유해업소의 확산을 막기 위한 다원적 접근으로 보호정책이 강화되기 시작하였다. 무분별하게 번창하는 성산업, 인터넷 매체를 통한 성매수 관련 연결 범죄 등 다양한 형태의 아동 · 청소년 대상 성범죄 사건(2012. 7. ○○ 초등학생 성폭행 살해사건 등)이 계속 증가하는 등 심각성이 날로 고조되어 이의 대책일환으로 구성된 청소년보호종합대책은 청소년문제예방의 최전선에서 중요한 입지를 구성하고 있다.

그러나 지금까지 3차에 걸쳐 추진된 청소년보호종합대책을 크게 대별해 보면 다섯 가지 영역에서 새롭고 시대적 상황을 앞서서 해결하는 방안이 없이 거의 동질적 정책으로 추진되어 온 속성이 있다.

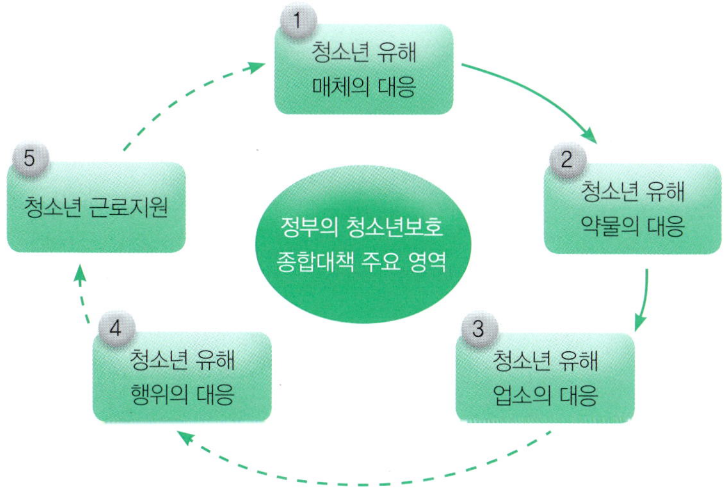

[그림 14-1] 청소년보호대책의 중심영역

첫째, 청소년유해매체의 문제에 대한 대책을 마련하였다. 청소년유해매체는 정보화시대의 총아라고 하는 수단이기에 매체를 규제한다는 점에서 규제의 범위와 대상이 폭발적으로 늘어나는 문제를 안게 된다. 그렇기 때문에 청소년보호대책의 추진과정에서 관계부처는 항상 다른 부처가 처해 있는 상황에서 서로의 입장을 강력하게 주장하는 시각, 즉 이용과 규제의 양면성에서 고민을 하게 된다. 예를 들면, 유해매체의 한 형태인 게임산업의 규제에 대한 불편감은 동일 사안을 바라보는 시각에서 엄청난 차이가 있음을 발견하게 된다. 한쪽에서는 청소년의 보호를 위해서는 게임이라는 도구나 수단은 중독성이 크니 이를 규제해야 한다는 관점이지만, 다른 시각에서는 게임을 산업적 관점에서 바라보며 산업진흥과 먹거리, 국가산업발전의 진흥이라는 시각을 무기로 대응하기도 한다. 이러한 논란이 커지는 가장 중요한 이유는 서로의 입장에 대한 차이만을 주장하면서 그 과정에서 청소년과 게임이라는 상호 문제의 접점을 찾으려는 노력이 상대적으로 부족하기 때문이다.

그럼에도 불구하고 유해매체물의 신속대응력을 높여야 하는데, 그 이유는 너무도 급격한 신 · 변종 불법유해매체가 급속하게 나타나 청소년에게 유해한 상황을 유발하고 사라지는 등 대처방안을 마련하지 않을 경우 부담하게 될 사회적 해악이 너무도 크기 때문이다.

특히, 인터넷의 폐해로부터 기인하는 문제라든지 사이버 도박 등 성인의 전유물이라 여겼던 영역에서조차 청소년의 피해가 확장되는 등 이에 대한 보호적 요소가 증대되어져야 할 필요성은 상호 동의가 가능하였다는 점에서 대책 마련의 필요성이 강력히 제기되었고 관련한 정책이 추진되었는 바 세부적 내용을 살펴 보면 다음과 같다.

1. 매체이용 환경개선 및 청소년의 건전한 활용능력 함양

▶ 신종 매체를 통해 유통되는 유해정보 신속대응 및 모니터링 · 단속 강화
▶ 청소년 스스로의 매체 대응 역량 제고, 인터넷 · 스마트폰 등 과다사용 청소년의 치유 지원 및 부모 교육 활성화로 건전한 매체 이용환경 조성

1-1. 청소년유해매체물 신속 대응 강화 기반 마련

○ 랜덤채팅 규제 강화 및 인터넷 개인방송 등 자율 조치 활성화
○ 청소년보호책임자 지정 확대 및 개선 추진

1-1-1. 신 · 변종 불법 · 유해매체 효과적 차단을 위한 제도 개선

① 청소년 성매매 주요 통로인 랜덤채팅앱에 대한 대응 강화(방심위, 여가부)
- 불건전 만남 매개 · 조장 랜덤채팅앱으로부터 청소년보호 방안 강구 및 제도 개선방안 검토

② 도박, 마약, 음란물 등 불법 · 유해 사이트 · 영상물 단속 및 심의 강화(방통위, 방심위, 여가부)
- 청소년 유해매체 차단을 위한 애플리케이션 설치율 및 실효성 제고
- 불법 · 유해 정보 신속한 모니터링 및 심의 강화
- 웹하드 사업자의 음란물 유통방지 기술적 조치 점검 강화
- 청소년유해매체물에 대한 성인 인증 및 관리 · 감독 강화
  * 성인용 인터넷 게임 이용률: (2016) 13.1% → (2018) 17.8%

③ 사회환경 변화에 따른 청소년 보호제도의 실효성 제고를 위한 체계 정비(여가부, 문체부)
- 청소년보호위원회 역할 및 기능 개선방안 마련
  규제심의 중심 → 청소년 보호정책 발굴 및 모니터링 중심으로 전환
- 청소년 게임이용 및 정책 환경 변화 등에 따른 효과적 제도 운영방안 검토

1-1-2. 매체물 유통 사업자 자율조치 활성화 및 모니터링 강화

① 인터넷 개인방송 유해성 차단 및 건전한 방송문화 조성을 위한 자율조치 활성화(방통위, 여가부)

- 유해정보 방송에 대한 이용자 실시간 신고 기능 활성화
- 자율적 조치 운영 여부 점검
- 인터넷방송 사업자 대상 청소년보호 업무 이행실태 주기적 점검 실시

② SNS, 유튜브 등 사업자 업무협력 강화(방심위, 여가부)

- 서비스 사용자의 건전한 이용 문화 확산 및 미디어 리터러시 함양을 위한 자율적 캠페인 전개 지원
  * 트위터, 페이스북, 인스타그램, 유튜브, 포털 사이트, 웹툰 플랫폼 등

1-2. 청소년의 건강한 매체 활용 능력 함양

ㅇ 미디어 이용 역량 강화를 위한 체험교육 강화

ㅇ 건전한 매체이용을 위한 청소년 생활환경 조성

1-2-1. 청소년 맞춤형 미디어 이용역량 강화 교육 · 프로그램 운영

① 불법 매체 이용, 사이버 도박 · 폭력 예방을 위한 윤리의식 교육(방통위)

- 현장 체험형, 공감형 인터넷윤리 · 사이버폭력 예방 교육 확대
  * 2019년 1,330개교로 확대

② 이용자 특성을 반영한 미디어 교육 프로그램 운영(과기부, 문체부, 방통위, 법무부, 사행산업감독위, 여가부)

- 미디어 리터러시 함양을 위한 콘텐츠 개발 및 특성학교 운영 등 교육 확대
- 유아 및 초등생의 몰입도 및 참여도 제고를 위한 체험형 예방교육 강화
  * 성과의존 예방교육: '레몬교실'(기본)과 'WOW 건강한 멘토링'(심화)
  * 성바른인터넷유아학교: 인형극, 디지털교구 등을 통한 올바른 인터넷 이용습관 정립
- 사이버공간상 문제행동 및 과의존 예방을 위한 위기 · 비행청소년(보호관찰소, 청소년 비행예방센터 등) 대상 교육 운영
- 청소년성문화센터, 인터넷중독예방센터 등과 협력 건강한 매체이용 · 성문화 융합 교육 프로그램 개발 · 보급
  * 초등 5~6학년 성인용 영상물 이용률: (2016) 16.1% → (2018) 17.1%
- 온라인상 신종도박 확산에 대응한 청소년 사이버 도박 예방교육 확대
  * 예방교육 대상에 초등학교 고학년까지 포함

③ 학교 내 자치 활동 등을 활용한 효과적 교육 운영(방통위, 과기부, 문체부)

- 건전한 매체이용 확산을 위한 청소년 동아리 활동 지원
  * 초 · 중 · 고등학생 대상 '한국인터넷드림단' 활동 지원(연간 10,000명)

- 학교현장을 찾아가는 '청소년 공감 토크콘서트'* 실시
  * 해당 학교의 스마트폰 사용 실태에 대해 교사-학생이 올바른 해결방안을 찾아가는 토론의 장(연간 13개교)
- 학교현장교육을 통해 학생 대상 바른 게임 이용 방법 교육

1-2-2. 건강한 이용 습관 형성 및 지도자 역량 강화 지원

① 게임과몰입 예방 및 건전한 매체활용능력 개발 지원(교육부, 문체부, 방통위)
- 디지털 시민의식 등을 주제로 한 교육 홍보물 제작 · 보급
- 콘텐츠 자가진단 및 연령별 등급 가이드라인*(12 및 15세)을 통한 게임 이용 문화 교육 실시
  * 선정성, 폭력성, 공포, 사행성 등의 평가기준에 따라 게임의 연령등급을 직접 판정하는 체험교육
- 청소년 스스로 올바른 정보 변별력과 활용능력 함양을 위한 학습 동영상 · 교재 제작 · 배포
  * 디지털시대 시민 되기(초 · 중 · 고용), 온비와 함께하는 스마트세상 여행기(동화) 등

② 가정에서부터 건강한 미디어 이용습관 형성 유도(과기부, 방통위)
- 스마트 미디어를 대체할 여가경험 제공을 위한 부모와 함께 하는 문화체험 교육 운영
- 학부모의 올바른 인터넷 사용에 대한 이해와 자녀와의 소통 강화를 위한 '밥상머리 인터넷윤리교육' 운영

③ 지도자 · 상담사 역량 강화(과기부, 방통위, 여가부)
- 유아의 올바른 스마트미디어 사용 교육을 위한 교사용 콘텐츠 개발 · 보급
- 스마트폰 과의존 예방 및 불법 유해정보 차단을 위한 '사이버 안심존 앱' 및 '스마트안심드림 앱' 보급 확대
- 청소년상담복지센터 내 미디어 전담 상담사 배치 확대 및 역량 강화

④ 건강하고 합리적인 미디어 · 콘텐츠 이용 문화 조성 캠페인(과기부, 방통위, 문체부, 여가부)
- 스마트 쉼 문화운동 전개 및 참여기관 지속 확대
- 체험과 교육이 융합된 인터넷윤리체험관 확대(2018년 3개→2020년 4개)
- 공모전, 동요제 등 국민참여형 캠페인 및 생활밀착형 홍보
- 여가 문화로서 균형 있는 게임문화 조성을 위한 캠페인
- 인터넷 · 스마트폰 과의존 예방을 위한 홍보 · 캠페인

1-3. 매체 역기능 피해 청소년의 치유 · 지원

ㅇ 스마트폰 과의존 청소년 발굴 및 치유 체계 강화

ㅇ 사이버 도박 중독 청소년에 대한 발굴 · 치유 지원

1-3-1. 인터넷 · 스마트폰 과의존 피해 회복지원 및 사후관리 강화

① 게임 및 인터넷 · 스마트폰 과다사용 위험군 청소년에 대한 상담 · 치유 등 서비스 기회 제공 확대(문체부, 과기부, 복지부, 교육부, 여가부)

- 청소년 게임 과몰입에 대한 체계적 치료 및 치유 매뉴얼 개발 보급
- 인터넷 · 스마트폰 이용습관 진단조사 확대 실시
  * 학교 밖 청소년, 방과후아카데미, 지역아동센터, 그룹홈 등 발굴 대상 확대
- 지역사회 내 치유기관* 네트워크 구축 · 운영 활성화
  * 중독관리통합지원센터, 기초정신건강복지센터, 스마트쉼센터, 청소년상담복지센터, 국립청소년인터넷드림마을, 게임과몰입힐링센터, Wee센터(사이버폭력 관련 상담 지원) 등
- 미디어 과다사용 위험 취약계층 대상 가정방문 상담 강화
  * 은둔형 외톨이, 한부모 · 맞벌이 가정 등 취약계층 직접개입, 가정방문 상담
- 게임과몰입 힐링센터 및 건전 게임문화 가족캠프 운영

② 스마트폰 · 인터넷 과다사용 고위험군 청소년 대상 집중 사례지원 강화(여가부)

- 인터넷치유캠프, 가족치유캠프 등 상설기숙치유 프로그램 운영 내실화
  * 대상 특성별(성별, 연령별) 맞춤형 치유 프로그램 운영 지속 확대
- 상설인터넷치유기관(국립청소년인터넷드림마을) 권역별 확대 추진

③ 위험군 청소년 부모 대상 자녀의 인터넷 · 스마트폰 건전이용 습관 지도(여가부)

- 과의존 위험군 청소년 부모 대상 가정 내 미디어 사용 지도 원리 교육

1-3-2. 사이버 도박 중독 청소년 발굴 · 치유 지원 강화

① 사이버 도박 등 중독 위험 치유 지원을 위한 관계기관 협력 강화(복지부, 여가부, 사행산업감독위)

- 지역사회 내 치유 서비스 상호 연계 지원을 위한 실무협의체* 구성 · 운영
  * 도박중독센터, 청소년상담복지센터, 정신건강복지센터 등
- 정신건강복지센터, 중독통합관리지원센터를 통한 상담 · 치료 연계

② 도박 중독 문제 관련 상담 확대(사행산업감독위, 여가부)
- 도박문제 온라인 상담 플랫폼 운영 및 치유 서비스 상시 제공
- 사이버 도박 특성에 대한 이해 증진 및 상담 효과성 제고를 위한 우수 사례 공유
- 미디어 과의존 상담사의 사이버 도박 중독 상담 역량 강화
  * 상담 전문인력 양성교육 초급 커리큘럼 내 도박 중독 사례 선별 및 기초 상담기법 반영e센터(사이버폭력 관련 상담 지원) 등

출처: 여성가족부(2020). 제3차 청소년보호종합대책.

둘째, 청소년유해약물의 억제 방안을 적극 제시하였다. 청소년에게 유해한 약물은 과거 주로 담배, 술 등이 거론되었으나 여전히 이의 비율은 낮아지지 않는 등의 문제가 심각한 상황이다.

- 청소년 흡연율: 2016년 6.3% → 2017년 6.4% → 2018년 6.7%
- 청소년 음주율: 2016년 15.0% → 2017년 16.1% → 2018년 16.9%
- 담배구매 용이성: 2016년 71.4% → 2017년 67.1% → 2018년 73.9%
- 주류구매 용이성: 2016년 72.4% → 2017년 67.2% → 2018년 75.4%

출처: 보건복지부(2018). 청소년건강행태 온라인 조사. 중·고등학생 대상

정부에서는 청소년에게 유해약물의 문제를 지각하도록 하고 각종 교육을 추진하고 있으나 당사자인 청소년들은 약물의 위험성을 적극적으로 느끼지 못하고 있는 점도 여전히 개선되어야 할 숙제이다. 또한, 과거와 달리 기존의 매체, 업소, 약물, 행위 등 개별·영역별로 이루어진 청소년의 유해환경 노출이 인터넷·스마트폰을 매개로 유해성의 복합화 및 역기능 심화라는 문제로 나타나고 있다는 점도 유해약물의 능동적 대책을 마련해야 할 필요성이 커진 부분이다.

무엇보다 청소년들의 음주연령이 낮아지고 있고, 위험음주비율도 증가하는 등 심각한 상황임은 분명하기에 이들을 대상으로 하는 약물의 위해성과 함께 그동안 우리 사회에서 보편적으로 동의가 되었던 음주허용문화의 개선 등도 보다 적극적인 교육

이 필요하다는 측면에서 유해약물의 대응이 시급해 보인다.

최근에는 이러한 상황에 그치지 않고 인터넷상에서 통용되는 각종 마약류의 확산이 청소년에게도 암적인 유해성이 크다는 점에서 이의 대책도 시급한 상황이다.

2. 유해약물 접촉 차단에 대한 성인의 책무성 및 광고 관리 강화

▶ 청소년 대상 술 · 담배 노출환경 차단, 유통경로에 대한 모니터링 강화, 중독 청소년 발굴 · 치료 지원체계 구축으로 청소년의 건강한 성장 지원

2-1. 신 · 변종 유해약물 모니터링 및 대응 강화

ㅇ 주류 등 유해물질 광고 및 이용 조장 등에 대한 규제 강화

ㅇ 신규 유통 판매 사이트를 통한 유해약물 판매 모니터링 강화

2-1-1. 신 · 변종 유해약물에 대한 대응 체계 마련

① 신종 담배 등 청소년 접근 차단을 위한 법 · 제도 정비(기재부, 복지부, 식약처)

- 유해성 인식 제고를 위한 유해성분 분석 및 함량 표시 추진
- 청소년의 흡연 이용을 유인하는 가향 · 캡슐담배 등의 제조 · 판매행위 개선

② 청소년 흡연 · 음주 관련 사업자 · 성인 · 청소년 책임성 강화(기재부, 경찰청, 여가부, 복지부, 지자체)

- 주류판매업소 동반 · 동석 성인에게 청소년 음주 조장 · 방조에 대한 책임 부과
  - * 현재는 주류판매 사업자에게만 청소년 음주 관련 책임을 묻고 있음
- 청소년의 신분증 위 · 변조 등으로 인하여 사업자가 담배를 판매한 경우 영업정지 등 행정처분 감면 운영
  - * 신분증 위 · 변조 등으로 인하여 '주류'를 판매한 경우에는 감면제도 운영 중
- 신분증 위 · 변조로 「청소년 보호법」을 위반한 청소년 예방적 · 회복적 보호지원 강화
  - * 유발 청소년 재발 방지를 위해 친권자 및 학교장에 통보 및 보호 지원 참여 유도
- 주류 판매자 대상 영업신고 교육 및 보수교육 내용에 청소년보호 관련 법 · 제도 포함
  - * 19세 미만 청소년에게 주류 판매 금지 표지판 부착 교육 실시 및 스티커 배부 등
- 청소년 흡연율 증가 방지를 위한 청소년금연 정책 개발 강화

③ 금연구역 및 음주제한구역에 대한 운영 · 관리 강화(지자체)
- 공공장소 음주 청정지역(alcohol free zone) 확대 · 설치 관리
- 교육환경보호구역, 어린이보호구역을 금연구역으로 지정 · 운영

④ 청소년 유해약물 노출 최소화를 위한 광고 제한 강화(복지부)
- 판매점(노점 포함)의 담배 제품 진열 및 광고행위 금지 검토
  * 청소년의 담배 브랜드 인지도 감소, 청소년 흡연율 감소 효과
- 음주 경고문구 주류용기 외 주류광고 자체에 직접 문구 표기

2-1-2. 유해약물 판매에 대한 모니터링 및 계도 · 단속 강화

① 유해약물
  * 온라인 등 신규 유통 · 판매 모니터링 및 주류광고 대응체계 강화(복지부, 여가부, 방심위)
  * 전자담배(기기장치류 포함) 등 신 · 변종 유해약물의 인터넷 직거래 등 포함
- 배달앱 등 온라인을 통한 청소년 주류 구입 차단 방안 마련
- 모바일, 인터넷, IPTV, DMB, 대중교통 등 신종 통신매체의 주류광고 제한 및 광고 모니터링 강화
- 청소년시청보호시간대 예능, 토크쇼 등에서의 음주 장면 노출에 대한 모니터링 및 심의

② 고카페인 함유 식품 등에 대한 청소년 보호 모니터링 강화(식약처, 여가부, 경찰청, 지자체)
- 건강한 식습관 조성을 위한 TV 광고금지 대상 식품 관리 강화
  * 고카페인 함유 식품, 고열량 · 저영양 식품 등
- 학교 주변 우수판매업소(분식점, 학교매점 등)에 대한 고카페인 식품 판매여부 점검
- 유해약물 판매업소 사업주 및 종업원 대상 청소년 보호 계도 · 단속활동 강화

③ 지역사회 민 · 관 협력을 통한 술 · 담배 판매 계도 및 모니터링 실시(여가부, 지자체)
- 술 · 담배 판매업소의 청소년 대상 불법판매 모니터링 및 사후관리 강화
- 청소년유해환경감시단*을 활용 사업자가 술 · 담배 판매 시 구매자의 나이 및 본인 여부 확인 홍보 및 안내
  * 전국 267개 단체, 약 1만 8천여 명 활동

2-2. 유해약물의 청소년유해성에 대한 인식 제고

ㅇ 아동 · 청소년 대상 흡연 · 음주 예방교육 확대

ㅇ 유해약물 판매 시 신분증 확인 생활화 캠페인 강화

2-2-1. 유해약물 예방교육 확대 · 강화

① 아동 · 청소년 대상 유해약물 예방교육 강화(복지부, 교육부, 여가부, 식약처, 지자체)

- 흡연 · 음주 예방을 위한 아동 · 청소년 대상 맞춤형 교구 및 프로그램 개발 · 보급

  * 학교 밖 청소년 대상 교육인프라(학교밖청소년센터, 건강증진센터) 정비

- 마약류 오 · 남용 예방을 위한 청소년 교육

  * (대상) 초, 중, 고 및 청소년쉼터, 학교 밖 청소년

- '학교 흡연예방교육사업'과 연계한 청소년 대상 유해약물 예방교육 강화

② 교사의 유해약물 예방교육 역량 제고를 위한 원격교육 과정 운영(교육부, 식약처)

2-2-2. 유해약물 예방 대국민 캠페인 강화

① 흡연 · 음주 · 마약류 유해성 홍보 및 음주폐해 예방 캠페인 등 추진(복지부, 식약처)

- 흡연 · 음주 등의 유해성에 대한 공익광고 등 캠페인 추진

- 마약류 오 · 남용 예방을 위한 공익 광고 등 캠페인 추진

② 주류 · 담배 등 유해약물 판매 시 신분증 확인 생활화 캠페인 강화(여가부, 지자체)

- 주류 · 담배 등 판매 시 나이 및 신분 확인을 위한 판매자 교육 강화 및 신분증 확인 생활화 캠페인

2-3. 유해약물 피해 청소년 치료 지원체계 강화

ㅇ 청소년의 유해약물 중독 조기선별 검사 및 치료 지원 연계

ㅇ 유해약물 중독치료 전문기관 확대 및 기능 강화

2-3-1. 청소년 유해약물 피해 치료지원 연계 강화

① 지역 내 유해약물 중독 청소년 지원을 위한 유관기관 간 협력체계 구축(복지부, 여가부, 지자체)

- 신속한 치료 지원을 위한 유관기관* 간 협력 강화

  * 정신건강복지센터, 중독관리통합지원센터, 청소년상담복지센터, 아동치료보호시설 등

- 청소년의 흡연상황에 따른 차별화된 다양한 금연지원서비스 지원 강화
  * 금연상담전화, 금연클리닉, 병의원 금연치료, 찾아가는 금연서비스, 금연 캠프 등

② 마약류 사용 청소년 치료 조건부 기소유예 활성화로 재활 기회 확대(법무부)
  * 2017년 청소년 마약류 사범 현황: 119명(대마 49명, 마약 0명, 향정신성류 70명)
  * 청소년 마약류 사범: 2015년 128명 → 2016년 121명 → 2017년 119명

2-3-2. 공공 · 민간 치료재활 전문 기관의 활성화 및 기능 강화

① 약물 중독 및 정서 · 행동장애 청소년 치료재활 지원 강화(여가부, 식약처, 복지부, 법무부)
- 국립청소년치료재활센터 단계별 확대 추진 검토
  * 2019년 경기도 용인 1개소 → 2021년 경상권 추가 확충
- 관계부처의 정책을 연계*하여 마약중독자 재활효과 제고
  * 식약처(재활교육)
- 복지부(치료보호)
- 법무부(교정)

② 중독치료 활성화를 위한 전문기관 확대 및 기능 강화(복지부)
- 중독치료전문기관 지정(지역 병원 대상) 및 운영 활성화
- 중독관리통합지원센터 확대 설치 운영 등 약물 중독 관리 기능 확대

출처: 여성가족부(2020). 제3차 청소년보호종합대책.

셋째, 청소년유해업소의 규제를 위한 대책 마련에 집중하였다. 유해업소는 유해행위가 일어나는 주된 공간을 의미하는 것으로 주로 사행행위가 발생하는 곳이다. 청소년출입제한업소가 있으며 동시에 청소년출입과 고용이 금지되는 장소로 구분된다. 다만, 이러한 유해업소는 주로 지방자치단체의 행정지침을 준수하는 경우가 많기 때문에 일관적인 단속이나 규제가 쉽지 않다는 점이 있으므로 지방자치단체와의 협력적 관계가 매우 중요하다.

3. 유해업소 모니터링 강화 및 자율적 청소년보호 활성화

▶ 신 · 변종 유해업소에 대한 신속한 대응체계를 구축하고 민간 차원의 자율보호 · 점검 활동을 활성화

3-1. 신 · 변종 유해업소에 대한 신속한 대응

- ㅇ 성매매 의심 신 · 변종 유해업소 및 숙박앱 모니터링 강화
- ㅇ 학원밀집지역 등 청소년 주요생활지역 내 유해업소 점검 · 단속 확대

3-1-1. 신 · 변종 유해업소에 대한 대응 및 점검 강화

① 신 · 변종 청소년유해업소의 관리 강화(복지부, 여가부, 지자체)
- 신 · 변종 업소의 유해성 판단기준과 절차 마련 및 매뉴얼 개발 · 보급
- 무인텔 및 숙박앱을 통한 청소년의 혼숙 예방 강화방안 검토

② 생활 주변 신 · 변종업소에 대한 신체적 대응체계 마련(여가부, 지자체)
- 시민단체 등을 활용한 지역사회 신 · 변종 유해업소 주기적 모니터링
- 신 · 변종업소에 대한 규제 적용 가능 제도 검토 및 신속한 전파 · 단속 시행
- 사각지대 신 · 변종 업소 대상 신속한 제도 개선

③「청소년 보호법」위반 유해업소 등에 대한 점검 · 단속 확대(여가부, 경찰청, 지자체, 교육부)
- 무인텔 혼숙 방지를 위한 출입자 나이 확인 여부 점검 및 감독 강화
- 효율적 단속 · 계도 활동을 위한 경찰 및 지자체와의 협력 시스템 구축
  - * 경찰, 교육청, 지자체 등 관계기관 간 유해업소 현황 자료 공유체계 마련
- 신 · 변종 유해업소 업태 및 전단지 배포행위 등 관계기관 합동 점검 강화

3-1-2. 교육환경보호구역 정비 및 주요 생활지역 단속강화

① 학원밀집지역 등 청소년 주요생활지역 단속 강화(여가부, 경찰청, 지자체)

② 교육환경보호구역 내 불법 유해업소에 대한 관리 강화(교육부, 경찰청, 지자체)
- 구역 내 인허가 미적용 신 · 변종 업소에 대한 관리카드 작성 및 관계기관 공유
- 교육환경보호구역 내 주기적 실태점검 및 위반 업태 고발조치
- 불법 유해업소의 신속한 이전 · 폐쇄를 위한 행정기관 간 협업 강화

3-2. 사업자 자율적 청소년보호 활성화 및 신고의식 제고

- ㅇ 청소년출입금지 및 제한업소의 자율적 청소년보호 활성화
- ㅇ 유해업소 실태조사 및 모니터링 등 민관 협력 강화

3-2-1. 청소년출입금지 · 제한업소의 청소년보호 활성화

① 청소년출입금지 · 제한업소의 청소년보호 자율참여(문체부, 지자체)
- 게임제공업소 등에 대해 모범영업소 지정 등 인센티브 부여

② 청소년 유해업소 업주 및 종사자 대상 청소년 보호 관련 법 · 제도 교육 운영 및 유도(여가부, 문체부, 지자체)
- 청소년 유해업소 업주 대상 교육 콘텐츠 제작 · 배포
- 청소년 보호 관련 법 · 제도 교육

3-2-2. 민 · 관 협력을 통한 모니터링 및 신고의식 제고

① 민 · 관 협력 신 · 변종 유해업소 실태조사 실시(여가부, 문체부, 경찰청, 지자체)

② 지역 시민단체 등이 참여하는 유해업소 모니터링, 계도 · 캠페인 강화(여가부, 지자체)
  * 전국 청소년유해환경감시단(270여 개, 1만 8천여 명) 등

③ 불건전 유해업소 전단지 광고 전화에 대한 대응 활성화(여가부, 지자체)

④ 일반 시민 대상 청소년 유해업소 안내 및 신고 방법 등 홍보(여가부)
- 청소년 유해업소 안내 소책자, 리플릿 등 제작 배포
- 유해업소 신고앱(생활불편 스마트폰 신고앱) 홍보

출처: 여성가족부(2020). 제3차 청소년보호종합대책.

넷째, 청소년유해행위의 근절을 위한 노력이 포함되었다. 유해행위는 청소년이 벌이는 행동적 측면에서의 유해성을 의미한다. 이는 물리적 · 비물리적 공간으로서의 기능이 아니기 때문에 청소년의 주체적이고 지각적인 태도가 매우 중요하다. 동일 공간이라 하더라도 어떠한 형태로 문제행동이라는 범주에 포함되지 않도록 하는가의 의식적 태도가 존재해야 한다는 점이다. 이러한 부분에는 교육적 대안이 주 영역을 차지하고 있다.

유해행위의 범주에 해당하는 가장 큰 문제는 폭력적 요소라고 볼 수 있다. 최근 빈번한 학교폭력이나 가해자와 방관자 등의 대상이 피해를 불러일으킨다거나 피해자가 다시 가해자가 되는 악순환의 고리를 절연하기 위해서는 유해행위에 대한 자각은 물론 다시금 동일사안을 하지 않도록 하는 각성이 필요하다.

무엇보다 심각했던 학교폭력 예방 및 가 · 피해 청소년 대상 교육 · 상담 · 치료 강화를 위해서 정부는 학교전담경찰관, 117신고앱 등 운영을 통한 학교폭력 신고대응을 강화함으로써 폭력 · 학대 등 위기청소년 예방 및 구제를 위한 인프라를 확대해 왔다.

- 청소년상담복지센터에 CYS-Net 구축(2016년 222개소 → 2018년 226개소)
- 전국 교육지원청에 학생상담지원센터(Wee센터) 구축(2016년 204개 → 2018년 215개)

또한, 단위학교 특성 및 학생 중심의 학교폭력 예방활동을 지원하고자 어울림 프로그램 운영학교를 '2016년 1,011개교 → 2018년 3,336개교'로 확충하는 등 적극적이고 능동적 대책을 마련하기도 하였다. 이외에도 청소년 혼숙 방지를 위한 출입자 나이 확인 의무화 및 설비기준을 마련하기도 하였다.

4. 청소년의 폭력피해 예방 및 회복지원 강화

▶ 청소년 폭력피해 예방을 위한 법 · 제도 개선, 신종 경로를 통한 성매매 · 성폭력 단속 강화, 폭력예방교육 · 부모교육 활성화 및 폭력피해 청소년 조기 발견 · 지원체계를 강화하여 청소년을 폭력피해로부터 보호

4-1. 폭력 · 범죄 피해 및 자살예방체계 정비

ㅇ 청소년 대출피해 방지책 마련 및 자살예방을 위한 유해정보 차단

ㅇ 성착취 등 청소년 대상 성범죄 방지 및 단속 강화

4-1-1. 폭력 · 범죄 · 자살 피해 대응 체계 강화

① 청소년 대리입금 갈취 · 폭력 피해방지 방안 마련(교육부, 경찰청, 방심위, 여가부)

- 청소년 대리입금 피해예방을 위한 금융 교육 · 홍보 강화 및 청소년 대상 고금리 대출행위 집중단속

* 대리입금: SNS를 통해 청소년과 대학생을 상대로 소액 고금리 불법대출

- 인터넷 홈페이지 등을 이용한 대부 광고 정보 심의
- 청소년 대상 법정이자 이상 이자 수취 행위 금지방안 검토

② 청소년 자살예방 정책 체계 정비 및 자살유발정보 차단(복지부, 여가부, 방심위)

– 자살 관련 방송 내용에 대한 모니터링 실시

– 자살 조장 정보 차단을 위한 심의 강화

– 청소년 대상 자살·자해 콘텐츠 차단을 위한 모니터링 강화

* 자살조장 음반 및 음악파일 청소년 유해매체물 지정, 관련 유해 콘텐츠 유통 차단(유튜브)

– 인터넷상 자살유발정보 유통 금지 및 모니터링 강화

4-1-2. 아동·청소년 대상 성범죄 방지 및 단속 강화

① 아동·청소년 성범죄 방지를 위한 대응 강화(방심위, 여가부)

– 온라인을 통한 아동·청소년 성착취 관련 정보 유통방지 강화

* 온라인서비스제공자의 아동·청소년 이용 음란물 관련 정보의 발견, 신고, 관리, 유통 방지 강화

– 아동·청소년 성보호를 위한 성범죄자 취업제한 및 성범죄 신고의무제도 운영

② 채팅앱 등 신종 경로를 통한 인터넷 성매매·성폭력 방지 및 단속 강화(경찰청, 방심위, 여가부)

– 랜덤채팅앱·사이트 등 수시 점검, 성매매 의심 사이트에 대한 모니터링 강화 및 신고 활성화

* 유관기관 모니터링 교육, 아동·청소년 대상 성매매 유인·권유 정보 신고를 통한 예방활동

– 아동·청소년 성매매 행위의 효과적 단속·수사를 위한 지침 마련

4-2. 폭력 민감성 제고 및 자살·자해 예방 강화

ㅇ 폭력 및 자살예방을 위한 교육 프로그램 운영 강화

ㅇ 폭력 재발 방지를 위한 가해자 대상 상담·교육 실효성 제고

4-2-1. 폭력(학교폭력, 성폭력, 가정폭력 등) 및 자살예방교육·프로그램 확대

① 폭력 예방 교육 운영 확대 및 질적 제고(교육부, 여가부, 복지부, 법무부, 방통위)

– 학교 실정에 맞는 학교폭력 예방교육* 운영

* 사이버폭력 등 학교폭력 예방 교과 연계 프로그램 개발

– 위기·비행청소년 및 보호자 대상 (학교)폭력예방 교육 강화

– 가정폭력 예방을 위한 학부모 및 취약·위기 가정 대상 교육 활성화

– 아동학대 신고의무자 신고 활성화를 위한 교육 강화

* 신고자 비밀보장, 신변보호, 불이익 조치 금지, 책임감면 등 신고절차

- 학생 중심의 주도적 참여를 통한 학교폭력 예방 활동 지원
  * 학교폭력 예방 동아리(또래상담반) 운영 등
- 교원 리더, 일반교원 대상 사이버폭력 대응역량 강화를 위한 직무연수 시행
- 사이버폭력 등 새로운 방식의 폭력 예방 교육 콘텐츠 개발 및 보급

② 청소년 자살 · 자해 예방 교육 및 프로그램 강화(교육부, 여가부, 복지부)

- 자살위험군 학생 선별을 위한 학교 내 정서 · 행동특성검사 상담강화
  * (대상) 초 1 · 4 학부모, 중 · 고 1학년 학생 / (방법) 온라인 또는 서면 검사
- 정신건강 전문가* 및 심리부검 전문요원이 학교를 방문하여 자살예방상담 실시
  * 정신과전문의, 임상심리사, 정신보건간호사, 사회복지사, 상담사, 행정요원
- 자살 · 자해 예방 관련 교사 온라인 연수 과정 운영 및 교육 가이드라인 개발 · 보급
- 청소년 에이즈 감염 예방을 위한 교육홍보 자료 콘텐츠 개발 및 보급
- 피임용품(특수형 · 일반형 콘돔) 판매 시 전시 · 진열 차별화 등을 통한 구매 용이성 보완 검토

③ 가출청소년의 가정 · 사회로의 복귀 지원(여가부)

- 청소년의 접근성이 높은 매체를 활용한 지원기관 홍보 및 홍보 콘텐츠 강화
  * 가출경험 청소년 지원기관 인지율: 청소년쉼터 44.8%, 청소년상담복지센터 40.8% 청소년전화 1388 52.5%
- 가족정책과 연계한 위기자녀 · 가족 갈등에 대한 부모 교육 · 상담 지원
  * 청소년가출의 주요 원인: 가족과의 갈등 70.0%, 공부에 대한 부담 3.9%, 학교 다니기 싫어서 3.2% 등

4-2-2. 가해 · 피해학생 대상 재발 방지 프로그램 강화

① 청소년 폭력 가해행위 재발 방지 교육 프로그램 운영(교육부, 검찰청)

- 소년사범의 특성 등 구체적 사안을 고려하여 다양한 조건부기소유예 프로그램 추진 및 상담 병행
- 학교폭력 가해학생 및 그 부모 대상 특별교육 내실화 지속 추진

② 성범죄자(아동 · 청소년 대상 성범죄자 포함) 재범방지 교육 운영(법무부, 여가부)

- 교정시설 내 성폭력 수형자 특성에 따른 단계적 · 맞춤형 교육 실시
- 성폭력 가해 아동 · 청소년 상담 · 치료교육 및 부모교육 프로그램 실시

③ 아동학대 재발 방지를 위한 치료 서비스 지원 확대(법무부, 복지부)

- 아동학대 행위자 재발 방지 교육 · 상담의 평가 및 질 제고

- 아동 재학대 방지를 위한 가족기능회복 프로그램 운영
  - * 아동학대 재발생 고위험 수형자 및 보호관찰대상자 대상 가족 기능 회복을 위한 교육 등

4-3. 폭력 피해 및 자살위험 청소년 보호지원 강화

ㅇ 폭력피해 및 자살위험 청소년 조기발견을 통한 초기 대응 강화

ㅇ 성착취 등 피해 청소년 일상생활 복귀 지원 및 2차 피해 방지 강화

4-3-1. 폭력 피해자 조기발견 및 대응 강화

① 폭력 피해자 사이버상 2차 피해 확산 방지(여가부, 방심위, 경찰청)

- 인격권을 현저히 침해하는 폭력 피해자 신청의 사진 · 동영상 정보에 대한 심의 및 시정 요구
- 폭력 피해자 사진 · 동영상 유포 사건 접수 시 적극 대응

② 학교폭력 피해자 조기발견을 위한 유관기관* 간 협업 시스템 활성화(교육부, 경찰청, 지자체)

  * 유관기관: 교육청, 학교, 경찰서, 청소년상담복지센터, 아동보호전문기관, 행정복지센터(주민센터) 및 지자체 등

- 미인정결석 학생 소재 · 안전 지속 확인
- 학교폭력 가해자 정보의 신속한 공유를 통한 초기 대응 강화
  - * 학교 – 경찰 상호 정보공유 강화를 위해 학교폭력예방법 개정 추진

③ 자살위험군 학생에 대한 선별 및 지원 강화(복지부, 교육부 · 여가부)

- 자살시도 사유에 따른 상담 및 지역사회 자원 연계 등 사례관리 강화
- 자살시도 사례 발생 시 '119, 병원' 등 연계, 저소득 가정의 학생 대상 치료비 지원*
  - * 자살고위험군 등에게 1인당 300만 원 치료비 지원(생명보험사회공헌재단과 MOU)
- 교육청 내 소아정신과전문의 배치 확대, 청소년 상담복지센터 등 정신건강 상담기능 강화

4-3-2. 폭력 피해 회복 지원 및 2차 피해 방지

① 폭력 피해자를 위한 심리상담 · 의료 · 법률지원 등 통합연계 지원 체계 강화(교육부, 여가부, 복지부)

- 학대 피해자 대상 전문 의료 · 심리치료 지원을 위한 협력 강화

* 지역아동보호전문기관, 병원, 학생정신건강증진센터, Wee센터, 해바라기 센터, 청소년쉼터 등

② 성매매 청소년 일상생활 복귀 지원 강화 및 2차 피해 방지(여가부, 경찰청)
- 신고, 상담, 회복 과정에서 성매매 청소년 2차 피해 방지책 마련
- 성매매 청소년 일상복귀를 위한 상담, 재활교육, 자립활동 지원 전문기관 연계

출처: 여성가족부(2020). 제3차 청소년보호종합대책.

다섯째, 청소년의 건강한 노동인권과 근로지원에 대한 대책을 포함하고 있다. 청소년의 노동인권은 사실상 가장 취약한 부분에 놓여 있다고 해도 과언이 아니다. 우리 사회의 통념상 청수년근루에 대한 부정적 여건은 물론 청소년은 학생 신분이어야 하고 이를 벗어난 대상은 「교육기본법」상 근로의 기회를 제한하는 등 청소년근로에 대한 권리나 지원은 사실상 매우 비허용적이다.

청소년의 근로형태는 대부분 취약한 사업장에 근무하거나 전단지 배포, 배달, 패스트푸트점이나 카페, 음식점 서빙 등과 같이 숙련기능이 필요하지 않은 부분에 종사하게 됨으로써 전문성을 인정받기 어려운 것이 현실이다. 더욱 큰 문제는 청소년이 근로를 하더라도 고용주와 청소년 간의 갈등으로 인한 임금체불, 고용 관계에서 성추행, 비정상적 고용 등 청소년이 약자적 입장에서 이들의 인권을 유린당할 가능성이 매우 크다는 점에서 지원방안이 매우 중요하다. 따라서 청소년근로나 고용에 대한 현재의 체계나 지원은 매우 취약한 상황에서 향후 법제구축과 행정적 지원은 매우 강화되어야 한다.

5. 청소년의 노동인권 의식제고 및 연계 지원 강화

▶ 청소년 다수 근로 입소·입종에 대한 지도감독 강화 및 청소년 대상 근로권익 교육 확대, 부당처우에 대한 피해 청소년 지원을 강화하여 청소년이 안심하고 일할 수 있는 근로환경 조성

5-1. 근로권익 보호를 위한 법적 대응 강화

- ㅇ 가출청소년 근로 및 부당처우 해결 지원을 위한 근거 규정 마련
- ㅇ 청소년 고용 사업장에 대한 지도감독 강화

5-1-1. 근로청소년 권익보호 관련 법 · 제도 정비

① 청소년 근로권익 보호를 위한 제도개선 검토 및 근로 안전 강화(고용부)

- 가출 · 위기청소년 근로지원을 위한 동의서 발급 주체 관련 제도 개선방안 검토
- 특수형태 직종(배달) 청소년의 안전 및 피해 회복 지원을 위해 산재보험 가입 의무화 추진

② 근로청소년에 대한 상담 및 지원을 위한 근거 규정 신설(고용부, 여가부)

5-1-2. 청소년 근로사업장 지도 감독 강화

① 청소년 근로보호를 위한 지원 방안 마련(교육부, 고용부, 여가부)

- 청소년 근로보호 관련 상담 · 신고 전용 앱 개발 및 보급
- 특성화고 등 현장실습생 권익보호를 위한 관리 강화

② 청소년 고용 사업장 모니터링 및 관리 감독 강화(고용부, 여가부, 지자체, 경찰청)

- 청소년 다수 고용 사업장에 대한 모니터링 실시
- 청소년 아르바이트 활동이 많은 방학기간을 중심으로 관계부처(여가부, 고용부, 지자체, 경찰청)합동 점검
- 상습 위반 사업장 및 사업주에 대한 감독 강화

5-2. 고용 사업자 및 청소년 대상 근로보호 인식 제고

- ㅇ 청소년 고용 사업자 및 청소년 대상 노동인권교육 및 인식제고
- ㅇ 근로보호 정보제공을 위한 아르바이트 구인구직 앱 · 사이트와 협력 강화

5-2-1. 청소년 및 고용 사업자 대상 교육 및 인식제고

① 청소년 고용사업자 대상 근로보호 교육 강화(여가부, 고용부)

- 사업주 대상 청소년 근로보호에 대한 방문 교육 실시
- 특수형태 직종(배달) 청소년 및 고용업주 대상 안전교육 실시
- 청소년아르바이트 길잡이* 책자 및 리플릿 등 교육자료 배포
  - * 청소년의 근로보호를 위한 준수사항 및 표준근로계약서 등 포함

② 청소년 대상 노동인권 및 직업윤리 제고를 위한 교육 강화 및 내용 개선(교육부, 고용부, 여가부)

- 중 · 고등학생 및 학교 밖 청소년 대상* 찾아가는 노동인권 교육 운영 확대
  * 학교밖청소년지원센터, 청소년쉼터 등 방문교육
- 현행 교육과정*에 청소년의 근로권익 및 직업윤리 관련 교육 실시
  * 중학교 '사회', 고등학교 '통합사회', '정치와 법', 특성화고 '성공적인 직업 생활'
- 대규모 일회성 집체교육에서 소규모 연속형 활동 · 참여 방식으로 개선
- 활동 · 참여 중심의 콘텐츠 개발 및 교육 매뉴얼 개발 · 보급 확대
  * 청소년 스스로의 근로권익 보호 역량 강화를 위한 임파워먼트 프로그램 개발 등

5-2-2. 청소년 근로보호에 관한 정보 제공 강화

① 청소년 근로권익 보장 사업장에 대한 행복일터 등 지정(여가부)
  * 근로조건 준수, 근로 · 진로교육 이수 청소년 우신고용 업소로 지정 및 정보 안내

② 구인 구직 알선 사이트(앱)와 연계 협력 강화(여가부, 고용부)
- 청소년 근로조건 준수 등 우수업체에 대한 정보 공유
- 구인 공고 게시 전 고용주의 청소년 근로보호 동영상 시청 유도

③ 청소년 근로권익 보호를 위한 홍보 및 캠페인 강화(교육부, 고용부, 여가부, 지자체)
- 공익광고, 리플렛 · 포스터, 홍보 동영상 및 피해 · 구제 상담사례집 제작 · 배포
- 청소년유해환경감시단 및 지역 청소년단체와의 공동 캠페인 활성화 등
- 지자체, 지방고용노동관서, 지역사회 상인회 등 민간단체가 함께하는 캠페인 실시

5-3. 근로권익 피해구제 등을 위한 지원 체계 구축

○ 부당처우 사례 상담 및 현장 중심 해결 지원 강화
○ 청소년 근로권익 보호를 위한 협의체 구성 및 운영

5-3-1. 부당행위 피해 청소년 원스톱 해결 및 종합 서비스 연계 지원

① 근로청소년의 부당처우에 대한 상담 및 문제해결 지원(고용부, 여가부)
- 아르바이트 부당처우 신고 활성화를 위한 상담창구 안내 및 운영 강화
  * 청소년근로권익센터 전화상담(1644-3119) · 온라인 · 카카오톡 상담, 청소년 전화 1388, 문자상담 #1388, 직통전화(1600-1728), 사이버상담센터 운영 등

- 부당처우 사례 발생 시 현장 중심 해결 지원 강화
  * 청소년근로현장도우미가 직접 업주와의 면담 중재 등을 통해 문제해결 지원

② 근로청소년의 근로사유, 생활 여건에 따른 종합 서비스 연계 지원(여가부)
- 건강, 진로상담, 학업복귀 및 직업교육 등 지원
  * 청소년상담복지센터, 학교밖청소년지원센터, 청소년쉼터 연계

5-3-2. 청소년 권익 침해 등에 대한 보호기능 강화

① 청소년 근로권익 신고 및 피해 상담 · 구제기관* 간 협력 강화(고용부, 여가부)
  * 청소년근로권익센터, 청소년근로보호센터 등
- 구제 기관 간 미해결 사건 인계 협조 요청
- 상호 신고 접수 후 신속한 처리 및 처리결과 통보 등 사후 관리
- 성희롱, 성폭력의 피해자에 대한 해바라기센터, 성폭력상담소 연계 지원

② 지역 중심의 '청소년 권익보호협의체' 구성 · 운영(고용부, 여가부, 지자체)
  * 지자체, 지방고용노동관서, 교육청, 청소년상담복지센터, 청소년활동진흥센터, 학교밖청소년지원센터, 청소년유해환경감시단 등 민간단체 등 구성

출처: 여성가족부(2020). 제3차 청소년보호종합대책.

이상에서 청소년문제행동에 대한 주요 흐름과 내용을 살펴보았다. 국가적 차원에서의 청소년문제행동을 보호하려는 영역은 과거로부터 지금까지 큰 틀을 유지한 채 이어져 오고 있으나 청소년의 문제행동을 제도로 규제한다는 것은 쉬운 일은 아니라는 것이다.

청소년의 문제에 대한 범주화부터가 서로의 관점에서 명확하지 않을 수 있기 때문에 앞으로는 청소년보호의 관점을 보다 확장하여 제도적 지원은 물론 청소년과 청소년지도자 스스로가 어떻게 대응을 해야 할지에 대한 인식의 확대가 매우 중요한 시점이라고 볼 수 있다.

중간점검

우리나라 청소년보호와 문제청소년대책의 제도적 흐름을 연도별로 찾아보자. 각 연도별 정부부처의 청소년문제대책에서 중점을 두고자 했던 부분이 무엇이며, 상호 다른 점은 무엇인지 파악해 보자.

2 청소년문제행동에 대한 실효적 대책과 지원

국가 중심의 청소년보호의 대책은 크게 제도적 지원을 강화하여 강력한 법과 규제를 통한 처벌이 이루어지는 방안을 구상하는 방안과 교육적 대응방안이 거론될 수 있다. 또한, 실제 각종 문제행위가 나타난 다음 그 행위의 반복이 이루어지지 않도록 하는 회복적 대응방안이 있을 수 있다. 청소년문제행동 예방적 차원에서 이루어지는 핵심적 대응방안은 법과 제도적 지원, 교육적 선도방안, 회복적 지원으로 나누어 볼 수 있다.

1) 법과 제도적 지원

정부 중심의 청소년보호는 1960년대 초부터 복지와 보호에 초점을 맞춘 「생활보호법」, 「아동복리법」, 「미성년자보호법」으로 출발하였다. 그러나 진정한 의미의 청소년보호는 청소년의 문제행동을 예방하고 사회적 환경으로부터 보호를 하기 위한 1997년 「청소년 보호법」의 제정을 통해서부터 출발했다고 볼 수 있다.

하지만 「청소년 보호법」 역시 20여 년이 지난 현시점에서 청소년의 문제행동을 예방하고 이들의 생활환경을 위협하는 각종 대책의 건전성을 수반하기 위한 방안은 여전히 매우 미흡한 수준에 머물러 있다. 그럼에도 불구하고 각종 법과 제도의 보완을 통해서 청소년들의 안녕과 삶의 질을 높이기 위한 노력은 지금도 계속되고 있으며, 앞으로도 계속되어야 할 것이다.

물론, 「청소년 보호법」이나 「아동 · 청소년 성보호에 관한 법률」 등은 청소년의 건전한 생활환경의 유지와 보전뿐만 아니라 더 나아가 건강한 성의식과 위협적 성행위로부터 안전성을 표방한다고 해도 정책과 제도가 선험적으로 소지를 취하기에는 한계가 있다. 그 이유는 청소년보호의 중요성이 크다고 해도 국민의 생활이나 삶의 자유를 제한하기 위하여 현재 가시적으로 나타나지 않은 상황을 법제화로 규제한다는 점은 있을 수 없기 때문이다. 그래서 청소년문제행동을 예방하는 각종 법과 제도의 한계성은 극명하게 나타날 수 밖에 없으며, 이로 인한 사회적 비난 역시 감수할 수밖에 없을 것이다.

또한, 청소년의 경제성이나 경제적 파워가 커지고 있는 상황에서 이들을 소비자로 여기는 분위기가 팽배해지는 상황에서 기업가들의 건전한 윤리의식이나 인식 없이는 청소년이 피해자가 될 수밖에 없다는 점이다. 여기에 더하여 최근 강조되는 글로벌사회의 확장과 이미 도래된 국가 간 장벽 부재는 청소년에게도 예외는 아니어서 성범죄의 지리적 경계가 모호해지고 대처하기가 쉽지 않은 점도 큰 문제이다. 따라서 청소년들의 문제행동을 예방하는 대책의 마련 역시 정교해져야 하고, 서로의 피해를 최소화하는 방안에서 대책의 마련이 시급해져야 하는 이중고를 지니고 있다. 지난 우리사회에 큰 충격파를 던져 주었던 디지털성범죄사건 역시 이러한 범주에서 자유롭지 못한 사건이라고 할 수 있다. 해외 서버를 이용하여 국내의 법에 대한 제재를 받지 않은 상태에서 규제를 할 경우 해외 법과 국가 간의 갈등이 첨예하게 대립되는 등 심각성 역시 크기 때문이다.

각종 청소년의 유해성을 심의하고 이를 통해 각 영역에서 보호를 명시하려는 부처별 심의기관이 존재하며, 각각의 법률에 의해 적용을 받고 있다.

〈표 14-2〉 청소년유해성 심의기관 현황

<table>
<tr><th>매체</th><th>소관부처</th><th>심의기관</th><th>소관법률</th><th>심의형태</th><th>비고</th></tr>
<tr><td>음반</td><td>여성가족부</td><td>청소년보호
위원회</td><td>「청소년 보호법」</td><td>사후심의</td><td rowspan="4">청소년
유해매체물
결정·고시</td></tr>
<tr><td>간행물</td><td>문화체육
관광부</td><td>간행물윤리
위원회</td><td>「출판법」</td><td>사후심의</td></tr>
<tr><td>정보통신물</td><td rowspan="2">방송통신
위원회</td><td rowspan="2">방송통신심의
위원회</td><td>「정보통신망법」</td><td>사후심의</td></tr>
<tr><td>방송 프로그램</td><td>「방송법」</td><td>사후심의</td></tr>
<tr><td>영화·비디오</td><td rowspan="2">문화체육
관광부</td><td>영상물등급
위원회</td><td>「영화비디오법」</td><td>사전등급심의</td><td rowspan="2">등급분류</td></tr>
<tr><td>게임물</td><td>게임물관리
위원회</td><td>「게임법」</td><td>사전등급심의</td></tr>
</table>

출처: 여성가족부 청소년보호위원회.

각종 제도적 보장을 위한 노력과 더불어 그동안 우리 사회에서 큰 쟁점으로 제기되었던 14세 미만 청소년의 「소년법」 개정에 대한 논의 역시 청소년보호와 청소년문제에 대한 사회적 관심이 증폭된 사례라는 점에서 현재 그리고 앞으로도 매우 중요한 부분이 될 것으로 보인다.

「소년법」에서 청소년보호의 사회적 거리가 맥락적으로 크다는 점이 청소년들의 범죄행위로부터 촉발되었다. 2012년 학교폭력 등으로 인한 자살사건, 2017년 인천초등생 살인사건, 2017년 부산여중생 집단폭행사건, 2018년 서울 관악산 여고생 집단폭행사건, 2018년 인천중학생 집단폭행 추락사건 등이 발생하면서 청소년의 범죄행위를 바라보는 국민적 시각은 매우 싸늘하게 변했다. 유사 및 동일 사건이 지속적으로 반복되는 과정에서 범죄의 잔혹성보다 국민들의 공분을 유발하였던 것은 행위에 대한 처벌의 정당성이 이루어지지 못하였고 그것이 청소년들의 범죄행위를 처벌하지 못하게 하는 「소년법」에 있다는 점이었다. 그래서 「소년법」 개정에 대한 청원이 불붙기도 하였는바 동일 사안에 대한 청원이 네 번째에 이르는 등 국민적 공감대도 상당 폭으로 넓혀졌다.

일반적으로 「소년법」에서 '소년'이란 19세 미만인 자를 말하며, 범죄행위를 했을 경우 이들에 대한 최고형은 징역 15년이고, 「특정강력범죄의 처벌에 관한 특례법」(특강법)을 적용할 경우 징역 20년까지 가능하다. 그러나 문제는 「형법」상 만 10~14세를 의미하는 '촉법소년'은 형사처벌이 아닌 소년원 송치 등 보호처분을 받게 되는데, 이들 형벌 법령에 저촉되는 행위를 하였지만 10세 이상 14세 미만인 소년의 경우가 사회적 논란의 대상이 된 것이다.

많은 사건을 통해서 논란이 된 바와 같이 자신의 행위에 대한 반성이 전제가 되어야 하나 범죄행위를 하였음에도 아랑곳하지 않고 14세 미만이라는 단 한 가지 이유만으로 범법행위를 피해 가는 모습을 보인다는 점에서 개선의 필요성이 제시되었다.

〈표 14-3〉 소년법의 적용구분

범법소년	만 10세 미만
촉법소년	만 10세 이상 ~ 만 14세 미만
범죄소년	만 14세 이상 ~ 만 19세 미만

촉법소년은 법에 저촉된 행위를 한 만 10세 이상 14세 미만의 소년으로서 14세 미만이기 때문에 형사 처벌이 되지 않는다. 10세 미만의

청소년이 법에 저촉될 경우 촉법소년에도 해당되지 않는 형사 책임 완전 제외 대상이 된다. 범죄행위가 있어도 보호처분을 포함해 그 어떤 처분도 내릴 수 없게 된다. 범죄소년은 형사처벌의 대상이 되지만 「소년법」의 특례를 받기 때문에 완화된 형을 선고받게 되는데, 원칙적으로는 보호처분의 대상이지만 사안이 중할 경우에는 형사처벌의 대상이 되기도 한다.

물론, 「소년심판규칙」 제42조(10세 미만자에 대한 처분)에는 다음과 같은 조항이 있다.

> ① 소년부 판사는 심리 중에 소년이 10세 미만인 것이 밝혀진 경우에는 그 심리 개시 결정을 취소하고 심리 불개시 결정을 하여야 한다.
>
> ② 법 제4조 제1항 제1호 · 제2호의 소년에 대한 보호처분이 계속 중일 때에 그 소년이 행위 당시 10세 미만으로 밝혀진 경우 또는 법 제4조 제1항 제3호의 소년에 대한 보호처분이 계속 중일 때에 그 소년이 처분 당시 10세 미만으로 밝혀진 경우에는 법 제38조 제2항에 따라 그 보호처분을 취소하고 제1항의 예에 따른다.

그리고 「보호소년 등의 처우에 관한 법률」을 통해서 보호방법, 보호시설, 각종 지원과 대응 등을 다루고 있기는 하나 충분치 않다는 점에서 개선이 요청된 것이다. 이러한 사건들은 청소년의 범죄연령에 대한 재조정을 해야 하는 심각한 여론을 형성하게 되었으며, 범죄연령의 특성을 현실의 청소년발달특성에 맞게 조정해야 한다는 수많은 주장을 내놓기 시작하였다.

따라서 법무부에서는 2018년 12월 '제1차 소년비행예방기본계획'(2019~2023)을 발표하였고 향후 5년간 소년범죄에 대한 정책추진방향을 지시하였다. 단순히 연령 개정의 의미를 떠나 「소년법」의 폐지에 대한 국민청원까지 이루어지는 점을 본다면 소년범죄의 심각성에 대한 폭넓은 공감대가 국민들 사이에서 만들어진 것으로 볼 수 있다.

소년범죄자의 비율은 2012년 이후 다소 감소세를 나타내고 있지만, 인구 감소의 현상에 비추어 본다면 여전히 소년범죄의 비율이 낮은 수준이 아님을 알 수 있다. 2016년 전체범죄자 중 소년범죄자의 비율은 3.8%를 기록하였고, 전년 대비 6.4% 증가한 수치를 나타내고 있음은 우리 사회에서 소년범죄에 능동적으로 대책을 강구해야 하며, 동시에 예방책도 시급함을 알 수 있다.

〈표 14-4〉 연도별 소년범죄의 발생 현황

(단위: 명, %)

구분	소년범죄자 수			전년 대비 증감율	전체 범죄자 중 점유 비율	소년 인구 10만 명당 소년범 수
	소년형법범	소년 특별법범	계			
2007	60,426(68.6)	27,678(31.4)	88,104	27.3	4.5	709.7
2008	79,766(59.1)	55,226(40.9)	134,992	53.2	5.5	1,117.6
2009	81,378(72.0)	31,644(28.0)	113,022	−16.3	4.5	1,111.5
2010	70,045(78.0)	19,731(22.0)	89,776	−20.6	4.6	933.6
2011	66,240(79.7)	16,828(20.3)	83,068	−7.5	4.4	940.6
2012	87,779(81.7)	19,711(18.3)	107,490	29.4	5.1	1,006.9
2013	74,509(81.3)	17,124(18.7)	91,633	−14.8	4.3	875.1
2014	63,145(81.4)	14,449(18.6)	77,594	−15.3	4.1	786.0
2015	56,962(80.2)	14,073(19.8)	71,035	−8.5	3.6	737.4
2016	61,162(80.5)	14,838(19.5)	76,000	6.4	3.8	810.6

출처: 대검찰청, 범죄분석, 2008-2017.

따라서 법무부에서는 소년비행예방 기본계획수립연구(2018)를 통해 제1차 소년비행예방 기본계획을 제시하였는 바 제1차 소년비행예방 기본계획은 예방, 교화, 보호, 협력이 4대 핵심가치 아래 ① 위기청소년 비행유입 차단, ② 초기 비행소년 선도 및 진단 강화, ③ 소년범 재범방지 역량 강화, ④ 피해자 보호·지원체계 개선, ⑤ 소년비행예방 협력체계 구축 등 5개 주요 전략을 중심으로 구성하였다.

비 전

청소년의 건전한 육성

목 표

'예방', '교화', '피해자보호', '협력'을 통해

"청소년 범죄로부터 안전한 사회 구현"

4대 핵심 가치, 5대 전략 및 16개 추진 과제

예방

전략 1

위기 청소년 비행유입 차단

1. 국민이 공감하는 합리적 법제 개선
2. 가출 등 위기 청소년 개입 강화
3. 비행예방교육 프로그램 전문화

교화

전략 2

초기 비행소년 선도 및 진단강화

1. 초기단계 비행소년 및 보호자 교육 강화
2. 소년사건 단계별 선도 및 진단 강화

전략 3

소년범 재범방지 역량 강화

1. 전문처우를 통한 보호관찰 지도·감독 강화
2. 명예보호관찰관 등 사회자원 활용 활성화
3. 정신질환 소년범 치료체계 구축
4. 소년원 등 교화교육 내실화 및 처우 개선
5. 국민이 함께하는 민영소년원 설립
6. 지역사회와 연계한 안정적 사회정착 지원

보호

전략 4

피해자 보호·지원체계 개선

1. 신속한 피해자 통합 지원체계 구축
2. 피해자 재판참여 등 권리 확대

협력

전략 5

소년비행예방 협력체계 구축

1. 소년비행예방 정책기반 구축
2. 소년비행예방 정책 실현을 위한 인프라 확충
3. 부처 간 협력을 통한 비행예방체계 강화

[그림 14-2] 제1차 소년비행예방 기본계획

출처: 법무부(2018).

물론, 「소년법」의 연령한계가 갖는 문제는 분명 존재할 것이다. 연령을 12세 또는 13세로 인하하여 법적인 제재에 놓는다 해도 모든 청소년들의 범죄행위가 없어질 것으로 생각하지는 않는다. 다만, 이러한 강력한 대책의 효과성이 있기 때문에 법과 제도의 공정성, 모든 국민에 대한 평등성, 지역사회와 국가를 유지하기 위한 지향성 등을 고려하여 최선의 선택을 하기 위한 노력은 지속적이고 끊임없이 이루어져야 한다. 하지만 여기에 병행해야 할 부분은 법과 제도가 강화되는 만큼 부가되는 교육적 선도방안에 대한 사회적 책무를 더욱 강화하는 노력이 병행되어야 한다. 이를 고려하지 않는 제도의 강화는 오히려 청소년성장에 대한 더 심각한 물리적 반발을 초래하게 될 것이다.

중간점검

청소년문제행동에 대해 첨예한 대립을 보였던 「소년법」의 개정과 관련하여 개정의 찬성과 반대의 이유를 각각의 입장에서 그 당위성을 설명하고 주장해 보자.

2) 교육적 선도방안

청소년의 문제행동을 예방하는 가장 중요한 요소로서 교육적 효과를 빼놓을 수 없다. 청소년은 지속적으로 자신의 정보를 선택하고 받아들이며 새로움을 추구하는 세대이기 때문에 자신이 가진 정보나 제도의 제한성에서 항상 고민하게 된다. 만일, 이들이 자신이 보유한 정보에서 충동성을 억제하는 색나른 내안이 충분하지 않을 경우 청소년들은 무한한 가능성을 무기로 다른 행동을 자연스럽게 하게 될 개연성이 크다.

청소년은 매년 동일 교육을 실시하였다고 하더라도 새롭게 성장해 오는 이들이기 때문에 법과 제도, 규칙과 준칙 등의 모든 사항을 항상 모르고 새롭게 받아들여야 하는 경계선에 존재한다. 따라서 교육과 학습의 기회를 제공하여 청소년들이 제도의 가치를 받아들이도록 해 주는 것은 국가의 의무이자 교육기관의 핵심역할이다. 만약, 청소년이 자신이 행한 행위의 많은 부분의 해악을 모르고 있다면 이 역시 교육의 불공정성, 적시성 등을 충분히 제공하지 못하였다는 비판으로부터 자유롭지 못하다.

따라서 언제 어디서든 청소년들이 받아야 할 교육적 효과에 대한 지속적 노력은 매우 중요한 바 이러한 행태는 문제청소년들의 경우에도 동일하게 적용된다. 일반적으로 교육적 선도의 근거는「청소년복지 지원법」에서 그 근거를 많이 제공해 주고 있다.

「청소년복지 지원법」 제19조(예방적 · 회복적 보호지원의 실시 등) ① 특별자치시장 · 특별자치도지사 또는 시장 · 군수 · 구청장은 청소년의 비행 · 일탈을 예방하고 가정 · 학교 · 사회 생활에 복귀 및 적응하는 것을 돕기 위하여 다음 각호의 어느 하나에 해당하는 청소년에 대하여 청소년 본인, 해당 청소년의 보호자 또는 청소년이 취학하고 있는 학교의 장의 신청에 따라 예방적 · 회복적 보호지원(이하 '보호지원'이라 한다)을 실시할 수 있다. 이 경우 해당 청소년의 보호자 또는 학교의 장이 보호지원을 신청하는 때에는 청소년 본인의 동의를 받아야 한다. 〈개정 2018. 12. 18.〉

1. 비행 · 일탈을 저지른 청소년
2. 일상생활에 적응하지 못하여 가정 또는 학교 외부의 교육적 도움이 필요한 청소년

② 보호지원은 해당 청소년이 정상적인 가정 · 학교 · 사회 생활에 복귀 및 적응하는 데에 도움이 되는 방법으로서 상담 · 교육 · 자원봉사 · 수련 · 체육 · 단체활동 등 대통령령으로 정하는 방법에 따라 한다. 〈개정 2018. 12. 18.〉

③ 보호지원의 기간은 6개월 이내로 한다. 다만, 특별자치시장 · 특별자치도지사 또는 시장 · 군수 · 구청장은 보호지원의 결과를 검토하여 보호지원의 연장이 필요하다고 인정하는 경우 청소년 본인의 동의를 받아 6개월의 범위에서 한 번 연장할 수 있다. 〈개정 2018. 12. 18.〉

④ 보호지원 대상자의 선정 기준 및 절차에 관한 사항은 여성가족부령으로 정한다. 〈개정 2018. 12. 18.〉

「청소년복지 지원법 시행령」 제11조(보호지원 내용 등) ① 특별자치시장 · 특별자치도지사 또는 시장 · 군수 · 구청장은 법 제19조에 따라 보호지원을 실시하려는 경우에는 미리 보호지원 대상 청소년과 상담하고, 법 제21조 제1항에 따른 보호지원후견인이 있는 경우에는 그 의견을 들어 보호지원의 내용 · 방법 및 기간을 정해야 한다. 이 경우「초 · 중등교육법」 제2조에 따른 학교에 재학하고 있는 보호지원 대상 청소년에 대해서는 학교 교육과정을 이수하는 데 지장이 없도록 하여야 한다. 〈개정 2019. 3. 19.〉

② 법 제19조 제2항에서 '상담 · 교육 · 자원봉사 · 수련 · 체육 · 단체활동 등 대통령령으로 정하는 방법'이란 다음 각호의 방법을 말한다. 〈신설 2019. 3. 19.〉
1. 개인상담, 가족 · 보호자 상담 및 집단상담 등의 지원
2. 인성교육, 취업훈련, 진로교육 및 건강교육 등의 지원
3. 「자원봉사활동 기본법」 제19조 제1항에 따른 자원봉사센터 또는 「청소년활동 진흥법」 제7조 제1항에 따른 지방청소년활동진흥센터와 연계한 자원봉사활동의 지원
4. 「청소년활동 진흥법」 제10조에 따른 청소년활동시설에서의 수련 · 문화 · 체육 · 단체활동 등의 지원
5. 그 밖에 청소년의 비행 · 일탈을 예방하고 가정 · 학교 · 사회 생활의 복귀 및 적응에 도움이 되는 것으로서 여성가족부장관이 필요하다고 인정하는 지원

이와 유사하게 다양한 법률적 근거에서도 교육적 측면을 매우 강조하고 있는데, 「학교폭력예방 및 대책에 관한 법률」에서는 가해학생의 경우 학내 · 외 전문가에 의한 특별교육이수규정을 포함하고 있고 해당 학생의 보호자에 대한 교육도 명시하고 있다.

특히, 「소년법」에서는 보호처분의 결정을 통해서 처분의 다양화로 교육적 선도를 매우 중요시하고 있다.

제32조(보호처분의 결정) ① 소년부 판사는 심리 결과 보호처분을 할 필요가 있다고 인정하면 결정으로써 다음 각호의 어느 하나에 해당하는 처분을 하여야 한다.
1. 보호자 또는 보호자를 대신하여 소년을 보호할 수 있는 자에게 감호 위탁
2. 수강명령
3. 사회봉사명령
4. 보호관찰관의 단기(短期) 보호관찰
5. 보호관찰관의 장기(長期) 보호관찰
6. 「아동복지법」에 따른 아동복지시설이나 그 밖의 소년보호시설에 감호 위탁
7. 병원, 요양소 또는 「보호소년 등의 처우에 관한 법률」에 따른 소년의료보호시설에 위탁
8. 1개월 이내의 소년원 송치
9. 단기 소년원 송치
10. 장기 소년원 송치

이외에도「청소년 보호법」제50조(선도보호조치 대상 청소년의 통보),「아동청소년의 성보호에 관한 법률」제39조(검사의뢰교육 및 상담), 제40조(판사의 청소녀보호재활센터 선도보호위탁 보호처분),「보호소년 등의 처우에 관한 법률」제42조 2(소년보호시설 대안교육과정),「보호관찰 등에 관한 법률」제15조(수강명령, 보호관찰소 선도위탁 등) 등 다양한 영역에서 교육적 선도를 중시하고 있음을 알 수 있다.

아마도 모든 법과 제도적 측면에서 중요한 대안은 교육적 선도의 중요성을 들 수 있다. 현재 청소년을 위한 교육적 지원방안은 여성가족부, 교육부, 법무부, 경찰 등 수많은 정부부처의 청소년대책을 추진하고 있기는 하나 거의 온전하지 못하다고 단언할 수 있다. 청소년범죄행위를 한 이들의 재범을 막기 위한 사랑의 교실, 각종 예방적 대책을 마련해야 하는 범법행위 예방을 위한 학교 내 교육, 범법행위를 한 청소년의 사후관리를 통한 재범을 낮추기 위한 보호관찰과 소년원 등의 체계가 원활하게 작동되지 못하고 있다는 점은 분명하다.

물론, 나름의 노력은 하고 있으나 청소년의 관점과 욕구에 맞추어서 보다 적극적이고 올바른 사고의 전환을 이루기 위한 지속적인 교육은 절대적이다. 교육은 그만큼 계속되어야 하지만 성과 역시 매우 낮을 수 있다는 점이 한계이다. 그럼에도 교육은 더디지만 꾸준히 가야 한다는 차원에서 전개되어야 한다.

중간점검

청소년문제행동 예방을 위한 각 부처의 교육적 지원방안과 주요 내용이 무엇인지를 파악해 보고 이의 실효적 현실과 문제가 있다면 개선책을 제의해 보자.

3) 회복적 지원

회복적 지원은 실제 범법행위를 한 이후 이들의 낙인을 최소화하고 안정된 사회생활을 하도록 재범을 갖춘 생활시설 내 회복센터를 운영하게 함으로써 안정된 삶은 물론 재생의 기회를 부여하도록 한 것이다.

청소년 회복적 기능은 범죄청소년이 사회적 시각에서 멀어진다고 해결이 되는 것이 아니라 구체적인 지원과 대책의 방안이 맞춤식으로 강구되어야 한다는 점에서 이들의 전문적 기능강화의 방안으로 제시되었다.

회복센터의 기능은 일차적으로는 가정에서 중요한 역할을 해 주어야 하나 대부분의 문제행동에 빠진 이들은 가정내에서 보호를 받을 수 있는 여건이 불비한 상황이다. 그동안 제도적으로 보장하였던 각종 그룹홈, 일시 및 단기쉼터, 중장기쉼터, 자립지원관 등 공적 영역에서 보호를 지원하였던 기관조차도 이러한 범죄행위를 통해서 사회로 나오는 이들을 지원해 줄 적절성에서 많은 어려움을 겪을 수밖에 없었다.

이에 2010년 청원지법의 천종호 부장판사가 결손가정보호소년을 위탁하였던 것을 '사법형 그룹홈'이라 하여 처음 설립한 것을 「청소년복지 지원법」에서 지원하는 방인을 명시함으로써 회복적 지원의 대안을 법적으로 제시하게 되었다.

청소년회복센터는 가정이라는 가치를 기반으로 보호소년을 부모와 가족을 대신하여 보살피고 훈육하는 역할을 하는 곳이다. 청소년회복센터는 보호소년에게 가정과 가족을 제공하는 것을 최우선 과제로 삼고, 혈연관계가 없이 가정과 유사한 관계가 형성되므로 대안가정이라고 할 수 있다(안윤숙 · 천종호, 2016). 청소년회복센터의 성격은 혈연관계가 존재하지 않는 자가 법원의 소년보호처분을 통해 의제된 가족관계를 형성하는 공동생활가정이며, 법원의 소년보호처분을 통해 의제된 공동생활가정이 형성되므로 사법형 그룹홈이라고 할 수 있고, 보호소년의 처벌보다는 「소년법」의 목적인 '소년의 건전한 육성'에 주안점을 둔 소년보호처분 집행기관이다(천종호, 2013).

회복센터의 설립에는 '리질리언스'라는 의미가 중요한 배경이 되었다. '리질리언스(resilience)'는 이인성 '회복' 혹은 '극복할 수 있는 능력'을 가리키며, 탄성 혹은 복원력을 표현하는 것으로서 '외부 압력에 의해 변형된 물체가 이전의 크기와 모양으로 되돌아가는 능력 혹은 물질의 유연함'을 의미한다(Cobuild, 2003). 어떤 일을 경험하거나 수행하고 난 후 부정적 상황을 극복하지 못하고 무너져 버리는 사람도 있고, 부정적인 사건을 겪었을 때 남들보다 빠르고 효과적으로 평소 상태로 돌아오는 사람도 있는데, 이처럼 다양한 스트레스 요인에도 불구하고 이를 극복해 내는 힘을 리질리언스라고 말하며, 대부분 자신의 어려움을 극복하기 위한 심리적 자원의 정도에 의한 것이다(Tugade & Fredrickson, 2004).

리질리언스에 대한 개념적 정의는 다양하지만, 일반적으로 첫 번째는 '역경을 경험했거나 경험하면서도 이전의 적응 수준으로 돌아오고 회복할 수 있는 능력'(Garmezy, 1991)이다. 역경에 대한 상황을 자신이 충분히 이겨낼 수 있을 것이라는 자신감으로서 긍정적 적응을 보이려는 개인의 능력을 개념화한 것이다. 두 번째는 '적응이나 발달에 미치는 심각한 위협에도 불구하고 나타나는 긍정적 산물'(Masten, 2001), '해당된 연령에 기대되는 학업적 · 사회적 능력을 성취한 상태'(Masten & Coatsworth, 1998)처럼 행위를 이행하고 난 후에 만들어진 것에 대한 긍정적 발달 산물, 즉 적응의 결과로 개념화한 것이다.

회복이나 탄력성은 누구에게나 필요한 것이지만, 문제행위를 범한 청소년들은 일반 청소년에 비해 매우 약한 회복력을 보인다. 유리처럼 약한 성향을 보이는데 이전의 약한 회복력으로 인해 약간의 충격만 주어도 스스로 무너져 버리는 심리적 연약성을 보인다. 이들이 처한 환경 역시 회복력을 더디게 만든다.[1]

따라서 이전의 청소년보호시설의 경우 문제청소년의 행태에 대한 낙인성, 다른 청소년에 대한 영향 등으로 회복적 기회를 갖지 못한 안타까움이 크다는 점에서 이들의 심리적 상태를 잘 이해하고 이들의 전용공간에서 아무런 눈치도 보지 않고 자신의 미래를 강구해 나가도록 하는 보호자, 후견인 그리고 청소년들의 관계가 이루어진다면 의미 있는 적응력을 키울 것이라는 점에서 회복센터가 제시된 것이다.

이러한 청소년회복센터는 「청소년복지 지원법」 제19조를 통해서 법제화되고 지원의 근거를 이루었다.

---

1) 우리는 위기에 처한 청소년의 문제해결력이 취약함을 개인의 능력 부족으로 치부하거나 이를 문제시하는 경향을 일반화하는 태도를 보이는 경우가 많다. 하지만 이들 역시 문제해결을 위한 노력이 없는 것이 아니나 여전히 힘들고 어려운 환경과 생활이 지배적인 상황이므로 회복력이 더디거나 낮은 상태를 보이는데 이를 충분히 지각하지 못하는 경우가 많은 점은 개선이 필요하다. 즉, 위기청소년은 집으로 비교하면 지하 2, 3층에 살아가는 이들이 될 수 있다. 밝은 곳으로 나오고 싶지만 때론 여건상 힘들어한다. 그럼에도 지하 3층에서 2층으로 오는 것만 해도 큰 성과이다. 그러면서 또다시 쉽게 과거의 장소로 미끌려 간다. 끊임없이 이들이 회복력을 키우도록 지지하고 관심을 기울여 주어야 할 이유가 큰 점도 이 때문이다.

제19조(예방적 · 회복적 보호지원의 실시 등) ① 특별자치시장 · 특별자치도지사 또는 시장 · 군수 · 구청장은 청소년의 비행 · 일탈을 예방하고 가정 · 학교 · 사회 생활에 복귀 및 적응하는 것을 돕기 위하여 다음 각호의 어느 하나에 해당하는 청소년에 대하여 청소년 본인, 해당 청소년의 보호자 또는 청소년이 취학하고 있는 학교의 장의 신청에 따라 예방적 · 회복적 보호지원(이하 '보호지원'이라 한다)을 실시할 수 있다. 이 경우 해당 청소년의 보호자 또는 학교의 장이 보호지원을 신청하는 때에는 청소년 본인의 동의를 받아야 한다. 〈개정 2018. 12. 18.〉

1. 비행 · 일탈을 저지른 청소년
2. 일상생활에 적응하지 못하여 가정 또는 학교 외부의 교육적 도움이 필요한 청소년

② 보호지원은 해당 청소년이 정상적인 가정 · 학교 · 사회 생활에 복귀 및 적응하는 데에 도움이 되는 방법으로서 상담 · 교육 · 자원봉사 · 수련 · 체육 · 단체활동 등 대통령령으로 정하는 방법에 따라 한다. 〈개정 2018. 12. 18.〉
③ 보호지원의 기간은 6개월 이내로 한다. 다만, 특별자치시장 · 특별자치도지사 또는 시장 · 군수 · 구청장은 보호지원의 결과를 검토하여 보호지원의 연장이 필요하다고 인정하는 경우 청소년 본인의 동의를 받아 6개월의 범위에서 한 번 연장할 수 있다. 〈개정 2018. 12. 18.〉
④ 보호지원 대상자의 선정 기준 및 절차에 관한 사항은 여성가족부령으로 정한다.

청소년회복센터는 개방적이고 자유로운 생활을 보장하면서 5~10명이 생활을 하고 각종 직업교육, 경제적 자립, 아르바이트, 검정고시 등 원하는 바를 이룰 수 있고 동시에 대부분 수강명령과 사회봉사명령을 함께 받으므로 보호관찰소와 상담센터 등의 교육을 받는 데에도 용이하다. 청소년회복센터는 청소년의 삶을 긍정적으로 바라보고 이들의 능동적인 회복이 자연스럽게 이루어질 수 있는 다양성을 추구하게 하였고, 낙인효과 없이 지원을 제공하는 제도적 근간을 이루었다는 점에서 문제청소년이라는 시각을 개선하는 데 역할을 하고 있다.

청소년의 문제행동을 긍정적 시각에서 바라보는 관점을 나타내는 또 다른 혁신적 대안은 경찰의 위기청소년 '희망주기'센터 운영과 같은 혁신적 체계를 통해서 법과 제도만으로 강요하고 규정하였던 청소년 문제적 대응을 획기적으로 바꾸어 보려는 노력을 찾아볼 수 있다.

과거 경찰의 문제청소년 처벌을 중심으로 운영하였던 단편적 시각을 벗어나 올바른 사회구성원으로 청소년을 바라보고 이들이 건강한 사회구성원이 되기 위한 방법론을 새로이 찾았다는 점에서 획기적 정책이라고 말할 수 있다. 이러한 위기청소년 '희망주기'센터의 운영계획 전반에 대한 내용을 보면 다음과 같다(영등포경찰서, 2020).[2)]

위기청소년 발굴 · 지원을 위한 청소년 경찰학교 부설
위기청소년 '희망주기'센터 운영 계획

영등포 관내 소년범 등 위기청소년 발굴 및 지속적 선도와 맞춤형 지원으로 건강한 청소년으로 성장, 꿈과 재능을 실현할 수 있는 발판을 마련하고자 위기청소년 '희망주기'센터를 설치 운영하고자 함

Ⅰ. 추진 배경

ㅇ 가정폭력 · 학교폭력 등 범죄행위로 경찰관서에서 발굴한 위기청소년을 위한 실질적 · 통합적인 지원 및 사후관리가 필요함

ㅇ 이에 2020. 9. 4. 영등포경찰서 청소년 경찰학교 개교 시 학교 부설 위기청소년 '희망주기'센터를 설치 운영을 시작함

※ '희망주기'센터는 영등포경찰서 청소년 경찰학교에서만 운영 중에 있음

Ⅱ. 운영 내용

1. 센터 구성

ㅇ 간사(위기청소년 전문가)

– 영등포경찰서 위기청소년 담당 경사 양병윤(학교전담경찰관)

※ 現) 법무부 명예보호관찰관, 가정법원 소년위탁보호위원

2) 위기청소년 희망주기센터 운영은 영등포경찰서에서만 운영하는 위기청소년지원대책이다. 경찰의 위기청소년 사후법과 제도적 대책을 넘어서 실제 범법행위를 한 청소년을 사후 지원 및 적절한 멘토링지원의 중요성을 파악하고 이를 지속적으로 지지하는 획기적 예방 및 회복적 대책으로 볼 수 있다. 위기청소년이 범죄행위를 한 이후 다시 재범을 하지 않도록 하는 POOL서포터즈 대책은 경찰의 본연적 역할 이외의 진정 청소년을 위한 장기적이고 지속적인 사회적응대책이라고 할 수 있다.

※ 現) 법무부 서울소년원멘토, 1318 위기발견구조단 위원

※ 2016년~현재 소년보호시설 및 남부교육청 등 특별교육 강사

※ 사회복지사1급, 청소년지도사2급, 청소년상담사3급 국가공인 자격증 보

○ 협력위원 및 SPO 등

- 민 · 관 위기청소년 유관단체 실무자, 교사 등 청소년 전문가
- 위기청소년 지도에 관심 있는 대학생(교육학) 등 인력풀

2. 프로그램

○ 위기청소년 '희망주기' 센터 협력위원 위촉 및 인력풀 모집

- 민 · 관 청소년 유관기관 실무자 및 교사, 변호사 등 협력위원 위촉 협력활동 전개
- 청소년 지도에 관심 있는 대학생(청소년지도학, 교육학) 인력풀 모집 양성 교육 후 경찰관 자체선도 및 캠페인 등 활동 지원

○ '폴(POL) 프렌즈' 자체선도 및 아웃리치 프로그램 운영

- 청소년 밀집 지역 위기청소년 발굴을 위한 합동 아웃리치
- 발굴된 청소년 대상 경찰관 및 범죄심리사 등 자체선도 실시
- 심사원 · 소년원 · 구치소 등 소년보호시설 방문 일대일 자체선도
- 연령별 페이스북 단체방 개설 효율적인 선도 및 정서적 지원 실시

○ '폴(POL) 컴퍼트' 보호자 세미나

- 영등포 관내 소년범 위기청소년 보호자 대상 특강 실시
- 참석 보호자들 상호 나눔과 역동을 통한 집단상담 실시

○ '폴(POL) 스터디' 청소년 유관기관 협력활동

- 청소년 관련 유관기관 실무자 및 학교전담경찰관 등 구성
- 위기청소년 발굴 및 지원을 위한 상호 협력 프로그램 개발 및 실시

○ '폴(POL) 서포터' 양성 위기청소년 선도 프로그램 시원 등

- 전문성을 갖춘 청소년지도학과 대학(원)생 내싱 앙성교육 실시
- 경찰 자체선도 프로그램 및 캠페인 행사 참석 지원활동 전개
- 위기청소년 상담 및 멘토링 등 정서적 지원
- 명지대 청소년지도학과 권일남 교수 '슈퍼바이저'

3. 참고 자료

○ 청소년 경찰학교 현황

- 2013년 12월 교육부 · 경찰청 '청소년 경찰학교' MOU 협의
- 2014년 5월 전국 19개 '청소년 경찰학교' 운영, 2020년 8월 53개 확대

- 서울특별시에 9개 운영 중(영등포구, 강서구, 은평구, 서대문구, 동대문구, 도봉구, 강북구, 노원구, 서초구 관내 설치)
- 경찰청 · 교육청 간 MOU를 통한 경찰청 소속 교육청 위탁 기관

○ 청소년 경찰학교 프로그램
- 홈페이지 운영, 신청을 받아 학교폭력 예방교육 실시
- 그 외에 경찰 체험(경찰장구, 경찰의복, 몰래카메라) 및 과학수사 CSI 교육, 사격 시뮬레이션 등 운영
- 학교폭력 역할극 등 간접 경험을 통한 학교폭력 예방 프로그램

청소년회복의 관점을 제기하는 가장 중요한 의미는 청소년의 특성에 대한 변화와 밀접하게 관련이 있다. 미국의 청소년지도목적은 과거와 달리 긍정적 청소년발달(Positive youth development)로의 변화를 추구하면서 청소년기의 필수적인 성장요소로 40가지의 발달자산(Development Assets)이라는 틀을 제시하고 이를 지원하기 위한 노력을 강조하고 있다. 청소년을 문제의 대상으로 바라보기보다는 해당 시기에 반드시 성취해야 할 자산이라는 것이 존재하고 이를 충족시키도록 하는 개인과 가족, 지역사회와 국가의 통합적 노력이 필요하다는 전제를 제기하고 있다는 점이다.

이러한 변화는 청소년들의 대상에 대한 사고혁신을 전제로 하는 바 청소년들이 건강한 대상으로, 보살핌을 받음으로써, 책임감 있게 자라기 위해 필요한 예방책, 긍정적인 경험, 그리고 자질이라는 핵심요소를 어떻게 구현해 줄 것인가와 같은 의미로 제시한 것이다.

중간점검

청소년회복센터의 현실과 운영방안, 애로점 등을 찾아 보고 청소년회복센터가 적극적으로 운영되기 위한 공공 및 민간지원방안을 찾아보자. 또한, 현재의 청소년보호관찰 등 법규위반 청소년의 재범률을 낮추기 위한 시설의 실태와 문제점, 개선방안을 찾아보자.

3 청소년문제행동이 아닌 긍정적 발달(positive demelopment)과 자산(assets)의 필요

지금까지 우리는 청소년의 문제와 문제청소년의 동일적 시각에 대해서 당연한 귀결로 바라보았다. 특별한 청소년지도자나 선도적 역량을 가진 사람을 제외하고는 문제청소년과 청소년문제는 동일한 개념이며, 청소년의 행동의 다양성보다는 특별한 존재이면서도 특별한 행위를 하는 것이 곧 문제라는 한계성에서 벗어나지 못하였다. 이는 우리가 줄곧 써 왔던 청소년문제론, 청소년보호론, 청소년문제행동 등과 같은 용어가 어떠한 속성을 가지고 있는지도 모른 채, 마치 자신만이 청소년에게 영향력을 키우는 사람으로 각인되고자 하는 한계성 속에서 살아왔는지 모른다.

여전히 청소년에 대해서만큼은 자신의 우월적 지위를 이용하여 문제행동을 정당화하고 이를 제거함이 곧 역량있는 지도자라는 생각을 하고 있는 것은 아닌가 고려해보고, 청소년과 함께 눈높이를 맞추고 이들이 처한 환경과 특성, 여건과 관심도 등을 최적화하여 마음속에서 공감을 하는 노력을 해 주어야 한다. 세상의 여러 대안이 제시될 수 있지만, 가장 중요한 것은 청소년들의 가치를 함께 이해하는 사람이라는 마음의 공유가 있을 때 비로소 청소년들도 자신의 마음을 열게 될 것이라는 단순한 진리를 깨달아 가는 것이 유능한 청소년지도자가 되는 것이다.

무엇보다 청소년기는 성장과정에서 매우 중요한 바 이러한 발달자산을 갖추어야 함을 동의하는 순간 어떠한 문제행동이나 일탈 등을 했다고 하더라도 사후적 보완을 할 방법을 찾는 노력을 하게 된다. 긍정적 발달자산을 갖도록 지원함은 청소년이 성공하고 건강해지기 위해 필요한 것에 대한 이해가 제공되어야 함을 의미한다. 그렇게 된다면 자신의 문제를 토대로 현재의 고민과 난제의 해결을 스스로 하게 되는 문제보다는 해결방안에 집중하게 되는 힘을 얻을 수 있을 것이다. 더 나아가 자신의 문제행동의 강력한 예측변수로서 현재 처한 위치나 상황 등의 고려가 절대적으로 나타나게 되고 이로써 자신을 괴롭힌 술과 약물의 남용, 성관계, 학교 실패와 같은 행동을 억제하는 보호요인에 스스로 접하게 될 것이다.

청소년의 긍정발달을 논하기에 앞서 대상을 문제적 시각으로 바라보는 성향이 강하였다는 점은 이미 설명하였지만 이의 문제점을 표출하여 개선책을 찾고자 미국의 Search Institute에서는 벤슨(Benson, 1997), 벤손과 레퍼트(Benson & Leffert, 1999) 등이 외적 자산 4개 영역 20개 구성요소, 내적 자산 4개 영역 20개 하위요소 등 총 8개 영역의 40가지 구성요소를 유목화함으로써 청소년지원자산의 안정화를 위해 어떠한 노력을 해야 하는지를 구체적으로 계량화하였다는 점에서 의의가 크다.

발달자산을 유목화한 것은 청소년을 위한 지원과 환경의 중요성이 크지만 구체적으로 무엇이 필요하며, 어떠한 요소를 강화해 주어야 하는지를 쉽게 알려 주고 이를 상호 공유해 준 것이다. 따라서 정책적으로 지원 가능한 측면이나 내용을 쉽게 설명하여 줌으로써 이를 서로의 눈높이에서 공유가 가능한 수준으로 범주화한 것이다.

특히, 발달자산이 더 중요한 것은 자신의 성장발달에 도움을 얻을 수 있는 핵심자산을 지속적으로 발굴하게 됨으로써 긍정적 성장과 발전을 촉진하는 강화요인을 더욱 확장하게 되는 능력을 구성하게 되며, 종국에는 청소년이 어려운 상황에 대처하고 피할 수 있도록 돕는 탄성계수를 높이게 된다는 점에서 긍정적 발달의 의미는 매우 중요한 성장인자가 된다.

이러한 긍정적 자산은 다음과 같은 요소를 포함하고 있는바 청소년을 위험으로부터 완충시키기 위해 지속적으로 보여 온 보호요인을 의미하며, 발달자산이 높을수록 자녀가 10대 임신, 중퇴, 약물남용, 비행, 폭력 등과 같은 행동에 관여하지 않을 확률이 높다(https://www.youtherie.com/the-assets).

긍정적 발달자산은 외부자산과 내부자산 등 두 가지로 나뉜다.

첫째, 외부 자산은 청소년 시기에 사람이나 각종 체험으로부터 얻게 되는 긍정적인 경험이나 자산을 의미한다. 외적 자산의 주요 내용 범주로는 ① 가족이나 주변의 지원, ② 사회나 공동체로부터의 권한 부여, ③ 지역사회의 보호나 지지 기능, ④ 자신에게 부여된 시간의 적절한 활용 등을 포함하고 있다.

둘째, 내부 자산은 긍정적인 선택을 유도하고 자신감, 열정, 목적의식을 키우게 하는 등 개인의 자질에 영향을 주는 자산이다. 핵심요소로는 ① 학습에 대한 몰입능력, ② 스스로 생각하는 긍정적 가치, ③ 사회적 필요역량, ④ 긍정적으로 판단하는 정체성 등이 포함된다.

이러한 청소년의 긍정적 발달이 이루어지는 요소를 가장 중요한 자산으로 하여 40가지의 발달자산(Search Institute, 40 Developmental Assets, 2003)으로 명명하였는데 이에 대한 상세한 내용과 함께 각각의 의미를 파악해 보면 다음과 같다.

1) 외적 자산(external assets)

외적 자산은 청소년이 건강하게 자라도록 가정, 지역사회, 여러 외부적 요인이 긍정적으로 지원하게 되는 요소를 의미한다.

(1) 주변부의 지원

1 가족의 지지와 지원

가족생활에서 높은 수준의 사랑과 지원을 제공한 가족은 건강한 성장을 뒷받침한다. 청소년은 그들의 가족이 높은 수준의 사랑과 지원을 제공했을 때 더 건강하게 성장할 가능성이 크므로 부모와 보호자가 사랑하는 말과 행동, 일관성, 개방성을 키워주는 가정환경을 만드는 것이 중요하다. 양질의 시간을 부모와 자녀가 함께 보내는 것이 훌륭한 가족지원 시스템을 구축하기 위한 첫 번째이자 가장 중요한 단계다.

2 가족 간의 적극적인 가족소통

청소년과 부모 또는 부모가 긍정적으로 소통하고, 부모에게 기꺼이 조언과 자문을 구하는 관계를 구성해야 한다. 부모와 긍정적인 소통을 경험하는 청소년은 건강하게 성장할 가능성이 크고 부모의 조언과 조언을 구하려는 행동에 적극적일 수 있을 것이다. 열린 마음으로 부모와 자녀가 말하고 듣는 것, 즉 끊임없이 소통하는 것은 부모가 단지 자신의 입장을 옹호하는 것이 아니라 자녀의 관점을 이해하는 것과 이 과정을 토대로 자녀의 말을 듣는 것을 의미한다. 자녀가 부모를 필요로 할 때, 그리고 그들이 그렇게 생각하지 않는다고 생각할 때조차도 긍정적인 소통이 이루어지도록 자녀에게 온전히 관심을 기울이는 노력을 해야 한다. 여전히 부모와 자녀 간에 대화시간이 부족하고 내용 역시 진학이나 진로라는 특정 주제에 국한되는 현실에서 부모는 자녀와의 대화를 다양하게 확장하는 능력과 기술적 방법론을 습득하려는 노력에 게을리해서는 안 된다.

3 나를 조력하는 다른 성인과의 관계

청소년은 부모보다 다른 성인의 의견을 더 신뢰하는 경향을 보인다. 청소년 시기에 의미 있는 타자로부터 조언과 위로, 그리고 이해를 구했다면(힘든 시절과 좋은 시절, 가족 외의 어른들이 곁에 있었다면) 그런 관계는 청소년에게 매우 중요한 성장의 의미를 제공하게 될 것이다. 청소년은 부모 외에 어른들로부터 의지하기를 원하는 성향을 보이기 때문에 청소년이 건강하고, 배려하며, 책임감 있게 자라도록 돕는 주변인의 노력과 지원은 매우 매우 중요한데 이를 청소년지도자가 적극적으로 이행해 주어야 한다.

4 돌봄 이웃의 지원과 접근

청소년은 주변의 이웃으로부터 돌봄을 얻게 될 경우 안정감을 얻는다. 과거세대는 오늘날의 청소년보다 훨씬 더 많은 자유와 안전을 누려 왔지만 작금은 불안과 불안전, 곤경의 시대에 청소년이 살고 있다. 따라서 청소년이 집 근처에서 다치거나, 곤경에 처하거나, 길을 잃으면, 이웃으로부터 도움을 쉽게 얻을 수 있게 될 때 청소년은 사회의 안녕을 이루는 대상이 서로 손을 내밀고 있음에 신뢰감을 보이게 될 것이다.

5 학교생활의 만족도

학교는 청소년에게 배려하고 격려하는 환경을 제공해야 한다. 청소년이 학교에 대해 배려하는 방식으로 '따뜻함'을 느낀다면 더 많은 내용을 학습할 수 있다. 건강한 학교 분위기는 학생, 교사, 직원, 학부모 모두가 학교에 대해 자부심을 가질 수 있게 해 준다. 한 사람의 태도(좋든 나쁘든)는 학생이 학교에서 자신에 대해 어떻게 느끼고 다른 사람들과 어떻게 상호작용하는지에 큰 영향을 미칠 수 있다. 청소년의 경우 교문에서부터 교사, 관리인, 학부모 자원봉사자 등과의 만남을 통해 시작되는 생활을 청소년에게 긍정적이고 자상하며 후원하는 방식으로 관계를 맺어줄 수 있을 때 학교는 훌륭한 곳이 된다.

6 부모가 자녀의 학교생활에 적극적으로 참여하는 정도

부모는 자녀의 성공적 생활지원을 위해 학교생활에 적극적으로 참여해야 한다. 일반적으로 보면 자녀가 유치원에 다닐 때 대부분의 부모는 상당한 수준으로 교육에 관여하거나 관심을 기울인다. 학부모-교사회의에 참석하고, 학교 콘서트에서 아이들을 응원하며, 아이들의 예술작품을 자랑스럽게 전시한다. 하지만 자녀가 어느 정도 성장하면(성장의 기준은 개인적이어서 어느 부모는 초등, 어느 부모는 중등 수준에서) 학교교육으로부터 멀어지기 시작한다. 특히, 자녀가 중 · 고등학교에 입학하면 참여가 급격히 감소하는데, 어떤 면에서는 이 시기가 청소년에게 가장 어려운 시기일 수도 있어서 오히려 더 많은 관심을 기울여야 할 때이기도 하다. 부모는 매일 학교에 가거나 심지어 매날 자원봉사를 할 필요가 없지만, 자녀의 교육에 어떤 일이 일어나고 있는지 아는 것은 중요하다.

(2) 권한 부여

7 청소년가치를 존중해 주는 지역사회

지역사회나 공동체 집단에서 청소년을 중시한다는 사고방식의 강화가 매우 중요하다. 청소년은 자신이 원하는 지역사회나 사람이 있는 곳을 금방 감지한다. 청소년이 지역사회에 참여하고, 봉사하고, 의사결정을 할 수 있는 기회가 있는 곳이라면 그들은 건강하고, 배려능력을 갖고, 책임감 있는 성인으로 성장할 수 있다. 청소년이 그들이 속한 공동체에 대해 소중하게 여긴다고 느낀다면 그 공동체는 청소년을 가치 있는 사람으로 성장하는 데 큰 도움을 준다.

8 청소년을 자원으로 인식하기

청소년을 위해 공동체에서 유용한 역할을 줄 수 있는가에 따라 아이디어, 에너지, 통찰력을 표현하는 방법을 다양하게 얻게 된다. 청소년이 그들의 목소리를 찾을 수 있도록 돕는 것은 가족, 학교, 동아리 또는 지역사회에서 긍정적인 힘이 되도록 돕는 가장 좋은 방법 중 하나이다. 청소년은 자신의 의견이 존중되고 재능이 두드러질 때 더 많은 기여를 한다. 그러므로 모든 청소년이 가정, 학교, 지역사회에서 이슈와 결정에 발언권을 가질 수 있도록 허용하는 참여적 기회를 만들어야 한다. 즉, 청소년을 자원으로 여긴다는 것은 단지 물질적 속성이 아니라 존중의 의미이자 권리의 부여 대상으로 여긴다는 점이다. 그들과 함께 항상 결과를 이루고 노력한다는 생각의 전환이 필요하다.

9 자원봉사활동 참여확대

청소년은 일주일에 1시간 이상 지역사회에서 봉사하는 기회를 얻도록 해야 한다. 청소년이 손을 뻗어 다른 사람을 돕기 시작하면, 그들의 세계관은 확대되고 자신감도 커진다. 실제로 많은 청소년은 시간과 에너지를 제공할 때 그 대가로 많은 것을 받는 것을 즐긴다. 하지만 그러한 대가가 다른 사람들을 섬기는 과정에서 그들 자신에 대해 좋게 느끼도록 도울 수 있고 그들이 세상을 변화시킬 수 있다고 믿는다면 더 많은 자원봉사활동을 능동적으로 하게 될 것이다.

10 안전한 환경 조성

청소년은 집, 학교, 동네에서 안전함을 느껴야 한다. 위협을 느끼거나, 안전하지 않거나, 두려움을 느끼는 청소년은 종종 두려움에 갇히거나, 자신을 보호하기 위한 시도에 많은 시간을 소비하게 된다. 그렇게 되면 모험을 해서 건강한 위험을 감수할 가능성이 작아진다. 반면, 안전하다고 느끼는 청소년은 새로운 것을 시도할 기회를 얻게 된다. 스스로 불안감을 느끼고 세상이 위험하다고 믿게 되면 청소년은 불안감을 가중시킬 수도 있다. 청소년이 안전하기 위해 서로를 돌보는 많은 방법을 찾아야 한다. 작금의 여러 환경에 대한 불안정성이 심화되고 있음에 대부분의 정책은 아예 위험한 활동이나 모험을 방지하는 데 대책이 이루어지고 있다. 이는 올바른 대책이 될 수 없다. 스스로 모험을 하되 주변의 안전을 스스로 또는 함께 지키도록 해 주는 노력을 하는 것이 진정으로 청소년의 건강한 성장을 이루는 데 큰 도움이 된다.

(3) 경계와 기대

11 가족의 경계와 영역 구축

가족끼리라도 서로를 위해 명확하고 일관된 규칙을 제정해야 하며, 자녀가 어디 있고 무엇을 하는지 모니터링을 해야 한다. 어떤 상황이든 합리적인 규칙이 존재해야 하는데 규칙은 자동적으로 알려지는 것이 아니다. 규칙은 만들어져야 하고 이를 통해서 배워야 한다. 청소년이 반드시 지켜야 할 규칙이 있다는 것을 일찍부터 배우지 않으면 언제든지 자신이 원하는 것은 무엇이든 할 수 있다고 생각한다. 그리고 우리가 선택을 할 수 있는 자유를 좋아할지 모르지만, 따라야 할 경계와 그에 부응해야 할 기대를 갖는 것은 모든 사람들의 삶을 더 윤택하게 할 수 있다. 따라서 청소년은 그들의 가족이 명확한 규칙과 결과를 정하고 동시에 부모는 자녀를 위한 건강한 모니터링을 한다면 자녀는 긍정적인 행동과 태도를 취할 가능성이 더 크고, 고위험 행동을 실천할 가능성이 더 작을 것이다.

12 학교 경계

학교는 명확한 규칙과 결과를 제공해야 한다. 학교에는 규칙이 필요하다. 청소년은 학교생활에 대해서 어떻게 행동해야 하는지에 대한 기대가 명확하고 일관적일 때 더 잘 배운다. 그러나 이러한 기준을 설정하는 것이 항상 쉬운 것은 아니므로 학생을 적절하고 효과적으로 징계하는 방법에 대해 고심해야 한다. 학교교사, 교장, 관리자, 행정관, 학부모 등은 어느 때든 학생에 모범이 되는 중요한 역할을 하는 균형 잡힌 행동을 보여야 한다. 서로의 갈등은 여전히 발생할 수 있으며, 충돌이 일어날 때, 학생, 학부모, 교사, 그리고 지역사회의 다른 모든 사람들이 그들의 우려를 표명하고 문제에 대한 해결책을 제안하는 것을 편안하게 느낄 수 있도록 해야 한다. 가정, 학교, 지역사회가 함께 일하면서 일관된 경계를 세울수록, 청소년은 무엇을 기대해야 할지 알 것이기 때문에 더 잘 적응하게 될 것이다.

13 이웃의 역할

이웃은 청소년의 행동을 모니터링하여 올바른 행동을 하도록 지원하는 데 책임감을 가져야 한다. 이웃사람들이 청소년의 행동을 감시하는 것에 대해 책임을 지지 않는 가장 큰 이유는 두려움 때문이다. 또한, 서로가 바쁘고 다소 고독한 생활 때문에 지역사회에서 청소년들의 행위에 대한 모니터링을 소홀히 한다. 청소년은 인생에서 최선을 다하기를 기대하는 어른들이 있을 때 더 잘한다. 가장 긍정적인 효과를 얻기 위해서는 부모와 보호자, 학교, 청소년 단체, 그리고 이웃 모두가 규칙을 제공하고 행동을 감시하며, 높은 기대를 설정하는 일에 참여해야 한다. 지역사회 사람들이 청소년에 대한 두려움, 무관심, 또는 삶의 바쁜 일들로 인해 청소년을 심도 있게 바라보지 않는 행위를 바꾸도록 해야 한다.

14 성인의 역할모델

부모나 주변의 성인들이 보여 주는 긍정적이고 책임감 있는 행동을 통해서 청소년은 역할모델을 갖는다. 청소년은 긍정적이고 책임감 있는 행동을 모범으로 하는 부모와 다른 어른들이 있을 때, 긍정적이고 책임감 있는 행동을 보일 가능성이 더 크다. 좋은 역할모델을 갖는 것은 대부분의 젊은이들이 가지는 가장 큰 욕구 중 하나이다. 많은 청소년이 인생에서 다른 어떤 것보다 필요로 하는 것은 성인들과의 긍정적인 사회적 상호작용이며, 이러한 긍정적 상호작용이 있을 때 긍정적 성장을 이룰 수 있다.

15 긍정적인 또래 영향력

청소년은 책임감 있는 행동을 하는 친구나 또래를 모범으로 삼는다. 청소년은 또래와의 관계가 좋을 때 건강한 선택을 장려하고 지원함으로써 자신이 더 독립적이 되도록 도울 수 있다. 또래들은 팀이나 클럽에 가입하거나, 숙제를 도와주거나, 단순히 서로의 관계를 긍정적으로 유지하는 것만으로도 서로를 지지하게 될 수 있다. 또래들의 압력은 특히 학교에서 강하다. 문제가 발생하는 것을 알아차리거나 학교나 다른 곳에서 부정적 선택을 하게 될 경우 긍정적 또래관계는 동료나 친구에게도 싫다고 말할 수 있는 힘이 만들어진다는 점을 깨달아야 한다.

16 높은 기대

부모와 교사가 갖는 청소년의 높은 기대감은 이들이 잘 성장하도록 격려하는 동인이 된다. 청소년은 대회에서 우승하거나 대학에 가거나 좋은 진로를 선택하려는 다양한 희망과 꿈을 가지고 있다. 어른들이 청소년을 믿고 그들의 잠재력에 도달하도록 돕는다는 것을 보여 줄 때, 청소년은 그렇게 할 수 있다는 확신을 갖게 된다. 가족과 교사들이 큰 기대를 걸고 있는 청소년은 더 높은 자부심을 가지고, 더 열심히 노력하고, 학교에서 더 잘하고, 좋은 직장을 얻을 수 있을 것이라고 믿는 동기가 커진다.

(4) 시간의 건설적 사용

17 창작활동에 참여

학교수업시간 이외에 음악, 연극, 기타 예술 분야에서 시간을 보낼 경우 생각의 확장을 이루는 데 도움을 준다. 대부분의 사람들은 어떤 종류의 음악이나 예술, 노래, 피아노 연주, 그림 그리기, 연기 등을 좋아하며, 이 활동은 창의적인 것과 재미 등은 물론 진보된 사고력을 향상시키는 데 도움을 준다. 예술작품을 공연하고 창작하는 것은 청소년이 인지력(지적 이해력), 문화적 이해력, 소통력, 창의력을 발달시키는 데 도움이 된다. 예술적 표현의 이 작은 성장은 사람들이 개성을 전달하는 중요한 방법이다. 청소년의 삶에 더 많은 예술과 음악을 가져다줌으로써, 배려하는 어른들은 그들의 성격, 재능, 그리고 기술의 다른 면을 발전시키는 데 도움을 줄 수 있다.

18 청소년을 위한 다양한 프로그램 제공

청소년은 학교 또는 지역사회에서 제공하는 다양한 스포츠, 클럽 또는 단체활동과 같은 곳의 체험을 통해 자신의 경험을 증진시킨다. 야외활동이라는 의미는 청소년의 관심사를 공유하거나 새로운 일을 소개받거나 새로운 사람들을 만나는 계기가 된다. 이전에 생각해 본 적이 없는 활동을 시도하거나 새로운 것에 모험을 함으로써 자신에 대해 많은 것을 배울 수 있다. 따라서 청소년시설이나 센터 등의 역할은 청소년의 긍정성에 필수적 조건이다.

19 종교나 공동생활의 참여기회 제공

청소년은 다양한 종교기관에서 활동할 필요가 있다. 신앙공동체에 관계된 청소년은 종교를 통해서 긍정적인 가치를 가질 가능성이 더 크고 서로의 강한 유대감을 가지게 되며, 위험한 행동을 하게 되지 않게 되는 유익함이 있다. 신앙에 기반을 둔 단체는 긍정적인 가치관을 강하게 강조한다. 가족의 가치를 뒷받침하는 신앙공동체를 찾으면 자녀는 이러한 가치관을 내면화하고 책임 있는 결정을 내릴 가능성이 크다.

20 집에서 유익한 시간 보내기

청소년은 의도적이라도 집에서 부모 또는 가족과 시간을 보내려는 노력을 해야 한다. 일, 학교, 활동, 친구, 그리고 다른 의무들은 때때로 가족구성원들을 하나로 모으기보다는 갈라놓는 도구가 된다. 의도적이라도 가족과 함께 시간을 보내는 방법이나 가족이 즐기는 활동을 선택해 보도록 해야 한다.

2) 내적 자산(internal assets)

내적 자산은 청소년이 건강하게 자라도록 청소년 스스로가 갖추어야 할 심리적 요소나 마음가짐, 결정적 동기 등을 의미하며, 이러한 내적 마음가짐이 자신의 성장에 긍정적으로 지원하게 되는 요소를 의미한다.

(1) 학습에 대한 참여의지와 노력

21 성취 동기

청소년은 자신이 갖춘 스스로의 성장과 목표를 결정하도록 하는 동기부여가 어떠한지의 기준을 잘 설정해야 한다. 학교에서 열심히 공부해야 할 많은 이유가 있다. 좋은 성적을 받거나, 부모님을 기쁘게 하거나, 우등생 자리를 얻는 것. 그러나 청소년이 학교와 학교 밖에서 최선을 다하도록 하는 가장 큰 동인은 바로 그들이 모든 것을 의지에 의해 부여하고 그 결과를 얻으려는 노력을 하였음을 안다는 데서 비롯된다. 무엇이 자신이 하고자 하는 일에 최선을 다하도록 만들고 그 이유가 무엇이기에 최선을 다하는지의 분명한 목표가 존재하는지를 파악해 보아야 한다.

22 학습내용의 참여 적극성

청소년은 자신이 이루어야 할 학습에 어느 정도 적극적으로 참여하는지를 알아야 한다. 청소년이 성공적으로 목표를 달성하기 위해 학업은 그들이 완료해야 하는 교육의 일부에 불과하다는 것을 이해해야 한다. 그렇지만 청소년을 학교생활에 계속 몰입하게 하는 가장 좋은 방법은 그들의 개인적인 흥미와 목표에 집중하도록 해 주는 것이다. 청소년이 원하는 것(또는 필요한 것)을 알게 되면, 그들이 학교에서 배우는 것들과 그들의 관심사와 목표를 연결하도록 도와주어야 한다.

23 과제의 중요성

청소년이 매일 적어도 한 시간 이상 과제를 하도록 유도한다. 과제를 하는 것은 학업목표에 도달하는 것 외에도 청소년에게 지시를 따르고, 시간을 관리하고, 스스로 일하도록 가르치는 중요한 자기주도학습(self-directed learning)이다.

24 학교에서 관계자와의 유대관계 강화

청소년은 학교 내에 존재하는 성인, 교사 등과 좋은 관계를 유지해야 한다. 왜 어떤 아이들은 학교를 중퇴하고 다른 아이들은 학교에 남아서 심지어 훌륭한 학업성취도를 보이는가? 학교를 싫어하고 학교에 가지 않기로 선택한 아이들은 무관심하고, 지루하며, 해야 할 의지가 최악으로 변하게 된다. 반면, 학교에 잘 적응하는 이들은 정반대의 경험을 한다. 학교를 싫어하는 청소년에게는 왜 그런지 물어보면 답은 명확하다. 학생들에게, 학교와의 유대감 중 일부는 학교에 있는 누군가가 자신을 위해 신경써 주는 사람이 있다는 점에서 찾는 것을 기억하라.

25 책 읽는 즐거움의 확대

매일의 생활에서 독서생활을 강조하고 이를 유지하게 해야 한다. 좋아하는 TV쇼를 보면서 전화벨 소리를 듣지 못했거나, 너무 늦게까지 자지 않고 책에만 몰두해 본 적이 있는가? 흥미를 위한 독서가 청소년에게 전략적이고 숙련된 독자가 되는 방법을 가르친다고 한다. 자녀가 즐거움을 위해 책을 쉽게 읽도록 하라. 소설, 잡지, 신문, 만화책 등 다양한 독서 자료를 제공한다. 또한, 자신의 행동을 본보기로 삼도록 해야 한다. 다른 사람들이 모두 잠들었을 때 침대에서 책을 읽는 모습이 아니라 자녀에게 부모가 책을 읽는 것을 보게 하라. 그리고 책으로부터 배운 다른 아이디어나 제안된 이슈를 그들과 토론하라. 마지막으로, TV와 컴퓨터 시간을 제한해야 한다.

(2) 긍정적 가치

26 타인을 위한 돌봄과 봉사

자녀를 잘 돌보는 부모가 있다면 그 돌봄은 자녀가 타인을 돕는 것에 높은 가치를 둔다. 사람들은 직 · 간접적으로 다른 사람들을 돕고 돌볼 수 있다. 직접적인 도움은 도움이 필요한 사람을 위해 시간을 보내고 보살핌이 필요한 사람들과 교류할 때이다. 간접적인 도움은 돈, 음식, 또는 그 밖의 다른 아이템들을 모아 그 아이템을 어려운 사람들에게 나누어 줄 때이다. 부모가 타인을 위해 돌봄에 높은 가치를 두게 되면 그 자녀는 부정적인 행동보다는 긍정적인 행동을 촉진하고 모델화할 가능성이 크다.

27 평등과 사회정의라는 가치의 실현

평등을 촉진하고 기아와 빈곤을 줄이는 데 높은 가치를 두는 청소년이 되어야 한다. 평등과 배고픔과 가난을 줄이는 것에 대해 걱정하는 청소년은 이러한 조건을 겪는 사람들의 삶이 어떤지 모르지만, 그들은 모든 사람들을 돌보는 것이 중요하다는 것을 알고 있다. 평등을 촉진하고 배고픔과 가난을 줄이는 데 높은 가치를 두는 청소년은 기꺼이 불우한 사람들을 돕는 경향이 많게 된다.

28 성실성

부모는 자녀가 성실이라는 신념을 갖도록 해야 한다. 신념과 가치를 갖는 것은 매우 중요하다. 청소년이 용기라는 내면의 불꽃을 끌어당기고 가치관에 따라 행동할 때마다 그들은 청렴함을 갖는다. 청소년에게 청렴을 가르치는 가장 좋은 방법은 스스로 실천하고 모범을 보이는 것일 것이다. 자신감, 신뢰, 존경심은 청렴의 직접적인 결과물이며, 부모나 성인은 청소년이 이러한 특성을 함양하도록 도울 수 있는 여러 가지 방법이 있다면 적극 추천하도록 해야 한다.

29 정직

부모는 자녀가 진실을 말하도록 가르쳐야 한다. 정직한 사람은 믿음직스럽고 성실하며 진실한 사람이다. 그들은 위엄을 보이고 지역사회의 동료들과 다른 사람들로부터 존경을 받는다. 진실을 말하는 것이 항상 쉬운 것은 아니지만, 청소년에게 정직의 가치를 가르치는 것은 중요하다. 그것이 없으면 거짓말이나 부정행위 같은 부정한 습관이 큰 문제가 될 수 있다.

30 책임감

어떠한 일이든 자신의 책임하에 결과가 나타나도록 해야 한다. 규칙을 따르는 것도 중요하지만, 시키는 대로 충분히 하고 있으며 강하고, 정직하고, 성공한 어른이 되기 위해서는 책임지고자 하는 개인적 욕구를 갖고 있는지를 느끼게 해야 한다.

31 일탈요소에 대한 금욕적 행동

성적, 기타 부정적 행동에 대한 자기 스스로 억제하려는 마음가짐이 있어야 한다. 청소년은 사회적 유혹행위에 쉽게 빠질 우려가 크다. 하지만 어떻게 하면 금욕적 행위를 할 것인지를 배우고 억제하며 절제하는 노력을 해야 한다. 물론, 청소년이 서로 성관계의 위험성에 대해 소통하는 것, 술이나 다른 약물의 사용 등에 대해 반드시 나쁜 것으로 분류하는 것이 도움이 되는 것은 아니다. 대신, 정확한 정보와 내용의 숙지를 통해서 이의 문제점, 대응, 억제 등을 스스로 알 수 있도록 해야 한다.

(3) 사회적 역량

32 계획과 의사결정능력의 보유

청소년은 어떠한 일이든 미리 계획하고 선택을 할 줄 아는 능력을 갖추어야 한다. 사람들은 매일 많은 결정을 내린다. 어떤 것은 쉽고, 어떤 것은 어렵고, 또 다른 것은 그냥 쉽게 짜증나게 한다. 그러나 이 모든 결정은 그들이 그들의 삶을 더 많이 통제하는 방법을 배우게 될 때 그들의 미래를 위한 좋은 능력을 배양하게 된다. 좋은 결정을 내리고 미리 계획을 세우는 법을 배우는 청소년은 학교에서 더 잘하고, 음주, 흡연, 다른 약물을 사용하는 것에 덜 관여하며, 그들이 원하는 것을 더 잘 성취할 수 있게 될 것이다.

33 대인관계 능력

청소년은 공감능력, 감수성, 우정능력 등을 배양해야 한다. 대부분의 청소년은 친구를 사귀고 있고 그 친구가 나쁜 일이 일어날 때, 그리고 누군가가 나르세 행동하고 있을 때를 알아차린다. 가장 중요한 사회적 · 감정적 기술 중 하나인 공감은 모든 사람에게 자연스럽게 다가오지 않는다. 자신의 필요와 감정을 이해하려고 노력하고 적절하게 표현할 줄 아는 청소년은 다른 사람들의 필요와 감정을 존중할 가능성이 더 크다.

34 문화적 역량

최근의 글로벌시대의 도래에서 필요한 문화수용능력, 이해력, 문화적 · 인종적 · 민족적 배경이 다른 사람들에 대한 지식을 수용하는 힘이 있어야 한다. 서로 다른 문화적 · 민족적 · 인종적 배경을 가진 사람들은 서로로부터 많은 것을 배울 수 있다. 문화적으로 유능하다는 것은 자신과 다른 사람들을 좋아해야 한다는 것이 아니라 존중, 관용, 평등한 관계로 서로를 대할 수 있어야 한다는 것을 의미한다. 그것은 다른 문화적 · 인종적 · 민족적 배경을 가진 사람들에 대해 배우고 이해하려는 노력을 하는 것을 의미한다.

35 저항력 기술

부정적인 또래들의 압력이나 위험한 상황 등에 저항하는 힘이 있어야 한다. 저항력을 배우기 위해 가장 중요한 것이 바로 사회적 기술이다. 이 기술은 자신에게 불편하게 만드는 사람이나 상황에 대해 "아니오."라고 말할 수 있는 자신감을 말한다. 자기주장을 명확하게 할 수 있는 힘이 있을 때 주도적이고 적극적인 행동을 할 수 있다.

36 평화적인 갈등해결능력

비폭력적으로 갈등을 해결하려는 능력이 선행되어야 한다. 사람 간의 대화에서는 갈등이 필연적일 수 있다. 그러나 아무리 작거나 규모가 큰 갈등이라고 하더라도 서로가 경청하고 타협할 의지가 있다면 모든 갈등을 평화적으로 해결할 수 있다. 터놓고 이야기하도록 격려하고, 진심으로 서로의 말을 듣도록 해야 한다. 공손하게 말하고 경청하는 것이 관건이다.

(4) 긍정적인 자기정체성 확립

37 자신을 통제할 수 있는 힘

나를 통제할 수 있다는 강한 느낌을 가져야 한다. 개인적인 힘을 갖는다는 것은 우리가 통제할 수 있고 통제할 수 없는 것을 이해하고 받아들이는 것을 의미한다. 자신이 새로운 직업을 찾거나, 갈등을 해결하거나, 새로운 장소로 이동하려는 선택은 스스로 문제에 대한 해결책을 찾기 위한 행동을 하게 될 때 더 자신감을 더 느낀다. 자기 자신의 권력의식이 강한 청소년은 자신에게 좋은 일이 생기면 그 결과를 어느 정도 통제할 수 있다고 믿는다.

38 높은 자존감

청소년은 스스로 자존감이 높다고 생각해야 한다. 높은 자존감은 자연스럽게 오는 것은 아니다. 청소년에게 그들이 누구인지, 그들이 무엇을 소중하게 여기는지, 그리고 그들이 되고 싶은 사람은 누구여야 하는지 등을 알고 받아들인다고 말하고 보여줌으로써 자존심을 세우도록 해야 한다. 청소년의 자존감은 많은 사람과 상황에 의해 영향을 받을 수 있다. 청소년의 자존감은 사랑, 존경, 수용을 느낄 때 높아지며, 진지하게 받아들이고 경청할 때 높아진다.

39 목적의식

'내 삶의 목적은 무엇인가'를 명확히 해야 한다. 인생에서 성취하고 싶은 것, 그리고 무엇이 나를 고무시키거나 흥분시키는지 알아보고 그 주제에 대한 생각을 주변인과 공유해야 한다.

40 미래에 대한 낙관적 견해

자신의 미래에 대한 낙관적 태도를 가져야 한다. 놀라운 역경을 이겨내고 변화를 만들거나 꿈을 이룬 사람들에 대한 이야기는 역사를 통틀어 풍부하다. 목표와 꿈을 갖는 것도 중요하지만, 긍정적인 태도를 모델링하고, 문제에 대한 해결책을 찾고, 목표를 향해 계속 나아가는 것이 중요하다. 희망 의식을 갖는 것은 포용해야 할 가장 중요한 인간의 특성 중 하나이다. 모든 사람은 인생의 기복에 직면한다. 하지만 청소년은 미래가 희망적이라는 가능성을 믿도록 해야 한다.

중간점검

우리 주변에서 청소년의 긍정발달을 위한 내 · 외적 자산의 구성요소를 찾아보고 어느 요소가 가장 부족한지 그리고 이를 지원하기 위한 방안은 무엇이 있는지를 찾아서 논의해 보자.

4 미래사회성장을 위한 청소년지원방향과 과제

지금의 청소년은 변화나 가능성을 믿고 살아간다. 때론 문제행동을 하거나 일탈과 비행을 당연시하지만 그러한 소용돌이를 거쳤을 때에는 자신의 잘못과 문제의 원인을 지각하여 더 큰 성장을 할 수 있다. 다만, 낙인을 통한 부정성이 커지면 오히려 문제가 상승작용을 하여 그 덫에서 빠져나오지 못하고 영원한 어둠 속을 헤매는 과정을 겪게 된다.

청소년이 긍정적 자산을 갖추고 발달과정을 통한 성숙을 이끌도록 하기 위해서는 이처럼 주변의 내·외적 발달자산과정에서 적극적으로 지지되지 못하는 부분은 없는지를 파악해 보는 것이 청소년지도자가 해야 할 중대한 과제이다. 청소년이 가진 긍정적 자산이 많을수록 광범위한 고위험 행동에 관여할 가능성이 작고, 번성할 가능성이 크다는 것은 수많은 연구에서 일관되게 보여 주고 있다.

이러한 점을 토대로 앞으로 청소년의 문제행동을 예방하고 이들의 생각을 함께 나누기 위한 올바른 청소년문제의 이해와 접근이 되기 위해서는 다음과 같은 점에 대한 심도 있는 성찰이 있어야 할 것이다.

1) 청소년을 위한 인식과 사고의 변화

세상은 변화하고 있고 그 변화를 수용하기 위해서는 함께라는 등식이 매우 중요하다. 아무리 유능한 청소년지도자나 전문가라고 하더라도 청소년의 눈높이를 채우지 못한다면 이는 적절치 않다. 따라서 청소년의 문제나 문제행동이 아님을 스스로 자각하는 생각의 전환이 필요하고 다른 시각으로 청소년을 바라보는 시각의 전환이 필요하다.

우리는 그동안 상당히 많은 차원에서 청소년을 부속적이고 통제의 관점으로 바라보았다. 청소년문화가 그러했으며, 청소년의 교육과 진로 역시 마찬가지였다. 그들의 독창적이고 원하는 바의 수렴보다는 원하는 내용을 정하고 담는 식의 접근이 쉽고 편리했기 때문이다. 입으로는 수많은 대안을 적시하는 것처럼 주억거리는 모습 속에서 자신의 행위에 대한 정당성을 확보하지 않았나 하는 반성이 필요하다.

청소년문제론의 서두에서 청소년문제가 아님을 새롭게 바라보자는 접근을 제시하였다. 이들이 처한 환경의 열악성, 자율성이 보장되지 않는 폐쇄성, 각종 억압과 새로운 돌파구 획득의 사이에서 느끼는 갈등의 존재라는 사실을 알면서도 깊이 있게 고민하지 않았음을 재인식하면서 얼마나 이들의 수준과 태도, 가치 등을 공유하여 나아가는 전진자였는지를 고민해 볼 필요가 있다. 청소년에 대한 뿌리 깊은 정열자가 되기 위해서라도 청소년에 대한 열린 사고로 바라보아야 한다.

2) 청소년보호와 문제행동의 예방에 대한 법과 제도의 보완

청소년보호의 제도적 지원은 항상 필요하다. 현재 법과 제도를 구성하였지만 시대의 변화는 이보다 빠르고 날카롭다. 저마다 필요에 의한 요구나 희망 수준도 다 다르다. 그러다 보니 청소년에게 얽혀 있는 각종 제도는 규제이면서도 필요악이 되곤 한다.

이미 청소년보호를 위한 수많은 제도와 법 등이 즐비하게 갖추어져 있다. 그러나 상황에 뒤처지는 한계를 보이기도 한다. 따라서 청소년을 위한 전문가는 청소년보호, 청소년문제예방의 최일선에서 이들의 평안과 안녕을 도모하기 위한 법과 제도의 분석과 대안의 제시 등을 위한 규정과 내용의 보완에 힘쓰도록 해야 한다.

청소년보호의 법적 지원은 모든 정부부처 및 사회 각처에서 유기적으로 연계될 수밖에 없을 것이다. 특히, 중요한 법률이나 내용은 중앙부처에서 거론하지만 각 지방자치단체의 경우 조례나 정책의 효율성은 청소년의 건전성을 유지하는 데 더욱 중요한 과업이 될 수 있다. 따라서 지역 수준에서의 제도와 규정을 개정하고 개선하도록 하는 정책적 참여방안이나 의견의 제안 등이 지속적으로 이루어질 수 있도록 청소년 전문가가 역할을 해야 한다.

3) 지역과 이해당사자의 교육과 사고 전환

청소년보호의 규정은 수많은 사람과의 이해가 얽혀 있다. 때로는 기업과 개인, 개인과 개인, 정부와 개인, 정부와 기업 등이 난마처럼 얽혀 있기 때문에 특정인의 이익을 위한 목소리가 높을 경우 청소년에게는 해악스러운 결정이 나기 쉽다. 경제성을 목표로 움직이는 성과를 이겨 내기가 쉽지 않기 때문에 대다수의 사람들은 쉽게 굴복하기 때문이다. 또한, 아무리 좋은 제도라고 하더라도 스스로가 불편함을 여기게 되면 그 제도는 오히려 규제로 여기게 된다.

한 예로 청소년 게임방지를 위한 셧다운제(shutdown)는 좋은 제도임에도 청소년은 해당 제도의 불편성을 토로하고 있다. 법과 제도의 특성에서 볼 때 오죽하였으면 청소년의 게임행위를 시간대별로 규제하려는 방안을 제기하였겠는가? 밤새워 게임에 열중하고 눈이 퀭한 상태로 학교에서는 본연의 학업에 몰두하지 못하면서 또다시 게임이라는 괴물에 과몰입되어 자신의 생활과 미래에 대한 꿈을 찾으려는 노력을 갖지 못하고 있는 최소한의 이들에게 해 주어야 할 제도적 방안임에도 잠깐의 불편함을 지적하는 사람들은 너무도 많다. 게임산업의 위축과 세계 속에서 게임이 나아가야 할 과제와 역행한다는 불편담을 앞세워 청소년을 볼모로 세상을 다 가지려는 사람들의 생각보다는 주변의 청소년이 건강하게 자라도록 어떠한 방법을 찾아볼 것인가의 생각의 전환이 더 앞서야 하지 않겠는가.

모든 청소년의 보호와 제도를 지원하는 노력은 불편함이 뒤따를 수밖에 없을 것이다. 그러한 불편함보다 앞서는 것은 우리 사회를 앞으로 건강하게 이끌어 가야 할 세대로서의 청소년이 유해환경, 유해매체, 유해약물, 유해행위 등으로부터 벗어나 건강한 근로와 삶을 찾아가도록 해 주는 방안을 찾는 것이 언론이나 기성세대, 그리고 법과 제도를 구현하는 전문가가 해야 할 일임을 잊어서는 안 될 것이다.

청소년의 건강성을 회복하기 위해서는 지역사회가 건강해야 한다. 유해업소나 유흥시설이 만연한 상태에서 청소년은 이를 쳐다보지 말고 다니라는 말은 어불성설이다. 많은 호기심과 관심이 큰 이들에게 어떠한 방안을 제기해 줄 것인가의 고민으로 지역사회의 건강성이 회복되어야 한다. 건강한 가정, 건강한 지역사회, 건강한 사람들이 많은 곳에서는 청소년을 대상으로 위법적 행위를 하는 것이 쉽지 않거나 쉽게 우리 스스로가 물리칠 수 있기 때문이다. 청소년전문가가 지역사회를 건강하게 만들어 가는 노력에 앞장서야 할 이유도 여기에 있다.

4) 능동적 사회지지와 감시자의 기능 강화

청소년을 위한 불편감은 항상 나타나게 마련이다. 최근과 같이 청소년의 경제적 구매력이 높아지고 다양한 구매행위가 커지는 상황에서 청소년을 대상으로 하는 마케팅 범주는 엄청 확장되고 있다. 과거처럼 특정한 계층에 국한하였던 홍보가 이제는 청소년의 머리끝에서 발끝까지 모두 홍보 수단으로 전개되고 있다. 이 과정에서 불법과 탈법은 자연스러운 행위가 되고 있고 청소년은 눈뜬 상태에서 자신도 모르게 신용불량자가 되거나 사회적으로 다시금 일어설 수 없는 불신자가 되는 안타까움이 자주 발견된다. 경제력이 낮은 이들이지만 구매욕구는 커서 충동구매를 한 이후 해결하지 못하고 혼자서 끙끙 앓는 행동을 하는 청소년이 많다는 점이다. 청년 역시 예외는 아니다.

청소년기에 건강한 소비욕구를 채우지 못하였을 때 청년이 되어서도 카푸어(car poor)가 되는 이들이 많음을 볼 때 기업이나 각종 제품에서 과도한 홍보나 문제를 일으키지는 않는지를 감시하고 개선하도록 하는 능동적 감시자가 되어야 한다. 나 하나쯤이야 몰라도 되겠지가 아니라 내 주변의 청소년을 위해 눈을 부릅뜨고 지역에서 불법과 탈법이 판을 치지 못하도록 해야 한다. 청소년에게는 불법적 행위의 폭이 매우 넓고 그러한 과정에 노출되면 급속도로 자신의 괴멸로 이어지는 안타까운 사례가 너무도 많기 때문이다. 간단한 채팅이라고 속이고서는 만남과 조건을 채우고 난 후 야욕을 드러내는 이들을 청소년은 순진하게 바라보고 있는 현실에서 이들의 늪에 빠지지 않도록 해 주어야 한다. 또한, 반대로 청소년이 조건만남을 악용한 역설적 사례 역시 청소년에게 행해서는 안 된다는 감시적 노력도 절대적으로 필요하다.

이상과 같이 청소년문제에 대한 개선적 사고와 긍정적 대안으로서의 가치를 마련함으로써 향후 청소년이 건강하고 바람직한 사회적 역량을 키워나가는 데 우리 모두 지지자로서의 열심을 보여야 할 때이다.

참고문헌

강석영 · 김래선 · 류다정(2016). 현장전문가들이 인식한 성폭력 피해 청소년의 특성과 개입 방안. 청소년상담연구, 24(2), 171-199.

강영주(2014). 청소년의 약물 중독에 관한 연구와 가족치료의 도입에 관한 고찰. 심리행동연구, 6(2), 112-125.

고영수(2015). 청소년의 부정적 자동사고가 대인관계에 미치는 영향-반항행동을 매개변수로 하여. 신한대학교 석사학위논문.

고재홍 · 윤경란(2007). 청소년의 스트레스와 자살생각-자아탄력성 완충효과. 한국청소년연구, 18(1), 185-212.

고정자(2005). 부모의 감독정도와 청소년의 자기통제력이 청소년의 문제행동에 미치는 영향. 대한가정학회지, 43(2). 1-17.

고충숙(2011). 청소년의 휴대폰중독적 사용이 정신건강에 미치는 영향. 제주대학교 석사학위논문.

고현 · 차금안(2016). 청소년의 개인적 특성 및 환경적 변인이 성비행 행동에 미치는 영향. 복지상담교육연구, 5(1), 205-224.

과학기술정보통신부 · 한국정보화진흥원(2020). 2019년 스마트폰 과의존 실태조사 결과.

곽소영 · 김나래 · 김현진 · 명혜진 · 송지헌 · 임인경 · 장민경 · 정지현 · 최애숙 · 이자형(2005). 고등학생들의 여드름과 관련된 신체상과 정신건강과의 상관관계. 이화간호학회지, 3, 68-93.

관계부처 통합(2018). 국가 비만관리 종합대책.

관계부처 합동(2018). 스마트폰 · 인터넷 과의존 예방 및 해소 종합계획(안)(2019-2021).

교육부 · 보건복지부 · 질병관리본부(2019). 제15차(2019) 청소년건강행태조사 결과발표회 자료.

교육부(2019). 2018년 학생건강검사 표본 조사 결과. 교육부.

교육부(2019). 2019년 1차 학교폭력 실태조사 결과 발표. 2019.8.28.일자 교육부 보도자료.

교육부(2020). 제4차 학교폭력 예방 및 대책 기본계획 발표. 2020.1.15.일자 교육부 보도자료,

구현영 · 박현숙(2010). 청소년의 휴대전화 중독에 영향을 미치는 요인. 아동간호학회지, 16(1), 56-65.

구현영(2010). 고등학생의 휴대전화 중독과 예측 요인. 아동간호학회지, 16(3), 203-210.

국가인권위원회(2010). 청소년 미혼모 퇴학, 전학 규정 삭제. 2010년 12월 28일. 국가인권위원회 보도자료.

국가인권위원회(2017). 가정 밖 청소년 인권보호 정책 개선 권고. 국가인권위원회.

국립특수교육원(2009). 특수교육학 용어사전. 서울: 하우.

국민건강보험공단(2018). 건강빅데이터. http://opendata. hira.or.kr.

권미경(2019). 디지털성범죄 피해자 지원 프로세스에 대한 연구. 고려대학교 석사학위논문.

권상희 · 최윤정(2016). 스마트폰 중독 연구: 근거이론 접근법을 활용한 중독위험군의 특성 도출을 중심으로. 인터넷중독연구, 1, 1-18.

권석만(2008). 긍정심리학: 행복의 과학적 탐구. 서울: 학지사.

권석만(2019). 이상심리학 총론. 서울: 학지사.

권선중 · 김교헌 · 성한기 · 이민규 · 강성군(2007). 성인과 남자 청소년의 불법 인터넷 도박 문제와 위험 요인 그리고 예방전략. 한국심리학회지: 건강, 12(1), 1-19

권희경(2017). 초 · 중 · 고 학업중단 학생 현황. 교육통계, 한국교육개발원 교육정책포럼 288호.

글로벌 뉴스 미디어 채널 데일리포스트(http://www.thedailypost.kr). 15세 청소년 6년간 추적조사... 게임중독의 실태는?. 2020.5.19.일자 보도자료.

김경은 · 최은희(2012). 청소년의 학교폭력 피해경험이 사이버폭력에 미치는 영향. 청소년복지연구, 14(3), 259-283.

김경희(1993). 부부의 역기능적 의사소통 유형과 자녀의 문제행동과의 관계. 대구효성여자대학교 석사학위논문.

김경희(2007). 아동과 청소년의 이상심리학. 서울: 박영사.

김경희 · 김지수(2007). 고등학생의 가출에 영향을 미치는 위험요인. 아동간호학회지, 13(3), 338-348.

김교헌(2000). 분노 억제와 고혈압. 한국심리학회지: 건강, 5(2), 181-192.

김기오(2001). 고등학교 운동선수의 운동만족도와 아노미 및 일탈행동의 관계. 경성대학교 석사학위논문.

김나리(2011). 틱 장애 아동의 틱 증상 감소를 위한 아동 미술치료 프로그램 개발. 한남대학교 석사학위논문.

김나현(2017). 초기 청소년의 분노에 대한 어머니 반응, 초기 청소년의 분노관리방식 및 문제행동 간의 인과모형 분석. 부산대학교대학원 박사학위논문.

김동배 · 이희연(2003). 사회복지실천의 생태체계 패러다임과 연구방법론에 대한 고찰. 연세사회복지연구소, 9, 27-58.

김동옥(2018). 청소년 성폭력의 취약성과 탄력성 요인에 관한 연구. 경기대학교 박사학위논문.

김동욱 · 유제민 · 김청송(2017). 청소년의 지배성, 사회성, 공감 및 이타성이 집단괴롭힘의 방관성에 미치는 영향. 청소년학연구, 24(7), 333-352.

김미선(2015). 청소년이 지각한 사회적지지가 학교생활부적응에 미치는 영향: 학교폭력 가해 및 피해 경험의 매개효과. 한국치안행정논집, 12(3), 1-22.

김병년 · 고은정 · 최홍일(2013). 대학생의 스마트폰 중독에 영향을 미치는 요인에 관한 연구. 한국청소년연구, 24(3), 67-98.

김병석 · 정은희(2004). 인터넷 채팅중독 청소년의 공격성, 사회적지지 지각, 인지적 대인문제 해결능력간의 관계. 청소년상담연구, 12(1), 91-99.

김선희(2017). 적대적 반항장애 아동의 대상관계 경험에 대한 사례 연구. 서울기독대학교 박사학위논문.

김성범(2017). 주의력 결핍, 과잉행동 청소년의 부모교육 병행 SST기반 문학치료 프로그램과 SST기반 문학치료 프로그램 단독 중재의 효과 비교. 특수교육재활과학연구, 56(2), 31-59.

김성실(2016). 사춘기 이후 여드름과 영향요인에 관한 연구: 생활습관요인을 중심으로. 동덕여자대학교 석사학위논문.

김양자(2003). 대학생의 여드름에 관한 인지 및 관리실태. 고신대학교 석사학위논문.

김연주(2011). 성매매 경험이 있는 십대 여성들의 사회적 배제에 관한 연구-폐쇄적인 사회관계망을 중심으로. 페미니즘연구, 11(2), 239-273.

김연화(2009). 또래괴롭힘 참여유형에 관련된 변인 탐색. 충북대학교 박사학위논문.

김영숙(2016). 청소년의 학교부적응과 그 극복의 연구-도널드 위니캇의 이론을 중심으로. 신학과 실천, 52(52), 319-338.

김영정 · 구화진(2019). 청소년 한부모 권리보장과 사회적 지지체계 조성방안. 서울시 여성가족재단 연구사업보고서.

김영희(2015). 검정고시를 선택한 일반 고등학교 학업 중단 청소년의 적응 경험 -학교 밖에서 진로를 결정하고 고군분투하는 청소년. 청소년복지연구, 17(2), 137-157.

김은경(2001). 사이버 성폭력의 현실과 쟁점들. 사이버커뮤니케이션학보, 7, 72-117.

김은경(2018). 청소년의 연령집단별 자살생각 위험요인. 한국건강학회지, 18(1), 42-50.

김은지 · 장혜경 · 이미정 · 최인희 · 김혜영 · 여유진(2011). 청소년한부모 생활실태조사 및 자립지원방안 등 연구. 여성가족부.

김인자(2012). 발달신경심리학적 분석에 의한 미술치료 연구- 장애 및 부적응 아동 중심. 한양대학교 박사학위 논문.

김정숙 · 연보라(2018). 소외계층 진로교육 활성화 방안. 한국청소년정책연구원.

김준호 · 노성호 · 이성식 · 곽대경 · 박정선 · 이동원 · 박철현(2015). 청소년 비행론. 서울: 청목출판사.

김지선 · 정승기(2015). 보호관찰대상자의 정신건강 및 음주 관련 요인이 재범에 미치는 영향. 정신보건과 사회사업, 43(3), 35-57.

김지수(2013). 학교 밖 청소년의 진로 탐색경험에 관한 연구. 동의대학교대학원 석사학위논문.

김지연 · 백혜정(2014). 청소년 한부모의 개인 및 환경 특성이 부모효능감에 미치는 영향. 청소년학연구, 21(1), 51-71.

김지연 · 황여정 · 이준일 · 방은령 · 강현철 · 곽종민 · 박민영(2013). 청소년 한부모가족 종합대책 연구Ⅱ-청소년 한부모 유형 및 생활주기별 대응방안. 한국청소년정책연구원 연구보고서.

김지현 · 신혜영(2013). 초등학교 아동의 가정 내 인터넷, 인터넷 게임 및 스마트폰 사용 실태. 사이버교육연구, 7(2), 97-117.

김지혜 · 안치민(2006). 가출청소년의 학업중단 영향 요인과 대책. 한국청소년연구, 17(2), 133-157.

김창군(2002). 아노미와 범죄. 법과 정책, 8(8), 107-136.

김향초(1998). 가출청소년의 이해. 서울: 학지사.

김현경(2010). 십대 청소년 미혼모의 학습권 회복을 향한 분투노력. 미래사회복지연구, 1(1), 37-64.

김현미 · 도현심(2004). 어머니의 양육스트레스, 양육효능감 및 양육행동과 아동의 사회적 능력간의 관계. 아동학회지, 25(6), 279-298.

김현아(2017). 성폭력범죄의 처벌 등에 관한 특례법상 카메라 등 이용촬영죄에 관한 연구. 이화여자대학교 박사학위논문.

김현주(2003). 집단따돌림에서의 동조집단 유형화 연구. 숙명여자대학교 박사학위논문.

김현주(2009). 청소년 도박문제에 영향을 미치는 요인에 관한 연구, 충남대학교 석사학위논문

김형옥 · 임세원 · 우희연 · 김계현(2008). 한국 청소년의 월경전증후군 및 월경통에 관한 연구. 대한산부회지, 51(11), 1322-1329.

김혜영 · 윤홍식(2005). 여성빈곤의 구조적 요인과 빈곤의 여성화. 아시아여성연구, 44(1), 5-51.

김혜원 · 임광규 · 임동훈(2013). 집단괴롭힘 가해, 피해, 목격 경험이 청소년들의 심리사회적 적응에 미치는 영향. 청소년학연구, 20(5), 77-106.

김혜원(2011). 청소년 성매매의 환황 및 특징에 대한 분석. 청소년학연구, 18(4), 301-327.

김희영(2003). "초등학생의 비합리적 신념과 학교생활 적응과의 관계". 석사학위논문. 전남대학교.

김희진 · 백혜정 · 김은정(2018). 가정 밖 청소년의 실태와 자립지원 방안 연구. 한국청소년정책연구원.

남재성(2019). 디지털 성범죄에 대한 대학생들의 인식태도와 정책적 함의. 한국중독범죄학회보, 9(3), 45-68.

네이버지식백과

노지혜 · 문성호(2019). 학교 밖 청소년의 진로 특성 및 진로성숙 예측요인. 청소년문화포럼, 58, 61-86.

노충래 · 김소연(2016). 부모양육태도가 청소년의 스마트폰 의존에 미치는 영향. 한국청소년연구, 27(4), 87-114.

노혜란 · 정소명(2014). 10대 청소년기의 여드름이 삶의 질에 미치는 영향에 대한 연구. 대한피부미용학회지, 12(3), 339-344.

대검찰청(2018). 검찰연감.

대검찰청(2019). 2019 마약류 범죄 백서.

도현심 · 김선미(2006). 남녀 아동의 또래괴롭힘과 관련된 변인들: 어머니의 양육행동과 아동의 자아존중감. 한국가정관리학회지, 24(4), 117-126.

류방란 · 최윤선 · 신희경 · 이규재(2007). 학교부적응 학생의 교육 실태 분석: 고등학생을 중심으로. 한국교육개발원 연구보고서(RR-2007-11).

문경희(2003). 인간관계 개선 프로그램이 과잉행동성 중학생의 충동성 및 사회성에 미치는 효과. 공주대학교 석사학위논문.

문미영(2000). 아동이 지각한 부모의 양육태도가 아동의 부적응행동이 미치는 영향. 연세대학교 석사학위논문.

문재우(2012). 우리나라 청소년의 가출충동과 가출경험에 영향을 미치는 요인. 대한보건연구, 38(1), 19-34.

미국 정신과 의사 협회(American Psychiatric Association). 공황장애 진료 지침.

민가영(2009). 청소년 성매매 행위의 '자발성'과 그 맥락에 대한 질적연구를 통한 성매매 청소년의 자발성 논쟁에 대한 비판적 검토. 한국청소년연구, 20(1), 173-202.

박경란(2020). 양극성장애에 대한 대상관계이론적 접근. 한세대학교 석사학위논문.

박근배(2011). 하이데거의 공포와 불안 개념에 대한 연구-사기 존재 상실에서 자기 존재 확인으로. 서강대학교 석사학위논문.

박민선(2008). 청소년 가출빈도와 비행 또래수의변화 추정 및 두 효과 간 인과관계 검증. 한국청소년연구, 19(2), 111-139.

박병선 · 박수지(2016). 청소년의 스트레스가 인터넷 게임중독에 미치는 영향에 대한 가족, 친구, 교사관계의 다중매개효과. 보건사회연구, 36(1), 61-88.

박상규 · 강성군 · 김교헌 · 서경현 · 신성만 · 이형초 · 전영민(2011). 중독의 이해와 상담 실제. 서울: 학지사.

박성수(2017). 청소년의 물질중독 예방전략-마약류 등 유해약물을 중심으로-. 한국중독범죄학회보, 7(4), 43-62.

박수현(2018). 틱 장애 청소년의 자아존중감과 불안에 미치는 미술치료 단일사례연구. 광주여자대학교 석사학위논문.

박시현(2015). 청소년의 학습된 무력감과 감각추구성향이 위험행동에 미치는 영향-보호요인의 조절효과. 대구한의대학교 박사학위논문.

박원명 · 진덕인(2010). 양극성장애. 서울: 시그마프레스.

박은경 · 정원미 · 전종설(2019). 청소년도박에 관한 연구 동향. 청소년복지연구, 21(1), 103-134.

박은혜(2014). 청소년의 스트레스 대처방식이 학교적응에 미치는 영향: 휴대전화 중독적 사용의 매개효과를 중심으로. 숙명여자대학교 석사학위논문.

박재우(2013). 신리지 행동주의 이론에 입각한 양극성 장애 인지 행동 치료 프로그램의 개발과 효과. 가톨릭대학교 박사학위논문.

박정주(2011). 교사애착이 학생의 학교부적응에 미치는 영향에 관한 종단 분석. 한국교원교육연구, 28(3), 333-352.

박종우(1999). 한국사회의 연령주의와 노인문제. 사회과학, 11, 51-68.

박진(2003). 청소년 집단따돌림의 원인과 대처방안. 인문사회과학연구, 10, 355-369.

배기석(2005). 청소년 성보호법의 운용상 문제점 검토 및 입법론. 영산논총, 15, 15-26.

배정환 · 이윤호 · 심혜인 · 이정민(2013). 청소년 가출의 위험요인 분석. 사회과학연구, 20(2), 83-112.

배주미 · 조영미 · 정혜연(2013). 초등학생 인터넷중독 위험군 유형 분석. 한국청소년연구, 69, 233-259.

배주미(2000). 아동 및 청소년의 우울증상과 인지변인의 지속성과 상호예측. 연세대학교 박사학위논문.

배화정 · 최자은(2014). 교육연극을 활용한 성매매예방교육 프로그램 개발-중등학교를 중심으로. 열린교육연구, 22(1), 193-216.

백경아(2013). 청소년의 월경 디스트레스 예측모형. 중앙대학교박사학위논문.

백소진 · 오홍석(2017). 청소년이 지각한 부모양육태도와 스마트폰 중독 경향성의 관계. 청소년학연구, 24(5), 31-54.

백혜연(2009). 여드름 발생 및 정도가 일상생활에 미치는 영향. 숙명여자대학교 석사학위논문.

법무부(2019). 제1차 소년비행예방 기본계획.

법제처(2020). 성폭력방지 및 피해자 보호 등에 관한 법률.

법제처(2020). 성폭력범죄의 처벌 등에 관한 특례법.

법제처(2020). 아동 · 청소년 성보호에 관한 법률.

법제처(2020). 청소년보호법.

법제처(2020). 학교 밖 청소년지원에 관한 법률.

변혜정(2019). 디지털성범죄 대응을 위한 방안 모색 공동세미나 토론문. 디지털성범죄 대응을 위한 방안 모색 공동세미나 자료집, 59-62.

사행산업통합감독위원회(2018) 사행산업 이용 실태조사. 사행산업통합감독위원회.

삼성생명공익재단 사회정신건강연구소(2003). 청소년기 주의력결핍 및 과잉행동 문제와 비행행동.

삼성서울병원 정신건강의학과, 질환백과 공황장애 2014.2.5.

서미정(2008). 방관자의 집단 특성에 따른 또래 괴롭힘 참여 역할행동. 아동학회지, 29(5), 79-95.

서보윤(2009). 초등학생의 교사에 대한 반항행동의 발달적 변화-자기의식의 발달과 관련해서. 교육심리연구, 23(1), 161-179.

서울시립신림청소년쉼터(2003). 5주년 기념 WORKSHOP: 스스로 돌봐야하는 청소년들.

서울아산병원. 질환백과.

성미혜 · 주경숙(2011). 청소년 여학생의 월경에 대한 태도, 월경증상 및 대처행위. 대한임

상건강증진학회, 11(2), 106-114.

성민경(2008). 무용수의 아노미와 적응행동 및 일탈행동의 관계. 조선대학교 석사학위논문.

성윤숙(2004). 지존과 대박을 꿈꾸는 아이들: 온라인게임과 청소년의 삶. 대왕사.

성윤숙(2008). 청소년의 온라인게임중독 상담 및 치료 방안에 관한 연구. 청소년시설환경, 6(3), 39-55.

손병덕(2014). 청소년 성범죄 실태와 개입 프로그램 분석. 청소년학연구, 21(4), 339-357.

송다영(2006). 한부모가족을 위한 사회권에 대한 고찰. 한국사회복지학회 추계 공동학술대회 자료집, 327-333.

송명자(2008). 발달심리학. 서울: 학지사.

송종용(2019). 학습장애. 서울: 학지사.

송준호(2017). 공포 영화에 쓰인 청각적 장치들이 공포유발 및 내러티브 전달에 미치는 영향에 대한 연구. 추계예술대학교 석사학위논문.

송지은 · 황순택 · 전미주(2009). 분노수준과 분노표현양식의 관계: 연령집단 간 비교. 한국심리학회지: 학교, 6(2), 213-227.

신광우 · 김동일 · 김현수 · 정여주(2012). 스마트미디어 중독 개입 및 해소전략 방안연구. 한국정보화진흥원.

신동화 · 김신희(2019). 여드름 피부가 청소년의 스트레스, 우울증, 자아존중감에 미치는 영향-중학생 중심으로. 융합정보논문지, 9(10), 264-271.

신성철 · 이동성 · 장성화 · 김정일 · 임순선(2017). 청소년문제와 보호. 경기: 정민사.

신유림(2007). 또래괴롭힘 피해 및 가해와 친구 관계의 관련성: 친구관계망, 친구관계 질 및 친구의 특성을 중심으로. 대한가정학회지, 45(5), 75-83.

신의정(1995). 중학생이 지각한 어머니-자녀 간 의사소통유형 및 성별이 중학생의 갈등표출과 문제행동에 미치는 영향. 전남대학교 석사학위논문.

신재현, 2019.01.07. 정신의학신문.

신현균 · 김진숙(2000). 주의력결핍 및 과잉행동 장애. 서울: 학지사.

신현균 · 김진숙(2016). 주의력결핍 과잉행동장애. 서울: 학지사.

심의보(2015). 학교부적응에 관련된 변인의 메타분석: 유발변인과 억제변인을 중심으로. 고려대학교 석사학위논문.

안동현 (2015). ADHD의 통합적 이해. 서울: 학지사.

안영희 · 임미혜(2003). 청소년 여드름의 특성에 관한 연구. 한국인체예술학회지, 4(2), 401-411.

안윤숙 · 천종호(2015). 비행청소년의 재범방지를 위한 청소년회복센터의 제도화과정에 관한 연구, 인문사회과학연구, 17(4), 165-190.

안현의 · 이소영 · 권해수(2002). 학교중도 탈락 청소년의 욕구와 심리적 경험조사, 학교를 떠나는 아이들. 청소년상담문제연구보고서. 한국청소년상담원.

알베르 카뮈(김화영 역, 2012). 반항하는 인간. 서울: 책세상.

앵커의 눈(2019). '게임중독' 뇌 구조도 바꾼다...조기 치료 중요. KBS뉴스 2019.3.10.

양명희 · 김은진(2007). 청소년의 분노와 자기개념 명확성, 성격 특성과의 관련성 연구. 한국청소년연구, 18(1), 163-184.

양승희 · 이혜영(2015). 청소년의 거리가출경험에 영향을 미치는 요인에 관한 연구. 교정복지연구, 36, 91-115.

양정남 · 최은정 · 이명호 · 소영(2011). 청소년의 우울, 충동성, 가족의 전반적인 건강성이 청소년의 비합리적 도박신념과 도박행동에 미치는 영향. 한국청소년학회, 18(5), 357-383.

여성가족부(2012). 2012년 청소년 유해환경 접촉 종합실태조사.

여성가족부(2013). 2013년 인터넷 · 스마트폰 이용습관 전수진단 결과 및 사후조치계획 발표. 보도자료. 2013년 7월 3일.

여성가족부(2014). 2014년 청소년 유해환경 접촉 종합실태조사.

여성가족부(2014). 성폭력실태조사 보도자료.

여성가족부(2014). 초4/중1/고1 인터넷중독 위험군 10만 5천여 명, 스마트폰중독 위험군 18만 7천여 명. 보도자료. 2014년 6월 30일.

여성가족부(2015). 초4, 중1, 고1 인터넷중독 위험군 10만 6천여 명, 스마트폰중독 위험군 15만 2천여 명. 보도자료. 2015년 5월 28일.

여성가족부(2016). 학령전환기 청소년 중 인터넷 · 스마트폰 위험군 20만. 보도자료. 2016년 5월 9일.

여성가족부(2017). 아웃리치 실무자 안내서.

여성가족부(2017). 인터넷 · 스마트폰 과의존 저연령화 지속. 보도자료. 2017년 5월 24일.

여성가족부(2017). 청소년종합실태조사.

여성가족부(2018). 2018년 청소년 매체이용 및 유해환경 실태조사.

여성가족부(2018). 인터넷 · 스마트폰 과의존 저연령화 심화, 여자청소년이 더 많아. 보도자료. 2018년 6월 21일.

여성가족부(2019). 2019 청소년백서.

여성가족부(2019). 2019년 인터넷 · 스마트폰 이용습관 진단조사 결과 발표. 보도자료. 2019년 5월 14일.

여성가족부(2019). 성매매실태조사.

여성가족부(2019). 제3차 청소년보호종합대책.

오승환(2010). 청소년 가출에 대한 생태체계적 영향 요인. 청소년복지연구, 12(4), 301-324.

오윤선 · 최아람(2019). 청소년문제와 보호. 경기: 양서원.

오환희(2011). 청소년 집단괴롭힘 상황에서 참여자의 역할행동에 영향을 미치는 요인. 대구가톨릭대학교 석사학위논문.

위키백과

유제민 · 김정휘(2004). 아동과 청소년의 발달정신병리학. 서울: 시그마프레스.

유희정(2018). 청소년들의 주의력 결핍 과잉행동 장애(ADHD) 성향과 공격적 성향 간의 상관관계에 관한 연구. 이화여자대학교 석사학위논문.

육혜련(2013). 청소년쉼터 입소 가출청소년의 사회적 배제와 우울 · 불안과의 관계연구. 보건사회연구, 33(4), 245-274.

윤김지영(2018). 젠더폭력 개념 비판과 디지털 성범죄 관련 법 개정의 한계와 보완점. 한국여성정책연구원 세미나자료 2019년 5월-제116차 양성평등정책포럼, 43-46.

윤보나 · 유형근 · 권순영(2009). 초등학교 고학년을 위한 공감 중심 집단 따돌림 예방 프로그램 개발. 아동교육, 18(4), 171-183.

윤은경 · 신성희(2013). 가족구조에 따른 초기 청소년의 공격성에 영향을 미치는 요인 비교. 대한간호학회지, 43(3), 321-330.

윤철경 · 류방란 · 김선아(2010). 학업중단현황 심층 분석 및 맞춤형 대책 연구. 교육과학기술부 · 한국청소년정책연구원.

윤현영 · 김지혜 · 황동아(2006). 가출청소년을 위한 아웃리치 매뉴얼. 국가청소년위원회.

윤혜정(2010). 휴대전화과다사용이 청소년들의 경험에 대한 연구. 광운대학교 석사학위논문.

이경란 · 최경숙(2017). 지역사회 거주 청소년 한부모의 자녀양육 경험에 관한 질적 연구. 한국가족복지학, 55, 189-236.

이규영(2013). 청소년들의 학교생활적응과 스트레스 대처방식 간의 관계. 한국보건학회지, 26(1), 34-44.

이금룡(2005). 한국사회의 노년기 연령규범에 관 한연구. 한국노년학, 26.

이나현 · 조윤오(2020). 디지털 성범죄자에 대한 프로파일링: 신상정보 등록자를 중심으로. 사회과학연구, 27(2), 135-156.

이래혁 · 장혜림 · 이재경(2020). 청소년의 감각추구 성향이 비합리적 도박신념을 통해 문제도박에 미치는 도박접근성의 조절된 매개효과. 청소년복지연구, 22(2), 85-113.

이미애(2005). 학교환경요인에 따른 청소년 문제행동에 관한 연구. 대구대학교 석사학위논문.

이민수(2013). 청소년의 반복가출과 가출전환 경험연구. 청소년복지연구, 15(2), 87-119.

이병환 · 강대구(2014). 중고등학교 학생들의 학교부적응 행동 요인 분석. 교육문화연구, 20(3), 125-148.

이병환 · 우원재(2019). 학교부적응 학생의 행동 분석과 지원 방안. 열린교육연구, 27(2), 53-72.

이서규(2014). 카뮈의 반항개념에 대한 고찰. 철학논총, 75(1), 211-242.

이선자(2010). 청소년 가출생활 전환요인의 유형화에 관한 연구. 대구대학교박사학위논문.

이송이(2015). 남녀대학생의 강간통념과 외모만족도가 성적 자기주장에 미치는 영향. 한국외국어대학교 석사학위논문.
이슬행 · 이성규 · 나지훈(2020). 청소년의 도박접근성과 도박문제 수준과의 관계에서 비합리적 도박신념의 조절효과. 청소년학연구, 27(5), 63-87.
이시연(2018). 청소년 '가출팸'의 현황과 대책. 지역과 문화, 5(1), 85-101.
이영식 · 김은영 · 나철(2002). ADHD 최적치료 지침을 위한 예비연구. 소아 · 청소년정신의학, 13(1), 129-138.
이영식 · 방양원(1998). 청소년, 성인의 주의력결핍 과다활동장애. 신경정신의학, 37(5), 932-941.
이용교 · 홍봉선 · 윤현영 · 정경은(2005). 청소년보호시설 설치 및 운영기준 마련에 관한 연구. 국가청소년위원회.
이자형(2017). 교사들의 시선에서 본 학교부적응에 관한 연구. 한국교원교육연구, 34(3), 109-138.
이정우(2001). 범죄자의 특성과 공격성 유형과의 관계에 관한 연구. 경기대학교 석사학위논문.
이정혁 · 강동욱(2018). 청소년의 마약류 등 유해약물남용에 대한 범죄실태와 대처방안. 소년보호연구, 31(4), 199-236.
이정화(2000). 초등학생의 휴대전화사용 실태연구. 이화여자대학교 석사학위논문.
이지연 · 이은설(2005). 대학생의 데이트 성폭력 피해와 가해에 대한 설명모형. 한국심리학회지: 상담 및 심리치료, 17(2), 419-436.
이태숙(2006). 청소년의 여드름이 정신건강에 미치는 영향. 한국피부미용향장학회지, 1, 111-118.
이혁진(2013). 대학생의 사이버섹스 중독정도와 외로움, 스트레스와의 관계연구. 경기대학교 석사학위논문.
이현주(2011). 원가족이 경험한 양육미혼모의 임신 및 출산과정에 관한 연구. 한국가족복지학, 31, 143-175.
이혜숙(2003). 젠더 정체성과 페미니즘, 젠더를 말한다 :페미니즘과 인문학의 만남. 경기: 박이정.
이홍표(2003). 도박동기와 병적 도박의 관계. 한국심리학회지:건강, 8(1), 169-189.
이홍표 · 이재갑 · 김한우 · 김태우 · 한영옥(2013). 파스칼의 내기 노름의 유혹. 서울: 학지사.
임준태 · 강소영(2009). 청소년 집단괴롭힘의 심리적 기제와 통제방안. 사회과학연구, 16(1), 179-203.
장다혜 · 김수아(2018). 온라인 성폭력 범죄의 변화에 따른 처벌 및 규제 방안. 한국형사정책연구원.
장동균 · 김희선 · 차승현 · 최현진 · 이은환(2015). 청소년의 음주여부 및 문제음주에 영향을 미치는 요인: 2013 청소년 건강행태온라인조사를 활용하여. 의료경영학연구, 9(2), 27-36.
장민규(2002). 고교 비진학 및 중도탈락 청소년의 진로의식 조사 연구. 홍익대학교 석사학위논문.

장성화(2011). 개인, 가족, 학교변인이 초등학생의 휴대전화 중독에 미치는 설명력. 학습자중심교과교육연구, 11(1), 291–310.

장숙 · 안혜영(2018). 청소년의 공격성 측정도구 개발: Ajzen의 계획된 행위 이론을 기반으로. 아동건강간호학회지, 24(4), 484–495.

장옥선 · 박안나(2018). 청소년기 여드름 인식도와 자아존중감의 상관관계. 아시안뷰티화장품학술지, 16(2), 151–163.

장재영 · 박미경 · 문정희 · 천성문(2017). 학교부적응청소년의 성격강점과 학교적응 관계에서 스트레스 대처방식의 매개효과. 교육치료연구, 9(1), 75–90.

장정은(2015). 아동상담에 나타난 자아의 변화와 목회상담 함축. 신학과 실천, 44(44), 175–202.

장지현(2013). 부모와 지역사회의 비공식적 사회통제가 청소년 비행에 미치는 영향. 충북대학교 석사학위논문.

장형주(2012). 여고생의 월경전증후군의 빈도와 임상적 특징 및 위험요인. 고려대학교 석사학위논문.

장혜경(2007). 여대생의 성역할정체감 유형에 따른 월경전기증후군, 월경통 및 스트레스. 성인간호학회지, 19(1), 89–97.

장화연(2010). 여고생의 스트레스, 통제위와 월경전후기 불편감. 경북대학교 석사학위논문.

장효순(1982). 만성질환이 자아개념(Self Concept)과 신체상(Body Image)에 미치는 영향–천식환아중심. 연세대학교 석사학위논문.

전겸규 · 김용주(2004). 분노, 결혼, 결혼만족 및 관상동맥 질환. 한국심리학회지: 건강, 9(2). 539–555.

전동일 · 위수경 · 최종복 · 오봉욱(2008). 청소년 사이버비행 영향 요인. 사회복지리뷰, 13, 149–170.

전정희(2013). 청소년기 여학생의 월경전증후군 설명모형. 부산대학교 박사학위논문.

전홍진 · 배주미 · 우종민(2013). 청소년 자살 관련 현황 및 위험요인. 한국정신학회지, 56(2), 93–99.

정경은 · 김신영(2012). 청소년가출 원인에 대한 메타분석. 미래청소년학회지, 9(3), 1–17.

정금희(1988). 자궁적출술 환자의 신체상과 우울과의 관계연구. 이화여자대학교 석사학위논문.

정동진 · 조현 · 박재우 · 곽민정 · 김대진(2016). 행동억제 체계가 스마트폰 중독에 미치는 영향: 우울의 매개효과. 신경정신의학, 55(2), 97–102.

정유미(1997). 부모와의 의사소통과 청소년 문제행동에 관한 연구. 부산대학교 대학원, 석사학위논문.

정은희(2013). 청소년의 성격강점이 학교적응에 미치는 영향: 또래관계의 매개효과. 단국

대학교 석사학위논문.

정한누리(2020). 청소년의 비합리적 도박신념이 도박문제에 미치는 영향–친사회적 학교분위기 · 지역사회환경의 조절효과를 중심으로. 가톨릭대학교 석사학위논문.

정해원 · 이무석 · 박우 · 양종철 · 임은성 · 박태원 · 정철 · 정상근 · 황익근(2007). 공황장애 환자의 스트스 처방식과 신체 증상 지각에 한 인지 특성. 한불안의학회지, 3(2), 116–122.

정현미(2016). 아동 · 청소년 성매매 환경 및 인권 실태조사 결과발표 및 토론회, 국가인권위원회, 7–21.

정효정(2016). 지각된 낙인이 학교 밖 청소년의 자아존중감과 사회적응에 미치는 영향. 명지대학교 석사학위논문.

제이 케슬러 편집(1993). 십대자녀의 위기와 치유. 파이디온 선교회.

조명희 · 김정모 · 류석상 · 김인혜(2017). 청소년 스마트폰 과다사용에 있어서 SNS와 게임 집단 간 자기조절과 이용 동기의 차이. 청소년학연구, 24(2), 297–317.

조시 맥도웰 & 밥 호스테틀러 저, 오성춘 역(2000). 청소년상담 핸드북(상). 한국장로교출판사.

조아미 · 이진숙(2014). 학업중단 청소년의 생활과 욕구. 청소년학연구, 21(7), 145–170.

조영란(2003). 청소년의 인터넷 중독 예측모형. 부산대학교 박사학위논문.

조용래 (2000). 양극성장애. 서울: 학지사.

조재성(2018). 학교 박 청소년의 물질사용과 비행행동에 관한 연구. 한국중독범죄학회보, 8(3), 31–47.

조주영(2005). 청소년 위험성행동과 관련된 개인, 가족, 주변 환경 체계요인. 충북대학교 박사학위논문.

조주영 · 정삼철(2007). 청소년 성장환경 체계요인에 관한 연구. 에니어그램연구, 4(1), 113–141.

조진경 · 한진희 · 강현식 · 윤진환(2014). 아동 비만의 예방 및 치료를 위한 운동전략. 한국비만학회지, 23(3), 156–161.

조한익(2011). 초등학생이 지각하는 부모양육태도와 인터넷 이용동기가 인터넷 중독에 미치는 영향: 자기통제력의 매개효과. 청소년복지연구, 13(4), 269–287.

조혜정 · 박근우(2017). 청소년의 도박행동 발생시점과 관련된 연령집단별 생태체계요인 비교. 청소년학연구, 24(10), 309–338.

주은화(2009). 중학생의 여드름 인지도 및 발생요인에 관한 연구. 조선대학교 석사학위논문.

중앙일보(2020.4.24.일자). 아동성착취물 구매만 해도 처벌, 조주빈 무기징역도 가능.

차명호 · 양종국 · 정경용(2010). 청소년 가출의 위험요인과 보호요인의 분석. 소년보호연구, 15(15), 165–192.

채수미(2015). 약물오남용의 실태와 개선방안. 보건복지포럼, 228, 66–76.

천명자(2007). 생애주기 연령주의 사회에서 젠더화된 '나이듦'에 관한 연구 : 40–50대 수도 권지역 내 기혼여성의 경험을 중심으로. 성신여자대학교 석사학위논문.
천정웅 · 이지민 · 성윤숙(2019). 청소년문제와 보호. 경기: 양서원.
천종호(2013). 청소년회복센터의 의의와 전망. 부산법조, 30, 310-332.
최순종 · 박은경(2015). 가출청소년의 경험에 대한 질적 사례연구. 교정담론, 9(1), 33-68.
최연수(2015). 학교 밖 청소년의 도시형 대안학교 적응과정 연구. 명지대학교 박사학위논문.
최윤진(1990). 청소년 문제행동진단을 위한 조사 연구. 한국청소년연구원.
최은진(2008). 청소년의 음주폐해 감소를 위한 건강증진 정책 방향. 보건복지포럼, 139, 74-84.
최응렬 · 공태명(2011). 학교 사회자본이 청소년비행에 미치는 영향 분석. 형사사법연구, 1(1), 97-120.
최재윤 · 이광섭(2011). 청소년의 합법적 약물의 남용실태와 사회의학적 접근에 관한 연구. 병원약사회지, 28(1), 38-65
하미연(2015). 중학생의 성격강점이 심리적 안녕감과 학교 적응에 미치는 영향. 아주대학교 석사학위논문.
한국교육개발원(2018). 교육통계분석자료집: 유.초.중등교육통계편.
한국도박문제관리센터(2015). 2015 청소년 도박문제 실태조사.
한국도박문제관리센터(2016). 도박문제 예방 · 치유 중장기 계획(2016-2020).
한국도박문제관리센터(2017). 도박문제 보호요인과 위험요인에 따른 청소년 도박문제예방 모델 개발.
한국도박문제관리센터(2018). 2018년 청소년 도박문제 실태조사.
한국청소년상담원(2004). 학교밖청소년의 이해 및 개입방향. 학교밖청소년지원센터 운영보고대회 자료집.
한국콘텐츠진흥원(2020). 2019년 게임 과몰입 종합 실태조사.
한미령(2005). 양극성 장애 청소년의 단기 심리치료 사례, 정서 · 행동장애 연구, 21(4), 279-302.
한상철(2008). 청소년 가출의 위험요인과 보호요인 탐색. 한국심리학회지: 사회 문제, 14(1S), 273-298
한영옥 · 이재갑 · 김환우 · 김태우 · 김혜정 · 홍주하 · 이현숙 역(2013). 청소년의 도박문제: 이론적 및 응용적 관점. Jeffrey L., Derevensky and Rina., Gupta., 2003, Gambling problems
한은경(2016). 청소년 도박문제 대처를 위한 한국사회의 현주소와 심리학자의 역할. 한국심리학회학술대회 자료집, 163-163.
허경미(2010). 사회적 발달이론 관점에서의 청소년 비행예방센터의 개선방향. 소년보호연구, 15(15), 131-164.
허경미(2017). 섹스팅과 리벤지 포르노의 범죄화 및 처벌법 쟁점 연구. 한국경찰연구, 16(4), 361-388.

헬스조선. 2016.2.2.일자
헬스조선. 2017.6.13.일자
헬스조선. 2019.3.25.일자
홍강의(2014). 소아정신의학. 서울: 학지사.
홍봉선 · 남미애(2007). 성매매 피해청소년 교육사업 효과성 검증 및 성과분석. 국가청소년위원회.
홍봉선(2007). 성매매 청소년을 위한 영국정부의 개입방향 및 전략에 관한 연구. 형사정책, 19(1), 387–424.
홍봉선 · 남미애(2007). 성매매 피해청소년 교육사업 효과성 검증 및 성과분석. 국가청소년위원회.
홍봉선 · 남미애(2007). 청소년복지론. 경기: 공동체.
홍봉선 · 남미애(2012). 청소년의 인터넷 음란물 접촉정도가 성폭력과 성매매에 미치는 영향. 한국아동복지학, 40, 9–39.
홍순혜(2004). 부모의 이혼이 청소년자녀의 심리사회적 적응에 미치는 영향. 아동학회지, 29(3), 1–16.
홍영오(2015). 도박중독에 대한 효과적인 예방 및 대응방안. KIC ISSUE PAPER 8. 한국형사정책연구원.
홍은미(2015). 청소년의 자아탄력성과 스트레스 대처방식이 학교적응에 미치는 영향. 공주대학교 석사학위논문.
홍인종(2001). 상담하며 배우며 1: 청소년위기와 상담(13). 교육교회, 295, 68–71.
황선영 · 이승희 (2011). 청소년기 양극성장애성향과 관련변인 분석. 정서 · 행동장애연구, 27(2), 59–81.
황성현 · 이강훈(2013). 청소년비행의 원인에 관한 사회학습, 사회유대, 일반긴장이론적 접근. 한국청소년연구, 24(3), 127–145.
황승일(2013). 청소년의 스마트폰 중독에 영향을 미치는 생태체계변인에 관한 연구. 조선대학교 석사학위논문
황호선(1995). 치아교정장치를 한 청소년의 신체상 및 자기존중감에 관한 연구. 이화여자대학교 석사학위논문.
Achenbach, T. M.(1991). *Manual for the youth self-report and 1991 profile*. Burlington, VT: University of Vermont Department of Psychiatry.
Achenbach, T. M., & Edelbrock, C. S. (1978). The classification of child psychopathology; A review and analysis of empirical efforts. *Psychological Bulletin*, 85(6), 1257–1301.
Achenbach, T. M., & Rescorla, L. A.(2001). *Manual for the ASEBA school-age forms & profiles*. Burlington, VT: University of Vermont Research Center for Children, Youth, & Families.

Agnew, R., & White, H. R. (1992). Empirical Test of General Strain Theory, An. *Criminology*, *30*, 475.

Ajzen I.(2005). *Attitudes, personality, and behavior*(2nd ed). UK: McGraw-Hill Education, 1-192.

Akers, R. L. (2011). *Social learning and social structure: A general theory of crime and deviance*. Transaction Publishers.

Akers, R. L., & Jensen, G. F. (Eds.). (2011). *Social learning theory and the explanation of crime* (Vol. 1). Transaction Publishers.

Aljazireh, L.(1993). Historical, environmental, and behavioral correlates of sexual offending by male adolescents: A critical review. *Behavioral Sciences and the Law*, *11*(4), 423-440.

Alschuler, C. F. & Alschuler, A. S.(1984). Developing healthy response to anger: the counselor's role. *Journal of Counseling and Development*. *63*, 26-29.

American Psychiatric Association. (2000). *Handbook of psychiatric measures*. Washington, DC: Author.

Anderson, C. A., & Bushman, B. J.(2002). Human aggression. *Annual Review of Psychology*. *53*, 27-51.

Anderson, E. R., & Mayes, L. C. (2010). Race/ethnicity and internalizing disorders in youth: A review. *Clinical Psychology Review*, *30*, 338-348.

Anderson, G. & Brown, R. I. F.(1984). Real and laboratory gambling, sensation-seeking and arousal. *British Journal of Psychology*, *75*, 401-10.

Andrews, G., Stewart, G., Morris-Yates, A., Holt, P., and Henderson, S.(1990). Evidence for a general neurotic syndrome. *British Journal of Psychiatry*, *157*, 6-12.

Archibald, D. H.(1990). Healing Life's Hidden Addictions. USA: Servant Publication. 온누리사역본부 역(2007). 참을 수 없는 중독. 두란노서원.

Bandura A.(1978). Social learning theory of aggression. *Journal of Communication*, *28*(3), 12-29.

Barkley, R. A., Fischer, M., Edelbrock, C. S., & Smallish, L.(1991). The adolescent outcome of hyperactive children diagnosed by research criteria.: I. An 8-year prospective follow-up study. *Journal of the American Academy of Child and Adolescent Psychiatry*, *29*, 546-557.

Beck, A. T.(1999). *Prisoners of hate: The cognitive basis of anger, hostility, and violence*. New York: HarperCollins.

Beidel, D. C., Turner, S. M., & Morris, T. L.(1999). Psychopathology of childhood social phobia. *Journal of the American Academy of Child and Adolescent Psychiatry*, *38*, 630-646.

Bellair, P. E., (1997). Social Interaction and Community Crime: Examining the Importance of Neighbor Networks. Criminology 35:4.

Bennett, R.(1996). Effects of horrifc fear appeals on public attitude towards AIDS. *International Journal of Advertising, 15*, 183-202.

Berger, K. S.(2007). Update on bullying at school: Science forgotten?. *Developmental Review, 27*, 90-126.

Biederman, J., Faraone, S. V., Taylor, A., Sienna, M., Williamson, S., & Fine, C.(1998). Diagnostic continuity between child and adolescent ADHD: Findings from a longitudinal clinical sample. *Journal of the American Academy of Child & Adolescent Psychiatry, 37*(3), 305-313.

Bilodeau, L.(1992). *The anger workbook*. Hazelden.

Blinn-Pike, L., Worthy, S. L., and Jonkman, J. N.(2010). Adolescent gambling: A review of an emerging field of research. *Journal of Adolescent Health, 47*(3), 223-236.

Bob Price(1990). A Model for Body Image Care. *Journal of Advanced Nursing, 15*, 585-593.

Bock, G. R., J.A. Goode(1996). *Genetics of Criminal and Antisocial Behavior*. Toronto: Wiley & Sons.

Bolland, J.(2003). Hopelessness and risk behavior among adolescents living in high-poverty inner-city neighborhood. *Journal of Adolescence, 26*(2), 145-158.

Bonaguro, J. A., & Bonaguro, E. W.(1987). Self-concept, stress, symptomatology and tabacco use. *Journal of School Health, 57*(2), 56-58.

Bonanno, G. A., Lalande, K., Westphal, M., & Cpifman, K. (2004). The importance of being flexible; the ability to both enhance and suppress emotional expression predicts long-term adjustment. *Psychological Science. 15*, 482-487.

Boyce, P., and Parker, G.(1989). Development of a scale to measure interpersonal sensitivity. *Australian and New Zealand Journal of Psychiatry, 23*, 341-351.

Bronfenbrenner, U. (1977). Toward an experimental ecology of human development. *American Psychologist, 32*, 513-531.

Bruce F. K.(2012). *Horror and the Horror Film*. New York: Anthem Press.

Budd, K. S., Holdsworth, M., and HoganBruen, K. D.(2006). Anteced and concomitants of parenting stress in adolescent mothers in foster care. *Child Abuse & Neglect, 30*, 557-574.

Burton, D. L.(2000) Were adolescent sexual offenders children with sexual behavior problems? Sexual Abuse. *Journal of Research and Treatment, 12*, 37-48.

Byeon, Y. S., & Shoon, L. H.(2007). Relation of the blood pressure, lipids and body mass index by smoking status among adolescents. *Journal of korean Academy of Nursing, 37*, 1020-1026.

Cappadocia, M. C., Desrocher, M., Pepler, D., & Schroeder, J. H.(2009). Conceptualizing the neurobiology of conduct disorder in an emotion dysregulation framework. *Clinical Psycholosy Review*, *29*, 506–518.

Caputo, Frick, & Brodsky, 1999 Caputo, A. A., Frick, P. J., & Brodsky, S. L.(1999). Family violence and juvenile sex offending: The potential mediating role of psychopathic traits and negative attitudes toward women. *Criminal Justice and Behavior*, *26*(3), 338.

Carter, M. M., Sbrocco, T., Lewis, E. L., and Friedman, E. K.(2001). Parental bonding and anxiety: Differences between African American and European American college students. *Anxiety Disorders*, *15*, 555–569.

Cernkovich, S. A., Giordano, P. C. (1987). Family Relationship and Delinquency. *Criminology*, *25*(2), 295–31

Check, J., & Malamuth, N.(1983). Sex role stereotyping and reactions to depictions of stranger versus acquaintance rape. *Journal of Personality and Social Psychology*, *45*, 344–356.

Chorpita, B. F., Albano, A. M., Heimberg, R. G., & Barlow, D. H.(1996). A systematic replication of the prescriptive treatment of school refusal behavior in a single subject. *Journal of Behavior Therapy and Experimental Psychiatry*, *27*(3), 281–290.

Cobb, S. (1976). Social support as a moderator of life stress. *Psychosomatic Medicine*, *38*, 300–314.

Cobuild, C. & University of Birmingham (2003). *Collins Cobuild advanced learner's English dictionary*. London: Harper Collins Publishers.

Cortes JB, Gatti FM(1972). *Delinquency and Crime: A biopsychosocial approach*. New York, Seminar Press.

Crick, N. R., Casas, J. F. & Mosher, M.(1997). Relational aggression and overt aggression in preschool. *Developmental Psychology*, *33*(4), 579–588.

D, W, Winnicott 1971./ 이계훈 역(1997). 놀이와 현실. 한국심리치료연구소.

De Ruiter, C., and Van Ijzendoorn, M. H.,(1992). Agoraphobia and anxious–ambivalent attachment: An integrative review. *Journal of Anxiety Disorders* , *6*, 365–381.

De Willde, E. J., Kienhorst, C. W. M., & Diekstra, R. R. W.(2001). Suicidal behavior in adolescents. In I. M. Goodyer(Ed.), *The depressed child and adolescent*(2nd de.), Cambridge, UK: Cambridge University Press.

DHHS(2012). Runaway and Homeless Youth Act(P. L. 110–378). U. S. Department of Health Service.

Dishion, T. J., & Patterson, G. R.(2006). The development and ecology of antisocial behavior in children and adolescents. In D. Cicdhetti & D. J. Cohen (Eds.), *Devel-*

opmental psychology, Vol. 3: Risk, disorder, and adaptation(2nd ed.). Hoboken, NJ; John Wilsy & sons.

Dohnt, H., & Tiggemann, M.(2006). The contribution of peer and media influences to the development of body satisfaction and self-esteem in young girls: A prospective study. *Developmental Psychology*, *42*(5), 929-936.

Donald W. Black & Jon E. Grant, 강진령 역(2018). DSM-5 가이드북. 서울: 학지사.

Donovan, J. E., & Jessor, R. (1985). Structure of problem behavior in adolescence and young adulthood. *Journal of Consulting and Clinical Psychology*, *53*(6), 890-904.

Douglas, V. L.(1983). Attention and cognitive problems. In M. Rutter(Ed.), *Developmental neuropsychiatry*(pp 280-329). New York: Guilford Press.

DuPaul, G. J., Guevremont, D. C., & Barkley, R. A.(1991). Attention deficit-hyperactivity disorder in adolescence: Critical assessment parameters. *Clinical Psychology Review*, *11*, 231-245.

Dworkin, J.(2005). Risk taking as developmentally appropriate experimentation for college students. *Journal of Adolescent Research*, *20*(2), 19-241.

E. M. Lemert(1967). *The juvenile court-quest and realities, President's Commission on Law Enforcement and Administration of Justice, Task Force Report: Juvenile Delinquency and Youth Crime*. Washington, DC: US Government Printing Office, 91-106.

Edna B. Foa · Linda Wasmer Andrews, 최미례 · 연미영 공역(2010). 두려움과 걱정에 사로잡힌 아이들[불안장애]. 서울: 학지사.

Elliot, M. & F. Merill(1950). *Social Disorganization*. New York: Harper & Brothers.

Emery R. E.(1982):Interparental conflict and the children of discord and divorce. *Psychol Bull*, *92*, 310-330.

Enright, R. D. and Fitzgibbons, R. P.(2000). Helping Clients Forgive: An Empirical Guide for Resolving Anger and Restoring Hope. APA

Evans, C. B., Cotter, K. L., Rose, R. A., & Smokowski, P. R. (2016), "Substance use in rural adolescents: The impact of social capital, anti-social capital, and social capital deprivation", *Journal of Addictive Diseases*, *35*(4), 244-257.

Farrington, D.P., P.-O.H. Wikstrom (1994). Criminal careers in London and Stockholm: A cross-national comparative study. Pp. 65-89 in Cross-National Longitudinal Research on Human Development and Criminal Behavior, E.G.M. Weitekamp and H.-J. Kerner, eds. Boston: Kluwer Academic Publishers.

Fielding, J. E., Husten, C. G., & Eriksen, M. P.(1998). Tobacco: health effects and control. in Wallace RB, Doebbeling BN. Maxcy-Rosenau-Last Public health & preventive medicine, 14th ed., Appleton & Lange, 817-845.

Franklin, Z.(2014). Justice for Revenge Porn Victims: Legal Theories to Overcome Claims of Civil Immunity by Operators of Revenge Porn Websites. *California Law Review, 102*(5), 1303–1336.

Frederick, K. G., & Kay, R. J.(2007). *Manic-depressiveillness*(2nd ed). New York: Oxford University Press.

Freud, S.(1962). *The Ego and the Id.* New York: W.W. Nortan Co.

Gal, M. & Hoge, R. D.(1999). A profile of the adolescent sex offender. *Forum on Correctional Research, 11*, 7–11.

Garbarino, J., Wilson, J., & Garbarino, A.(1986). The adolescent runaway. In J. Garbarino, C. J. Schelenbach, & I. M. Sebes (Eds.), *Troubled youth, troubled families: Understanding families at risk for adolescent maltreatment* (pp.41–54). New York: Aldine de Guyter.

Garber, J.(2010). Vulnerability to depression in childhood and adolescence. In R. E. Ingram & J. M. Price (Eds.), *Vulunerability to psychopathology: Risk across the lifespan*(2nd ed.). New York: The Guilford Press.

Gold M, Mann D(1972):Delinquency as defense. *Am, J. Orthopsychiatry, 42*, 463–479

Gottlieb, M. M.(1999). *The angry self: a comprehensive approach to anger management.* Phoenix, Arizona: Zeig, Tucker & Co. Press.

Graves, R. B., Openshaw, D. K., Ascione, F. R., & Ericksen, S. L.(1996). Demographic and parental characteristics of youthful sexual offenders. *International Journal of Offender Therapy and Comparative Criminology, 40*(4), 300–317.

Greene, N. B., & Esselstyn, T. C.(1972). The beyond control girl. *Juvenile Justice, 23*(3), 13–19.

Gupta, R. & Derevensky, J.(1998). Adolescent gambling behavior: A prevalence study and examination of the correlates associated with excessive gambling. *Journal of Gambling Studies, 14*, 319–345.

Hammen, C., & Rudolph, K. D. (2003). Childhood mood disorders. In E. J. Mash & R. A. Barkley(Eds.), *Child psychopathology*(2nd ed,). New York: Guildford Press.

Hankin, B. L., Abramson, L. Y., Moffitt, T. E., Silva, P. A., McGee, R., & Angell, K. E. (1998). Development of depression from preadolescence to young adulthood: Emerging gender difference in a 10-year longitudinal study. *Journal of Abnormal Psychology, 107*, 128–140.

Hardoon, K. K., and Derevensky, J. L.(2002). Child and adolescent gambling behavior: Current knowledge. *Clinical Child Psychology and Psychiatry, 7*(2), 263–281.

Herrenkohl, T. I., Maguin, E., Hill, K, G., Hawkins, J. D., Abbott, R. D., & Catalano, R. F.(2000). Developmental risk factors for youth violence. *Journal of Adolescent Health, 26*(3), 176–186.

Hingson, R. W., Heeren, T., & Winter, M. R.(2006). Age at drinking onset and alcohol dependence: age at onset, duration, and severity. *Archives of Pediatrics & Adolescnt Medicine*, *160*, 739-746.

Hirschi, T.(1969). *Cause of Delinquency*. Berkley, Los Angeles, and London: University of California Press.

Homer, L. E.(1973). Community-Based Resource for Runaway Girls. *Social Casework*, *54*(8), 473-479.

Horan, L., and Beauregard, E.(2017). Pathways in the offending process of sex offenders who target marginalised victims. *Journal Investigating Psychology Profile*, *14*, 213-226.

Horowitz, M. T.(1966). Body Image, *Archives of General Psychiatry*. *14*(5), 456.

https://m.blog.naver.com/funkybike/70110960666

Huesmann, L.R., L.D. Eron, M.M. Lefkowitz, and L.O. Walder 1984 Stability of aggression over time and generations. *Developmental Psychology*, *20*, 1120-1134.

Hwang, S., & Akers, R. L. (2003). Substance use by Korean adolescents: A crosscultural test of social learning, social bonding, and self-control theories. *Social learning theory and the explanation of crime*, *11*, 39-63.

Ingoldsby, E., & Shaw, D. S.(2002). Neighborhood contextual factors and the onset and progression of early-starting antisocial pathways. *Chinical Child and Family Psychology Review*, *5*, 21-55.

Irwin, Jr., & Charles, E.(1993). Adolescent and risk taking: How are they related? In N. J. Bell & R. W. Bell(Eds.). Adolescent risk taking, 7-28.

Izard, C. E.(1977). *Human Emotions*. New York: Plenum.

Jackson A. P. & Scheines, R.(2005). Single Mother's Self-Efficacy, Parenting in the Home Environment and Children's Development in a Two-Wave Study. *Social Work Research*, *29*(1), 7-20.

Jones, D. H., Forehand, R., & Neary, E. M.(2001). Family transmission of depressive symptoms; Replication across Caucasian and African American mother-child dyads. *Behavior Therapy*, *32*, 123-138.

Kahn, T. J., & Chambers, H. J.(1991). Assessing reoffense risk with juvenile sexual offenders. *Child Welfare*, *70*, 333-344.

Kalogeriakis, M.(1972). *Homicide in adolescents: Fantasy and deed*. American Medical Association, Chicago.

Kearney, C. A.(2010). *Casebook in Childhood Behavior Disorders*(4th ed.). Belmont, CA: Wadsworth.

Kiesler, S., Siegel, J., & McGuire, T.(1984). Social Psychological Aspects of Computer-Mediated Communications. *American Pchologist*, *39*, 1123-1134.

Klein, D. N., Lewinsolm, P. M., Seeley, I. R., & Rohde, P.(2001). A family study of major depressive disorder in a community sample of adolescents. *Archives of Genernal Psychiatry*, *58*, 13–20.

Kobayashi, J., Sales, B., Becker, J. V., & Figueredo, A. J.(1995). Perceived parental deviance, parent/child bonding, child abuse and child sexual aggression. *Sexual Abuse: Journal of Research and Treatment*, *7*, 25–44.

Krohn, M. D., Massey, J. L. (1980). Social control and delinquent behavior: An examination of the elements of the social bond. *The Sociological Quarterly*, *21*(4), 529–543.

Laird, R. D., Pettit, G. S., Doge, K. A., & Bates, J. E.(1999). Best friedships, group relationships, and antisocial behavior in early adolescence. *Journal of Early Adolescence*, *19*, 413–437.

Lang, P. J.(1984). Cognition and emotion: Concept and action. In C. E. Izard, J Kagan, & R. B. Zajonc (Eds), *Emotions, cognition, and behavior*, 192–226. Cambridge:Cambri dgeUniversityPress.

LaTour, M. S., & Rotfeld, H. J.(1997) There are threats and (maybe) fear–caused arousal: Theory and confusions of appeals to fear and fear arousal itself. *Journal of Advertising*, *26*, 25–59.

Laub, J. H., & Sampson, R. J.(1993). Turning points in the life course: Why change matters to the study of crime. *Criminology*, *31*(3), 301–325.

Lazarus, R. S. (1980). The Stress and Coping Paradigm. In L. A. Bond, & J. C. Competence and Coping During Adulthood. N. H: University press of New England.

Lazarus, R. & Folkman, S.(1984). *Stress, appraisal, and coping*. New York: Springer.

Levitt, M. Z. & Selman, R. L.(1996). *The personal meaning of risk behavior: A developmental perspective on friendship and fighting in early adolescence*. Lawrence Erlbaum Association Associates, Publishers, New Jersey.

Lo, V., & Wei, R.(2005). Exposure to internet pornography and Taiwanese Adolescents sexual attitudes and behavior. *Journal of Broadcasting & Electronic Media*, *49*(2), 221 137.

Lowry, P. B., Zhang, J., Wang, C., & Siponen, M. (2016). Why do adults engage in cyberbullying on social media? An integration of online disinhibition and deindividuation effects with the social structure and social learning model. *Information Systems Research*, *27*(4), 962–986.

Lynch, W. J., Maciejewski, P. K., & Potenza, M. N.(2004). Psychiatric correlates of gambling in adolescents and young adults grouped by age at gambling onset. *Archives of General Psychiatry*, *61*, 1116–1122.

Magnuson, K., Duncan, G., Lee, K., & Metzger, M.(2016). Early school adjustment and educational attainment. *American Educational Research Journal, 53*(4), 1198–1228.

Manicavasagar, V., Silove, D., Gurtis, J. and Wagner, R.(2000). Continuities of separation anxiety from early life into adulthood. *Journal of Anxiety Disorders, 14*, 1–18.

Marget N., Gupta, R. & Derevensky, J.(1999). *The psycho-social factors underlying adolescent problem gambling, poster presented at the annual meeting of the American Psychological Association*. Boston.

Marquis P(1992):Family dysfunction as a risk factor in the development of antisocial behavior. *Psychol Rep, 71*, 468–470

Marshall, W. L.(1993). The role of attachments, intimacy, and loneliness in the etiology and maintenance of sexual offending. *Sexual and Marital Therapy, 8*(2), 109–121.

Martin, G., & Pear, J.(2012). 행동수정(9판)[*Behavior modification*, 9th ed.](임선아 · 김종남 공역). 학지사.(원전은 2011년에 출판)

Mash, E. J., & Wolfe, D. A.(2002). *Abnormal child psychology*. Belmont, CA: Wadsworth.

Masho, S. W., Adera, T., & South–Paul, J.(2005). Obesity as a risk factor for premenstrual syndrome. *Journal of Psychosom Obstet Gynaecology, 26*, 33–39.

Masten, A. S. (2001). Ordinary magic: Resilience processes in development. *American Psychologist, 56*(3), 227.

Masten, A. S. & Coatsworth, J. D. (1998). The development of competence in favorable and unfavorable environments: Lessons from research on successful children. *American psychologist, 53*(2), 205.

Masten, A. S. & Read, M–G. J.(2002). Resilience Process in Development. *American Psychologist, 56*, 227–238.

Maughan. B., Rowe, R., Messer, J., Goodman, R., & Meltzer, H.(2004). Conduct disorder and oppositional defiant disorder in a national sample: Developmental epidemiology. *Journal of Child Psychology and Psychiatry, 45*, 609–621.

McCloskey, J. C.(1976). How to make the most of Body Image Theory. Nursing, 76, 6(5), 68–72.

Michael A. Tompkins · Katherine A. Martinez, 이태선 역(2015). 누구나 걱정은 하는 거란다. 서울: 시그마프레스.

Miller, L. C., Barrett, C. L. & Hampe, E.(1974). Phobias of childhood in a prescientific era. In A. Davids(Ed.), *Child persomality and psychopathology: Current topics*(Vol.1). New York; John Wiley.

Miller, P., and N. Eisenberg 1988 The relation of empathy to aggression and externalizing/antisocial behavior. *Psychological Bulletin, 103*, 324–344.

Miner, M. H.(2002). Factors associated with recidivism in juveniles: An analysis of serious juvenile sex offenders. *Journal of Research in Crime and Delinquency, 39*(4), 421–436.

Moore, M. D., & Recker, N. L. (2016). "Social capital, type of crime, and social control", *Crime & Delinquency*, *62*(6), 728–747.

Moore, M. D., & Recker, N. L. (2017). "Social capital groups and crime in urban counties", *Deviant Behavior*, *38*(6), 655–667.

Moore, S., & Gullone, E.(1996). Predicting adolescent risk behavior using a personalised cost–benefit analysis. *Journal of Youth and Adolescence*, *25*, 343–359.

Nagin, D., and R.E. Tremblay 1999 Trajectories of boys' physical aggression, opposition, and hyperactivity on the path to physically violent and non–violent juvenile delinquency. *Child Development*, *70*(5), 1181–1196.

Nie, N. H., & Erbring, L.(2000). Debating the societal effects of the Internet: connecting with the world. *Public Perspective*, *11*, 42–43.

Norris, C. M.(1978). *Behavioral Concepts and Nursing Intervention*, Philadelphia: Lippocott.

Olweus, D.(1991). Bully/victım problem among school children. Basic facts and effects of a school based intervention program. In D. J. Pelper & K. H. Ong, W. (1982). *The technologizing of the world.* London : Methuen.

Olweus, D.(1994). Annotation: Bullying at school. Basic facts and effects of a school based intervention program. *Journal of Child Psychology and Psychiatry*, *35*, 1171–1190.

Olweus, D.(2003). A Profile of bullying at school. *Educational Leadership*, *March*, 13–17.

Olweus, D.(2010). Understanding and researching bullying: Some critical issues. In S. R. Jimerson, S. M., Swearer, & D. L. Espelage (Eds.), *The handbook of school bullying: An international perspective* (9–33). NY: Routledge.

Perugi, G., Toni, C., Benedetti, A., Simonetti, B., Simoncini, M., Torti, C., Musetti, L., and Akiskal, H. S.(1998). Delineating a putative phobic–anxious temperament in 126 panic–agoraphobic patients: toward a rapprochement of European and US views. *Journal of Affective Disorders*, *47*, 11–23.

Petry, N. M.(2001). Pathological gamblers, with and without substance use disorders, discount delayed rewards at high rates. *Journal of Abnormal Psychology*, *110*, 482–487.

Pine, D. S., Cohen, P., Gurley, D., Brook, J. S., and ma, Y.(1998). The risk for early adulthood anxiety and depressive disorders in adolescents with anxiety and depressive disorders. *Archives of General Psychiatry*, *55*, 56–64.

Rapkin, A. J., & Milacich, J. A.(2006). Premenstrual syndrome in adolescents: Diagnosis and treatment. *Pediatric Endocrinology Reviews*, *suppl 1*, 132–137.

Riley WT, Treiber FA, Woods MG(1989). Anger and hostility in depression. *J Nerv Ment Dis*, *177*, 668–674

Rita Wicks–Nelson & Allen C. Israel, 정명숙 · 박영신 · 정현희 역(2016). 아동 · 청소년 이상 심리학. 서울: 시그마프레스.

Robert, R. Erk 편저, 노성덕 · 김호정 · 이윤희 · 윤은희 공역(2010). 아동 · 청소년 상담 및 심리치료. 시그마프레스.

Roberts, A. R.(1987). *Runaways and Non-Runaways*. Chicago: The Dorsey Press.

Rodger, K. B. & Rose, H. A.(2002). Risk and resiliency factors among adolescence who experience marital transition, *Journal of Marriage and the Family*, *64*, 1024–1037.

Rohsenow, D. J.(1983). Drinking habits and expectancies about alcohol's effects for self versus others. *Journal of Consulting and Clinical Psychology*, *51*(5), 752–756.

Rosenberg M.(1965). *Society and the adolescent self-image*. Princeton: Princeton University Press.

Ross, C. E., Mirowsky, J. (2001). Neighborhood Disadvantage, Disorder, and Health. *Journal of Health and Social Behavior*, *42*(3), 258–276.

Rossen, F. V., Clark, T., Denny, S. J., Fleming, T. M., Peiris–John, R., Robinson, E., and Lucassen, M. F.(2016). Unhealthy gambling amongst New Zealand secondary school students: An exploration of risk and protective factors. *International journal of mental health and addiction*, *14*(1), 95–110.

Rotfeld, H.(1988). Fear appeals and persuasion: Assumptions and errors in advertising research. *Current Issues and Research in Advertising*, *11*, 21–40.

Roth, M.(1984). Agoraphobia, panic disorder and generalized anxiety disorder. *Psychiatric Development*, *2*, 31–52.

Ryan, N. D., Puig–Antich, J., Ambrosini, P., Rabinovich, H., Robinson, D., Nelson, B., Iyengar, S., & Twomey, J.(1987). The clinical picture of major depression in children and adolescents. *Archives of General Psychiatry*, *44*, 854–861.

Salmivalli, C., Lagerspetz, K., Björkqvist, K., & Österman, K.(1996). Bullying as a group process: Participant roles and the irrelations to social status within the group. *Aggressive Behavior*, *22*, 1–15.

Sampson R. J. & Groves, W. B. (1989). Community Structure and crime: Testing social–disorganization theory. *The American Journal of Sociology*, *94*(4), 774–802.

Sampson, R. J. & Laub, J. H. (1996), Socioeconomic achievement in the life course of disadvantaged men–Military service as a turning point, circa 1940–1965, *American Sociological Review*, *61*(3), 347–367.

Sampson, R. J., & Laub, J. H. (1997), A life–course theory of cumulative disadvantage and the stability of delinquency, *Developmental theories of crime and delinquency*, *7*, 133–161.

Sampson, R. J., Raudenbush, S. W. & Earls, F.(1997). Neighborhoods and violent clime: Testing social–disorganization theory. *Science*, *277*, 918–924.

Sanz–Carrillo, C., Gareia–Campayo, J. J., and Sanchez Blanque, A.(1993). Personality in patients with panic disorder. *Actas Luso Esp Neurol Psiquiatr Ciene Afines, 21*, 243–249.

Saviotti, F. M., Grandi, S., Savron, G., Ermentini, R., Bartolucci, G., Conti, S., and Fava, G. A.(1991). Characterological traits of recovered patients with panic disorder and agoraphobia. *Journal of Affective Disorders, 23*(3), 113–117.

Schilling, E. A., Aseltine, R. H., Glanovsky, J. L., James, A., & Jacobs, D.(2009). Adolescent alcohol use, suicidal ideation and suicide attempts. *Journal of Adolescent Health, 44*, 335–341.

Scourfeld, J., Rice, F., Thapar, A., Harold, G. T., Martin, N., & McGuffin, P.(2003). Depressive symptoms in children and adolescents: Changing aetiological influences with development. *Journal of child Psychology and Psychiatry, 44*, 968–976.

Sellow, R., Schamp, J. R., Liebow, E., & Unger, E.(1967). Suburban runaways of the 1960's. *Monographs of the Sociaty for Reasearch in Child Development, 32*(3), 1–51.

Sharma, P., Malhotra, C., Taneja, D. K., & Saha, R.(2008). Problems related to menstruation amongst adolescent girls. *Indian Journal of Pediatrics, 75*(2), 125–129.

Shontz, F. C.(1974). Body Image and its disorder. *International Journal of Psychiatry in Medicine, 15*(4), 461–472.

Simon R. L, Johnson C., Beaman J, Conger R. D., Whutbek, L. B(1996). Parents and peer group as mediators of the effect of community structure on adolescent problem behavior. *American Journal of Community Psychology, 24*, 145–171.

Smith, P. K., Mahdavi, J., Carvalho, M., Fisher, S., Russell, S., & Tippett, N.(2008). Cyberbullying: Its nature and impact in secondary school pupils. *Journal of Child Psychology and Psychiatry, 49*(4), 376–385.

Spieiberger, C.D.(1980). *Preliminary Manual for the State-Trait Anger Scale(STAS)*. Tampa, Florida: University of South Florida Human Resources Institute.

Spielberger, C. D., Jacobs, G. A., Russell, S., & Crane, R. S.(1983). Assessment of anger; The State–Trait Anger Scale. *Advances in Personality Assessment, 3*, N. J.: LEA, 119–187.

Springer, D.(2001). Runaway Adolescent: Today's Huckleberry Finn Crisis. *Brief Treatment and Crisis Intervention, 1*, 131–151.

Stark, K. D., Streusand, W., Krumholz, L. S., & Patel, P.(2010). Cognitive–behavioral therapy for depression. The ACTION Treatment Program for Girls. In J. R. Weisz & A. E. Kazdin (Eds.), *Evidence-based psychotherapies for children and adolescent*(2nd ed.), New York: The Guilford Press.

Stuart(1983). *Principle and Practice of Psychiatric Nursing*. St. Louis: Mosby.

Suler, J. R.(2000). Psychotherapy in cyberspace: A 5–dimensional model of online and computer-mediated psychotheraphy. *Cyber Psychology and Behavior, 3*(2), 151-159.

Sutherland. E. H. (1939). *Principles of Criminology*(3rd ed). Philadelphia: Lippincott.

Sutton, S.(1982). Fear-arousing communications: A critical examination of theory and research. In J. Eiser(Eds), *Social psychology and behavioral medicine*, 303-337.

Tugade, M. M., & Fredrickson, B. L. (2004). Resilient individuals use positive emotions to bounce back from negative emotional experiences. *Journal of Personality and Social Psychology, 86*(2), 320.

Umana-Taylor, A.J., Guimond, A.B., Updegraff, K.A. & Jahromi, L.B.(2013). A Longitudinal Examination of Support, Self-Esteem, and Mexican-Origin Adolescent Mothers' Parenting Efficacy. *Journal of Marriage and Family, 75*(3), 746 - 759.

Upadhyaya, H. R., Brady, K. T., & Wang, W.(2004). Bupropion SR in adolescents with comorbid ADHD and nicotine dependence: A pilot study. *Journal of the American Academy Child & Adolescent Psychiatry, 43*(2), 199-205.

Wagner, B. M., Silverman, M, A., & Martin, C. E.(2003). Family factors in youth suicidal behaviors. *American Behavioral Scientist, 46*, 1171-1191.

Wan, C. & Chiou, W.(2007). The motivations of adolescents who are addicted to online games: A congnition perspective. *Adolescence, 42*(165), 179-197.

Welsh, L. A.(1995). *Running for their lives*. New York: Gerland Publishing.

Wight, R. G., Sepulveda, J. E., & Aneshensel, C. S. (2004). Depressive symptoms: How to adolescents compare with adults? *Journal of adolescent Health, 34*, 314-323.

Witte, K.(1998). Fear as motivator, fear as inhibitor: Using the extened parallel process model to explain fear appeal success and failures. In P. A. Andersen and L. K. Guerrero(Eds), *The Handbook of communication and Emotion*, 423-450. New York: Academic Press.

Wolak, J., Mitchell, K. J., & Finkelhor, D.(2007). Does online harassment constitute bullying? An exploration of online harassment by known peers and online-only contacts. *Journal of Adolescent Health, 41*, 51-58.

Wolraich, M. L., Lanbert, E. W., Bichman, L., Simmons, T., Doffing, M. A., & Worley, K. A.(2004). Assessing the impact of parent and teacher agreement on diagnosing ADHD. *Journal of Developmental and Behavioral Pediatrics, 25*, 41-47.

www.search-institute.org/assets.

Ybarra, M., & Mitchell, K.(2004). Online aggressor/targets, aggressors, and targets: A comparison of associated youth characteristics. *Journal of Child Psychology and Psychiatry, 45*(7), 1308-1316.

Young, K. S.(1996). Internet addiction: The emergence of new clinical disorder. *Cyber Psychology & Behavior, 1*(3), 237-244.

Young, K. S. & Rodgers, R. C.(1998). The relationship between depression and internet addiction. *Cyberpsychology and Behavior*, *1*(1), 25–28.

Zide, M. R. & Cherry, A. L (1992). A typology of runaway youths: An empirically based definition. *Child and Adolescent Social Work Journal*, *9*(2), 155–168.

저자소개

권일남

명지대학교 청소년지도학과 교수(현)
명지대학교 사회과학대학장(현)
명지대학교 사회복지대학원장(현)
여성가족부 청소년보호위원장(현)
법제처 국민법제관(현)
한국청소년활동학회회장(현)
2023세계스카우트잼버리운영위원(현)
서울대학교 대학원 교육학박사(Ph.D)
명지대학교 군 상담심리특별과정 주임교수(전)
청소년보호위원회 정책분과위원(전)
문화관광부 청소년활동분과위원(전)
미국 미네소타 주립대학교 교환교수(전)
여성가족부 청렴옴부즈만위원(전)
서울시 교육청 교육복지투자우선사업 컨설팅 및 평가위원(전)
청소년지도사 및 청소년상담사 자격검정출제 및 검정위원(전)
보건복지부 지역아동센터 평가 및 컨설팅 위원(전)
서울시청소년육성위원(전)
한국스카우트연맹중앙이사(전)

■ 저서
청소년문제행동론, 2002, 학지사
청소년활동지도론, 2003, 학지사
청소년지도방법론, 2004, 교육과학사
청소년활동지도론, 2008, 학지사
청소년활동론, 2009, 한국방송통신대학교 출판부
군 상담심리학개론, 2011, 교육과학사
청소년활동론: 역량개발중심, 2012, 학지사
청소년을 위한 멘토링의 이해와 실제, 2013, 학지사
청소년프로그램 개발과 평가, 2016, 창지사
청소년문화, 2017, 창지사
군 상담과 리더십, 2020, 교육과학사

전명순

명지대학교 교육학 박사/시인
명지대학교 청소년지도학과 비전임교원
한세대학교 기독교교육상담학과 강사
동서울대학교 사회복지학과 강사
명지대학교 청소년활동연구소 사무총장
GDC연구소 소장
민주평화통일자문회의 자문위원
청소년지도사 및 청소년상담사 자격검정출제 및 면접위원

■ 저서
청소년프로그램 개발과 평가, 2016, 창지사
청소년문화, 2017, 창지사

청소년문제와 보호

초 판 1쇄 인쇄 2021년 3월 12일
초 판 1쇄 발행 2021년 3월 18일

지 은 이 | 권일남 · 전명순
펴 낸 이 | 김기섭
편 집 인 | 이혜란
펴 낸 곳 | 창지사 www.changjisa.com
08589 서울시 금천구 가산디지털 1로 83 파트너스타워 1차 9층
전화 (02)719-2211~3
팩스 (02)701-9386
등 록 | 1977년 4월 28일 · 제1-421호

ISBN 978-89-426-1396-0 (93330)

값 26,000원